Microsoft 365 Administration für Dummies

Schummelseite

DIE WICHTIGSTEN ADMIN CENTER – UND WAS WO VERSTECKT IST

Was Sie suchen	Wo Sie es finden
Lizenzen zuweisen	Microsoft 365 Admin Center > Benutzer > Aktive Benutzer `https://admin.cloud.microsoft/`
Geräte verwalten	Intune `https://intune.microsoft.com/`
Teams-Richtlinien	Teams Admin Center > Einstellungen & Richtlinien `https://admin.teams.microsoft.com/one-policy/settings`
Standard-Freigabeeinstellungen festlegen	SharePoint Admin Center > Richtlinien > Teilen
Anmeldeprobleme analysieren	Entra ID > Benutzer > Anmeldeprotokolle `https://entra.microsoft.com/`
SharePoint-Speicher	SharePoint Admin Center > Einstellungen
Verwaltung von Administrationsrollen	Entra ID > Rollen und Admins – Rolle `https://entra.microsoft.com/`
Gastzugriff regeln	Teams Admin Center > Einstellungen > Gastzugriff `https://admin.teams.microsoft.com/one-policy/settings/guest-configuration`
MFA erzwingen	Entra ID > Sicherheit > Bedingter Zugriff `https://entra.microsoft.com/`

Tabelle 0.1: Die wichtigsten Admin Center und was wo versteckt ist

Goldene Regel: Wenn Sie etwas nicht finden – suchen Sie zuerst im M365 Admin Center, dann im spezifischen Workload Admin Center.

AF888641

Microsoft 365 Administration für Dummies

Schummelseite

DIE WICHTIGSTEN POWERSHELL-BEFEHLE FÜR ADMINS

Das Admin Center ist hübsch, aber PowerShell ist schneller. Diese zehn Befehle decken etwa 80 Prozent dessen ab, was Sie im Alltag als M365-Administrator wirklich tun.

- ✔ Mit Microsoft Graph verbinden

```
Connect-MgGraph -Scopes "User.ReadWrite.All","Group.ReadWrite.All"
```

- ✔ Mit Exchange Online verbinden

```
Connect-ExchangeOnline -UserPrincipalName admin@tenant.de
```

- ✔ Benutzer finden

```
Get-MgUser -UserId max.mustermann@contoso.de
```

- ✔ Neuen Benutzer anlegen

```
New-MgUser -DisplayName "Max Mustermann" -UserPrincipalName "max@
contoso.de"` -MailNickname "max" -AccountEnabled `-PasswordProfile @
{Password="Start123!";ForceChangePasswordNextSignIn=$true}
```

- ✔ Benutzer aktualisieren (z. B. Abteilung)

```
Update-MgUser -UserId <ID> -Department "IT"
```

- ✔ Passwort zurücksetzen

```
Update-MgUser -UserId <ID> -PasswordProfile @{ForceChangePassword
NextSignIn=$true}
```

- ✔ Lizenzen eines Benutzers anzeigen

```
Get-MgUserLicenseDetail -UserId <ID>
```

- ✔ Lizenz zuweisen

```
Set-MgUserLicense -UserId <ID> -AddLicenses @(@{SkuId="<SkuId>"})
-RemoveLicenses @()
```

- ✔ Gruppe suchen

```
Get-MgGroup -Filter "displayName eq 'IT-Team'"
```

- ✔ Mitglied zu einer Gruppe hinzufügen

```
Add-MgGroupMember -GroupId <GroupID> -DirectoryObjectId <UserID>
```

Tipp: Mit `Find-MgGraphCommand -Command "*User*"` finden Sie alle User-bezogenen Graph-Befehle.

Microsoft 365 Administration für Dummies

Schummelseite

CONDITIONAL ACCESS – DIE FÜNF PFLICHT-POLICIES

Conditional Access ist Ihr Türsteher für Microsoft 365: Er entscheidet, wer reindarf, unter welchen Bedingungen und wer draußen bleiben muss. Eingerichtet wird das Ganze im Microsoft Entra Admin Center unter *Bedingter Zugriff*. Ohne diese fünf Policies ist Ihr Tenant so sicher wie eine Haustür, an der ein Zettel mit dem Hinweis »Schlüssel liegt unter der Matte« hängt.

Policy	Wer	Bedingung	Ergebnis
MFA für alle	Alle Benutzer	Jede Anmeldung	MFA erforderlich
Blockiere Legacy Auth	Alle	Ältere Protokolle (IMAP, POP)	Zugriff blockieren
Admins = immer MFA	Globale Admins und Rollenspezifische Admins	Jede Anmeldung	MFA und Complaint Device
Unbekannte Länder blockieren	Alle	Nicht erlaubte Standorte	Blockieren
Risikoanmeldung	Alle	Anmelderisiko: hoch	MFA oder blockieren

Tabelle 0.2: Wichtige Conditional-Access-Regeln

SHAREPOINT UND TEAMS – WAS IN DER REGEL VERGESSEN WIRD

SharePoint und Teams werden oft als Herzstück der Zusammenarbeit in Microsoft 365 gesehen – und genau deshalb ist es wichtig, gewisse Regeln einzuführen und Einstellungen vorzunehmen.

In SharePoint:

- ✔ Externe Freigabe pro Site einrichten, ganz besonders bei Seiten, die nur für den internen Gebrauch sind. SHAREPOINT ADMIN CENTER > AKTIVE WEBSEITEN > SEITE ANKLICKEN > EINSTELLUNGEN > EXTERNES TEILEN VON DATEIEN
- ✔ Versionsverlauf einschränken. Im Standard ist er auf 500 Versionen gesetzt; 50 Versionen reichen vollkommen aus und minimieren den Speicherplatz enorm. SHAREPOINT ADMINCENTER > EINSTELLUNGEN > GRENZEN DES VERSIONSVERLAUFS

Microsoft 365 Administration für Dummies

Schummelseite

- ✔ Aufbewahrungsrichtlinien greifen nur, wenn Compliance-Features lizenziert sind.
- ✔ Standardfreigabe so einrichten, dass beim Teilen von Dokumenten der Standard auf »Bestimmte Personen (nur die vom Nutzer angegebenen Personen)« steht. SharePoint Admincenter > Richtlinien > Teilen > Datei- und Ordnerlinks

In Microsoft Teams:

- ✔ Regeln und Einschränken des Gastzugang im Teams Admin Center. Folgende Einstellungen sollten Sie im Standard verändern:
  - Private Anrufe tätigen – deaktivieren
  - Externe Teilnehmer können die Steuerung erhalten - deaktivieren
  - Gesendete Nachrichten löschen – deaktivieren
  - Chat löschen – deaktivieren

  Teams Admincenter > Einstellungen und Richtlinien > Gastzugriff
- ✔ Externe Kommunikation freigeben, sofern im Unternehmen nichts dagegenspricht. Es hilft enorm bei der Zusammenarbeit mit Externen. Teams Admin Center > Externe Zusammenarbeit
- ✔ Ablaufdatum für Gruppen setzen, damit diese einen automatischen Lifecycle erhalten und ein Besitzer tätig werden muss. Entra ID > Gruppen > Ablaufrichtlinie

Die häufigste Anfrage im Support lautet: »Ich kann nicht auf Teams zugreifen.« In solchen Fällen gibt es eine klare Vorgehensweise, um das Problem systematisch zu lösen. Zuerst sollte überprüft werden, ob der betroffene Nutzer die erforderliche Lizenz für Microsoft Teams besitzt. Ist die Lizenz vorhanden, empfiehlt es sich als nächsten Schritt, die Einstellungen für den bedingten Zugriff (Conditional Access) zu kontrollieren – hier könnten bestimmte Richtlinien einen Zugriff verhindern. Erst wenn diese beiden Punkte abgeklärt sind, lohnt sich ein Blick auf die individuellen Teams-Richtlinien, denn auch hier können Einschränkungen den Zugriff blockieren. Indem diese drei Aspekte nacheinander geprüft werden, findet man meist schnell die Ursache für das Problem.

Microsoft 365 Administration für Dummies

Schummelseite

MICROSOFT 365 COPILOT – VORAUSSETZUNGEN AUF EINEN BLICK

Copilot ist der Kollege, den plötzlich alle haben möchten, bis sie merken, dass er ohne Lizenz, saubere Berechtigungen und etwas Geduld beim Semantic Index wenig ausrichten kann. Aktiviert und gesteuert wird das Ganze im Microsoft 365 Admin Center unter Copilot > Einstellungen. Im Internet und in anderen Fachartikeln wird häufig auch vom »Copilot Control Center« gesprochen. Diese Übersicht zeigt Ihnen, was vorhanden sein muss, damit Copilot nicht nur da ist, sondern auch sicher funktioniert.

Voraussetzung	Details
Microsoft 365 Copilot Chat (ohne Unternehmensdaten)	Microsoft 365 muss in der Lizenz E3/E5 oder Small Business Standard/Premium vorhanden sein und dem jeweiligen Benutzer zugewiesen werden, damit der Microsoft 365 Copilot aktiv wird.
Microsoft 365 Copilot (mit Unternehmensdaten)	Eine »Microsoft 365 Copilot«-Lizenz muss gekauft und dem Benutzer zugewiesen sein.
Semantic Index	Das ist die Wissensquelle für den Microsoft 365 Copilot (mit Unternehmensdaten). Der Aufbau dauert in der Regel 72 Stunden nach Zuweisung der ersten »Microsoft 365 Copilot«-Lizenz. Erst dann arbeitet der Copilot vernünftig und bringt gute Ergebnisse.
Datenschutz	Copilot greift nur auf Daten zu, auf die der User ohnehin Zugriff hat.
Copilot-Nutzung messen	Messen Sie die Nutzung von Copilot, um gegebenenfalls bei Nicht-Nutzung Lizenzkosten zu minimieren. *Microsoft 365 Admin Center > Copilot > Copilot Steuerungssystem > Verbrauch*
Bewertung der Daten in Microsoft 365	Prüfen Sie vorab Ihre Daten und Datenqualität in Microsoft 365 über *SharePoint Admincenter > Erweiterte Verwaltung*. Hier erhalten Sie Auswertungen und Hinweise zu Ihrer Datensicherheit.

Tabelle 0.3: Voraussetzungen für eine vernünftige Copilot-Nutzung

Seit dem 17.04.2026 gibt es das sogenannte Flex-Routing, womit Microsoft in Zeiten von Lastspitzen die Anfrage eines Benutzers auf andere KI-Rechenzentren auslagert. Rechenzentren, die mitunter in Amerika, Kanada oder Australien liegen könnten. Sie sollten diese Einstellung deaktivieren, damit Ihre Anfrage immer in der Datenregion bleibt. Die Einstellung können Sie unter Microsoft 365 Admincenter > Copilot > Einstellungen > Flex Routing festlegen.

Microsoft 365 Administration
für Dummies

Ferdi Lethen-Oellers

Microsoft 365 Administration

für dummies®

Fachkorrektur von Sandra Filser

WILEY

WILEY-VCH GmbH

Microsoft 365 Administration für Dummies

Bibliografische Information der Deutschen Nationalbibliothek

Die Deutsche Nationalbibliothek verzeichnet diese Publikation in der Deutschen Nationalbibliografie; detaillierte bibliografische Daten sind im Internet über `http://dnb.d-nb.de` abrufbar.

Coverfoto: Pongsakorn – `stock.adobe.com`
Korrektur: Milena Fuchs
Satz: Straive, Chennai, India
Druck und Bindung: CPI Group (UK) Ltd, Croydon, CR0 4YY

Print ISBN: 978-3-527-72345-4
ePub ISBN: 978-3-527-85293-2

C9783527723454_230626

Über den Autor

Ferdi Lethen-Oellers hat sich in seiner Rolle als Solution Architect von Minute eins an mit der Microsoft-365-Welt befasst. Aufgrund der langjährigen Erfahrung im Umgang mit den Microsoft-Produkten ist es Ihm eine besondere Freude, wenn eine Microsoft-365-Umgebung vernünftig und sauber konfiguriert ist.

Seit 2013 beschäftigt sich Ferdi Lethen-Oellers mit SharePoint On-Premise und mit der Microsoft-365-Welt – diese Erfahrung nutzt er, um beide Umgebungen nicht nur individuell zu betrachten, sondern auch deren Kombinationen und Integrationen gezielt lösungsorientiert einzusetzen.

So gelingt es ihm, für Unternehmen den Mehrwert aus beiden Welten herauszuholen und maßgeschneiderte Lösungen zu entwickeln, die den spezifischen Anforderungen optimal entsprechen.

Sein Fokus liegt dabei nicht auf dem, was theoretisch möglich wäre, sondern auf dem, was in der Praxis wirklich funktioniert. Vernünftige Administration bedeutet für ihn: »Nutzer, die ihre Tools verstehen und diese sinnvoll einsetzen«. Denn die beste Konfiguration nützt nichts, wenn am Ende niemand damit arbeiten kann oder will.

Dass er Espresso und Microsoft 365 in einem Atemzug nennt, ist kein Zufall. Beides braucht jemanden, der weiß, wann er eingreifen muss und wann er die Maschine einfach arbeiten lässt. Unter dem Namen »M365 Röstmeister innerhalb der Microsoft 365, auf seinem Blog, YouTube Channel und Social Media Accounts« verbindet er genau das: »Kaffeekultur und Microsoft-Expertise, mit einer ordentlichen Portion Humor«.

Als Blogger, Speaker, Community-Organisator und Familienvater hat er eines gelernt: »Technologie erklärt sich am besten dann, wenn man aufhört, sie kompliziert klingen zu lassen«. Dieses Buch ist sein Beweis dafür.

Auf einen Blick

Inhaltsverzeichnis

Einführung

Microsoft 365 ist längst mehr als ein Abo für Word und Excel. Es ist eine vollständige digitale Arbeitsumgebung für Unternehmen – mit Benutzerverwaltung, Sicherheitsrichtlinien, Kollaborationstools und Kommunikationsplattformen, die alle sehr eng miteinander verzahnt sind. Klingt komplex? Ist es manchmal auch. Aber genau dafür halten Sie dieses Buch in den Händen, denn es geht hier konkret um die Microsoft 365 Administration. Vielleicht stehen Sie ganz am Anfang, weil Microsoft 365 gerade im Unternehmen eingeführt wird und jemand die Verantwortung übernehmen muss. Oder Sie verwalten bereits seit einer Weile einen Tenant und merken, dass da noch deutlich mehr Potenzial vorhanden ist als das, was Sie bisher ausgeschöpft haben.

Eines sei gleich gesagt: Microsoft 365 ist keine statische Software. Entra ID bekommt neue Funktionen, das Teams Admin Center sieht heute anders aus als vor einem Jahr und Copilot hat die Welt der Administration auf den Kopf gestellt. Wenn also eine Schaltfläche mal woanders sitzt als beschrieben, das ist kein Fehler, das ist Microsoft. Die Konzepte und Zusammenhänge dahinter bleiben. Auf jeden Fall freue ich mich, dass Sie dieses Buch in den Händen halten.

Über dieses Buch

Dieses Buch ist in erster Linie praxisnah. Kein Handbuch, das jeden Menüpunkt auflistet, und keine technische Dokumentation, die Sie in Fachbegriffen ertränkt. Ich habe nicht den Anspruch, Ihnen jede einzelne Einstellung in jedem Admin Center vollständig vorzustellen, das würde den Rahmen dieses Buches sprengen und ehrlich gesagt auch den Rahmen Ihres Arbeitsalltags. Was Sie stattdessen hier finden, sind die Dinge, die wirklich zählen:

- ✔ die Entscheidungen, bei denen der richtige Zeitpunkt wichtig ist,
- ✔ die Konfigurationen, die den Unterschied machen, und
- ✔ die Fehler, die in der Praxis immer wieder passieren, samt Lösung.

Bewusst ausgeklammert sind in diesem Buch die Themen Power Platform, Purview im Detail sowie Exchange on-Premises. Nicht, weil sie unwichtig wären, sondern weil sie so umfangreich sind, dass eigenständige Büchern bräuchten.

Mehr als 13 Jahre Erfahrung mit SharePoint und Microsoft 365 fließen in dieses Buch ein. Fragen aus echten Projekten, Fehler, die immer wieder passieren, Entscheidungen, bei denen der richtige Weg nicht immer offensichtlich ist – das alles finden Sie hier. Dort wo es wirklich wichtig ist, finden Sie klare Empfehlungen und konkrete Anleitungen. Denn genau das ist der Unterschied zwischen einem Buch, das man nur einmal durchliest, und einem, das man immer wieder aufschlägt.

Wie dieses Buch aufgebaut ist

Das Buch gliedert sich in fünf Teile, die wiederum mehrere Kapitel beinhalten. Nachfolgend erfahren Sie, welche Themen sich hinter den jeweiligen Teilen verbergen.

Teil I: Microsoft 365 – jetzt geht es los

Teil I legt das Fundament und wer gerade erst anfängt, mit Microsoft 365 zu arbeiten, sollte diesen Part auf keinen Fall überspringen. Sie erfahren, was Microsoft 365 eigentlich ist, wie es sich vom früheren Office 365 unterscheidet, und welche Philosophie Microsoft dahinter verfolgt. Von der Einrichtung der ersten Microsoft-365-Umgebung über die ersten Grundkonfigurationen bis hin zu Datensicherung, Monitoring und dem Überblick über alle Admin Center: Wer hier startet, weiß danach, was wo zu finden ist und warum das so ist. Besonders die Kapitel zur Grundeinrichtung und zu den verschiedenen Admin Centern sind für Einsteiger Pflichtlektüre, denn ohne dieses Fundament wird es schwer, die nachfolgenden Themen zu verstehen.

Teil II: Die Benutzerverwaltung – ein zentrales Thema innerhalb von Microsoft 365

Teil II widmet sich dem Herzstück jeder Microsoft-365-Umgebung: den Benutzern. Sie erfahren, wie Identitäten in hybriden Umgebungen funktionieren, wie Konten in Entra ID erstellt und verwaltet werden, welche Gruppentypen es gibt und wann welcher sinnvoll ist. Außerdem geht es um Sicherheit von Passwortrichtlinien, über Multi-Faktor-Authentifizierung bis hin zum Zero-Trust-Prinzip. Und weil die Zusammenarbeit mit Externen heute zum Alltag gehört, schließt dieser Teil mit einem eigenen Kapitel zu Gastbenutzern ab. Wer gerade frisch in die Administration einsteigt, dem empfehle ich besonders die Kapitel zur Benutzerverwaltung in Entra ID und zu den Sicherheitsfunktionen. Beides sind Themen, bei denen Fehler am Anfang oft noch lange nachwirken und die gleichzeitig leichter zu verstehen sind, als ihr Ruf vermuten lässt.

Teil III: Konfiguration der Kommunikation und Nachrichten

Teil III dreht sich um Kommunikation und damit um ein Thema, das in keinem Unternehmen fehlt: die E-Mail. Sie lernen das Exchange Admin Center kennen, verstehen, wie Postfächer und Gruppen strukturiert werden, und erfahren, was eigentlich passiert, wenn Sie bei einer E-Mail auf »Senden« klicken. Wer schon einmal vor einer rätselhaften Fehlermeldung saß und nicht wusste, was er damit anfangen soll, findet hier auch das passende Kapitel zur Fehlerbehebung. Für Neulinge ist vor allem das Kapitel zu Postfächern und Gruppen ein guter Einstieg, weil es die Frage beantwortet, die in der Praxis am häufigsten auftaucht: »Wann verwende ich welchen Postfach-Typen?«.

Teil IV: Konfigurationen für die Zusammenarbeit in der Cloud

Teil IV zeigt Microsoft 365 als das, was es heute wirklich ist: eine vollständige Kollaborationsplattform. Teams dient als digitale Schaltzentrale, um Besprechungen professionell zu gestalten, Telefonie über Teams einzurichten, externe Benutzer sicher einzubinden; SharePoint als das technische Fundament im Hintergrund;Viva Engage als unternehmensweites soziales Netzwerk. Und am Ende von Teil IV erhalten Sie einen Einblick in das, was gerade alle beschäftigt: Copilot und KI-Agents verantwortungsvoll administrieren. Dieser Teil ist der umfangreichste des Buches. Wer neu ist und sich fragt, wo man hier anfangen soll: Das Kapitel zu Microsoft Teams ist der richtige Einstieg. Teams ist in den meisten Unternehmen das Erste, womit Nutzer täglich konfrontiert werden und damit auch das Erste, wozu der Administrator Fragen bekommt.

Teil V: Der Top-Ten-Teil

Teil V ist der Top-Ten-Teil und ausgerechnet hier würde ich Einsteigern empfehlen, schon früh reinzuschauen, auch wenn es der letzte Teil des Buches ist. Die zehn wichtigsten Konfigurationsentscheidungen, die zehn häufigsten Fehler und die zehn Tipps zur Benutzerverwaltung sind keine »nette Ergänzung«, sondern zentrale Erkenntnisse aus mehr als 13 Jahren Arbeit mit SharePoint und Microsoft 365. Wer diese Top Ten kennt, weiß von Anfang an, welche Stellschrauben wirklich zählen und vermeidet so Fehler, die sich sonst erst nach Monaten zeigen.

Törichte Annahmen über die Leser

Ich gehe davon aus, dass Sie zu den Menschen gehören, die Microsoft 365 nicht einfach nur nutzen wollen, sondern verstehen. Vielleicht tragen Sie offiziell die Verantwortung für die Administration in Ihrem Unternehmen, vielleicht sind Sie auch einfach derjenige, der es am Ende macht, weil sich sonst niemand damit auskennt. Beides ist vollkommen in Ordnung und beides ist der richtige Ausgangspunkt für dieses Buch.

Was ich außerdem annehme: Sie möchten Microsoft 365 nicht nur »irgendwie« einrichten, sondern richtig. So, dass es im Alltag funktioniert, dass Ihre Kolleginnen und Kollegen damit arbeiten können und dass Sie nachts ruhig schlafen. Gleichzeitig wissen Sie, dass zu viel Kontrolle genauso ein Problem ist wie zu wenig. Den richtigen Mix zwischen notwendiger Sicherheit und sinnvoller Flexibilität zu finden, ist genau das, worum es in diesem Buch geht.

Wenn Sie sich in diesen Zeilen wiedererkennen, dann sind Sie hier genau richtig. Ich begleite Sie auf diesem Weg und gebe Ihnen die Tipps mit, die ich früher selbst gerne erhalten hätte.

Symbole, die in diesem Buch verwendet werden

Beim Symbol *Warnung* lauert eine echte Falle. Bei Nichtbeachtung droht Ärger – manchmal sofort, manchmal erst Wochen später. Lesen Sie diesen Abschnitt besonders sorgfältig.

Das Symbol *Tipp* zeigt Ihnen einen Kniff aus der Praxis, eine Abkürzung oder eine Empfehlung, die ich selbst gerne früher gekannt hätte.

Wenn Sie das *Techniker*-Symbol sehen, wird es gleich technisch. Wer verstehen will, was im Hintergrund passiert, findet hier die Antworten. Wer lieber nur wissen möchte, was zu tun ist, liest einfach weiter.

Das Symbol *Anekdote* nimmt Sie mit in eine Geschichte aus echten Projekten und Kundengesprächen. Nicht erfunden, aber zum Schutz der Beteiligten gelegentlich leicht verfremdet.

Hinter dem Symbol *Definition* verbirgt sich ein Fachbegriff, der so erklärt wird, dass Sie danach nicht mehr im Internet nachschauen müssen. Oft mit einer Alltagsanalogie, die das Konzept greifbar macht.

Das Symbol *Fernglas* lädt Sie ein, tiefer zu schauen. Dahinter verbergen sich weiterführende Informationen und Hintergründe, die nicht unbedingt notwendig sind, aber das Verständnis deutlich vertiefen. Manchmal ist es eine Einladung, einen Bereich selbst zu erkunden und eigene Erfahrungen zu sammeln, manchmal zeigt es Ihnen einen kürzeren Weg oder beleuchtet das Thema aus einem anderen Blickwinkel. Eines haben alle Fernglas-Abschnitte gemeinsam: Sie können sie überspringen, ohne den roten Faden zu verlieren, aber Sie werden sie nicht bereuen, wenn Sie sie lesen.

Das Symbol *Erinnerung* weist Sie darauf hin, dass dieses Thema an anderer Stelle im Buch bereits behandelt wurde und jetzt wieder zum Tragen kommt. Es lohnt sich, es im Kopf zu behalten.

Beim Symbol *Beispiel* sehen Sie ein konkretes Szenario aus dem Arbeitsalltag. So wird deutlich, wie etwas in der Praxis funktioniert – oder eben auch nicht.

Das Symbol *Aufgabe* fordert Sie direkt auf, aktiv zu werden. Konkrete Schritte, die Sie am besten sofort umsetzen, denn Administration lernt sich am besten durch Machen.

Wie es weitergeht

Wie viele der »... für Dummies«-Bücher ist auch dieses so aufgebaut, dass Sie es nicht von vorne nach hinten lesen müssen. Die Administration von Microsoft 365 bringt es ohnehin mit sich, dass alles miteinander zusammenhängt – Benutzer, Gruppen, Sicherheit, Teams, SharePoint, Exchange. Springen Sie also ruhig direkt zu dem Kapitel, das heute für Sie am wichtigsten ist. Das Inhaltsverzeichnis hilft Ihnen dabei, schnell das Richtige zu finden.

Und dann heißt es für Sie: Ran an die erste Microsoft-365-Umgebung! Richten Sie sich einen Testzugang ein – Microsoft 365 bietet Ihnen dafür einen kostenlosen Probezeitraum – und probieren Sie alles aus. Legen Sie einen Testbenutzer an. Klicken Sie sich durch die Admin Center. Aktivieren Sie MFA für eine Testgruppe. Administration lernt sich nicht allein aus einem Buch, sondern durch Neugier, Ausprobieren und die Bereitschaft, auch mal eine Einstellung wieder rückgängig zu machen. Laden Sie zwei oder drei Kollegen ein und bauen Sie sich ein »Microsoft Teams Team« auf. Einen Bereich, in dem Sie gemeinsam ausprobieren können, was das Buch beschreibt.

Microsoft 365 lernt sich anders als zuvor. Nicht durch Handbücher, sondern durch Machen.

Teil I
Microsoft 365 – jetzt geht es los

IN DIESEM TEIL …

- Was der genaue Unterschied zwischen Office 365 und Microsoft 365 ist
- Welche Philosophie seitens Microsofts hinter Microsoft 365 steckt
- Wie die erste Einrichtung von Microsoft aussieht und welche Herausforderungen entstehen
- Wie das Microsoft 365 Admin Center aufgebaut ist
- Welche Anwendungen besonders beim Start relevant sind

IN DIESEM KAPITEL

Was ist Microsoft 365?

Wie unterscheidet sich Microsoft 365 von Office 365?

Die wichtigsten Funktionen für Unternehmen

Kapitel 1
Was ist Microsoft 365?

Ist Ihnen bewusst, was Microsoft 365 ist und welchen Mehrwert es Ihrem Unternehmen im Vergleich zum ehemaligen Office 365 bringt? Vielleicht sind Sie noch in der Entscheidungsfindung oder sich nicht ganz sicher, welche Abonnements für Ihr Unternehmen richtig ist. Genau darauf werde ich in diesem Kapitel näher eingehen.

Die Begriffe *Microsoft 365* und *Office 365* begegnen IT-Administratoren, Geschäftsführern und IT-Interessierten immer wieder – und oft sorgen sie für Verwirrung. Sind sie identisch? Warum gibt es zwei Namen? Was unterscheidet sie wirklich? Dieses Kapitel zielt darauf ab, diese Unterschiede klar herauszuarbeiten und Ihnen das nötige Rüstzeug an die Hand zu geben, um die passende Lösung für Ihre Organisation und deren individuelle Anforderungen zu finden.

Microsoft hat Office 365 nicht nur umbenannt, sondern auch weiterentwickelt. Hinter dieser Weiterentwicklung steckt eine tiefere Philosophie: den Anforderungen des modernen Arbeitens gerecht zu werden, bei gleichzeitiger Steigerung der Sicherheit und Effizienz. Lassen Sie uns die beiden Lösungen im Detail vergleichen.

Unterschiede zwischen Microsoft 365 und Office 365

Die Ursprünge von Office 365 gehen zurück ins Jahr 2011. Damals wurde es als Cloud-basierte Plattform eingeführt, die die klassischen Office-Tools wie *Word*, *Excel* und *PowerPoint* mit modernen Diensten wie *Exchange Online* und *SharePoint Online* kombinierte. Ziel war es, Unternehmen und Privatanwendern ein Abo-Modell anzubieten, das regelmäßige Updates und die flexible Nutzung auf verschiedenen Endgeräten erlaubt.

Eine *cloudbasierte Plattform* ist eine digitale Infrastruktur, die auf Servern in externen Rechenzentren basiert, anstatt auf lokalen Systemen innerhalb eines Unternehmens oder eines individuellen Geräts. Nutzer greifen über das Internet auf diese Plattform zu, anstatt Software oder Daten direkt auf ihrem lokalen Endgerät zu speichern.

Vielleicht erinnern Sie sich noch an Office 365 mit den Anwendungen Microsoft Word, Microsoft Excel, Microsoft PowerPoint und Microsoft Outlook, was es so in dieser Form nicht mehr gibt und nun als Teil von Microsoft 365 verfügbar ist. Microsoft 365 ist dabei umfassender und beinhaltet neben den eben genannten Office-Anwendungen weitere Funktionen aus den Bereichen *Enterprise Mobility* und Security sowie eine inkludierte Lizenzierung des aktuellen Windows Betriebssystems.

Enterprise Mobility und Security (EMS) ist ein umfassendes Paket aus Tools und Technologien, das Unternehmen dabei unterstützt, ihre mobilen Geräte zu verwalten und sensible Daten zu schützen. Microsoft hat EMS entwickelt, um den Anforderungen moderner Arbeitsumgebungen gerecht zu werden, in denen Mobilität und Sicherheit gleichermaßen wichtig sind.

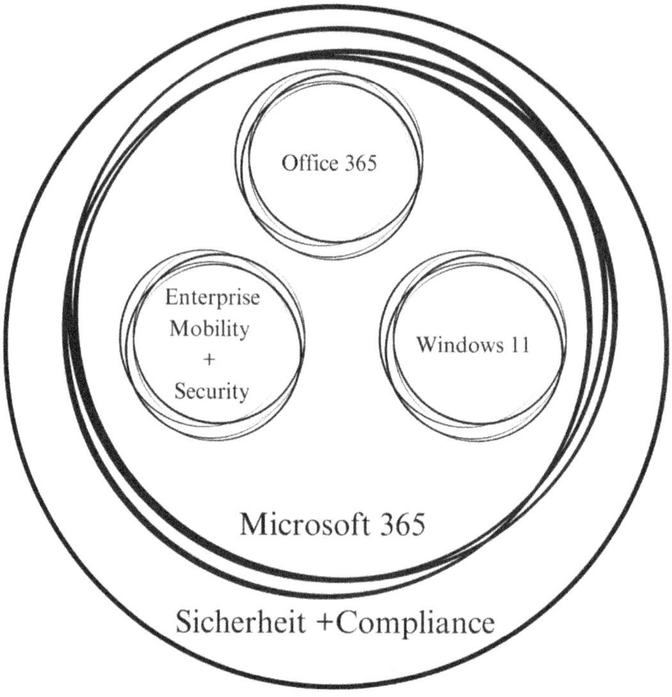

Abbildung 1.1: Übersicht der Microsoft-365-Inhalte

Warum die Namensänderung?

Die Umbenennung von Office 365 in Microsoft 365 war mehr als eine bloße Umetikettierung. Microsoft wollte damit deutlich machen, dass das Produkt weit über reine Office-Anwendungen hinausgeht. Microsoft 365 bietet eine umfassendere Suite von Tools, die Produktivität, Sicherheit und Zusammenarbeit fördern.

Noch heute findet häufig in Gesprächen mit IT-Kollegen eine Vermischung der Begriffe Office 365 und Microsoft 365 statt. Der Unterschied ist schlichtweg noch nicht ausreichend bekannt und viele Denken beim Thema Microsoft 365 noch an Office.

Microsoft-365-Lizenzierung

Microsoft bietet eine Vielzahl von Lizenzoptionen, die unter dem Begriff »Pläne« zusammengefasst sind. Diese Flexibilität ermöglicht es Ihnen, genau das Lizenzmodell auszuwählen, das Ihre Anforderungen erfüllt. Aber Vorsicht: Die große Auswahl kann schnell unübersichtlich werden.

Bevor Sie sich für einen Lizenzplan entscheiden, nehmen Sie sich die Zeit, die Details sorgfältig zu prüfen. Besonders günstig erscheinende Optionen könnten entscheidende Funktionen vermissen lassen, die Sie benötigen – jetzt oder in Zukunft. Dieser Abschnitt hilft Ihnen dabei, die richtige Wahl zu treffen.

Eine *Lizenz* ist im rechtlichen Kontext die Erlaubnis, eine bestimmte Ressource oder ein bestimmtes Recht unter festgelegten Bedingungen zu nutzen. Sie wird von der Partei erteilt, die über die Rechte verfügt, und regelt, wie und unter welchen Umständen diese Rechte genutzt werden dürfen. Lizenzen spielen in vielen Bereichen eine wichtige Rolle, insbesondere im Urheberrecht, in der Softwarebereitstellung und bei der gewerblichen Nutzung von Marken oder Patenten.

So können Sie Microsoft-365-Lizenzen beziehen

Es gibt unterschiedliche Möglichkeiten, Microsoft-365-Lizenzen zu erwerben:

- ✔ Direkter Kauf über die Administrationsoberfläche Ihres Microsofts-365-Kontos.
- ✔ Lizenzhändler: im Rahmen von Volumenlizenzen.
- ✔ Microsoft-Partner: oft ergänzt durch zusätzliche Dienstleistungen.
- ✔ Enterprise Agreements: für große Unternehmen eine beliebte Lösung.
- ✔ Einzelhandel: Einige Lizenzen, wie Microsoft 365 Business Standard, sind auch als physische Box im Laden erhältlich – ein seltener Sonderfall.

Der Bezugsweg hat Einfluss auf den Preis und oft auch auf andere Faktoren, wie die Laufzeit der Lizenzen. Ein Vergleich verschiedener Optionen ist daher immer empfehlenswert.

Zielgruppen: Wer braucht was?

Microsoft 365 richtet sich sowohl an kleine als auch an mittelständische Unternehmen. Besonders hervorzuheben sind für Unternehmen mit über 300 Mitarbeitern die umfassenden Enterprise-Editionen von Microsoft 365, die mit erweiterten Sicherheitsfunktionen, Verwaltungslösungen und Compliance-Tools ausgestattet sind, um den Anforderungen großer Organisationen gerecht zu werden. Für Unternehmen mit bis zu 300 Mitarbeitern bietet Microsoft 365 Businesspakete, die speziell an die Bedürfnisse dieser Zielgruppen angepasst sind und eine nahtlose Integration und Verwaltung ermöglichen. Folgende Fragen helfen Ihnen bei der richtigen Wahl des Abonnements, auf die einzelnen Abonnements gehe ich im Abschnitt »Lizenzierung« genauer ein.

- ✔ Wie groß ist das Unternehmen, in dem Sie arbeiten?
- ✔ Welche Anwendungen brauchen die Mitarbeiter?
- ✔ Wie wichtig sind für Sie die Themen Sicherheit und Compliance?
- ✔ Gibt es im Unternehmen Mitarbeiter, welche gelegentlich, aber nicht täglich mit den Microsoft-Anwendungen arbeiten, wie zum Beispiel Produktions- oder Lagermitarbeiter?

Microsoft 365 bietet Ihnen maximale Flexibilität bei der Lizenzierung. Sie können Ihre Abonnements ganz einfach von Monat zu Monat anpassen und müssen nicht gleich mit der umfassendsten Lizenz starten.

Es ist ein bisschen wie bei einem Abo im Fitnessstudio: Viele beginnen mit einem Basis-Abo, um die grundlegenden Geräte und Kurse zu nutzen. Erst wenn sie genau welche, welche Kurse oder Trainer sie begeistern, erweitern sie das Abo um zusätzliche Leistungen wie Personal Training oder spezielle Workshops. Ähnlich können Sie bei Microsoft 365 vorgehen: Beginnen Sie mit einer Basislizenz, die Ihre Kernanforderungen abdeckt, und erweitern Sie diese schrittweise, wenn Ihr Unternehmen wächst oder neue Anforderungen entstehen.

Wo Sie weitere Informationen finden

Die in diesem Buch beschriebenen Lizenzdetails basieren auf dem Stand zum Zeitpunkt der Veröffentlichung dieses Buches. Es ist jedoch möglich, dass sich zwischenzeitlich Änderungen ergeben haben. Für aktuelle Informationen empfehlen ich Ihnen einen regelmäßigen Blick auf die offizielle Website von Microsoft 365 (`https://www.microsoft.com/de-de/microsoft-365`). Noch detailliertere Angaben finden Sie in den Dienstbeschreibungen unter `https://learn.microsoft.com/de-de/office365/servicedescriptions/office-365-service-descriptions-technet-library`.

Bitte beachten Sie, dass die auf der Webseite von Microsoft angegebenen Preise sich auf den direkten Kauf über die Administrationsoberfläche Ihres Microsoft-Accounts beziehen. Andere Bezugswege können mitunter günstigere Konditionen bieten.

Lizenzierung

Microsoft 365 bietet eine große Auswahl an Lizenzierungen, die je nach Unternehmensgröße und Anforderungen variieren. Die Grundlage hierfür sind sogenannte Abonnements, die es Ihnen ermöglichen, eine festgelegte Anzahl an Lizenzen für einen bestimmten Zeitraum zu erwerben. Jedes Abonnement setzt sich aus vier Bestandteilen zusammen:

- ✔ **Lizenztyp:** Definiert die enthaltenen Funktionen und den Zweck der Lizenz.
- ✔ **Anzahl der Lizenzen:** Gibt an, wie viele Benutzer diese nutzen können.
- ✔ **Dauer:** der Zeitraum, für den die Lizenzen gültig sind.
- ✔ **Kosten:** die anfallenden Gebühren für das Abonnement.

Solche Abonnements können Sie direkt bei Microsoft, über autorisierte Partner oder über spezielle Lizenzprogramme erwerben. Die Lizenzen aus Ihrem Abonnement bilden einen zentralen Pool, aus dem Sie einzelnen Nutzern Zugriff gewähren.

Parallel laufende Abonnements

Es ist möglich, mehrere Abonnements gleichzeitig zu nutzen, auch mit unterschiedlichen Laufzeiten. Dies gibt Ihnen die Flexibilität, für die jeweiligen Zielgruppen im Unternehmen gezielt das richtige Abonnement zur Verfügung zu stellen, um eine effektive Kostenstruktur zu schaffen. Es erfordert aber auch eine gute Übersicht über die Lizenzen und Zielgruppen Ihres Unternehmens.

Wichtig zu wissen: Lizenzen aktiv nutzen

Beachten Sie, dass Abonnements kostenpflichtig bleiben, unabhängig davon, ob eine Zuweisung an einen Nutzer stattfindet. Das bedeutet: Wenn Sie eine Lizenz nicht zuweisen, zahlen Sie trotzdem dafür. Umgekehrt können Benutzer ohne Lizenz keine Microsoft-365-Dienste verwenden.

Ein Beispiel: Bei OneDrive wird durch die Lizenzzuweisung Speicherplatz für den jeweiligen Benutzer freigegeben. Entfernen Sie die Lizenz, hat der Benutzer keinen Zugriff mehr auf die gespeicherten Dateien. Die Daten selbst bleiben für eine Übergangszeit von 30 Tagen erhalten. Danach werden die Inhalte unwiderruflich gelöscht, wenn die Lizenz nicht erneut zugewiesen oder der Datensatz anderweitig gesichert wird.

Abonnements: Microsoft 365 Small Business

Für kleine und mittelständische Unternehmen bietet Microsoft spezielle Small-Business-Abonnements an, die optimal auf die Bedürfnisse dieser Zielgruppe zugeschnitten sind. Aktuell gibt es die Varianten »Microsoft 365 Business Basic«, »Business Standard«, »Business Premium« sowie »Microsoft 365 Apps for Business«. Diese unterscheiden sich vor allem im Umfang der enthaltenen Dienste, dem Sicherheitsniveau und den Möglichkeiten zur Verwaltung.

Im Vergleich zu den Enterprise-Plänen sind die Small-Business-Abonnements auf maximal 300 Nutzer begrenzt und bieten eine einfachere Administration sowie einen Fokus auf die wichtigsten Office-Anwendungen und Cloud-Dienste. Die Enterprise-Pakete hingegen richten sich an größere Organisationen mit komplexeren Strukturen, skalierbaren Geschäftsmodellen und erweiterten Sicherheits- sowie Compliance-Anforderungen.

Da Microsoft regelmäßig neue Funktionen und Anpassungen vornimmt, finden Sie die aktuellen Unterschiede und Details zu den einzelnen Abonnements stets unter folgender URL `https://www.microsoft.com/de-de/microsoft-365/business?market=de`

Microsoft 365 Enterprise: Was Sie über die Lizenzierung noch wissen sollten

Im Bereich Microsoft 365 Enterprise gibt es eine Vielzahl an Lizenztypen, die sich an unterschiedliche Anforderungen anpassen lassen. Dazu gehören Lizenzen wie Office 365 E1, E3, E5 oder F1, F3, F5. Außerdem gibt es spezielle Versionen ohne Teams-Lizenzen für den Europäischen Wirtschaftsraum (EWR).

Warum das Ganze? Im Enterprise-Umfeld schließen viele Unternehmen spezielle Agreements für die Lizenzierung von Betriebssystemen ab, entweder direkt mit Microsoft oder mit anderen Lizenzgebern. Dadurch wird die Lizenzierung von Windows 11 über Microsoft 365 oft überflüssig. Mit anderen Worten: Unternehmen können Betriebssysteme separat lizenzieren und sich so flexibel aufstellen.

Weitere Informationen über die Lizenzierung von Microsoft 365 im Enterprise segment finden Sie unter: `https://www.microsoft.com/de-de/microsoft-365/enterprise/office365-plans-and-pricing?market=de`

Warum Microsoft 365 für kleine und mittelständische Unternehmen?

Microsoft 365 ist wie ein Alleskönner für Ihr Unternehmen. Es kombiniert zahlreiche Tools auf einer Plattform und macht den Arbeitsalltag einfacher und effizienter. Egal ob E-Mails, Dateifreigaben oder Videokonferenzen – alles ist abgedeckt. Aber warum genau ist Microsoft 365 die richtige Wahl? Hier sind sieben schlagkräftige Argumente:

1. **Arbeiten Sie, wo Sie wollen**

   Microsoft 365 macht mobiles Arbeiten ganz einfach. Ob am Schreibtisch, im Zug oder zu Hause – Sie haben über die Cloud immer Zugriff auf Ihre Dateien und Anwendungen. Das spart Zeit und sorgt dafür, dass Sie produktiv bleiben, egal wo Sie sind.

2. **Zusammenarbeit leicht gemacht**

   Mit Tools wie OneDrive, Teams und SharePoint wird das Arbeiten im Team mühelos. Dokumente lassen sich gemeinsam bearbeiten, Projekte effizient planen und Ideen in Echtzeit austauschen.

3. **Datensicherheit inklusive**

   Ihre Daten sind in sicheren Händen. Microsoft 365 bietet Schutz durch Funktionen wie Verschlüsselung und Multi-Faktor-Authentifizierung, damit sensible Informationen vor unbefugtem Zugriff geschützt bleiben.

4. **Kosten reduzieren**

   Vergessen Sie teure Investitionen in Server und Software! Durch die Abo-Modelle von Microsoft 365 bezahlen Sie weder extra Lizenzierungen noch Hardware für Server oder Infrastruktur, sondern profitieren von der Cloud-Infrastruktur – ohne hohe Anfangskosten.

5. **Anpassbar für jedes Wachstum**

   Egal, ob Sie wachsen oder sich an neue Gegebenheiten anpassen – Microsoft 365 ist flexibel. Fügen Sie einfach neue Benutzer hinzu oder passen Sie die Dienste an Ihre Bedürfnisse an.

6. **Routineaufgaben automatisieren**

   Warum Aufgaben manuell erledigen, wenn sie automatisiert werden können? Mit Power Automate setzen Sie wiederkehrende Prozesse auf Autopilot und gewinnen Zeit für wichtigere Dinge.

7. **Immer aktuell**

   Keine Sorge mehr wegen veralteter Softwareversionen: Microsoft 365 wird kontinuierlich aktualisiert. Sicherheits-Patches und neue Funktionen sind immer automatisch dabei, ohne dass Sie sich darum kümmern müssen.

Keine Sorge, Administratoren: Ihre Arbeit bleibt unverzichtbar!

Microsoft 365 bringt viele Vorteile mit sich, aber eines können wir gleich klarstellen: Ihre Rolle als Administrator bleibt essenziell. Auch wenn Microsoft viele Dienste in seinen Rechenzentren hostet, bedeutet das nicht, dass Sie überflüssig werden. Ganz im Gegenteil – Ihr Wissen und Ihre Fähigkeiten sind gefragter denn je.

Warum Administratoren unverzichtbar bleiben

Die Einführung von Microsoft 365 ist nicht einfach ein »Knopf drücken und fertig«. Es braucht Ihre Expertise, um:

- ✔ die **Einrichtung** reibungslos zu gestalten,
- ✔ die **Datenmigration** korrekt durchzuführen, und
- ✔ den **laufenden Betrieb** sicherzustellen.

Besonders spannend wird es, wenn Technologien wie Single Sign-on, hybride Umgebungen mit Exchange und SharePoint oder Microsoft Teams zum Einsatz kommen. Diese erfordern fortlaufende Betreuung – und das können nur Sie!

Mehr als nur Microsoft 365

Microsoft 365 allein reicht oft nicht aus, um alle Bedürfnisse eines Unternehmens abzudecken. Zusätzliche Geschäftsanwendungen müssen integriert und Prozesse angepasst werden, damit alles reibungslos läuft. Hier kommen Sie ins Spiel:

- ✔ **Integration neuer Anwendungen:** Ihre Aufgabe ist es, Microsoft 365 mit den spezifischen Tools Ihres Unternehmens zu verbinden.
- ✔ **Kontinuierliche Updates verwalten:** Microsoft stellt regelmäßig neue Funktionen und Dienste bereit. Diese müssen getestet, bewertet und in bestehende Prozesse integriert werden.

Microsoft 365 bringt eine neue Dynamik in die IT-Landschaft: den Evergreen-Ansatz. Das bedeutet, dass die Dienste ständig weiterentwickelt werden. Für viele Unternehmen ist das eine neue Herausforderung, denn:

- ✔ **Prozesse müssen angepasst** werden, um mit kontinuierlichen Updates Schritt zu halten.
- ✔ Es braucht klare **Strategien**, um die neuen Funktionen sinnvoll einzusetzen und den Betrieb aufrechtzuerhalten.

Anwendungsszenarien

Microsoft 365 ist ein wahres Multitalent, das Unternehmen in den unterschiedlichsten Bereichen unterstützt. Ob Kommunikation, Zusammenarbeit oder Sicherheit – die Plattform bietet vielseitige Tools, die auf die Bedürfnisse moderner Unternehmen abgestimmt sind. Schauen wir uns die häufigsten Anwendungsszenarien genauer an:

E-Mail- und Kalenderverwaltung mit Outlook und Exchange Online

E-Mails und Kalender sind die Basis der täglichen Kommunikation in jedem Unternehmen. Microsoft 365 liefert mit Outlook und Exchange Online eine professionelle und leistungsstarke Lösung.

- ✔ **Professionelle E-Mail-Adressen:** Unternehmen können firmeneigene Domains verwenden und eine einheitliche Kommunikation sicherstellen.
- ✔ **Gemeinsame Kalender:** Teams haben die Möglichkeit, Besprechungen effizient zu planen und auf gemeinsame Kalender zuzugreifen. Das spart Zeit und reduziert Terminüberschneidungen.
- ✔ **Zentrale Verwaltung:** Administratoren können Postfächer einfach verwalten und E-Mail-Flüsse optimieren, während Mitarbeiter ihre Kommunikation nahtlos organisieren können.

Ergebnis: Eine einfache und effiziente Verwaltung von E-Mails und Terminen, die den Arbeitsalltag erleichtert.

Dokumentenmanagement und Zusammenarbeit mit SharePoint Online und OneDrive

Jeder kennt das Problem: Dateien werden per E-Mail hin- und hergeschickt, und am Ende gibt es zehn verschiedene Versionen eines Dokuments. Microsoft SharePoint und OneDrive for Business bieten die bessere Lösung.

- ✔ **Zentrale Ablage:** Dateien können an einem zentral gespeichert und von überall aus abgerufen werden.
- ✔ **Zusammenarbeit in Echtzeit:** Mehrere Personen können gleichzeitig an einem Dokument arbeiten, ohne Versionskonflikte.
- ✔ **Intranetseiten:** Mit SharePoint lassen sich interne Portale erstellen, die Wissen bündeln und für eine klare Kommunikation sorgen.

Ergebnis: Bessere Zusammenarbeit, weniger Fehler und eine zentrale Wissensplattform für das gesamte Unternehmen.

Teamkommunikation und Kollaboration mit Microsoft Teams

In der modernen Arbeitswelt ist effiziente Kommunikation entscheidend. Microsoft Teams bietet eine All-in-One-Lösung für den Austausch und die Zusammenarbeit.

- ✔ **Strukturierte Kommunikation:** Teams können Kanäle für verschiedene Projekte oder Abteilungen erstellen, um Diskussionen zu organisieren.

- ✔ **Integration von Funktionen:** Chats, Videokonferenzen, Dateifreigaben und Kalender sind auf einer Plattform vereint.
- ✔ **Nahtlose Zusammenarbeit:** Teams können Dateien direkt in der Anwendung bearbeiten und teilen.

Ergebnis: Ein Tool, das die Kommunikation vereinfacht und Projekte effizient voranbringt.

Projektmanagement mit Microsoft Planner und

Effektives Aufgabenmanagement ist der Schlüssel zu erfolgreichen Projekten. Microsoft 365 bietet dafür die passenden Werkzeuge: Planner und To Do.

- ✔ **Planner:** Teams können Aufgaben erstellen, zuweisen und deren Fortschritt im Blick behalten. Ideal für Projekte jeder Größe.
- ✔ **To Do:** Einzelpersonen können ihre täglichen Aufgaben organisieren und Prioritäten setzen.
- ✔ **Nahtlose Integration:** Beide Tools sind direkt in die Microsoft-365-Plattform eingebunden, sodass Aufgaben überall verfügbar sind.

Ergebnis: Mehr Struktur, Transparenz und Produktivität im Team.

Sicherheit und Compliance mit Microsoft Intune und Entra ID

Sicherheit ist ein großes Thema – besonders, wenn Daten in der Cloud gespeichert werden. Microsoft 365 bringt mit Intune und Entra ID mächtige Werkzeuge mit, um Ihre Unternehmensdaten zu schützen.

- ✔ **Geräteverwaltung:** Mit Intune können Administratoren Unternehmensgeräte verwalten, überwachen und absichern – mobil oder stationär.
- ✔ **Benutzeridentitäten:** Entra ID bietet eine zentrale Verwaltung von Zugriffsrechten, sodass nur autorisierte Personen auf Daten zugreifen können.
- ✔ **Compliance sicherstellen:** Die Tools helfen, gesetzliche Vorgaben einzuhalten und die Sicherheit im Unternehmen zu verbessern.

Ergebnis: Ihre Daten sind geschützt, und Sie erfüllen alle Anforderungen an Sicherheit und Datenschutz.

Die wichtigsten Anwendungen – leicht erklärt

Microsoft 365 bietet eine Vielzahl von Tools und Services, die speziell auf die Bedürfnisse kleiner und mittelständischer Unternehmen zugeschnitten sind. Diese Werkzeuge vereinfachen den Arbeitsalltag, verbessern die Zusammenarbeit und sorgen für mehr Produktivität. Hier ist eine Übersicht der wichtigsten Anwendungen und ihrer Einsatzmöglichkeiten:

E-Mail, Kommunikation und Zusammenarbeit

Nachfolgend werden Ihnen die Microsoft-365-Anwendungen erläutert, welche für die Kommunikation per E-Mail und Zusammenarbeit in Ihrer Organisation für den Start relevant sind.

Microsoft Outlook

Microsoft Outlook ist eine der bekanntesten Anwendungen von Microsoft und wird für die Verwaltung von E-Mails und Terminen genutzt. Planen Sie Meetings effizient und behalten Sie alles im Blick.

Verfügbar in den Abo-Modellen: Business Basic, Business Standard, Business Premium, Office 365 E1, E3, E5 und F3.

Microsoft Teams

Die Schaltzentrale in Microsoft 365. Von hier können Mitarbeiter in die Kollaboration eintauchen und erhalten alle Informationen gebündelt an einem Ort. In Microsoft Teams können Sie chatten, zusammenarbeiten oder mit internen sowie externen Personen telefonieren. Microsoft Teams vereint Kommunikation, Videokonferenzen und Dateifreigabe in einer Plattform.

Verfügbar als Add-On in Business Basic, Business Standard, Business Premium, Office 365 E1, E3 und E5.

Ein *Add-On* ist eine Erweiterung, die zusätzliche Funktionen bietet, die im ursprünglichen Abonnement nicht enthalten sind. Im Fall von Microsoft Teams ermöglicht Ihnen das Add-On, die Plattform um spezielle Funktionen wie Telefonie oder erweiterte Kollaborations-Tools zu ergänzen.

Dokumentenmanagement und Textbearbeitung

In diesem Abschnitt finden Sie eine Erläuterung der Microsoft-365-Anwendungen, die für die Erstellung, Bearbeitung, Verwaltung und Speicherung von Dokumenten eine große Bedeutung haben.

Microsoft Word

Mit Microsoft Word können Sie professionelle Textdokumente mit leistungsstarken Formatierungs- und Vorlagenfunktionen erstellen oder bearbeiten. Die Anwendung läuft im Web, als sogenannte Web-App, oder als Desktop-Client auf dem Endgerät.

Verfügbar in: Business Standard, Business Premium, Office 365 E3 und E5.

Microsoft Excel

Microsoft Excel ist perfekt für Datenanalyse, Berichte und Tabellenkalkulationen. Mit Pivot-Tabellen und Diagrammen behalten Sie den Überblick. Die Anwendung kann dabei als Web-App genutzt oder als Desktop-Client auf dem Endgerät installiert werden.

Verfügbar in: Business Standard, Business Premium, Office 365 E3 und E5.

Microsoft PowerPoint

Mit Microsoft PowerPoint können Sie ansprechende Präsentationen mit Multimedia-Inhalten erstellen und präsentieren. Dabei kann eine Präsentation neu oder mithilfe einer Vorlage erstellt werden. Die Anwendung kann dabei im Web oder als Desktop-Client Installation auf dem Endgerät genutzt werden.

Verfügbar in: Business Standard, Business Premium, Office 365 E3 und E5.

Microsoft SharePoint Online

Microsoft SharePoint Online ist das Herzstück von Microsoft 365. Für Anwendungen wie Microsoft Teams und Microsoft Planner dient SharePoint Online erst einmal als Datenablage. Dabei kann Microsoft SharePoint aber mehr als das: So können Sie mittels Microsoft SharePoint interaktive Intranet- oder Kollaborationsseiten erstellen. Sehen Sie Microsoft SharePoint als eine Allzweckwaffe an, welche den Mitarbeitern Informationen und Daten in einer Art Frontend anzeigt.

Verfügbar in: Business Standard, Business Premium, Office 365 E3 und E5.

Microsoft OneDrive

In Microsoft OneDrive können Sie Dateien in der Cloud speichern und teilen. So können Sie ortsunabhängig auf Ihre Daten zugreifen.

Verfügbar in: Business Basic, Business Standard, Business Premium, Office 365 E1, E3 und E5.

Microsoft OneDrive ist der persönliche Speicherort und hängt dabei in einem direkten Zusammenhang am Benutzer-Profil aus Entra-ID, der Microsoft 365 Benutzerverwaltung. Weitere Informationen erhalten Sie im Kapitel »Die Benutzerverwaltung in Entra ID«.

Aufgaben- und Projektmanagement

Nachfolgend werden Ihnen die Microsoft-365-Anwendungen erläutert, welche gleich zu Beginn für das Aufgaben- und Projektmanagement innerhalb Ihres Unternehmens relevant sind.

Microsoft Planner

In Microsoft Planner können Sie Aufgaben einer Arbeitsgruppe verwalten. Einen großen Mehrwert bietet hier die sehr gute Integration in andere Microsoft-365-Anwendungen, wie zum Beispiel Microsoft Teams, Microsoft To Do oder Outlook. Durch diese neue Anwendung schließt sich also eine große Lücke in der Aufgabenverwaltung mit Microsoft 365.

Verfügbar in: Business Basic, Business Standard, Business Premium, Office 365 E1, E3 und E5.

Microsoft To Do

Microsoft To Do übernimmt die Aufgabenverwaltung eines Mitarbeiters und ist für die Planung der täglichen Aufgaben angedacht. Durch eine nahtlose Integration in Microsoft Teams und Microsoft Outlook vereinfacht sich die Erstellung und Verwaltung von Aufgaben im Arbeitsalltag.

Verfügbar in: Business Basic, Business Standard, Business Premium, Office 365 E1, E3 und E5.

Microsoft Project

Sie möchten größere Projekte planen und verwalten und dabei ist Ihnen ein Ressourcenmanagement mitsamt Vorgänger- und Nachfolgersystematiken für Aufgaben wichtig? Dann ist Microsoft Project, oder eher gesagt Microsoft Planner Premium, genau die richtige Anwendung.

Verfügbar as Add-On für die Abonnements: Business Standard, Business Premium, Office 365 E3 und E5.

Mit der *Vorgänger- und Nachfolgersystematik* sind Aufgaben gemeint, die nicht Parallel ablaufen, sondern nacheinander folgen. Ein Beispiel aus der eigenen Küche. Sie möchten Nudeln für Ihre Familie kochen. Die Schritte/Aufgaben dafür sind:

- Topf aus dem Schrank holen,
- Topf mit Wasser füllen,
- Salz ins Wasser geben,
- das Wasser auf dem Herd erwärmen
- und so weiter …

Somit gibt es eine klare Abfolge von Aufgaben, die jeweils eine Vorgänger- sowie eine Nachfolgeraufgabe haben. Sie können dabei nicht die Reihenfolge ändern, wie zum Beispiel das Wasser erwärmen, ohne vorher Wasser in den Topf gegeben zu haben. Genau dieses Prinzip ist mit dem Thema Vorgänger- und Nachfolgersystematik im Microsoft Project gemeint.

Datenanalyse und Automatisierung

Die Automatisierung von Prozessen und Abläufen sowie die Analyse und das Controlling von wichtigen Kennzahlen, wie zum Beispiel den Vertriebszahlen, sind für jedes Unternehmen relevant. In diesem Abschnitt erhalten Sie eine Beschreibung der passenden Anwendungen, für das Themengebiet.

Power BI

Power BI kommt aus der Power Platform von Microsoft 365 und ist die Business Analytics Anwendung schlechthin. Mit Power BI können Sie Daten aus Microsoft 365 und externen Anwendungen, wie einem ERP-System, analysieren und in Echtzeit visualisieren. Power BI ist in den meisten Microsoft-365- und Office-365-Lizenzen als Add-On erhältlich.

Verfügbar in: Business Premium und Office 365 E5.

Power Automate

Sie möchten Urlaubsanträge über Microsoft 365 genehmigen? Dann kommen Sie um Microsoft Power Automate nicht herum. Denn Microsoft Power Automate ist die Workflow Engine von Microsoft 365 und kommt mittels Gateways und Schnittstellen (Connectors) in jede Ecke. Microsoft Power Automate hilft Ihnen bei der Automatisierung von Prozessen, die entweder manuell angesteuert werden oder einen zeitlichen Start besitzen.

Verfügbar in: Business Standard, Business Premium, Office 365 E3 und E5.

Power Apps

Microsoft Power Apps ist eine sogenannte Low-Code-Plattform, um kleine Anwendungen für ein Unternehmen zu programmieren. Dabei integriert sich Power App in Anwendungen wie Microsoft Teams und SharePoint Online.

Verfügbar in: Business Standard, Business Premium, Office 365 E3 und E5.

Sicherheit und Verwaltung

Die Verwaltung von Benutzerkonten und Sicherheit von Informationen ist ein wichtiger Aspekt, wenn Sie sich mit den Anwendungen von Microsoft 365 befassen. In diesem Abschnitt beschreibe ich Ihnen vier Dienste, welche Ihnen hier beim Thema Sicherheit helfen.

Exchange Online

Exchange Online ist der Dienst, welcher sich um den Versand und Erhalt von E-Mails kümmert. Eine professionelle E-Mail-Lösung mit Funktionen wie Anti-Spam, E-Mail-Archivierung und Cyber-Security.

Verfügbar in: Business Basic, Business Standard, Business Premium, Office 365 E1, E3 und E5.

Microsoft Intune

Sie möchten Endgeräte in Ihrem Unternehmen verwalten und automatisiert einrichten? Dann hilft Ihnen Microsoft Intune. Mit Microsoft Intune können Sie unternehmensintern Endgeräte – ob mobil oder stationär – nicht nur verwalten, sondern auch mit den notwendigen Sicherheitsmechanismen absichern.

Verfügbar in: Business Premium, Office 365 E3 als Add-On, E5.

Entra ID

Entra ID ist Ihre Benutzerverwaltung, in der zentral die Benutzer verwaltet sowie Funktionen rund um die Themen Single Sign-On, Passwordless und Multi-Faktor-Authentifizierung für mehr Sicherheit eingestellt werden können.

Verfügbar in: Business Premium, Office 365 E3 und E5.

Microsoft Defender

Microsoft Defender ist der umfassende Schutz vor Bedrohungen wie Malware und Phishing-Angriffen.

Verfügbar in: Business Premium, Office 365 E3 und E5.

Microsoft Viva: Alles für die Mitarbeitererfahrung

Microsoft Viva ist ein Zusammenschluss von Microsoft-Anwendungen, welcher sich mit dem Thema Mitarbeitererfahrung befasst. Es geht darum, den Mitarbeiter durch die unten vorgestellten Funktionen und Möglichkeiten im Arbeitsalltag zu unterstützen. Microsoft Viva benötigt eine eigene Lizenzierung und ist ähnlich zu verstehen wie die Add-On-Lizenz von Microsoft Teams. Der Unterschied dabei ist jedoch, dass es gewisse Teilfunktionen der Microsoft-Viva-Anwendungen in einer frei verfügbaren Variante gibt und nur einzelne Funktionen innerhalb der Anwendung lizenziert werden müssen.

Viva Connections

Mit Viva Connection können Sie den Mitarbeitern im Unternehmen ein personalisiertes Dashboard bereitstellen und darüber hinaus Ihr Intranet in Microsoft Teams integrieren. Durch die Anwendung erhalten Mitarbeiter ein interaktives Erlebnis.

Ein personalisiertes Mitarbeiterportal für Neuigkeiten und Ressourcen.

Viva Insights

Viva Insights analysiert das Benutzerverhalten. Es wird lediglich dem Benutzer angezeigt und keinem Dritten. Es dient dazu, das Arbeitsverhalten im Alltag zu optimieren und zu verbessern.

Viva Insights gibt es in zwei verschiedenen Ausführungen:

- ✔ kostenlos
- ✔ lizenzpflichtig

In der kostenpflichtigen Version sind mehr Funktionen rund um das Thema Achtsamkeit und Wellbeing enthalten.

Viva Learning

Viva Learning ist die Microsoft-365-Lernplattform, sie ist jedoch nicht mit einem Lernmanagementsystem vergleichbar. Unternehmen sind mit Viva Learning in der Lage, den Mitarbeitern via Microsoft Teams eigens erstellte Inhalte oder Inhalte Dritter zur Verfügung zu stellen. Sie können bis zu zehn unterschiedliche Lerninhaltsanbieter anbinden, falls Sie Viva Learning lizenziert haben.

Viva Engage

Viva Engage können Sie sich als »Facebook light« für Unternehmen vorstellen. Durch sogenannte Communitys können sich Mitarbeiter zu Fach- und anderen Themengebieten austauschen. Es fördert die soziale Interaktion und den Austausch von Ideen. Wie die anderen Microsoft-Viva-Anwendungen zuvor gibt es Viva Engage in zwei Lizenzvarianten:

1. kostenlos
2. kostenpflichtig

In der kostenlosen Variante sind bereits grundlegende Funktionen enthalten. Die kostenpflichtige unterscheidet sich in den Funktionen von Answers und Copilot. Answers ist eine Funktion von Viva Engage, mit der Mitarbeiter Antworten auf Fragen besonders hervorheben können und als wichtiges beziehungsweise richtiges Wissen kennzeichnen können.

Verfügbar in: Business Premium, Office 365 E3 und E5.

KI-Anwendungen

Um Ihnen einen Überblick über die vielfältigen Möglichkeiten von Microsoft 365 zu geben, stellen ich Ihnen hier auch einige der wichtigsten KI-gestützten Funktionen und Anwendungen vor.

Microsoft 365 Copilot

Stellen Sie sich vor, Sie hätten einen persönlichen Assistenten, der Ihnen bei der Arbeit hilft und Ihre Fragen beantwortet, indem er Informationen aus verschiedenen Quellen zusammenführt. Microsoft 365 Copilot macht genau das!

Ob E-Mails aus Outlook, Termine aus Ihrem Kalender, Dokumente aus SharePoint oder Unterhaltungen aus Microsoft Teams – Copilot kennt Ihre vorhandenen Daten und kann sie für Sie auswerten.

Mit Microsoft 365 Copilot können Sie:

- ✔ Informationen schneller finden, indem Sie Fragen stellen wie: »Wann ist mein nächstes Meeting mit dem Team?«
- ✔ Zusammenfassungen erstellen, zum Beispiel von E-Mail-Konversationen oder Team-Diskussionen.
- ✔ Aufgaben wie das Erstellen von Berichten oder Präsentationen vereinfachen, indem Sie Inhalte aus Ihren gespeicherten Daten nutzen.

Copilot macht Ihre Arbeit nicht nur effizienter, sondern auch stressfreier. Microsoft 365 Copilot ist nicht in den Standardlizenzen enthalten und muss als Add-On-Lizenz separat erworben werden.

Copilot Studio

Copilot Studio ist der nächste Schritt, um die Microsoft-KI individuell an Ihre Bedürfnisse anzupassen. Während der Microsoft 365 Copilot vor allem mit bestehenden Daten arbeitet, bietet Ihnen Copilot Studio die Möglichkeit, die KI in Ihren eigenen Arbeitsprozessen und Tools gezielt einzusetzen.

Mit Copilot Studio können Sie:

- ✔ **Individuelle Workflows erstellen:** Passen Sie die KI an spezifische Aufgaben oder Prozesse in Ihrem Unternehmen an.
- ✔ **Benutzerdefinierte Agenten entwickeln:** Nutzen Sie die KI, um wiederkehrende Aufgaben zu automatisieren oder häufig gestellte Fragen zu beantworten.
- ✔ **Ihre Daten sinnvoll integrieren:** Mit Copilot Studio haben Sie die Möglichkeit, Agenten zu erstellen, die speziell auf Ihre individuellen Anforderungen und Datensätze abgestimmt sind. Diese Agenten helfen Ihnen, genau die Informationen dort bereitzustellen, wo Sie sie in Ihrer täglichen Arbeit benötigen, wie zum Beispiel in Microsoft Teams.

Der Copilot Agent ist wie ein virtueller Assistent, den Sie selbst gestalten können. Sie entscheiden, welche Aufgaben der Agent übernehmen soll – ob es sich um die Automatisierung von Prozessen handelt, das Beantworten von Fragen oder das Bereitstellen von Informationen aus bestimmten Systemen.

Beispiele für den Einsatz des Copilot Agenten:

- ✔ **Kundenservice:** Lassen Sie den Agenten Fragen Ihrer Kunden beantworten, basierend auf Informationen aus Ihrem Intranet oder Ihren Wissensdatenbanken.

- ✔ **Projektunterstützung:** Der Agent kann Projektdaten aus verschiedenen Quellen zusammenfassen und Berichte erstellen.
- ✔ **Personalisiertes Onboarding:** Erstellen Sie einen Agenten, der neuen Mitarbeitern hilft, sich schnell in den internen Systemen zurechtzufinden.

Mit Copilot Studio und dem Copilot Agent holen Sie das Beste aus Ihrer Microsoft-365-Umgebung heraus. Statt sich auf Standardlösungen zu verlassen, gestalten Sie Ihre eigene KI-Strategie, die genau zu Ihren Anforderungen passt.

Copilot Studio und der Copilot Agent sind zusätzliche Funktionen und nicht in den Standardlizenzen enthalten. Sie benötigen eine separate Lizenz, um diese Tools nutzen zu können.

Cloudbasiert, aber wo liegen wirklich meine Daten?

Bevor Sie Ihre individuellen Copilot-Agenten gestalten und das volle Potenzial von Copilot Studio ausschöpfen, stellt sich oft die Frage: Wo befinden sich eigentlich Ihre Daten, wenn alles cloudbasiert abläuft? Die Standortwahl ist nicht nur eine Frage des Komforts, sondern auch der Sicherheit, Compliance und Kontrolle.

Microsoft sorgt mit einem breiten Netzwerk an Rechenzentrumsregionen weltweit dafür, dass Ihre Daten stets geschützt und den regionalen Anforderungen entsprechend gespeichert werden. So haben Sie die Sicherheit, dass Ihre Informationen genau dort liegen, wo Sie es wünschen – oder es die gesetzlichen Vorgaben verlangen.

Microsofts Rechenzentrumsregionen – Wo wohnen Ihre Daten?

Microsoft hat eine beeindruckende Anzahl von Rechenzentren auf der ganzen Welt. Um die Sache etwas übersichtlicher zu machen, sind diese in verschiedene Regionen unterteilt. Zu den wichtigsten gehören:

- Deutschland
- Europäische Union
- Asien-Pazifik
- Australien
- Brasilien
- China

- Indien
- und viele mehr.

Eine Übersicht aller Rechenzentrumsregionen finden Sie auf der offiziellen Microsoft Seite

`https://datacenters.microsoft.com/globe/explore/`.

In jeder dieser Regionen betreibt Microsoft mehrere Rechenzentren. Die Region Europäische Union umfasst zum Beispiel Rechenzentren in Irland, den Niederlanden (Amsterdam), Österreich (Wien), Finnland (Helsinki) und Frankreich (Paris und Marseille). Und wenn Sie sich für die Region Deutschland entscheiden, werden Ihre Daten in den Rechenzentren in Frankfurt und Berlin gespeichert.

Warum die Wahl der Region wichtig ist

Bei der Einrichtung Ihres Microsoft-365-Tenant (also Ihrer persönlichen Microsoft-365-Umgebung) legen Sie fest, in welcher Region Ihre Daten gespeichert werden sollen. Diese Entscheidung beeinflusst, welche Rechenzentren zur Speicherung und Verarbeitung Ihrer Daten verwendet werden.

Falls Sie sich schon immer gefragt haben, wo genau Ihre Daten für Dienste wie OneDrive, Teams oder SharePoint abgelegt werden, gibt es eine praktische Website, die diese Frage beantwortet:

`https://products.office.com/de-de/where-is-your-data-located`

Das sollten Sie noch wissen

Manche Dienste werden aus technischen Gründen außerhalb der Hauptregion betrieben, selbst wenn Sie eine bestimmte Region gewählt haben. Aber keine Sorge – Microsoft sorgt dafür, dass alle gesetzlichen und datenschutzrechtlichen Vorgaben eingehalten werden.

Haben Sie Ihren Microsoft-365-Tenant schon vor einer Weile eingerichtet? Dann könnten Ihre Daten an einem anderen Ort gespeichert sein, als Sie vielleicht denken. Statt in der Europäischen Union könnten diese in den USA liegen. Ein Beispiel dafür ist Viva Engage (ehemals Yammer).

Daher ist es umso wichtiger, bei der Konfiguration genau hinzusehen! Prüfen Sie sorgfältig, wo die Speicherorte für Ihren Tenant sind. Denn der Standort Ihrer Daten kann nicht nur rechtliche, sondern auch praktische Auswirkungen auf Ihren Betrieb haben.

Multi-Geo – Daten genau dort speichern, wo es nötig ist

Für Unternehmen mit Standorten in verschiedenen Ländern kann es zur Herausforderung werden, gesetzliche oder regulatorische Anforderungen zur Datenspeicherung einzuhalten. Oft müssen die Daten der Mitarbeiter im jeweiligen Land gespeichert werden. Das

Standardkonzept von Microsoft 365, bei dem alle Daten in der Region Ihres Haupt-Tenant gespeichert werden, reicht da oft nicht aus.

Die Lösung: Multi-Geo

Microsoft hat dafür das Multi-Geo-Konzept entwickelt. Damit können Sie Ihren Microsoft-365-Tenant flexibel um sogenannte Satellit-Standorte erweitern. So können Daten von Mitarbeitern, wie Postfächer in Exchange Online oder persönliche Cloudspeicher in OneDrive for Business, in spezifische Regionen verschoben werden – zum Beispiel nach Korea oder Indien. Auch gemeinsam genutzte Ablagen wie SharePoint Online oder Microsoft-365-Gruppen können auf diese Weise regional angepasst werden.

Das Multi-Geo-Konzept dient ausschließlich der Einhaltung von gesetzlichen Vorgaben zur Datenspeicherung. Es ist nicht dafür gedacht, die Geschwindigkeit beim Zugriff auf Daten zu erhöhen, etwa indem diese näher am Standort der Benutzer gespeichert werden.

Falls Sie eine schnellere Verbindung zu Ihren Daten wünschen, empfehlen sich andere Lösungen, wie lokale Internet-Breakouts, die Anfragen schnell in den Microsoft Backbone übertragen. Dieser verbindet Rechenzentrumsregionen weltweit und sorgt für optimale Verfügbarkeit.

Welche Dienste und Regionen unterstützen Multi-Geo?

Aktuell kompatible Dienste:

- ✔ Exchange Online
- ✔ OneDrive for Business
- ✔ SharePoint Online
- ✔ Microsoft-365-Gruppen
- ✔ Microsoft Teams

Verfügbare Regionen:

- Asien-Pazifik
- Australien
- Brasilien
- Deutschland
- Europäische Union/Naher Osten/Afrika
- Frankreich
- und viele mehr

Eine Übersicht aller Regionen erhalten Sie unter folgender URL `https://learn.microsoft.com/de-de/microsoft-365/enterprise/microsoft-365-multi-geo?view=o365-worldwide`.

Die Kosten von Multi-Geo

Multi-Geo ist nicht kostenlos. Für jeden Benutzer, der in eine Satellit-Region aufgenommen werden soll, benötigen Sie eine Multi-Geo-Lizenz. Diese Lizenzen können derzeit nur über Ihre Microsoft-Kundenbetreuung erworben werden. Sobald die Lizenzen gebucht sind, werden die Funktionen automatisch in Ihrer Administrationsoberfläche freigeschaltet.

Für jeden Benutzer legen Sie in dessen Kontoeinstellungen die gewünschte Region fest. Aber aufgepasst: Pro Benutzer kann immer nur eine Region angegeben werden. Eine Aufteilung der Daten auf mehrere Regionen ist nicht möglich.

So schützt Microsoft Ihre Daten in den Rechenzentren

Da Microsoft 365 nicht in Ihrem eigenen Rechenzentrum betrieben wird, sondern auf Microsofts Infrastruktur basiert, fragen Sie sich vielleicht: Wie sicher sind meine Daten unterwegs und in den Rechenzentren? Keine Sorge – Microsoft hat dafür ein robustes Sicherheitskonzept entwickelt, das auf mehreren Ebenen funktioniert.

Datenverschlüsselung: mehrschichtiger Schutz

Microsoft setzt auf Verschlüsselung, um Ihre Daten während des gesamten Prozesses zu sichern – vom Versand bis zur Speicherung:

- **Während der Übertragung zwischen Ihnen und Microsoft**

  Ob Sie mit dem Browser, einer Office-App, einem Mobilgerät oder PowerShell auf Microsoft 365 zugreifen – Ihre Daten reisen stets über sichere Verbindungen. Das geschieht mit HTTPS und TLS (Transport Layer Security), sodass sie nie ungeschützt durchs Netz gehen.

- **Innerhalb der Rechenzentren und zwischen Standorten**

  Auch innerhalb der Microsoft-Rechenzentren oder bei der Übertragung zwischen ihnen bleibt die Verschlüsselung aktiv. Für E-Mails kommt TLS zum Einsatz, andere Datenübertragungen laufen über IPsec (Internet Protocol Security).

- **Bei der Speicherung in Microsofts Rechenzentren**

  Die Festplatten in den Rechenzentren sind durch BitLocker gesichert, aber das ist noch nicht alles: Daten in OneDrive for Business, SharePoint Online oder Exchange Online werden zusätzlich in kleine Stücke zerlegt. Jedes Stück wird mit einem eigenen Schlüssel verschlüsselt und separat gespeichert. Ein Angreifer müsste also gleichzeitig alle Teile und die passenden Schlüssel besitzen – ein unwahrscheinliches Szenario.

Ihre Daten, Ihr Schlüssel

Wenn Sie die Kontrolle über den Master-Schlüssel übernehmen möchten, können Sie das mit dem *Bring Your Own Key* (BYOK)-Ansatz tun. Das gibt Ihnen die Möglichkeit, Ihre Daten nach Ihrem Ausscheiden des Mitarbeiters aus dem Unternehmen unbrauchbar zu machen, indem Sie den Schlüssel zurückziehen. Praktisch, oder?

Daten gemeinsam nutzen und absichern

Vielleicht möchten Sie sicherstellen, dass auch gemeinsam genutzte Dateien oder E-Mails sicher bleiben. Microsoft 365 bietet dafür Tools wie Vertraulichkeits-Bezeichnungen und die Exchange-Online-Nachrichtenverschlüsselung, mit denen Sie Ihre Informationen schützen können.

Was passiert, wenn Sie Daten extern verschlüsseln?

Es gibt Überlegungen, Daten komplett außerhalb von Microsoft 365 zu verschlüsseln, beispielsweise mit Cloud-Gateways. Doch Vorsicht: Diese Ansätze können wichtige Funktionen einschränken, darunter:

- ✔ **Suche:** Ohne Zugriff auf Inhalte können weder Dateien noch E-Mails durchsucht werden.
- ✔ **Data Loss Prevention (DLP):** Diese Funktion erkennt sensible Daten nur, wenn sie zugänglich sind.
- ✔ **Bearbeiten im Browser:** Office-Dokumente lassen sich im Web nur bearbeiten, wenn der Dienst auf die Inhalte zugreifen kann.
- ✔ **Gleichzeitige Zusammenarbeit:** Das gemeinsame Arbeiten an Dokumenten funktioniert nur mit offenen Inhalten.
- ✔ **Malware-Schutz:** Auch der Schutz vor Schadsoftware benötigt Zugriff auf die Inhalte.

Kein Zugriff ohne Zustimmung: So schützt Microsoft Ihre Daten

Ein häufiges Anliegen bei der Nutzung von Microsoft 365 ist die Frage: »Wer kann eigentlich auf meine Daten zugreifen?« Die beruhigende Antwort: Kein Microsoft-Mitarbeiter, auch kein Administrator oder Support-Techniker, hat direkten Zugriff auf Ihre Kundendaten.

Das liegt daran, dass der Betrieb von Microsoft 365 größtenteils automatisiert ist. Egal ob Wartung, Updates oder andere Routinearbeiten – all das erfordert keinen manuellen Zugriff auf Ihre Daten.

Was passiert im Ausnahmefall?

Es kann jedoch Ausnahmen geben, etwa wenn Sie eine Support-Anfrage stellen und die üblichen Lösungswege nicht ausreichen. Sollte der Support-Mitarbeiter wirklich auf Ihre Daten zugreifen müssen, kommt ein streng geregelter Prozess ins Spiel: die Lockbox.

So funktioniert die Lockbox:

1. Der Support-Mitarbeiter stellt eine Anfrage im Lockbox-System.
2. Ein Microsoft-Manager prüft die Anfrage sorgfältig und gibt sie – falls berechtigt – frei.
3. Die Freigabe erlaubt dem Mitarbeiter einen zeitlich begrenzten Zugriff auf einen klar definierten Datenbereich (zum Beispiel ein Postfach oder einen OneDrive-Speicher).

Dabei handelt es sich nicht um einen »Freifahrtschein«. Der Zugriff ist auf bestimmte Befehle beschränkt, wird vollständig protokolliert und ist technisch abgesichert.

Wenn Ihnen das nicht reicht, können Sie die Kontrolle weiter erhöhen: Mit der Kunden-Lockbox müssen Sie als Administrator jede Anfrage zusätzlich genehmigen.

So läuft es ab:

1. Der Support-Mitarbeiter stellt wie gewohnt eine Anfrage im Lockbox-System.
2. Der Microsoft-Manager prüft die Anfrage und gibt sie frei.
3. Jetzt werden Sie benachrichtigt – per E-Mail oder über die Microsoft-365-Administrationsoberfläche.
4. Sie können die Anfrage prüfen und entscheiden, ob Sie die Genehmigung erteilen.

Erst wenn Microsoft und Sie selbst zustimmen, erhält der Support-Mitarbeiter Zugriff. Die Kunden-Lockbox bietet maximale Transparenz und Kontrolle, ist aber nicht kostenlos. Sie ist in Microsoft 365 E5 enthalten, und kann bei anderen Lizenzmodellen separat erworben werden.

Vertrauen ist gut, Audits sind besser

Microsoft lässt seine Prozesse regelmäßig überprüfen, um sicherzustellen, dass sie wie beschrieben funktionieren. Diese Audits bestätigen, dass die Sicherheits- und Datenschutzrichtlinien eingehalten werden.

Mehr Details dazu finden Sie im Microsoft Trust Center: `www.microsoft.com/de-de/trust-center`

Hier erhalten Sie Informationen zu:

- ✔ Datenschutzmaßnahmen
- ✔ Regelungen zur Datenverarbeitung (zum Beispiel Auftragsverarbeitung)
- ✔ Zugriffsbeschränkungen außerhalb der EU (Standardvertragsklauseln)
- ✔ Zertifizierungen und Auditierungen

Das Trust Center ist die zentrale Anlaufstelle, wenn es um Fragen zu Sicherheit und Datenschutz bei Microsoft 365 geht.

IN DIESEM KAPITEL

- Die Einrichtung des Mandanten
- Das Einrichten des Testzugangs
- Das Einrichten des Administrationskontos
- Das Einrichten des Benutzerkontos
- Der erste Einstieg ins Microsoft 365 Admin Center

Kapitel 2
Microsoft 365 – die ersten Schritte

Nach den Grundlagen aus dem Kapitel »Was ist Microsoft 365?« starten wir jetzt in die Praxis – es wird spannend! Sie werden Ihren eigenen Microsoft-365-Mandanten (oder, wie es in der Microsoft-365-Fachsprache heißt, »Tenant«) einrichten und konfigurieren. Klingt kompliziert? Keine Sorge, denn wir werden alles Schritt für Schritt in diesem Kapitel durchgehen.

M365 Tenant anlegen

Ihnen ist die Microsoft-Website `https://www.microsoft.com/de-de/microsoft-365/` bereits aus dem Kapitel »Was ist Microsoft 365?« bekannt. Dort erhalten Sie alle Informationen rund um Microsoft 365 sowie dessen Anwendungen und Lizenzierungen. Gleichzeitig ist es der Einstiegspunkt, um Ihren eigenen Microsoft-365-Mandanten anzulegen.

Bevor Sie direkt in die Welt von Microsoft 365 eintauchen, sollten Sie sich einen Testzugang besorgen. Warum? Nun, weil Sie so ganz ohne Risiko und Verpflichtung ausprobieren können, ob diese Lösung zu Ihrem Unternehmen passt. Beachten Sie: Mittlerweile verlangt Microsoft bei der Registrierung eines Testzugangs oft die Angabe einer Kredit- oder Debitkarte. Diese dient jedoch lediglich zur Verifizierung – während der 30-tägigen Testphase erfolgt keine Abbuchung; und ohne aktive Verlängerung endet der Test automatisch, ohne dass Ihr Konto belastet wird. Und falls die 30 Tage nicht ausreichen? Keine Sorge, die Möglichkeit zur Verlängerung gibt es auch (siehe Abschnitt »Verlängerung des Testzeitraumes«).

Ein *Mandant* ist einfach gesagt Ihre persönliche Microsoft-365-Welt, in der alle Dienste, Benutzer und Daten untergebracht werden. Sie wird auch »Tenant« genannt.

Bevor Sie mit der Einrichtung beginnen, müssen Sie sich für einen ersten Lizenztyp Ihres Microsoft 365 Mandanten entscheiden.

Aus dem Teil »Lizenzierung« wissen Sie bereits, dass es unterschiedliche Lizenztypen gibt – je nach Anforderungen und Unternehmensgröße. Für Unternehmen mit bis zu 300 Mitarbeitern kommen die Microsoft-365-Business-Varianten (Small Business) in Betracht. Bei mehr als 300 Mitarbeitern sind Sie im Sektor der Enterprise-Lizenzen unterwegs, da die Business-Pläne auf 300 Benutzer limitiert sind. Die Unterschiede können Sie der offiziellen Microsoft-Seite `https://microsoft.com/de-de/microsoft-365` entnehmen.

Entsprechend Ihrer Entscheidung wählen Sie entweder den Kauf der entsprechenden Lizenz oder den Start der Testversion aus. Mit dem Klick auf »1 Monat kostenlos testen« oder »Kaufen« startet der sogenannte Microsoft-365-Mandanten-Anlageprozess.

Für Testzugänge gibt es verschiedene Lizenztypen, wobei normalerweise 25 Benutzerlizenzen kostenlos zur Verfügung stehen. Besonders für Neueinsteiger in Microsoft 365 könnten die folgenden Optionen interessant sein:

- Microsoft 365 Business Basic
- Microsoft 365 Business Standard
- Office 365 E3
- Office 365 E5

Sollten Sie in den ersten Wochen oder Monaten bemerken, dass der gewählte erste Lizenztyp doch nicht ideal war, ist das kein Beinbruch. Sie haben grundsätzlich immer die Möglichkeit, Ihr aktuelles Microsoft-365-Abonnement – sofern es monatlich abgerechnet wird und nicht auf Jahresbasis – zum Monatsende zu kündigen und auf einen anderen Lizenztyp umzusteigen.

In Kundengesprächen erhalte ich in diesem Moment häufig die Frage: »Sind meine Daten dann weg?« Dem ist nicht so, denn Sie bleiben bei einem Wechsel des Lizenztyps weiterhin innerhalb Ihres bestehenden Microsoft-365-Mandanten. Und dort liegen Ihre Daten – ein Lizenzwechsel ändert daran nichts.

Was benötigt man für eine erste Aktivierung?

Der Einstieg in Microsoft 365 gestaltet sich einfacher, als man zunächst vermuten würde – nach wenigen Schritten sind Sie startklar und können die vielfältigen Möglichkeiten direkt ausprobieren.

- **Entscheidung für Test oder Kauf:** Wählen Sie aus, ob Sie zunächst testen oder gleich kaufen möchten.

- **Kreditkarte bereithalten (falls verlangt):** Für den Kauf (und oft auch für den Testzugang) ist eine Kreditkarte oder ein ähnliches Zahlungsmittel erforderlich.
- **E-Mail-Konto:** Verwenden Sie eine bestehende Geschäfts- oder Schul-E-Mail-Adresse, oder erstellen Sie eine neue Microsoft-E-Mail (@outlook.de), die mit dem Tenant verknüpft werden soll.

Wie genau verläuft die Einrichtung des Microsoft-365-Mandanten?

Die Einrichtung des Microsoft-365-Mandanten erfolgt über die Microsoft-Website `https://www.microsoft.com/de-de/microsoft-365/business`. Dort finden Sie oben rechts oder auch zentral auf der Seite einen Button KOSTENLOS TESTEN, über den Sie den Einrichtungsprozess für den Microsoft-365-Mandanten beginnen. Richtig gelesen, dieser Prozess startet scheinbar immer mit einem Testzeitraum. Natürlich können Sie – sofern gewünscht – auch mit dem Lizenzkauf beginnen. Zum Bereich für den direkten Kauf eines Microsoft 365-Lizenztyps gelangen Sie über den Link PLÄNE UND PREISE VERGLEICHEN.

Unabhängig vom gewählten Weg starten Sie den Einrichtungsprozess (Wizard) für den Microsoft-365-Mandanten und gelangen zum Einrichtungsassistenten. Der einzige Unterschied liegt im Abrechnungsmodus beziehungsweise in der kaufmännischen Abwicklung. Für Testzwecke sind keine Zahlungsinformationen erforderlich (beziehungsweise Ihr Konto wird nicht belastet), während diese beim Kauf hinterlegt werden müssen und direkt belastet werden.

Bevor Sie loslegen, beachten Sie Folgendes: Die in der URL hinterlegte Sprache bestimmt die Basissprache, in der Ihr Mandant angelegt wird. Zwar unterstützt der Mandant später mehrere Sprachen, doch die Basissprache dient als Standard für Benutzeroberflächen und wird auch für die initiale SharePoint-Teamwebsite verwendet.

Wenn Ihr Team international aufgestellt ist, sollten Sie sorgfältig prüfen, ob Deutsch als Basissprache die beste Wahl ist oder ob Englisch besser geeignet wäre.

Spracheinstellung in der URL

Die voreingestellte Sprache in der URL richtet sich nach der Sprache Ihres Browsers. Hier ein Beispiel für eine Registrierungs-URL mit Deutsch als Spracheinstellung:

```
https://signup.microsoft.com/get-started/signup?products=cfq7ttc0k59j:
0009&culture=de-de&country=de&ali=1
```

Der entscheidende Abschnitt ist dabei *culture=de-de*.

Möchten Sie amerikanisches Englisch als Basissprache festlegen, müssen Sie den Parameter entsprechend auf *culture=en-us* anpassen. Auf diese Weise können Sie Sprache und Region bereits bei der Einrichtung Ihren Anforderungen entsprechend festlegen.

Wenn wir einmal die Perspektive eines Administrators einnehmen, würde ich Ihnen empfehlen, die Basissprache des Mandanten auf Englisch zu stellen. Der Grund: Bei Herausforderungen und Problemen im Arbeitsalltag sind Fehlermeldungen in der Microsoft-365-Administration auf Englisch oft effektiver und eindeutiger. Sie finden im Internet schlichtweg bessere Hilfestellungen und vermeiden Missverständnisse, die durch maschinell übersetzte Meldungen entstehen können.

Mit der von Ihnen ausgewählten Basissprache beginnt nun der sogenannte Wizard (Einrichtungsassistent) mit der Erstellung Ihres Microsoft-365-Mandanten.

Eingabe Ihrer E-Mail-Adresse:

Im ersten Schritt geben Sie Ihre berufliche E-Mail-Adresse ein. Microsoft überprüft dabei, ob mit dieser Adresse bereits ein Microsoft-Konto verknüpft ist. Dieser Vorgang dient als Sicherheitsmechanismus, um sicherzustellen, dass nur Sie – und nicht jemand Unbefugtes – mit Ihrer E-Mail-Adresse den Anmeldeprozess starten können. So schützt Microsoft Ihre Daten und verhindert unautorisierte Aktivitäten.

Ein Wizard ist ein Einrichtungsassistent (meist in Form eines Formulars), der Sie basierend auf Ihren Eingaben Schritt für Schritt durch einen Prozess führt.

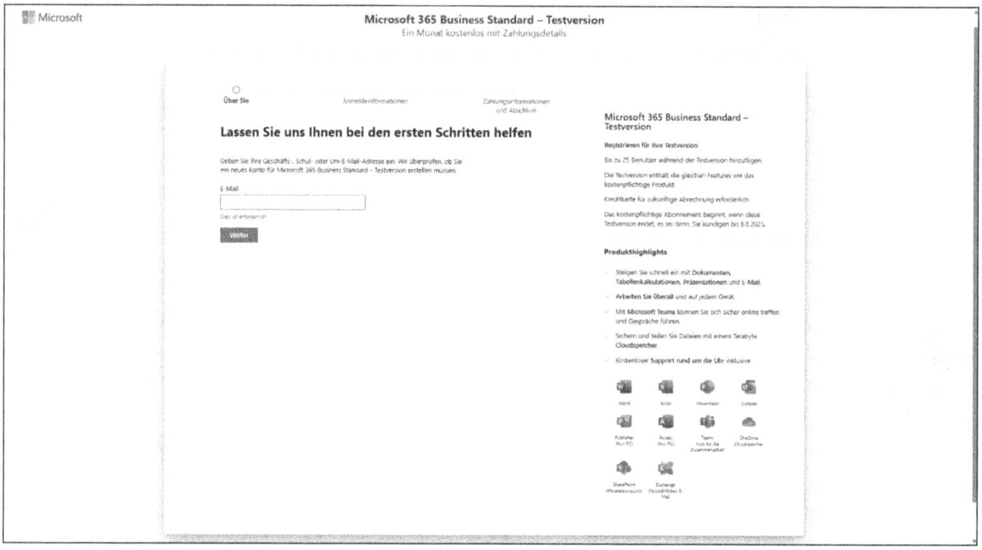

Abbildung 2.1: Microsoft 365 Tenant anlegen

Sollte Ihre E-Mail-Adresse mit keinem Microsoft-Konto verknüpft sein, werden Sie aufgefordert, entweder eine andere E-Mail-Adresse zu verwenden oder ein neues Konto einzurichten. Mit der Entscheidung, Microsoft 365 einzuführen, legen Sie also automatisch auch ein Konto bei Microsoft an – das ist ein grundlegender Bestandteil des Systems.

Das Konzept eines zentralen Kontos dürfte Ihnen von anderen Webplattformen – sei es privat oder beruflich – vertraut sein. Es ist die Basis, um alle Dienste und Funktionen von Microsoft 365 nutzen zu können.

Abbildung 2.2: Anlage Microsoft-Konto

Sollten Sie bereits ein Microsoft-Konto besitzen, melden Sie sich mit Ihrer E-Mail-Adresse und dem dazugehörigen Kennwort an; damit überspringen Sie die Schritte der Kontoerstellung.

Nun kommt bei der Anlage des Microsoft-365-Mandanten der wichtigste und weitreichendste Schritt, welcher nach meiner Erfahrung oft unterschätzt wird: **der Domainname**.

Bei der Einrichtung eines Microsoft-365-Mandanten wählen Sie eine Domäne mit der Endung »`.onmicrosoft.com`« aus (siehe Abb. 2.1). Diese sogenannte Mandantendomäne ist für jeden Microsoft-365-Mandanten essenziell – selbst, wenn Sie später Ihre eigene Domäne (wie zum Beispiel m365roestmeister.de) für E-Mail-Adressen und Logins hinzufügen.

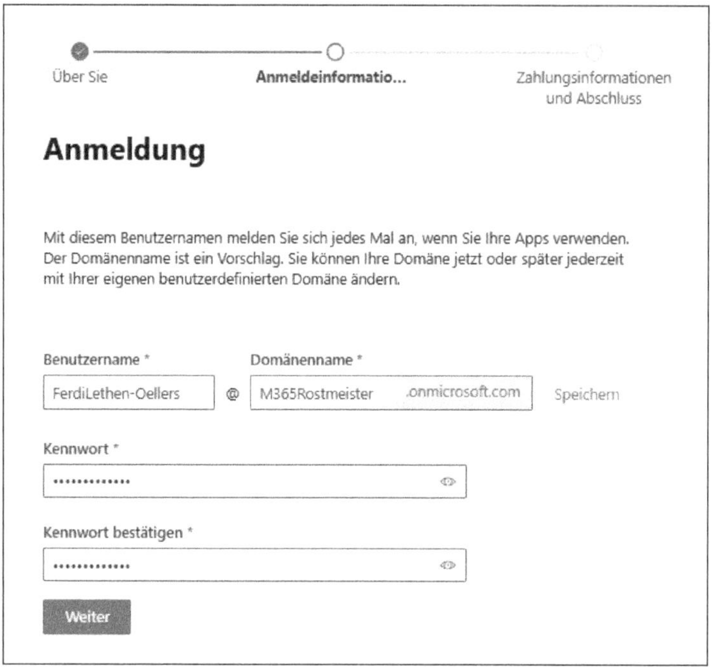

Abbildung 2.3: Microsoft 365 Tenant anlegen – Auswahl der Domaine und Anlage des Administrators

Eine Domain in der Informationstechnologie (IT) ist im Grunde wie eine Adresse im Internet, die es Menschen und Computern erleichtert, bestimmte Websites oder Dienste zu finden. Anstatt komplizierte Zahlenkombinationen (IP-Adressen) einzugeben, nutzen wir Domains, die leicht zu merken sind.

Ein anschauliches Beispiel

Stellen Sie sich das Internet wie eine riesige Stadt vor, in der jedes Haus für eine Website steht. Eine Domain funktioniert dabei wie eine Hausnummer und ein Straßenname, die zusammen den Weg zu einer bestimmten Website weisen. Beispiele:

✔ `google.com` für die Suchmaschine Google

✔ `amazon.de` für die deutsche Version von Amazon

Der Aufbau einer Domain

Eine Domain setzt sich aus zwei Hauptbestandteilen zusammen:

✔ **Name:** Der individuelle Teil, beispielsweise »google« oder »amazon«.

✔ **Endung:** Der Teil hinter dem Punkt, die sogenannte Top-Level-Domain (TLD), zum Beispiel ».com« oder ».de«. Diese zeigt häufig, aus welchem Kontext oder Land die Domain stammt – ».com« steht zum Beispiel für kommerzielle Angebote, ».de« für Deutschland.

Der Nutzen einer Domain

Ohne Domains müssten komplizierte Zahlenfolgen (wie 142.250.185.14) verwendet werden, um eine Website zu erreichen. Domains machen das Surfen benutzerfreundlicher und ermöglichen einen schnellen Zugang zu gewünschten Seiten.

Die Wahl der Mandantendomäne: gut überlegen

Den Namen der Mandantendomäne können Sie frei wählen, er darf nur noch nicht von jemand anderem verwendet werden. Wählen Sie diesen Namen sorgfältig.

Der Name lässt sich **nachträglich nicht mehr ändern**! Falls Sie später merken, dass der gewählte Name doch nicht ideal ist, bleibt Ihnen nur die Möglichkeit, einen neuen Mandanten mit neuem Namen zu erstellen. Und ja, der alte Name bleibt blockiert. Haben Sie also einmal `beispiel.onmicrosoft.com` gewählt, können Sie daran nichts mehr ändern. Wenn Sie aus Unzufriedenheit einen neuen Mandanten anlegen, bleibt der alte Name – nach aktuellem Wissensstand – trotzdem blockiert. Selbst Sie könnten ihn dann nicht für einen neuen Mandanten recyceln.

Manche Unternehmen entscheiden sich bewusst gegen die Verwendung des echten Firmennamens in der Mandantendomäne. Hintergrund ist, dass sich Firmennamen im Falle von Umbenennungen oder Übernahmen ändern könnten – in einem solchen Fall bliebe die ursprüngliche Mandantendomäne aber unverändert bestehen. Wägen Sie also ab, ob Sie Ihren Firmen- oder Markennamen verwenden wollen oder lieber einen eher generischen Begriff.

Vermeiden Sie außerdem kryptische Namen, da die Mandantendomäne häufig Bestandteil von URLs und E-Mail-Adressen ist.

Microsoft erlaubt es inzwischen, bis zu fünf verschiedene »`.onmicrosoft.com`-Domains« zu einem Mandanten hinzuzufügen. Sie könnten also beispielsweise neben `meinunternehmen.onmicrosoft.com` noch alternative Mandantendomänen wie `firma-test.onmicrosoft.com` einrichten. Eine dieser zusätzlichen Domains lässt sich als primäre Absenderadresse festlegen. Beachten Sie jedoch: Die zuerst gewählte Mandantendomäne bleibt dennoch im Hintergrund bestehen und kann nicht umbenannt oder entfernt werden.

Eine *URL* (Uniform Resource Locator) ist die vollständige Webadresse, die Sie in Ihrem Browser eingeben, um eine bestimmte Seite im Internet aufzurufen. Sie zeigt genau an, wo eine Ressource (zum Beispiel eine Website, ein Dokument oder ein Bild) im Internet gespeichert ist und wie darauf zugegriffen werden kann.

Aufbau einer URL:

Eine URL besteht aus mehreren Teilen:

- Protokoll: Zeigt, wie auf die Ressource zugegriffen wird. Typische Beispiele sind https:// (sicherer Zugriff) oder http:// (nicht verschlüsselter Zugriff).
- Domain: Das ist die Hauptadresse, die angibt, wo die Ressource liegt (zum Beispiel beispiel.de).

- Pfad: Gibt an, wo genau die Ressource auf dem Server zu finden ist (zum Beispiel/produkte/angebot.html).
- Optionale Parameter: Zusätzliche Informationen oder Einstellungen, die an die Ressource übergeben werden (zum Beispiel »?id=18962«).

Das Administratorenkonto

Mit der Einrichtung der Domäne, der Eingabe eines Benutzernamens und der Vergabe eines Kennworts erfolgt automatisch die Erstellung des Administrationskontos innerhalb von Microsoft 365. Der erste Benutzer, den Sie auf diese Weise anlegen, ist der sogenannte »globale Administrator« und hat die höchsten Administrationsrechte für Ihren Microsoft-365-Mandanten. Die verschiedenen Administrationsrollen und Berechtigungsmöglichkeiten innerhalb Ihres Mandanten werden wir im Abschnitt »Rollen und Rechte« noch im Detail anschauen.

Aus meiner Erfahrung mit vielen Kundenprojekten empfehle ich Ihnen dringend, im Nachgang – oder am besten direkt bei der Einrichtung des Microsoft-365-Mandanten – ein separates Administratorkonto (als zweites globales Administratorkonto) einzurichten. Im Notfall haben Sie mit diesem zusätzlichen Konto die Möglichkeit, Ihren Microsoft-365-Mandanten weiterhin zu verwalten, ohne den Microsoft-Support bemühen zu müssen. Der Support bräuchte im Ernstfall möglicherweise mehrere Tage, was in Ihrem Unternehmen eine unnötige Ausfallzeit bedeuten kann. Mit einem zweiten Admin-Konto beugen Sie dem vor.

Verlängerung des Testzeitraumes

Manchmal sind 30 Tage einfach nicht genug, um alles auszuprobieren, was Microsoft 365 zu bieten hat. Keine Sorge – Microsoft gibt Ihnen die Möglichkeit, den Testzeitraum um weitere 30 Tage zu verlängern. Allerdings gibt es ein paar Regeln, die Sie beachten sollten, damit das Ganze funktioniert.

Die Voraussetzungen für eine Verlängerung

Nachfolgende Bedingungen müssen erfüllt sein, damit Sie den Testzeitraum verlängern können.

- Die letzten 15 Tage laufen: Die Verlängerungsoption wird erst verfügbar, wenn Ihr ursprünglicher Testzeitraum auf maximal 15 verbleibende Tage geschrumpft ist. Ein wenig Geduld ist also gefragt.
- Noch keine Verlängerung durchgeführt: Sie können den Testzeitraum pro Mandant nur ein einziges Mal verlängern. Falls Sie diese Option schon genutzt haben, heißt es leider: Testphase abgeschlossen.

So funktioniert die Verlängerung

1. Gehen Sie in den Bereich Abrechnung: Melden Sie sich im Microsoft 365 Admin Center an und navigieren Sie zum Bereich »Abrechnung«. Hier finden Sie alle wichtigen Informationen zu Ihren Abonnements.
2. Klicken Sie auf Ihre Produkte: Im Abschnitt Ihre Produkte sehen Sie eine Übersicht Ihrer aktuellen Lizenzen und Abonnements. Markieren Sie das Abonnement (den Testplan), das Sie verlängern möchten.
3. Klicken Sie auf Testzeitraum verlängern: Wenn die Voraussetzungen erfüllt sind, erscheint ein Link oder Button Testzeitraum verlängern. Ein Klick darauf – und Sie haben sich weitere 30 Tage gesichert.

Kein Link sichtbar? Wenn Sie die Option Testzeitraum verlängern nicht sehen, prüfen Sie, ob die Voraussetzungen erfüllt sind. Möglicherweise hat Ihr Testzugang noch zu viele Tage Restlaufzeit oder Sie haben die Verlängerung bereits durchgeführt.

Nach erfolgreicher Verlängerung stehen Ihnen also insgesamt 60 Tage Testzeit zur Verfügung. Ist diese Zeit abgelaufen, wird der Test-Mandant deaktiviert. Microsoft bewahrt die darin gespeicherten Daten anschließend noch für einen begrenzten Zeitraum (in der Regel 30 bis 90 Tage) auf. Wenn Sie Ihren Mandanten weiter nutzen möchten, sollten Sie binnen dieser Frist auf ein passendes kostenpflichtiges Abonnement umsteigen – andernfalls werden der Mandant und alle Daten nach Ablauf dieser Kulanzzeit endgültig gelöscht.

Struktur und Aufbau von Microsoft 365

Nachdem Sie Ihren ersten Microsoft-365-Mandanten entsprechend der Beschreibung im vorigen Abschnitt angelegt haben, beginnt nun der Einstieg in die Microsoft-365-Welt. Sollten Sie bereits einen Microsoft-365-Mandanten besitzen und den ersten Teil dieses Kapitels übersprungen haben, ist der folgende Einstieg für Sie genauso relevant.

Microsoft 365 ist, wie in Kapitel 1, beschrieben, eine Cloud-basierte Anwendung, was mitunter bedeutet, dass Sie diese Anwendung über das Internet, und somit einen Browser, erreichen.

1. Öffnen Sie den Webbrowser Ihrer Wahl (Microsoft Edge, FireFox, Safari, Chrome),
2. gehen Sie auf die Website `https://www.microsoft365.com/` oder `https://portal.office.com` und
3. melden Sie sich mit Ihrem Administratorenkonto an.

Das Microsoft-365-Portal

Nach der Anmeldung öffnet sich die Startseite Ihres Microsoft-365-Mandanten.

Abbildung 2.4: Microsoft 365 Startseite

Bei der ersten Anmeldung mit dem Administratorkonto in Microsoft 365 steht Ihnen zunächst nur eine eingeschränkte Ansicht zur Verfügung. Da Ihrem Admin-Konto noch keine Lizenz zugewiesen wurde, bekommen Sie anfangs eine sehr schlichte Startseite mit wenigen Funktionen zu sehen. Keine Sorge – das ändert sich!

Sobald Sie Ihrem Konto eine passende Lizenz zuweisen, stehen Ihnen das vollständige Microsoft-365-Dienste-Portfolio und alle Funktionen zur Verfügung. Mit der täglichen Nutzung werden Sie schnell mit den Möglichkeiten und dem Funktionsumfang der Plattform vertraut.

Schon zu Beginn sollten Sie an die Sicherheit denken: Neue Microsoft-365-Mandanten haben standardmäßig Security Defaults aktiviert. Das bedeutet, dass alle Benutzer – auch Ihr Admin-Konto – zur Einrichtung der Multi-Faktor-Authentifizierung (MFA) aufgefordert werden. Ignorieren Sie diese Aufforderung nicht: Nach einer kurzen Kulanzzeit (ca. 14 Tage) erzwingt das System die MFA-Registrierung. Richten Sie daher am besten gleich bei der ersten Anmeldung Ihre MFA-Methode ein (zum Beispiel über die Microsoft-Authenticator-App).

Typisch für Microsoft 365 ist der Aufbau der Web-Oberfläche. Den können Sie sich gut einprägen, denn er findet sich in den meisten Anwendungen innerhalb der Weboberfläche wieder:

- ✔ Navigationsleiste: Ein schmaler Bereich auf der linken Seite, über den Sie schnell auf die wichtigsten Anwendungen und Funktionen zugreifen können.
- ✔ Inhaltsbereich: Der größere Bereich auf der rechten Seite, in dem die eigentlichen Inhalte und Funktionen angezeigt werden.

Diese Struktur sorgt für eine klare Trennung zwischen Navigation und Inhalt und erleichtert die Orientierung innerhalb von Microsoft 365.

Microsoft 365 umfasst viele bekannte Anwendungen aus der früheren Office-Produktpalette, darunter Word, Excel und PowerPoint. Diese Programme können Sie weiterhin als installierte Software auf Ihrem Endgerät (zum Beispiel Laptop oder Tablet) nutzen. In ihrer lokalen Version behalten diese den gewohnten Aufbau mit Menüleiste und Ribbon, der sich an die klassische Office-Struktur anlehnt.

Unterschiede bei neueren Anwendungen:

Achtung! Während Programme wie Word oder Excel weitgehend in ihrer bekannten Form bestehen bleiben, weicht das Design bei einigen neueren Anwendungen ab. Microsoft Teams und die neue Microsoft-Outlook-Anwendung sind als installierte Versionen stärker an das Design der Web-Version angeglichen. Dadurch wirkt die Benutzeroberfläche dieser Programme moderner, folgt aber nicht mehr vollständig der traditionellen Office-Struktur. Diese Änderungen sollen die Nutzung über verschiedene Geräte hinweg vereinheitlichen und den Übergang zwischen Web- und Desktop-Anwendungen erleichtern.

Nachdem die Grundlagen geklärt sind, werfen wir einen Blick auf den Aufbau von Microsoft 365. Schon auf den ersten Blick fällt auf, dass die Benutzeroberfläche – wie erwähnt – in zwei Hauptbereiche unterteilt ist (Navigationsleiste und Inhaltsbereich).

Die seitliche *Navigationsleiste* in Microsoft 365 hat im Laufe der Jahre bereits mehrere Namen und Bezeichnungen erhalten – und Microsoft scheint diese auch weiterhin regelmäßig zu ändern. Besonders in Outlook trägt sie laut offiziellem Fachbegriff von Microsoft immer mal wieder eine neue Bezeichnung.

Mein Praxis-Learning: Selbst in Kundenworkshops wurde ich schon eines Besseren belehrt, weil Microsoft den Begriff just am Vortag geändert hatte. Meine Erkenntnis daraus: Statt mich auf eine offizielle, aber möglicherweise kurzlebige Bezeichnung zu versteifen, verwende ich in diesem Buch den klar verständlichen Begriff »Navigationsleiste«.

Mit diesem Wissen im Hinterkopf sind Sie also nicht überrascht, falls Microsoft zu dem Zeitpunkt, an dem Sie dieses Buch lesen, die Bezeichnung erneut geändert hat. Der Aufbau und die Funktion bleiben jedoch gleich.

Im oberen Bereich der Navigationsleiste befindet sich der sogenannte App-Launcher. Diesen erkennen Sie an einem Symbol mit neun kleinen Quadraten, die in einem 3x3-Raster angeordnet sind. Seit November 2025 befindet sich der App-Launcher auf der Startseite nicht mehr oben rechts, sondern ist nach unten, neben das Benutzerprofil, integriert worden. Microsoft möchte hiermit ein neues einheitliches Design implementieren.

Was passiert beim Klick auf den App-Launcher?

Sobald Sie auf dieses Symbol mit dem Namen Apps klicken, öffnet sich ein Menü, in dem alle Microsoft-365-Anwendungen angezeigt werden, die Ihnen zur Verfügung stehen. Welche Apps Sie dort sehen, hängt von zwei Faktoren ab:

1. Ihrer Lizenz – je nach erworbenem Microsoft-365-Paket sind unterschiedliche Anwendungen enthalten.
2. Ihren administrativen Einstellungen. In Unternehmen kann der IT-Administrator festlegen, welche Anwendungen für Sie freigegeben sind.
3. Der zugeteilten Rolle in M365; so sehen beispielsweise Administratoren auch hier mehr als normale User.

Der App-Launcher bietet Ihnen somit einen schnellen Zugang zu allen wichtigen Microsoft-365-Diensten – egal ob Outlook, Teams, OneDrive oder SharePoint.

Der App-Launcher

Der App-Launcher ist ein zentrales Navigationselement innerhalb von Microsoft 365. Er zeigt alle Anwendungen (kurz: Apps) an, die einem Mitarbeiter basierend auf dessen Lizenz und den administrativen Einstellungen zugewiesen wurden – daher auch der Name »App-Launcher«.

- ✔ Wozu dient der App-Launcher?

  a. Schneller Wechsel zwischen Anwendungen: Wenn Sie Microsoft 365 im Webbrowser nutzen, hilft Ihnen der App-Launcher dabei, schnell und unkompliziert zwischen den verschiedenen Apps zu springen.

  b. Einfachere Benutzerführung: Statt Anwendungen mühsam einzeln zu suchen oder zu öffnen, bietet der App-Launcher eine klare Übersicht über alle verfügbaren Apps.

Während der App-Launcher im Webbrowser ein nützliches Hilfsmittel zur Navigation ist, steht er in den installierten Anwendungen wie Word, Excel oder Outlook nicht zur Verfügung. Dort öffnen Sie Programme wie gewohnt über das Startmenü oder die Taskleiste Ihres Betriebssystems.

Weitere Menüpunkte in der Navigationsleiste

Unterhalb des App-Launchers befinden sich weitere wichtige Navigationspunkte, die Ihnen den Zugriff auf zentrale Funktionen in Microsoft 365 erleichtern:

- ✔ Home-Button: Bringt Sie aus jeder Anwendung im Webbrowser direkt zurück zur Startseite von Microsoft 365.
- ✔ Create (Erstellen): Mit einem Klick auf Erstellen starten Sie sofort die Erstellung eines neuen Word-, PowerPoint- oder Excel-Dokuments. Microsoft stellt Ihnen hierzu eine Auswahl vorgefertigter Vorlagen zur Verfügung, was den Einstieg erleichtert.

- ✔ Apps: Dieser Menüpunkt bietet – ähnlich wie der App-Launcher – eine Übersicht über alle Anwendungen, die Ihnen aufgrund Ihrer Lizenz und der administrativen Einstellungen zur Verfügung stehen.
- ✔ [ADMIN]: Hier gelangen Sie in das Admin Center Ihres Microsoft-365-Mandanten. Hinweis: Dieser Menüpunkt wird nur angezeigt, wenn Ihr Benutzerkonto über entsprechende Administratorrechte verfügt. Welche Administrationsrollen es gibt und welche Berechtigungen damit verbunden sind, erfahren Sie im Abschnitt »Administrationsrollen und deren Berechtigungen«.

Diese Navigationspunkte sorgen für eine übersichtliche Struktur und ermöglichen einen schnellen Zugriff auf die wichtigsten Bereiche innerhalb von Microsoft 365.

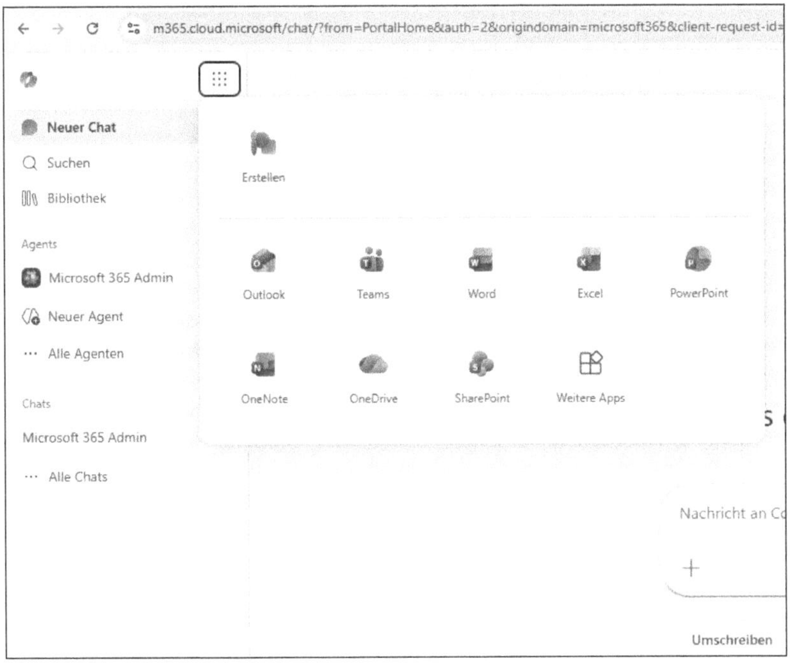

Abbildung 2.5: Der App-Launcher

Startseiten-Einstellungen

Ein wichtiges Element in Microsoft 365 ist das Zahnradsymbol. Überall dort, wo es um Einstellungen geht, finden Sie dieses Symbol – egal ob in einzelnen Anwendungen oder im allgemeinen Microsoft-365-Menü. Vielleicht ist genau das der Grund, warum auch das Admin-Symbol in Microsoft 365 ein Zahnrad enthält: Es steht generell für Steuerung und Anpassung.

Auf der Startseite findet man es links in der Navigationsleiste, unten bei dem Usernamen und den drei Punkten. In den Einstellungen der Startseite haben Sie als Benutzer die Möglichkeit, bestimmte Anpassungen vorzunehmen. Dazu gehören unter anderem:

- ✔ Farbdesign ändern: Wählen Sie ein individuelles Farbschema, um die Oberfläche nach Ihrem Geschmack zu gestalten.

- ✔ Anzeigesprache festlegen: Falls Sie Microsoft 365 in einer anderen Sprache nutzen möchten, können Sie diese hier einstellen.
- ✔ Kennwort zurücksetzen: Sofern erforderlich, können Sie hier Ihr Passwort ändern oder zurücksetzen (für den Fall, dass Sie es vergessen haben).

Zusätzlich finden Sie in den Einstellungen oft Hinweise zu Drittanbietern, die möglicherweise in Ihrem Microsoft-365-Mandanten integriert sind. Das Zahnradsymbol ist also Ihre erste Anlaufstelle, wenn es darum geht, Microsoft 365 an Ihre persönlichen Bedürfnisse anzupassen.

Die Spracheinstellung in Microsoft 365 beeinflusst, in welcher Sprache Menüs, Schaltflächen und Inhalte angezeigt werden. Falls Sie keine individuelle Spracheinstellung für Ihr Benutzerkonto festlegen, orientiert sich Microsoft 365 an den allgemeinen Systemeinstellungen.

Drei Faktoren beeinflussen die Anzeigesprache:

1. Die Benutzerkontoeinstellungen in Microsoft 365 – Hier können Sie direkt festlegen, in welcher Sprache Ihnen die Inhalte angezeigt werden sollen.
2. Die Browsereinstellungen – Microsoft 365 übernimmt oft die bevorzugte Sprache, die in Ihrem Webbrowser eingestellt ist.
3. Die Windows-Systemeinstellungen – Falls keine Sprache in den Microsoft-365-Einstellungen oder im Browser festgelegt wurde, greift Microsoft 365 auf die Spracheinstellungen Ihres Betriebssystems zurück.

Falls Microsoft 365 nicht in der gewünschten Sprache angezeigt wird, sollten Sie an diesen drei Stellen prüfen, welche Spracheinstellungen aktiv sind. Eine Änderung an einer der genannten Stellen kann bereits die gewünschte Anpassung bewirken.

Zum aktuellen Zeitpunkt sind Sie noch mit dem globalen Administratorkonto in Microsoft 365 angemeldet. Dieses Konto besitzt umfassende Rechte und ist für die Verwaltung des gesamten Microsoft-365-Mandanten verantwortlich. Wenn Sie jetzt Ihr Kennwort ändern, sollten Sie es sich gut merken oder sicher (zum Beispiel in einem Passwort-Manager) hinterlegen. Im Worst Case – falls Sie das neue Kennwort vergessen – verlieren Sie den Zugriff auf den Microsoft-365-Mandanten. Das würde bedeuten: Sie schließen sich selbst aus!

So vermeiden Sie Probleme:

- ✔ Speichern Sie das neue Kennwort sicher – nutzen Sie zum Beispiel einen Passwort-Manager oder notieren Sie es an einem sicheren Ort.
- ✔ Erstellen Sie ein alternatives Administratorkonto – wie zuvor empfohlen: ein zweites Konto mit Administratorrechten kann helfen, falls Sie sich einmal aussperren.
- ✔ Hinterlegen Sie Wiederherstellungsoptionen – stellen Sie sicher, dass für das globale Konto eine alternative E-Mail-Adresse oder Telefonnummer zur Kennwortwiederherstellung hinterlegt ist.

Da der globale Administrator Schlüsselrechte für den gesamten Microsoft-365-Tenant besitzt, sollten Änderungen am Kennwort immer bewusst und mit entsprechenden Sicherheitsvorkehrungen vorgenommen werden.

Sollten Sie das Kennwort Ihres globalen Administratorkontos dennoch vergessen, bedeutet das nicht automatisch das Ende für Ihren Microsoft-365-Zugang. Microsoft bietet Unterstützung, um Ihnen in solchen Fällen zu helfen. Die Wiederherstellung läuft über den Microsoft Support – allerdings heißt das in der Praxis:

- ✔ mehrere Verifikations-Telefonate mit dem Microsoft-Supportteam.
- ✔ möglicherweise Gespräche auf Englisch (je nach zuständigem Support-Mitarbeiter).
- ✔ eine Bearbeitungszeit von etwa drei Tagen, bis der Zugriff wiederhergestellt ist.

Das bedeutet: Verlieren Sie Ihr Passwort nicht! Eine gute Vorbereitung – beispielsweise ein alternatives Admin-Konto oder hinterlegte Wiederherstellungsoptionen – kann Ihnen viel Zeit und Nerven ersparen.

Das Benutzerprofil

Das Benutzerprofil in Microsoft 365 ist die zentrale Anlaufstelle für alle persönlichen Benutzerdaten. Hier verwalten Sie wichtige Informationen wie:

- ✔ Ihre Telefonnummer
- ✔ Ihren Standort/Büroplatz
- ✔ Ihre Position im Unternehmen
- ✔ Ihre Fähigkeiten (Skills)
- ✔ Eine Übersicht Ihrer Endgeräte
- ✔ Ihre Spracheinstellungen

Da das Benutzerprofil eine Vielzahl relevanter Daten enthält, lohnt es sich, die wichtigsten Bereiche und deren Auswirkungen im Arbeitsalltag genauer anzusehen.

Aufbau des Benutzerprofils

Das Layout des Benutzerprofils ähnelt der allgemeinen Microsoft-365-Startseite.

- ✔ Links befindet sich ein Menü, mit dem Sie durch die verschiedenen Einstellungen navigieren können (zum Beispiel »Meine Kontoinformationen«, »Sicherheitsinformationen«, »Geräte« et cetera).
- ✔ Rechts werden die Inhalte und Informationen Ihres Profils angezeigt, je nachdem, welchen Menüpunkt Sie ausgewählt haben.

Sicherheitsinformationen – Schutz durch Multi-Faktor-Authentifizierung

Ein besonders wichtiger Bereich sind die SICHERHEITSINFORMATIONEN. Hier verwalten Sie Ihre Multi-Faktor-Authentifizierung (MFA).

- ✔ Geräteübersicht (für MFA): In diesem Abschnitt sehen Sie, auf welchen Geräten Sie die MFA eingerichtet haben. Wichtig zu wissen: Diese Liste zeigt nicht an, auf welchen Geräten Sie gerade angemeldet sind, sondern lediglich, welche Endgeräte als zweiter Faktor zur Bestätigung Ihrer Identität genutzt werden.

Die *Multi-Faktor-Authentifizierung (MFA)* ist ein Sicherheitsverfahren, das den Zugang zu einem System oder einer Anwendung besonders sicher macht. Dabei muss ein Benutzer nicht nur ein Passwort eingeben, sondern zusätzlich mindestens einen weiteren Identitätsnachweis erbringen. Dadurch wird sichergestellt, dass nur autorisierte Personen Zugriff erhalten – selbst wenn ein Passwort in die falschen Hände gerät.

Die drei Faktoren der MFA:

Zur Verifizierung der Identität werden mehrere unabhängige Authentifizierungsfaktoren kombiniert, typischerweise aus drei Kategorien:

1. Wissen – etwas, das der Benutzer weiß (zum Beispiel ein Passwort oder eine PIN).
2. Besitz – etwas, das der Benutzer besitzt (zum Beispiel ein Smartphone mit einer Authenticator-App, ein Hardware-Token oder eine Smartcard).
3. Inhärenz – etwas, das den Benutzer ausmacht (biometrische Merkmale wie Fingerabdruck, Gesichtserkennung oder Stimmklang).

Falls Sie Ihr Smartphone oder ein anderes Gerät verlieren oder ersetzen, sollten Sie unbedingt die alte Authentifizierungsmethode im Benutzerprofil von Microsoft 365 löschen. Dadurch verhindern Sie, dass jemand anderes eventuell über dieses Gerät Zugriff erlangen könnte und stellen gleichzeitig sicher, dass Sie selbst weiterhin Zugang haben (zum Beispiel, dass das System nicht versucht, einen Code an ein Handy zu schicken, das Sie nicht mehr besitzen).

Neue Anmeldung einrichten (für MFA)

Um ein neues Gerät als zweiten Faktor für die MFA einzurichten, gehen Sie wie folgt vor:

1. Klicken Sie auf ANMELDEMETHODE HINZUFÜGEN, um den Einrichtungsassistenten zu starten.
2. Der folgende Wizard führt Sie Schritt für Schritt durch die Einrichtung Ihres neuen Geräts (zum Beispiel wird ein QR-Code angezeigt, den Sie mit der Authenticator-App scannen können).

3. Sobald das neue Gerät erfolgreich eingerichtet ist, löschen Sie die alte Anmeldemethode in den Sicherheitsinformationen Ihres Microsoft-365-Profils, falls diese nicht mehr benötigt wird.

Empfehlung: Microsoft-Authenticator-App

Aus Erfahrung kann ich Ihnen die von Microsoft bereitgestellte Microsoft-Authenticator-App empfehlen. Sie bietet eine einfache und sichere Möglichkeit, MFA-Codes zu generieren beziehungsweise Anmeldeversuche zu bestätigen.

Alternativ können Sie auch andere Authentifizierungs-Apps wie den Google Authenticator oder entsprechende Drittanbieter-Tools verwenden. Wichtig ist, dass Ihr neues Gerät sicher eingerichtet ist, damit Sie weiterhin problemlos auf Ihr Microsoft-365-Konto zugreifen können.

Im gleichen Fenster (Sicherheitsinformationen) finden Sie übrigens auch die Option zur KENNWORTÄNDERUNG – obwohl es dafür einen eigenen Menüpunkt »Kennwort« gibt. Wundern Sie sich nicht: Das liegt daran, dass Microsoft 365 Passwörter als eine Form von Anmeldemethode betrachtet – genau wie die Authentifizierung über eine App oder einen SMS-Code.

- ✔ Passwort als Anmeldemethode: Microsoft listet das Kennwort als eine der möglichen Authentifizierungsoptionen, daher erscheint es an mehreren Stellen.
- ✔ Direkte Kennwortänderung: Wenn Sie Ihr Passwort schnell ändern möchten, können Sie entweder das über die SICHERHEITSINFORMATIONEN oder über den separaten Menüpunkt KENNWORT erledigen. Beide Wege führen zum gleichen Ergebnis: Sie können ein neues Kennwort festlegen.

Geräteverwaltung – Sicherheit regelmäßig prüfen

Im Bereich GERÄTE innerhalb Ihres Profils erhalten Sie eine Übersicht über alle Endgeräte, auf denen Sie sich mit Ihrem Microsoft-365-Konto angemeldet haben.

Warum ist das wichtig?

- ✔ Regelmäßige Überprüfung: Es lohnt sich, hin und wieder zu prüfen, welche Geräte mit Ihrem Konto verknüpft sind. Gerade bei Gerätewechseln oder Neuanschaffungen bleibt die Abmeldung alter Geräte oft auf der Strecke.
- ✔ Veraltete Geräte entfernen: Falls ein altes Gerät nicht mehr genutzt wird (zum Beispiel Ihr vorheriges Smartphone oder der alte Arbeitslaptop), sollten Sie es entfernen, um ungewollte Zugriffe zu verhindern.

Durch diese einfachen Maßnahmen behalten Sie die Kontrolle über Ihre Anmeldedaten und Geräte – ein wichtiger Schritt für die Sicherheit Ihres Microsoft-365-Kontos.

Bevor Sie Ihr Passwort ändern, überlegen Sie genau, ob dieser Schritt in Ihrer Umgebung technisch unproblematisch ist. Der Grund: Je nach Struktur Ihrer Benutzerverwaltung kann es sein, dass Microsoft 365 in einem hybriden Ansatz betrieben wird.

Was bedeutet ein hybrider Ansatz?

Ein hybrider Ansatz bedeutet, dass die Benutzerverwaltung sowohl lokal (zum Beispiel über einen Windows-Server mit Active Directory) als auch in der Cloud (Microsoft 365/Azure AD) erfolgt. Diese Konstellation bringt besondere Regeln für die Passwortverwaltung mit sich.

Wichtig: Falls Ihre Organisation einen solchen hybriden Modus nutzt, sollte das Passwort ausschließlich über eine der folgenden Methoden geändert werden:

- ✔ Durch den Administrator im zentralen Verzeichnis: Ihr IT-Administrator kann Passwörter zentral (zum Beispiel im lokalen Active Directory oder über Microsoft Entra ID) verwalten und ändern.
- ✔ Vom Benutzer über Microsoft 365 im Profil: Falls für Ihr Konto die Passwortänderung in der Cloud erlaubt ist (Self-Service), dann führen Sie die Änderung auf der Cloud-Seite durch.

Warum? Wenn Sie Ihr Passwort beispielsweise nur lokal auf Ihrem Laptop ändern (Windows-Anmeldung), kann es passieren, dass diese Änderung nicht mit der Microsoft-365-Cloud synchronisiert wird. Die Folgen könnten sein: Sie können sich nicht mehr bei Microsoft 365 anmelden oder der Zugang zu wichtigen Anwendungen ist blockiert, weil die Cloud noch das alte Passwort erwartet.

Genauere Details zu diesem Thema finden Sie im Abschnitt »Benutzerverwaltung Hybrid«. Falls Sie unsicher sind, ob Ihre Organisation den hybriden Modus nutzt, kontaktieren Sie vor einer Kennwortänderung im Zweifel Ihre IT-Abteilung.

Verwaltung von Gast-Accounts in anderen Microsoft-365-Mandanten

In Ihrem Profil gibt es eventuell ein Menü ORGANISATIONEN oder GASTKONTEN. Dieses zeigt an, in welchen externen Microsoft-365-Mandanten Sie als Gastbenutzer integriert sind. So erhalten Sie eine transparente Übersicht über alle Organisationen, mit denen Sie verbunden sind (zum Beispiel, wenn Sie zu Teams einer Partnerfirma eingeladen wurden).

Falls Sie in einem anderen Microsoft-365-Mandanten nicht mehr aktiv sein möchten, können Sie die Verbindung dort mit einem Klick auf VERLASSEN aufheben.

- ✔ Einfache Verwaltung: So behalten Sie den Überblick über alle externen Verbindungen.
- ✔ Sicherheit und Effizienz: Nur noch relevante Mandanten bleiben sichtbar. Das reduziert Verwirrung und das Risiko von Fehlkommunikation.
- ✔ Einzige zentrale Möglichkeit: Dies ist die einzige Stelle, an der Sie sich selbst sauber aus fremden Mandanten entfernen können (ohne den Admin der anderen Organisation bitten zu müssen).

Durch die gezielte Verwaltung Ihrer Gast-Accounts halten Sie Ihre Arbeitsumgebung strukturiert und vermeiden unnötige Verknüpfungen mit Organisationen, die für Sie nicht mehr relevant sind.

Einstellungen und Datenschutz – wichtige Benutzerkonfigurationen

Neben den Anmelde- und Sicherheitseinstellungen gibt es im Profil noch den Bereich EINSTELLUNGEN UND DATENSCHUTZ. Hier können Sie folgende individuelle Anpassungen vornehmen:

- ✔ Anzeigesprache ändern: Bestimmen Sie, in welcher Sprache Microsoft 365 für Sie dargestellt wird (unabhängig von der Mandanten-Basissprache).
- ✔ Übersetzungssprache wählen: Falls Sie häufig mit mehrsprachigen Dokumenten arbeiten, können Sie hier die bevorzugte Sprache für Übersetzungen festlegen.
- ✔ Regionale Einstellungen anpassen: Legen Sie Ihre Zeitzone und ggf. Datums-/ Zahlenformate fest, damit Kalender- und Zeitangaben korrekt angezeigt werden.

Dieser Bereich ermöglicht es Ihnen, Microsoft 365 an Ihre persönlichen oder geschäftlichen Anforderungen anzupassen, um eine optimale Nutzererfahrung zu gewährleisten.

Mit der Einführung von Microsoft 365 in Unternehmen stellte sich schnell eine häufige Frage: Warum stimmen die Datums- oder Zeitangaben in den Dokumenteigenschaften nicht?

Mitarbeiter stellten fest, dass Dokumente zu ungewöhnlichen Zeiten gespeichert wurden – teilweise abends oder sogar mitten in der Nacht. Da dies auf den ersten Blick wenig Sinn ergab, wandten sich viele an den IT-Support. Anfangs war die Ursache schwer zu finden, doch letztlich stellte sich heraus, dass das Problem in den persönlichen Sprach- und Zeitzoneneinstellungen im Benutzerprofil lag.

Die Erkenntnis – kleine Einstellungen, große Auswirkungen:

Eine scheinbar kleine, unkritische Einstellung kann in der Praxis für den IT-Support erheblichen Aufwand bedeuten:

- ✔ Falsch eingestellte Zeitzonen führen zu veränderten Zeitstempeln in Dokumenten.
- ✔ Unternehmensweit herrscht Unklarheit, wenn Mitarbeiter nicht verstehen, warum Dateien zu »ungewöhnlichen Zeiten« gespeichert wurden.
- ✔ Der IT-Support muss oft lange analysieren, bevor klar wird, dass die Ursache eine simple falsche Einstellung im Benutzerprofil ist.

Die Lösung: Stellen Sie gleich zu Beginn die korrekte Zeitzone in Ihrem Profil ein. Diese kleine Präventivmaßnahme kann unnötigen Support-Aufwand und Verwirrung im Arbeitsalltag verhindern.

Datenschutz – Verlauf und Transparenz in Microsoft 365

Im DATENSCHUTZ-TAB innerhalb Ihres Benutzerprofils können Sie verschiedene Verläufe leeren beziehungsweise zurücksetzen. Dies ist insbesondere im Hinblick auf neue Technologien wie Microsoft Copilot relevant. Wenn Sie Daten oder Interaktionen mit Microsoft Copilot oder anderen Microsoft-365-Diensten löschen möchten (etwa bisherige Anfragen oder Chatverläufe), ist dies zum Zeitpunkt der Verfassung dieses Buchs der einzige offizielle Weg, dies vollständig zu tun.

So haben Sie mehr Kontrolle über Ihre persönlichen Daten und deren Nutzung innerhalb von Microsoft 365.

Weitere Informationen zur Benutzerverwaltung

Neben den sicherheitsrelevanten Aspekten bietet die Benutzerverwaltung im Profil zahlreiche zusätzliche Informationen, die primär für den jeweiligen Mitarbeiter selbst wichtig sind (für Administratoren jedoch weniger relevant). Diese Informationen umfassen beispielsweise:

- ✔ Aktuelle Anmeldungen: Eine Übersicht, wann und wo Sie sich zuletzt angemeldet haben.
- ✔ Verfügbare Anwendungen: Eine Auflistung aller Microsoft-365-Apps, die Ihnen durch Ihre Lizenzen und die Freigaben Ihres Administrators zur Verfügung stehen.
- ✔ Mitgliedschaft in Microsoft-365-Gruppen: Eine Übersicht, in welchen Gruppen (Teams, Verteilerlisten etc.) Sie aktuell Mitglied sind.

Zu Microsoft-365-Gruppen finden Sie mehr im Abschnitt »Benutzerverwaltung«. Diese Funktionen dienen in erster Linie der Selbstverwaltung, um Transparenz über die eigene Nutzung und die eigenen Berechtigungen innerhalb von Microsoft 365 zu schaffen.

Mit diesem soften Einstieg über die Startseite und das Benutzerprofil ist es nun an der Zeit, in die eigentliche Administration von Microsoft 365 einzusteigen.

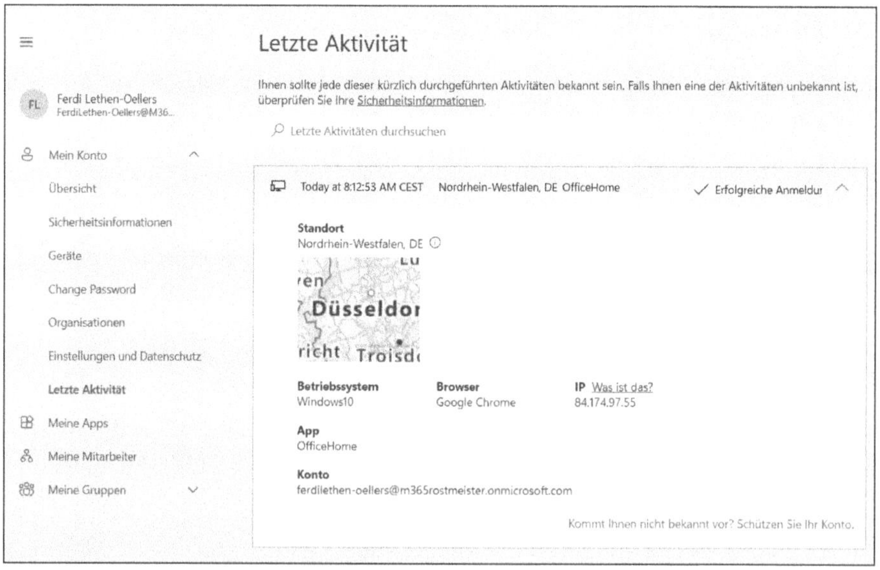

Abbildung 2.6: Meine Anmeldungen

Das Microsoft 365 Admin Center

Wie der Name verrät, dient das Admin Center zur Administration Ihres Microsoft-365-Mandanten. Das Admin Center finden Sie

- ✔ im APP-LAUNCHER – dort ist es unter dem Namen ADMIN aufgeführt, oder
- ✔ in der seitlichen Navigationsleiste der Startseite – ebenfalls als direkter Menüpunkt.

Das Admin Center erkennen Sie nicht nur am Namen »Admin«, sondern auch am charakteristischen Logo: einem Zahnrad mit einem kleinen »A« darin.

Denken Sie daran: Einstellungen werden in Microsoft 365 häufig mit einem ZAHNRAD-SYMBOL gekennzeichnet. Dieses Symbol dient als Indikator für administrative oder konfigurierbare Bereiche innerhalb der Anwendungen. Über das Zahnradsymbol gelangen Sie jeweils zu den entsprechenden Optionen.

Übrigens können Sie das Admin Center auch direkt über die URL `https://admin.microsoft.com` aufrufen. Das spart unnötige Klickpfade und ermöglicht einen schnellen Zugriff auf die Verwaltungsfunktionen.

Zurechtfinden im Admin-Center

Das Microsoft 365 Admin Center ist ein fester Bestandteil von Microsoft 365. Daher ähnelt sein Layout den anderen Anwendungen: Links befindet sich die Seitennavigation für die verschiedenen Verwaltungsbereiche und rechts sehen Sie den Inhaltsbereich mit den jeweiligen Optionen und Einstellungen.

Abbildung 2.7: Admin Center

Die Seitennavigation

Über die linke Seitennavigation gelangen Sie in die verschiedenen Konfigurations- und Administrationsbereiche Ihres Microsoft-365-Mandanten. Microsoft bemüht sich durch eine thematische Gruppierung der Menüpunkte, dass sich auch Neulinge im Admin Center schnell zurechtfinden.

Ein genauerer Blick auf die Seitennavigation

- ✔ START: Die Startseite des Admin Centers ist der zentrale Ausgangspunkt für die Verwaltung. Hier erhalten Sie eine kompakte Übersicht über wichtige Informationen, aktuelle Systemmeldungen und empfohlene administrative Maßnahmen.
- ✔ COPILOT: Mit der zunehmenden Integration von KI in Microsoft 365 bietet dieser Bereich einen zentralen Zugriff auf Einstellungen, Berichte und Konfigurationsmöglichkeiten rund um Microsoft 365 Copilot. Administratoren können hier steuern, wie Copilot genutzt wird und welche Datenschutzrichtlinien dabei greifen.
- ✔ AGENTS: Hinter diesem Menüpunkt verbirgt sich das Agent 365 Control Center. Dort können Sie alle Agents aus Ihrem Tenant in einer Übersicht sehen und verwalten. Zum Beispiel können Sie eigens entwickelte Agenten blockieren oder deren Zugriffsrechte einschränken.
- ✔ BENUTZER: In diesem Bereich verwalten Sie alle Benutzerkonten Ihres Microsoft-365-Mandanten. Dazu zählen reguläre Mitarbeiter, aber auch externe Personen, die als Gastbenutzer Zugriff auf bestimmte Ressourcen erhalten haben.
- ✔ TEAMS UND GRUPPEN: Hier können Benutzer zu Gruppen zusammengefasst werden, um die Verwaltung von Berechtigungen, Kommunikation und Ressourcen zu erleichtern. Diese Strukturierung hilft, bestimmte Teams oder Abteilungen effizient zu organisieren und Zugriffe gezielt zu steuern.
- ✔ ROLLEN: Innerhalb von Microsoft 365 gibt es verschiedene Administratorrollen, um Aufgaben und Verantwortlichkeiten gezielt zu verteilen. Während der globale Administrator alle Rechte besitzt, gibt es spezialisierte Rollen, zum Beispiel für Benutzerverwaltung, Sicherheitsmanagement oder für spezifische Dienste wie SharePoint und Exchange.
- ✔ RESSOURCEN: In diesem Abschnitt verwalten Sie alle nicht-personengebundenen Ressourcen wie Besprechungsräume, Firmengeräte oder SharePoint-Websites. Diese Ressourcen können den Benutzern zur Verfügung gestellt und deren Nutzung organisiert werden (zum Beispiel die Buchung von Räumen).
- ✔ ABRECHNUNG: Die Lizenzverwaltung und Abrechnung Ihres Microsoft-365-Mandanten erfolgt in diesem Bereich. Hier können Sie neue Lizenzen erwerben, bestehende Abonnements verwalten oder Zahlungsinformationen einsehen und ändern.
- ✔ SUPPORT: Falls technische Probleme auftreten oder Administratoren Unterstützung benötigen, bietet Microsoft hier direkten Zugang zu Hilfestellungen und Support-Tickets. Sie können Serviceanfragen an Microsoft senden und den aktuellen Status von Supportfällen einsehen.

- Einstellungen: Dieser Bereich umfasst grundlegende Konfigurationsmöglichkeiten für den gesamten Mandanten, zum Beispiel Organisationsprofil (Name, Adresse), Domänenverwaltung, Sicherheitseinstellungen und organisationsweite Richtlinien.
- Setup: Hier erhalten Sie einen Überblick über verfügbare Dienste und Lösungen, die Sie mit Ihrem Abonnement nutzen können. Der Bereich unterstützt Administratoren insbesondere bei der Ersteinrichtung und zeigt zum Beispiel an, welche empfohlenen Konfigurationsschritte noch offen sind (etwa Mobilgeräteverwaltung einrichten).
- Berichte: Microsoft 365 bietet detaillierte Berichte zur Nutzung der verschiedenen Dienste. Diese helfen Administratoren und Führungskräften, den Einsatz der Anwendungen zu analysieren und eventuell Optimierungen vorzunehmen (beispielsweise sehen Sie, wie viele Benutzer regelmäßig Teams nutzen).
- Status: Ähnlich dem Bereich Dashboard – Gesundheit informiert dieser Abschnitt über den aktuellen Zustand der Microsoft-365-Dienste. Hier werden geplante Wartungen, neue Funktionen und aktuelle Systemprobleme aufgelistet, die möglicherweise Auswirkungen auf die Nutzung haben.

Microsoft 365 Copilot ist derzeit eines der meistdiskutierten Themen in der digitalen Arbeitswelt. Microsoft setzt verstärkt auf den Einsatz künstlicher Intelligenz, und es ist absehbar, dass solche intelligenten Assistenten in Zukunft noch tiefer in den Arbeitsalltag integriert werden. Der Wandel ist unausweichlich, weshalb es für Unternehmen und Administratoren wichtig ist, sich frühzeitig mit Microsoft 365 Copilot auseinanderzusetzen.

Das Positive daran: Microsoft sorgt mit einer klaren Lizenzstruktur dafür, dass Copilot gezielt in Unternehmen genutzt werden kann. Copilot ist jedoch kein fester Bestandteil der üblichen Pläne, sondern muss pro Benutzer als zusätzliches Add-On lizenziert werden. Unternehmen können also gezielt entscheiden, welchen Mitarbeitern sie Copilot zur Verfügung stellen. Berechtigte Ausgangspläne sind zum Beispiel Microsoft 365 Business (Basic, Standard, Premium) oder Office 365 Enterprise (E1, E3, E5) – für diese kann jeweils eine Copilot-Lizenz hinzugebucht werden. Zusätzlich wird der Datenschutz dabei in Übereinstimmung mit der jeweils eingestellten Geolokation sichergestellt. Weitere Details dazu finden Sie im Abschnitt »Microsoft 365 Tenant-Aktivierung«.

Wie bereits mehrfach erwähnt, setzt sich Microsoft 365 aus vielen einzelnen Anwendungen zusammen, die verwaltet und administriert werden müssen. Statt ein einziges, überladenes Admin Center zu schaffen, hat Microsoft bewusst spezifische Admin Center für die verschiedenen Anwendungen entwickelt.

Diese Aufteilung verfolgt zwei Ziele:

1. Übersichtlichkeit: Die Administration bleibt strukturiert und klar gegliedert.
2. Verantwortlichkeiten gezielt verteilen: Bestimmte Administratorrechte können auf spezifische Anwendungen beschränkt werden, ohne dass jeder Administrator Zugriff auf alle Einstellungen erhält.

Die anwendungsspezifischen Admin Center befinden sich im unteren Bereich der Seitennavigation des Microsoft 365 Admin Centers. Welche Admin Center sichtbar sind, hängt von der Rolle und den Berechtigungen des angemeldeten Administrators ab. Je nach Verantwortlichkeiten sieht ein Benutzer also entweder nur wenige oder eine Vielzahl an Admin Centern in der Navigation.

Microsoft bietet die Möglichkeit, die Seitennavigation im Admin Center individuell anzupassen. Mit der Funktion »Navigation anpassen« können Sie einzelne Punkte ein- oder ausblenden, um die Ansicht auf das Wesentliche zu reduzieren. Diese Anpassung hilft, die Navigation schlank und übersichtlich zu halten – besonders praktisch, wenn Sie sich nur auf bestimmte administrative Aufgaben konzentrieren. Falls Sie später doch wieder alle Menüpunkte benötigen, genügt ein Klick auf »Alle anzeigen«, um die vollständige Navigation wieder sichtbar zu machen.

Microsoft 365 stellt verschiedene anwendungsspezifische Admin Center bereit, die über die Seitennavigation im Admin Center erreichbar sind. Jedes dieser Admin Center ist auf bestimmte Verwaltungsaufgaben spezialisiert, um eine gezielte Konfiguration, Überwachung und Verwaltung zu ermöglichen.

Ein Überblick der wichtigsten Admin Center:

- ✔ Microsoft-365-Apps: Hier verwalten Sie die Bereitstellung und Konfiguration der Office-Apps (Word, Excel, PowerPoint etc.) innerhalb Ihrer Organisation. Dieses Admin Center ermöglicht es den IT-Teams, sicherzustellen, dass die Anwendungen korrekt installiert, aktualisiert und bereitgestellt werden.

- ✔ Compliance: Das Microsoft-Purview-Compliance-Portal hilft, die Datenschutz- und Sicherheitsanforderungen Ihrer Organisation zu erfüllen. Es bietet Funktionen zum Schutz vertraulicher Informationen, zur Verwaltung von Datenlebenszyklen und zur Reduzierung von Insider-Risiken.

- ✔ Dynamics-365-Apps: Das Dynamics 365 Admin Center dient zur Verwaltung der Dynamics-Umgebung, zur Kapazitätsüberwachung und zur allgemeinen Administration der Geschäftsanwendungen von Microsoft.

- ✔ Exchange: Im Exchange Admin Center können erweiterte E-Mail-Einstellungen verwaltet werden (wie zum Beispiel Nachrichtenflussregeln, Spam-Filter, Verschlüsselung und Quarantäne-Verwaltung), um die Sicherheit und Effizienz der E-Mail-Kommunikation zu gewährleisten.

- ✔ Microsoft Defender for Endpoint (früher ATP): Microsoft Defender for Endpoint ermöglicht die Überwachung von und Reaktion auf Sicherheitsbedrohungen in Ihrer Organisation. Es bietet Schutz der neuesten Generation sowie Funktionen zur Erkennung von und Reaktion auf Angriffe (EDR).

- ✔ Microsoft Defender for Identity: Dieses Admin Center unterstützt Sie dabei, komplexe Bedrohungen zu identifizieren, kompromittierte Identitäten zu erkennen und böswillige Insider-Aktivitäten zu untersuchen (Schutz für lokale AD-Umgebungen in Verbindung mit der Cloud).

- Microsoft Entra ID (Azure AD): Das Microsoft Entra ID Admin Center (früher Azure AD Admin Center) ist die zentrale Verwaltungsoberfläche für Identitäts- und Zugriffsmanagement. Hier steuern Sie Benutzer, Gruppen, Anwendungszugriffe, Conditional Access Policies und noch mehr.
- Microsoft Intune: Dieses Admin Center (Teil des Endpoint Managers) bietet eine zentrale Oberfläche, um Geräte und Apps (insbesondere Mobilgeräte und Windows-PCs) zu verwalten, zu schützen und auf dem neuesten Stand zu halten.
- Power Apps: Über das Power Platform Admin Center verwalten Administratoren benutzergenerierte Power Apps, die oft mit Datenquellen verbunden sind und sowohl im Web als auch mobil genutzt werden können.
- Power Automate: Hier erfolgt die Verwaltung von automatisierten Workflows innerhalb von Microsoft 365. Administratoren können steuern, welche Dienste verbunden werden dürfen, und Flows überwachen.
- Power BI: Das Power BI Admin Center erlaubt es entpsrechenden Administratoren, die Nutzung von Power BI in der Organisation zu überwachen. Es enthält Nutzungsmetriken, Sicherheitsrichtlinien und Einstellungen für die Datenanalyse-Plattform.
- SharePoint: Im SharePoint Admin Center lassen sich unter anderem Websites, Speicherplatz, Freigabeeinstellungen und Migrationen verwalten. Auch OneDrive-Einstellungen (da OneDrive auf SharePoint-Technologie basiert) werden hier konfiguriert.
- Sicherheit: Das Microsoft 365 Defender Admin Center (manchmal auch »Security« genannt) bietet umfassende Sicherheitsanalysen und Bedrohungsüberwachung. Es ermöglicht die Reaktion auf Sicherheitsvorfälle, proaktive Suche nach Bedrohungen und das Verwalten von Sicherheitsrichtlinien über Dienste hinweg.
- Suche und Intelligence: In diesem Bereich verwalten Sie Microsoft-Search-Einstellungen, damit interne Inhalte (Intranet-Seiten, Dateien, Personen) über die Suche ebenso auffindbar sind wie externe Ergebnisse über Bing.
- Teams: Das Teams Admin Center ermöglicht die Verwaltung von Chat-, Meeting- und Telefonie-Funktionen innerhalb von Microsoft Teams. Hier können unter anderem Besprechungsrichtlinien, Teams-Architekturen und Telefoniepläne verwaltet werden.
- Universelles Drucken: Universal Print ist eine cloudbasierte Druckverwaltungslösung. Über das entsprechende Admin Center können Drucker registriert und verwaltet werden, sodass Nutzer ohne klassische Druckerserver drucken können.
- Viva Engage: Dieses Admin Center dient zur Verwaltung des Yammer-Netzwerks (nun Viva Engage genannt). Hier lassen sich Nutzungsrichtlinien festlegen, externe Netzwerkoptionen steuern und Funktionen wie automatische Übersetzungen ein-/ausschalten.

Weitere Details zu diesen spezifischen Admin Centern finden Sie im Abschnitt »Die unterschiedlichen Admin Center«. Welche davon in Ihrem Menü erscheinen, hängt – wie bereits erwähnt – von Ihren Rechten ab. Ein Exchange-Administrator wird nur das Exchange Admin Center sehen, ein SharePoint-Administrator nur das SharePoint Admin Center und so weiter.

Das Dashboard im Admin Center

Das Dashboard im Microsoft 365 Admin Center bietet Ihnen eine kompakte Übersicht über den Status Ihres Mandanten. Hier sehen Sie auf einen Blick wichtige Informationen, die Ihnen helfen, Ihre Microsoft-365-Mandanten effizient zu verwalten und mögliche Probleme frühzeitig zu erkennen. Zu den zentralen Informationen, die das Dashboard liefert, gehören beispielsweise:

- ✔ Aktivität Ihrer Benutzer: Ein schneller Überblick darüber, wie intensiv Microsoft 365 genutzt wird (zum Beispiel Anmeldeaktivitäten, aktive Nutzer in Teams, Speichernutzung in OneDrive).
- ✔ Domänen-Verbindung: Hinweise, ob es Probleme mit der Verbindung zu Ihren hinzugefügten Domänen gibt (zum Beispiel ob DNS-Einträge korrekt gesetzt sind).
- ✔ Status von Endgeräten: Informationen darüber, ob verwaltete Geräte auf dem aktuellen Stand sind oder ob Updates ausstehen, die für Sicherheit und Funktionalität erforderlich sind.
- ✔ Offene Konfigurationsschritte: Tipps und Empfehlungen zu noch nicht abgeschlossenen Einstellungen, beispielsweise in Entra ID (Azure AD) oder anderen Diensten wie SharePoint Online oder OneDrive.

Falls Sie sich fragen, was genau Entra ID oder andere Microsoft-365-Dienste beinhalten, finden Sie detaillierte Informationen dazu in den nachfolgenden Kapiteln, insbesondere im Abschnitt »Die Benutzerverwaltung in Entra ID«.

Ein *Dashboard* ist ein digitales Analysetool, das Daten in übersichtlicher und oft grafischer Form darstellt. Anstatt lange Listen oder Berichte zu durchforsten, können Benutzer auf einen Blick die wichtigsten Informationen erkennen.

Wie funktioniert ein Dashboard?

Ein Dashboard sammelt Daten aus verschiedenen Quellen und stellt diese in Echtzeit als Diagramme, Tabellen oder Kennzahlen dar. So lassen sich Trends und Status schneller erfassen, ohne tief in die einzelnen Datensätze eintauchen zu müssen.

Wofür wird ein Dashboard genutzt?

Dashboards werden häufig eingesetzt, um wichtige Kennzahlen (KPIs) zu überwachen und fundierte Entscheidungen zu treffen. Beispiele:

- ✔ In Unternehmen: Verkaufszahlen, Umsätze oder Lagerbestände auf einem Dashboard für das Management.
- ✔ In der IT: Überwachung der Systemleistung oder Sicherheitsvorfälle.
- ✔ Im Marketing: Website-Besucherzahlen, Social-Media-Aktivitäten oder Kampagnenerfolge.

Warum sind Dashboards nützlich?

Durch die visuelle Aufbereitung von Daten spart ein Dashboard Zeit und erleichtert es, Zusammenhänge zu verstehen. Statt umfangreiche Berichte zu lesen, sehen Verantwortliche sofort, ob Handlungsbedarf besteht – eine wertvolle Unterstützung für schnelle, fundierte Entscheidungen.

Falls Sie die angezeigten Kacheln oder Informationen auf dem Dashboard als nicht relevant oder zu umfangreich empfinden, können Sie die Ansicht individuell anpassen. Über die drei Punkte (...) bei einer Kachel und die Option DASHBOARD ANPASSEN haben Sie die Möglichkeit, die Anordnung und die sichtbaren Elemente nach Ihren Bedürfnissen zu verändern.

Diese Anpassung hilft dabei, das Dashboard so zu gestalten, dass nur die für Sie relevanten Informationen angezeigt werden – das macht die tägliche Arbeit übersichtlicher und die Verwaltung effizienter.

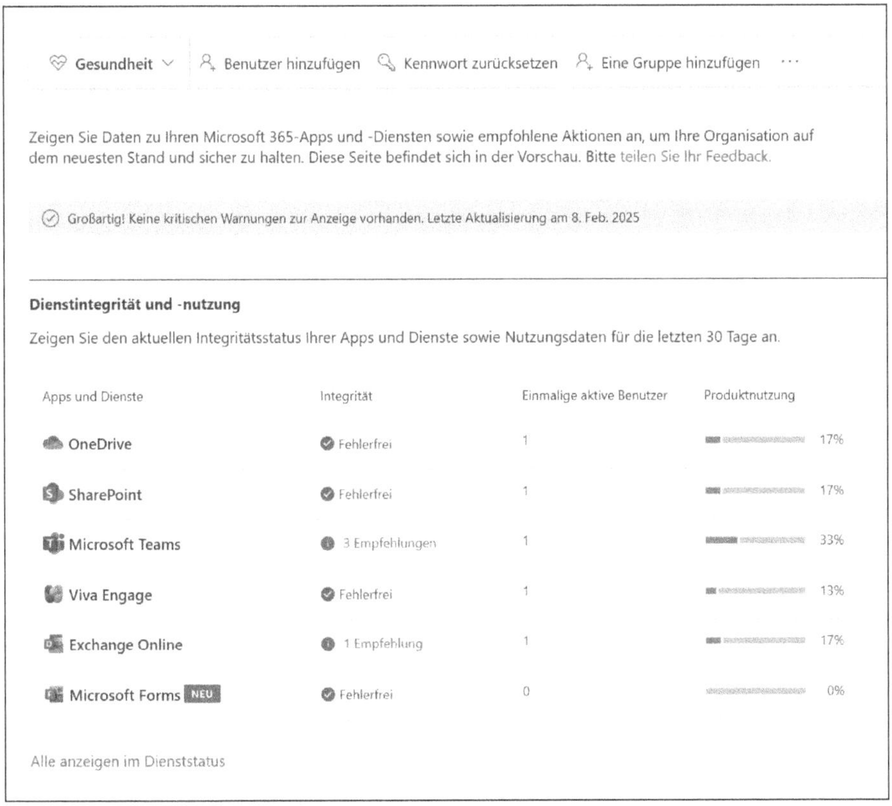

Abbildung 2.8: Dashboard Microsoft 365 Admin Center – Gesundheit (Health)

Ich persönlich finde die Dashboard-Ansicht zwar nett, bevorzuge aber oft die Anzeige »Gesundheit« (im Englischen »Health«). Der Name mag auf den ersten Blick an einen Arztbesuch erinnern – tatsächlich handelt es sich hierbei aber um eine Microsoft-Übersetzung. »Health« wurde hier wörtlich mit »Gesundheit«

ins Deutsche übertragen. Inhaltlich beschreibt die Ansicht aber auch genau das, worum es geht: den »Gesundheitszustand« Ihres Microsoft-365-Mandanten. Falls es Probleme in einer Anwendung gibt oder Updates fehlen, werden diese hier deutlich sichtbar angezeigt. So haben Sie immer einen aktuellen Überblick über den Status Ihrer Microsoft-365-Umgebung und können bei möglichen Problemen frühzeitig reagieren.

Nachdem Sie nun eine erste Übersicht über Microsoft 365 und das Microsoft 365 Admin Center erhalten haben, ist es an der Zeit, in die praktische Umsetzung zu gehen.

Im nächsten Kapitel »Das Microsoft 365 Admin Center und erste Grundkonfigurationen« widmen wir uns den ersten Grundeinrichtungen. Wir sorgen dafür, dass Ihr Microsoft 365-Mandant mit den wichtigsten allgemeinen Einstellungen ausgestattet wird. Damit legen wir den Grundstein für eine reibungslose Nutzung und Verwaltung Ihres Microsoft-365-Mandanten.

IN DIESEM KAPITEL

Den Tenant visuell und organisatorisch an Ihr Unternehmen anpassen

Administrationsrollen und Berechtigungen

Lizenzierung und Abrechnung in Microsoft 365

Grundlegende Einstellungen für Ihre Organisation in Microsoft 365

Sicherheits- und Datenschutzoptionen

Kapitel 3
Das Microsoft 365 Admin Center und erste Grundkonfigurationen

Nachdem wir uns in Kapitel 2 einen ersten Überblick über das Microsoft 365 Admin Center gemacht haben, zeige ich Ihnen nun wesentliche Grundeinrichtungen, die unmittelbar nach der Erstellung Ihres Microsoft-365-Tenants vorgenommen werden sollten. Sie stellen sicher, dass Ihr Microsoft-365-Mandant optimal mit Ihrem Unternehmen verknüpft ist und stabil sowie sicher läuft.

Die Grundeinrichtung – Setup Ihres Microsoft-365-Tenants

Stellen Sie sich die Grundeinrichtung von Microsoft 365 wie den Bau einer Bibliothek vor: In der Regel beginnt man mit dem Fundament und arbeitet sich Stockwerk für Stockwerk nach oben. Erst wenn der Rohbau – inklusive Fenstern und Fassade – fertiggestellt ist, beginnt die Inneneinrichtung (Möbel, Elektrik, Dekoration und so weiter).

Genauso verhält es sich mit Microsoft 365: Bevor Sie mit der Nutzung beginnen, müssen die Grundstrukturen sauber eingerichtet werden. Dazu gehören insbesondere:

- ✔ Abrechnungsmethoden: Einrichten der korrekten Zahlungs- und Abrechnungsinformationen für Ihr Unternehmen.
- ✔ Integration Ihrer Unternehmensdomäne: Verknüpfen Ihrer eigenen E-Mail- und Netzwerk-Domäne mit dem Microsoft-365-Tenant.
- ✔ Administrationsrollen: Zuweisung passender Rechte und Zuständigkeiten an verschiedene Administratoren (Prinzip der Rollentrennung).
- ✔ Lizenzierung: Sicherstellen, dass alle Benutzer die richtigen Microsoft-365-Lizenzen erhalten und diese bei Bedarf erweitert werden können.
- ✔ Organisationseinstellungen: Konfiguration grundlegender Einstellungen für den gesamten Tenant (zum Beispiel Unternehmensprofil, Sicherheits- und Datenschutzeinstellungen).

Eine korrekte Grundkonfiguration ist entscheidend, damit Ihr Microsoft-365-Tenant stabil und zuverlässig funktioniert – genau wie bei einer Bibliothek, die nur dann langlebig ist, wenn das Fundament solide gebaut wurde.

Einrichtung der Lizenzen und Abrechnung

In den Grundschritten der Tenant-Einrichtung sind Lizenzierung und Abrechnung besonders wichtig. Die optimale Lizenzierung stellt nicht nur sicher, dass alle benötigten Anwendungen abgedeckt sind und Sie keinen Lizenzverstoß riskieren – sie hilft auch, Kosten und Nutzen für Ihr Unternehmen ins richtige Verhältnis zu setzen. Im Folgenden lernen Sie, welche Abrechnungsinformationen Sie hinterlegen müssen und wie Sie Lizenzen erweitern oder neue hinzufügen können.

Die Abrechnungsmethode

Die Abrechnungsmethode entscheidet, wie Services und Dienste Ihres Microsoft-365-Tenants künftig berechnet und bezahlt werden. Sie besteht aus zwei zentralen Komponenten innerhalb Ihres Microsoft-365-Tenants:

- ✔ Abrechnungskonto: Hier hinterlegen Sie die Stammdaten für die Rechnungsstellung.
- ✔ Zahlungsmethode: Hier legen Sie fest, auf welchem Weg die Bezahlung erfolgt.

Abrechnungskonto:

Im Abrechnungskonto geben Sie Ihre Rechnungsstammdaten ein, unter anderem den offiziellen Unternehmensnamen, die Firmenadresse und gegebenenfalls Steuerinformationen. Dieses Abrechnungskonto bildet den Datensatz, der später auf den Rechnungen von Microsoft erscheint. Mit anderen Worten: Es definiert die Rechnungsanschrift und -informationen für Ihren Tenant.

Falls Sie Ihre Lizenzen über einen externen Lizenzdistributor beziehen, müssen Sie trotzdem ein Abrechnungskonto in Microsoft 365 anlegen. Der Unterschied besteht lediglich darin, wie die Lizenzen in Ihren Tenant gelangen und wie abgerechnet wird – dies läuft dann über den Distributor. Der Distributor sorgt in der Regel dafür, dass die Lizenzen in Ihrem Tenant bereitgestellt werden, oft zu leicht vergünstigten Konditionen, da Distributoren Rabatte anbieten können. Fragen Sie gegebenenfalls bei Ihrem IT-Dienstleister nach, ob ein solcher Weg für Sie vorteilhaft wäre.

Ein Lizenzdistributor ist ein Unternehmen, das sich auf Software-Lizenzierungen spezialisiert hat. Es arbeitet eng mit den Herstellern (wie Microsoft) zusammen und kümmert sich um die Bereitstellung der Lizenzen in Ihrem Unternehmen. Häufig bieten Distributoren kleine Preisvorteile oder Rabatte an. Wenn Sie bereits mit einem IT-Dienstleister zusammenarbeiten, lohnt es sich, nachzufragen – eventuell kann dieser als Distributor für Microsoft 365 fungieren oder einen empfehlen.

Sie finden das Abrechnungskonto im Microsoft 365 Admin Center im linken Navigationsbereich unter Abrechnung > Abrechnungskonto. Sollten Sie dort noch keine Daten hinterlegt haben, können Sie über Hinzufügen ein neues Abrechnungskonto erstellen und Ihre Firmendaten eintragen.

Pro Microsoft-365-Tenant kann nur ein einziges Abrechnungskonto eingerichtet werden. Hintergrund: Ein einzelner Tenant kann keine getrennten Abrechnungen für mehrere Unternehmen erstellen – es besteht eine 1:1-Beziehung zwischen Tenant und Abrechnungskonto.

Häufig wird gefragt, ob die Abrechnung eines Microsoft-365-Tenants auf verschiedene Unternehmensbereiche oder innerhalb einer Konzernstruktur aufgeteilt werden kann. Dies ist jedoch nicht möglich. Zwar besteht intern die Möglichkeit, die Kosten nach Lizenzzuweisungen der Benutzer auszuwerten und aufzuteilen (weitere Informationen dazu finden sich im Kapitel »Benutzerverwaltung«), aber Microsoft stellt ausschließlich eine Gesamtrechnung für den jeweiligen Tenant aus. Die Aufteilung der Kosten muss somit konzernintern eigenständig organisiert werden – Microsoft ist an der internen Verrechnung nicht beteiligt.

Sollte sich einmal der Unternehmensname oder die Adresse ändern, ist es wichtig, dies umgehend im Abrechnungskonto anzupassen. Warum? Falls Sie irgendwann keinen Zugriff mehr auf Ihren Microsoft-365-Tenant haben (beispielsweise, weil globale Admin-Passwörter verloren gegangen sind), dann verwendet Microsoft die hinterlegten Unternehmensdaten zur Verifizierung Ihrer Identität, um Ihnen wieder Zugang zu verschaffen. Stimmt zum Beispiel der Firmenname nicht mehr, könnte das die Wiederherstellung erschweren. Mit korrekten, aktuellen Firmendaten können Sie im Notfall gegenüber Microsoft nachweisen, dass Sie zum Tenant gehören, und Microsoft kann Sie bei der Lösung unterstützen.

Zahlungsmethode

Nun geht es an die eigentliche Bezahlung. In der Zahlungsmethode definieren Sie, wie Microsoft die in Anspruch genommenen Dienste abrechnen darf. Dieser Unterpunkt befindet sich im Admin Center ebenfalls unter ABRECHNUNG im Navigationsmenü (zum Beispiel ZAHLUNGEN UND ABRECHNUNG > ZAHLUNGSMETHODEN). Im Gegensatz zum Abrechnungskonto können Sie hier mehrere Zahlungsmethoden hinterlegen und einzelnen Abonnements zuordnen – beispielsweise verschiedene Kreditkarten für unterschiedliche Dienste, falls gewünscht.

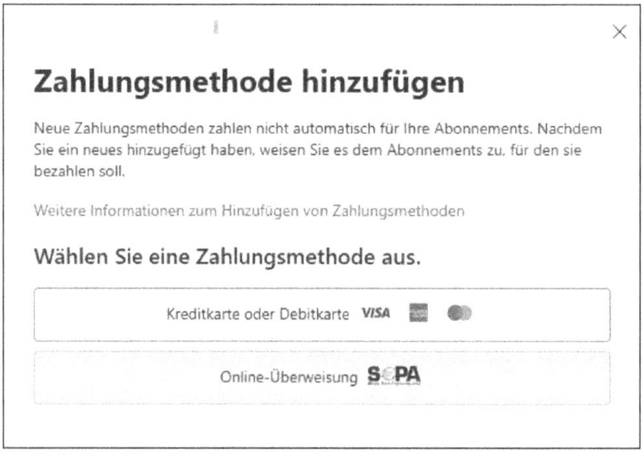

Abbildung 3.1: Mögliche Zahlungsmethoden

Als Zahlungsmethoden akzeptiert Microsoft aktuell vor allem SEPA-Lastschrift (Bankeinzug) oder die Hinterlegung einer Kredit- beziehungsweise Debitkarte. In einigen Fällen ist, insbesondere für größere Unternehmenskunden mit Prüfprozess, auch Rechnung beziehungsweise die Überweisung als Zahlungsweg möglich. Wichtig zu wissen ist, dass Microsoft in der Regel nur das abbucht, was Sie auch tatsächlich bestellt haben. Selbst wenn ein Administrator versucht, eigenmächtig Lizenzen oder Dienste nachzukaufen, muss der Kauf jedes Mal bestätigt werden. Bei jeder neuen Bestellung im Admin Center verlangt Microsoft die erneute Bestätigung der hinterlegten Zahlungsmethode (zum Beispiel durch Eingabe der Kreditkarten-Prüfzahl). So bleibt die Kontrolle über Käufe stets in Ihrer Hand.

Für die Einrichtung der Zahlungsmethode Kredit-/Debitkarte benötigen Sie folgende Angaben:

- ✔ Name des Karteninhabers
- ✔ Kreditkartennummer
- ✔ Ablaufdatum (Monat/Jahr)
- ✔ Kartenprüfnummer (CVC/CVV)
- ✔ Rechnungsadresse (Straße, Hausnummer)
- ✔ Postleitzahl und Ort
- ✔ Land

Nach dem SPEICHERN prüft Microsoft die eingegebenen Daten. Bei Erfolg wird diese Karte beziehungsweise Kontoverbindung als Zahlungsmittel für zukünftige Rechnungen hinterlegt. Sie können bei Bedarf weitere Zahlungsmittel hinzufügen oder ändern (beispielsweise eine neue Karte eintragen, wenn die alte abläuft).

Lizenzen verwalten und erweitern

Aus dem vorherigen Lizenzierungs-Kapitel kennen Sie die verschiedenen Lizenzmodelle und Abonnementtypen bereits. Nun geht es darum, in einem bestehenden Microsoft-365-Tenant neue Lizenzen zu erwerben oder vorhandene zu erweitern. In der Regel bleibt es nicht bei einer einzigen Lizenz, je nach Unternehmensgröße benötigen Sie deutlich mehr. Microsoft 365 bietet hierfür im Admin Center einfache Möglichkeiten.

Navigieren Sie im Admin Center wieder zum Bereich ABRECHNUNG. Dort finden Sie für alle lizenzrelevanten Themen zwei wichtige Unterpunkte:

- ✔ LIZENZEN: Hier sehen Sie alle aktuellen Lizenzen, die in Ihrem Tenant vorhanden sind – sowohl gekaufte als auch eventuell aktive Testlizenzen.
- ✔ DIENSTE KAUFEN: Hier können Sie zusätzliche Abonnements oder Dienste erwerben, die Ihr Unternehmen ggf. neu benötigt.

Unter LIZENZEN (siehe Abbildung 3.2) wird für jedes Produkt angezeigt, wie viele Lizenzen Sie davon besitzen und wie viele bereits zugewiesen sind (an Benutzer). So haben Sie einen schnellen Überblick, ob Sie noch freie Lizenzen haben oder ob Sie Nachschub benötigen.

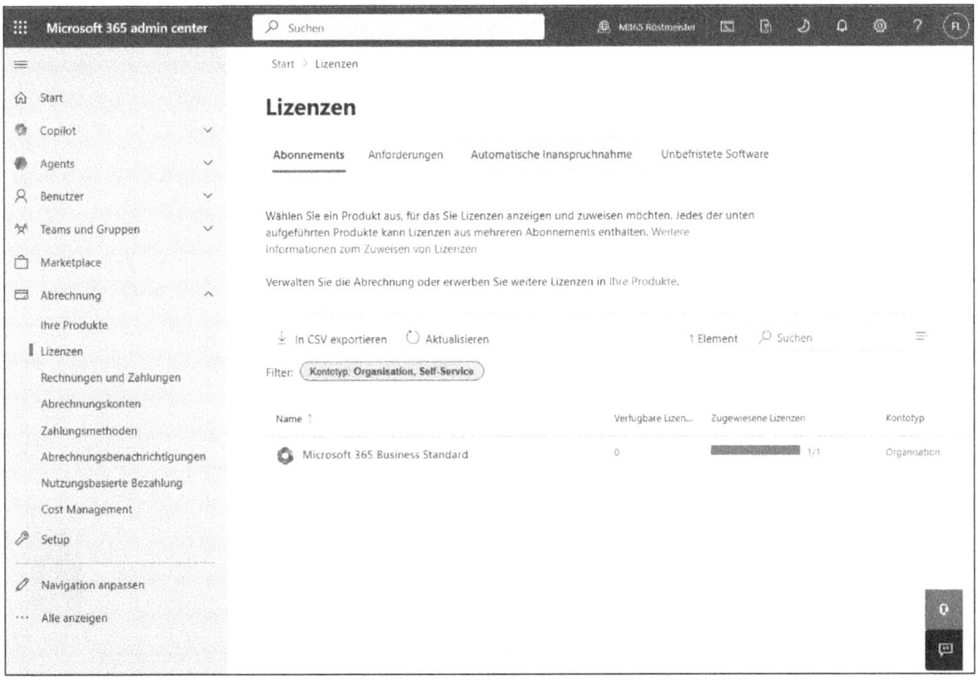

Abbildung 3.2: Lizenzanzeige

Hinter den einzelnen Lizenzeinträgen sehen Sie zum einen die Gesamtanzahl der Lizenzen in Ihrem Tenant und zum anderen, wie viele davon aktuell zugewiesen sind.

Möchten Sie schnell herausfinden, welchem Mitarbeiter eine bestimmte Lizenz oder einen bestimmten Dienst zugewiesen wurde, können Sie in dieser Übersicht auf die entsprechende Lizenz klicken. Es öffnet sich eine Detailansicht, in der alle Benutzer aufgelistet sind, die diese Lizenz besitzen. Das ist zum Beispiel eine praktische erste Anlaufstelle, um zu prüfen, ob ein neuer Mitarbeiter bereits lizenziert ist oder nicht.

Wichtig

Über die Lizenz-Detailansicht gelangen Sie auch direkt zu den Abonnementdetails des betreffenden Dienstes. Dort sehen Sie die hinterlegte Zahlungsmethode, das Abrechnungsintervall (monatlich/jährlich) und weitere Informationen. Sie haben von dort aus die Möglichkeit, das Abonnement bei Bedarf zu kündigen oder zu pausieren und, ganz wichtig, weitere Lizenzen nachzukaufen.

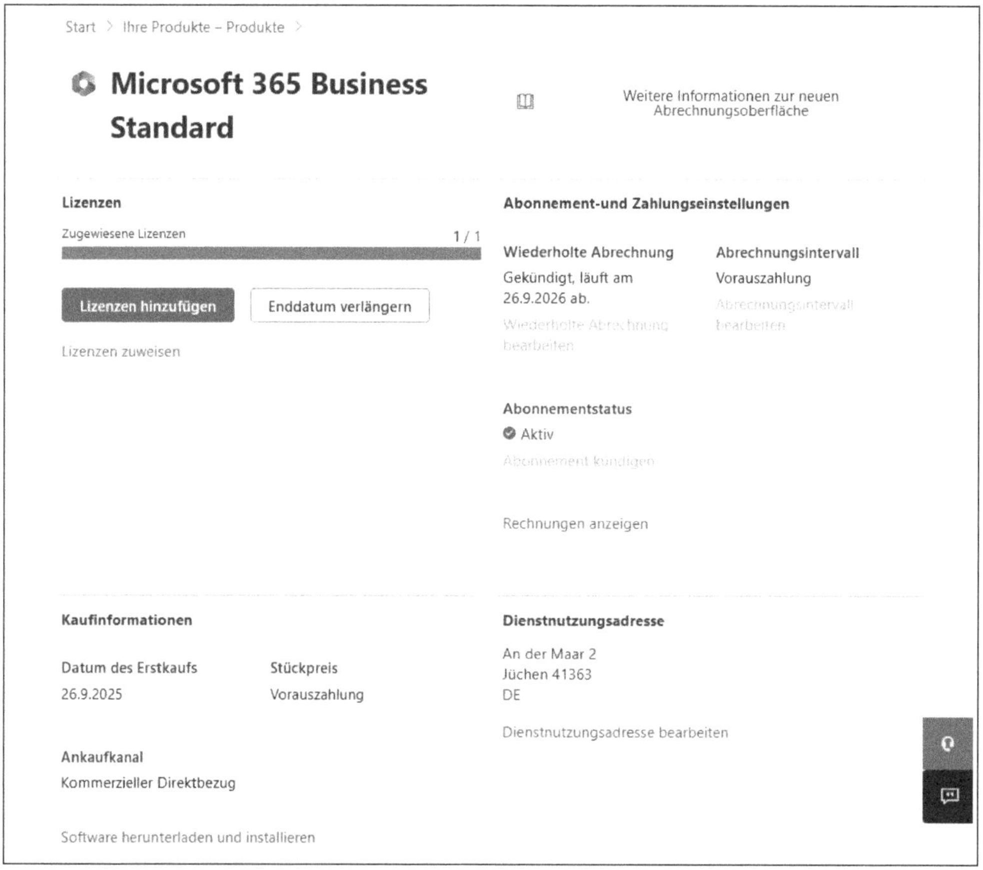

Abbildung 3.3: Abonnementdetails verwalten

In der Lizenz-Detailansicht können Sie also mit einem Klick Lizenzen hinzufügen, falls Sie feststellen, dass weitere benötigt werden.

Falls Sie für einen Dienst bereits ein Abonnement besitzen und Ihnen nur ein paar Lizenzen fehlen (Unterlizenzierung), empfehle ich, die Erweiterung direkt über die Abonnementdetails vorzunehmen, statt über DIENSTE KAUFEN ein vermeintlich neues Paket zu bestellen. So verhindern Sie, dass Sie versehentlich ein zweites, ähnliches Lizenzpaket in Ihren Tenant integrieren. Im Katalog unter DIENSTE KAUFEN gibt es nämlich viele Angebote, die sehr ähnlich heißen und sich nur in Nuancen unterscheiden, das kann verwirrend sein.

Unter DIENSTE KAUFEN finden Sie eine Katalogübersicht aller zusätzlichen Dienste und Add-Ons, die Sie auf Basis Ihrer aktuellen Lizenz(en) erwerben können. Zum Beispiel könnten Sie hier MICROSOFT VIVA hinzufügen, POWER APPS PREMIUM-Lizenzen kaufen oder andere spezialisierte Dienste ergänzen. Nutzen Sie die Suche und Filter in diesem Bereich, um sich schnell zurechtzufinden. Haben Sie einen Dienst ausgewählt, führen Sie den Kaufprozess durch. Bei Auswahl der ZAHLUNGSMETHODE Kredit-/Debitkarte werden Sie, wie erwähnt, kurz vor Abschluss nochmals gebeten, die Kartenprüfnummer einzugeben, um den Kauf zu BESTÄTIGEN.

Wenn Sie einen bestimmten Dienst nicht finden können, liegt es möglicherweise daran, dass der Dienst in Ihrer Region oder für Ihren Lizenztyp nicht verfügbar ist. Manche Dienste bietet Microsoft zunächst nur in bestimmten Ländern oder für bestimmte Pläne an. In solchen Fällen hilft oft ein kurzer Blick in die Microsoft-Dokumentation – oder das Admin Center später erneut zu prüfen (Dienste werden ständig erweitert).

Microsoft 365 überrascht manchmal mit kuriosen deutschsprachigen Übersetzungen. So wird zum Beispiel. die neue Anwendung Microsoft Loop im Deutschen tatsächlich als »Schleifenanwendung« bezeichnet, und aus den Teams »Townhall Meetings« wurden »Rathaus-Meetings«. Darüber man oft nur schmunzeln. (Keine Sorge – wir werden in späteren Kapiteln, wenn wir tiefer in Anwendungen wie Loop oder Teams gehen, noch darauf stoßen. Aber alles zu seiner Zeit!)

Die Unternehmensdomain richtig einrichten

Ein zentraler Schritt der Grundeinrichtung ist die Integration Ihrer Unternehmensdomäne in Microsoft 365. Damit ist gemeint, dass Ihre eigene Internetdomäne (zum Beispiel `ihrunternehmen.com`) mit Ihrem Microsoft-365-Tenant verknüpft wird. Dadurch können Sie Microsoft-Dienste wie Exchange Online (E-Mail), SharePoint Online (Dokumentenverwaltung) und OneDrive for Business (Dateispeicher) mit Ihrer bisherigen Unternehmensadresse nutzen. Konkret können Ihre Mitarbeiter dann ihre gewohnte E-Mail-Adresse (*name@ihrunternehmen.com*) sowohl für E-Mails als auch für die Anmeldung bei Microsoft 365 verwenden. Das sorgt für eine einheitliche, professionelle Identität in der Kommunikation und erhöht Wiedererkennung und Vertrauen bei Kunden und Partnern.

Eine *Domäne* (Domain) ist vereinfacht gesagt der Name Ihrer Website oder Ihres Online-Dienstes. Sie besteht aus einem leicht merkbaren Namen, der auf eine bestimmte Internetadresse (IP-Adresse) verweist. Beispielsweise ist »`ihrunternehmen.com`« eine Domäne. Domainnamen bestehen aus zwei Teilen: dem individuellen Namen (»ihrunternehmen«) und der Domainendung (.com, .de, etc.). Durch die Einbindung Ihrer Unternehmensdomäne in Microsoft 365 sorgen Sie für einen einheitlichen Auftritt nach außen und innen – E-Mails und Benutzernamen tragen Ihren Firmennamen, was professionell wirkt und die Zugehörigkeit klar zeigt.

Domainverknüpfung mit dem Microsoft-365-Mandanten

Die Integration erfolgt über einen Verifizierungs- und Konfigurationsprozess im Microsoft 365 Admin Center. Microsoft möchte sicherstellen, dass Sie tatsächlich die Kontrolle über die Domäne besitzen, die Sie hinzufügen – deshalb ist eine Verifizierung nötig. Dazu müssen Sie bei Ihrem Domain-Provider (dem Anbieter, bei dem Sie die Domäne registriert haben) bestimmte von Microsoft bereitgestellte DNS-Einträge hinterlegen. Diese Einträge dienen als Beweis gegenüber Microsoft, dass Sie der Domäneninhaber sind.

Ein *Domänen-Provider* (Domain-Registrar) ist ein Unternehmen, das die Registrierung und Verwaltung von Domainnamen ermöglicht. Wenn Sie eine eigene Domäne wie `ihrunternehmen.com` besitzen möchten, registrieren Sie diese bei einem Provider. Der Provider stellt sicher, dass der Domainname weltweit eindeutig ist und leitet Anfragen an Ihre hinterlegten Dienste (Webserver, Mailserver etc.) weiter. Sie können sich einen Domain-Provider vorstellen wie einen Verwalter eines großen Telefonbuchs: Jeder Eintrag (Domainname) muss einzigartig sein und auf eine bestimmte »Nummer« (Serveradresse) zeigen.

DNS steht für »*Domain Name System*«. Dieses System funktioniert wie das Adressbuch des Internets. Wenn Sie eine Webadresse wie »`ihrunternehmen.com`« eingeben, übersetzt DNS diesen Namen in eine numerische IP-Adresse (beispielsweise 192.168.1.1), damit Computer wissen, wohin die Anfrage geschickt werden muss. Ohne DNS müssten wir uns IP-Adressen merken, was kaum praktikabel wäre. DNS macht das Internet also menschlich bedienbar, indem Namen auf technische Adressen abgebildet werden.

Die Einrichtung Ihrer Domäne findet im Admin Center unter EINSTELLUNGEN > DOMÄNEN statt. Dort sehen Sie zunächst eine Übersicht aller Domänen, die bereits mit Ihrem Microsoft-365-Tenant verknüpft sind.

Denken Sie an die Erstellung Ihres Microsoft-365-Tenants aus Kapitel 2 zurück, damals mussten Sie einen initialen Domänennamen angeben (typischerweise etwas wie »firmenname.onmicrosoft.com« für das globale Admin-Konto). Genau diese erste Tenant-Domäne sehen Sie jetzt in der Übersicht wieder. Sie dient als Standarddomäne, bis Sie Ihre eigene hinzufügen.

Zu einem Microsoft-365-Tenant können sowohl externe Domänen (eigene Domänen) als auch zusätzliche *.onmicrosoft.com-Domänen* hinzugefügt werden. Dabei gelten bestimmte Begrenzungen: Es sind maximal fünf zusätzliche *.onmicrosoft.com-Domänen* und bis zu 5 000 externe Domänen verknüpfbar. Diese Limits sind äußerst großzügig und werden in der Praxis nur selten erreicht. Ursprünglich lag das Limit für externe Domänen bei 900; Microsoft hat es inzwischen auf 5 000 erweitert.

Um eine neue Domäne mit dem Tenant zu verknüpfen, haben Sie zwei Möglichkeiten im Admin Center:

- ✔ DOMÄNE KAUFEN – direkt über Microsoft eine neue Wunschdomäne erwerben.
- ✔ DOMÄNE HINZUFÜGEN – eine bereits vorhandene Domäne in Ihrem Besitz mit dem Tenant verbinden.

Domäne kaufen

Besitzen Sie noch keine eigene Unternehmensdomäne und möchten im Zuge der Microsoft-365-Einführung eine neue Domäne registrieren, können Sie dies komfortabel über das Admin Center tun. Wählen Sie DOMÄNE KAUFEN und geben Sie im ersten Schritt Ihre Wunschdomäne ein. Microsoft prüft dann die Verfügbarkeit. Ist genau dieser Name nicht mehr frei, erhalten Sie Vorschläge für ähnliche, noch verfügbare Domains.

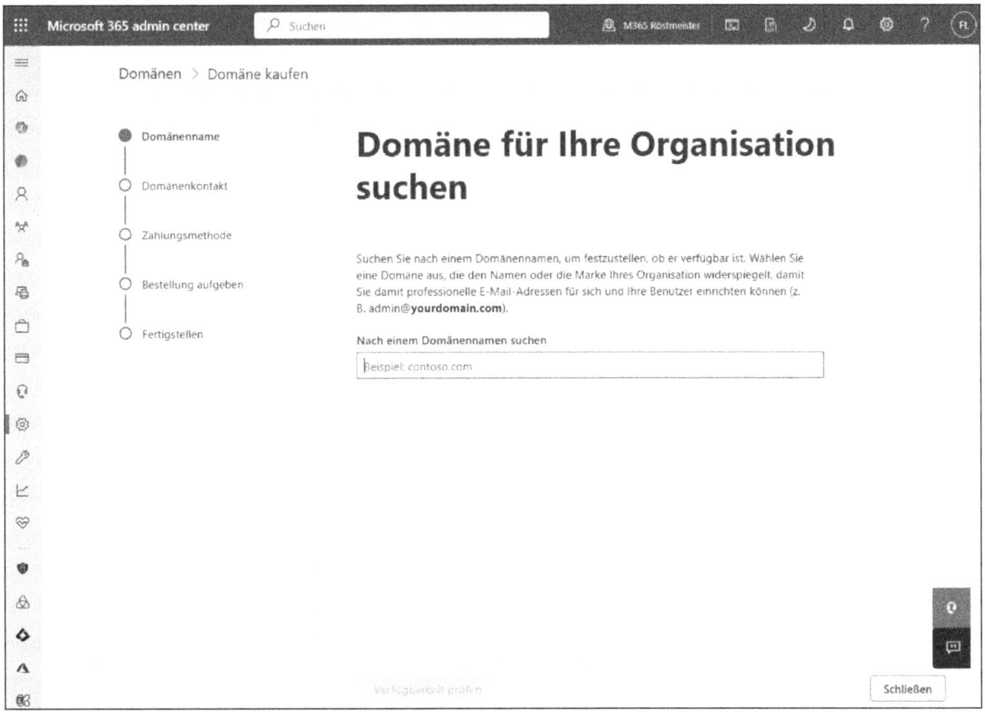

Abbildung 3.4: Domain kaufen mit Microsoft 365

Für den Kauf der Domäne arbeitet Microsoft mit dem Partner GoDaddy zusammen (einem großen Domain-Registrar). Die Abrechnung der Domain-Kosten läuft über die im Microsoft-365-Tenant hinterlegte Zahlungsmethode – sprich, die von Ihnen hinterlegte Kreditkarte oder das hinterlegte Konto wird belastet (siehe Abschnitt »Lizenzen und Abrechnung« oben).

Bitte beachten Sie: Der Kauf neuer Domänen ist ausschließlich mit einer aktiven Microsoft-365-Lizenz möglich. Solange Ihr Tenant lediglich über eine Testlizenz (»Trial«) verfügt, steht Ihnen die Domain-Kauf-Option im Admin Center nicht zur Verfügung. Aktivieren Sie daher zunächst eine gültige, kostenpflichtige Lizenz, damit Sie über Microsoft 365 eine Wunschdomäne erwerben können.

Die Abrechnung dazu findet über die im Microsoft-365-Mandanten hinterlegte Abrechnungsmethode, welche im Abschnitt LIZENZEN UND ABRECHNUNG beschrieben ist.

Domäne hinzufügen

In den meisten Fällen haben Unternehmen bereits eine Domäne, die sie nun mit Microsoft 365 nutzen möchten. Über DOMÄNE HINZUFÜGEN starten Sie einen Assistenten (Wizard), der Sie durch die Konfiguration führt. Damit dieser Prozess reibungslos verläuft, sollten vorher zwei Voraussetzungen erfüllt sein:

- ✔ Sie besitzen administrative Rechte, sowohl in Ihrem Microsoft 365-Tenant (Globaler Admin) als auch beim Domain-Provider der betreffenden Domäne.
- ✔ Sie haben Zugriff auf die DNS-Einstellungen Ihrer Domäne (meist über ein Webportal Ihres Providers).

Schritt-für-Schritt-Anleitung zur Domain-Verknüpfung

Um Ihre Unternehmensdomain in Microsoft 365 zu integrieren, folgen Sie diesen Schritten:

1. **Starten Sie den Wizard:** Melden Sie sich mit einem globalen Administratorkonto im Microsoft 365 Admin Center an. Navigieren Sie zu EINSTELLUNGEN > DOMÄNEN und klicken Sie auf DOMÄNE HINZUFÜGEN.

Das Hinzufügen von Domänen erfordert Global-Admin-Rechte. Keine der eingeschränkten Admin-Rollen (siehe Abschnitt »Administrationsrollen«) darf diesen Schritt durchführen – es ist eine sensible Tenant-weite Änderung.

2. **Angabe der Domäne:** Im ersten Schritt des Assistenten geben Sie die Domäne ein, die Sie hinzufügen möchten (zum Beispiel »ihrunternehmen.de«). Bestätigen Sie die Eingabe.
3. **Verifizierung der Domäne:** Nun müssen Sie nachweisen, dass Sie der Inhaber dieser Domäne sind. Microsoft bietet hierzu verschiedene Methoden an:
   - Verifizierung per TXT-Eintrag: Sie erhalten einen eindeutigen Text-Eintrag, den Sie bei Ihrem Provider als DNS-TXT-Record eintragen.

- Verifizierung per MX-Eintrag: Alternativ stellt Microsoft einen speziellen MX-Mail-Eintrag zur Verfügung, den Sie setzen können.
- Verifizierung per Datei-Upload: Für manche Provider kann man auch eine von Microsoft generierte Textdatei auf der Website der Domäne hinterlegen.

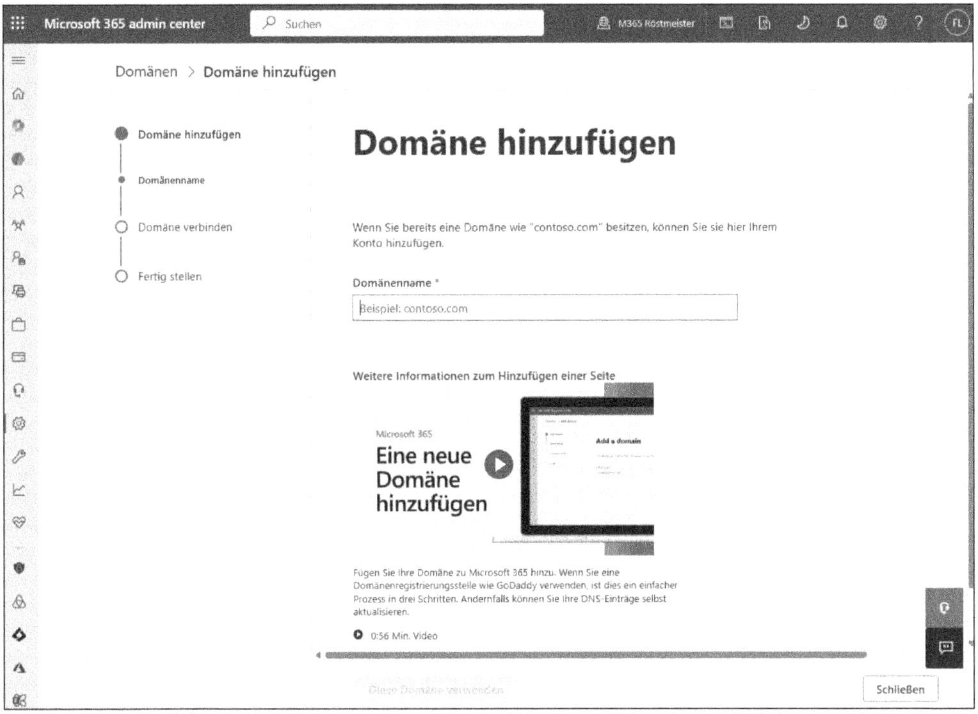

Abbildung 3.5: Domain hinzufügen zum Microsoft-365-Mandanten

Empfehlung: In der Praxis ist die Methode mit dem TXT-Eintrag in den meisten Fällen ausreichend, da sie von nahezu allen Providern unterstützt wird und keine Auswirkungen auf bestehende Dienste hat. Es wird daher geraten, bevorzugt die Option »TXT-Eintrag hinzufügen« zu wählen. Die notwendigen Schritte sind unkompliziert und werden im Admin Center erläutert.

4. **DNS-Eintrag hinzufügen:** Melden Sie sich nun bei Ihrem Domain-Provider an und fügen Sie den erhaltenen Eintrag dort hinzu. Wie genau das geht, hängt vom Anbieter ab – meist gibt es einen Bereich »DNS-Verwaltung« oder »Zone-File«. Im Admin Center wird Ihnen genau angegeben, welchen Hostnamen und welchen Wert der DNS-Eintrag haben soll. Beispiel für den TXT-Verifizierungseintrag:
   - Name (Host): @
   - Typ: TXT

- Wert (Text): MS = msXXXXXXXX (eine von Microsoft generierte ID, hier als Platzhalter)
- TTL: 1 Stunde (3 600 Sekunden) – falls konfigurierbar.

Das Hinzufügen dieses Verifizierungseintrags beeinflusst Ihre bestehenden Dienste nicht und kann nach erfolgreicher Verifizierung wieder entfernt werden.

Falls Sie statt TXT- die MX-Option nutzen: Achten Sie darauf, dem MX-Eintrag eine hohe Priorität zu geben (höher als Ihre produktiven MX-Einträge), damit er zur Verifizierung erkannt wird. Nach der Verifizierung sollte dieser spezielle MX-Eintrag wieder gelöscht werden.

5. **Überprüfung anstoßen:** Wechseln Sie zurück ins Microsoft 365 Admin Center und klicken Sie dort auf Überprüfen, nachdem Sie den DNS-Eintrag gesetzt haben. Microsoft prüft nun, ob es den erwarteten Eintrag findet. In vielen Fällen dauert es nur einige Minuten, bis der neue DNS-Eintrag wirksam ist – mitunter kann es aber bis zu 15 Minuten oder länger dauern. Geduld ist hier wichtig.

Je nach Provider kann die DNS-Änderung sogar bis zu 24 Stunden benötigen, um überall sichtbar zu sein. Wenn die Überprüfung also nicht sofort erfolgreich ist, warten Sie ein wenig und versuchen Sie es später erneut. Sollte es am gleichen Tag nicht klappen, schließen Sie den Wizard vorerst – die bisher eingegebenen Daten bleiben gespeichert. Sie können die angefangene Domänenverknüpfung auch im Admin Center unter »Domänen« sehen und am nächsten Tag fortsetzen.

6. **Abschluss:** Sobald die Verifizierung erfolgreich ist, bestätigt das Admin Center die Domänenverknüpfung. Ihre Domäne ist nun in Microsoft 365 hinzugefügt und kann verwendet werden, beispielsweise können Sie jetzt Benutzer mit E-Mail-Adresse @ihrunternehmen.de anlegen oder bestehende Benutzer auf diese Domäne umstellen.

Nach diesem Prozess haben Sie Ihre Unternehmensdomäne offiziell mit Microsoft 365 verbunden.

Nun sollten Sie noch die von Microsoft vorgeschlagenen weiteren DNS-Einträge für die diversen Dienste setzen, damit alles reibungslos funktioniert (sofern der Wizard das nicht schon für Sie erledigt hat). Dazu gehören typischerweise:

- ✔ **MX-Eintrag** für Exchange Online (E-Mail-Eingang).
- ✔ **CNAME-Eintrag** für Autodiscover (automatische Outlook-Konfiguration).
- ✔ **SRV-Einträge** für Dienste wie Microsoft Teams (zum Beispiel _sip._tls).
- ✔ **TXT-Eintrag für SPF** (Sender Policy Framework) zum Schutz vor E-Mail-Spoofing. Dieser SPF-Record stellt sicher, dass andere Mailserver Ihre Domain als vertrauenswürdig einstufen und Spam reduziert wird. (Hinweis: Es darf pro Domäne nur einen SPF-Eintrag geben, der dafür alle autorisierten E-Mail-Server enthält.)

Ein vollständiges Set solcher DNS-Einträge könnte beispielsweise so aussehen:

- **MX (Exchange Online)** – Host: @; Wert: <ihrunternehmen-com>.mail.protection .outlook.com; Priorität: 0
- **CNAME (Autodiscover)** – Host: autodiscover; Wert: autodiscover.outlook.com
- **SRV (Skype/Teams)** – Host: _sip._tls; Wert: sipdir.online.lync.com; Priorität: 100; Gewicht: 1; Port: 443
- **TXT (SPF)** – Host: @; Wert: »v=spf1 include: spf.protection.outlook.com -all«

Die genauen Einträge teilt Ihnen Microsoft im Wizard mit, da einige spezifische Werte Ihre Domäne enthalten. Setzen Sie diese DNS-Records bei Ihrem Provider, um Dienste wie Exchange oder Teams vollständig zu aktivieren.

Nachdem alle erforderlichen Einträge gesetzt sind, können Sie in der Domänenverwaltung des Admin Centers prüfen, ob der Status überall auf »eingerichtet« steht. Wenn ja, ist Ihre Domäne nun bereit für die Nutzung in Microsoft 365.

Best Practices für die Integration der Unternehmensdomain

Um den Aufwand gering zu halten und einen reibungslosen Betrieb sicherzustellen, hier einige empfohlene Vorgehensweisen aus der Praxis:

- Sorgfältige Planung: Bevor Sie starten, erstellen Sie einen kleinen Plan mit allen Schritten, Zugangsdaten und Ressourcen, die Sie benötigen. So vergessen Sie nichts Wichtiges während der Einrichtung.
- Administrative Berechtigungen klären: Stellen Sie sicher, dass Sie die nötigen Admin-Rechte haben – sowohl im Tenant (Global Admin) als auch beim Domain-Provider. Nichts ist frustrierender, als mitten im Prozess festzustecken, weil Zugangsdaten fehlen.
- DNS-Einstellungen prüfen: Überprüfen Sie nach der Einrichtung regelmäßig die DNS-Einträge und Dienstintegrität. Im Admin Center gibt es unter anderem Berichte oder Diagnose-Tools, die anzeigen, ob ein Eintrag fehlt oder ein Problem besteht. So können Sie proaktiv handeln, bevor Nutzer etwas merken.
- Backup-Plan für E-Mails: Planen Sie einen Puffer beziehungsweise eine Übergangszeit ein, wenn Sie MX-Einträge umstellen. Es kann sinnvoll sein, für 24 Stunden noch eine parallele Weiterleitung auf ein altes Postfach einzurichten oder Kunden vorab zu informieren, falls E-Mails kurz verzögert ankommen. Im schlimmsten Fall könnte eine Fehlkonfiguration nämlich E-Mails kurzfristig unzustellbar machen. Mit etwas Vorlauf und Monitoring vermeiden Sie hier Geschäftsunterbrechungen.
- Zeitpuffer einplanen: Führen Sie die Domänenintegration möglichst außerhalb der Hauptgeschäftszeiten durch und planen Sie genug Zeit ein. Normalerweise läuft alles schnell durch, aber falls doch Probleme auftreten, haben Sie weniger Druck – und genug Zeit zum Beheben. (In der Regel dauert die reine Einrichtung nur wenige Stunden inklusive Wartezeit.)

Typische Fehler bei der Domänenkonfiguration und wie man sie vermeidet

- ✔ Fehlende DNS-Einträge: Achten Sie genau darauf, alle von Microsoft geforderten DNS-Einträge hinzuzufügen. Selbst ein fehlender MX- oder SPF-Eintrag kann später dazu führen, dass E-Mails nicht ankommen oder im Spam landen. Daher: Checkliste abhaken und vollständig konfigurieren.
- ✔ Konflikte mit bestehenden Einträgen: Wenn Ihre Domäne schon in Verwendung ist (zum Beispiel für eine bestehende Website oder einen Mailserver), prüfen Sie, dass neue Einträge keine alten überschreiben. Beispielsweise sollten Sie nicht zwei unterschiedliche MX-Einträge mit Priorität 0 haben – sonst wissen fremde Mailserver nicht, wohin sie senden sollen. Lösen Sie alte, nun nicht mehr benötigte, Einträge sauber ab.
- ✔ Unzureichende Sicherheitsmaßnahmen: Verwenden Sie die Domäne nur in einer sicher konfigurierten Umgebung. Vergeben Sie keine weitreichenden Admin-Rechte leichtfertig und lassen Sie Dienste, die Sie (noch) nicht nutzen, lieber deaktiviert, bis Sie sie brauchen. Schützen Sie die Konten, die diese Domäne nutzen (beispielsweise E-Mail-Accounts), durch starke Passwörter und MFA. Mit anderen Worten: Die Domänenintegration sollte immer Hand in Hand mit entsprechenden Sicherheitsvorkehrungen gehen.

Administrationsrollen und deren Berechtigungen

Administrationsrollen sind vordefinierte Berechtigungspakete innerhalb von Microsoft 365, mit denen Sie den Zugang zu sensiblen Informationen und Einstellungen steuern können. Anstatt jedem Administrator pauschal alle Rechte zu geben, können Sie mit Rollen genau festlegen, wer welche Aufgaben ausführen darf. Dies erhöht die Sicherheit Ihrer Umgebung erheblich und sorgt gleichzeitig für eine effizientere Verwaltung, da Zuständigkeiten klar verteilt sind.

Was sind Administrationsrollen?

Administrationsrollen definieren bestimmte Berechtigungen innerhalb von Microsoft 365, die es den Benutzern ermöglichen, verschiedene administrative Aufgaben auszuführen. Diese Rollen helfen dabei, den Zugang zu sensiblen Informationen und Einstellungen zu steuern, indem sie sicherstellen, dass nur autorisierte und entsprechend berechtigte Personen bestimmte Aktionen durchführen können.

Verwaltung der Administrationsrollen im Admin Center

Die Zuweisung und Verwaltung von Admin-Rollen erfolgt im Microsoft 365 Admin Center. Dieses zentrale Portal ermöglicht es, alle administrativen Funktionen Ihrer

Microsoft-365-Umgebung zu steuern. So gehen Sie vor, um einem Benutzer eine Rolle zu geben oder zu entziehen:

1. Öffnen Sie das Admin Center und gehen Sie im linken Menü zu BENUTZER > AKTIVE BENUTZER.
2. Klicken Sie auf den NAMEN DES BENUTZERS, dem Sie eine Admin-Rolle zuweisen möchten. Es öffnet sich rechts ein Detailbereich.
3. Wählen Sie dort den Reiter ROLLEN (oder ADMINISTRATORROLLEN VERWALTEN). Sie sehen nun eine Liste der verfügbaren Rollen.
4. Aktivieren Sie die gewünschte(n) Rolle(n) für den Benutzer. Sie können auch mehrere Rollen kombinieren, falls nötig (beispielsweise jemanden sowohl zum Exchange- als auch zum SharePoint-Admin machen).
5. SPEICHERN Sie die Änderungen. Der Benutzer hat ab sofort die neuen Berechtigungen.

Sie können im Übrigen direkt bei der Anlage eines neuen Benutzers diesem eine Administrationsrolle mitgeben. Im Benutzer-Erstellungsdialog im Admin Center gibt es einen Schritt ROLLEN ZUWEISEN, der genau so funktionierte der eben beschriebene Prozess.

Um Admin-Rollen zu vergeben, müssen Sie selbst über ausreichende Rechte verfügen – in der Regel als globaler Administrator oder in einer Rolle, die Benutzern Rollen zuweisen darf (zum Beispiel Benutzeradministrator mit entsprechenden Rechten).

Die wichtigsten Administrationsrollen in Microsoft 365

Microsoft 365 bietet eine Vielzahl von Administratorrollen. Hier fokussieren wir uns auf die wichtigsten Rollen und deren Befugnisse für ein durchschnittliches Unternehmen:

Globaler Administrator

Der globale Administrator (Global Admin) hat uneingeschränkten Zugriff auf alle administrativen Funktionen und Einstellungen des Tenants. Dies umfasst unter anderem die Benutzerverwaltung, Lizenzverwaltung, Sicherheits- und Compliance-Einstellungen und Organisationsprofile. Da diese Rolle sehr mächtig ist, sollte sie nur einem kleinen, vertrauenswürdigen Personenkreis zugewiesen werden (siehe Empfehlung oben: 2–4 Personen). Oft ist es sinnvoll, ein globales Admin-Konto auf Reserve (sogenanntes Break-Glass-Konto) zu haben, das nicht im täglichen Betrieb genutzt wird, sondern nur für Notfälle existiert.

BEISPIEL

Beispiele für Global-Admin-Aufgaben: Hinzufügen/Entfernen von Benutzern, Zuweisen von Rollen an andere Admins, Zurücksetzen von Administratorpasswörtern, Festlegen unternehmensweiter Policies, Erwerb von Lizenzen, Einrichten von Domänen und so weiter.

Das Thema Sicherheit spielt bei globalen Admins eine große Rolle: Diese Konten müssen besonders geschützt werden (starke Passwörter, MFA aktiviert, regelmäßige Überprüfung). Microsoft hat seit 2023 in neuen Tenants sogar standardmäßig die sogenannten Security Defaults aktiviert, wodurch beispielsweise alle Administratoren zur MFA-Nutzung gezwungen werden. Global Admins sollten zudem möglichst keine persönlichen Mailboxen oder OneDrives nutzen, um die Angriffsfläche klein zu halten.

Benutzeradministrator

Der Benutzeradministrator kann alle Aktionen rund um Benutzerkonten durchführen: Benutzer und Gruppen erstellen, bearbeiten oder löschen, Passwörter zurücksetzen und Benutzerlizenzen zuweisen oder entfernen. Diese Rolle eignet sich für Mitarbeiter, die sich um das tägliche User-Management kümmern (typischerweise Helpdesk oder IT-Administration im Unternehmen). Ein Benutzeradmin kann also neue Mitarbeiter im System anlegen, ihnen Lizenzen geben, Gruppen verwalten und sicherstellen, dass Zugänge bei Austritten entzogen werden. Er hat aber keinen Zugriff auf firmenweite Einstellungen wie Domänen, globale Policies oder das Organisationsprofil.

Exchange-Administrator

Der Exchange-Administrator hat vollen Zugriff auf das Exchange Admin Center und alle E-Mail-Einstellungen. Er kann Postfächer verwalten (anlegen, Berechtigungen setzen, Postfachgrößen anpassen), Verteilergruppen und Freigabepostfächer einrichten, Transportregeln definieren (zum Beispiel automatische E-Mail-Weiterleitungen oder Disclaimer) und E-Mail-Richtlinien umsetzen. Diese Rolle ist ideal für jemanden, der das Unternehmens-E-Mail-System betreut – so kann beispielsweise der E-Mail-Admin sicherstellen, dass die Kommunikationsrichtlinien eingehalten werden, Spam-Filter richtig eingestellt sind und alle Benutzer über funktionierende Mailboxen verfügen.

SharePoint-Administrator

Der SharePoint-Administrator ist verantwortlich für die Verwaltung aller SharePoint-Online-Websites und -Inhalte. Er kann SharePoint-Sites anlegen oder löschen (zum Beispiel Teamwebsites oder Kommunikationssites), Berechtigungen auf Sites oder Bibliotheken vergeben, OneDrive-for-Business-Einstellungen zentral steuern und Richtlinien für das Teilen von Inhalten festlegen. In vielen Unternehmen kontrolliert der SharePoint-Admin auch die Informationsarchitektur – also, wie Inhalte strukturiert werden (Site-Sammlungen, Hub-Sites und so weiter). Diese Rolle stellt sicher, dass nur die richtigen Personen Zugriff auf bestimmte Dokumente haben und dass SharePoint effizient genutzt wird (beispielsweise alte Inhalte archiviert, Speicher verwaltet, und vieles mehr).

Teams-Administrator

Der Teams-Administrator verwaltet die unternehmensweiten Microsoft-Teams-Einstellungen. Dazu gehören das Anlegen oder Löschen von Teams, Festlegen von Meeting- und Messaging-Richtlinien (wer darf Gastzugriff gewähren, welche Funktionen stehen Benutzern in Teams zur Verfügung), Verwalten von Telefonie-Einstellungen (bei Nutzung von Teams-Telefonie) und Überwachen der Teams-Nutzung. Diese Rolle ist zentral, um sicherzustellen, dass die unternehmensweite Zusammenarbeit via Teams reibungslos funktioniert und beispielsweise Namenskonventionen oder Teamstrukturen eingehalten werden.

Sicherheitsadministrator

Der Sicherheitsadministrator hat Zugriff auf alle sicherheitsrelevanten Einstellungen, Berichte und Tools in der Microsoft-365-Umgebung. Das umfasst unter anderem das Microsoft-365-Defender-Portal mit Bedrohungsberichten, die Konfiguration von Microsoft Defender for Office 365 (Schutz vor Phishing, Malware in E-Mails), Azure-AD-Sicherheitsfunktionen (wie MFA-Reports, Passwortrichtlinien) und Überwachungsprotokolle. Der Sicherheitsadmin setzt Richtlinien zur Gefahrenabwehr um (zum Beispiel Sperren unsicherer Dateitypen in E-Mails, Alerts bei ungewöhnlichen Anmeldungen) und reagiert auf Sicherheitsvorfälle. Diese Rolle ist für den Schutz der gesamten IT-Umgebung unerlässlich. (Hinweis: Sie ist nicht zu verwechseln mit dem Sicherheitsleser, der nur Leserechte auf Sicherheitsberichte hat.)

Compliance-Administrator

Der Compliance-Administrator kümmert sich um die Einhaltung gesetzlicher und interner Vorschriften. In Microsoft 365 beinhaltet das beispielsweise die Verwaltung von Datenaufbewahrungsrichtlinien (wie lange müssen E-Mails aufbewahrt werden, wann dürfen Dateien gelöscht werden), Data Loss Prevention/DLP-Regeln (verhindern, dass sensible Daten wie Kreditkartennummern ungefiltert nach draußen gelangen) und eDiscovery-Fälle (durchsuchen von Mailboxen und Dateien bei rechtlichen Untersuchungen). Der Compliance-Admin stellt sicher, dass Datenschutzbestimmungen umgesetzt werden und kann zum Beispiel auf das Microsoft-Purview-Compliance-Portal zugreifen, um Überwachungen und Prüfprotokolle einzusehen. In kleinen Unternehmen fällt diese Rolle oft dem Sicherheitsadmin oder Global Admin zu, aber es kann sinnvoll sein, hier verschiedene Verantwortliche zu haben (etwa einen Datenschutzbeauftragten mit dieser Rolle).

Diese sieben Rollen sind für die meisten kleinen und mittelständischen Unternehmen besonders relevant. Darüber hinaus gibt es weitere spezialisierte Rollen (zum Beispiel Billing-Administrator für Rechnungsverwaltung, Geräteadministrator für Intune/Endpoint Manager, Anwendungsadministrator für die Verwaltung von Enterprise Apps und so weiter). Überlegen Sie, welche Aufgaben in Ihrer Organisation anfallen, und vergeben Sie Rollen entsprechend an die zuständigen Mitarbeiter.

Warum ist es wichtig, spezifische Administrationsrollen zu vergeben?

Durch diese feingranulare Rechteverteilung erhöhen Sie Sicherheit und Effizienz Ihrer IT-Administration:

- ✔ **Reduktion von Sicherheitsrisiken:** Nur autorisierte Personen haben Zugriff auf sensible Einstellungen. Das Risiko von Fehlern oder Missbrauch wird minimiert. Ein Helpdesk-Mitarbeiter muss nicht Global Admin sein, um Passwörter zurückzusetzen – er bekommt nur die Benutzer-Admin-Rolle.

- **Effizientere Verwaltung:** Jeder Administrator kann sich auf sein Fachgebiet konzentrieren. Der Exchange-Admin kümmert sich um E-Mails, der SharePoint-Admin um die Datenablage und so weiter. Das führt zu schnellerer Problemlösung, weil Spezialisten am Werk sind, und zu weniger Überschneidungen.
- **Kosteneinsparungen:** Gerade für kleine und mittelständische Unternehmen ist es vorteilhaft, nicht einen einzigen »Alleskönner« beschäftigen zu müssen. Sie können Verantwortlichkeiten aufteilen – vielleicht betreut ein externer Dienstleister die Sicherheit, ein interner Kollege die Benutzerverwaltung und ein anderer den SharePoint. Jeder hat nur die Rechte, die er braucht. Damit sparen Sie gegebenenfalls Personalkosten und schulen zielgerichtet.
- **Flexibilität und Reaktionsfähigkeit:** Sind mehrere Personen mit unterschiedlichen Admin-Rollen ausgestattet, ist Ihr Team insgesamt flexibler. Fällt jemand aus, kann eine andere Person mit ähnlicher Rolle einspringen. Und neue Anforderungen (zum Beispiel »Wir brauchen jemanden, der sich um Teams-Telefonie kümmert«) lassen sich einfach durch Zuweisung der entsprechenden Rolle an einen Mitarbeiter abdecken – ohne gleich die ganze Admin-Power auf eine Person konzentrieren zu müssen.

Nutzen Sie bei Bedarf das Prinzip der gestaffelten Administration: Geben Sie normalen Admins eingeschränkte Rollen und behalten Sie Global-Admin-Konten für Notfälle. Microsoft bietet mit Privileged Identity Management (PIM) sogar die Möglichkeit, Rollen just-in-time zu vergeben, also dass jemand nur temporär Global Admin wird, wenn es gebraucht wird, und ansonsten nicht. So erhöhen Sie die Sicherheit nochmals.

Das Organisationsprofil und dessen Mehrwert

Im Microsoft 365 Admin Center unter Einstellungen finden Sie den Bereich »Organisationsprofil« (manchmal auch Einstellungen der Organisation genannt). Das Organisationsprofil ist gewissermaßen das Herzstück Ihrer Mandanten-Konfiguration. Hier sind grundlegende Informationen über Ihr Unternehmen hinterlegt, und Sie können Einstellungen vornehmen, die die gesamte Organisation betreffen. Ein korrekt gepflegtes Organisationsprofil trägt wesentlich dazu bei, die Zusammenarbeit und Kommunikation innerhalb Ihres Unternehmens zu verbessern, da viele Dienste auf diesen Basisinformationen aufbauen.

Wichtige Einstellungen in den Organisationseinstellungen

- Firmenname und Adresse: Ihr offizieller Unternehmensname und die Adresse. Diese Daten erscheinen in einigen Berichten und Benachrichtigungen von Microsoft. Stellen Sie sicher, dass sie korrekt und aktuell sind.

- ✔ KONTAKTINFORMATIONEN: Mindestens eine Kontaktperson (Name, E-Mail, ggf. Telefon), die für Microsoft als Ansprechpartner dient – beispielsweise für technische oder Abrechnungsrückfragen. Oft ist dies der IT-Administrator oder ein Lizenzverantwortlicher.
- ✔ STANDARDZEIT UND -SPRACHE: Die Zeitzone und Sprache, die standardmäßig für Ihre Benutzer und Berichte gelten. Das beeinflusst unter anderem die Kalenderanzeige und Datumsformate. In einem deutschen Unternehmen wäre »(UTC+1) Amsterdam, Berlin…« und Sprache »Deutsch« zu setzen.

Daneben gibt es im Organisationsprofil noch verschiedene Reiter beziehungsweise Unterseiten, um weitere Einstellungen vorzunehmen.

Reiter: Dienste

Unter dem Reiter DIENSTE«können Sie Einstellungen vornehmen, die spezifische Microsoft-365-Dienste betreffen (zum Beispiel für SharePoint, ONEDRIVE, VIVA ENGAGE, OFFICE-APPS, TEAMS). Dieser Bereich bietet eine zentrale Übersicht, wurde in den letzten Jahren aber technisch so umgestellt, dass viele Optionen einen Sprung in das jeweilige spezielle Admin Center machen.

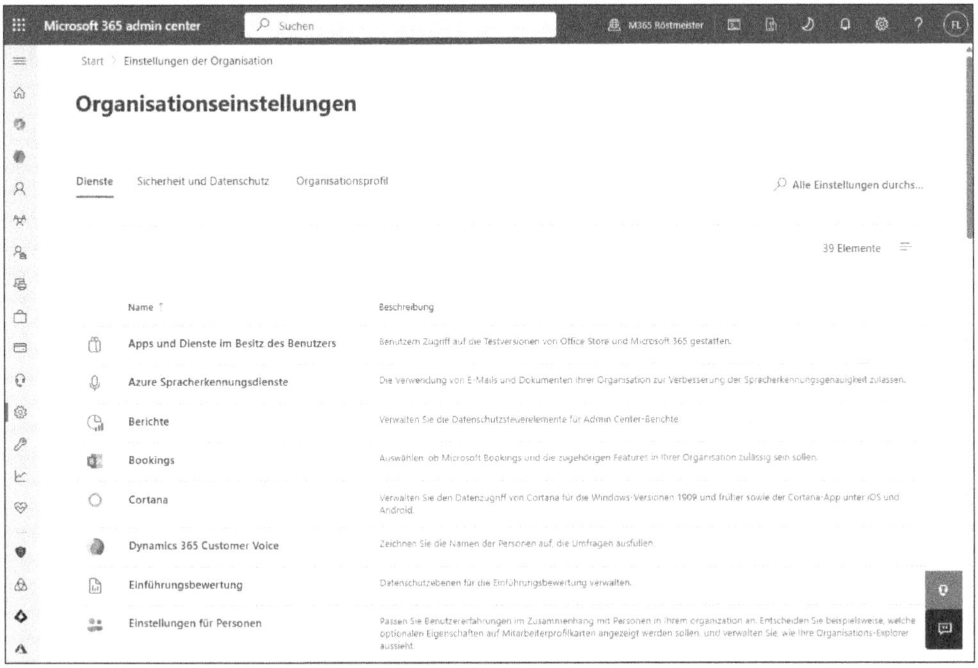

Abbildung 3.6: Einstellungen der Organisation – Dienste

Das heißt: Früher konnten hier direkt zahlreiche dienstbezogene Einstellungen gesetzt werden. Heute führt ein Klick auf viele Einstellungen oft ins jeweilige Fach-Admin-Center (zum Beispiel SharePoint Admin Center, Teams Admin Center und so weiter), wo man dann detailliert konfigurieren kann. Dennoch dient der Dienste-Reiter als Sammelstelle, um direkt zu sehen, welche Dienste aktiv sind und welche grundlegenden Optionen zentral verwaltet werden können (beispielsweise organisationsweite Freigabeeinstellungen für SharePoint, oder ob in Teams das Unternehmenstelefonbuch aktiviert ist).

Für Sie ist dieser Bereich wichtig, um sicherzustellen, dass alle genutzten Dienste optimal auf die Bedürfnisse Ihres Unternehmens abgestimmt sind. Gerade kleinere Unternehmen schätzen diese Übersicht.

Details zu einzelnen Einstellungen in den Diensten folgen in späteren Kapiteln zu den jeweiligen Services.

Reiter: Sicherheit und Datenschutz

Dieser Abschnitt im Organisationsprofil fasst erste SICHERHEITS- UND DATENSCHUTZEINSTELLUNGEN zusammen. Microsoft stellt hier Werkzeuge bereit, um bereits auf Tenant-Ebene die wichtigsten Anforderungen zu adressieren – auch ohne gleich in die komplexeren Spezial-Admin-Center zu gehen.

Wichtige Punkte unter Sicherheit und Datenschutz:

- ✔ MULTI-FAKTOR-AUTHENTIFIZIERUNG (MFA): Hier können Sie die MFA für Ihre Benutzer konfigurieren beziehungsweise sehen, welche Benutzer MFA aktiviert haben. Wie bereits betont, ist MFA eine der effektivsten Sicherheitsmaßnahmen – sie sollte idealerweise für alle Konten aktiviert sein. Neue Tenants haben oft standardmäßig MFA-Vorgaben über die Security Defaults aktiv, was sehr zu begrüßen ist.

- ✔ BEDINGTER ZUGRIFF: Falls Ihr Abonnement Azure AD Premium beinhaltet, können Sie an dieser Stelle ins Thema Conditional Access (bedingter Zugriff) einsteigen. Damit lassen sich Regeln definieren wie »Mitarbeiter dürfen sich nur aus bestimmten Ländern anmelden« oder »Zugriff auf das Admin Center nur mit Firmengerät«. Diese granularen Richtlinien erhöhen die Sicherheit, in dem der Kontext wir der Standort eines Mitarbeitenden für den Zugriff berücksichtigt wird. (Ohne Premium-Lizenz ist dieser Bereich nicht verfügbar – dann helfen die Security Defaults als Basisschutz.)

- ✔ DATENVERLUSTVERHINDERUNG (DLP): Sie können im Compliance-Portal (Purview) DLP-Richtlinien erstellen, die dann hier angezeigt werden. DLP durchsucht E-Mails und Dateien nach sensiblen Informationen (wie personenbezogenen Daten, Kreditkarten, Gesundheitsdaten und so weiter) und verhindert deren unbeabsichtigten Abfluss, beispielsweise durch Blockieren einer E-Mail oder Warnen des Users.

- ✔ ÜBERWACHUNG UND BERICHTE: Hier finden Sie Links oder Einstellungen zu Protokollierungsfunktionen. In Microsoft 365 werden zum Beispiel Admin-Aktionen und Benutzeraktivitäten (Anmeldungen, Dateiaktionen) protokolliert. Diese Überwachungsdaten können im Security/Compliance Center ausgewertet werden. Es ist ratsam, die Überwachung aktiviert zu lassen und regelmäßig Berichte zu prüfen, um ungewöhnliche Aktivitäten frühzeitig zu erkennen.

Durch frühzeitige Implementierung solcher Sicherheits- und Datenschutzmaßnahmen stellen Sie sicher, dass nur autorisierte Personen Zugriff auf sensible Daten haben und dass diese Daten bestmöglich geschützt sind. Proaktive Maßnahmen wie MFA und bedingter Zugriff reduzieren drastisch die Gefahr von Kontoübernahmen und unbefugtem Zugriff, während Maßnahmen wie Audit-Logs und Warnungen Ihnen helfen, im Ernstfall schnell zu reagieren.

Ein gut konfigurierter Bereich SICHERHEIT UND DATENSCHUTZ erhöht das Vertrauen Ihrer Mitarbeiter und Kunden in die IT-Umgebung und minimiert das Risiko von Datenschutzverstößen. Außerdem stellen Sie sicher, dass Ihr Unternehmen gesetzliche Vorgaben (zum Beispiel die DSGVO) einhält. Sollte Ihr Unternehmen erweiterte Anforderungen an den Datenschutz haben (etwa im Bereich Finanz- oder Gesundheitswesen), empfiehlt Microsoft den Einsatz der speziellen Security- und Compliance-Portale – nämlich das Microsoft-365-Defender-Portal für erweiterte Sicherheitsfunktionen und das Microsoft Purview Compliance Center für eine tiefgehende Compliance-Verwaltung.

Reiter: Organisationsprofil

Unter ORGANISATIONSPROFIL selbst bearbeiten Sie die grundlegenden Unternehmensinformationen und einige weitere Einstellungen:

- ✔ FIRMENINFORMATIONEN: Pflegen Sie hier Name, Adresse und ggf. Branchenkennzeichnungen Ihres Unternehmens ein. Wie erwähnt, sollten diese Daten stets aktuell gehalten werden – sie sind auch relevant, falls Sie Support von Microsoft benötigen. (Und denken Sie an den Tipp: Diese Informationen können im Notfall helfen, Ihren Tenant wiederherzustellen, falls der Admin-Zugang verloren ging.)
- ✔ KONTAKTINFORMATIONEN: Hier können Sie zentrale Kontakt-E-Mail-Adressen oder Telefonnummern hinterlegen, die Microsoft für Benachrichtigungen nutzen kann (zum Beispiel Kontowarnungen, Support-Rückfragen). Stellen Sie sicher, dass diese Mailboxen aktiv gelesen werden.
- ✔ BRANDING UND ANPASSUNG: Sie haben die Möglichkeit, das Aussehen Ihrer Microsoft-365-Umgebung ein wenig an Ihr Unternehmen anzupassen. So können Sie beispielsweise ein Firmenlogo hochladen, das dann im oberen Banner des Admin Centers und auf der Anmeldeseite erscheint, oder Unternehmensfarben setzen. Das sorgt für einen wiedererkennbaren Look und kann die Benutzererfahrung verbessern. (Hinweis: Hier geht es nicht um detailliertes Branding jeder App, sondern primär um das generelle Portal-Branding. Für konkretere Anpassungen, beispielsweise in SharePoint, gibt es separate Optionen.)
- ✔ COMPLIANCE-EINSTELLUNGEN: Im Organisationsprofil können Sie Grundsatzentscheidungen zur Datenspeicherung treffen – etwa den Datenspeicherort Ihres Tenants (Geo-Verteilung) einsehen oder Kontaktpersonen für Compliance-Benachrichtigungen definieren. Außerdem lassen sich Dinge wie »Datenverarbeitungsnachtrag« und andere rechtliche Vereinbarungen einsehen.

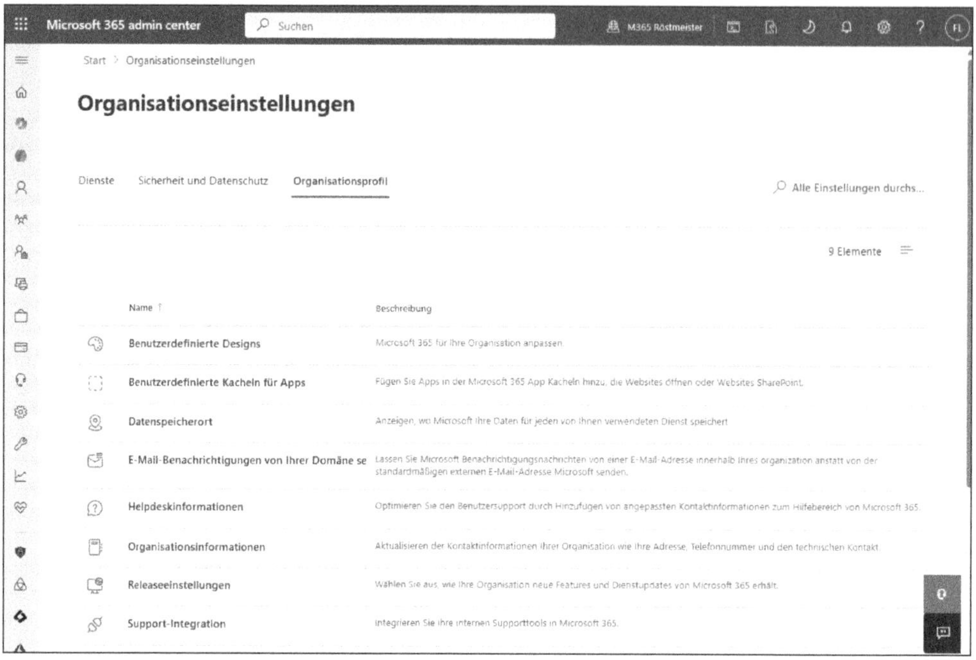

Abbildung 3.7: Organisationsprofil

Administrative Möglichkeiten und Mehrwerte

Ein gut konfiguriertes Organisationsprofil bringt mehrere Vorteile mit sich:

- ✔ Verbesserte Zusammenarbeit: Sind Zeitzonen, Sprachen und Kontaktpersonen richtig eingestellt, merken Ihre Mitarbeiter oft gar nicht, dass sie einen Cloud-Service nutzen – alles fügt sich nahtlos ein. Termineinladungen stimmen von der Zeit her, und Kollegen finden die richtigen Kontakte im Adressbuch.
- ✔ Erhöhte Sicherheit: Aktuelle Kontaktinfos stellen sicher, dass im Sicherheitsfall (beispielsweise Verdacht auf Hackerangriff) die richtigen Leute benachrichtigt werden. Zudem signalisiert ein korrektes Firmenprofil auch Microsofts Support, dass Ihr Tenant »gepflegt« ist – was im Ernstfall die Zusammenarbeit erleichtert.
- ✔ Effizientere Verwaltung: Wenn Stammdaten und Grundeinstellungen sauber hinterlegt sind, müssen Sie weniger Ad-hoc-Korrekturen vornehmen. Viele Prozesse laufen reibungsloser (Rechnungsstellung an die richtige Adresse, auch in User-Profilen werden zum Beispiel korrekte Firmennamen angezeigt etc.). Das spart Zeit im IT- Alltag.
- ✔ Stärkung der Markenidentität: Durch Branding-Optionen (Logo/Farben) wirkt die Cloud-Umgebung ein Stück weit wie »Ihre eigene«. Mitarbeiter identifizieren sich eher damit, wenn sie beispielsweise beim Anmelden Ihr Firmenlogo sehen. Auch Kunden oder Partner, die über SharePoint mit Ihnen interagieren, nehmen die Corporate Identity wahr.

Erfahrungen und Best Practices

Meine Erfahrungen der letzten drei Jahre im Microsoft-365-Administrationsumfeld zeigen, dass ein stets aktuelles Organisationsprofil viele Probleme vermeiden kann.

Ein paar Best Practices:

- ✔ Regelmäßige Überprüfung: Planen Sie beispielsweise quartalsweise einen kurzen Check der Organisationsdaten. Hat sich im Unternehmen etwas geändert (Adresse, neue Zweigstelle, andere Ansprechpartner)? Dann gleich updaten.

- ✔ Delegation nutzen: Nutzen Sie Admin-Rollen, um die Tenant-Pflege zu verteilen. Vielleicht kann der HR-Verantwortliche als Benutzer-Admin dafür sorgen, dass Kontaktdaten stimmen, während der IT-Admin sich ums Branding kümmert.

- ✔ Berichte nutzen: Microsoft 365 bietet Berichte zur Nutzung der Dienste. Diese können Aufschluss geben, ob beispielsweise viele externe Freigaben erfolgen (Datenschutz relevant) oder ob Benutzer Probleme haben (sind beispielsweise viele Passwort-Resets nötig: eventueller Schulungsbedarf). Solche Erkenntnisse kann man nutzen, um in den Organisationseinstellungen nachzujustieren (zum Beispiel Richtlinien anpassen, Schulung planen und so weiter).

Technische Details und Konfigurationsmöglichkeiten

Abschließend noch ein Blick auf einige technische Aspekte, die im Organisationsprofil/in den Organisationseinstellungen eine Rolle spielen:

- ✔ Domänenverwaltung: Hier überschneidet sich das Organisationsprofil mit unserem vorigen Abschnitt: Stellen Sie sicher, dass unter EINSTELLUNGEN > DOMÄNEN alle gewünschten Domänen hinzugefügt und verifiziert sind. Entfernen Sie alte, nicht mehr genutzte Domänen aus dem Tenant, um Verwirrung zu vermeiden.

- ✔ Sicherheits- und Datenschutzrichtlinien: Nutzen Sie ORGANISATIONSEINSTELLUNGEN, um PASSWORTRICHTLINIEN festzulegen (zum Beispiel Mindestlänge und Ablaufintervalle, sofern Sie keine Azure AD Premium haben – dort ginge es feingliedriger). Schauen Sie auch, ob die Mailverschlüsselung aktiviert werden sollte oder externe Kommunikation eingeschränkt wird (manche Unternehmen wollen verhindern, dass interne Dateien via Link nach außen geteilt werden – das lässt sich zentral einstellen).

- ✔ Geräteverwaltung: Falls Ihr Unternehmen Mobilgeräte oder Windows-Geräte mit Microsoft 365 verwaltet, können Sie im Admin Center Basisrichtlinien für Mobile Device Management aktivieren. Ansonsten empfiehlt sich die Nutzung von Microsoft Intune (Endpoint Manager), um gerätebezogene Richtlinien durchzusetzen. Stellen Sie in jedem Fall sicher, dass nur autorisierten Geräten Zugriff auf Firmenressourcen gewährt wird – beispielsweise können Sie mit Azure AD die sogenannte Geräteregistrierung erzwingen, damit nur registrierte und konforme Geräte auf Dienste wie Exchange Online zugreifen. (Dieser Bereich ist allerdings schon spezialisierter und wird in einem späteren Kapitel vertieft.)

Grundlegende Einstellungen – Zusammenfassung

Zum Abschluss dieses Kapitels soll nochmals betont werden, welche grundlegenden Einstellungen Sie in Ihrem Microsoft-365-Tenant unbedingt vornehmen sollten, damit das Fundament stabil ist:

- ✔ Firmeninformationen aktualisieren: Prüfen Sie Name, Adresse und Branchenangaben Ihres Unternehmens im Organisationsprofil. Halten Sie diese aktuell.
- ✔ Administrative Kontakte festlegen: Hinterlegen Sie mindestens eine (besser zwei) gültige Kontakt-E-Mails für Benachrichtigungen. So gehen wichtige Informationen von Microsoft nicht ins Leere.
- ✔ Notfallzugriff absichern: Behalten Sie einen Global-Admin-Zugang als Backup (Notfallkonto) und achten Sie darauf, dass die Firmeninformationen stimmen – falls Sie je die Zugangsdaten verlieren, hilft dies bei der Wiederherstellung. Tipp: Aktivieren Sie die Zusendung von Benachrichtigungen über verdächtige Anmeldeversuche oder Abrechnungsprobleme an Ihre Admin-Kontakte, um sofort reagieren zu können.
- ✔ Branding einrichten: Laden Sie Ihr Firmenlogo im Organisationsprofil hoch und wählen Sie eine Akzentfarbe, die zu Ihrem Corporate Design passt. Es dauert nur fünf Minuten und trägt zur professionellen Erscheinung bei. (Nicht verwechseln mit dem »Unternehmensbranding« für Anmeldeseiten bei Azure AD – das ist optional separat möglich.)
- ✔ Compliance-Grundeinstellungen prüfen: Stellen Sie sicher, dass beispielsweise die Standardaufbewahrungsrichtlinien Ihren Anforderungen genügen. Neue Tenants haben gewisse Defaults (zum Beispiel Aufbewahrung von Teams-Chats für 30 Tage). Falls Ihr Unternehmen längere Aufbewahrungspflichten hat, richten Sie dies frühzeitig ein, damit Nichts verloren geht.
- ✔ Domänen hinzufügen: Fügen Sie Ihre eigenen Domänen hinzu und machen Sie eine davon zur Standarddomäne (kann man im Admin Center festlegen), damit neue Benutzer automatisch die richtige E-Mail-Adresse bekommen. Entfernen Sie die Notwendigkeit der .onmicrosoft.com-Adressen im Alltag.
- ✔ Sicherheit aktivieren: Aktivieren Sie MFA mindestens für alle Admins, besser jedoch für alle Benutzer. Überlegen Sie, Security Defaults eingeschaltet zu lassen (empfohlen für kleine Unternehmen ohne eigene Sicherheitsstrategie). Konfigurieren Sie ggf. grundlegende Passwortrichtlinien (auch wenn viele inzwischen auf »Passwortlos« setzen – MFA ist hier das Minimum).
- ✔ Gerätezugriff steuern: Falls relevant, schalten Sie die Geräteverwaltung ein. Für E-Mails gibt es zum Beispiel Exchange Mobile Device Policies, mit denen Sie durchsetzen können, dass mobile Geräte einen Pin haben müssen, um Firmenmails zu öffnen. Schon einfache Maßnahmen erhöhen die Sicherheit erheblich.

Mit all diesen Einrichtungsschritten schaffen Sie eine solide Basis. Ihr Microsoft-365-Tenant ist nun bereit, in den produktiven Betrieb zu gehen. In den nächsten Kapiteln können Sie sich darauf konzentrieren, die einzelnen Dienste – von Exchange über Teams bis SharePoint – optimal zu nutzen, da das Fundament gesetzt ist.

IN DIESEM KAPITEL

Warum ist ein Backup notwendig

Das Kennwort und andere Sicherheitsmöglichkeiten

Weitere Dienste innerhalb von Microsoft 365

Kapitel 4
Unternehmenssicherheit, Datenschutz und Dienste

In diesem Kapitel erhalten Sie eine fundierte Analyse zentraler Maßnahmen und Strategien zum Schutz von Unternehmensdaten sowie zur Sicherstellung der Geschäftskontinuität. Das Kapitel liefert Ihnen zudem praxisnahe Einblicke und beleuchtet relevante Aspekte zur Absicherung gegen unterschiedliche Bedrohungsszenarien.

Insgesamt stellt Kapitel 4 einen praxisorientierten Leitfaden zu bewährten Methoden der Datensicherung dar und unterstreicht die Bedeutung eines strategisch konzipierten Backup-Systems für die Sicherheit und Leistungsfähigkeit moderner Unternehmen.

Sicherung Ihrer Daten: Warum Backups unverzichtbar sind

Ein zuverlässiges Backup-System ist wie ein Schutzschild gegen Datenverlust, sei dieser durch Hardwareausfälle, Cyberangriffe oder menschliche Fehler verursacht. Stellen Sie sich vor, wichtige Unternehmensdaten gingen plötzlich verloren. Das könnte den Geschäftsbetrieb zum Stillstand bringen, finanzielle Schäden verursachen und sogar das Vertrauen Ihrer Kunden erschüttern. Regelmäßige Backups verhindern solche Katastrophen, indem sie es Ihnen ermöglichen, verlorene Daten im Ernstfall schnell wiederherzustellen.

Backup ist nicht nur ein Begriff aus der Informationstechnologie, er hat sich an verschiedenen Stellen und in mehreren Themengebiete als Synonym für Ersatz/Absicherung eingebürgert. Wenn wir eine Reifenpanne am Auto haben, so haben wir einen Reifen als »Backup« zum Austauschen. Auch in einer

Fußballmannschaft: Fällt ein Mitspieler verletzt aus, so kommt für die Position ein weiterer Spieler aufs Feld – sein Backup für das Spiel.

Cyberangriffe sind gezielte Angriffe auf IT-Systeme, Netzwerke oder Daten eines Unternehmens mit dem Ziel, diese zu manipulieren, zu stehlen oder unzugänglich zu machen. Sie reichen von Schadsoftware wie Viren und Ransomware bis hin zu Phishing und gezielten Attacken auf Schwachstellen in der IT-Infrastruktur. Die Zahl solcher Angriffe nimmt stetig zu und macht deutlich, wie wichtig ein umfassender Schutz der Unternehmensdaten ist. Ein erfolgreicher Cyberangriff kann nicht nur erhebliche finanzielle Schäden verursachen, sondern auch den Geschäftsbetrieb lahmlegen oder das Vertrauen von Kunden nachhaltig beeinträchtigen.

- Hardwareausfälle: Keine Hardware ist fehlerfrei – Festplatten können crashen, Server können ausfallen. Ein aktuelles Backup stellt sicher, dass Ihre Daten in solchen Fällen nicht unwiederbringlich verloren sind, sondern von einer sicheren Kopie aus wieder eingespielt werden können.
- Cyberangriffe: Die Zahl der Cyberangriffe (etwa durch Ransomware) steigt stetig. Wenn Angreifer Ihre Systeme verschlüsseln oder zerstören, können Sie mit einem aktuellen Backup Ihre Daten wiederherstellen, ohne Lösegeld zahlen zu müssen. Wichtig ist dabei, dass das Backup getrennt von den Originaldaten – und idealerweise mit einem zusätzlichen Schutz vor Manipulation (beispielsweise schreibgeschützte, »immutable« Backups) aufbewahrt – wird. So kommen Cyberkriminelle nicht so leicht an diese Sicherungskopien heran.
- Menschliche Fehler: Jeder macht mal Fehler. Ein falscher Klick und eine Datei ist versehentlich gelöscht oder überschrieben. Mit einem Backup können Sie solche Daten in kürzester Zeit wiederherstellen, sodass der Arbeitsablauf kaum beeinträchtigt wird.
- Externe Umstände: Selbst Naturkatastrophen oder Brände kann ein gutes Backup-System abmildern. Wenn etwa am Hauptstandort etwas passiert, sind die Daten noch an einem anderen Ort gespeichert und Ihr Unternehmen bleibt handlungsfähig.

Neben dem unmittelbaren Schutz vor Datenverlust spielt ein Backup auch für Compliance-Zwecke eine Rolle. Gesetze und Vorschriften (wie die Datenschutz-Grundverordnung, kurz: DSGVO) verlangen, dass Unternehmen geeignete Vorkehrungen zum Schutz von personenbezogenen Daten und zur Wiederherstellbarkeit dieser Daten treffen. Ein robustes Backup-System hilft, diese rechtlichen Anforderungen zu erfüllen und potenzielle rechtliche Konsequenzen zu vermeiden.

Artikel 32 DSGVO fordert beispielsweise Maßnahmen, um die Verfügbarkeit von Daten und den Zugang dazu im Falle eines physischen oder technischen Zwischenfalls zeitnah wiederherzustellen – genau das leistet ein durchdachtes Backup-Konzept.

Auch für branchenspezifische Vorgaben oder Audits (etwa in der Finanzbranche) sind Nachweise über Datensicherungen oft Pflicht.

Last but not least sollten nicht nur externe Bedrohungen betrachtet werden, sondern auch interne Risiken. Dazu zählen böswillige Handlungen von (ehemaligen) Mitarbeitern oder schlicht ungenügende Schulungen im Umgang mit Daten. Ein umfassendes Backup-System sorgt dafür, dass alle Unternehmensdaten regelmäßig gesichert werden. So können auch Vorfälle von Datenmanipulation oder -löschung im Inneren des Unternehmens aufgefangen werden. Zwar dient ein Backup in erster Linie der Wiederherstellung und ersetzt keine Sicherheitsrichtlinien, aber es bietet ein letztes Netz selbst gegen interne Vorfälle. Empfehlenswert ist, neben Backups auch Richtlinien und Schulungen zu etablieren, um das Risiko durch Insider zu minimieren. So sollten beispielsweise nur berechtigte Personen Zugriff auf sensible Daten haben und Änderungen überwacht werden. Im Fall der Fälle ermöglicht das Backup jedoch, den ursprünglichen Zustand wiederherzustellen und so den Schaden zu begrenzen.

Benötige ich ein Backup? – Ein erster Einblick in die Wichtigkeit

Sie fragen sich vielleicht, ob der ganze Aufwand nötig ist. Die klare Antwort lautet: Ja! Jedes Unternehmen, egal welcher Größe, benötigt ein Backup. Oft wird diese Frage gerne mit einem Vergleich beantwortet. Ein Backup ist wie der Ersatzreifen beim Auto. Fahren Sie ohne Reserverad los? Wahrscheinlich nicht, denn ein platter Reifen kann jederzeit passieren und ohne Ersatz sind Sie aufgeschmissen. Genauso verhält es sich mit Daten. Man hofft, nie auf das Backup angewiesen zu sein, aber wenn doch, ist man unglaublich dankbar, dass es da ist.

Stellen Sie sich das konkret vor. Möchten Sie sämtliche Dateien und Informationen nur in Ihrem Microsoft-365-Mandanten liegen haben, ohne jemals eine separate Sicherung davon anzulegen? Vermutlich haben Sie diese Frage soeben für sich mit »nein« beantwortet. Ein Backup ist keine Kür, sondern Pflicht für jede IT-Abteilung und jedes Unternehmen, das seine Daten ernst nimmt.

Es gibt zahlreiche Unternehmen, die das Backup ihrer Cloud-Daten für entbehrlich hielten – oftmals mit teils dramatischen Folgen.

In einem Fall führte der Verlust kritischer Daten (durch einen Speicherfehler) zu mehreren Tagen Stillstand in der Firma. Wichtige Geschäftsprozesse waren unterbrochen. Das verursachte nicht nur finanzielle Verluste, sondern auch einen erheblichen Vertrauensverlust bei den Kunden. Diese Firma musste schmerzlich lernen, dass ein Backup kein überflüssiger Luxus ist, sondern die Grundlage für betriebliche Resilienz.

Mehrwert eines effektiven Backup-Systems

Ein gut durchdachtes Backup-System bringt zahlreiche Vorteile und kann im Ernstfall das Überleben Ihres Unternehmens sichern.

- ✔ Geschäftskontinuität: Bei einem Zwischenfall, ob kleiner Ausfall oder großes Desaster, können Sie schnell wieder auf alle wichtigen Daten zugreifen. Ihr Betrieb steht nicht lange still, weil Sie innerhalb kurzer Zeit die notwendigsten Systeme aus Backups wiederherstellen können (Stichwort »Recovery Time Objective«, also das Ziel, wie schnell alles wieder läuft).
- ✔ Schutz vor finanziellen Verlusten: Datenverlust kann teuer werden; Erlösausfälle, Vertragsstrafen und Wiederaufbaukosten. Ein Backup ist günstig und wirkt wie eine Versicherung. Im Falle eines Falles minimiert es die Ausfallzeit und damit die Kosten.
- ✔ Kein Lösegeld bei Ransomware: Wie oben erwähnt, erlaubt ein aktuelles, sauberes Backup die Wiederherstellung, ohne auf Erpresserforderungen einzugehen. Das schwächt zugleich das Geschäftsmodell der Angreifer, weil ein Unternehmen mit guten Backups gar kein »Kunde« für sie wird.
- ✔ Korrektur von Fehlern: Nicht nur Katastrophen, auch alltägliche Fehler werden abgefedert. Haben Sie versehentlich eine Datei gelöscht oder eine falsche Änderung gespeichert, hilft das Backup, schnell den vorherigen Stand wiederherzustellen, als wäre nichts passiert.
- ✔ Einhaltung von Aufbewahrungsfristen: Manche Daten müssen aus rechtlichen Gründen eine gewisse Zeit vorgehalten werden (beispielsweise steuerrelevante Unterlagen, E-Mails in manchen Branchen etc.). Ein Backup kann Teil der Lösung sein, diese Compliance-Anforderungen zu erfüllen, indem Sie alte Daten außerhalb der Produktionsumgebung sicher speichern.
- ✔ Ruhiger schlafen: Last but not least – das Wissen, dass im Hintergrund alle wichtigen Daten noch einmal sicher verstaut sind, gibt Ihnen auch ein gutes Gefühl. Sie reduzieren den Stresspegel im IT-Betrieb deutlich, wenn Sie wissen, dass ein falscher Klick oder ein unvermuteter Crash nicht das Ende der Welt bedeutet.

Ein Backup-System ist also weit mehr als »Datentechnik« es ist ein Geschäftsabsicherungs-System, das den Wert Ihres Unternehmens schützt.

Backup-Arten: voll, differenziell, inkrementell

Nun gibt es verschiedene Arten von Backups, die je nach Bedarf und Datenvolumen eingesetzt werden können. Jede hat ihre Vor- und Nachteile. Wichtig ist, die richtige Kombination für Ihr Unternehmen zu finden.

Voll-Backup

Hier wird jedes Mal eine komplette Kopie aller ausgewählten Daten erstellt. Das ist die gründlichste Methode – Sie haben im Ernstfall garantiert alles zum Zeitpunkt des Backups verfügbar. Allerdings benötigt ein Voll-Backup am meisten Zeit und Speicherplatz, da immer wieder alle Daten gesichert werden, selbst wenn sich nur ein kleiner Teil geändert hat. In der Praxis macht man Voll-Backups deshalb in größeren Abständen (beispielsweise wöchentlich oder monatlich), dazwischen ergänzen andere Backup-Arten die Lücken. Denken Sie daran: Ein Voll-Backup sichert wirklich alle Dateien – es ist die Basis für jede vollständige Wiederherstellung.

Differenzielles Backup

Bei einem differenziellen Backup werden alle Änderungen gesichert, die seit dem letzten Voll-Backup vorgenommen wurden. Dieses Backup ist schneller und platzsparender als ein Voll-Backup, weil es nur einen Teil der Daten umfasst. Wenn Sie beispielsweise jeden Sonntag ein Voll-Backup machen, könnten Sie an den Wochentagen Montag bis Samstag jeweils differenzielle Backups durchführen. Jedes differenzielle Backup enthält dann die Daten, die sich seit Sonntag geändert haben. Im Wiederherstellungsfall brauchen Sie immer genau das letzte Voll-Backup und das letzte differenzielle Backup – daraus lässt sich der vollständige Datenbestand rekonstruieren. Vorteil: Es ist übersichtlich (pro Intervall nur eine Diff-Datei) und geht schneller als ein tägliches Voll-Backup. Nachteil: Differenzielle Backups wachsen mit jedem Tag (da sie alle Änderungen seit dem Voll-Backup enthalten); kurz bevor das nächste Voll-Backup ansteht, können sie also relativ groß werden.

Inkrementelles Backup

Diese Methode sichert nur die Daten, die sich seit dem letzten Backup (egal welcher Art) geändert haben. Das heißt, nach einem Voll-Backup am Sonntag würden Sie Montag die Änderungen seit Sonntag sichern (inkrementell), Dienstag nur die Änderungen seit Montag, Mittwoch die seit Dienstag, und so weiter. Inkrementelle Backups sind besonders effizient, da sie am wenigsten Speicherplatz und Zeit benötigen – es wird ja wirklich immer nur das gesichert, was seit dem letzten Backup neu oder verändert wurde. Bei häufigen kleinen Änderungen ist das ideal. Der Aufwand kommt allerdings im Wiederherstellungsfall: Um den kompletten Datenstand zu rekonstruieren, benötigen Sie das Voll-Backup und alle inkrementellen Backups bis zum Zeitpunkt des Datenverlusts. Das kann die Wiederherstellung aufwändiger machen, weil mehrere Dateien eingespielt werden müssen. Dafür ist die laufende Sicherung sehr schnell und kaum spürbar. Moderne Backup-Systeme helfen jedoch, diesen Prozess zu automatisieren, und mit aktuellen Technologien (wie Snapshots) sind auch inkrementelle Konzepte sehr zuverlässig.

Vielleicht fragen Sie sich: *differenziell* oder *inkrementell* – was ist der genaue Unterschied?

Ein differenzielles Backup umfasst immer alle Änderungen seit dem letzten Voll-Backup. Jedes neue differenzielle Backup wächst also kumulativ, je weiter das letzte Voll-Backup zurückliegt.

Ein inkrementelles Backup hingegen sichert nur die Differenz zum unmittelbar vorangegangenen Backup (egal ob dieses voll, differenziell oder inkrementell war). Jedes neue inkrementelle Backup ist somit in der Regel recht klein. Beide Methoden haben ihren Platz: Differenziell erleichtert die Wiederherstellung (weil nur zwei Stände gebraucht werden), inkrementell spart Speicherplatz und ermöglicht sehr häufige Sicherungen (wie zum Beispiel stündlich). Viele Unternehmen kombinieren die Methoden – beispielsweise wöchentlich Voll-, täglich differenzielles Backup oder Voll-Backup monatlich, wöchentlich differenziell und täglich inkrementell, je nach Bedarf.

Welche Backup-Methode ist die richtige?

Es kommt darauf an, wie häufig sich Ihre Daten ändern, wie kritisch sie sind und wie viel Speicher beziehungsweise Bandbreite Sie investieren können. Faustregeln:

- ✔ Kritische Daten, die sich täglich ändern: Häufige Backups (täglich oder öfter), inkrementell, um stets einen aktuellen Stand zu haben.
- ✔ Sehr große Datenmengen: Differenziell oder inkrementell nutzen, um nicht jedes Mal alles kopieren zu müssen.
- ✔ Einfachheit in der Wiederherstellung: Eher differenziell, da Sie im Ernstfall weniger Dateien kombinieren müssen.
- ✔ Maximale Granularität: Inkrementell, weil Sie hier beispielsweise stündlich sichern könnten und so sehr feine Zwischenschritte haben.

Viele Backup-Lösungen nehmen Ihnen die Entscheidung teilweise ab, indem sie zum Beispiel automatisch inkrementelle Backups erstellen und in gewissen Abständen ein Voll-Backup dazwischenschieben. Wichtig ist »Hauptsache überhaupt ein Backup«! Die beste Strategie finden Sie oft durch Erfahrung und Beobachtung heraus – analysieren Sie, welche Methode in Ihrem Betrieb effizient läuft und zuverlässige Ergebnisse liefert.

Backup-Strategien für Unternehmen

Eine Backup-Strategie ist mehr als nur die Wahl der Backup-Art. Sie umfasst Zeitpläne, Aufbewahrung, Verteilung der Daten und regelmäßige Tests. Hier einige Kernpunkte, die in keiner Unternehmens-Backup-Strategie fehlen sollten:

Regelmäßige Backup-Zeitpläne

Legen Sie verbindlich fest, wie oft Backups gemacht werden. Abhängig von der Wichtigkeit der Daten und der Änderungsfrequenz kann das täglich, wöchentlich oder auch in Echtzeit (bei sehr kritischen Systemen) sein. Ein häufiger Ansatz ist zum Beispiel:

- ✔ Datenbanken täglich,
- ✔ allgemeine Fileserver wöchentlich mit täglichen Incrementals (inkrementellen Backups),
- ✔ Archivdaten monatlich
- ✔ und so weiter

Die Intervalle bestimmen Ihr Recovery Point Objective (RPO) – also den maximalen Zeitraum an Daten, der bei einem Ausfall verloren gehen könnte. Wenn Sie beispielsweise nur wöchentlich sichern, könnten bis zu sieben Tage Arbeit weg sein. Überlegen Sie, ob das akzeptabel ist oder ob kürzere Abstände nötig sind.

3-2-1-Regel beachten

Eine bewährte Daumenregel für Backups ist die 3-2-1-Regel. Sie besagt: Bewahren Sie mindestens drei Kopien Ihrer Daten auf (Primärdaten + zwei Backups), auf zwei verschiedenen Medien (zum Beispiel Festplatte und Cloud-Speicher/Band) und eine Kopie extern/off-site. Was heißt das konkret? Zum Beispiel haben Sie Ihre Produktivdaten auf dem Server (Kopie 1), machen ein lokales Backup auf ein NAS-Laufwerk (Kopie 2, anderes Medium) und zusätzlich ein Cloud-Backup in ein externes Rechenzentrum (Kopie 3, anderer Standort). So sind Sie selbst gegen ein größeres Unglück am Firmenstandort geschützt. Diese Regel ist auch heute (gerade angesichts von Ransomware) noch sehr relevant. Moderne Erweiterungen sprechen sogar von 3-2-1-1-0 – das bedeutet zusätzlich mindestens eine offline/immutable Copy (also beispielsweise ein Backup, das auf WORM-Medien geschrieben oder vom Netzwerk getrennt aufbewahrt wird) und 0 Fehler dank regelmäßiger Testwiederherstellungen. Das führt uns auch schon zum nächsten Punkt – der Speicherung von Backups-Dateien.

WORM steht für »Write Once, Read Many« das bedeutet, dass Daten auf solchen Medien nur einmal geschrieben, aber beliebig oft gelesen werden können. In Bezug auf Backupsysteme spielen WORM-Medien eine wichtige Rolle, da sie besonders manipulationssicher sind. Ein einmal gespeichertes Backup lässt sich nicht mehr verändern oder löschen.

Speicherung an mehreren Standorten

Wie gerade angeführt, sollten Backups nicht alle am selben Ort liegen wie die Originale. Lagern Sie mindestens eine Backup-Kopie außer Haus. Das kann an einem zweiten Unternehmensstandort sein oder bei einem Cloud-Dienst. So schützen Sie sich vor lokalen Katastrophen (Brand, Diebstahl, Überschwemmung am Hauptstandort). Cloud-Dienste sind hier attraktiv, weil sie georedundant speichern – sprich, die Daten werden oft automatisch schon an mehreren Orten vorgehalten.

Verwendung von Cloud-Diensten für Backups

Ein Cloud-Backup bietet meist eine sichere, skalierbare Möglichkeit der Datensicherung. Microsoft 365 selbst bietet nun (wie später erläutert) einen integrierten Backup-Dienst an. Daneben gibt es spezialisierte Backup-Anbieter, die Cloud-Speicher nutzen. Vorteil: Ihre Backups liegen außerhalb Ihrer eigenen Infrastruktur, oft verschlüsselt, und sind im Fall eines Falles sofort von überall abrufbar. Zudem nehmen Ihnen Cloud-Dienste viel Verwaltungsaufwand ab (Skalierung, Hardwarewartung und vieles mehr). Natürlich sollten Cloud-Backups verschlüsselt gespeichert und durch Zugriffsrechte geschützt sein, damit Unbefugte nicht darauf zugreifen können.

Aufbewahrungsrichtlinien (Retention)

Definieren Sie, wie lange Backups aufbewahrt werden. Brauchen Sie wöchentliche Stände der letzten drei Monate? Monatliche bis zu sieben Jahre? Hier spielen sowohl geschäftliche Überlegungen (Wie lange brauchen wir Versionen, um zum Beispiel alte Projekte wiederherzustellen?) als auch Compliance eine Rolle (gesetzliche Aufbewahrungsfristen, beispielsweise für Buchungsbelege). Planen Sie genügend Speicher ein, um diese Retentionsfristen einzuhalten. Alte Backups zu überschreiben kann riskant sein, falls man erst spät einen Datenverlust bemerkt – daher lieber etwas länger aufbewahren, wenn der Speicher es zulässt.

Regelmäßige Tests und Überwachung

Ein Backup ist nur so gut wie seine Wiederherstellung. Testen Sie deshalb regelmäßig, ob Sie aus den gesicherten Daten tatsächlich erfolgreich restoren können! Es gibt nichts Schlimmeres, als im Ernstfall festzustellen, dass die Backup-Datei defekt ist oder das Wiederherstellen scheitert. Führen Sie Test-Wiederherstellungen von wichtigen Daten in einer isolierten Umgebung durch und prüfen Sie, ob die Daten intakt sind. Protokollieren Sie diese Tests. Zudem sollten Sie die täglichen Backups überwachen; manuell oder besser automatisch mit Benachrichtigung, um Fehler sofort zu erkennen. Hierbei helfen viele Backup-Systeme mit E-Mail-Berichten oder Dashboards. Stellen Sie sicher, dass diese Meldungen auch gelesen werden und Ihre IT darauf reagiert.

Notfallplan erstellen

Ein Backup allein genügt nicht – Sie brauchen auch einen Desaster-Recovery-Plan, in dem steht, wer im Notfall was zu tun hat. Wer darf einen Restore anstoßen? Wo befinden sich die Zugangsdaten für die Backup-Server oder die Cloud-Konsole? Welche Systeme haben Priorität bei der Wiederherstellung? Solche organisatorischen Überlegungen sparen im Krisenmoment wertvolle Zeit. Das Kapitel an anderer Stelle mag darauf noch eingehen, aber es sei hier schon erwähnt: Sicherheit ist nicht nur Technik, sondern auch Prozess.

Mit einer solchen umfassenden Backup-Strategie erhöhen Sie die Datensicherheit und Resilienz Ihres Unternehmens erheblich. Viele dieser Punkte klingen nach Aufwand und ja, man muss etwas investieren, aber angesichts der möglichen Schäden durch Datenverlust ist es eine sehr lohnende Investition. Im nächsten Abschnitt werden wir uns konkret anschauen, welche Tools und Dienste es insbesondere für die Sicherung eines Microsoft-365-Cloud-Umfelds gibt und was bei dessen Einsatz zu beachten ist.

Tools und Dienste für Backups in Microsoft 365 und darüber hinaus

Microsoft 365 selbst stellt verschiedene Möglichkeiten bereit, um Daten zu schützen und wiederherzustellen. Allerdings sollten Sie wissen, dass Microsoft bisher eher auf Datenreplikation und -archivierung gesetzt (beispielsweise durch Versionierung, Papierkorb, Litigation Hold in Exchange) und klassisches Backup meist den Kunden oder Partnern überlassen hat. Mittlerweile hat sich das Bild geändert:

Microsofts eigene Backup-Lösung

Im Jahr 2024 hat Microsoft eine Lösung namens Microsoft 365 Backup angekündigt und in Zusammenarbeit mit einigen Backup-Herstellern entwickelt. Diese Lösung ist inzwischen für viele Kunden verfügbar. Microsoft 365 Backup ermöglicht es, aktuelle Kopien Ihrer OneDrive-for-Business-Daten, SharePoint-Seiten und Exchange-Postfächer anzulegen und bei Bedarf schnell wiederherzustellen – und zwar deutlich schneller als bei herkömmlichen Backup-Methoden. Microsoft nutzt hierbei seine interne Infrastruktur: Daten werden innerhalb der Microsoft-Cloud gesichert, was sehr hohe Geschwindigkeiten erlaubt (laut Microsoft sind Massen-Wiederherstellungen bis zu 20-mal schneller als frühere Ansätze, weil nicht alles erst »heruntergeladen« werden muss). Die Besonderheit ist, dass diese Backup-Funktion teils direkt ins Microsoft 365 Admin Center integriert ist und teils über Partner-Apps genutzt werden kann. Microsoft arbeitet hier unter anderem mit namhaften Herstellern wie Cohesity, Commvault, Veeam, Veritas und AvePoint zusammen. Diese Partner können die Microsoft-365-Backup-Storage-Schnittstellen nutzen, um ein einheitliches Backup auf der Basis von Microsofts Technologie anzubieten. Für Sie als Kunde bedeutet das: Wenn Sie bereits einen dieser Drittanbieter benutzen, können Sie möglicherweise nahtlos Microsofts Backup-Funktionen im Hintergrund integriert bekommen. Wichtig: Microsoft 365 Backup ermöglicht vollständige Wiederherstellungen ganzer Sites, OneDrives und Postfächer sowie die granulare Wiederherstellung einzelner Elemente. Die Aufbewahrungszeit beträgt derzeit standardmäßig bis zu einem Jahr, was viele gängige Anforderungen abdeckt. Trotzdem ersetzt diese Backup-Lösung nicht alle möglichen Backup-Szenarien – besonders die langfristige Archivierung oder Offsite-Backups über viele Jahre hinweg könnten weiterhin andere Lösungen erfordern. Insgesamt ist dies jedoch ein großer Schritt, da Microsoft 365 nun weit mehr als nur Dokumente sichern kann, nämlich auch Kommunikation (E-Mails, Kalender, Kontakte) und – über die Postfächer im Hintergrund – sogar Teams-Chats in gewissem Umfang.

Microsoft Azure als Backup-Speicher

Einige Unternehmen überlegen, ob sie mit Bordmitteln der Azure-Cloud ihre Microsoft-365-Daten sichern können. Reine Azure-Backup-Dienste (die man beispielsweise für VMs nutzt) sind nicht direkt für Microsoft 365 geeignet – Microsoft bietet hier keine einfache »Knopfdruck«-Lösung an, die zum Beispiel ein Exchange-Online-Postfach in Azure Backup wegsichert. Stattdessen läuft alles im Rahmen der oben genannten Microsoft-365-Backup-Strategie. Azure kann aber durchaus als Speicherziel dienen: Wenn Sie etwa selbst Skripte oder Tools nutzen, die Daten aus Microsoft 365 exportieren (zum Beispiel regelmäßige PST-Exporte von Postfächern, oder SharePoint-Inhalte via API herunterladen), können Sie diese Daten in Azure Storage ablegen. Zusammen mit den Azure-Diensten (wie Azure Backup für georedundante Speicherung oder Azure Blob Storage mit Objekt-Lock für Unveränderbarkeit) lässt sich so eine eigene Backup-Infrastruktur basteln. Für die meisten Unternehmen ist das jedoch zu komplex. Microsoft hat selbst klargestellt, dass Azure Backup keinen Office-365-Backup-Service anbietet. Stattdessen sollte man die M365-eigenen Lösungen oder Drittanbieter einsetzen.

Drittanbieter-Backup-Lösungen

Schon bevor Microsoft seine eigene Lösung entwickelte, gab es eine Vielzahl von spezialisierten Backup-Anbietern für Microsoft 365. Viele Unternehmen setzen bis heute darauf – und das oft mit gutem Grund. Diese Lösungen (darunter auch namhafte deutsche Hersteller) können weit mehr als nur Dokumente sichern. Typischerweise decken sie Exchange Online (E-Mails), SharePoint Online, OneDrive, Teams-Chats und -Wikis und manchmal sogar Entra ID und dessen Metadaten ab. Sie bieten komfortable Benutzeroberflächen für das Durchsuchen und Wiederherstellen einzelner Elemente (beispielsweise eine einzelne E-Mail aus dem Backup zurückholen, oder einen gelöschten Teams-Kanal wiederherstellen). Viele haben flexible Aufbewahrungsrichtlinien (mehrere Jahre oder unbegrenzt) und können in eigene Rechenzentren oder Clouds sichern. Meine Empfehlung: Prüfen Sie genau, welche Anforderungen Ihr Unternehmen hat. Wenn Ihnen die eingebaute Microsoft-Lösung (die sich hauptsächlich auf die letzten zwölf Monate und Kernservices fokussiert) genügt, kann sie eine einfache Option sein. Benötigen Sie jedoch beispielsweise Backups über mehrere Jahre, sehr feingranulare Wiederherstellung oder wollen Sie auch komplette Unterhaltungen aus Teams sichern, dann ist ein Backup durch einen Drittanbieter ratsam. Achten Sie darauf, dass die Lösung möglichst alle wichtigen Dienste abdeckt – insbesondere auch die Kommunikation aus Exchange und Teams, denn gerade dort liegen viele geschäftskritische Informationen. Informieren Sie sich über die Hersteller und wählen Sie einen vertrauenswürdigen Partner. Übrigens: Einige Drittanbieter bieten ihre Dienste inzwischen als SaaS in der Cloud an – das heißt, Sie müssen nicht mal eine eigene Backup-Server-Infrastruktur betreiben, sondern mieten einfach den Backup-Service inklusive Speicher. Das kann administrativ sehr entlastend sein.

Microsofts eigenes Microsoft 365 Backup ist hervorragend für die Datensicherung von Dokumenten und E-Mails geeignet und durch die enge Integration sehr schnell. Unternehmen benötigen jedoch oft mehr als nur Dokumente – insbesondere die Absicherung der Kommunikation (E-Mails, Teams-Chats und so weiter) und die langfristige Aufbewahrung der Daten sind wichtig. Daher empfiehlt es sich, zusätzlich auf einen Drittanbieter zu setzen, der diese Aspekte abdeckt, sofern Microsofts Standard nicht alles erfüllt. Prüfen Sie, dass die gewählte Lösung beispielsweise auch Exchange-Postfächer und Teams-Inhalte zuverlässig mit sichert. Hintergrund: Gerade in E-Mails und Teams-Unterhaltungen stecken geschäftsrelevante Absprachen, Anhänge und Daten, die Sie im Verlustfall wiederherstellen können müssen.

Nachdem wir nun das Warum und das Womit geklärt haben, soll der nächste Abschnitt konkret machen, wie man ein Backup einrichtet. Insbesondere wenn Sie Ihren Microsoft-365-Mandanten sichern wollen, gibt es einige Schritte zu beachten.

Microsoft 365 Backup einrichten: Schritt-für-Schritt-Anleitung

Sie möchten ein Backup für Ihren Microsoft-365-Mandanten einrichten? Nachfolgend finden Sie eine praktische Anleitung mit den wichtigsten Schritten. Achten Sie darauf, dass Sie als Administrator mit ausreichenden Rechten angemeldet sind, bevor Sie starten.

Voraussetzungen klären

Bevor es losgeht, stellen Sie sicher, dass die Grundlagen erfüllt sind:

- ✔ Microsoft-365-Abonnement: Ihr Unternehmen benötigt ein aktives Microsoft-365-Abonnement, das die relevanten Dienste umfasst (Exchange Online, SharePoint Online/OneDrive, Teams, ...). In den meisten Unternehmensplänen (wie Microsoft 365 Business Standard, E3, E5) sind diese Dienste enthalten.

- ✔ Admin-Zugriffsrechte: Die Person, die das Backup einrichtet, muss Globaler Administrator oder zumindest Administrator mit den nötigen Rechten für Exchange, SharePoint und Co. sein. Ohne ausreichende Rechte können nicht alle Datenquellen erfasst werden. Gegebenenfalls sollten Sie ein separates Backup-Konto anlegen, dem Sie alle erforderlichen Berechtigungen geben (Prinzip der minimalen Rechte: nur so viele wie nötig).

- ✔ Speicherort/Bereitstellung klären: Überlegen Sie, wo die Backups gespeichert werden sollen. Möglichkeiten: Entweder in der Cloud (beispielsweise mittels Microsoft 365 Backup direkt in Azure-Speicher oder beim Backup-Dienstleister Ihres Drittanbieters) oder on-premises (zum Beispiel ein lokaler Storage-Server/eine Bandsicherung in Ihrem Rechenzentrum). Viele entscheiden sich heute für einen Cloud-Speicher, weil er skalierbar und ausfallsicher ist. Wichtig ist: Wenn Sie sich für einen externen Speicherort entscheiden, stellen Sie die entsprechende Verbindung her (je nach Lösung einen Zugriffsschlüssel für Azure-Blob einrichten, oder den Speicherplatz beim Backup-Provider buchen).

- ✔ Sicherheits- und Verschlüsselungsmaßnahmen: Unabhängig vom Speicherort sollten Backups verschlüsselt abgelegt werden – idealerweise clientseitig, das heißt, bevor die Daten das Quellsystem verlassen. Nutzen Sie Backup-Software, die Verschlüsselung anbietet, und verwahren Sie die Schlüssel sicher. Richten Sie außerdem Zugangsbeschränkungen ein: Nicht jeder Admin sollte ans Backup kommen; besonders, wenn Backups auch vertrauliche Daten enthalten, braucht es Schutz vor unbefugtem Zugriff. Einige Lösungen erlauben ein separates Passwort für die Wiederherstellung oder eine Multi-Faktor-Authentifizierung für den Zugriff auf die Backup-Konsole. Planen Sie diese Sicherheitsaspekte von Anfang an mit ein.

Schritte zur Einrichtung eines Microsoft-365-Backups

Backup-Lösung auswählen: Entscheiden Sie sich zunächst, welchen Weg Sie gehen wollen – die integrierte Microsoft-365-Backup-Lösung oder eine Drittanbieter-Anwendung. Wenn Sie die integrierte Lösung nutzen möchten und diese in Ihrem Tenant bereits verfügbar ist, können Sie direkt im Microsoft 365 Admin Center damit arbeiten. Alternativ, falls Sie einen Drittanbieter bevorzugen (oder Microsoft 365 Backup noch nicht für Sie freigeschaltet ist), wählen Sie einen entsprechenden Anbieter und beschaffen Sie die nötige Software beziehungsweise die Zugangsdaten dafür. Diese Entscheidung bestimmt die nächsten Schritte maßgeblich.

Dienstzugriff einrichten

Damit Sie die verschiedenen Backup-Lösungen optimal nutzen können, ist ein sorgfältiger Einstieg unerlässlich. Im Folgenden erfahren Sie, wie Sie den Zugriff auf die Microsoft-365-Dienste für Ihr Backup korrekt vorbereiten.

- ✔ **Bei Verwendung von Microsoft 365 Backup (integriert):**

  Öffnen Sie das Microsoft 365 Admin Center und navigieren Sie zu den Einstellungen für Backup (aktuell gegebenenfalls noch im Preview-Bereich zu finden). Melden Sie sich mit Ihrem globalen Administratorkonto an. In der Regel führt Sie ein Assistent durch die Konfiguration. Geben Sie an, welche Datenquellen gesichert werden sollen (Exchange Online, OneDrive, SharePoint – Teams-Inhalte werden mit abgedeckt, da sie in Exchange/SharePoint liegen). Legen Sie fest, ob alle Benutzerpostfächer und Sites gesichert werden oder nur bestimmte (beispielsweise kritische Bereiche zuerst).

- ✔ **Bei Verwendung eines Drittanbieters:**

  Installieren oder aktivieren Sie die Backup-Software des Anbieters nach dessen Anleitung. Oft handelt es sich um eine Cloud-App, bei der Sie Ihren Microsoft-365-Tenant verbinden müssen. Das geschieht meist, indem Sie sich mit einem Admin-Konto bei Microsoft 365 anmelden und der Backup-Anwendung die nötigen Berechtigungen erteilen. Typischerweise fordert die Anwendung Zugriff auf Exchange (Postfächer lesen), SharePoint (Sites/Dokumente lesen), Teams (Chats/Kanäle lesen) und Entra ID (Benutzerliste lesen) an. Überprüfen Sie diese Berechtigungen und stimmen Sie nur zu, wenn es sich um den von Ihnen gewählten vertrauenswürdigen Anbieter handelt. Viele Lösungen nutzen auch moderne Authentifizierung wie OAuth – das heißt, Sie müssen keinen Benutzer und kein Passwort hinterlegen, sondern nur einmalig die Zustimmung erteilen. In anderen Fällen richtet man einen Service-Account ein, dem Admin-Rechte gegeben werden, und trägt dessen Zugang ein – Letzteres ist jedoch aus Sicherheitsgründen zunehmend obsolet.

Speicherort konfigurieren: Geben Sie an, wo die Backup-Daten gespeichert werden sollen

In Microsoft 365 Backup ist standardmäßig Microsofts eigener Backup-Speicher (in Ihrer Tenant-Region) vorgesehen – hier müssen Sie wenig tun, außer gegebenenfalls ein Azure-Speicherkonto zu verknüpfen, falls eine separate Abrechnung gewünscht ist. Microsoft 365 Backup Storage ist georedundant und erfüllt alle Compliance-Vorgaben, die für Ihren Tenant gelten (beispielsweise eine Datenresidenz in der EU, wenn Ihr Tenant in der EU ist). Sie können in der Preview-Phase noch keinen alternativen Speicherort auswählen – das ist fest vorgegeben.

Bei einem Drittanbieter haben Sie oft Wahlmöglichkeiten: Entweder nutzt der Anbieter seinen Cloud-Speicher (oft in einem Rechenzentrum Ihrer Wahl) oder Sie können ein eigenes Azure- oder AWS-Bucket angeben. Einige erlauben auch klassische Netzwerklaufwerke/NAS als Ziel. Wählen Sie die Option, die Ihren Anforderungen entspricht. Achten Sie besonders bei Cloud-Speichern darauf, Region und Datenschutz zu berücksichtigen (für EU-Daten also möglichst EU-Rechenzentrum wählen).

Backup-Policy einstellen (Was, wann und wie sichern): Nun geht es darum, die Details der Sicherung festzulegen

Nachdem Speicherort und Zugriffsrechte geklärt sind, folgt jetzt der entscheidende Schritt: Wie, wann und was soll eigentlich gesichert werden? Stellen Sie die Backup-Policy nach Ihren Anforderungen ein.

Umfang (Scope)

Wählen Sie die Services und Objekte, die ins Backup aufgenommen werden. Beispielsweise: alle Exchange-Postfächer aller Benutzer, alle SharePoint-Teamwebsites und OneDrive-Konten, eventuell auch Gruppenpostfächer (shared mailboxes) und so weiter. Viele Tools bieten hier Filter an (zum Beispiel nur bestimmte Benutzer oder Gruppen sichern). Stellen Sie im Zweifel lieber mehr als weniger ein – Sie können uninteressante Daten später immer noch ignorieren; aber was nie gesichert wurde, fehlt dann halt.

Zeitplan (Schedule)

Legen Sie fest, wie oft das Backup laufen soll. Für die meisten Cloud-Daten reicht eine tägliche Sicherung außerhalb der Geschäftszeiten. Manche kritische Mailboxen oder Dateien möchten Sie vielleicht zweimal täglich sichern – prüfen Sie, ob Ihr Backup-Tool das unterstützt und ob es wirklich nötig ist. Microsoft 365 Backup arbeitet kontinuierlich mit kurzen Intervallen im Hintergrund (alle zehn Minuten Snapshots für zwei Wochen, danach wöchentliche Snapshots), ohne dass Sie viel konfigurieren müssen. Drittanbieter lassen Ihnen meist freie Hand: Täglich nachts um 2 Uhr ist ein häufiger Standard.

Backup-Typ

Bei Cloud-Backups müssen Sie selten zwischen voll, differenziell und inkrementell wählen – das erledigt die Software automatisch (typischerweise wird initial ein Voll-Backup gezogen und danach inkrementell aktualisiert). Wichtig ist aber die Aufbewahrungsdauer: Definieren Sie, wie lange Backups aufbewahrt werden sollen, bevor ältere Stände gelöscht/überschrieben werden. Orientieren Sie sich hier an Ihren internen oder gesetzlichen Vorgaben. Beispiel: E-Mails zehn Jahre (steuerrechtlich relevant), Team-Chats vielleicht ein Jahr (operative Notwendigkeit), Dateien fünf Jahre und so weiter. Manche Systeme bieten einen »unbegrenzt«-Schalter – bedenken Sie aber, dass dies auch unbegrenzten Speicherverbrauch bedeuten kann.

Sicherheitsoptionen anpassen

Aktivieren Sie, wo möglich, Verschlüsselungen für Ihre Backups. Oft ist diese ohnehin standardmäßig an (insbesondere bei Cloud-Backup-Diensten). Stellen Sie zudem sicher, dass der Zugriff aufs Backup gesichert ist – beispielsweise durch ein eigenes Admin-Konto nur für Backups oder durch einen MFA-Schutz für die Verwaltungsoberfläche. Einige Lösungen bieten auch Ransomware-Erkennung – sie schlagen Alarm, wenn ungewöhnlich viele Daten auf einmal gelöscht oder verschlüsselt werden (und sichern dann je nach Lösung nochmal alles sofort). Wenn Ihr Produkt solche Features hat, ist es sinnvoll, sie einzuschalten.

Backup-Auftrag starten

Führen Sie nun ein erstes vollständiges Backup durch. Gerade initial kann das längere Zeit in Anspruch nehmen, je nach Datenmenge (Stunden bis Tage). Planen Sie das zu einem Zeitpunkt ein, an dem es die Nutzer nicht stört. Bei Cloud-zu-Cloud-Backups läuft das zwar über die Rechenzentren und belastet Ihre Internetleitung kaum, dennoch werden dabei Ressourcen beansprucht. Überwachen Sie den ersten Lauf. Die meisten Tools zeigen Fortschrittsbalken oder Logs. Falls Fehler auftreten (zum Beispiel konnte ein bestimmtes Postfach nicht gesichert werden, vielleicht wegen fehlender Rechte), versuchen Sie diese umgehend zu beheben.

Erfolgsprüfung und Test-Wiederherstellung

Sobald das erste Backup durch ist, überprüfen Sie die Ergebnisse. Schauen Sie in den Bericht: Wurden alle gewünschten Elemente erfolgreich gesichert? Gibt es Warnungen oder Fehler? Beheben Sie diese möglichst zeitnah. Machen Sie nach dem ersten Backup gleich einen kleinen Test-Restore: Suchen Sie sich eine weniger kritische Datei oder eine E-Mail aus dem Backup heraus und stellen Sie sie an einem alternativen Ort wieder her (zum Beispiel als Download auf Ihrem PC oder in einem Testordner). So stellen Sie sicher, dass der Wiederherstellungsprozess funktioniert und Sie die Handhabung verstehen. Ein solches Trockenübung-Restore sollte übrigens regelmäßig (mindestens jährlich, besser vierteljährlich) wiederholt werden, um sicherzugehen, dass im Ernstfall alles wie geplant funktioniert.

Dokumentation abschließen

Halten Sie schriftlich fest, was Sie eingerichtet haben. Dokumentieren Sie, welche Daten wie oft wohin gesichert werden, wer verantwortlich ist, wo die Zugangsdaten/Schlüssel liegen (diese Angaben natürlich vertraulich aufbewahren!) und wann die nächsten Review-Termine für die Backup-Strategie sind. Diese Dokumentation hilft nicht nur bei Vertretung oder Audit, sondern ist Gold wert, wenn Sie nach Monaten etwas anpassen müssen.

Nach diesen Schritten sollte Ihr Microsoft-365-Mandant solide abgesichert sein. Denken Sie daran, das Backup kontinuierlich im Auge zu behalten – prüfen Sie Berichte, passen Sie den Umfang an, wenn neue Dienste dazukommen. (Wenn Ihr Unternehmen beispielsweise plötzlich beginnt, massiv Microsoft Project online zu nutzen – soll das auch ins Backup? Dann konfigurieren!) Ein Backup ist kein »einmal einrichten, dann vergessen«-Thema, sondern Teil der lebendigen IT-Routine.

Wenn Sie diese Punkte beachten, können Sie mit Fug und Recht sagen: »Ja, wir haben unsere Cloud-Daten im Griff und sind auch für den Worst Case gewappnet.«

Rund um das Kennwort – was ist wichtig und richtig?

Neben der Datensicherung ist die Zugangssicherheit eine tragende Säule der Unternehmenssicherheit. Ein wesentlicher Bestandteil davon sind starke Kennwörter – und im Idealfall zusätzliche Verfahren, wie die Multi-Faktor-Authentifizierung. In diesem Abschnitt geht es um Kennwortrichtlinien, Best Practices im Passwort-Management und verwandte Einstellungen in Microsoft 365.

Merkmale eines sicheren Kennworts

Ein sicheres Kennwort ist eine der grundlegendsten und dennoch wirksamsten Methoden, um den Zugriff auf Ihre Konten und Daten zu schützen. Angreifer nutzen oft automatisierte Tools, um Passwörter zu knacken – mit einem gut gewählten Kennwort machen Sie es ihnen so schwer wie möglich. Woran erkennt man also ein sicheres Passwort?

- ✔ Länge: Die Länge ist entscheidend. Je länger ein Kennwort, desto mehr mögliche Kombinationen, die ein Angreifer ausprobieren müsste. Empfohlen werden mindestens zwölf, besser sind jedoch 16 oder mehr Zeichen. Lange Passwörter sind erheblich schwerer zu knacken, insbesondere bei sogenannten Brute-Force-Angriffen (dazu gleich mehr).
- ✔ Komplexität: Verwenden Sie eine Mischung aus Groß- und Kleinbuchstaben, Zahlen und Sonderzeichen. Dadurch erhöhen Sie die Kombinationsvielfalt. Ein Kennwort wie Tr0ub4dor&3 (rein beispielhaft) ist viel schwerer zu erraten als Passwort123. Allerdings hat man auch erkannt: Komplexität hilft nur dann wirklich, wenn das Passwort nicht trotzdem aus gängigen Teilen besteht. Frühling2023! erfüllt zwar formal die Kriterien (Groß, Klein, Zahl, Sonderzeichen), ist aber dennoch relativ schwach, weil »Frühling« ein häufiges Wort ist und auch Jahreszahlen oft genutzt werden – solche Muster kennt ein Angreifer. Also Komplexität ja, aber nicht auf Kosten der Unvorhersehbarkeit.
- ✔ Passphrasen verwenden: Eine sehr effektive Methode ist die Nutzung einer Passphrase. Das ist im Grunde ein Kennwort, das aus mehreren Wörtern besteht, gerne auch mit Leerzeichen verbunden (falls das System Leerzeichen zulässt) oder in CamelCase. Beispiel: Weintraube-Sofa-Blumentopf7. Dieses Kennwort ist lang, komplex (Bindestriche, Zahl) und trotzdem einfach zu merken, weil es konkrete Wörter sind – vielleicht stellen Sie sich ein Bild vor: eine Weintraube auf einem Sofa neben einem Blumentopf. Solche Paradox-Bilder bleiben gut hängen. Eine Passphrase kombiniert gute Merkbarkeit mit hoher Sicherheit. Wichtig ist, dass die Wörter nicht in Zusammenhang stehen und idealerweise zufällig gewählt sind (also kein bekanntes Zitat oder ein Songtext).

Länge schlägt Komplexität. Ein 20-stelliges Kennwort nur aus Kleinbuchstaben ist stärker als ein 8-stelliges mit allen möglichen Zeichen. Aber am besten ist beides: lang und divers.

Warum sind starke Kennwörter wichtig?

Man könnte meinen, das sei doch offensichtlich – aber es lohnt sich, die Gründe klar zu benennen:

- ✔ Schutz vor Brute-Force-Angriffen: Bei einem Brute-Force-Angriff probiert ein Hacker oder ein Skript systematisch alle möglichen Zeichenkombinationen durch, bis das Kennwort gefunden ist. Kurze, einfache Passwörter (abc123, Qwertz) werden so teils in Sekunden oder Minuten erraten. Ein 12- oder mehrstelliges Passwort mit gemischten

Zeichen würde — rein rechnerisch — selbst mit modernen Grafikkarten Millionen Jahre dauern, wenn keine anderen Hilfsmittel (Wörterbuch, soziale Infos etc.) genutzt werden. Praktisch begrenzen Systeme die Versuche (Sperren nach x Fehlversuchen), aber auch hier: Je stärker das Passwort, desto geringer die Chance, dass es durch Raten geknackt wird, bevor der Account gesperrt wird.

- ✔ Vermeidung von Wörterbuch- und Musterangriffen: Viele Angreifer nutzen sogenannte Wörterbuchangriffe. Dabei werden gängige Begriffe (aus Wörterbüchern, geleakte Passwortlisten etc.) ausprobiert. Daher sind Passwörter wie Passwort!23 oder Frühling2023! gefährlich – sie enthalten Wörter oder einfache Muster. Starke Kennwörter vermeiden solche Muster und stehen nicht in Wörterbüchern.
- ✔ Schutz vor Identitätsdiebstahl: Gelangt ein Hacker an Ihr Passwort, kann er sich als Sie ausgeben – E-Mails versenden, auf vertrauliche Daten zugreifen, eventuell sogar weitere interne Systeme kompromittieren. Ein starkes Kennwort reduziert drastisch die Wahrscheinlichkeit, dass jemand Ihr Konto übernimmt. Gerade in Unternehmen kann ein kompromittiertes Mitarbeiterkonto ein Einfallstor für weitere Angriffe sein (man denke an Phishing-Mails, die vom echten Account eines Kollegen kommen – sehr tückisch!). Starke Passwörter und MFA schützen somit das gesamte Unternehmen.
- ✔ Absicherung sensibler Unternehmensdaten: Oft hängen an einem Account viele vertrauliche Informationen – E-Mails, Dokumente auf OneDrive, Teams-Chats über Projekte, gegebenenfalls VPN-Zugang. Mit einem schwachen Passwort riskieren Sie all diese Daten. Ein einzelnes gut gewähltes Kennwort bewahrt unter Umständen tausende Dateien vor dem Zugriff Unbefugter.

Ein *Brute-Force-Angriff* ist eine Methode, bei der Angreifer versuchen, durch pures Ausprobieren das Kennwort zu erraten. Stellen Sie sich vor, Sie haben ein Schloss mit einem Zahlencode. Sie kennen den Code nicht, aber Sie könnten 0000, 0001, 0002, … bis 9999 durchgehen. Das wäre ein Brute-Force-Ansatz (brachialer Gewaltakt sozusagen). In der digitalen Welt gehen Angreifer ähnlich vor: Sie lassen Programme alle Kombinationen von Buchstaben, Zahlen, Sonderzeichen testen. Für kurze Kennwörter oder Kennwörter, die aus bekannten Wörtern bestehen, ist das erfolgreich. Moderne Systeme reagieren darauf: Wenn zum Beispiel zehnmal hintereinander ein falsches Passwort eingegeben wird, wird der Benutzeraccount gesperrt oder zumindest vorübergehend blockiert. Das verlangsamt Brute-Force-Angriffe extrem. Dennoch finden Hacker immer wieder Wege, große Passwort-Mengen beispielsweise aus gestohlenen Datenbanken offline durchzuprobieren (wo es keine Sperre gibt). Deshalb: Je länger/komplexer Ihr Kennwort, desto mehr Kombinationen, desto unwahrscheinlicher, dass es erraten werden kann.

Best Practices für Kennwortmanagement

Wie setzen Sie nun die Theorie in die Praxis um? Hier ein paar bewährte Vorgehensweisen, die Sie (und Ihre Organisation) befolgen sollten:

Aktivieren Sie die Zwei-Faktor-Authentifizierung (2FA/MFA)

Ein starkes Kennwort ist gut, MFA ist besser. Zwei-Faktor-Authentifizierung bedeutet, dass neben dem Passwort ein zweiter Faktor benötigt wird – zum Beispiel ein einmaliger Code auf dem Handy, ein Fingerabdruck oder ein Hardware-Sicherheitsschlüssel. In Microsoft 365 können Sie dies per Entra-ID-Multi-Faktor-Authentifizierung oder neu via Entra-ID-Schutz einrichten. Mit MFA schützen Sie sich selbst dann, wenn Ihr Passwort in falsche Hände gerät, denn ohne den zweiten Faktor kommt der Angreifer nicht rein. Microsoft 365 bietet verschiedenste MFA-Methoden: Authenticator-App, SMS, Telefonanruf, FIDO-Schlüssel etc. Wählen Sie eine benutzerfreundliche Methode (die Authentifizierungs-App ist beispielsweise sehr bequem, da man nur auf »Bestätigen« tippen muss). Statistiken zeigen, dass MFA über 99 Prozent der automatisierten Kontoangriffe verhindern kann!

Verwendung von Passwort-Managern

Menschen sind schlecht darin, sich Dutzende komplexe Passwörter zu merken. Die Versuchung ist groß, dann ein Passwort für alles zu verwenden (riesiges No-Go!) oder einfache Muster zu nutzen. Passwort-Manager sind Programme oder Dienste, die für Sie sichere Kennwörter generieren und verschlüsselt abspeichern. Sie müssen sich nur noch ein Master-Passwort merken, der Rest wird automatisch ausgefüllt. Tools wie KeePass, LastPass, Password oder der integrierte Manager im Browser können hier helfen. Wichtig: Das Master-Passwort muss natürlich besonders sicher sein, und der Manager selbst sollte ebenfalls per 2FA geschützt werden, wenn möglich. Mit so einem Tool schaffen Sie es aber, für jeden Dienst ein einmaliges, langes Zufallspasswort zu haben – somit ist es nicht schlimm, wenn mal bei einem Webdienst die Datenbank geleakt wird; Ihr Unternehmens-Account hätte ja ein ganz anderes Kennwort.

Vermeidung von Passwort-Wiederverwendung

Nutzen Sie niemals dasselbe Kennwort für mehrere Zugänge. Insbesondere Ihr Firmen-Account sollte ein einzigartiges Passwort haben, das nirgendwo sonst verwendet wird. Der Grund: Sollte beispielsweise Ihr privates Social-Media-Konto gehackt werden und Sie hatten dort zufällig das gleiche Passwort wie in der Firma – dann wäre auch Ihr Unternehmenszugang gefährdet. Die meisten bekannten Angriffe passieren nicht durch Super-Hacker-Fähigkeiten, sondern weil Angreifer irgendwo eine Passwortliste erbeuten und feststellen »Ah, der Mitarbeiter Max Muster hat bei LinkedIn das Passwort Sommer2018 benutzt – probieren wir mal, ob er das zufällig auch für sein Unternehmens-E-Mail-Konto nutzt …«. Solche Credential-Stuffing-Angriffe (gestohlene Passwörter werden systematisch auch auf anderen Plattformen ausprobiert) sind sehr verbreitet. Deshalb: Jedes Kennwort sollte einzigartig sein. Dabei hilft wiederum ein Passwort-Manager enorm.

Ändern Sie Passwörter mit Bedacht

Früher war es Best Practice, Passwörter alle 60 oder 90 Tage zu ändern. Heute weiß man: Zwanghafte, häufige Passwortwechsel können sogar schaden. Warum? Weil Benutzer dann oft Muster nutzen (»Frühling2025!« dann »Sommer2025!« etc.) oder das neue Passwort irgendwo notieren, was die Sicherheit wiederum senkt. Microsoft und andere Experten (wie das BSI in Deutschland, NIST in den USA) empfehlen: Setzen Sie auf starke Einmal-Kennwörter + MFA anstatt ständiger Wechsel. Wechseln Sie das Kennwort sofort, wenn es Anzeichen gibt, dass es kompromittiert sein könnte (zum Beispiel nach einem bestätigten Datenleck, oder wenn Sie versehentlich auf einer Phishing-Seite Ihr Passwort eingegeben haben). In der Unternehmenspraxis bedeutet das: Eventuell richten Sie keine regelmäßige Ablaufrichtlinie mehr ein, solange MFA aktiviert ist und die Passwörter stark sind. (Dazu später mehr im Abschnitt zu den Einstellungen in Microsoft 365.)

Keine offensichtlichen Kennwörter

Es versteht sich fast von selbst, aber zur Vollständigkeit: Vermeiden Sie triviale Passwörter wie »123456«, »Passwort«, »Welcome« oder Ihren eigenen Name. Solche Begriffe werden immer als Erstes ausprobiert. Auch gängige Tastaturmuster (qwertz, asdfgh) sind unsicher. Auch Unternehmensname plus Jahreszahl ist ein oft gesehener, aber schwacher Versuch (»MeierAG2025« wäre keine gute Idee). Nutzen Sie stattdessen die oben genannten Methoden (Zufall, Passphrase).

Auf Phishing achten

Selbst das beste Passwort nützt nichts, wenn Sie es auf einer betrügerischen Website eingeben. Schulen Sie sich und Ihre Mitarbeiter, Phishing-E-Mails zu erkennen. Microsoft 365 selbst hat Mechanismen (Safe Links, Safe Attachments – siehe vorherige Kapitel) und mit MFA ist man etwas geschützt, aber Vorsicht bleibt wichtig. Im Zweifel niemals den Passwort-Reset-Link aus einer Mail anklicken, sondern immer selbst zur offiziellen Seite navigieren.

In Microsoft 365 haben Sie die Möglichkeit, einige Einstellungen rund um Kennwörter zu konfigurieren. Zum Beispiel gibt es (im Entra ID) eine Sperrliste, also eine Liste mit verbotenen Kennwörtern – hier sorgt Microsoft automatisch dafür, dass keine allzu einfachen oder häufig vorkommenden Kennwörter gewählt werden können (Wörterbuch im Hintergrund). Diese Funktion ist standardmäßig aktiv und hilft, dass Mitarbeiter nicht »Sommer2021« setzen können. Als Administrator können Sie die Kennwortrichtlinien im gewissen Rahmen anpassen (beispielsweise die Mindestlänge festlegen, und ob ein Passwortablauf aktiviert sein soll oder nicht – dazu gleich mehr).

Merkmale eines sicheren Kennworts

- ✔ Länge: mindestens zwölf, besser 16+ Zeichen
- ✔ Komplexität: Mischung aus Groß-/Kleinschreibung, Zahlen, Sonderzeichen (aber keine gängigen Wörter)
- ✔ Passphrase: Nutzen Sie mehrere zufällige Wörter, um ein langes, merkbares Kennwort zu erzeugen.
- ✔ Keine Wiederverwendung: Jedes Konto hat sein eigenes Kennwort.
- ✔ 2FA/MFA: Immer aktivieren – es schützt auch bei Passwortdiebstahl.
- ✔ Passwort-Manager: Ja, bitte! Erleichtert die Einhaltung der obigen Regeln.

Warum diese Maßnahmen? Sie erschweren Brute-Force-Angriffe, verhindern Identitätsdiebstahl und sichern sensible Daten vor unbefugtem Zugriff. Die Erfahrung zeigt: Wo schwache Passwörter im Spiel sind und kein MFA aktiv ist, ist es oft nur eine Frage der Zeit, bis es zu einem Vorfall kommt. Mit den genannten Best Practices sind Sie deutlich besser geschützt.

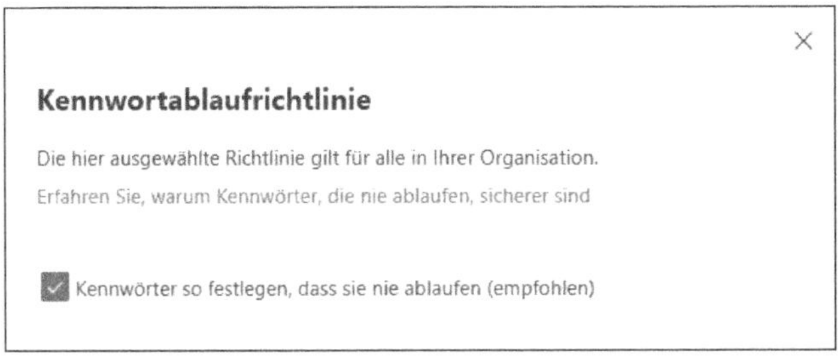

Abbildung 4.1: Kennwortablaufrichtlinien

Weitere Einstellungen im Sinne des Datenschutzes

Neben den wichtigen Einstellungen rund um das Backup Ihres Microsoft-365-Mandanten und den detaillierten Kennworteinstellungen gibt es kleinere weitere Einstellungen im Bereich Sicherheit und Datenschutz innerhalb der Organisationseinstellungen. Sie können sich diese Einstellungen wie kleine Hebel vorstellen, die Ihre Sicherheit innerhalb von Microsoft 365 erhöhen können, jedoch nicht immer alle zwingend notwendig sind. Es ist immer wichtig, dass Sie für Ihre Organisation individuell entscheiden.

Richtlinie zur Passwort-Sicherheit

Microsoft 365 bietet – hauptsächlich im Entra ID und zum Teil auch im Microsoft 365 Admin Center – verschiedene Optionen, um Passwortregeln und Anmeldeverfahren zu steuern.

Passwortablaufrichtlinie

Im Microsoft 365 Admin Center unter Einstellungen > Sicherheit und Datenschutz können Sie festlegen, ob Benutzer ihre Kennwörter regelmäßig ändern müssen. Früher war der Standard, dass Passwörter alle 90 Tage ablaufen. Heute ist die Standard-Einstellung Kennwortablauf deaktiviert, was dem aktuellen Best Practice entspricht (keine regelmäßigen erzwungenen Änderungen). Sie können diese Option bei Bedarf aktivieren, aber wie oben erläutert, ist das keine allgemeingültige Empfehlung mehr. Wenn Ihre Organisation keinen besonderen Grund hat, Passwörter verfallen zu lassen, lassen Sie die Kennwörter unbegrenzt gültig und investieren Sie lieber in MFA und Passwortqualität. In hybriden Szenarien (mit lokalem Active Directory) sollten Sie Ihre lokalen Richtlinien entsprechend anpassen, damit Cloud und On-Premises konsistent sind.

Mehrstufige Authentifizierung (MFA) erzwingen

Sie können als Administrator MFA für alle oder nur bestimmte Benutzer verpflichtend machen. Das geht am flexibelsten über »Bedingter Zugriff« in Entra ID (Premium-Funktion), wo Sie unter anderem festlegen können »Alle Benutzer müssen MFA verwenden, außer wenn im Büro-Netzwerk«. Falls Sie keinen Conditional Access haben, bietet das Microsoft 365 Admin Center unter Einstellungen > »Sicherheit und Datenschutz eine einfache Option Mehrstufige Authentifizierung einrichten. Diese öffnet einen Assistenten, der Ihnen hilft, MFA global zu aktivieren. Standardmäßig läuft es so: Ist MFA »erforderlich«, müssen sich die Benutzer beim nächsten Login registrieren (zum Beispiel die Authenticator-App einrichten). Sie als Admin können im Azure-Portal auch sehen, wer MFA registriert hat und gegebenenfalls einzelne Benutzer ausnehmen (zum Beispiel Servicekonten). Fazit: Richten Sie MFA ein – zunächst für Admin-Konten (dringend!) und dann für alle Benutzer. Kommunizieren Sie dies intern, erklären Sie den Nutzen und bieten Sie Hilfestellung. Die leichte Unannehmlichkeit der zusätzlichen Anmeldung wird durch den enormen Sicherheitsgewinn mehr als wettgemacht.

Self-Service-Kennwortrücksetzung (SSPR)

Überlegen Sie, ob Sie den Benutzern erlauben wollen, ihre Kennwörter selbst zurückzusetzen, falls sie sie vergessen haben. Entra ID bietet Self-Service Password Reset (SSPR) an. Im Microsoft 365 Admin Center finden Sie unter Einstellungen > Sicherheit und Datenschutz den Punkt Eigenständiges Zurücksetzen von Kennwörtern (oder ähnlich). Wenn aktiviert, können Benutzer über eine Website ihr Passwort zurücksetzen, nachdem sie beispielsweise per zweitem Faktor ihre Identität bestätigt haben. Dies kann den IT-Helpdesk entlasten und den Nutzern helfen, schneller wieder Zugang zu bekommen. Bedenken Sie aber: SSPR sollte nur aktiviert werden, wenn bereits MFA oder Sicherheitsfragen konfiguriert sind, damit die Identitätsprüfung zuverlässig ist.

Früher galt ein strenger Passwortwechsel-Zwang als Stand der Technik. Viele Admins setzten Policies wie »alle 30 Tage ändern, mindestens acht Zeichen, Groß-/Kleinschreibung/Zahl/Sonderzeichen« durch. Die Folge waren genervte Mitarbeiter und Passwörter auf Haftnotizen unter der Tastatur. Heutzutage, mit MFA und Passwort-Managern, hat sich das Bild gewandelt. Microsoft selbst entfernte 2019 die Empfehlung zur regelmäßigen Änderung aus seinen Sicherheitsgrundlagen. Ein Unternehmen hat nach Einführung von MFA die 90-Tage-Wechselpflicht abgeschafft – zur Erleichterung der Belegschaft – und die Sicherheit hat darunter nicht gelitten, im Gegenteil: Die Mitarbeiter verwenden jetzt ein starkes Passwort, das sie behalten dürfen, und loggen sich per App zusätzlich ein – ein guter Kompromiss aus Sicherheit und Komfort.

Das Datenschutzprofil

Eine kleine Einstellung im Microsoft 365 Admin Center, die oft übersehen wird: das Datenschutzprofil Ihrer Organisation. Unter Organisationsprofil > Datenschutz können Sie einen Datenschutzkontakt (Datenschutzbeauftragter) mit Kontaktdaten sowie einen Link zur Datenschutzerklärung Ihres Unternehmens hinterlegen.

Warum ist das sinnvoll? Diese Informationen werden beispielsweide auf Einladungsseiten für externe Gäste oder an ähnlichen Stellen angezeigt, damit Beteiligte sehen können, wie Ihr Unternehmen mit Daten umgeht. Indem Sie die URL Ihrer offiziellen Datenschutzerklärung hinterlegen, stellen Sie Transparenz her. Externe, die mit Ihnen über Microsoft 365 zusammenarbeiten (wie Gäste in Teams), können so bei Bedarf Ihre Datenschutzrichtlinien einsehen. Das zeugt von Professionalität und Compliance-Bewusstsein. Achten Sie darauf, dass die hinterlegte Seite stets aktuell ist. Zudem können Sie an dieser Stelle den Namen Ihres Datenschutzbeauftragten und eine E-Mail-Adresse angeben, was ebenfalls Vertrauen schafft. Diese Felder zu pflegen ist ein kleiner Aufwand mit positivem Effekt.

Die URL auf die Datenschutzbestimmung wird an weiteren Stellen, auch für unternehmensfremde Personen angezeigt. Schauen Sie deshalb, dass es eine öffentliche URL ist, die außerhalb Ihrer Organisation aufgerufen werden kann.

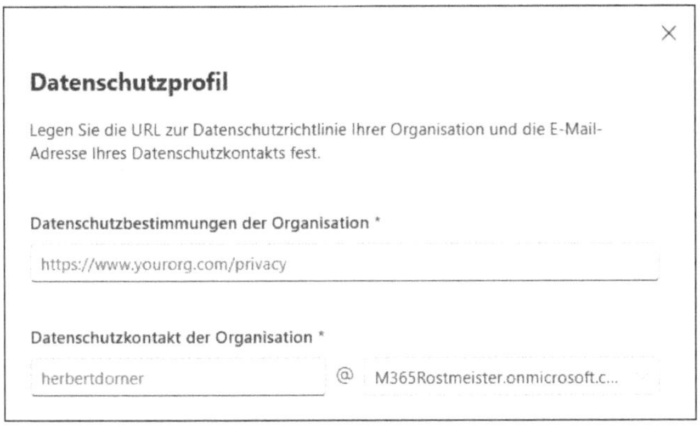

Abbildung 4.2: Das Datenschutzprofil

Die Leerlaufeinstellung

Ein »kleiner Hebel« für mehr Sicherheit ist die automatische Abmeldung bei Inaktivität. Im Microsoft 365 Admin Center gibt es unter Einstellungen > Sicherheit und Datenschutz die Einstellung Idle Session Timeout (Leerlaufzeit für Abmeldung).

Damit legen Sie fest, dass Benutzer automatisch abgemeldet werden, wenn sie eine bestimmte Zeit lang keine Aktivität zeigen. Dies betrifft webbasierte Zugriffe, zum Beispiel Outlook Web App, SharePoint Online im Browser, und so weiter. Mögliche Werte sind:

- 1 Stunde,
- 3 Stunden,
- 6 Stunden,
- 12 Stunden,
- 24 Stunden oder
- ein benutzerdefiniertes Zeitlimit.

Aktivieren Sie diese Leerlauf-Abmeldung, aber wählen Sie einen praxisnahen Zeitraum. Zu kurz (zum Beispiel 15 Minuten) wäre für die meisten Anwender frustrierend, da man sich ständig neu einloggen müsste. Zu lang (wie 24 Stunden) bringt wenig Sicherheitsgewinn. Ein Wert zwischen drei und acht Stunden hat sich als sinnvoll erwiesen, beispielsweise vier Stunden. Wenn jemand nach dem Mittag nicht weiterarbeitet, wird er am Abend ausgeloggt, aber während eines längeren Meetings (ein bis zwei Stunden) fliegt er noch nicht raus.

Diese Einstellung wirkt sich vor allem auf Browser-Sitzungen aus, insbesondere jene von Gästen oder bei einem Zugriff über fremde Geräte. In der eigenen Organisation sind Benutzer oft über Single Sign-On (SSO) kontinuierlich angemeldet (zum Beispiel Office-Apps am PC), dort greift der Timeout weniger. Dennoch ist es ein zusätzliches Sicherheitsnetz, etwa wenn jemand vergisst, sich an einem öffentlichen Rechner auszuloggen.

Single Sign-On bedeutet, dass ein Benutzer sich einmal anmeldet und dann nahtlos Zugang zu mehreren Systemen hat, ohne jedes Mal Benutzername/Passwort eingeben zu müssen. Melden Sie sich morgens am Firmenlaptop (der in Entra ID eingebunden ist) an, so öffnen sich Outlook, Teams, SharePoint etc. ohne erneute Passwortabfrage. SSO erhöht sowohl Sicherheit (weniger oft Passworteingabe, also geringere Phishing-Chance) als auch Komfort.

Der privilegierte Zugriff

Manchmal benötigt ein Mitarbeiter temporär höhere Rechte, ohne dauerhaft ein Administrator zu sein. Microsoft 365 (beziehungsweise Entra ID) bietet hierfür Funktionen wie Privileged Identity Management (PIM) und Privileged Access Groups. Im Admin Center findet sich unter Sicherheit der Punkt PRIVILEGIERTER ZUGRIFF.

Damit können Sie zum Beispiel einer definierten Gruppe bestimmte Admin-Rechte verleihen – und das auch zeitlich begrenzt oder auf Anforderung. Ein Anwendungsfall: Ein Support-Mitarbeiter soll in Ausnahmefällen Benutzerkonten löschen oder wiederherstellen können, aber nicht ständig die Rolle »Benutzeradministrator« tragen. Über privilegierten Zugriff könnte es eine Gruppe »Support-Special« geben, die dieses Recht hat. Der Mitarbeiter kann bei Bedarf dieser Gruppe beitreten (gegebenenfalls muss ein anderer Admin dies genehmigen). Anschließend hat er temporär die Rechte, und nach einer gewissen Zeit verfällt die Mitgliedschaft wieder.

Diese Möglichkeiten sind sehr mächtig und sollten vorsichtig eingesetzt werden. Wenn Sie PIM nutzen, definieren Sie klare Prozesse: Wer darf sich Rechte, zuweisen? Welche Genehmigungen sind erforderlich? Wie lange gelten die erhöhten Rechte? All das muss dokumentiert und überwacht sein. In vielen Fällen reicht es aus, klassische Admin-Rollen strikt zuzuweisen und ansonsten auf MFA und Protokollierung zu setzen. PIM ist vor allem in großen Organisationen oder solchen mit hohen Compliance-Anforderungen sinnvoll (Stichwort Vier-Augen-Prinzip bei Admin-Aktionen). Nutzen Sie es sparsam und gezielt.

Das Pronom

Eine kleine, aber für die Unternehmenskultur bedeutsame Einstellung ist die Pronomen-Funktion in Microsoft 365. Seit 2023 gibt es die Möglichkeit, dass Benutzer in ihrem Profil ihre gewünschten Anrede-Pronomen hinterlegen (zum Beispiel »er/ihm«, »sie/ihr«, »they/them« etc.). Diese Pronomen werden dann zum Beispiel in Teams und Outlook neben dem Namen angezeigt, wenn man es aktiviert.

Standardmäßig ist diese Funktion deaktiviert. Als Administrator können Sie sie unter Organisationseinstellungen > Benutzerfeatures einschalten. Unsere Empfehlung: Aktivieren Sie die Pronomen-Funktion – sofern Ihre Organisationskultur das vorsieht. Es hat keine negativen technischen Auswirkungen, aber sendet ein starkes Signal für Inklusion und Respekt. Wenn aktiviert, können alle Benutzer freiwillig ein Pronomen zu ihrem Profil hinzufügen. In Teams-Profilkarten und der Outlook-Kontaktkarte sieht man dann zum Beispiel »Max Mustermann (er/ihm)«. Dies hilft, Missverständnisse zu vermeiden und zeigt Wertschätzung gegenüber der Identität der Mitarbeiter. Wichtig: Kündigen Sie die Einführung kurz an und erklären Sie den Zweck, damit es richtig verstanden wird. Die Entscheidung, ob jemand ein Pronomen angibt, bleibt freiwillig. Für das Unternehmen entstehen keine Nachteile – es ist ein reiner Mehrwert für die interne Kommunikationskultur.

Das Teilen

Einer der großen Pluspunkte von Microsoft 365 ist die einfache Zusammenarbeit, auch mit Externen. Tools wie SharePoint, OneDrive und Teams erlauben das Teilen von Dokumenten oder ganzen Bereichen mit Personen außerhalb des Unternehmens. Damit dies kontrolliert abläuft, gibt es im Admin Center diverse Einstellungen, wer was mit wem teilen darf.

Gastzugriff erlauben oder einschränken

Unter Organisation > Einstellungen > Sicherheit und Datenschutz > Freigabe finden Sie eine Schlüsselfrage: »Dürfen Benutzer neue Gäste zur Organisation hinzufügen?«. Hier können Sie festlegen, ob alle Mitarbeiter Gäste einladen dürfen oder ob dies nur Administratoren (beziehungsweise bestimmten Personen) vorbehalten ist. Standard ist meist, dass jeder Benutzer extern teilen kann (wodurch automatisch ein Gastkonto erzeugt wird).

- ✔ Vorteil einer offenen Einstellung: Flexibilität und Produktivität – Teams können eigenständig und schnell mit Partnern zusammenarbeiten, ohne jedes Mal die IT einzuschalten.
- ✔ Nachteil: Weniger Kontrolle – es können viele Gastkonten entstehen, eventuell auch »Karteileichen«, und man verliert leichter den Überblick, wer alles Zugang hat. Zudem könnten Nutzer versehentlich an falsche Adressen teilen.

Wenn Sicherheit oberste Priorität hat, können Sie diese Option einschränken (zum Beispiel Nur Administratoren dürfen Gäste hinzufügen). Dann läuft jede externe Einladung über die IT. Das ist sicher, aber im Alltag unter Umständen hinderlich. Ein Mittelweg kann sein: Erlauben, dass alle teilen dürfen, aber ein Monitoring und eine regelmäßige Überprüfung der Gastnutzer einführen. Entra ID bietet unter anderem Access Reviews (Lizenz P2 nötig) an, die alle sechs oder zwölf Monate von den Team-Besitzern bestätigen lassen, welche Gäste noch Zugriff brauchen. So behalten Sie die Kontrolle.

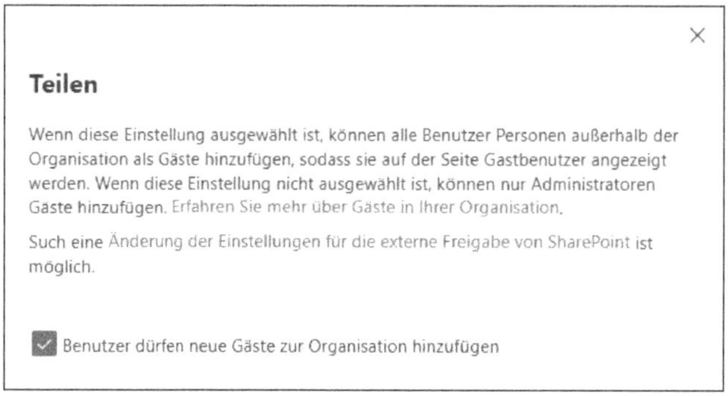

Abbildung 4.3: Das Teilen

Dienste

Im Bereich Einstellungen der Organisation finden Sie neben Sicherheit und Datenschutz auch den Reiter Dienste. Hier listet Microsoft viele einzelne Dienste und Anwendungen auf, die Sie für Ihre Organisation ein- oder ausschalten beziehungsweise anpassen können. Wir konzentrieren uns auf diejenigen Einstellungen, die für die Einrichtung Ihres Tenants und die Sicherheit besonders relevant oder nützlich sind:

Apps und Dienste im Besitz des Benutzers

Innerhalb von Microsoft 365 befindet sich nicht nur eine Anwendung, sondern durchaus weitere Apps, um das Benutzererlebnis oder bestehende Funktionen zu erweitern. Die Apps (Applications) werden dabei über den sogenannten Office-Store verteilt.

Office Store

Microsoft 365 ermöglicht es Benutzern, zusätzliche Apps und Add-Ins aus dem Office Store zu installieren, zum Beispiel Plugins für Office-Anwendungen oder Drittanbieter-Apps in Teams. Zudem können Benutzer, begrenzt, selbst Testversionen bestimmter Microsoft-Dienste starten (sogenannte Self-Service-Käufe, zum Beispiel einen Power-BI-Testlizenz).

Im Admin Center können Sie steuern, ob Benutzer den Office Store nutzen dürfen und ob sie eigenständig Testlizenzen erwerben können.

- ✔ **Office-Store-Zugriff:** Standardmäßig können Nutzer Add-Ins aus dem Office Store hinzufügen. Sie könnten dies deaktivieren, um volle Kontrolle zu behalten. Bedenken Sie aber: Einige Microsoft-Funktionen (wie bestimmte Outlook-Plugins) laufen technisch über den Store. Ein komplettes Abschalten kann den Anwendern nützliche Funktionen nehmen. Empfehlung: Lassen Sie den Office Store aktiviert, aber überprüfen Sie regelmäßig, welche Add-Ins genutzt werden. Für kritische Umgebungen können Sie per Richtlinie bestimmte Add-Ins blockieren, anstatt den gesamten Store zu sperren.

- ✔ **Self-Service-Käufe:** Microsoft erlaubt es einzelnen Benutzern, einen Power-BI-Pro-Probeabo oder andere Power-Platform-Tools als Test zu starten, ohne Admin-Beteiligung. Das führt dann dazu, dass in Ihrem Tenant neue (Test-)Lizenzen auftauchen, die die IT eventuell nicht bemerkt hat. Zudem könnten nach der Testphase Kosten entstehen, wenn der Benutzer die Anwendung weiter nutzt. Empfehlung: Deaktivieren Sie Self-Service-Käufe unter ABRECHNUNG > KAUFDIENSTE (beziehungsweise im DIENSTE-Reiter bei den entsprechenden Diensten). Dadurch stellen Sie sicher, dass neue Abonnements nur von Administratoren hinzugefügt werden. So behalten Sie die Kontrolle über Lizenzen und Kosten. (Microsoft hat in den letzten Jahren diese Option eingeführt, weil Unternehmen den Wildwuchs an Selbstbedienungs-Abos vermeiden wollten).

Wenn Sie den ganzen Office-Store deaktivieren, kann das weitreichende Folgen haben. Es empfiehlt sich eher, bestimmte Anwendungen im Office-Store einzuschränken, als den ganzen Store zu deaktivieren.

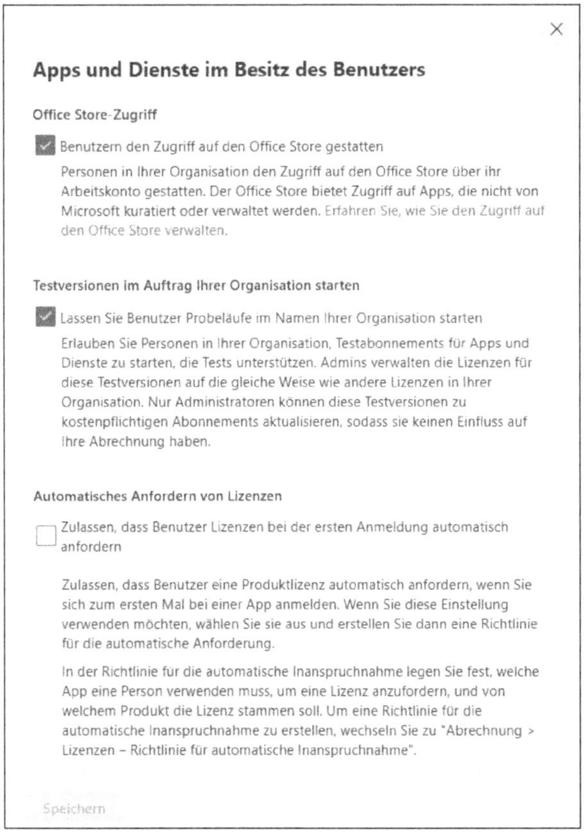

Abbildung 4.4: Apps und Dienste im Besitz des Benutzers

Berichte

Microsoft 365 erstellt umfangreiche Nutzungsberichte, zum Beispiel darüber, wie viele Benutzer aktive Teams-Nutzer sind, und wie viel OneDrive-Speicher verwendet wird. Im Sinne des Datenschutzes werden in diesen Standardreports die Benutzernamen anonymisiert dargestellt. Das heißt, ein Admin sieht zum Beispiel, wie viele Dokumente insgesamt geteilt wurden, aber nicht unbedingt, welcher Nutzer wie viele geteilt hat. Im Admin Center gibt es unter BERICHTE eine Option NAMEN IN BERICHTEN AUSBLENDEN, die standardmäßig aktiv ist.

Sie könnten diese Anonymisierung deaktivieren, um detailliertere Einblicke zu bekommen (dann sähe man konkrete Nutzernamen in gewissen Berichten). Wir empfehlen, die Anonymisierung eingeschaltet zu lassen, außer Sie haben einen triftigen Grund, ins Detail zu gehen – und gegebenenfalls auch die Zustimmung des Betriebsrats dafür. Die aggregierten Daten reichen meist aus, um Trends zu erkennen. Detaillierte Überwachungsdaten lassen sich im Bedarfsfall gezielt über Audit-Logs gewinnen, ohne alle Nutzungsberichte personenbezogen zu machen.

Abbildung 4.5: Berichte

Neben den Berichten gibt es den Punkt E-MAIL-ÜBERMITTLUNGS- UND LESEBESTÄTIGUNGEN. Hier wird entschieden, ob Benutzer eine Lesebestätigung anfordern können. Hier können Sie die Standardwerte übernehmen, die in der Regel passen – diese Einstellungen greifen vor allem in Exchange Online und sind fein justierbar im Exchange Admin Center.

Bookings

MICROSOFT BOOKINGS ist ein Dienst, mit dem externe Personen Termine bei Ihnen buchen können (beispielsweise für Beratungen, Services, Sprechstunden). Im Admin Center können Sie Bookings für Ihre Organisation aktivieren oder deaktivieren. Standardmäßig ist es aktiviert, wenn Ihre Lizenz es beinhaltet.

Überlegen Sie: Hat Ihr Unternehmen einen Anwendungsfall für Bookings? Beispielsweise Support-Termine, Kundendienst-Termine oder interne Raum-/Ressourcenbuchungen von Externen? Wenn ja, lohnt es sich, Bookings aktiviert zu lassen und zu nutzen. Wenn nein, können Sie es getrost eingeschaltet lassen – es stört niemanden, wenn es ungenutzt bleibt. Nur wenn Sie ausdrücklich nicht wollen, dass Mitarbeiter Bookings-Postfächer anlegen (was die Basis von Bookings ist), sollten Sie es deaktivieren.

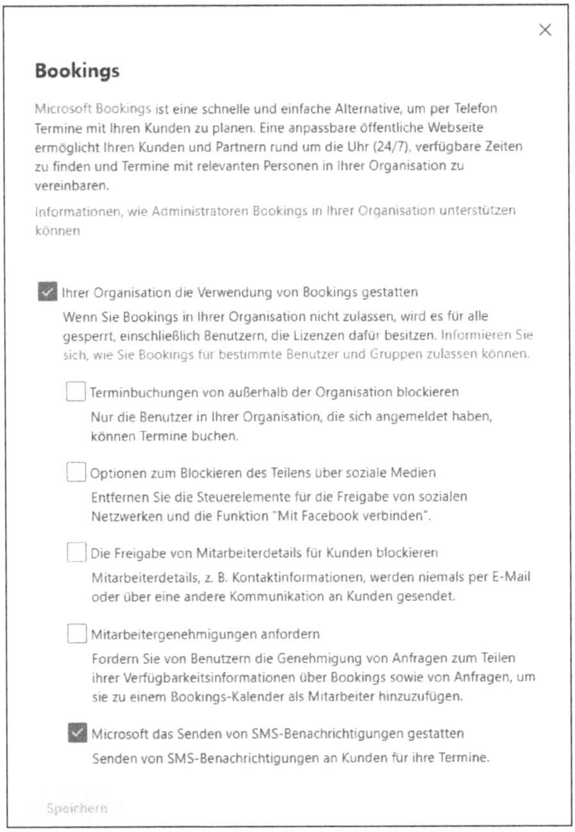

Abbildung 4.6: Bookings

Bookings erstellt für jeden BOOKING-KALENDER ein entsprechendes Postfach und eine Website zum Buchen. Die Verwaltung erfolgt meistens durch die Fachabteilung selbst. Als Admin sollten Sie nur darauf achten, dass keine sensiblen internen Kalender öffentlich gemacht werden. Bookings hat aber Mechanismen, die Privatsphäre der Termine zu schützen (Externe sehen in der Regel nur freie Zeiten, keine internen Details).

Kalender und Mail

Unter Dienste gibt es einen Abschnitt KALENDER, in dem Sie unter anderem die Standard-Kalenderfreigabe nach außen einstellen können. Das ähnelt dem oben erwähnten externen Teilen, ist aber spezifisch: Hier legen Sie fest, was passiert, wenn ein Benutzer seinen Kalender mit jemand Externem teilt. Mögliche Stufen:

- ✔ Anzeige Frei-/Gebucht – hierbei werden keine Details angezeigt.
- ✔ Anzeige Frei-/ Gebucht mit Uhrzeit, Betreff und Standort – hierbei werden lediglich Randinformationen zum Termin angezeigt, jedoch keine Details aus den Beschreibungstexten oder dem Teilnehmerkreis.
- ✔ Alle Kalenderinformationen anzeigen – volle Einsicht in den Kalender mit allen Informationen und Details zu den Terminen.

Voreinstellung ist meist, dass externe Personen nur Frei/Gebucht sehen können, wenn sie eingeladen werden (und auch das nur, wenn der Benutzer seinen Kalender aktiv teilt). Das ist ein guter Default. Sie können es strenger machen (gar keine externen Kalenderfreigaben), wenn beispielsweise die Geheimhaltung sehr wichtig ist. Für viele Firmen ist es aber praktisch, dass Partner zumindest sehen können, ob man verfügbar ist, um Meetings besser zu koordinieren.

E-Mail-spezifische Einstellungen (Transportregeln, Anti-Spam und weitere) liegen im Exchange Admin Center; das Admin Center leitet einen bei Bedarf dorthin. An dieser Stelle sei nur erwähnt: Stellen Sie sicher, dass Ihre Standard-Spamschutz- und Antivirenfilter aktiv sind (Microsoft Defender für Office 365 Plan 1 ist in vielen Lizenzen enthalten und bietet grundlegenden Schutz).

Markencenter

Eine neuere Funktion ist das MARKENCENTER. Damit können Sie in gewissem Umfang das Aussehen Ihrer Microsoft-365-Umgebung ans Corporate Design anpassen. Über EINSTELLUNGEN > ORGANISATION können Sie ein Markencenter-Site erstellen. Technisch gesehen ist das eine SharePoint-Kommunikationswebsite namens »Markencenter«. Dort können Sie Ihre Firmenlogos, Farben und Schriftarten hochladen und festlegen. Diese Vorgaben werden dann unter anderem in SharePoint-Portalen oder Viva Connections angewandt.

Man kan vor allem das Logo und die Akzentfarbe global setzen – was auch vorher schon (unter ORGANISATIONSPROFIL) ging – sowie erweiterte Farbpaletten für SharePoint definieren. Für die Zukunft hat Microsoft angekündigt, dass das Markencenter mehr Bereiche vereinheitlichen wird. Wenn Ihr Unternehmen ein starkes Branding hat, nutzen Sie diese Möglichkeit. Es schafft für die Benutzer ein vertrauteres Umfeld, wenn beispielsweise das Firmenlogo oben rechts in Office 365 sichtbar ist und SharePoint-Seiten in den Unternehmensfarben gehalten sind.

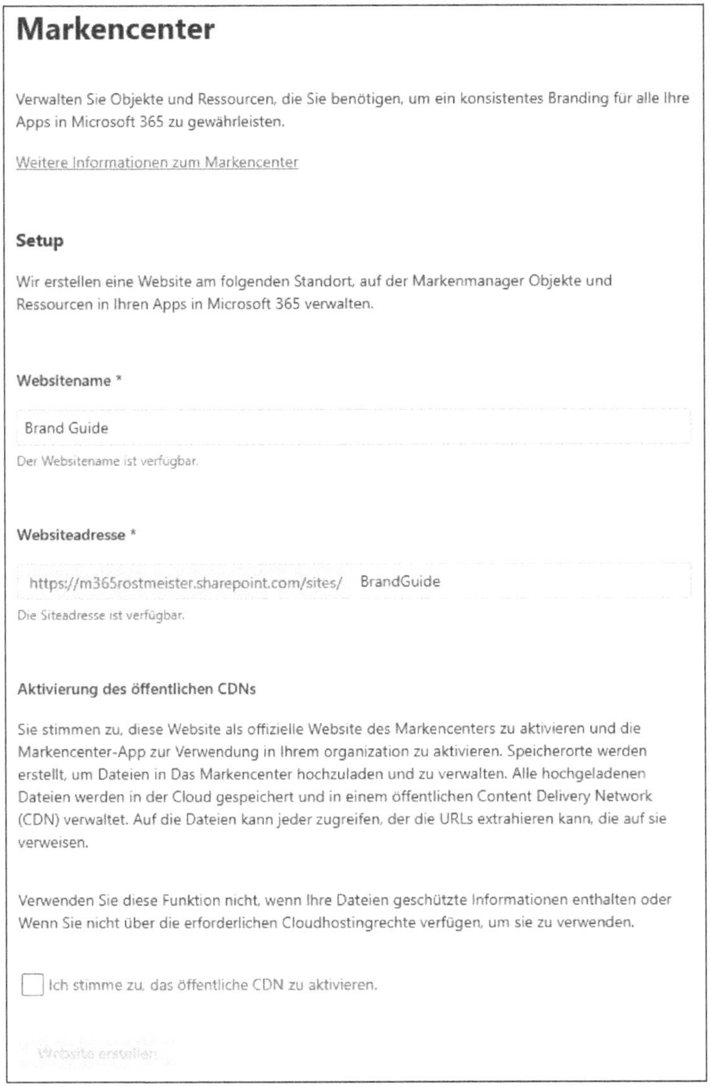

Abbildung 4.7: Einrichtung Markencenter

Nach der Einrichtung des Markencenters können Sie mit der Konfiguration Ihrer Farben und Schriftarten anfangen. Eine genaue Anleitung erhalten Sie im Abschnitt »SharePoint«.

Multi-Faktor-Authentifizierung (MFA)

Im Dienste-Reiter finden Sie möglicherweise nochmals einen Eintrag zur Azure Multi-Factor Authentication. Dieser führt (wie oben erwähnt) zum Einrichtungsassistenten für MFA. Da wir MFA schon ausführlich behandelt haben, sei hier nur ergänzt: Nutzen Sie den Assistenten, wenn Sie sich unsicher fühlen. Er fragt zum Beispiel: »Möchten Sie MFA für alle oder ausgewählte Benutzer aktivieren?« und bietet Best Practices an. Das Tool hilft, nichts zu vergessen (wie etwa, dass Admin-Konten unbedingt geschützt sein sollten). Falls Sie MFA schon via Identity Conditional Access erzwingen, brauchen Sie diesen Assistenten nicht.

Microsoft 365 im Web

Dieser Punkt im Dienste-Reiter ist etwas generisch. Er betrifft im Wesentlichen die Office.com-Startseite und verwandte Web-Funktionen (wie die Schnellzugriffsleiste). Hier können temporär mal Einstellungen auftauchen, wenn Microsoft Änderungen testet (etwa die Einführung einer neuen Startseite oder eine neue Anordnung der Apps). Im Großen und Ganzen müssen Sie hier nichts anpassen. Die Benutzer sehen standardmäßig beim Login auf office.com ihre zuletzt verwendeten Dokumente, was recht hilfreich ist. Es gibt keine sicherheitskritischen Optionen an dieser Stelle, daher können wir diesen Punkt vernachlässigen.

Microsoft-365-Gruppen

Wenn Sie bereits mit Microsoft 365 arbeiten, kennen Sie die Herausforderung, dass es gegebenenfalls Teams in Microsoft Teams gibt, welche keinen Besitzer mehr haben. Dahinter verbirgt sich nichts anderes, als dass die Microsoft-365-Gruppe im Hintergrund keinen Besitzer mehr hat. In den Diensteinstellungen zur Microsoft-365-Gruppe können Sie genau das verhindern. Denn Sie erhalten die Chance, automatisiert nach einem neuen Besitzer in der Gruppe zu suchen, in dem alle aktiven Mitglieder aufgefordert werden, Besitzer zu werden.

Eigentlich ein nettes Feature, jedoch birgt es auch Risiken, denn so kann jeder aktive Mitarbeiter auf einmal Besitzer der Gruppe werden. Die Frage ist dann wiederum: Möchten wir das in einer Organisation oder sollte es nicht eher einen organisatorischen Prozess für die neue Definition des Besitzers geben?

Was jedoch gar nicht so unwichtig ist, ist der Funktionsumfang der sogenannten Gäste innerhalb einer Microsoft-365-Gruppe. Hier müssen Sie unter anderem entscheiden, ob Mitarbeiter Gäste in eine Microsoft-365-Gruppe einladen dürfen.

Wenn Sie das verneinen, so kann keine Person außerhalb des Unternehmens zu einem Microsoft-Teams-Team eingeladen werden.

In dem nächsten Einstellungspunkt geht es um die Inhalte der Gruppe – oder expliziter ausgedrückt: Auf welche Inhalte darf der Unternehmensexterne zugreifen? Wichtig zu wissen: Wenn Sie die Inhalte freigeben, so erhält der Benutzer auch Berechtigungen, um auf das E-Mail-Postfach der Gruppe zu zugreifen.

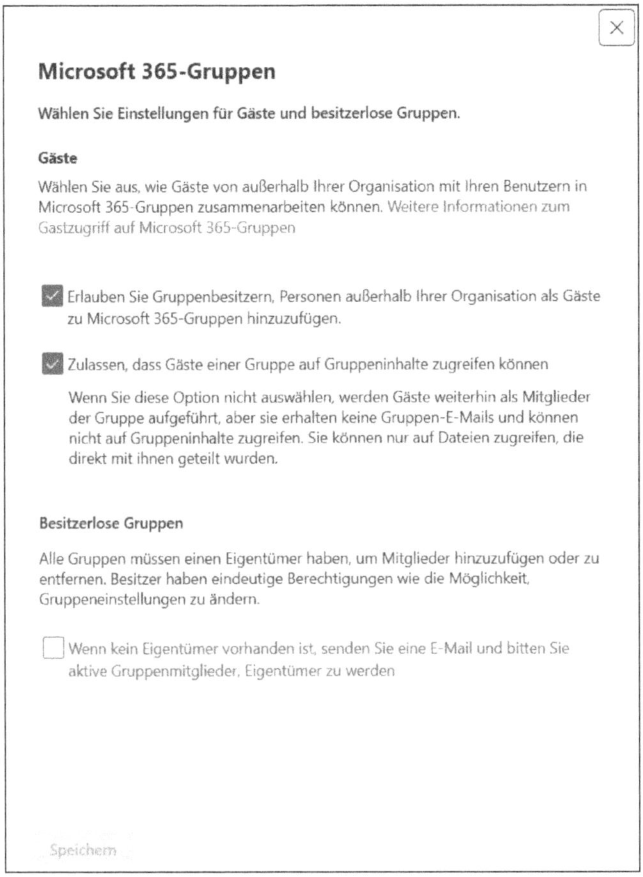

Abbildung 4.8: Einstellungen für Microsoft-Gruppen

Microsoft-365-Installationsoptionen

Wie der Begriff es schon sagt, geht es hierbei um die INSTALLATION von Microsoft 365 auf einem Windows- oder Apple-Endgerät.

Mit *Installation* ist die physische Installation mittels Installationsdatei auf dem Endgerät des Anwenders gemeint. Zum Beispiel die Installation Ihres Microsoft-Word-Programms, welches Sie auf Ihrem Windows-Rechner öffnen.

Im ersten Reiter stellen Sie die Update-Geschwindigkeit ein.

- Sobald das Feature bereit ist
- Einmal im Monat und dann gesammelt
- Alle 6 Monate

Da es sich nicht nur immer um neue Funktionen handelt, sondern auch das ein oder andere Sicherheitsupdate dabei sein könnte, würde ich Ihnen empfehlen, die Standardeinstellung »Sobald das Feature bereit ist« zu belassen.

Im letzten Menüpunkt geht es um das Betriebssystem. Hier stellen Sie ein, ob eine Installation auf Windows und Apple möglich ist – oder nur auf einem der beiden Betriebssysteme.

Microsoft Teams

Unter den Diensten finden Sie gegebenenfalls einen Eintrag Microsoft Teams, mit der Möglichkeit, den Gastzugriff zu erlauben oder nicht (das ist quasi die Teams-spezifische Bestätigung der globalen Einstellung). Wie zuvor erwähnt: Schalten Sie Gastzugriff in Teams nur aus, wenn Sie wirklich keinerlei Externe in Teams haben möchten. Andernfalls lassen Sie diese Möglichkeit besser eingeschaltet. Beachten Sie die Kopplung mit den Gruppen-/Gast-Einstellungen, wie zuvor beschrieben.

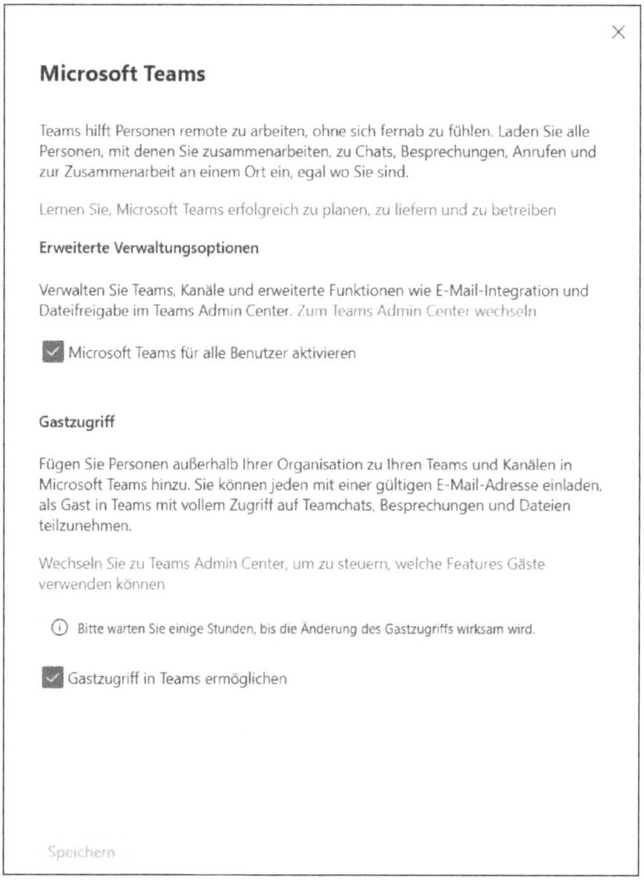

Abbildung 4.9: Einstellungen Microsoft Teams

Weiterhin können hier Einstellungen zum Teams-Client oder zur Integration mit Skype eingestellt sein (zum Beispiel, ob Teams-Benutzer mit Skype-Konten chatten dürfen). Standard ist, dass Teams nur mit externen Identity-Konten interagiert (also anderen Organisations-Teams). Die Skype-Consumer-Integration ist optional. Sie können sie deaktivieren, wenn sie nicht gebraucht wird. Das gleicht einer Sicherheitsmaßnahme, damit Benutzer nicht versehentlich privaten Kontakten geschäftliche Infos schicken.

Hinweis:

Haben Sie den Gastzugriff auf Gruppen blockiert, so hilft es auch nicht, hier den Zugriff wieder zu ermöglichen.

Microsoft Loop

Microsoft Loop ist ein Produktivitätstool, das 2023/2024 eingeführt wurde. Es ermöglicht flexible Arbeitsbereiche mit synchronisierten Komponenten (Loop-Elementen), die sich in verschiedenen Apps einbetten lassen. Administrativ erzeugt jeder Loop-Arbeitsbereich im Hintergrund eine Microsoft-365-Gruppe und speichert die Daten in OneDrive oder SharePoint.

Im Admin Center können Sie Loop aktivieren oder deaktivieren. Während der Preview-Phase war es standardmäßig an, aber Admins konnten es blockieren. Empfehlung: Wenn Sie noch keine Gelegenheit hatten, sich mit Loop vertraut zu machen, und Bedenken hinsichtlich der Datenspeicherung haben, können Sie es vorerst deaktivieren. Andernfalls lassen Sie es an und bitten Sie Pilot-Anwender, es auszuprobieren. Loop kann die Zusammenarbeit fördern, aber es ist neu – eventuell wollen Ihre Compliance-Verantwortlichen erst Richtlinien definieren (beispielsweise DLP-Regeln für Loop-Inhalte, die in OneDrive liegen). Halten Sie hier die Augen auf Microsofts Dokumentation, da das Produkt sich kontinuierlich weiterentwickelt.

Microsoft Planner und Microsoft To Do

Microsoft Planner und Microsoft To Do sind die Aufgabenverwaltungsanwendungen aus Microsoft 365. In der Einstellung der Dienste, im Grundsetup *»Einstellungen der Organisation«*, geht es zunächst um kleinere allgemeine Einstellungen. Dabei können Sie bei Microsoft To Do die allgemeine Push-Benachrichtigung anstellen oder ganz abstellen. Wenn Sie es deaktivieren, erhält der Mitarbeiter die Auswahl nicht.

Die *Push-Benachrichtigung* ist eine Hinweismeldung, die dem Endanwender angezeigt wird, wenn sich in einer Anwendung, hier im Beispiel Microsoft To Do, etwas verändert. In der Regel erhält der Mitarbeiter im rechten unteren Rand im Windows eine Hinweismeldung. Die Darstellung dabei ist sehr ähnlich einem Banner, welches Sie sicherlich aus Zeitungen oder Werbungbanden im Fußballstadion kennen.

Mit der Benachrichtigung erhält der Mitarbeiter nicht nur allein den Hinweis, sondern kann in der Regel direkt über die Benachrichtigung interagieren, und zum Beispiel direkt in die Aufgabe springen.

Microsoft Viva Insights

Wer Microsoft VIVA INSIGHTS noch nicht kennt, dem ist bisher noch nicht die Analyseanwendung von Microsogt 365 begegnet.

Microsoft Viva Insights ist eine leistungsstarke Analyseanwendung innerhalb der Microsoft 365 Suite, die darauf abzielt, das Wohlbefinden und die Produktivität der Mitarbeiter zu verbessern. Durch die Analyse von Daten aus den täglichen Arbeitsgewohnheiten bietet Viva Insights wertvolle Einblicke, die dabei helfen können, die Arbeitsweise zu optimieren und ein gesünderes Arbeitsumfeld zu schaffen.

Viva Insights bietet sowohl individuelle Berichte für Mitarbeiter als auch aggregierte Daten für Führungskräfte und Teams. Für Mitarbeiter können dies beispielsweise Empfehlungen sein, regelmäßige Pausen einzulegen oder fokussierte Arbeitszeiten zu planen. Führungskräfte können Einblicke in Teamdynamiken und Arbeitsmuster erhalten, um besser fundierte Entscheidungen zu treffen und die Zusammenarbeit zu fördern.

In den allgemeinen Einstellungen des Dienstes Viva Insights können Sie bestimmen, welche Funktionen der Endanwender sehen darf und welche nicht. Dabei gibt es fünf Funktionen, die Sie aktivieren oder deaktivieren können:

- ✔ Weberfahrung mit persönlichen und Organisationserkenntnissen
- ✔ E-Mail-Zusammenfassung
- ✔ Insights-Outlook-Add-In und Onlinevorschläge
- ✔ Umfragen zur Effektivität von Besprechungen
- ✔ Sendungsvorschläge planen

Bei diesen Funktionen würde ich Ihnen zumindest ans Herz legen, die Einstellung *E-Mail Zusammenfassung* zu deaktivieren. Warum ist das meine Empfehlung? Viva Insights, vielleicht von früher unter dem Namen »My Analytics« bekannt ist in vielen Unternehmen durch den Betriebsrat untersagt. Da diese Anwendung im Hintergrund Nutzerverhalten analysiert und auswerten kann. Dabei ist zu betonen, dass diese Analyse keineswegs der Überwachung von Mitarbeitern dient und unbefugte Personen auch keinen Zugriff darauf erhalten. Es besteht zwar für globale Administratoren die Möglichkeit auf die Analyse zugriff zu erlangen, wie im Kapitel »Administrationsrollen und deren Berechtigung« erläutert, allerdings bedarf das der Notwendigkeit in den Alltäglichen Aufgaben eines Administrators. Administratoren sind jedoch verpflichtet den Datenschutz gegenüber anderen Mitarbeitern und Führungskräften strikt einzuhalten.

Nun schweife ich wieder etwas ab. Kommen wir zurück zur Deaktivierung oder Aktivierung von Funktionen. Im Grunde geht es in den Einstellungen um die Funktionen innerhalb von Outlook. Dabei würde ich Ihnen, wie gesagt, empfehlen, die Zusammenfassung der Analysen per E-Mail zu unterbinden. Warum? Weil es meiner Erfahrung nach eher störend und als Spam empfunden wird und den Mitarbeitern keinen wesentlichen Mehrwert bringt. Alle anderen Funktionen sind gut zu haben und können im Arbeitsalltag unterstützend wahrgenommen werden.

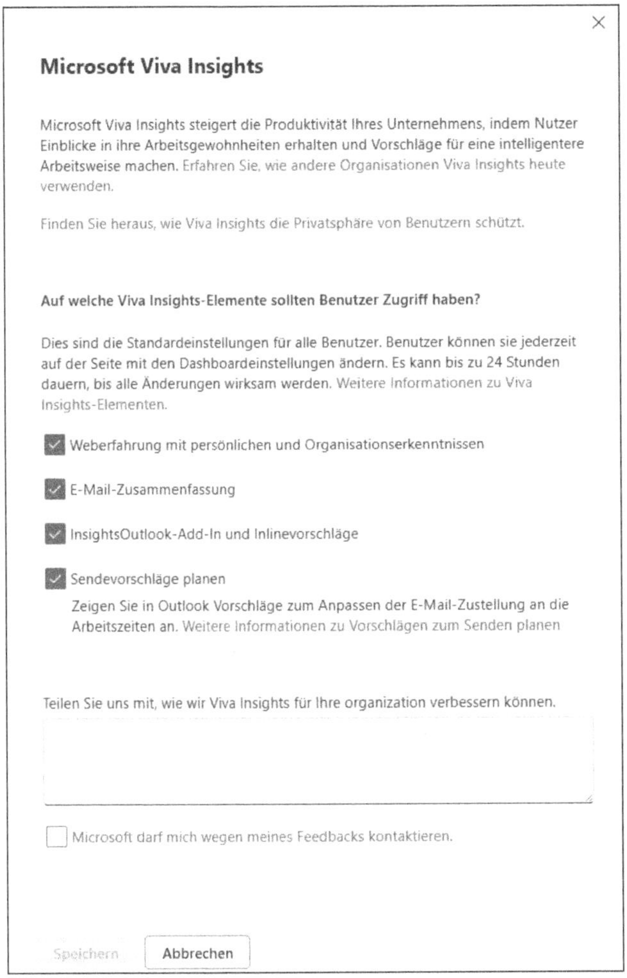

Abbildung 4.10: Einstellungen Viva Insights

Nutzungsbasierte Dienste

Einige Microsoft-365-Features werden nicht über Benutzerlizenzen abgerechnet, sondern nach Verbrauch. Beispiele: Microsoft Syntex (für OCR und KI-gestützte Dokumentenverarbeitung) oder Azure Voicemail Services. Im Admin Center gibt es den Abschnitt NUTZUNGSBASIERTE BEZAHLFEATURES. Dort können Sie eine Azure Subscription verknüpfen, über die solche Dienste abgerechnet werden. Wenn Sie diese Dienste (noch) nicht nutzen, brauchen Sie hier nichts zu tun. Wenn doch (Sie möchten beispielsweise Syntex einsetzen, das pro dokumentierter Aktion X Eurocent kostet), dann richten Sie hier die Verbindung ein.

Achten Sie darauf, ein Kostenlimit zu setzen. In Azure können Sie Budgets definieren, um alarmiert zu werden, falls ungewöhnlich hohe Beträge anfallen. So behalten Sie die Kontrolle.

Eine Azure Subscription ist eine Abrechnungsmethode (Abrechnungsart und Konto) innerhalb der Anwendung Microsoft Azure, welche Sie über `https://portal.azure.com` einrichten können.

Achten Sie auf das Controlling der Abrechnung und legen sie sich, sofern benötigt, Maximalwerte als Budgetgrenze an.

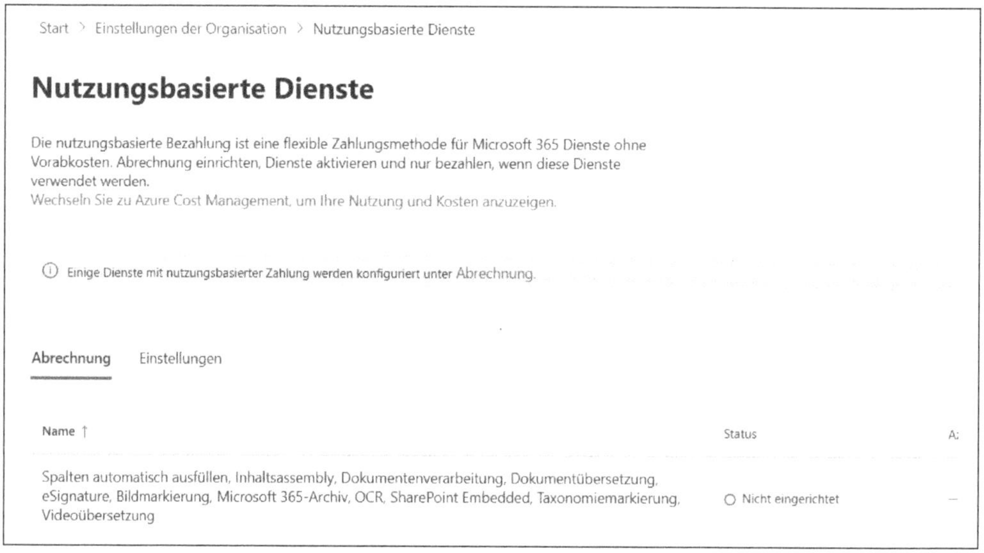

Abbildung 4.11: Einstellung »Nutzerbasierte Abrechnung«

Self-Service-Käufe

Microsoft hat den Self-Service-Kauf mittlerweile an mehreren Stellen auffindbar gemacht. Unter ABRECHNUNG oder DIENSTE finden Sie gegebenenfalls auch einen generellen Schalter, um SELBSTBEDIENUNGSKÄUFE für Ihr Unternehmen zu erlauben oder zu blockieren. Wie oben schon gesagt: In fast allen Fällen ist es sinnvoll, dies zu blockieren, damit Neuanschaffungen und Trials geordnet über das IT-Team laufen.

Kauft ein Mitarbeiter mit der privaten Kreditkarte eine Lizenz, so landet diese Information in Ihren Abrechnungsmethoden (Übersichten).

SharePoint

Im SharePoint Admin Center (separat aufrufbar) können Sie noch weitere Dinge steuern, wie zum Beispiel eine Domänen-Allow-/Block-Liste für externe Freigaben (falls Sie nur an bestimmte Partnerdomains freigeben wollen), oder Zugriff von unmanaged devices (ob zum Beispiel ein privater Rechner Daten nur über Web lesen, aber nicht herunterladen darf). Diese Feinheiten sprengen den Rahmen dieses Kapitels, werden aber relevant, wenn Sie in hochgeregelten Umgebungen arbeiten. Microsoft 365 bietet hier sehr granulare Möglichkeiten (gerade mit Conditional Access und DLP zusammen). Die Basis-Einstellungen haben wir jedoch bereits besprochen. Dabei können Inhalte

- ✔ nur mit Mitarbeitern der Organisation,
- ✔ mit vorhandenen Gästen,
- ✔ mit neuen und vorhandenen Gästen oder
- ✔ mit jedem (keine Anmeldung erforderlich) geteilt werden.

In der Regel, so auch meine Empfehlung, sollten Sie aus Sicht der Informationssicherheit das Teilen mit jedem unterbinden. Denn nur so können Sie einen Informationsschutz gewährleisten.

Es handelt sich hierbei um eine Standardkonfiguration, die erhebliche Auswirkungen auf die Zusammenarbeit haben kann. Stellen Sie sich die Stufen dabei wie Kreise vor. Der innere Kreis sind die Mitarbeiter der Organisation. Der Ring darum sind die » vorhandenen Gäste« und so weiter. Wenn Sie den Kreis »mit neuen und vorhandenen Gästen« als Konfiguration einstellen, können Dokumente mit Mitarbeitern sowie vorhandenen und neuen Gästen geteilt werden. Jedoch nicht mit nicht-bekannten Menschen (Jeder).

Hinweis:

Im Nachhinein kann der SharePoint-Administrator über die SharePoint Central Administration für jede einzelne Seite eine andere Einstellung vornehmen. Allerdings kann er, in meinem Beispiel, nicht die Konfiguration übergehen und wiederum »mit jedem« ein Teilen von Inhalten ermöglichen.

Whiteboard

Microsoft WHITEBOARD ermöglicht gemeinsames Skizzieren und Brainstormen, insbesondere in Teams-Meetings. Früher war Whiteboard ein separat gehosteter Dienst; inzwischen (seit 2022) werden Whiteboard-Daten in Ihrem Tenant gespeichert (in OneDrive for Business des Erstellers; jeder erstellt eine .whiteboard-Datei). Im Admin Center können Sie Whiteboard aktivieren oder deaktivieren und bei Bedarf Telemetriedaten einstellen.

Empfehlung: Lassen Sie Whiteboard aktiviert. Es ist ein nützliches Tool für die Zusammenarbeit, und da die Daten in Ihrer Kontrolle sind (OneDrive/SharePoint), gibt es kaum

Gründe, es zu verbieten. Die Telemetrie (anonyme Nutzungsdaten an Microsoft) können Sie je nach interner Policy an- oder ausschalten. Das hat keinen Einfluss auf die Funktionalität für die Nutzer.

Whiteboard unterstützt übrigens auch Gästezugriffe in Teams-Meetings, sofern diese entsprechenden Zugriff bekommen. Wenn Sie also Gastzugriffe in Teams erlaubt haben, können Externe auch an Whiteboards mitarbeiten – was oft für Workshops wertvoll ist.

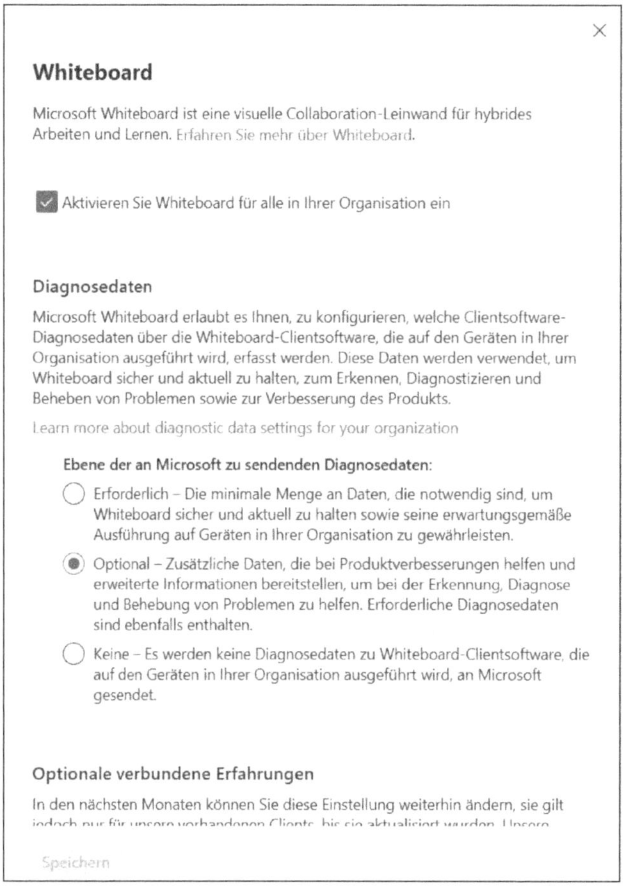

Abbildung 4.12: Einstellungen Whiteboard

Weitere Dienste

Im Dienste-Reiter gibt es noch zahlreiche weitere Einträge, beispielsweise für Forms, Sway, Stream (für Videos), Viva Engage, Cortana in Teams, weitere Dienste. Die meisten dieser Dienste können Sie einfach aktiviert lassen, sofern kein spezieller Grund dagegenspricht.

Einige Punkte zum Nachdenken:

- ✔ Forms: Ermöglicht interne und externe Umfragen/Quiz. Standard: Benutzer dürfen Formulare auch extern freigeben. Falls Sie verhindern möchten, dass Mitarbeiter Formulare öffentlich teilen (vielleicht aus Datenschutzgründen), können Sie externe Freigaben für Forms deaktivieren.
- ✔ Stream (neue Version): Videos werden jetzt in SharePoint/OneDrive gespeichert. Sie können aber definieren, ob Benutzer Videos unternehmensweit teilen dürfen. Standardmäßig ja (innerhalb der Organisation). Anonyme externe Videolinks lassen sich nur öffnen, wenn Sie anonyme Links global erlaubt haben.
- ✔ Viva Engage (Yammer): Können Sie erlauben oder verweigern. Wenn Ihr Unternehmen kein »soziales Unternehmensnetzwerk« möchte, können Sie Viva Engage ausblenden. Standardmäßig schadet es nicht, es mal pilotieren zu lassen – vielleicht finden Mitarbeiter für einen informellen Austausch Gefallen daran.
- ✔ Cortana in Teams: War eine Zeitlang der Sprachassistent. In vielen Regionen (wie in der EU) ist Cortana in Teams gar nicht verfügbar beziehungsweise standardmäßig aus. Sie können das ignorieren.

Zum Abschluss dieses Abschnitts noch der Hinweis: Alles, was wir hier an Einstellungen besprochen haben, bleibt im Rahmen des Themas »Unternehmenssicherheit, Datenschutz und Dienste«. Wir haben keine artfremden Themen eingeführt (wie beispielsweise Microsoft Planner ausführlich zu erklären, was nicht Teil des Sicherheitsthemas wäre). So behalten wir den Fokus.

Microsoft Graph

MICROSOFT GRAPH ist die zentrale Daten- und Schnittstellenplattform (API) von Microsoft, über die nahezu alle Microsoft-365-Dienste erreichbar sind. Stellen Sie sich Microsoft 365 als großes Netzwerk von Benutzern, Geräten, Anwendungen und Daten vor – der Graph bildet dieses Netzwerk ab und erlaubt Abfragen und Aktivitäten.

Integration in Microsoft 365: Microsoft Graph ist im Grunde die Verbindung zwischen allen M365-Services. Über Graph können Sie aus einer Anwendung heraus beispielsweise E-Mails, Kalender, Teams-Chats, Dateien, Benutzerprofile und vieles mehr lesen oder bearbeiten (mit entsprechenden Berechtigungen). Viele Endnutzer-Funktionen basieren selbst auf Graph, ohne dass man es merkt: Wenn Sie beispielsweise in der Office-Startseite »Empfohlene Dokumente« sehen, kommt das über Graph-Intelligenz. Für Entwickler und Admins ist Graph aber vor allem interessant, um eigene Automatisierungen zu bauen.

Warum ist Microsoft Graph wichtig?

Datenzugriff und Analyse: Mit Graph können Sie datenübergreifende Abfragen machen, die sonst kaum möglich wären. Beispielsweise: »Gib mir alle Dateien, an denen A und B gemeinsam gearbeitet haben« – so etwas lässt sich über Graph ermitteln. Oder Sie können Abfragen wie »Wie viele Team-Chats hat Abteilung Z letzten Monat gestartet?« stellen.

Für Audits können Sie auswerten, wer wann auf bestimmte Daten zugegriffen hat (wobei manches auch über das Security-und-Compliance-Center geht). Graph bietet eine einheitliche Sprache (REST-API) für all diese Daten.

Automatisierung von Prozessen: Graph ermöglicht es, Routineaufgaben zu scripten. Sie könnten ein Skript schreiben, das täglich alle neu erstellten Teams ausliest und automatisch bestimmte Einstellungen setzt (etwa eine Standard-Welcome-Message postet). Oder beim Onboarding neuer Mitarbeiter: Anstatt fünf Admin-Portale abzuklappern, könnte ein Graph-Skript den Benutzer anlegen, ihm Lizenzen zuweisen, ihn in bestimmte Gruppen packen und ein Willkommens-Team erstellen – alles in einem Rutsch. Das spart Zeit und reduziert Fehler.

Integration in eigene Anwendungen: Wenn Sie eigene Business-Anwendungen haben (Intranet, CRM, Ticket-System, ...), können Sie diese über Graph mit Microsoft 365 verbinden. Ein Beispiel: In Ihrem CRM sehen Vertriebsmitarbeiter direkt die nächsten Outlook-Termine mit dem Kunden – diese Info kann eine eigene App via Graph aus dem Kalender ziehen. Oder ein Vertragsmanagement-System legt automatisch eine Teams-Besprechung an und verschickt Einladungen. Graph macht Microsoft 365 für solche Zwecke programmierbar.

Nutzung von Microsoft Graph

Um Graph zu nutzen, muss man sich authentifizieren. Als Admin/Entwickler erstellt man oft eine App-Registrierung in Entra ID, gibt der »App« die erforderlichen Berechtigungen (zum Beispiel Leserechte auf Benutzerprofile, oder Schreibrechte auf Mailboxen) und erhält dann einen Client-Schlüssel. Damit kann man über REST-Aufrufe oder SDKs (es gibt ein PowerShell-SDK für Graph, aber auch Bibliotheken für C#, Python, JavaScript, ...) Aktionen durchführen. Für einfache Fälle kann man auch mit dem eigenen Benutzeraccount an Graph andocken (delegierte Berechtigungen) – in Power Automate Flows passiert das oft.

Microsoft stellt ein tolles Werkzeug bereit, den Graph Explorer (`https://aka.ms/GE`). Dort kann man interaktiv Abfragen ausprobieren und sieht sofort die Ergebnisse. Zum Beispiel GET/me liefert Ihr eigenes Profil, GET/me/messages listet Ihre E-Mails. Dies ist eine gute Lernmethode.

Praxisbeispiele für Graph

- ✔ Berichte: Stellen Sie sich vor, Sie sollen einen Bericht erstellen, wie viele Mails mit sensiblen Labels im letzten Monat verschickt wurden. Graph kann Mails filtern und zählen. Oder: Wie viele Benutzer haben Teams letzte Woche gar nicht benutzt (um Schulungsbedarf zu identifizieren)? Graph kann Nutzungsstatistiken abrufen.
- ✔ Aufgabenautomation: Ein Mitarbeiter verlässt die Firma – normalerweise müssten Sie sein Konto deaktivieren, dem Manager Postfachzugriff geben, OneDrive-Daten sichern, den Mitarbeiter aus allen Gruppen entfernen, Lizenzen entfernen und so weiter. Mit Graph können Sie ein Skript bauen, das all das mit einem Befehl erledigt (nachdem Sie die User-ID eingegeben haben). Umgekehrt hatten wir das Theman Onboarding schon erwähnt – ebenfalls sehr geeignet für Automatisierung.

- Benutzer-Self-Service: Sie könnten ein kleines internes Portal bauen, in dem Mitarbeiter Dinge ohne IT-Ticket tun können – beispielsweise einen neuen Team-Channel beantragen oder eine Verteilerliste verwalten. Dieses Portal nutzt dann im Hintergrund Graph, um das Gewünschte in Microsoft 365 durchzuführen. So bleibt die Kontrolle über den Wildwuchs und vor allem in Hinblick auf Sicherheitsthemen bewahrt (weil das Portal steuert, was erlaubt ist) und entlastet den IT-Support.

Sicherheit beim Graph-Einsatz

Graph erfordert, dass die App oder der Benutzer, der die Anfrage stellt, berechtigt ist. Wenn Sie also E-Mails aller Nutzer lesen wollen, braucht Ihre App die Berechtigung Mail.Read.All und ein Admin muss diese explizit gewähren (Admin Consent). Das ist auch gut so – Sie wollen ja nicht, dass irgendein Skript unkontrolliert Daten absaugt. Achten Sie daher immer auf das Prinzip der minimalen Rechte: Die App soll nur das bekommen, was sie wirklich braucht. Alle Aktionen über Graph werden auch protokolliert (über Entra ID Sign-in Logs und gegebenenfalls Audit-Logs der Dienste), so bleibt alles nachvollziehbar.

Microsoft Graph ist ein mächtiges Werkzeug, um die Möglichkeiten von Microsoft 365 zu erweitern. Für die reine Administration eines Tenants muss man Graph nicht zwingend nutzen, aber je größer das Unternehmen ist oder je individueller die Anforderungen sind, desto wertvoller wird Graph. Aus Sicherheitsperspektive ermöglicht Graph übrigens auch neue Insights: Man könnte über Graph regelmäßig auslesen, wie viele riskante Anmeldeversuche es gab, oder ob MFA irgendwo fehlgeschlagen ist, und diese Daten in ein SIEM einspeisen. Viele Security-Lösungen nutzen Graph, um an die Microsoft-365-Daten zu kommen. Für Sie als Leser dieses Buches reicht es, folgendes Grundverständnis zu haben: Microsoft Graph ist die Sprache, in der man mit Microsoft 365 reden kann, um Daten abzurufen oder Aktionen auszuführen – über alle Dienste hinweg. Wer diese Sprache spricht (beziehungsweise entsprechende Tools nutzt), kann Microsoft 365 sehr flexibel an die eigenen Bedürfnisse anpassen.

IN DIESEM KAPITEL

Analyse- und Monitoring-Werkzeuge von Microsoft 365

Berichterstellung im Microsoft 365 Admin Center

Kapitel 5
Microsoft-365-Monitoring und Berichtserstellung

Microsoft 365 besteht aus einer Vielzahl von Cloud-Diensten und Anwendungen. Für Administratoren ist es daher eine Herausforderung, stets den Überblick zu behalten. Oft werden IT-Verantwortliche erst dann aktiv, wenn Mitarbeiter Probleme melden – Herausforderungen, die Sie als Administrator unter Umständen proaktiv hätten erkennen können.

In Kapitel 5 erfahren Sie deswegen, welche Analyse- und Monitoring-Werkzeuge Microsoft 365 bereits im Standard zur Verfügung stellt, um Sie bestmöglich und rechtzeitig über Auffälligkeiten zu informieren. Wir betrachten dabei gemeinsam die Bereiche Monitoring und Berichtserstellung im Microsoft 365 Admin Center. Sie erhalten einen umfangreichen Einblick in diese Funktionen und erfahren, welchen Mehrwert sie für Ihre tägliche Arbeit als Administrator bieten.

Akzeptanzbewertung

Die Einführung neuer Technologien in einem Unternehmen ist nur dann erfolgreich, wenn die Mitarbeiter diese auch effektiv nutzen. Microsoft 365 bietet mit der Akzeptanzbewertung (Adoption Score) ein Tool, das Administratoren hilft, die Nutzung und Akzeptanz der bereitgestellten Dienste zu überwachen und zu verbessern. Dieses Kapitel erläutert, wie Sie die Akzeptanzbewertung im Microsoft 365 Admin Center nutzen können, um die digitale Transformation in deinem Unternehmen voranzutreiben.

Was ist die Akzeptanzbewertung?

Die Akzeptanzbewertung (Adoption Score) ist ein Analytics-Tool im Microsoft 365 Admin Center. Es liefert Einblicke in die Nutzung der Microsoft-365-Dienste in Ihrer Organisation. Anhand verschiedener Kategorien werden Benutzeraktivitäten und Technologieeinsatz gemessen, um einen umfassenden Überblick über die digitale Arbeitsweise zu geben. Microsoft 365 bewertet derzeit acht Bereiche der Benutzer- und Technologieerfahrung, darunter beispielsweise:

- ✔ Kommunikation (z. B. Verwendung von E-Mail vs. Chat)
- ✔ Meetings (Effektivität und Interaktivität von Online-Besprechungen)
- ✔ Teamwork (Zusammenarbeit in Teams-Kanälen und -Gruppen)
- ✔ Mobiles Arbeiten (Mobility, Nutzung auf verschiedenen Geräten/Plattformen)
- ✔ Zusammenarbeit an Inhalten (Content Collaboration, gemeinsames Bearbeiten und Teilen von Dateien)

Zusätzlich fließen technische Aspekte ein, wie Endpunktanalyse (Status der Geräte), Netzwerkkonnektivität und App-Zuverlässigkeit (Gesundheit der Office-Apps). Jede dieser Kategorien wird mit einem Score von 0 bis 100 Punkten bewertet. Zusammen ergeben sie den Adoption Score Ihrer Organisation. Maximal können 800 Punkte erreicht werden (8 Kategorien × 100). (Hinweis: Seit 2025 befindet sich eine neunte Kategorie »KI-Unterstützung« in Vorbereitung, die die Nutzung von Microsoft 365 Copilot misst. Diese wird separat ausgewiesen und in Zukunft den Gesamtscore entsprechend erweitern.)

Zugriff auf die Akzeptanzbewertung

Melden Sie sich im `https://admin.microsoft.com/` an. Navigieren Sie zu BERICHTE > NUTZUNG und wählen Sie dort Akzeptanzbewertung aus. Sie sehen eine Übersichtsseite, die den Gesamt-Score sowie die einzelnen Kategorien mit ihren Punktzahlen darstellt.

Kategorien der Akzeptanzbewertung

Die Akzeptanzbewertung umfasst verschiedene Teilbereiche der Nutzung. Drei wichtige Beispiele sind:

- ✔ Meetings: Bewertet, wie effektiv Online-Besprechungen in Ihrem Unternehmen ablaufen. Der Score berücksichtigt drei Phasen einer Besprechung:

  a) Vorbereitung: Wird zum Beispiel eine Agenda im Voraus geteilt?

  b) Durchführung: Werden interaktive Funktionen genutzt (Chat, Umfragen, Bildschirmfreigabe)?

  c) Nachbereitung: Werden Protokolle oder Aufzeichnungen im Anschluss bereitgestellt?

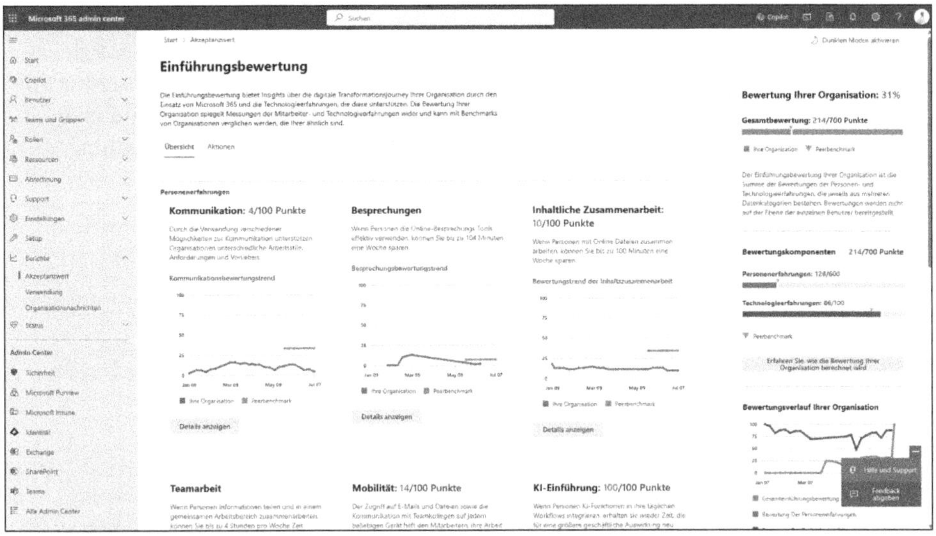

Abbildung 5.1: Übersicht Akzeptanzbewertung

Ein hoher Meeting-Score (nahe 100) deutet darauf hin, dass Meetings gut geplant, interaktiv und nachbereitet werden.

✔ Mobility (Mobiles Arbeiten): Analysiert, wie flexibel Ihre Mitarbeiter Microsoft 365 nutzen. Hier fließt ein, ob Dienste wie Outlook, Teams oder OneDrive plattformübergreifend verwendet werden – also auf Desktop, Web und Mobilgeräten. Ein hoher Mobility-Score zeigt, dass von überall und mit unterschiedlichen Geräten produktiv gearbeitet werden kann.

Abbildung 5.2: Detailanzeige Mobility-Score

- Content Collaboration (Zusammenarbeit an Inhalten): Untersucht, wie Ihre Mitarbeiter gemeinsam an Dateien arbeiten. Der Score basiert auf Aktivitäten wie dem gleichzeitigen Bearbeiten von Dokumenten, dem Teilen von Dateien sowie der Nutzung von OneDrive und SharePoint für die Zusammenarbeit. Ein hoher Wert weist auf eine starke Nutzung von Cloud-Diensten zur gemeinsamen Dokumenterstellung hin.

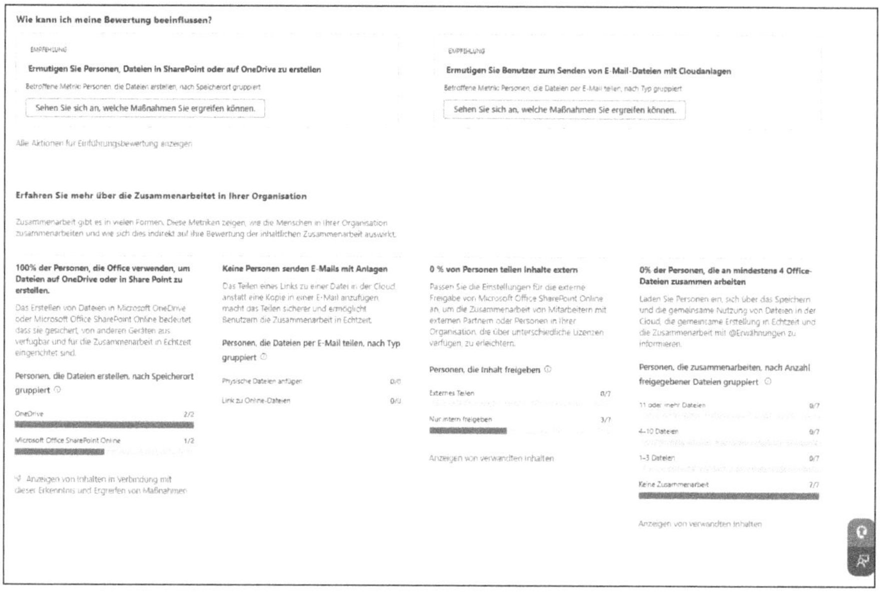

Abbildung 5.3: Inhaltliche Zusammenarbeit

Weitere Kategorien der Akzeptanzbewertung – wie Kommunikation und Teamwork – werden zwar nicht im Detail angezeigt, sind aber ebenso Teil des Gesamtscores. Sie messen zum Beispiel die Nutzung von E-Mails vs. Chats oder die Zusammenarbeit in SharePoint und Teams.

Interpretation der Scores

Die einzelnen Punktzahlen helfen Ihnen, die Nutzungsreife Ihres Unternehmens einzuschätzen: Werte zwischen 80 und 100 gelten als hervorragend – die Dienste werden voll ausgeschöpft. 50 bis 79 Punkte bedeuten gute Nutzung mit Luft nach oben. Erreicht eine Kategorie weniger als 50 Punkte, ist die Nutzung eher gering; hier sind Maßnahmen zur Steigerung der Akzeptanz ratsam. Microsoft bietet auch Benchmarks zum Vergleich: Sie können Ihre Scores mit Durchschnittswerten ähnlicher Organisationen vergleichen, um zu sehen, wo Sie stehen.

Maßnahmen zur Verbesserung der Akzeptanz

Anhand der Akzeptanzbewertung lassen sich gezielt Schritte ableiten, um die Nutzung von Microsoft 365 zu fördern:

- Schulungen anbieten: Organisieren Sie Workshops oder Webinare zu spezifischen Diensten. Wenn beispielsweise der Meetings-Score niedrig ist, könnten Moderationstrainings für Online-Meetings helfen.

- Best Practices teilen: Erstellen Sie Leitfäden oder kurze Videos für nützliche Funktionen. Zeigen Sie etwa, wie man effektiv gemeinsam an Dokumenten arbeitet, um den Collaboration-Score zu steigern.
- Feedback einholen: Befragen Sie Ihre Mitarbeiter (per Umfrage oder direkt), welche Hürden sie bei bestimmten Tools sehen. Dieses Feedback hilft, gezielte Unterstützung anzubieten oder Konfigurationen zu verbessern.

Viele dieser Maßnahmen lassen sich direkt aus dem Admin Center anstoßen. So haben Administratoren zum Beispiel die Möglichkeit, über die Organisationsnachrichten (siehe unten) Tipps an definierte Benutzergruppen zu senden – etwa, um die Nutzung einer wenig genutzten Funktion zu fördern.

Datenschutz und Compliance

Microsoft legt bei der Akzeptanzbewertung großen Wert auf Privatsphäre. Alle Daten werden aggregiert auf Organisationsniveau dargestellt. Es sind keine Aktivitäten einzelner Benutzer einsehbar. Dadurch erhalten Sie zwar hilfreiche Einblicke in die Nutzung, wahren aber gleichzeitig die Privatsphäre jedes Einzelnen im Unternehmen.

Aktivitätsberichte im Microsoft 365 Admin Center

Für Sie als Administrator eines kleinen oder mittelständischen Unternehmens ist es entscheidend, den Überblick über die Nutzung der Microsoft-365-Dienste zu behalten. Das Microsoft 365 Admin Center bietet dazu eine ganze Reihe von Aktivitätsberichten (Nutzungsberichten), mit denen Sie die Auslastung der Dienste überwachen, Unregelmäßigkeiten erkennen, Lizenzen optimieren und Compliance-Anforderungen erfüllen können.

Zugriff auf die Berichte: Navigieren Sie im Admin Center zu BERICHTE > NUTZUNG. Auf der Übersichtsseite sehen Sie Kacheln für verschiedene Dienste und Aspekte. Von dort können Sie in die Detailberichte einzelner Dienste springen.

Überblick über verfügbare Berichte

Das Admin Center stellt für nahezu jeden wichtigen Dienst einen eigenen Nutzungsbericht bereit. Hier eine Auswahl:

- E-Mail-Aktivität (Exchange Online): Zeigt pro Benutzer an, wie viele E-Mails gesendet, empfangen, gelesen oder weitergeleitet wurden. Damit erkennen Sie zum Beispiel, welche Postfächer stark genutzt werden und welche möglicherweise verwaist sind.

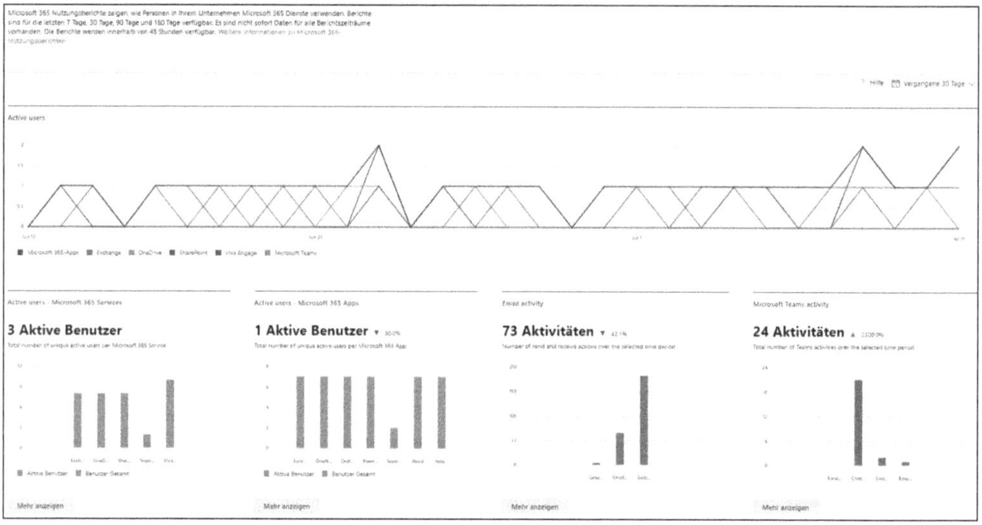

Abbildung 5.4: Übersicht der Nutzungsberichte

- SharePoint-Aktivität: Gibt Einblick in Datei- und Seitenaktivitäten. Der Bericht zeigt beispielsweise die Anzahl der Dateien, die von Nutzern erstellt, bearbeitet oder gelöscht wurden, sowie Seitenaufrufe in SharePoint. Sie sehen auch, wie viele aktive SharePoint-Websites es gibt.
- Teams-Aktivität: Informiert über die Nutzung von Microsoft Teams. Sie sehen die Anzahl der Chatnachrichten, Audio/Videoanrufe und Meetings, aufgeschlüsselt nach Benutzern. So lässt sich nachvollziehen, inwieweit Teams als Kommunikationsplattform angenommen wird.
- OneDrive-Aktivität: Ähnlich dem SharePoint-Bericht, aber auf OneDrive for Business bezogen. Er zeigt zum Beispiel, wie viele Dateien jeder Benutzer in OneDrive hochlädt, teilt oder synchronisiert.
- Nutzung von Microsoft 365 Copilot: Zeigt an, wie viele Benutzer den KI-Assistenten Copilot verwenden und in welchen Anwendungen er zum Einsatz kommt (beispielsweise Word, Outlook, Teams usw.). Dieser Bericht ist neu und hilft zu verstehen, wie stark KI-gestützte Funktionen im Unternehmen bereits genutzt werden.
- Office-365-Aktivierungen: Listet auf, auf wie vielen Geräten die Office-Desktop-Apps (Word, Excel, PowerPoint, etc.) von den Benutzern installiert/aktiviert wurden. So erkennen Sie, ob Benutzer ihre verfügbaren Installationen nutzen.

Diese Berichte lassen sich jeweils für verschiedene Zeiträume anzeigen: 7, 30, 90 oder 180 Tage. Sie können also sowohl aktuelle Momentaufnahmen als auch Trends über ein halbes Jahr verfolgen.

Detaillierte Einblicke in ausgewählte Berichte

Im Admin Center stehen Ihnen zahlreiche Berichte zur Verfügung, mit denen Sie die Nutzung und Aktivität der wichtigsten Microsoft-365-Dienste in Ihrem Unternehmen im Detail nachvollziehen können. Diese Berichte liefern nicht nur einen Überblick über die allgemeine Nutzung, sondern ermöglichen auch gezielte Analysen, um Optimierungspotenziale zu erkennen und Trends frühzeitig zu identifizieren. Im Folgenden werden die wichtigsten Berichte und deren Auswertungsmöglichkeiten vorgestellt.

SharePoint-Aktivitätsbericht

Hier erkennen Sie beispielsweise, welche Benutzer besonders aktiv mit Dateien arbeiten. Sie sehen die Anzahl der aktiven Benutzer in SharePoint, erstellte Dateien insgesamt, bearbeitete Dateien und die Zahl der durchgeführten Löschungen. Außerdem zeigt der Bericht die Anzahl der Besucher und Aufrufe von SharePoint-Seiten. Dieser Überblick hilft Ihnen, zu sehen, welche Abteilungen oder Projekte SharePoint intensiv nutzen.

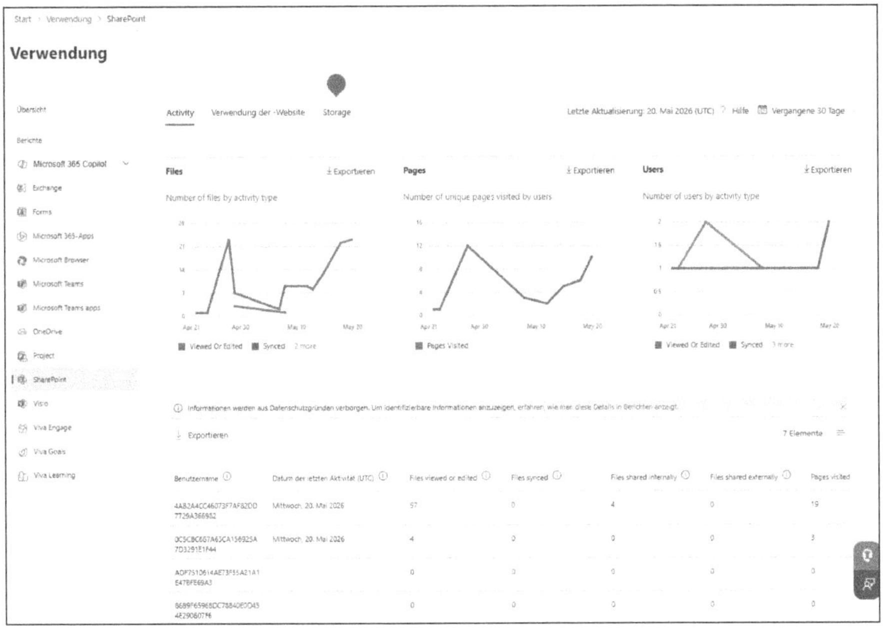

Abbildung 5.5: SharePoint-Aktivitätsbericht

Teams-Aktivitätsbericht

Im Teams-Bericht sehen Sie pro Benutzer, wie viele Chatnachrichten gesendet wurden, an wie vielen Meetings teilgenommen und wie viele veranstaltet wurden sowie die Anzahl seiner Anrufe. Dadurch verstehen Sie, ob Teams eher für Chat, für Meetings oder für Telefonie genutzt wird – und von wem. Beispielsweise könnte auffallen, dass manche Mitarbeiter noch kaum an Teams-Meetings teilnehmen; hier könnten Schulungen oder Hinweise zur Nutzung sinnvoll sein.

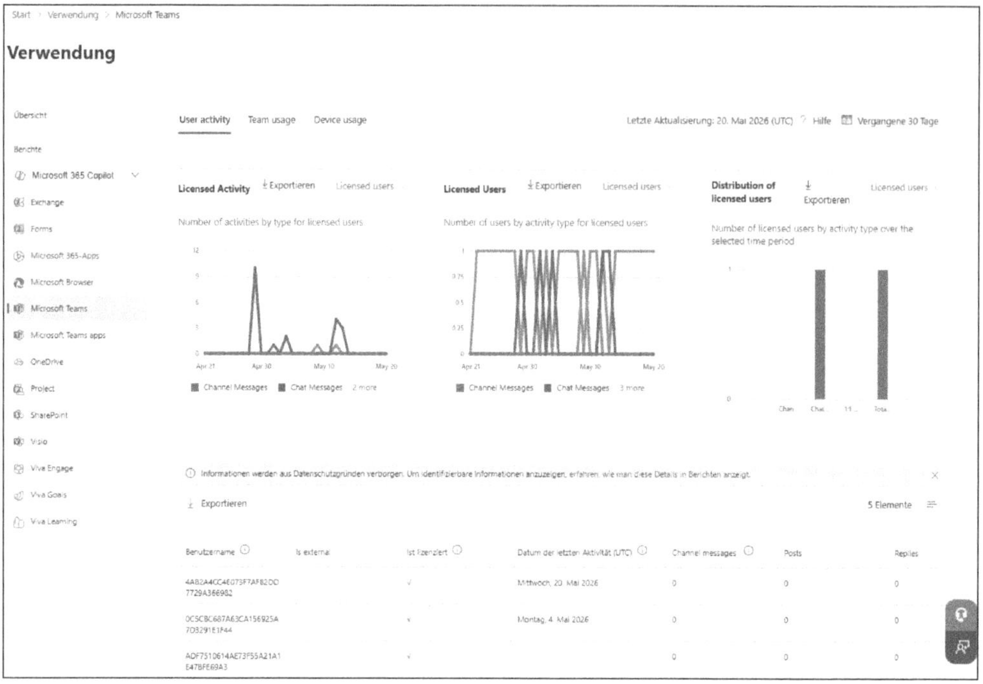

Abbildung 5.6: Teams-Aktivitätsbericht

Exchange-E-Mail-Bericht

Der Exchange-Bericht zeigt neben den gesendeten/empfangenen E-Mails auch an, wie viele Postfächer aktiv genutzt werden. Sie können inaktive Postfächer (über einen bestimmten Zeitraum ohne Aktivitäten) feststellen. Diese sind Kandidaten, um Lizenzkosten zu sparen – etwa indem man ehemalige Mitarbeiterpostfächer archiviert oder löscht, wenn sie für längere Zeit ungenutzt bleiben.

Copilot-Nutzungsbericht

Falls Ihr Unternehmen Microsoft 365 Copilot lizenziert hat, können Sie hier sehen, wie viele Benutzer Copilot tatsächlich verwenden. Der Bericht zeigt beispielsweise an, in welchen Anwendungen Copilot besonders häufig genutzt wird (z. B. viele Anfragen in Word, aber wenige in Outlook könnten bedeuten, dass Benutzer Copilot vor allem für Textverarbeitung und weniger für E-Mails einsetzen). Diese Informationen helfen Ihnen, den Mehrwert von Copilot zu bewerten und Trainingsbedarf zu identifizieren.

Neben den oben genannten gibt es weitere Berichte im Admin Center. Beispielsweise können Sie im Bericht AKTIVE BENUTZER sehen, wie viele Nutzer einen bestimmten Dienst im ausgewählten Zeitraum überhaupt verwendet haben. Ein Browser-Nutzungsbericht zeigt, welcher Anteil Ihrer Nutzer Microsoft Edge verwendet, um auf Microsoft-365-Dienste zuzugreifen – hilfreich, wenn Sie zum Beispiel die Migration auf Edge fördern möchten. Durch diese breite Palette an Reports erhalten Sie ein ganzheitliches Bild der Microsoft-365-Nutzung in Ihrer Organisation.

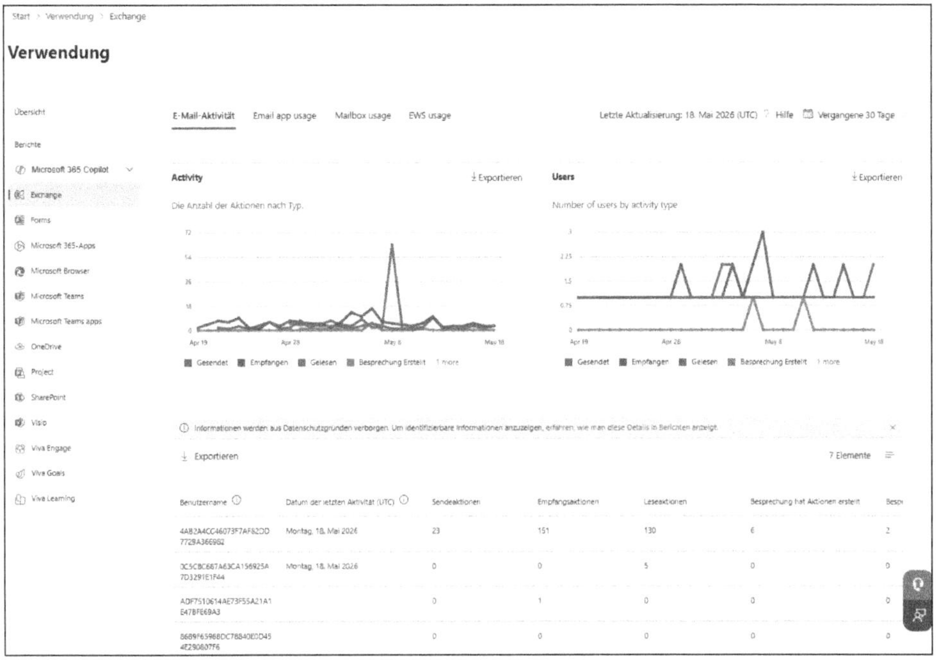

Abbildung 5.7: Exchange-Aktivitätsbericht

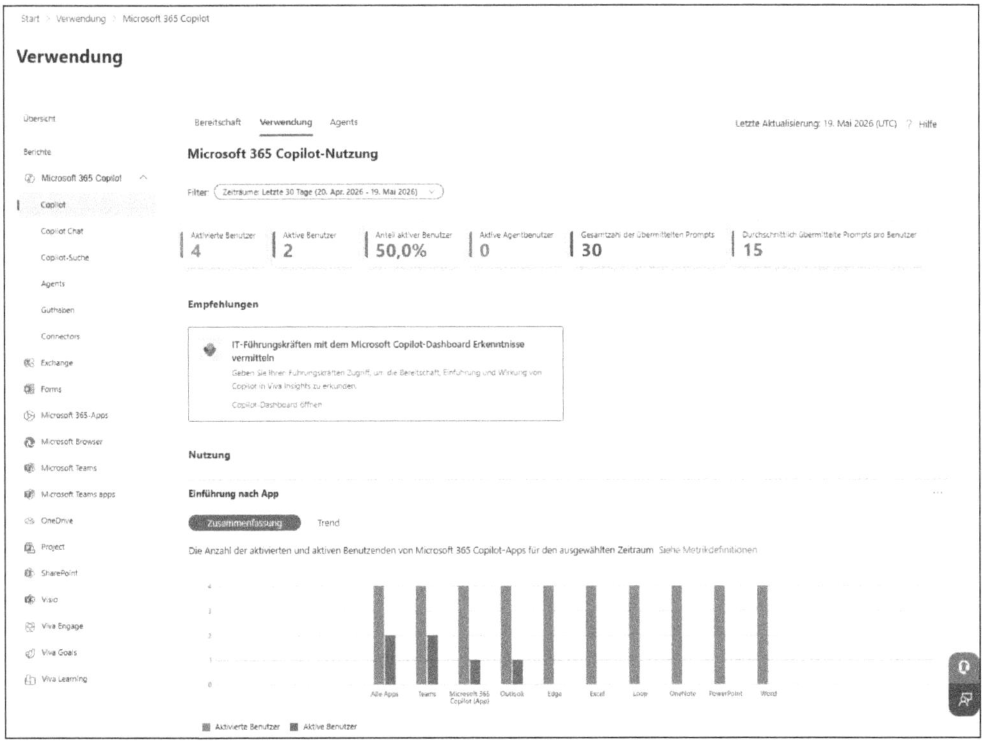

Abbildung 5.8: Copilot-Nutzungsbericht

Nutzung der Berichte für administrative Entscheidungen

Die gewonnenen Einblicke aus den Berichten unterstützen eine Reihe wichtiger administrativer Aufgaben:

- ✔ Nutzungsgrad überwachen: Sie können sehen, welche Dienste intensiv genutzt werden und welche kaum. So lassen sich beispielsweise Schulungsbedarfe erkennen, wenn ein Service (etwa OneDrive) deutlich unter Erwartung genutzt wird.
- ✔ Unregelmäßigkeiten erkennen: Abweichungen in der Nutzung können auf Probleme hindeuten. Ein plötzlicher Einbruch in der E-Mail-Aktivität könnte auf einen Mailserver-Ausfall oder auf Spamfilter-Probleme hinweisen. Ungewöhnlich viele gelöschte Dateien in SharePoint könnten einen Aufräumprozess oder einen Sicherheitsvorfall andeuten. Durch regelmäßiges Prüfen fallen solche Muster auf.
- ✔ Lizenzen optimieren: Die Berichte helfen dabei, ungenutzte Ressourcen aufzudecken. Beispielsweise lassen sich Benutzer ohne Aktivität identifizieren: Konten, die keine Anmeldung oder Aktion gezeigt haben, weisen darauf hin, dass dort eventuell eine Lizenz verschwendet wird. Ebenso kann man Postfächer ohne E-Mail-Verkehr oder selten genutzte Teams sehen und entsprechende Lizenzen einsparen oder neu zuweisen.
- ✔ Compliance und Audits: Falls Ihr Unternehmen Nachweise über die Nutzung bestimmter Dienste erbringen muss (etwa für Datenschutz-Audits oder interne Revision), liefern die Berichte solide Daten. Sie können etwa belegen, wie viele Benutzer einen bestimmten Dienst genutzt haben oder dass Zugriffe nur über bestimmte Kanäle erfolgten.

Fünf Dinge, die Sie regelmäßig prüfen sollten

Zum Abschluss dieses Abschnitts hier fünf praktische Kontrollpunkte, die Sie sich als Administrator im Kalender notieren können:

1. Inaktive Benutzerkonten: Schauen Sie monatlich nach Benutzern, die sich über längere Zeit nicht angemeldet waren oder keine Aktivitäten in Microsoft 365 gezeigt haben. Solche Konten könnten geschlossen oder deren Lizenzen entzogen werden, um Kosten zu sparen.
2. Unbenutzte Teams oder SharePoint-Websites: Identifizieren Sie Teams-Kanäle oder SharePoint-Teamwebsites, auf denen seit Monaten keine Aktivität war. In Absprache mit den Eigentümern können diese aufgelöst oder archiviert werden, um Ordnung und Sicherheit (weniger Angriffsfläche) zu gewährleisten.
3. Copilot-Lizenzen ohne Nutzung: Überprüfen Sie vierteljährlich, welche Benutzer eine Copilot-Lizenz haben, aber den Dienst gar nicht nutzen. Da Copilot-Lizenzen teuer sind, können Sie erwägen, ungenutzte Lizenzen anderweitig einzusetzen oder die betreffenden Nutzer gezielt anzusprechen, ob Unterstützung benötigt wird.

4. Exchange-Postfächer ohne Aktivität: Ähnlich den Benutzerkonten sollten Sie auf Postfächer achten, in die sich zum Beispiel seit 90 Tagen niemand eingeloggt hat oder die keine E-Mails zeigen. Solche Postfächer können Sie gegebenenfalls deaktivieren, archivieren oder löschen, um die Umgebung schlank zu halten.

5. Nutzungstrends analysieren: Beobachten Sie über das Jahr hinweg saisonale Schwankungen oder Trends. Vielleicht nutzen im Sommer weniger Kollegen Teams-Meetings (Ferienzeit) oder zum Jahresende steigt die E-Mail-Flut. Solche Erkenntnisse helfen Ihnen, Ressourcen vorausschauend zu planen – etwa genügend Support bereitzustellen, wenn erfahrungsgemäß viele Mitarbeiter im Homeoffice sind und verstärkt Online-Tools brauchen.

Organisationsnachrichten im Microsoft 365 Admin Center

In einer zunehmend digitalen Arbeitswelt ist eine effektive interne Kommunikation Gold wert. Microsoft 365 bietet mit den Organisationsnachrichten ein Tool, um wichtige Informationen zentral und direkt an Ihre Mitarbeiter zu übermitteln. In diesem Abschnitt lernen Sie, wie Sie Organisationsnachrichten im Admin Center nutzen, um beispielsweise Schulungsmaterial zu verteilen, auf neue Features hinzuweisen oder Unternehmens-News zu verbreiten – und zwar gezielt an die gewünschten Empfängergruppen.

Was sind Organisationsnachrichten?

Organisationsnachrichten sind benutzerdefinierte Mitteilungen, die Administratoren über das Microsoft 365 Admin Center erstellen und an bestimmte Benutzergruppen senden können. Diese Nachrichten erscheinen direkt in den Anwendungen der Mitarbeiter, zum Beispiel:

- ✔ als Hinweis auf dem Windows-10/11-Sperrbildschirm (via Windows Spotlight),
- ✔ als Pop-up innerhalb von Microsoft Teams oder
- ✔ perspektivisch auch in anderen M365-Apps.

Dadurch erreichen Sie Ihre Kollegen genau dort, wo sie täglich arbeiten. Die Inhalte können Sie frei gestalten – inklusive Text, Bildern, Icons und Links – und so optisch ansprechend aufbereiten.

Vorteile von Organisationsnachrichten auf einen Blick

- ✔ Gezielte Kommunikation: Sie können definieren, wer die Nachricht erhalten soll (z. B. alle Mitarbeiter in einer bestimmten Abteilung oder mit einer bestimmten Rolle). So stellen Sie sicher, dass jeweils relevante Informationen zur richtigen Zielgruppe gelangen.

- ✔ Hohe Aufmerksamkeit: Weil die Nachrichten in die normalen Arbeitsumgebungen integriert sind (statt z. B. per E-Mail, die ungelesen bleiben kann), ist die Wahrscheinlichkeit höher, dass sie wahrgenommen werden. Ein eingeblendeter Hinweis in Teams oder beim Start des Rechners fällt sofort ins Blickfeld.

- ✔ Individuelle Gestaltung: Sie können die Mitteilungen mit eigenen Texten formulieren, Bilder oder das Firmenlogo einfügen und bei Bedarf einen Link hinterlegen (z. B. »Weitere Informationen hier…«). So wirken die Nachrichten offiziell und auf Ihre Organisation zugeschnitten.

Voraussetzungen und Rollen

Um Organisationsnachrichten nutzen zu können, sind gewisse Voraussetzungen zu beachten:

- ✔ Administratorrolle: Sie benötigen entweder die Rolle Globaler Administrator oder die speziellere Rolle Organisationsnachrichten-Autor, um Nachrichten erstellen zu dürfen.

- ✔ Genehmigung: Optional kann ein Vier-Augen-Prinzip eingerichtet werden. Dann muss ein Benutzer mit der Rolle Organisationsnachrichten-Genehmiger jede erstellte Nachricht prüfen und freigeben, bevor sie aktiv wird.

- ✔ Endgeräte: Damit Nachrichten auf Windows-Geräten erscheinen (Spotlight), sollten die Zielnutzer Windows 10/11 Enterprise einsetzen. (Auf Windows Pro werden Spotlight-Mitteilungen unter Umständen nicht angezeigt.) In Teams werden die Nachrichten allen Empfängern angezeigt, unabhängig vom Betriebssystem.

- ✔ Lizenzen: Die Funktion der Organisationsnachrichten ist Bestandteil von Microsoft 365 (für Enterprise-Pläne) und erfordert keine separate Lizenz. Lediglich für bestimmte erweiterte Szenarien – wie die Integration mit dem Adoption Score für automatische Empfehlungen – müssen die entsprechenden Microsoft-365-Pläne (E3/E5) vorliegen.

Zugriff auf Organisationsnachrichten

Um Organisationsnachrichten zu erstellen oder zu verwalten, melden Sie sich via `https://admin.microsoft.com/` an. Navigieren Sie zu BERICHTE > ORGANISATIONSNACHRICHTEN. Sie gelangen auf eine Übersichtsseite, auf der bereits erstellte Nachrichten gelistet sind und auf der Sie neue Mitteilungen anlegen können.

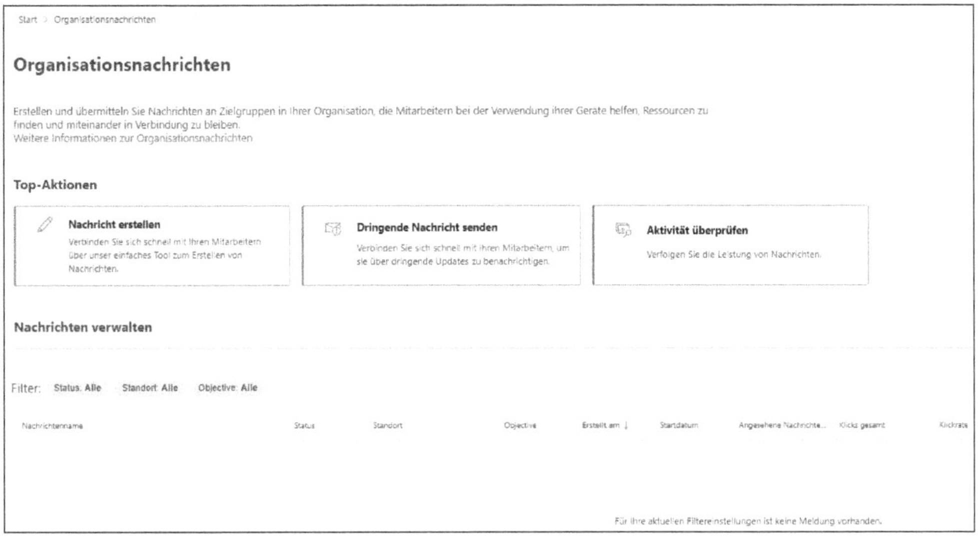

Abbildung 5.9: Übersicht der Organisationsnachrichten

Erstellen von Organisationsnachrichten – Schritt für Schritt

Microsoft stellt einen intuitiven Assistenten bereit, der Sie durch die Erstellung führt. So gehen Sie vor:

1. NACHRICHT ERSTELLEN auswählen: Klicken Sie auf der Organisationsnachrichten-Seite auf die Schaltfläche NACHRICHT ERSTELLEN.

2. VORLAGE oder NEU: Entscheiden Sie sich, ob Sie eine der vordefinierten Vorlagen nutzen (Microsoft liefert einige Beispielnachrichten für häufige Anlässe) oder bei Null anfangen möchten (Benutzerdefinierte Nachricht).

3. Inhalt verfassen: Geben Sie den Nachrichtentext ein. Halten Sie ihn möglichst kurz und klar, da der Anzeigeplatz begrenzt ist (ähnlich einer kurzen E-Mail-Benachrichtigung). Fügen Sie optional ein Bild oder Symbol hinzu, um der Nachricht Wiedererkennungswert zu geben – etwa Ihr Firmenlogo oder ein Icon passend zum Inhalt.

4. AKTION HINTERLEGEN: Sie können eine Ziel-URL angeben. Das ist die Website oder der Intranet-Link, auf den der Nutzer geleitet wird, wenn er auf die Nachricht klickt. Beispielsweise könnten Sie auf eine interne News-Seite oder ein FAQ-Dokument verlinken, das mehr Details enthält.

5. ZIELGRUPPE DEFINIEREN: Legen Sie fest, wer die Nachricht bekommen soll. Sie können Microsoft-Entra-(/Azure-AD-)Gruppen auswählen, zum Beispiel eine Gruppe »Vertrieb« oder »Alle Mitarbeiter«, oder auch dynamische Kriterien nutzen (etwa alle Nutzer mit einer bestimmten Lizenz). So wird die Nachricht nur an berechtigte Geräte/Benutzer ausgeliefert.

6. ZEITPLAN FESTLEGEN: Bestimmen Sie den Zeitraum, in dem die Nachricht angezeigt werden soll. Sie können Start- und Enddatum definieren. Zusätzlich lässt sich eine Dringlichkeit einstellen – eine dringende Nachricht wird prominenter dargestellt beziehungsweise häufiger eingeblendet als eine normale.

7. SPEICHERN oder SENDEN: Wenn alles ausgefüllt ist, können Sie die Nachricht zunächst als Entwurf speichern (um sie später fertigzustellen) oder gleich zur Genehmigung einsenden. Falls kein Genehmigungsprozess aktiviert ist, können Sie die Nachricht direkt veröffentlichen.

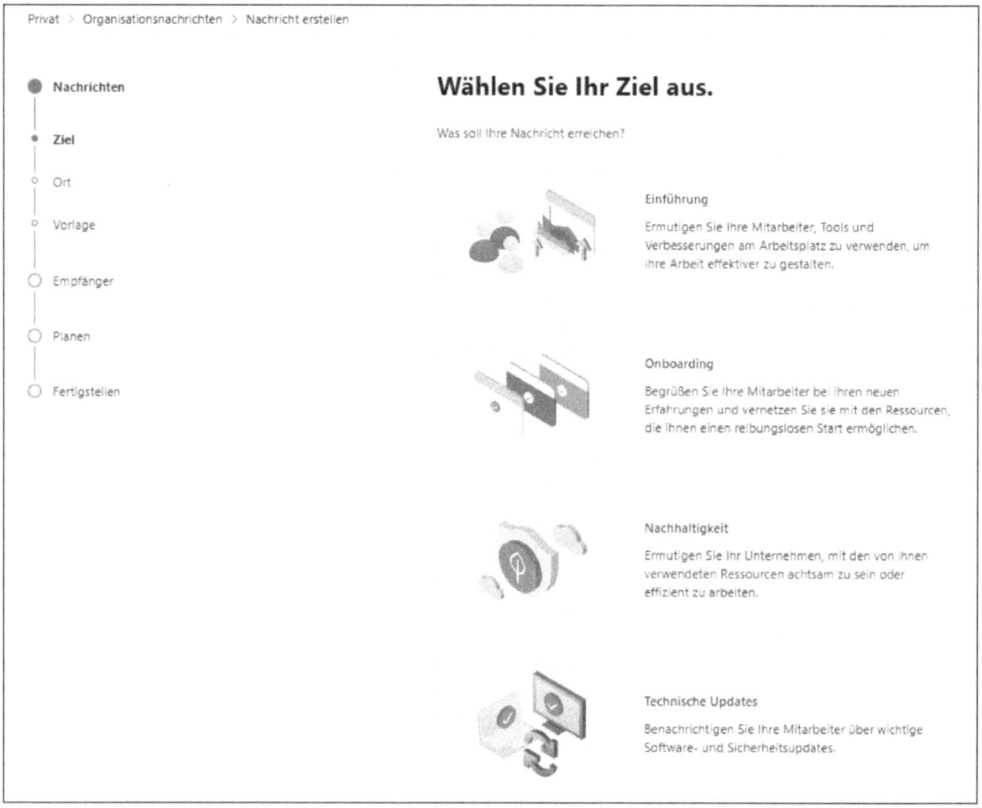

Abbildung 5.10: Erstellungsassistent für Organisationsnachrichten

Verwalten und überwachen von Nachrichten

Nach dem Erstellen finden Sie alle Nachrichten im Reiter VERWALTEN (bzw. in der Übersichtsliste). Dort haben Sie folgende Möglichkeiten:

✔ FILTER: Sortieren oder filtern Sie die gelisteten Nachrichten zum Beispiel nach Status (Aktiv, Entwurf, Ausstehend zur Genehmigung, Abgelaufen) oder nach Zielgruppe. So behalten Sie den Überblick, wenn mehrere Mitteilungen gleichzeitig geplant sind.

- Details einsehen: Mit einem Klick auf eine Nachricht sehen Sie die kompletten Inhalte und Einstellungen dieser Mitteilung (Text, Bild, Link, Zielgruppe, Zeitraum etc.). Sie können hier auch Änderungen vornehmen oder die Nachricht im Nachhinein bearbeiten.
- Genehmigen/Ablehnen: Wenn Sie als Genehmiger agieren, finden Sie alle neuen oder geänderten Nachrichten unter »Ausstehende Genehmigung«. Öffnen Sie die Nachricht, prüfen Sie den Inhalt und klicken Sie auf »Genehmigen«, um die Nachricht zu veröffentlichen (bzw. auf »Ablehnen«, um sie zurück an den Autor zu geben).
- Leistungsanalyse: Im Admin Center wird auch aufgezeichnet, wie die Organisationsnachrichten performen. Sie können zum Beispiel sehen, wie viele Nutzer die Nachricht gesehen oder angeklickt haben. Diese Kennzahlen werden meist als Zeitverlauf oder Balkendiagramm dargestellt. So erkennen Sie, ob eine Nachricht die gewünschte Aufmerksamkeit erzielt hat oder ob viele sie vielleicht weggeklickt haben, ohne dem Link zu folgen.

Best Practices für den Einsatz von Organisationsnachrichten

Damit Ihre internen Mitteilungen bestmöglich wirken, hier einige bewährte Vorgehensweisen:

- Relevanz sicherstellen: Verwenden Sie Organisationsnachrichten gezielt und nicht zu häufig. Überlegen Sie bei jeder Nachricht: Wer braucht diese Info wirklich? Unerwünschte oder irrelevante Pop-ups könnten Mitarbeiter nerven. Daher lieber pro Nachricht eine klar umrissene Zielgruppe wählen (z. B. nur die Abteilung, die es betrifft).
- Konsistenz wahren: Halten Sie einheitliche Vorlagen und Design-Elemente ein. Beispielsweise könnten alle IT-bezogenen Nachrichten ein bestimmtes Icon und eine bestimmte Farbgebung nutzen. Die Wiedererkennbarkeit schafft Vertrauen (»Ach, das kommt von unserer IT-Abteilung«).
- Klare Handlungsaufforderung: Formulieren Sie deutlich, was der Empfänger tun soll. Bei reinen Info-Nachrichten vielleicht »Zur Kenntnis«, ansonsten beispielsweise »Klicken Sie hier, um XYZ durchzuführen« oder »Bitte lesen Sie die Anleitung unter folgendem Link«.
- Feedback einholen: Scheuen Sie sich nicht, Ihre Kollegen zu fragen, wie die Nachrichten ankommen. Eventuell können Sie eine kurze Umfrage starten (»Finden Sie die neuen Pop-up-Hinweise hilfreich?«). So erhalten Sie wertvolle Rückmeldungen, um Stil, Frequenz und Inhalte weiter zu optimieren.
- Aktualität und Gültigkeit: Pflegen Sie Ihre Nachrichten. Entfernen Sie abgelaufene oder nicht mehr aktuelle Meldungen zeitnah. Nichts ist ungünstiger, als wenn im Spotlight noch Wochen später ein Hinweis auf ein Event von gestern erscheint – das untergräbt das Vertrauen in die Kommunikationskanäle.

Organisationsnachrichten bieten eine hervorragende Möglichkeit, kommunikative Lücken zu schließen – nutzen Sie sie sparsam, aber wirkungsvoll, um Ihre Mitarbeiter stets auf dem Laufenden zu halten

Nachrichtencenter im Microsoft 365 Admin Center und Integration mit Microsoft Planner

Microsoft 365 verändert sich stetig: Regelmäßig kommen neue Funktionen hinzu, bestehende Dienste werden angepasst oder es stehen Wartungsarbeiten an. Für Administratoren ist es daher essenziell, über solche Änderungen und Ankündigungen auf dem Laufenden zu bleiben. Genau dafür gibt es das Nachrichtencenter im Microsoft 365 Admin Center.

Melden Sie sich im Admin Center an und navigieren Sie im linken Menü zu INTEGRITÄT > NACHRICHTENCENTER. Hier finden Sie eine chronologisch sortierte Liste von Nachrichten, die Microsoft für Ihren Tenant veröffentlicht hat. Jede Nachricht betrifft in der Regel eine bestimmte Änderung oder Information zu einem der Microsoft-365-Dienste.

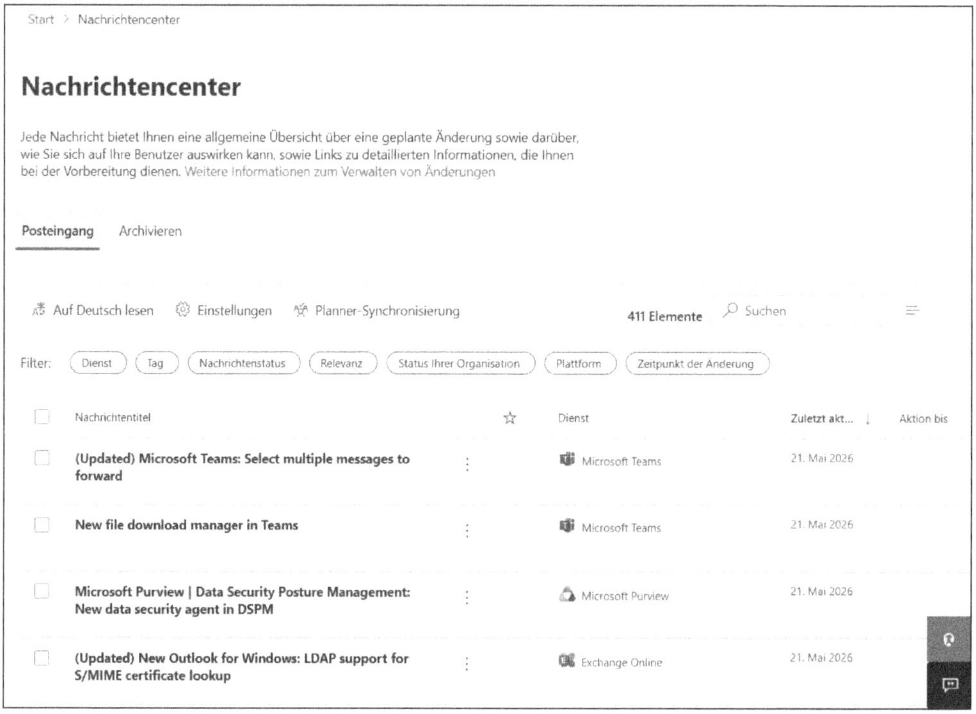

Abbildung 5.11: Übersicht Nachrichtencenter

Funktionen des Nachrichtencenters

Das Nachrichtencenter bietet Ihnen mehrere Hilfsmittel, um die Flut an Informationen zu bewältigen:

- ✔ NACHRICHTENÜBERSICHT: Auf einen Blick sehen Sie Titel und kurze Zusammenfassungen der aktuellen und geplanten Änderungen, neuen Features oder wichtigen Hinweise. Jede Nachricht hat eine Überschrift (z. B. »Neue Version von Teams Rollout am 15.08.«) und einen Kategorie-Tag (etwa »Microsoft Teams« oder »Exchange«) sowie ein Symbol für die Priorität.
- ✔ DETAILANSICHT UND AKTIONEN: Ein Klick auf eine Nachricht öffnet die Details. Dort lesen Sie die vollständige Beschreibung der Änderung, was genau betroffen ist, und erhalten oft auch einen Link zu weiterführenden Informationen oder der Microsoft-Dokumentation. Sie haben die Möglichkeit, Nachrichten als »Favorit« zu markieren oder als »Archiviert« zu kennzeichnen, um Ihren Posteingang aufzuräumen.
- ✔ Filter- und Suchfunktionen: Oben im Nachrichtencenter können Sie filtern, welche Nachrichten angezeigt werden. Beispielsweise können Sie nur Mitteilungen zu bestimmten Diensten anzeigen lassen (etwa nur alles zu SharePoint), oder nach Kategorie/Priorität filtern (z. B. nur »Wichtige Updates«). Auch eine Stichwortsuche ist vorhanden, falls Sie eine bestimmte Ankündigung finden möchten.
- ✔ Sprachübersetzung: Die Meldungen sind standardmäßig auf Englisch verfasst. Wenn Englisch nicht Ihre bevorzugte Sprache ist, können Sie die AUTOMATISCHE ÜBERSETZUNG aktivieren. Dann wird der Inhalt der Nachricht maschinell ins Deutsche (oder eine andere Sprache Ihrer Wahl) übersetzt. Dies erleichtert das Verständnis, wobei man im Hinterkopf behalten sollte, dass automatische Übersetzungen manchmal holprig sein können.
- ✔ E-Mail-Benachrichtigungen: Im Nachrichtencenter können Sie einstellen, dass Sie regelmäßig E-Mails mit den neuesten Meldungen bekommen. Zur Auswahl steht typischerweise ein wöchentliches Digest (eine Zusammenfassung aller neuen Nachrichten der Woche) und die Möglichkeit, sich einen sofortigen E-Mail-Alarm bei bestimmten wichtigen Ankündigungen schicken zu lassen. Letzteres ist vor allem für kritische, kurzfristige Änderungen nützlich.

Gerade wenn man das Admin Center nicht täglich offen hat, sind die E-Mail-Zusammenfassungen hilfreich, um nichts Wesentliches zu verpassen.

Integration mit Microsoft Planner

Das Nachrichtencenter liefert viele To-Dos für Admins – von »Feature XYZ testen« bis hin zu »Benutzer über Änderung informieren«. Um diese Aufgaben strukturiert nachverfolgen zu können, lässt sich das Nachrichtencenter mit Microsoft Planner koppeln. Diese Integration wandelt Nachrichtencenter-Meldungen in Planer-Aufgaben um.

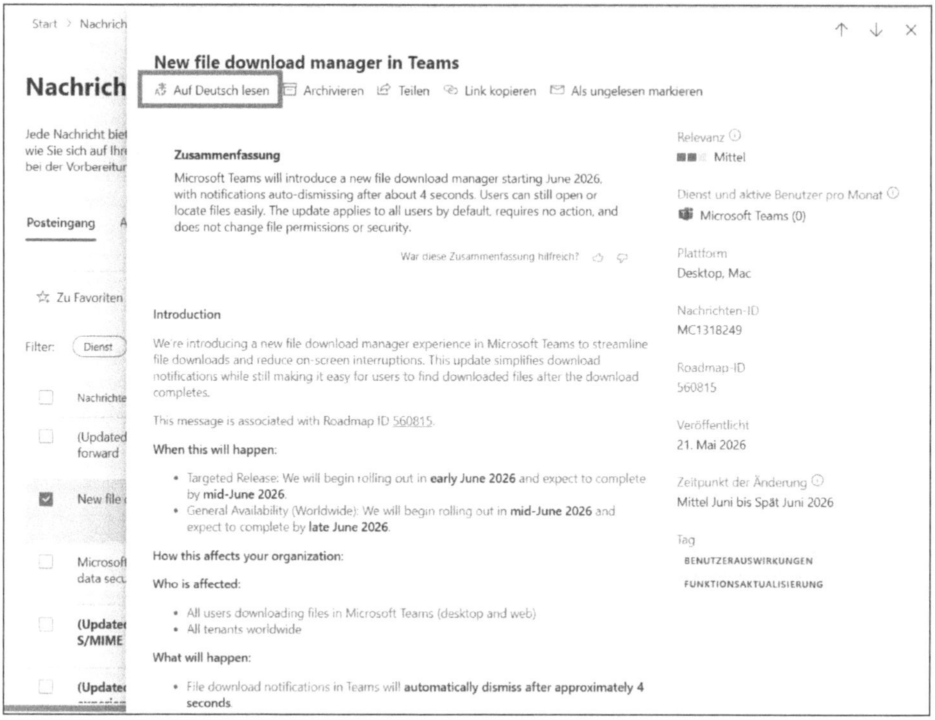

Abbildung 5.12: Detailansicht einer Nachricht mit Übersetzungsoptionen

Einrichtung der Planner-Integration

Wechseln Sie im Nachrichtencenter oben rechts zu EINSTELLUNGEN > PLANNER-INTEGRATION. Dort können Sie einen vorhandenen Microsoft-365-Gruppenplan auswählen oder neu erstellen, der für die Synchronisierung genutzt werden soll. In vielen Fällen bietet es sich an, einen dedizierten Planner-Plan, beispielsweise namens »Nachrichtencenter«, anzulegen. Weiterhin legen Sie fest, welche Nachrichten synchronisiert werden:

- ✔ Alle Nachrichten oder nur solche mit hoher Priorität?
- ✔ Eventuell können Sie auch nach Diensten filtern, falls Sie bestimmte, für Sie unwichtige, Kategorien ausschließen wollen.

Überlegen Sie sorgfältig, welche Nachrichten Sie tatsächlich in den Planner übernehmen möchten. Aus Erfahrung kann das Synchronisieren aller Ereignisse den Planner schnell überladen und unübersichtlich machen. Sinnvoller ist es, gezielt nach Anwendung oder nach Status zu filtern und nur relevante Änderungen zu übertragen. So behalten Sie und Ihr Team den Überblick und können sich auf die wirklich wichtigen Aufgaben konzentrieren.

Nach dem SPEICHERN der Einstellungen startet die Synchronisierung automatisch. Ab diesem Zeitpunkt wird jede neue Nachricht aus dem Nachrichtencenter als Aufgabe im Planner erzeugt.

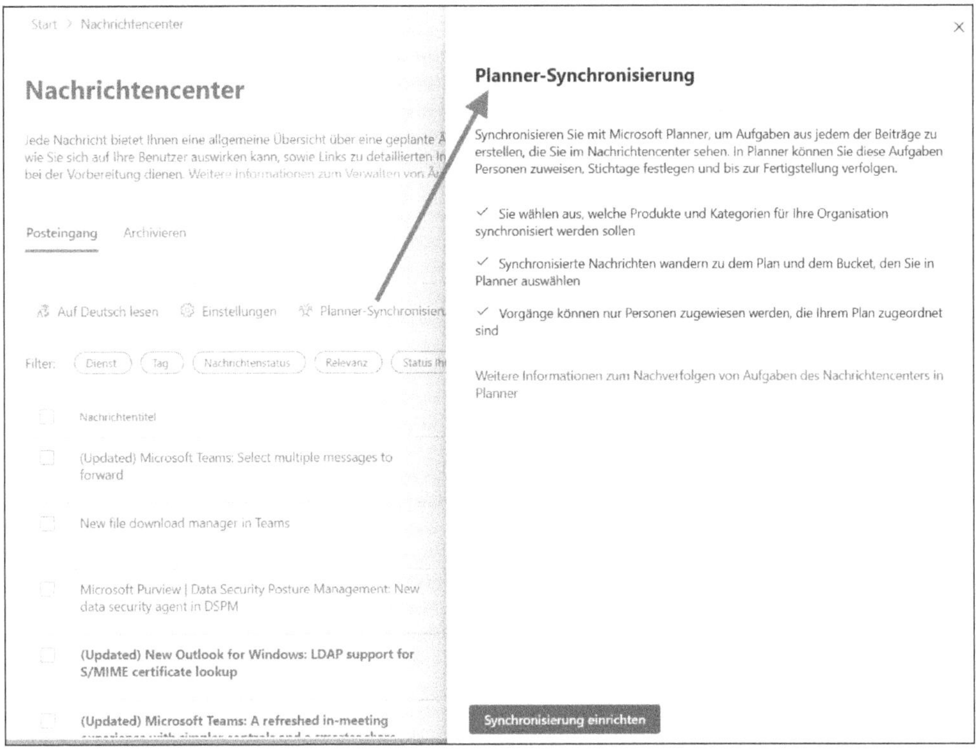

Abbildung 5.13: Einstellungen zur Integration des Nachrichtencenters

Nutzung im Microsoft Planner

Öffnen Sie den gewählten Plan in Microsoft Planner (z. B. via Teams oder die Planner-Web-App). Sie werden dort Aufgaben sehen, die den Nachrichten entsprechen:

- ✔ Jede Aufgabe trägt als Titel den Betreff der Nachrichtencenter-Meldung. In der Beschreibung der Aufgabe steht der komplette Nachrichtentext. Oft ist auch das angekündigte Datum (bis wann die Änderung kommt) als Fälligkeitsdatum der Aufgabe gesetzt.
- ✔ Aufgaben sind anfänglich ungeplant einer Bucket/Spalte zugeordnet (meist wird automatisch eine Bucket wie »Nachrichtencenter« angelegt). Sie können die Aufgaben nun in Ihrem Team weiterverarbeiten: Zum Beispiel könnten Sie die Spalten »Zu prüfen«, »In Arbeit« und »Erledigt« anlegen und die Aufgaben entsprechend verschieben.
- ✔ Zuweisung: Sie können jede Aufgabe einem oder mehreren Teammitgliedern zuweisen. Wenn etwa eine Nachricht »Neue Outlook-Version mit verbessertem SMTP« hereinkommt und Ihr Kollege für E-Mails zuständig ist, weisen Sie ihm die Aufgabe zu (Details lesen, Tests durchführen, User informieren etc.). Der Kollege erhält dann in Planner/Teams eine Benachrichtigung über die Zuweisung.

- Statusverfolgung: Innerhalb der Aufgabe können Sie Checklisten hinzufügen (z. B. »Dokumentation prüfen«, »Kommunikation an User vorbereiten«) und den Status setzen (Nicht begonnen, In Bearbeitung, Erledigt). So behalten alle Beteiligten den Überblick, was mit einer Änderung schon passiert ist und was noch zu tun ist.
- Kommentare und Zusammenarbeit: In jeder Planner-Aufgabe gibt es eine Kommentarspalte. Sie können hier Updates notieren oder Rückfragen stellen, sodass die Kommunikation zur Umsetzung der Änderung direkt an der Aufgabe hängt.

Vorteile der Nachrichtencenter-Integration

Durch diese Verzahnung zwischen Admin Center und Planner schaffen Sie einen richtigen Workflow aus den reinen Informationen:

- Nichts wird vergessen: Jede angekündigte Änderung wird zur nachverfolgbaren Aufgabe. Sie läuft nicht Gefahr, in der Info-Flut unterzugehen, sondern bleibt präsent, bis sie als erledigt markiert wird.
- Teamarbeit: Wenn Sie im Team Verantwortlichkeiten aufteilen, sehen alle Mitglieder, wer welche Änderung bearbeitet. Das fördert Transparenz und verhindert Doppelarbeit oder Zuständigkeitschaos.
- Bessere Planung: Sie können Aufgaben priorisieren und terminieren. Beispielsweise sieht man sofort, welche Änderungen diese Woche anstehen und kann deren Aufgaben entsprechend bis zu diesem Datum abschließen.
- Dokumentation: Im Nachhinein haben Sie eine Historie, welche Änderungen wann bearbeitet wurden und wie. Das kann für spätere Rückfragen oder Audits nützlich sein (quasi als Logbuch der Admin-Aktivitäten).

Insgesamt hilft das Nachrichtencenter – mit oder ohne Planner-Integration – dabei, proaktiv zu agieren: Sie erfahren frühzeitig von Neuerungen und können Ihr Unternehmen darauf vorbereiten, statt nur auf Zuruf zu reagieren.

> Schauen Sie mindestens einmal pro Woche ins Nachrichtencenter oder nutzen Sie die E-Mail-Zusammenfassung. Gerade bei vielen parallelen Änderungen behält man so leichter den Überblick.)

Windows Release Health

Die regelmäßige Aktualisierung aller Windows-Geräte im Unternehmen ist unerlässlich für Sicherheit und Stabilität. Allerdings bringen Updates gelegentlich auch Probleme mit sich. Um Administratoren bei der Planung und Überwachung von Windows-Updates zu unterstützen, stellt Microsoft im Admin Center den Bereich Windows Release Health bereit.

Was ist Windows Release Health?

Windows Release Health (auf Deutsch etwa »Windows-Releaseintegrität« genannt) ist ein Info-Dashboard im Microsoft 365 Admin Center. Es liefert Ihnen aktuelle Informationen zu bekannten Problemen, Updates und Updatesperren rund um Windows 10 und Windows 11. Mit diesem Werkzeug behalten Sie den Überblick, welche Probleme Microsoft für die verschiedenen Windows-Versionen gemeldet hat und wie der aktuelle Support-Status dieser Versionen ist. So können Sie proaktiv reagieren – zum Beispiel Update-Rollouts pausieren, wenn ein gravierendes Problem bekannt wurde, oder gezielt Geräte aktualisieren, wenn das Support-Ende naht.

Zugriff auf Windows Release Health: Melden Sie sich im Admin Center an und gehen Sie zu INTEGRITÄT > WINDOWS RELEASE HEALTH.

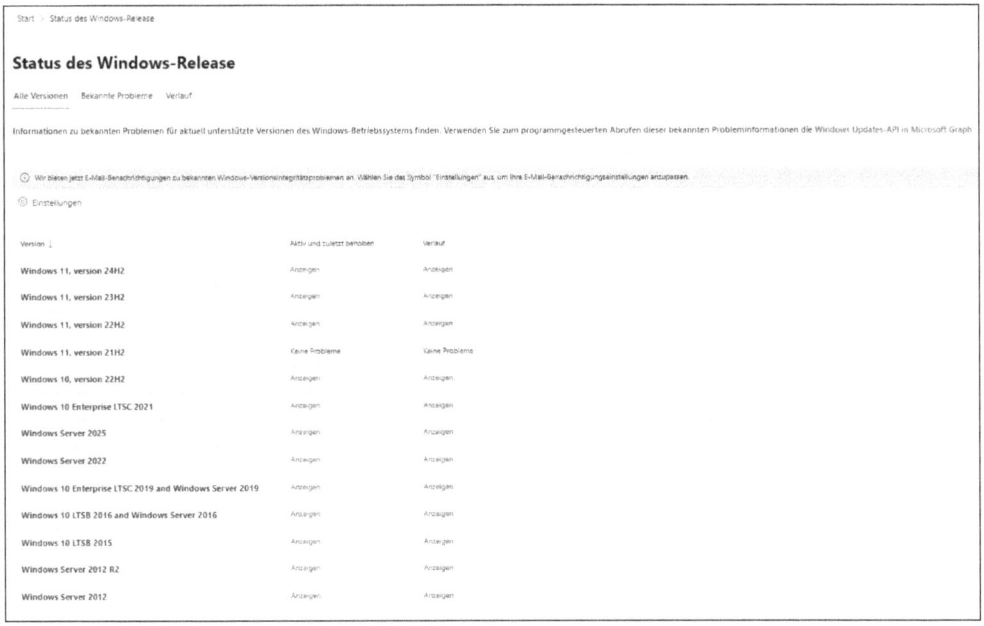

Abbildung 5.14: Windows Release Health

Funktionen von Windows Release Health

Das Dashboard bietet folgende Hauptfunktionen:

- ✔ Bekannte Probleme anzeigen: Sie erhalten eine Liste aktueller bekannter Probleme (Known Issues), die bestimmte Windows-Versionen betreffen. Für jedes Problem werden Details angezeigt: ein kurzer Titel, welche Windows-Versionen oder -Builds betroffen sind (z. B. »Windows 11 22H2«), wann es gemeldet wurde und welchen Status die Problemlösung hat. Klickt man auf ein Problem, gibt es eine ausführliche Beschreibung und oft auch einen Link zu einem Knowledge-Base-Artikel oder Blogpost mit weiteren Details.

- Update-Status überwachen: Auf einer Übersichtsseite (»Alle Versionen«) sehen Sie, welche Windows-Versionen in Ihrem Unternehmen im Einsatz sind und wie deren Update-Status ist. Hier können Sie zum Beispiel erkennen, wenn noch viele Geräte auf einer älteren Version laufen, deren Support bald ausläuft, oder ob bestimmte Versionen von Microsoft mit einem Update-Stopp belegt wurden, weil ein Problem festgestellt wurde (sogenannte Safeguard Holds). Konkrete Gerätelisten liefert dieses Dashboard nicht direkt – dafür bräuchte man Intune oder den Endpoint Manager. Aber es zeigt Ihnen Trends und prozentuale Verteilungen darüber, wo Handlungsbedarf bestehen könnte.
- Benachrichtigungen einrichten: Sie können Windows Release Health so konfigurieren, dass es Ihnen automatisch E-Mails schickt, sobald neue bekannte Probleme auftreten oder sich deren Status ändert. So sind Sie auch ohne ständigen Blick ins Dashboard immer informiert, wenn zum Beispiel ein kritischer Bug gemeldet wurde oder Microsoft einen Fix veröffentlicht hat.

Schauen wir uns die Elemente im Dashboard genauer an.

Dashboard-Registerkarten

- Alle Versionen: Diese Registerkarte bietet eine Übersicht aller unterstützten Windows-Versionen (z. B. Windows 10 21H2, Windows 11 22H2 etc.). Für jede Version wird der Support-Status angezeigt (z. B. »bis 13.10.2025 unterstützt«) und es gibt Indikatoren, ob für diese Version aktuell bekannte Probleme vorliegen. Außerdem sehen Sie einen groben Prozentsatz oder Balken, wie viele Ihrer Geräte mit dieser Version laufen (falls Ihre Geräteverwaltung diese Infos zurückmeldet).
- Bekannte Probleme: Hier finden Sie die Liste der aktiven Probleme. Standardmäßig werden offene Issues angezeigt, aber man kann auch bereits gelöste Probleme der letzten Zeit einsehen. Zu jedem Eintrag gibt es Spalten wie Titel, betrifft (betroffene Versionen), Status und letzte Aktualisierung. Wenn Sie beispielsweise hören, »das März-Update macht Druckerprobleme«, können Sie hier schnell überprüfen, ob dazu ein Known Issue existiert.
- Verlauf: Auf dieser historischen Ansicht sehen Sie die vergangenen Probleme und Updates der letzten sechs Monate. Sie zeigt zum Beispiel, wann ein Problem erstmals gemeldet und wann es gelöst wurde. Dies kann hilfreich sein, um im Nachhinein zu analysieren, ob bestimmte Vorfälle auf ein Microsoft-Problem zurückzuführen waren.

Statusdefinitionen für bekannte Probleme

Jedes Problem im Dashboard ist mit einem Status versehen, der den Fortschritt bei Microsofts Problembearbeitung kennzeichnet.

- Gemeldet: Das Problem wurde von Nutzern oder Microsoft erkannt, aber noch nicht vollständig analysiert.
- Wird untersucht (Untersuchung): Microsoft untersucht gerade die Ursache und das Ausmaß des Problems.

- Bestätigt: Die Existenz des Problems ist verifiziert; Microsoft arbeitet an einer Lösung.
- Abgemildert: Es wurde eine vorläufige Lösung oder ein Workaround bereitgestellt. Oft geschieht dies über ein sogenanntes Known Issue Rollback (KIR) – bestimmte fehlerhafte Updates werden temporär zurückgenommen oder per Richtlinie deaktiviert, bis der endgültige Fix kommt.
- Gelöst: Das Problem ist behoben. In der Regel bedeutet das, dass ein Patch veröffentlicht wurde, der das Issue adressiert, oder dass ein Service-seitiges Update erfolgte.

BEISPIEL

Zum Beispiel wurde Anfang 2025 ein Problem »Kurze Verbindungsverluste bei WLAN nach Update KBXXXX« mit dem Status »Wird untersucht« gemeldet. Wenige Tage später wechselte der Status auf »Abgemildert« – Microsoft hatte einen Workaround verteilt. Schließlich stand »Gelöst« da, nachdem im darauffolgenden kumulativen Update der Bug behoben wurde. Diese Transparenz hilft Admins, gegenüber den Usern informiert aufzutreten (»Ja, das Problem ist bei Microsoft bekannt, ein Fix kommt nächste Woche«).

Einrichtung von E-Mail-Benachrichtigungen

Um kein wichtiges Windows-Problem-Update zu verpassen, richten Sie im Dashboard die Benachrichtigungen ein: Gehen Sie dazu auf Einstellungen > E-Mail (innerhalb von Windows Release Health). Aktivieren Sie die Option E-Mail-Benachrichtigungen über Windows Release Health senden. Sie können bis zu zwei E-Mail-Adressen angeben – zum Beispiel die IT-Support-Mailbox und Ihre eigene Adresse. Weiterhin wählen Sie aus, für welche Windows-Versionen Sie Meldungen erhalten möchten (z. B. nur für Windows 11, wenn Ihr Unternehmen schon komplett migriert ist, oder für alle relevanten Versionen im Einsatz). Speichern Sie Ihre Einstellungen. Künftig erhalten Sie dann eine Mail, sobald Microsoft ein neues Known Issue publiziert oder ein bestehendes Problem als gelöst markiert.

Dieses Dashboard ist ein Frühwarnsystem für Windows-Update-Probleme. Nutzen Sie es, um Update-Rollouts entsprechend zu steuern – etwa, indem Sie einen Rollout aussetzen, bis ein kritisches Problem gelöst ist, oder indem Sie gezielt die Anwender informieren, wie ein bestimmter Fehler (vorübergehend) umgangen werden kann. Zusammen mit Ihren Endpoint-Management-Tools (wie Microsoft Intune) bildet Windows Release Health einen wichtigen Baustein, um Ihr Unternehmen sicher und stabil auf dem neuesten Stand zu halten.

Dienststatus im Microsoft 365 Admin Center

Die kontinuierliche Verfügbarkeit von Microsoft-365-Diensten ist für den reibungslosen Geschäftsbetrieb unerlässlich. Das Dienststatus-Dashboard im Microsoft 365 Admin Center bietet Administratoren eine zentrale Anlaufstelle, um den aktuellen Zustand der Dienste zu überwachen, über bekannte Probleme informiert zu bleiben und geplante Wartungsarbeiten im Blick zu behalten.

Zugriff auf das Dienststatus-Dashboard

Der Dienststatus (Service Health) im Admin Center ist Ihre zentrale Anlaufstelle, um den aktuellen Zustand aller Microsoft-365-Onlinedienste zu überwachen. Während Windows Release Health sich auf Client-Geräte und deren Updates konzentriert, geht es beim Dienststatus-Dashboard um die Cloud-Services selbst – also beispielsweise Exchange Online, SharePoint Online, Microsoft Teams und Co. Hier erfahren Sie, ob diese Dienste ordnungsgemäß funktionieren oder ob es Störungen gibt.

Zugriff auf das Dienststatus-Dashboard: Im Admin Center finden Sie den Dienststatus unter Integrität > Dienststatus. Dort angelangt, sehen Sie eine Übersicht aller Dienste mit Ampelindikatoren.

Abbildung 5.15: Übersicht Dienststatus-Dashboard

Funktionen des Dienststatus-Dashboard

Das Dashboard ist in mehrere Bereiche unterteilt, um Ihnen schnell den gewünschten Informationsgrad zu liefern.

- ✔ Dienstübersicht: Oben oder zentral ist meist eine Liste aller Microsoft-365-Dienste (Exchange, SharePoint, Teams, OneDrive, Yammer, etc.) aufgeführt, jeweils mit Statussymbolen. Ein grünes Symbol bedeutet »Alles in Ordnung«; gelbe oder rote Symbole deuten auf ein Problem hin. Falls ein Dienst Probleme hat, ist manchmal direkt ein kurzer Hinweis vermerkt, etwa »Exchange – Versand von E-Mails verzögert (Vorfall EX12345)«.

- Aktive Probleme (Vorfälle): In einem separaten Abschnitt oder Paneel werden alle derzeit aktiven Service-Vorfälle aufgelistet. Dies sind ungeplante Ereignisse, bei denen Microsoft eine Störung oder Degradierung im Service festgestellt hat. Jede Zeile repräsentiert einen Vorfall, mit einer Kennung (Incident ID), dem betroffenen Dienst, dem Startzeitpunkt und einer kurzen Beschreibung. Beispiel: »EX12345 – Einige Benutzer können sich nicht anmelden. Ursache wird untersucht.«

- Probleme in Ihrer Umgebung: Microsoft kann erkennen, ob Ihr Tenant von einem allgemeinen Problem betroffen ist. In diesem Bereich hebt das Dashboard daher jene Vorfälle hervor, die Ihre Organisation betreffen. Manchmal gibt es auch tenantspezifische Hinweise (»Wir haben ein hohes Fehlerraten-Aufkommen in Ihrem Exchange festgestellt«). Dieser Abschnitt ist besonders wichtig, da er Ihnen signalisiert, ob Sie sich um ein Problem akut kümmern müssen (weil es Ihre Nutzer betrifft) oder ob ein Vorfall vielleicht nur andere Regionen/Tenants trifft.

- Problemverlauf: Das Dashboard erlaubt es, vergangene Vorfälle und Hinweise der letzten sieben oder 30 Tage einzusehen. So können Sie im Nachhinein prüfen, ob es kürzlich Schwierigkeiten gab, oder für Berichte/Audits eine Historie der Servicequalität nachvollziehen. Der Verlauf listet sowohl echte Ausfälle (Incidents) als auch Advisories (Hinweismeldungen bei Beeinträchtigungen) chronologisch mit Status »Gelöst« oder »Abgeschlossen« etc. auf.

Wenn Sie einen Eintrag (aktiv oder im Verlauf) anklicken, erhalten Sie Detailinformationen. Microsoft veröffentlicht für jeden Vorfall regelmäßige Updates (meist alle 30–60 Minuten), die den Fortschritt der Fehlerbehebung beschreiben. Dort steht zum Beispiel: 13:00 Uhr: Wir untersuchen das Problem. 13:30 Uhr: Ursache identifiziert – ein fehlerhaftes Update wird zurückgenommen. 14:00 Uhr: Dienst erholt sich, noch 10 % der User betroffen… und so weiter. Schließlich folgt die Erklärung der Ursache nach der Lösung (»Root Cause Analysis«).

Benachrichtigungen und Anpassungen

Damit Sie nicht manuell ständig auf das Dashboard schauen müssen, gibt es Möglichkeiten, den Dienststatus an Ihre Bedürfnisse anzupassen.

- Benutzerdefinierte Ansicht: Sie können im Dashboard filtern, welche Dienste angezeigt werden. Wenn Ihre Organisation beispielsweise kein Viva Engage benutzt, können Sie diesen Dienst ausblenden, um die Ansicht übersichtlicher zu halten. Ebenso könnten Sie nur die für Sie wichtigsten Dienste markieren. Diese Einstellung spart Zeit, weil Sie sich auf das Wichtige konzentrieren.

- E-Mail-Benachrichtigungen: Ähnlich wie im Nachrichtencenter und Windows Release Health können Sie auch hier E-Mail-Benachrichtigungen konfigurieren. In den Einstellungen finden Sie die Option, sich bei neuen Vorfällen benachrichtigen zu lassen. Sie können bis zu zwei E-Mail-Adressen hinterlegen, die beispielsweise bei jedem neuen Incident oder bei der Lösung eines Incidents automatisch informiert werden. So können Sie zum Beispiel eine SMS-Weiterleitung einrichten, um auch außerhalb der Geschäftszeiten von kritischen Ausfällen zu erfahren.

- Problem melden: Falls Sie selbst ein Problem feststellen, das noch nicht auf dem Dashboard erscheint, bietet Microsoft eine Funktion »Supportanfrage/Problem melden« an. Darüber können Sie direkt einen Fall bei Microsoft öffnen. Das Dashboard nimmt Ihren Input aber auch auf: Sollte Ihr gemeldetes Problem ein genereller Vorfall sein, wird es kurze Zeit später als Incident allen Admins angezeigt. (Dies nur als Hinweis, dass Sie nicht hilflos zusehen müssen, wenn ein Dienst klemmt, sondern Microsoft aktiv darauf ansetzen können.)

Integration mit dem Nachrichtencenter

Das Dienststatus-Dashboard zeigt Probleme und deren Live-Status. Für geplante Wartungsfenster und Änderungen sollten Sie ergänzend stets das Nachrichtencenter konsultieren. Im Nachrichtencenter werden Ankündigungen wie »Wartung von Exchange Online am kommenden Wochenende« oder »Neue SharePoint-Version in drei Wochen« veröffentlicht. Diese geplanten Ereignisse tauchen im Dienststatus meist nicht als Vorfall auf (sofern alles planmäßig läuft). Daher gilt: Dienststatus = akuter Vorfall/ungeplant, Nachrichtencenter = demnächst/geplant. Wenn Sie die Mitteilungen aus beiden Centern in Kombination nutzen, wissen Sie somit sowohl, was jetzt hakt, als auch, was in Zukunft zu erwarten ist.

Mobile Nutzung

Praktischerweise ist das Dienststatus-Dashboard auch unterwegs abrufbar. Mit der Microsoft-365-Admin-App (verfügbar für iOS und Android) können Sie Service Health ebenfalls einsehen. Die App sendet sogar Push-Benachrichtigungen, wenn ein neuer Vorfall Ihren Tenant betrifft. So sind Sie auch ohne Laptop stets informiert und können erste Maßnahmen einleiten oder Anwender informieren, falls ein Dienst ausfällt.

Das Dienststatus-Dashboard ist ein unverzichtbares Werkzeug für jeden Microsoft-365-Administrator. Es verschafft Ihnen Transparenz über die Verfügbarkeit der Cloud-Dienste und unterstützt schnelles Reagieren bei Störungen. Stellen Sie sicher, dass Sie die Benachrichtigungsfunktionen nutzen und das Dashboard regelmäßig prüfen – so können Sie im Ernstfall rasch agieren und Ihre Benutzer auf dem Laufenden halten.

IN DIESEM KAPITEL

Überblick über die verschiedenen Admin Center

Welches Admin Center für welche Aufgaben?

Erläuterung der Funktionen und Besonderheiten

Kapitel 6
Die unterschiedlichen Admin Center

In diesem Kapitel geht es um die verschiedenen Admin Center von Microsoft 365 und die Frage, welches Admin Center für welche Aufgaben verwendet wird. Sie erhalten eine umfassende Einführung in die unterschiedlichen Verwaltungszentren, damit Sie genau wissen, wohin Sie sich bei Anforderungen aus den Fachabteilungen wenden müssen. Das Ziel ist es, Ihnen wertvolle Einblicke zu geben, damit Sie bei regulatorischen Anforderungen oder Prüfungen sofort die richtigen Maßnahmen ergreifen können. Außerdem erhalten Sie Einblick in die wichtigsten Funktionen und Konfigurationsmöglichkeiten der verschiedenen Admin Center und lernen deren Besonderheiten kennen.

Am Ende dieses Kapitels sollten Sie in der Lage sein, sicher zu navigieren und schnell die richtigen Admin Center für Ihre spezifischen Bedürfnisse zu identifizieren. Dies spart Zeit und erhöht die Effizienz und Sicherheit in Ihrer Organisation. Ich hoffe, dass Ihnen dieses Kapitel einen echten Mehrwert bietet und Ihnen dabei hilft, Ihre IT-Administrationsaufgaben noch besser zu meistern.

Die verschiedenen Admin Center in Microsoft 365 existieren, um eine strukturierte und effiziente Verwaltung der umfangreichen Dienste und Funktionen zu ermöglichen. Stellen Sie sich vor, Microsoft 365 wäre ein großes Unternehmen, in dem jede Abteilung spezielle Aufgaben hat. Ohne klare Zuständigkeiten und spezielle Werkzeuge zur Verwaltung dieser Aufgaben würde schnell Chaos ausbrechen. Genau hier kommen die Admin Center ins Spiel. Jedes Admin Center bietet eine zentrale Anlaufstelle für spezifische Verwaltungsaufgaben und hilft, den Überblick zu behalten und die Effizienz zu steigern.

Ein *Admin Center* an sich ist ein zentrales Verwaltungstool innerhalb von Microsoft 365, das bestimmte administrative Aufgaben und Funktionen bündelt. Statt in einem einzigen riesigen Tool nach allen Einstellungen suchen zu müssen, hat ein Administrator separate Portale für E-Mail-Verwaltung, Teams-Konfiguration, Gerätemanagement und Co. zur Verfügung. Diese Aufteilung sorgt dafür, dass Sie immer das passende Werkzeug für die jeweilige Aufgabe zur Hand haben.

Mehrwert der Admin Center

Die Admin Center bringen zahlreiche Vorteile mit sich, zum Beispiel:

- ✔ Strukturierte Verwaltung: Jedes Admin Center ist auf bestimmte administrative Aufgaben spezialisiert. Das ermöglicht eine zielgerichtete und effiziente Verwaltung, da Sie nicht von Funktionen überflutet werden, die Sie für die aktuelle Aufgabe gar nicht benötigen.
- ✔ Übersichtlichkeit: Durch die klare Aufteilung der Aufgabenbereiche behalten Sie leichter den Überblick – ein großer Vorteil, insbesondere bei komplexen IT-Strukturen.
- ✔ Sicherheit: Bestimmte Admin Center (wie das Security Admin Center) tragen maßgeblich zur Sicherheit der gesamten Organisation bei, indem sie Bedrohungen frühzeitig erkennen und abwehren.
- ✔ Rollenbasierte Administration: Nicht jeder Administrator muss alles können oder dürfen. Dank der verschiedenen Admin Center können Sie spezielle Rollen mit den dafür nötigen Berechtigungen ausstatten. So bekommt jeder Administrator genau die Tools und Zugriffe, die für die jeweilige Aufgabe erforderlich sind – das steigert Effizienz und Sicherheit.

Sinn und Zweck der verschiedenen Admin Center

Möglicherweise fragen Sie sich, warum es so viele unterschiedliche Admin Center gibt. Die Antwort liegt in der Komplexität und Vielseitigkeit von Microsoft 365: Die Vielzahl an Admin Centern ermöglicht es, verschiedene Aspekte der Verwaltung gezielt und effizient zu steuern. Hier eine Übersicht der wichtigsten Admin Center in Microsoft 365:

- ✔ Microsoft 365 Admin Center – zentrales Verwaltungsportal für Benutzer, Gruppen, Lizenzen, Geräte und mehr.
- ✔ Exchange Admin Center – Verwaltung der E-Mail-Dienste (Exchange Online) Ihres Unternehmens.
- ✔ Microsoft Entra Admin Center – zuständig für Identitäts- und Zugriffsverwaltung (früher als Azure Activ-Directory bekannt).
- ✔ SharePoint Admin Center – Verwaltung von SharePoint-Websites und OneDrive for Business (Dateien und Intranet).
- ✔ Microsoft Teams Admin Center – Verwaltung von Microsoft Teams (Teams, Benutzer, Besprechungen, Telefonie).

- Viva Engage Admin Center – Administration des sozialen Firmennetzwerks Viva Engage (ehemals Yammer).
- Microsoft Purview Compliance Center – Verwaltung von Datenschutz, Daten-Governance und Compliance-Richtlinien.
- Microsoft 365 Security Center – Verwaltung von Sicherheit und Bedrohungsschutz (Microsoft 365 Defender Portal).
- Endpoint Manager (Intune) Admin Center – Verwaltung von Geräten und Apps (Mobile Device Management, Application Management).
- Power Platform Admin Center – Verwaltung von Power Apps, Power Automate, Power Virtual Agents und Umgebungen für diese Dienste.
- Power BI Admin Center (Microsoft Fabric) – Verwaltung der Power-BI-Analyseplattform (Teil von Microsoft Fabric).

Im Folgenden werden wir diese Admin Center näher betrachten, ihre Hauptfunktionen kennenlernen und aufzeigen, warum sie jeweils wichtig sind.

Einfluss der Admin-Rollen

Bevor wir ins Detail gehen, ein kurzer Blick auf die Admin-Rollen in Microsoft 365: Es gibt verschiedene vordefinierte Administratorrollen mit jeweils spezifischen Rechten und Verantwortlichkeiten. Durch diese Rollenbasierung wird eine feingliedrige Verwaltung ermöglicht. Jeder Administrator erhält nur die Rechte, die für die jeweilige Aufgabe erforderlich sind, was Sicherheit und Klarheit erhöht. Zu den wichtigsten Admin-Rollen zählen:

- Globaler Administrator: Vollzugriff auf alle administrativen Einstellungen in Microsoft 365. (Oft hat nur ein kleiner Personenkreis diese Rechte, da globale Admins alles können.)
- Benutzeradministrator: Verwaltung von Benutzerkonten, Gruppen und Lizenzen, ohne Zugriff auf höhere Bereiche wie globale Einstellungen.
- Exchange-Administrator: Zuständig für die E-Mail-Verwaltung (Postfächer, Verteilergruppen, E-Mail-Flussregeln).
- SharePoint-Administrator: Zuständig für SharePoint-Websites, OneDrive und alles rund um Dokumentenablage und Intranet.
- Teams-Administrator: Verwaltet Microsoft Teams (Teams erstellen, Policies für Meetings und Nachrichten, etc.).
- Sicherheitsadministrator: Fokussiert auf Sicherheitsaspekte, wie Bedrohungsmanagement und Gerätesicherheit.
- Compliance-Administrator: Verantwortlich für Datenschutz- und Compliance-Einstellungen, zum Beispiel im Purview Compliance Center.

Mit dem Begriff *globaler Administrator* ist ein Benutzer mit umfassenden Rechten, der alle administrativen Aufgaben innerhalb von Microsoft 365 ausführen kann.

Microsoft entwickelt die Admin Center ständig weiter und passt Funktionen basierend auf Feedback an. Microsoft reagiert dabei auf Feedback von Benutzern und passt die Funktionen der Admin Center kontinuierlich an die aktuellen Anforderungen an. Für Administratoren bedeutet das, dass Sie stets auf dem neuesten Stand bleiben sollten, um die neuesten Funktionen und Möglichkeiten optimal zu nutzen.

Die unterschiedlichen Admin Center

Microsoft 365 bringt eine ganze Reihe von Admin Centern mit, jedes mit eigenem Fokus, eigenen Werkzeugen und klarer Daseinsberechtigung. In den folgenden Abschnitten schauen wir uns die wichtigsten davon genauer an: was dahintersteckt, wofür Sie es in der Praxis brauchen und worauf es bei der Konfiguration ankommt. Den Anfang macht das Herzstück der gesamten Administration.

Microsoft 365 Admin Center

Das Microsoft 365 Admin Center ist die zentrale Verwaltungsoberfläche der Microsoft-365-Suite. Hier stellt Microsoft eine benutzerfreundliche Plattform bereit, über die Administratoren alle relevanten Tools und Funktionen erreichen, um die IT-Infrastruktur eines Unternehmens effizient zu verwalten und zu optimieren. Das Admin Center ermöglicht es Ihnen zum Beispiel, Benutzerkonten, Gruppen, Lizenzen, Sicherheitsrichtlinien, Geräte und Dienste zu konfigurieren und zu überwachen – alles unter einem Dach. Es ist ein wesentlicher Bestandteil von Microsoft 365 und richtet sich sowohl an erfahrene IT-Profis als auch an Einsteiger, dank seiner relativ intuitiven Oberfläche.

Funktionen des Microsoft 365 Admin Center

Im Microsoft 365 Admin Center können Sie eine Vielzahl von Aufgaben durchführen. Hier ein Überblick über die wichtigsten Funktionen:

- ✔ Benutzer- und Gruppenverwaltung: Sie können neue Benutzer anlegen, bestehende Konten bearbeiten oder entfernen und Benutzern bestimmte Rollen/Berechtigungen zuweisen. Ebenso lassen sich Gruppen erstellen und verwalten, um zum Beispiel Abteilungs- oder projektbezogene Zugriffe zu steuern.
- ✔ Lizenz- und Abonnementverwaltung: Weisen Sie Benutzern die erforderlichen Lizenzen für Dienste (wie Office-Apps, Teams, Exchange, etc.) zu und verwalten Sie Abonnements. Sie behalten den Überblick, wer welche Lizenz hat, und können Lizenzen bei Bedarf einziehen oder hinzufügen.
- ✔ Anwendungsverwaltung: Verwalten Sie die Dienste und Anwendungen, die Teil der Microsoft-365-Suite sind. Sie können zum Beispiel steuern, welche Benutzer welche Anwendungen nutzen dürfen, Installation von Office-Anwendungen nachverfolgen und integrierte Apps (wie Planner, Engage, etc.) ein- oder ausschalten.

- Sicherheitsrichtlinien: Definieren und verwalten Sie organisationweite Sicherheitsvorgaben. Dazu zählen Passwortrichtlinien (Passwortlänge, -ablauf etc.), die Einrichtung der Multi-Faktor-Authentifizierung für Benutzerkonten und Vorgaben zum Schutz sensibler Informationen.
- Geräteverwaltung: Überwachen und verwalten Sie Geräte, die mit Ihrem Unternehmensnetzwerk verbunden sind, über die Integration mit Intune/Endpoint Manager. Stellen Sie sicher, dass alle Computer und mobilen Geräte die Sicherheitsanforderungen erfüllen, verteilen Sie Software-Updates und sperren Sie bei Bedarf verloren gegangene Geräte aus der Ferne.
- Berichterstellung und Analyse: Greifen Sie auf umfangreiche Berichte und Dashboards zu, um die Nutzung und Performance der Dienste zu überwachen. Sie können zum Beispiel Berichte über Benutzeraktivitäten (wer hat sich wann angemeldet, Lizenznutzung), Sicherheitsvorfälle oder die Gerätekonformität abrufen. Diese Einblicke helfen, die IT-Strategie anzupassen und Probleme früh zu erkennen.

Wichtige Fachbegriffe im Microsoft 365 Admin Center

Zur Auffrischung einige Begriffe, die im Admin Center häufig vorkommen:

- Benutzerkonto: Ein digitales Konto, das einer Person (oder einem Dienst) Zugriff auf die Ressourcen des Unternehmens gewährt. Im Admin Center erstellen oder ändern Sie Benutzerkonten und legen fest, welche Dienste eine Person nutzen darf.
- Multi-Faktor-Authentifizierung (MFA): Eine Sicherheitsmethode, die mehr als einen Identitätsnachweis verlangt (zum Beispiel Passwort und einmaliger Code aufs Smartphone). MFA stellt sicher, dass nur autorisierte Personen Zugriff auf sensible Bereiche erhalten, selbst wenn ein Passwort bekannt geworden ist.
- Lizenz: Die Berechtigung für einen Benutzer, einen bestimmten Dienst oder eine Anwendung zu nutzen. Im Admin Center weisen Sie Lizenzen zu (zum Beispiel eine Exchange-Online-Lizenz für Mailboxen oder eine Office-Lizenz für die Nutzung der Office-Programme). Die korrekte Lizenzierung stellt sowohl die Funktionalität für die Benutzer als auch die Compliance des Unternehmens sicher.

Besonderheiten und Tipps zum Microsoft 365 Admin Center

Als IT-affine Leser in einem kleinen oder mittelständischen Unternehmen sind Ihnen folgende Aspekte des Microsoft 365 Admin Centers vielleicht besonders nützlich:

- Kontinuierliche Weiterentwicklung: Das Microsoft 365 Admin Center wird regelmäßig aktualisiert. Microsoft reagiert auf Nutzer-Feedback und passt die Oberfläche sowie Funktionen kontinuierlich an aktuelle Anforderungen an. Bleiben Sie am Ball – meistens gibt es alle paar Monate neue Berichte, Einstellungen oder Optimierungen, die Ihnen das Leben leichter machen. Ein Beispiel der letzten Zeit ist die Einführung einer übersichtlicheren Startseite mit Widgets für noch schnelleren Zugriff auf häufige Aufgaben.

- Integration mit anderen Diensten: Das Admin Center ist eng mit anderen Microsoft-Diensten verzahnt. Von dort gelangen Sie direkt in spezifischere Portale: zum Beispiel ins Exchange Admin Center, ins Teams Admin Center oder zu Entra-ID. Diese nahtlose Integration ermöglicht es Ihnen, schnell zwischen verschiedenen Verwaltungsbereichen zu wechseln, ohne sich jedes Mal neu orientieren zu müssen.

- Benutzerfreundliche Oberfläche: Auch wenn Sie kein erfahrener Administrator sind, werden Sie sich im Admin Center zurechtfinden. Die Oberfläche ist webbasiert, übersichtlich gestaltet und bietet kontextbezogene Hilfestellungen. Klar beschriftete Menüs und Suchfunktionen helfen Ihnen, gesuchte Einstellungen fix zu finden. Scheuen Sie sich also nicht, auch als »Nicht-IT-Profi« Dinge auszuprobieren – das Admin Center ist durchaus anfängerfreundlich.

- Flexibilität und Anpassungsfähigkeit: Jedes Unternehmen hat individuelle Bedürfnisse. Das Admin Center lässt Ihnen viel Spielraum, Ihre IT-Umgebung anzupassen. Sie können zum Beispiel benutzerdefinierte Berichte erstellen, um genau die Kennzahlen zu sehen, die für Ihre Organisation wichtig sind. Oder Sie setzen eigene Sicherheitsrichtlinien (etwa hinsichtlich der Geräteverwaltung) um, die auf Ihre Branche zugeschnitten sind. Nutzen Sie diese Flexibilität, um Ihre Microsoft-365-Umgebung bestmöglich an Ihre Prozesse anzupassen.

Mit diesem ersten Überblick über das Microsoft 365 Admin Center haben Sie ein grundlegendes Verständnis der Möglichkeiten und Funktionen gewonnen. Eine ausführlichere Beschreibung und Schritt-für-Schritt-Anleitungen zu den einzelnen Themen folgen in einem späteren, dedizierten Kapitel. Besonders komplexe Bereiche wie die Lizenzverwaltung oder erweiterte Sicherheitseinstellungen werden dort noch tiefer behandelt.

Exchange Admin Center

Im Exchange Admin Center haben Sie Zugriff auf eine Vielzahl von Funktionen, um die E-Mail-Umgebung Ihres Unternehmens zu steuern. Die wichtigsten Aufgabenbereiche sind:

- Benutzer- und Postfachverwaltung: Erstellen, bearbeiten oder entfernen Sie Postfächer für Ihre Benutzer. Sie können beispielsweise neue Mitarbeiter mit einem E-Mail-Postfach ausstatten, Postfachgrößen (Speicherlimits) festlegen oder Freigabeeinstellungen konfigurieren. Auch gemeinsame Postfächer (für zum Beispiel Info@-Adressen) oder Raum- und Gerätepostfächer werden hier verwaltet.

- Gruppenverwaltung: Legen Sie Verteilergruppen und Microsoft-365-Gruppen an und verwalten Sie diese. Über Verteilergruppen können E-Mails an mehrere Personen gleichzeitig geschickt werden (zum Beispiel »alle@firma.de« für Rundmails). Sie können steuern, wer Mitglied einer Gruppe ist und wer an diese Gruppe senden darf.

- E-Mail-Fluss-Regeln: Definieren Sie Regeln, die ein- und ausgehende E-Mails automatisch filtern oder anpassen. Zum Beispiel könnten Sie eine Regel einrichten, dass alle E-Mails mit Anhängen über 25 MB abgelehnt werden, oder dass eingehende Mails mit bestimmten Stichwörtern im Betreff zur Prüfung an das Compliance-Team weitergeleitet werden. So stellen Sie sicher, dass der E-Mail-Verkehr Ihre Richtlinien einhält.

- Überwachung und Berichterstellung: Nutzen Sie die Werkzeuge zur Überwachung des E-Mail-Verkehrs. Sie können zum Beispiel nachvollziehen, ob E-Mails richtig zugestellt wurden oder ob es Zustellungsprobleme gab. Darüber hinaus stehen Berichte zur Verfügung, etwa zu den E-Mail-Nutzungsraten (wie viele Mails werden pro Tag versendet/empfangen) oder zu Sicherheitsvorfällen (zum Beispiel erkannte Malware in E-Mails). Diese Berichte helfen Ihnen, die Auslastung und Sicherheit Ihrer Exchange-Umgebung im Blick zu behalten.
- Sicherheitsfunktionen: Schützen Sie die Daten Ihres Unternehmens durch Exchange-spezifische Sicherheitsfeatures. Dazu gehört zum Beispiel die Einrichtung von Richtlinien gegen Malware und Spam oder der Anti-Phishing-Schutz für Ihre Benutzer. Zudem können Sie über Exchange bestimmte Compliance-Funktionen nutzen, zum Beispiel das Compliance-Archiv, in dem alle E-Mails aufbewahrt werden, oder die Rechtsverwahrung (eDiscovery-Suche) für rechtliche Fälle.

Zweck des Exchange Admin Centers

Wozu dient nun das Exchange Admin Center konkret? Kurz gesagt: Es ist die Schaltzentrale für alles rund um E-Mails in Ihrem Unternehmen. Hier stellen Sie sicher, dass:

- alle Benutzer eine funktionsfähige Mailbox haben und die E-Mail-Adressen korrekt eingerichtet sind,
- die interne und externe E-Mail-Kommunikation zuverlässig funktioniert (nichts geht verloren, nichts Unbefugtes kommt rein),
- die E-Mail-Nutzung im Einklang mit den Unternehmensrichtlinien und gesetzlichen Anforderungen steht (Stichwort Compliance),
- Sicherheitsaspekte beachtet werden – zum Beispiel, dass keine Viren per Mail ins Unternehmen gelangen und vertrauliche Daten nicht ungeschützt per Mail nach außen gehen.

Mit dem Exchange Admin Center tragen Sie dazu bei, dass die E-Mail nach wie vor ein effizientes und sicheres Kommunikationsmittel in Ihrer Organisation ist.

Praktische Tipps für das Exchange Admin Center

Um das Exchange Admin Center effektiv zu nutzen, hier einige Tipps und Hinweise:

- Automatisierung nutzen: Für wiederkehrende Aufgaben (etwa das Anlegen eines neuen Mitarbeiters mit Postfach und den richtigen Verteilergruppen) bietet sich die Automatisierung an. Nutzen Sie PowerShell-Skripte oder die in Exchange integrierten Tools, um solche Routineaufgaben zu beschleunigen und Fehler zu minimieren.
- Regelmäßige Überprüfung: Werfen Sie einen regelmäßigen Blick in die Überwachungsberichte. So erkennen Sie zum Beispiel frühzeitig, wenn ungewöhnlich viele Spam-Mails ankommen oder wenn ein Postfach ungewöhnlich viel Traffic verursacht – beides könnten Anzeichen für ein Problem sein.
- Schulungen und Ressourcen: Halten Sie sich und Ihr Team mit den offiziellen Microsoft-Dokumentationen und gezielten Schulungen auf dem Laufenden. Gerade

Exchange Online wird stetig verbessert. Neue Features (wie die Verfügbarkeit von sensiblen Informationsarten für automatische Warnungen) können Ihnen zusätzliche Kontrolle geben. Wenn Sie wissen, was es Neues gibt, können Sie die E-Mail-Verwaltung immer weiter optimieren.

Mit diesen ersten Einblicken in das Exchange Admin Center sind Sie gut vorbereitet, um tiefer in die Verwaltung Ihrer E-Mail-Umgebung einzusteigen. Ein späteres Kapitel wird noch ausführlicher auf Exchange-spezifische Themen eingehen (etwa Migrationen von lokalen Exchange-Servern, fortgeschrittene Sicherheitsfunktionen und Archivierung), sodass Sie zum richtigen Zeitpunkt alle Details parat haben.

Microsoft Entra

Das Microsoft Entra Admin Center, unter dem Menüpunkt IDENTITÄT zu erreichen, ist das Verwaltungsportal für Identitäts- und Zugriffsmanagement in Microsoft 365. Microsoft Entra ID, ehemals bekannt als Azure Active Directory, kümmert sich um alles, was mit Benutzeridentitäten, Anmeldungen und Zugriffsrechten zu tun hat. Im Entra Admin Center stellen Sie sicher, dass die richtigen Leute Zugriff auf die richtigen Informationen haben – und Unbefugte eben nicht.

Mit Entra verwalten Sie die Konten Ihrer Mitarbeiter, definieren Sicherheitsmaßnahmen für die Anmeldung und setzen Richtlinien, die die Nutzung Ihrer Cloud-Services schützen. Die Oberfläche ist ähnlich wie andere Admin Center webbasiert und Teil der gesamten Microsoft-365-Administrationsumgebung.

Welche Funktionen bietet das Entra Admin Center?

Im Microsoft Entra Admin Center stehen Ihnen zahlreiche Funktionen zur Verfügung, um die Identitäten und Zugriffsrechte in Ihrem Unternehmen zu steuern:

- ✔ Nutzer verwalten: Sie können Benutzerkonten erstellen, aktualisieren oder entfernen. Dazu gehört auch das Zurücksetzen von Passwörtern, das Zuweisen beziehungsweise Entziehen von Produktlizenzen und das Verwalten von Profilinformationen (wie Abteilung, Jobtitel, etc.).
- ✔ Rollen und Berechtigungen steuern: Legen Sie fest, wer welche administrativen Rechte erhält. Hier können Sie die erwähnten Administratorrollen (globaler Admin, Exchange-Admin, etc.) an Benutzer vergeben. Ebenso lassen sich benutzerdefinierte Rollen erstellen, falls die vordefinierten nicht passen. So stellen Sie sicher, dass zum Beispiel jemand in der HR-Abteilung nur die Berechtigung bekommt, um Benutzerprofile zu aktualisieren, aber nichts mit zum Beispiel Serversicherheit zu tun hat.
- ✔ Authentifizierung und Zugriff absichern: Konfigurieren Sie Security-Features, wie Multi-Faktor-Authentifizierung für Ihre Benutzerkonten, oder richten Sie Conditional Access Policies ein. Conditional Access (Bedingter Zugriff) bedeutet zum Beispiel: »Zugang zum Unternehmensportal ist nur erlaubt, wenn der Benutzer sich von einem firmeneigenen Gerät und aus dem eigenen Land anmeldet.« Damit erhöhen Sie die Sicherheit, indem Sie Kontextfaktoren (Standort, Gerät, Risikoerkennung) in die Zugangskontrolle einbeziehen.

- Überwachung und Berichterstattung: Behalten Sie den Überblick über Anmeldeaktivitäten und Verzeichniseinstellungen. Das Entra Admin Center bietet Protokolle, in denen Sie zum Beispiel sehen, wann Benutzer sich angemeldet haben, wo Anmeldeversuche fehlgeschlagen sind oder ob ungewöhnliche Anmeldeversuche blockiert wurden (Stichwort risikobasierte Anmeldungserkennung). Berichte ermöglichen es Ihnen auch, zu prüfen, ob alle Benutzer ihre MFA eingerichtet haben, welche Apps von welchen Benutzern genutzt werden und so weiter.
- Richtlinien und Konfiguration: Definieren Sie Identitäts- und Sicherheitsrichtlinien. Zum Beispiel können Sie Passwortrichtlinien festlegen (Mindestlänge, Komplexität, Ablaufintervall) oder steuern, welche externen Apps sich in Ihre Entra ID integrieren dürfen (Enterprise Applications). Ebenfalls wichtig: Sie können Gruppen und Gruppenrichtlinien verwalten. Dynamische Gruppen erlauben es zum Beispiel, automatisch alle Benutzer mit Abteilung »Verkauf« in eine Gruppe zu packen – so etwas lässt sich im Entra Admin Center konfigurieren.

Warum ist das Entra Admin Center wichtig?

Ohne eine zentrale Identitätsverwaltung wäre es nahezu unmöglich, moderne Cloud-Services sicher zu betreiben. Das Entra Admin Center ist relevant für:

- Sicherheit: Es schützt Ihr Unternehmen vor unbefugtem Zugriff. Durch MFA, bedingten Zugriff und ständige Überwachung der Anmeldeversuche erhöhen Sie die Sicherheit immens. Gerade in Zeiten von Homeoffice und Cloud-Diensten müssen Sie wissen, wer auf welche Daten zugreift – Entra gibt Ihnen diese Kontrolle.
- Zentrale Steuerung: Alle Benutzeridentitäten und Rechte an einem Ort zu verwalten, macht das Leben leichter. Neuer Kollege im Marketing? Einmal Benutzerkonto anlegen und in die richtigen Gruppen/Rollen aufnehmen – schon hat er E-Mail, Teams und alles Weitere in einem Rutsch.
- Compliance: Viele Branchen stellen Anforderungen an die Verwaltung von Benutzerrechten (zum Beispiel, dass ehemalige Mitarbeiter zeitnah deaktiviert werden). Im Entra Admin Center behalten Sie den Überblick und können durch Berichte nachweisen, dass Sie zum Beispiel Zugriffe regelmäßig überprüfen.
- Integration: Entra ID ist das Herzstück, an das sich alle anderen Dienste anbinden. Ob Office 365, Drittanbieter-Apps wie Adobe oder Ihr eigenes Unternehmens-Wiki – alle nutzen idealerweise die zentralen Anmeldedaten. Das Entra Admin Center ermöglicht es, diese Integrationen (via Single Sign-On) einzurichten und zu steuern.

Tipps für das Entra Admin Center

Ein paar praktische Hinweise, damit Sie das meiste aus dem Entra Admin Center herausholen können:

- Automatisierung einsetzen: Gerade bei größeren Benutzerzahlen lohnt es sich, wiederkehrende Aufgaben zu automatisieren. Sie können beispielsweise Automatisierungsregeln für Benutzerlebenszyklen einrichten: neue Benutzer automatisch einer Standardgruppe hinzufügen, oder bei Deaktivierung eines Kontos automatisch eine

E-Mail an die IT verschicken. PowerShell- oder Graph-APIs stehen ebenfalls zur Verfügung, um Benutzer- und Gruppenmanagement in Skripten zu erledigen.

- ✔ Regelmäßige Überprüfung: Kontrollieren Sie in regelmäßigen Abständen die Anmeldeberichte und Risikowarnungen. Microsoft Entra verfügt über Sicherheitswarnungen (zum Beispiel Anmeldeversuch aus ungewöhnlichem Ort oder Anmeldung von anonymem IP-Adresse erkannt). Stellen Sie sicher, dass solche Warnungen nicht ignoriert werden. Lieber einmal zu oft geschaut, als eine kompromittierte Anmeldung zu übersehen.
- ✔ Weiterbildung nutzen: Microsoft bietet umfangreiche Dokumentationen und Schulungsmaterial zu Entra ID an. Nutzen Sie diese Ressourcen, um auf dem Laufenden zu bleiben, zum Beispiel in Bezug auf neue Funktionen wie Entra ID Identity Protection oder Entitlement Management. Je mehr Sie über die Möglichkeiten wissen, desto gezielter können Sie Ihre Identitätsverwaltung verbessern.

Nun haben Sie einen grundlegenden Überblick, wie Sie Nutzeridentitäten und Zugriffe in Microsoft 365 steuern können. In einem eigenen Kapitel später im Buch werden wir auf einzelne Funktionen (wie Conditional Access oder die Integration von Entra ID mit lokalen Verzeichnissen) detailliert eingehen. So können Sie sich Schritt für Schritt zum Entra-Experten entwickeln.

SharePoint Admin Center

Das SHAREPOINT Admin Center ist die zentrale Verwaltungsstelle für alles rund um SharePoint. SharePoint Online dient als Plattform für Zusammenarbeit und Dokumentenmanagement – hierzu zählen klassische Intranetseiten, Teamwebsites, sowie die persönlichen OneDrive-for-Business-Ablagen Ihrer Benutzer (denn OneDrive ist technisch eine spezielle SharePoint-Site pro Nutzer). Als Administrator können Sie im SharePoint Admin Center Einstellungen vornehmen, um die Zusammenarbeit reibungslos und sicher zu gestalten.

Wozu dient das SharePoint Admin Center?

Das SharePoint Admin Center unterstützt Sie dabei, Ihre SharePoint-Umgebung effizient zu verwalten und zu konfigurieren. Es ermöglicht zentrale Aufgaben wie:

- ✔ Das Erstellen und Verwalten von Websites: Sie legen neue SharePoint-Sites an (zum Beispiel Teamseiten für Projekte oder Abteilungen, Kommunikationssites für bereichsübergreifende Inhalte) und können bestehende Sites bei Bedarf löschen oder anpassen. Sie verwalten auch Website-Sammlungen und können Einstellungen wie Logo, Name oder regionale Einstellungen einer Site-Sammlung ändern.
- ✔ Die Steuerung von Berechtigungen: Sie definieren, welche Personen oder Gruppen Zugriff auf welche SharePoint-Inhalte haben. Zum Beispiel können Sie festlegen, dass nur das Marketing-Team auf die Marketing-Teamwebsite darf. Über Berechtigungsstufen (Besitzer, Mitglied, Besucher) und individuelle Freigabeeinstellungen behalten Sie die Kontrolle darüber, wer lesen oder bearbeiten darf.
- ✔ Die Überwachung der Systemleistung und Nutzung: Das Admin Center stellt Monitoring-Tools bereit, um die Auslastung Ihres SharePoint zu überprüfen. Sie

sehen zum Beispiel, wie viel Speicherplatz genutzt wird, ob sich die Zugriffszahlen auf gewisse Inhalte ungewöhnlich entwickeln oder ob Fehler auftreten (zum Beispiel Synchronisierungsprobleme mit OneDrive-Clients).

- ✔ Die Verwaltung des Speicherplatzes: In SharePoint Online haben Sie ein bestimmtes Gesamtspeichervolumen für Ihre Organisation. Im Admin Center sehen Sie, wie dieser Speicher genutzt wird (welche Site wie viel belegt) und können Quotas setzen, um Kapazitäten gerecht zu verteilen.
- ✔ Compliance und Sicherheitseinstellungen: Sie können richtlinienbezogene Vorgaben machen, zum Beispiel Sharing-Policies (Dürfen Ihre Benutzer Sites oder Dateien extern teilen oder nicht?), Aufbewahrungsrichtlinien (Wie lange bleiben gelöschte Dateien wiederherstellbar?) und weitere Einstellungen, um Datenverlust zu verhindern und rechtliche Vorgaben einzuhalten.

Das SharePoint Admin Center sorgt dafür, dass alle Ihre internen Websites und die darauf abgelegten Daten systematisch verwaltet, ausreichend geschützt und für die Nutzer zugänglich sind.

Wichtige Themen für SharePoint-Admins (Erste Schritte)

Gerade wenn Sie neu im SharePoint Admin Center sind, stellen sich häufig einige Kernfragen. Im Folgenden einige Themen, die für den Einstieg besonders relevant sind, zusammen mit Hinweisen, worauf Sie achten sollten:

- ✔ Site-Erstellung: Wie erstelle ich eine neue SharePoint-Website und welche Optionen habe ich? – Überlegen Sie zunächst, ob es eine Teamwebsite (für die Zusammenarbeit innerhalb eines Teams, meist verbunden mit einer Microsoft-365-Gruppe) oder eine Kommunikationswebsite (für Nachrichten, Inhalte an breite Zielgruppe) sein soll. Beim Erstellen legen Sie Titel, Sprache und Datenschutz (öffentlich oder privat innerhalb der Organisation) fest. Es ist sinnvoll, eine klare Namenskonvention zu nutzen, damit Ihre SharePoint-Landschaft übersichtlich bleibt.
- ✔ Berechtigungsmanagement: Wie stelle ich sicher, dass nur die richtigen Leute auf bestimmte Inhalte zugreifen können? – Nutzen Sie Gruppen (idealerweise Microsoft-365-Gruppen oder Sicherheitsgruppen), um Berechtigungen zu vergeben, anstatt einzelnen Benutzern Rechte zu geben. Best Practices sind: Prinzip der minimalen Rechte (niemand bekommt mehr Zugriff als nötig) und regelmäßige Überprüfung, wer Zugriff hat. Ein häufiger Fehler wäre zum Beispiel, versehentlich allen Nutzern Zugriff auf vertrauliche Seiten zu geben. Das SharePoint Admin Center hilft Ihnen, so etwas zu erkennen und zu korrigieren.
- ✔ Überwachung der Systemleistung: Welche Tools stehen mir zur Verfügung, um die Performance von SharePoint zu überwachen? – Im Admin Center sehen Sie zum Beispiel Service-Health-Meldungen, falls es von Microsoft-Seite Probleme gibt. Außerdem können Sie mit Tools wie Page Diagnostics (ein Browser-Plugin von Microsoft) die Performance einzelner Seiten analysieren. Achten Sie auf Warnungen im Admin Center: Etwa, wenn eine Site das Speicherlimit erreicht, sollten Sie reagieren (bereinigen oder Speicher erhöhen).

- ✔ Speicherplatzoptimierung: Wie kann ich den verfügbaren Speicherplatz effizient verwalten? – Sie können im Admin Center pro Site-Sammlung ein Speicherkontingent setzen, damit einzelne Bereiche nicht das gesamte Volumen blockieren. Ermutigen Sie Benutzer, alte oder überflüssige Daten zu löschen; notfalls können Aufbewahrungsrichtlinien Dateien automatisiert nach X Jahren entfernen. Nutzen Sie Berichte, um herauszufinden, wo große Speicherfresser sitzen (zum Beispiel viele Videos auf einer Teamseite) und ob diese Daten wirklich dort hingehören.

- ✔ Einhaltung von Compliance-Richtlinien: Welche Funktionen unterstützen mich dabei, gesetzliche und interne Richtlinien einzuhalten? – Im SharePoint Admin Center können Sie zum Beispiel DLP-Richtlinien (Data Loss Prevention) aktivieren, die verhindern, dass bestimmte vertrauliche Informationen (zum Beispiel Kreditkartennummern, persönliche Daten) ungeschützt geteilt werden. Auch die Versionsverwaltung von Dokumenten und Audit-Logs (Wer hat was wann geöffnet/geändert?) helfen, Compliance-gerecht zu arbeiten. Wenn Ihr Unternehmen bestimmten Normen folgt (ISO, GDPR/DSGVO), lohnt es sich, die entsprechenden Vorlagen im Microsoft Purview Compliance Center anzuschauen – SharePoint arbeitet Hand in Hand mit diesen Compliance-Einstellungen.

Tipps zur Nutzung des SharePoint Admin Centers

- ✔ Automatisierung: Auch im SharePoint-Umfeld können Sie sich Routinearbeiten erleichtern. Beispielsweise lässt sich die Anlage neuer Team-Sites skripten, oder Sie automatisieren Berichte über Nutzeraktivitäten. Microsoft bietet hierfür die SharePoint PowerShell-Module an, mit denen Admins hunderte von Sites auf einen Schlag updaten könnten. Nutzen Sie solche Tools, um konsistente Einstellungen (zum Beispiel überall dieselbe externe Freigaberichtlinie) effizient durchzusetzen.

- ✔ Regelmäßige Überprüfung: Behalten Sie SharePoint im Auge, gerade wenn es um externe Freigaben oder sensible Inhalte geht. Schauen Sie regelmäßig in Berichte und das Prüfprotokoll (aus dem Purview Compliance Center, wo alle Aktionen in SharePoint nachvollziehbar gespeichert werden). So erkennen Sie unübliche Aktivitäten – etwa, wenn plötzlich sehr viele Dateien in kurzer Zeit heruntergeladen werden (könnte ein Indiz für möglichen Datendiebstahl sein).

- ✔ Schulungen und Ressourcen: SharePoint ist ein mächtiges Werkzeug – und ständig kommen neue Funktionen hinzu (zum Beispiel Viva Connections Integration, Microsoft Syntex für Dokumentenautomation, etc.). Nutzen Sie Microsofts Doku und die Tech Community, um Ihr Wissen aktuell zu halten. Je besser Sie die Möglichkeiten kennen (sei es zu Hubsites, Inhalts-Typ-Hubs oder externer Benutzerverwaltung), desto souveräner können Sie Ihre Umgebung gestalten.

Mit diesem Überblick sind Sie gut gerüstet, um das SharePoint Admin Center produktiv zu nutzen. Spätere Kapitel werden einzelne Punkte – wie zum Beispiel das Aufsetzen einer neuen Intranet-Struktur oder das Einrichten von Gastzugriffen – genauer behandeln. So bauen Sie nach und nach Expertise auf und holen das Beste aus SharePoint für Ihr Unternehmen heraus.

Microsoft Teams Admin Center

Dieses Admin Center ist unverzichtbar, wenn es darum geht, Microsoft TEAMS in Ihrer Organisation zu konfigurieren und zu betreiben. Gerade für kleine und mittelständische Unternehmen, die verstärkt auf Teamzusammenarbeit und Online-Meetings setzen, ist das Teams Admin Center ein zentraler Ort. Hier können Sie Einstellungen für Chats, Besprechungen, Anrufe und die Integration von Apps in Teams vornehmen.

Was ist das Microsoft Teams Admin Center?

Das Teams Admin Center ist eine Web-Oberfläche, die es dem Administrator ermöglicht, alle Aspekte von Microsoft Teams zu verwalten. Von der Organisation der Teams und Kanäle über Richtlinien für Nachrichten und Meetings bis hin zur Überwachung der Nutzung: All das läuft hier zusammen. Man kann sich dieses Admin Center als Kontrollraum für Ihre Firmenkommunikation und -kollaboration vorstellen.

Das Teams Admin Center erreichen Sie entweder über das Microsoft 365 Admin Center (dort gibt es einen direkten Link) oder über eine dedizierte URL. Nach dem Anmelden mit einem Admin-Konto sehen Sie ein Menü mit Bereichen wie Teams, Benutzer, Geräte, Meetings und Besprechungen, Nachrichtenrichtlinien und so weiter.

Welche Funktionen bietet das Teams Admin Center?

Werfen wir einen Blick auf die wichtigsten Aufgaben, die Sie im Teams Admin Center erledigen können:

- ✔ Team- und Benutzerverwaltung: Sie können neue Teams anlegen, bestehende Teams umbenennen oder löschen und Mitglieder verwalten. Auch organisationweite Einstellungen, zum Beispiel, ob Benutzer selbst Teams erstellen dürfen, werden hier gesetzt. Auf Benutzer-Ebene können Sie einzelne Benutzer suchen und sehen, in welchen Teams sie sind, welche Richtlinien ihnen zugewiesen wurden und diagnostische Daten (zum Beispiel letzte Anmeldung, Anrufqualität) einsehen.
- ✔ Richtlinien-Management: Teams bietet fein granulare Richtlinien, um das Nutzererlebnis und die Sicherheit zu steuern. Beispiele sind Nachrichtenrichtlinien (Dürfen Benutzer Giphys/GIFs und Sticker verwenden – ja/nein?), Besprechungsrichtlinien (Dürfen externe Teilnehmer direkt in Meetings – ja/nein? Ist Bildschirmteilen erlaubt? Können Meetings aufgezeichnet werden?) oder App-Richtlinien (Welche Drittanbieter-Apps dürfen in Teams genutzt werden?). Im Admin Center können Sie solche Richtlinien erstellen und gezielt Anwendern oder Gruppen zuweisen. So bekommen zum Beispiel Führungskräfte eventuell andere Einstellungen als Auszubildende.
- ✔ Sicherheits- und Compliance-Einstellungen: Das Teams Admin Center ist mit den Sicherheits- und Compliance-Tools von Microsoft 365 verknüpft. Sie können zum Beispiel Kommunikationseinhaltungen konfigurieren (Stichwort Kommunikations-Compliance, um belästigende oder unangemessene Inhalte in Chats zu erkennen) oder Aufbewahrungsrichtlinien für Teams-Chats festlegen (wie lange Chats gespeichert bleiben). Auch das eDiscovery für Teams-Inhalte läuft im Hintergrund über die

Integrationen, aber als Teams-Admin sollten Sie darüber Bescheid wissen und mit dem Compliance-Admin zusammenarbeiten.

- ✔ Berichte und Analysen: Es gibt im Admin Center einen Bereich für Analysen und Berichte zur Teams-Nutzung. Hier können Sie zum Beispiel monatlich aktive Benutzer, Anzahl der Besprechungen, Nachrichten, Anrufminuten etc. einsehen. Besonders hilfreich sind Qualitätsberichte für Anrufe und Meetings: Sie zeigen, ob es viele Verbindungsprobleme gibt (Jitter, Paketverluste) und helfen, zum Beispiel Netzwerkmängel aufzudecken. Diese Daten sind wertvoll, um den Erfolg der Einführung von Teams zu messen und technische Probleme frühzeitig zu erkennen.

Wichtige Themen im Teams Admin Center

Auf dem Weg zum Teams-Profi gibt es ein paar Kernfragen, die Sie sich stellen werden – hier sind einige davon, zusammen mit Hinweisen, worauf zu achten ist:

- ✔ Erstellen und Verwalten von Teams: Welche Teamstrukturen sind sinnvoll und wie können Sie diese effizient organisieren? – In kleineren Unternehmen reichen oft ein Team pro Abteilung und dazu projektbasierte Teams. Achten Sie darauf, Namenskonventionen einzuhalten und Wildwuchs zu vermeiden (nicht jeder sollte planlos Teams erstellen). Sie können im Admin Center steuern, wer Teams anlegen darf, um hier eine gewisse Ordnung sicherzustellen.
- ✔ Benutzerrollen und Berechtigungen: Welche Rollen gibt es in Teams und welche Berechtigungen sollten diese haben? – In Teams selbst gibt es Besitzer, Mitglieder und Gäste. Im Admin Center können Sie zum Beispiel Gastzugriff ein- oder ausschalten. Überlegen Sie, ob Externe als Gäste in Teams kommen dürfen – es kann die Kollaboration erleichtern, birgt aber auch Risiken, wenn unkontrolliert. Außerdem gibt es die Rolle des Teams-Service-Administrators (eine Admin-Rolle, die nur das Teams Admin Center bedienen darf); diese könnten Sie zum Beispiel jemandem geben, der sich ausschließlich um Teams kümmern soll, ohne globale Adminrechte.
- ✔ Richtlinien und Compliance: Wie können Sie Richtlinien erstellen und implementieren, um gesetzlichen und internen Anforderungen gerecht zu werden? – Stellen Sie sicher, dass zum Beispiel Aufzeichnungen von Meetings den Datenschutzrichtlinien entsprechen. Vielleicht müssen Sie festlegen, dass Chats nach sechs Monaten gelöscht werden (Compliance-Vorgabe); solche Aufbewahrungsrichtlinien richten Sie im Purview Compliance Center ein, aber sie wirken sich auf Teams aus und müssen mit dem Teams Admin Center abgestimmt sein. Auch sollte klar sein, wer im Unternehmen berechtigt ist, im Nachhinein auf Chatprotokolle zuzugreifen (Spoiler: in der Regel nur ausgewählte Compliance-Manager, nicht der normale Teams-Admin!).
- ✔ Überwachung und Berichterstattung: Welche Tools stehen zur Verfügung, um die Nutzung von Teams zu überwachen und wie erkennen Sie potenzielle Probleme frühzeitig? – Neben den erwähnten Teams-eigenen Berichten lohnt sich auch ein Blick in das Microsoft 365 Admin Center, das ebenfalls Nutzungsstatistiken anzeigt (zum Beispiel unter BERICHTE > NUTZUNG). Ein potenzielles Problem könnten zum Beispiel Nutzer sein, die wiederholt Anmeldeprobleme haben – das sehen Sie im Entra ID

Bericht. Eine proaktive Überwachung bedeutet auch, Feedback der Benutzer ernst zu nehmen: Häufen sich Beschwerden über die Anrufqualität, dann schauen Sie in die Analysen und prüfen, ob es Muster gibt (zum Beispiel immer ein bestimmter Büro-Standort mit schlechtem WLAN). Das Admin Center liefert Ihnen die Daten, Sie müssen sie nur interpretieren.

Tipps für das Microsoft Teams Admin Center

- ✔ Automatisierung: Für große Organisationen gibt es Tools wie das Teams-PowerShell-Modul, um zum Beispiel das Anlegen von Teams zu automatisieren oder Mitglieder aus CSV-Dateien hinzuzufügen. In kleineren Unternehmen ist das vielleicht nicht unbedingt nötig, aber wissen Sie: die Möglichkeit besteht. Nutzen Sie auch Vorlagen im Teams Admin Center, um schneller neue Teams mit vordefinierten Channels, Apps und Einstellungen aufzusetzen – das kann ebenfalls quasi als Automatisierung gesehen werden, weil Sie nicht jedes Mal bei Null starten.

- ✔ Regelmäßige Überprüfung: Planen Sie vielleicht einmal im Quartal einen kurzen Check Ihres Teams Admin Centers: Sind alle erstellten Teams noch aktiv oder können manche gelöscht/archiviert werden? Gibt es neue Richtlinien von Microsoft, die sinnvoll wären? (Die Message-Center-Ankündigungen verraten das.) Läuft die Telefonie über Teams stabil (wenn Sie Telefonanlagenfunktionen nutzen)? So ein Review hält Ihre Umgebung sauber und aktuell.

- ✔ Schulungen und Ressourcen: Teams verändert sich ständig – man denke nur an die vielen neuen Features wie Breakout Rooms, Live Reaction, Together Mode, oder neu integrierte Apps. Der technische Unterbau (und damit das Admin Center) wird ebenfalls erweitert, zum Beispiel mit der Verwaltung von Teams Connect (geteilte Kanäle über Tenant-Grenzen hinweg). Bleiben Sie informiert über die Microsoft 365 Roadmap und nutzen Sie Microsoft-Learn-Kurse zur Teams-Administration. Das hilft Ihnen, neue Einstellungen gleich richtig einzusetzen, sobald sie verfügbar sind.

Mit diesen Einblicken sind Sie nun bereit, tiefer in die Verwaltung von Microsoft Teams einzusteigen. Ein späteres Kapitel widmet sich ausschließlich den erweiterten Konfigurationsmöglichkeiten (etwa zur Telefonie-Integration und Teams-Rooms-Geräten). Bis dahin haben Sie aber bereits das Rüstzeug, um das Tagesgeschäft im Teams Admin Center zu meistern und die Teamarbeit in Ihrer Organisation effektiv zu unterstützen.

Viva Engage Admin Center

VIVA ENGAGE ist Microsofts Plattform für unternehmensinterne soziale Netzwerke und Community-Building. Das Viva Engage Admin Center hilft Ihnen als IT-Admin dabei, die Nutzung dieser Plattform in geordnete Bahnen zu lenken und die Vorteile für die Organisation zu maximieren, ohne die Governance aus dem Blick zu verlieren. Hier dreht sich alles um informelle Kommunikation, Wissensaustausch und Kollaboration auf sozialer Ebene – und als Admin steuern Sie, wer was darf; und dass alles richtlinienkonform bleibt.

Funktionen des Viva Engage Admin Centers

Im Viva Engage Admin Center haben Sie im Wesentlichen folgende Werkzeuge zur Hand:

- ✔ Benutzerrollen und Berechtigungen: Legen Sie fest, wer in Viva Engage welche Rolle einnimmt. Es gibt zum Beispiel Netzwerkadministratoren (die global alles in der Viva Engage Umgebung verwalten können), Verified Admins (bestätigte Admins mit erweiterten Rechten) und Gruppenadministratoren für einzelne Communities/ Gruppen. Sie weisen diese Rollen geeigneten Personen zu. Außerdem können Sie Einstellungen vornehmen, ob alle Benutzer automatisch ins Unternehmensnetzwerk aufgenommen werden oder ob es Gastnutzer geben darf.
- ✔ Gruppenmanagement: Verwalten Sie die Communities/Gruppen in Viva Engage. Sie können neue Communities erstellen (oder bei Bedarf löschen), festlegen ob eine Community öffentlich (für alle in der Organisation sichtbar) oder privat ist, und Sie können Community-Administratoren bestimmen. Hiermit stellen Sie sicher, dass die Struktur übersichtlich bleibt – und vermeiden zum Beispiel, dass zehn Gruppen zum selben Thema parallel existieren. Ein kleiner Tipp: Motivieren Sie die Fachabteilungen, Communities selbst zu moderieren, aber behalten Sie als IT die Übersicht, welche Communities es gibt.
- ✔ Richtlinien und Compliance: Setzen Sie Unternehmensrichtlinien durch, auch auf einer lockeren Plattform wie Viva Engage. Sie können etwa eine Nutzungsrichtlinie hinterlegen, die jeder Benutzer akzeptieren muss (zum Beispiel: Bitte keine vertraulichen Finanzdaten in Viva Engage posten). Für die Moderation können Sie einstellen, wer Beiträge löschen darf oder ob es Wörter gibt, die gefiltert werden sollen. Zudem greifen auch hier die allgemeinen Microsoft-365-Compliance-Einstellungen (Aufbewahrung, eDiscovery, DLP), soweit es technisch unterstützt wird. Als Admin-Center-spezifische Option haben Sie beispielsweise die Möglichkeit, alle Daten von Viva Engage zu exportieren (für Prüfer oder bei Netzwerkschließung).
- ✔ Überwachung und Berichterstattung: Viva Engage bietet Ihnen Analysen zur Nutzung: Wie viele Benutzer sind aktiv, wie viele Nachrichten werden pro Tag gepostet, welche Communities sind am größten, etc. Im Admin Center kann man diese Daten einsehen, um den Puls der Plattform zu fühlen. Sie erkennen zum Beispiel, ob Ihre interne Kommunikationskampagne fruchtet, wenn die Aktivitäten in einer entsprechenden Community steigen. Auch können Sie Benachrichtigungen einrichten, etwa wenn ungewöhnlich viele externe Netzwerk Einladungen rausgehen (sofern Sie externe Netze nutzen), um Missbrauch vorzubeugen.

Besonderheiten bei Viva Engage (ehemals Yammer)

Da Viva Engage ein etwas softeres Themengebiet ist (Kultur und Kommunikation), hier ein paar spezielle Überlegungen, die für Admins in diesem Bereich wichtig sind:

- ✔ Kultur vs. Kontrolle: Sie werden eine Balance finden müssen zwischen dem freien Austausch der Mitarbeiter und der Einhaltung von Regeln. Das Admin Center lässt Sie viel kontrollieren (Sie könnten theoretisch alle Posts durchsehen, Stichwörter sperren, usw.), aber überlegen Sie: Eine zu strikte Moderation erstickt die Konversation. Ziel sollte sein, eine lebendige, aber respektvolle Diskussionskultur zu fördern. Technisch heißt das: richten Sie grundlegende Regeln ein (zum Beispiel keine anonymen Posts, klare Verhaltensrichtlinien) und greifen Sie nur ein, wenn nötig.

- ✔ Integration in Microsoft 365: Viva Engage ist nicht isoliert – Beiträge können beispielsweise in Outlook oder Teams angezeigt/gemacht werden (Stichwort Yammer-Communities-App in Teams). Als Admin sollten Sie wissen, dass Einstellungen im Viva Engage Admin Center auch Auswirkungen anderswo haben. Ein Beispiel: Wenn Sie externen Zugriff in Viva Engage erlauben, könnten Externe auch über E-Mails an Diskussionen teilnehmen. Achten Sie also auf Konsistenz mit Ihren allgemeinen Richtlinien für externe Benutzer.
- ✔ Datenresidenz und DSGVO: Früher war Yammer teilweise separat gehostet; mittlerweile kann man das Rechenzentrum (Europa) wählen. Stellen Sie sicher, dass Ihr Netzwerk die richtige Datenregion hat, falls Ihr Unternehmen zum Beispiel auf EU-Hosting besteht (im Admin Center unter Netzwerkinformationen ersichtlich). Für DSGVO-Auskunftsanfragen stellt Viva Engage Werkzeuge bereit (Datenexport pro Benutzer), die Sie als Admin bedienen können müssen.

Tipps für das Viva Engage Admin Center

- ✔ Automatisierung: Auch wenn Viva Engage viel Community Management erfordert (was eher manuell/moderativ ist), gibt es ein paar Dinge, die Sie automatisieren können. Beispielsweise können Sie Benutzer via Skript oder API in bestimmte Communities einzufügen (zum Beispiel alle Neuzugänge automatisch in die Community »Willkommen im Unternehmen« einladen). Nutzen Sie solche Automatisierungen, um die Nutzung anzukurbeln und den Onboarding-Prozess sozial zu unterstützen.
- ✔ Regelmäßige Überprüfung: Behalten Sie die Statistiken im Auge. Wenn eine Community seit sechs Monaten keinen Beitrag mehr hatte, sprechen Sie mit dem Community-Owner, ob diese noch gebraucht wird oder archiviert werden kann. Schauen Sie auch nach, ob es problematische Inhalte gab – es gibt einen »Inhalt melden«-Prozess, den Benutzer nutzen können; als Admin sollten Sie solche Meldungen prüfen (ähnlich wie bei sozialen Medien).
- ✔ Schulungen und Ressourcen: Nicht jeder Mitarbeiter kennt sofort den Nutzen von Viva Engage. Arbeiten Sie idealerweise mit Ihrer Kommunikationsabteilung zusammen: Bieten Sie Einführungen und Best Practices an (Wie verfasse ich einen guten Beitrag?, Wie nutzen wir Viva Engage im Team?). Aus Admin-Sicht gibt es auch Ressourcen von Microsoft (Yammer Admin Guide), um die technischen Features optimal einzusetzen. Je mehr Ihre Kollegen die Plattform schätzen, desto mehr Wert liefert sie – und desto weniger müssen Sie als Admin eingreifen.

Mit diesen Einblicken sind Sie gut vorbereitet, um Viva Engage in Ihrem Unternehmen zu verwalten und zu fördern. Jetzt kennen Sie auf jeden Fall schon mal die Grundlagen und wissen, worauf es bei der Administration des »Firmen-Facebook« ankommt.

Microsoft Purview Compliance Center

Das MICROSOFT PURVIEW Admin Center (auch Microsoft-Purview-Compliance-Portal genannt) ist das Herzstück für alle Belange rund um Datenschutz, Compliance und Governance in Microsoft 365. Gerade in Branchen mit strengen Datenschutzauflagen – oder für jedes Unternehmen, das verantwortungsvoll mit sensiblen Daten umgeht – ist dieses Admin Center von zentraler Bedeutung. Hier überwachen Sie, ob Ihre Organisation die gesetzlichen und unternehmensinternen Vorgaben im Umgang mit Daten einhält.

Warum ein eigenes Compliance-Admin-Center?

Microsoft 365 umfasst viele Dienste (Exchange, SharePoint, Teams etc.), und in all diesen werden Daten erzeugt und gespeichert. Das Purview Compliance Center bietet eine zentrale Stelle, um Regeln und Überwachungen für all diese Datenquellen einheitlich festzulegen:

- ✔ Sie können Datenschutzrichtlinien definieren und überwachen – zum Beispiel Richtlinien zur Vermeidung von Datenlecks (dazu gleich mehr).
- ✔ Sie erfüllen und überprüfen Compliance-Anforderungen – seien es interne Policies (Keine Personaldaten per Mail nach außen senden) oder externe Gesetze (wie DSGVO, HIPAA, ISO-Zertifizierungen).
- ✔ Sie setzen Sicherheits- und Aufbewahrungsrichtlinien um, um zum Beispiel rechtlich vorgeschriebene Löschfristen einzuhalten oder um sicherzustellen, dass bestimmte Kommunikationen aufgezeichnet wird (Stichwort Revisionssicherheit).
- ✔ Sie betreiben Risikomanagement – identifizieren also potenzielle Schwachstellen, zum Beispiel Benutzer, die ungewöhnlich viele Dateien extern teilen, oder Anmeldungen, die auf einen kompromittierten Account hindeuten könnten (hier überschneiden sich Sicherheits- und Compliance-Aspekte).

Wichtige Funktionen des Purview Compliance Centers

Das Purview-Portal ist sehr umfangreich, hier finden Sie die wichtigsten Funktionsbereiche:

- ✔ Data Loss Prevention (DLP): Mit DLP-Richtlinien können Sie verhindern, dass sensible Informationen das Unternehmen verlassen oder unkontrolliert intern geteilt werden. Zum Beispiel können Sie die DLP-Regel erstellen: »Wenn ein Dokument Kreditkartennummern enthält und jemand versucht, es extern zu teilen oder per Mail zu senden, blockiere dies und benachrichtige den Absender.« Im Compliance Center richten Sie solche Regeln zentral ein und sie wirken dann automatisch in Exchange, SharePoint, Teams etc.
- ✔ eDiscovery (elektronische Beweissuche): Dieses Tool hilft, im Bedarfsfall (zum Beispiel Rechtsstreitigkeiten, interne Untersuchungen) Daten zu durchsuchen und zu exportieren. Sie können bestimmte Mailboxen, Teams-Chats oder SharePoint-Seiten nach Schlüsselwörtern oder Zeiträumen durchsuchen. Das Compliance Center bietet hierfür eine spezialisierte Oberfläche, sodass Sie Compliance-relevante Anfragen (etwa von der Rechtsabteilung) effizient bearbeiten können.

- Audit-Logs (Überwachungsprotokolle): Hier können Sie sämtliche Aktivitäten innerhalb Ihrer Microsoft-365-Umgebung nachvollziehen. Wer hat ein bestimmtes Dokument gelöscht? Wer hat einen neuen Admin hinzugefügt? Solche Ereignisse werden in einem Audit-Log festgehalten. Im Compliance Center können Sie diese Protokolle abfragen und auswerten. Das ist zum einen wichtig, um Sicherheitsvorfälle zu untersuchen, zum anderen, um gegenüber Prüfern belegen zu können, dass zum Beispiel nur autorisierte Änderungen stattfinden.
- Aufbewahrungsrichtlinien (Retention Policies): Damit legen Sie fest, wie lange Inhalte aufbewahrt und wann sie gelöscht werden sollen. Ein Beispiel: Alle E-Mails von Mitarbeitern der Finanzabteilung müssen zehn Jahre aufbewahrt werden (gesetzliche Vorgabe in manchen Ländern für bestimmte Dokumente), oder umgekehrt: »Teams-Chats sollen nach einem Jahr automatisch gelöscht werden, um Speicher zu sparen und Data Hygiene zu wahren«. Diese Richtlinien können sehr granular sein (pro Service, pro Benutzertyp etc.) und helfen, sowohl gesetzlichen Pflichten nachzukommen als auch unnötigen Datenballast zu vermeiden.
- Insider Risk Management (Schutz vor internen Bedrohungen): Ein eher fortgeschrittenes Feature: Sie können Warnmechanismen definieren, die auf potenziell riskantes Verhalten von internen Benutzern hinweisen. Etwa: Plötzlicher Massen-Download von Dateien, kurz bevor jemand das Unternehmen verlässt, könnte auf Datendiebstahl hindeuten. Das Compliance Center kann solche Szenarien erkennen und Sie alarmieren. (Natürlich immer unter Wahrung der Mitarbeiterrechte und Privatsphäre – hier sind Fingerspitzengefühl und eine klare Richtlinie nötig.)

Implementierung und Best Practices

Die Einrichtung des Compliance Centers sollte gut durchdacht sein. Einige Best Practices:

- Planung und Vorbereitung: Bevor Sie wild Richtlinien klicken, verschaffen Sie sich einen Überblick. (Welche Daten haben wir?, Wo liegen Risiken?, Welche Vorschriften gelten für uns?) Oft gibt es dazu bereichsübergreifende Teams (IT plus Datenschutzbeauftragter und eventuell noch die Rechtsabteilung). Gemeinsam definieren Sie, was geschützt oder geregelt werden muss.
- Schrittweise Umsetzung: Fangen Sie mit den wichtigsten Richtlinien an. Beispiel: Aktivieren Sie zunächst eine DLP-Regel für offensichtliche Dinge wie »Verhindere den Versand von Kreditkartennummern«. Beobachten Sie die Effekte (Gibt es viele Treffer? Stören die Regeln die Arbeit der Leute?). Dann erweitern Sie auf weitere Policies. Wenn man alle Regeln gleichzeitig aktiviert, verliert man leicht den Überblick und verärgert womöglich die Benutzer durch zu strikte Vorgaben.
- Überwachung und Anpassung: Sobald Richtlinien laufen, überwachen Sie regelmäßig die Berichte. Das Compliance Center zeigt zum Beispiel an, wie oft eine DLP-Regel angeschlagen hat. Wenn eine Regel nie greift, ist sie vielleicht überflüssig – oder es läuft etwas falsch und sie sollte anschlagen, tut es aber nicht. Wenn eine Regel ständig greift, prüfen Sie, ob das legitime Vorgänge sind (dann Regel anpassen, Ausnahmen definieren) oder ob tatsächlich dauernd gegen Richtlinien verstoßen wird (dann Benutzer schulen oder sanktionieren).

- Schulung und Sensibilisierung: Technik allein löst kein Compliance-Problem. Sorgen Sie dafür, dass alle Mitarbeiter die geltenden Richtlinien kennen und verstehen. Das Compliance Center kann Warnbanner einblenden (zum Beispiel: »Diese Mail enthält vertrauliche Infos, sind Sie sicher, dass Sie sie senden wollen?«). Solche Hinweise helfen, aber begleiten Sie es durch Schulungen: Machen Sie klar, warum bestimmte Daten nicht beliebig geteilt werden dürfen. Wenn die Belegschaft mitzieht, greifen Ihre technischen Maßnahmen viel besser.

Konfigurationsbeispiele im Purview Compliance Center

Um ein Gefühl für die konkreten Einstellungen zu bekommen, schauen wir uns ein paar zentrale Konfigurationsmöglichkeiten an:

- DLP-Regel einrichten: Angenommen, Sie möchten das oben erwähnte Szenario »Kreditkartennummern nicht versenden« umsetzen. Im Compliance Center erstellen Sie eine neue DLP-Richtlinie, wählen als Bedingung den Objekttyp FINANZDATEN > KREDITKARTENNUMMER (Microsoft hat viele solche Muster schon eingebaut) und legen als Aktion »Blockiere Inhalt und sende Hinweis an Benutzer« fest. Dann definieren Sie den Geltungsbereich, etwa Exchange und Teams und SharePoint (damit gilt es überall). Wenn jetzt jemand versucht, in einer E-Mail eine Kreditkartennummer zu schicken, wird die E-Mail nicht gesendet, der Benutzer bekommt eine Meldung und Sie als Admin können das im DLP-Bericht sehen.
- eDiscovery-Case durchführen: Ihre Rechtsabteilung braucht alle Kommunikationen von Mitarbeiter X mit Person Y im letzten Jahr. Sie eröffnen im Compliance Center einen eDiscovery-Fall, definieren die Suchkriterien (zum Beispiel E-Mails von X zu Y, Zeitraum 1.1.-31.12. letztes Jahr, und vielleicht noch Teams-Chats der beiden). Das System durchsucht Mailboxen und Chat-Logs und liefert Ihnen die Ergebnisse. Sie können dann die relevanten Elemente exportieren und der Rechtsabteilung bereitstellen. Wichtig: eDiscovery selbst protokolliert auch, was Sie gesucht haben (Auditing), damit hier kein Admin auf eigene Faust spioniert.
- Audit-Log Abfrage: Sie wollen wissen, ob ein bestimmter Administrator in letzter Zeit Einstellungen geändert hat (zum Beispiel hat jemand OneDrive für alle gesperrt, und keiner weiß warum). Im Compliance Center rufen Sie das Audit auf, filtern nach »Aktivitätstyp: Admin Center-Einstellung geändert« und Benutzer. Dann sehen Sie möglicherweise, dass dieser Admin am Datum X eine Richtlinie Y geändert hat. So bekommen Sie Transparenz, was administrativ passiert ist.
- Retention Policy konfigurieren: Sagen wir, Ihr Unternehmen möchte alle Teams-Chatnachrichten für zwei Jahre aufbewahren und dann löschen, um Speicherplatz zu sparen und datenschutzkonform zu bleiben (Chats gelten evtl. als nicht archivierungswürdig). Sie erstellen eine neue Aufbewahrungsrichtlinie, wählen als Ziel Microsoft-Teams-Nachrichten und stellen »Aufbewahren für zwei Jahre, danach löschen« ein. Diese Richtlinie weisen Sie Ihrer gesamten Organisation zu (oder spezifischen Benutzergruppen, falls zum Beispiel für Vorstand andere Regeln gelten). Von nun an werden alle neuen Chats entsprechend markiert. Alte Chats können optional auch nachgezogen werden.

- ✔ Zugriffsüberprüfung (Access Review): Nicht direkt im Compliance Center, aber angrenzend, Sie können periodisch prüfen lassen, wer Zugriff auf was hat (zum Beispiel wer alles ist in der »Geheimprojekt«-SharePoint-Seite berechtigt). Access Reviews (im Entra Admin Center) verschicken Mails an Seitenbesitzer, damit diese die Berechtigungen bestätigen oder entziehen. Warum hier erwähnt? Weil es ebenfalls Teil eines ganzheitlichen Governance-Ansatzes ist, den Sie als Compliance-Admin im Blick haben sollten.

Das Thema Microsoft Purview Compliance ist sehr umfangreich. In diesem Buch kratzen wir an der Oberfläche, um ein Verständnis für die wichtigsten Funktionen zu vermitteln. Für tiefgehende Einblicke (zum Beispiel ins Einrichten komplexer DLP-Patterns, Automatisierung von Insider-Risk-Lösungen oder der genauen Umsetzung von DSGVO-Auskunftsersuchen) empfehlen wir spezialisierte Literatur oder den offiziellen Microsoft-Learn-Pfad für Compliance-Administratoren. Aus diesem Grund werden die Funktionen des Purview Compliance Centers in diesem Kapitel nur angerissen und in einem weiterführenden Werk ausführlicher behandelt.

Microsoft 365 Security (Defender) Admin Center

Das Microsoft 365 Security Center (häufig auch als Defender Admin Center bezeichnet) ist die Schaltzentrale für die Sicherheitsarchitektur Ihrer Microsoft-365-Umgebung. Hier laufen die Fäden zum Schutz Ihrer Organisation zusammen: Erkennung von Cyber-Bedrohungen, Abwehr von Angriffen, Gerätesicherheit, Identitätsschutz und mehr. Insbesondere kleine und mittlere Unternehmen profitieren davon, in diesem Portal eine einheitliche Sicht auf die Sicherheitslage zu haben, anstatt in jedem Einzelservice (Exchange, Windows, etc.) separat nach dem Rechten sehen zu müssen.

Warum ist das Security Admin Center unverzichtbar?

In der heutigen Bedrohungslage (Stichwort: Cyberangriffe, Phishing, Ransomware) ist ein zentrales Sicherheitsmanagement lebenswichtig. Das Security Admin Center bietet daher:

- ✔ Bedrohungsmanagement: Echtzeit-Überwachung von Bedrohungen mit Hilfe von Microsoft Defender. Hier sehen Sie Warnungen, wenn zum Beispiel eine ungewöhnliche Datei als Malware erkannt wurde oder wenn verdächtige Aktivitäten in einem Benutzerkonto festgestellt werden. Sie können eigene Alarmregeln definieren und sogar automatische Reaktionen einrichten (etwa: »Wenn ein Ransomware-Versuch erkannt wird, sofort betroffenen Benutzer isolieren«).
- ✔ Gerätesicherheit: Verwaltung aller Geräte (Windows-PCs, Mobilgeräte, vielleicht auch Macs) im Hinblick auf Sicherheitsstatus. Sie sehen beispielsweise, ob die Virenscanner auf allen Geräten aktuell sind, ob es Geräte mit hohem Risiko gibt (ein Gerät könnte als »gefährdet« markiert sein, wenn es zum Beispiel nicht alle Sicherheitsupdates hat oder Jailbreak auf einem iPhone erkannt wurde).

- Identitätsschutz: enge Verzahnung mit Azure AD/Entra – verdächtige Anmeldeversuche, user risk level, und Durchsetzung von Sicherheitsmaßnahmen wie Passwort-Zurücksetzung bei kompromittierten Accounts. Alles zentral einsehbar.
- Berichte und Analysen: Detaillierte Berichte über Sicherheitsvorfälle und das Sicherheitsniveau. Sie können zum Beispiel einen Secure Score einsehen – eine von Microsoft ermittelte Kennzahl, wie sicher Ihre Einstellungen im Vergleich zu Best Practices sind. Auch Trends (zum Beispiel Anzahl der Phishing-Mails pro Monat) sind sichtbar, was hilft, Schwachstellen zu erkennen und nachzujustieren.
- Kurz gesagt: Das Security Admin Center ermöglicht es Ihnen, proaktiv statt nur reaktiv zu handeln. Sie bekommen die Tools, um Angriffe vorm Einschlag abzuwehren und Ihre Schutzbarrieren stetig zu verbessern.

Wichtige Bereiche im Security Admin Center

Das Portal ist nach verschiedenen Aspekten der Sicherheit gegliedert. Schauen wir uns die zentralen Bereiche an und was Sie dort tun können:

- Bedrohungsanalyse (Gefährdungsbeurteilung): In diesem Bereich identifizieren und bewerten Sie potenzielle Bedrohungen, bevor sie Schaden anrichten. Das Security Center konsolidiert Signale aus E-Mail, Endpoint, Identitäten, und so weiter – eine Art Radarbild der aktuellen Gefahrenlage. Sie können hier eigene Erkennungsregeln einstellen, zum Beispiel eine benutzerdefinierte Alarmregel: »Alarm schlagen, wenn innerhalb von fünf Minuten von drei verschiedenen Ländern auf dasselbe Konto zugegriffen wird«. Solche Anomalien könnten auf einen Angriff hindeuten. Durch frühes Erkennen erhöhen Sie die Chance, Angriffe im Keim zu ersticken.
- Ressourcenschutz: Hierunter fällt alles, was mit dem Absichern Ihrer digitalen Ressourcen (Daten, Infrastruktur) zu tun hat. Sie legen Sicherheitsrichtlinien für die Nutzung von Ressourcen fest, zum Beispiel dass nur bestimmte IP-Adressen auf Ihr Netzwerk zugreifen dürfen, oder dass Office-Dokumente mit Makros erst geprüft werden müssen, ehe sie ausführbar sind. Sie überprüfen in diesem Bereich auch regelmäßig die bestehenden Policies und passen sie an neue Anforderungen an (zum Beispiel: Wenn eine Abteilung Cloud-Dienste neu nutzt, definieren Sie entsprechende Schutzmechanismen).
- Endpunktverwaltung: Dieser Abschnitt konzentriert sich auf die Sicherheit der Endgeräte (PCs, Laptops, Smartphones). Sie konfigurieren hier, welche Schutzmaßnahmen auf Geräten greifen sollen. Beispiele: Ransomware-Schutzlevel, Firewall-Regeln via Intune, Gerätekontrollrichtlinien (zum Beispiel: Nutzung von USB-Sticks blockieren). Außerdem überwachen Sie hier die Geräteaktivitäten: Sollte ein Gerät kompromittiert sein (Defender erkennt zum Beispiel eine schädliche Datei und sie konnte nicht entfernt werden), sehen Sie es und können das Gerät isolieren oder einen Scan anstoßen.
- Identitätssicherheit: In diesem Teil verwalten Sie die Benutzeridentitäten aus der Sicherheitsperspektive. Das heißt, Sie prüfen regelmäßig die Zugriffsrechte und setzen gegebenenfalls eine Multi-Faktor-Authentifizierung für sensible Konten durch. Sie können hier Berichte abrufen, wer globale Adminrechte hat und ob diese Accounts

MFA aktiviert haben (so etwas sollte immer der Fall sein). Eine weitere Option: Einrichtung von Conditional Access Policies, die ja im Entra Center konfiguriert werden, aber im Security Center hinsichtlich Wirksamkeit überwacht werden.

- E-Mail- und Kollaborationssicherheit: Dieser Bereich befasst sich mit dem Schutz der Kommunikation. Sie konfigurieren Anti-Phishing, Anti-Spam und Anti-Malware-Richtlinien für Exchange Online. Zum Beispiel können Sie eigene Blocklisten oder erlaubte Absender definieren. Sie aktivieren zusätzliche Prüfschritte wie Safe Attachments/Safe Links, die Anhänge und URLs in E-Mails erst in einem sicheren Bereich testen, bevor sie an den User ausgeliefert werden. Hier legen Sie auch fest, ob Benutzer Phishing-Mails an Microsoft melden können (Empfehlung: Ja, aktivieren und Benutzer dafür sensibilisieren). Für die Zusammenarbeit (Teams, SharePoint) greifen viele Einstellungen aus den anderen Bereichen (Identität, DLP), aber das Security Center gibt Ihnen auch Hinweise, falls zum Beispiel in Teams schädliche Links geteilt wurden.

- Cloud-Apps-Sicherheit: Mit der Integration von Microsoft Defender for Cloud Apps (früher MCAS – Microsoft Cloud App Security) können Sie Cloud-Anwendungen überwachen. Das bedeutet, Sie können sehen, welche Cloud-Dienste von Ihren Benutzern genutzt werden (auch außerhalb von Microsoft 365) und Risiken einschätzen. Zum Beispiel entdeckt das System, dass jemand Firmendaten auf einen unbekannten File-Sharing-Dienst hochlädt – hier könnten Sie eingreifen. In diesem Bereich definieren Sie auch App-Erkennungsrichtlinien (wer darf welche OAuth-App mit Microsoft 365 verbinden?) und erhalten Einblick in Shadow IT.

- Berichte und Secure Score: Zuletzt gibt es den Bereich für Berichte, in dem Sie zusammengestellte Informationen abrufen oder einen Sicherheitsstatusbericht erstellen können. Der Microsoft Secure Score zeigt Ihnen, welche empfohlenen Sicherheitsmaßnahmen Sie noch nicht umgesetzt haben (zum Beispiel: MFA für 90 Prozent der Benutzer aktivieren – gibt Punkte). Das ist ein guter Ausgangspunkt, um systematisch sicherer zu werden. Auch einzelne Teilbereiche haben Reports: zum Beispiel eine Übersicht aller Malware-Erkennungen der letzten sieben Tage, oder ein Report über Spam-E-Mails, die abgefangen wurden.

Auswirkungen auf die Endanwender

Ein Sicherheitskonzept ist nur erfolgreich, wenn auch die Endanwender mitziehen. Die Maßnahmen, die Sie im Security Admin Center ergreifen, haben oft direkte Auswirkungen auf alle Mitarbeiter.

- Erhöhte Sicherheit: Klar, erst mal profitieren die Endanwender davon, dass ihre Arbeitsumgebung sicherer wird. Weniger Viren-Mails, geringeres Risiko, dass Accounts gekapert werden – letztlich schützt das auch ihre eigenen Daten. Im Idealfall läuft vieles davon im Hintergrund, ohne dass der Endnutzer es merkt (außer vielleicht an einem kleinen Schildsymbol, das sagt »Diese Datei wurde geprüft und ist sicher«).

- Geräteüberwachung: Anwendergeräte (Laptops, Handys) werden regelmäßig auf Sicherheitskonformität geprüft. Das kann bedeuten, dass ein Benutzer die Aufforderung bekommt »Bitte aktualisieren Sie Ihr Gerät, es entspricht nicht mehr den Sicherheitsanforderungen«. Oder dass gewisse Aktionen unterbunden werden (»Das Speichern auf

USB-Sticks ist deaktiviert«). Hier ist es wichtig, transparent zu kommunizieren, warum das so ist, damit Verständnis herrscht.

- ✔ Sicherheitsrichtlinien im Alltag: Der Benutzer merkt die Security-Einstellungen zum Beispiel daran, dass er sich mit MFA anmelden muss – ein kleiner zusätzlicher Aufwand, aber mit großem Sicherheitsgewinn. Oder dass er nicht jede beliebige App mit seinem Firmen-Account nutzen kann, weil Sie es eingeschränkt haben. Diese kleinen Hürden sind Absicht – sie zwingen zu sicherem Verhalten. Erklären Sie den Kollegen den Zweck dahinter (»Wir erlauben Dropbox nicht, weil wir OneDrive haben, das vertraglich abgesichert ist, und wir Datenlecks vermeiden wollen«).
- ✔ Support und Akzeptanz: Manche Maßnahmen können zu Supportanfragen führen. Beispiel: Sie führen neue Phishing-Simulationstrainings ein (via Defender kann man Test-Phishing-Mails verschicken, um die Wachsamkeit zu trainieren). Das muss gut begleitet werden, sonst fühlen sich Leute überrumpelt. Oder wenn plötzlich bei jeder E-Mail ein Banner kommt mit dem Hinweis »Extern« oder »Diese Mail könnte Phishing sein« – da muss Aufklärung her, sonst ignorieren es die Leute. Als Admin sind Sie zwar technisch verantwortlich, aber Sie arbeiten idealerweise eng mit dem Awareness-/Security-Schulungsteam zusammen, um Akzeptanz zu schaffen.

Herausforderungen und Lösungen

Gerade für kleinere Unternehmen ohne eigenes Security Operation Center (SOC) kann die Nutzung des Security Centers herausfordernd sein:

- ✔ Konfigurationsvielfalt: Es gibt unheimlich viele Schalter, Optionen und mögliche Richtlinien. Das erschlägt einen leicht. Hier hilft es, Prioritäten zu setzen – Microsoft bietet oft Presets (vordefinierte Standardrichtlinien, zum Beispiel einen Standard Anti-Spam-Filter, der für die meisten okay ist). Nutzen Sie anfangs die Standardwerte und justieren Sie nur bei Bedarf nach. Nach und nach, wenn Sie sich wohler fühlen, können Sie komplexere Features angehen.
- ✔ Kontinuierliche Überwachung: Sicherheit ist kein »Einmal einstellen und gut«-Thema. Man muss dranbleiben: Alerts lesen, auf neue Bedrohungen reagieren, Policies anpassen. Kleinere Firmen haben nicht immer jemanden, der täglich ins Portal schaut. Lösung: Richten Sie die Benachrichtigungsfunktion ein, sodass kritische Alarme per E-Mail/auf Ihr Handy kommen. So verpassen Sie nichts Dringendes. Und nutzen Sie den Secure Score als Leitfaden – arbeiten Sie die Vorschläge nacheinander ab, dann decken Sie vieles ab, ohne ständig kreativ selbst überlegen zu müssen, was noch eingestellt werden könnte.
- ✔ Anwenderverhalten: Manche Benutzer werden versuchen, Sicherheitsvorkehrungen zu umgehen, weil sie »nerven« (Beispiel: Anhänge lieber über privaten Maildienst schicken, weil dort weniger Restriktionen sind). Ein solches Verhalten kann Ihre Bemühungen unterlaufen. Hier hilft nur Kommunikation und – wenn nötig – Konsequenz. Machen Sie klar, dass diese Umgehungen nicht akzeptabel sind und es bei Verstößen auch mal unangenehme Gespräche geben kann. Gleichzeitig aber auch: Hören Sie auf die Bedürfnisse der User. Wenn Sie merken, dass Ihre Policies zu strikt sind und legitime Arbeit behindern, passen Sie sie an. Security darf das Business nicht lähmen.

Tipps und abschließende Hinweise zum Security Center

- Microsoft-Ressourcen nutzen: Das Security Center ist komplex. Nutzen Sie die Dokumentation, Webinare oder sogar Managed Security Services, wenn nötig. Microsoft Learn hat ganze Lernpfade zum »Security Administrator«. Diese helfen, das Tool souverän zu nutzen.
- Berichte ernst nehmen: Führen Sie regelmäßige Sicherheitsaudits durch – zum Beispiel ein monatliches Meeting, bei dem Sie den aktuellen Sicherheitsstatus präsentieren (zum Beispiel »In letzten 30 Tagen fünf Phishing-Mails erkannt, zwei Geräte isoliert wegen Malware, Secure Score verbessert um zehn Punkte«). Das schafft Bewusstsein im Team und eventuell auch beim Management; und zeigt, warum Ihre Arbeit wichtig ist.
- Maßgeschneiderte Richtlinien: Übernehmen Sie nicht blind alle Standardregeln. Jedes Unternehmen ist anders. Wenn Sie zum Beispiel kaum internationale Geschäftsbeziehungen haben, könnten Sie eine Richtlinie machen: »Blockiere Anmeldeversuche aus Ländern, in denen wir nicht tätig sind.« Das würde Ihre Umgebung erheblich sicherer machen, ohne die Nutzer zu beeinträchtigen. Solche maßgeschneiderten Maßnahmen sind das Tüpfelchen auf dem i, sobald die Basics sitzen.

Aufgrund der Fülle an Möglichkeiten und der technischen Tiefe wird das Thema Security Admin Center in diesem Buch nicht bis ins letzte Detail ausgebreitet. Es gibt eigene Bücher und Kurse nur über IT-Sicherheit in Microsoft 365. Nutzen Sie dieses Kapitel als Leitfaden, um die zentralen Punkte zu verstehen und umzusetzen. Für fortgeschrittene Themen – wie die Einrichtung eines Security Information and Event Management (SIEM) oder die automatisierte Response auf Vorfälle mittels Playbooks.

Endpoint Manager (Intune) Admin Center

Ein weiterer wichtiger Baustein der Microsoft-365-Administration ist das ENDPOINT MANAGER Admin Center, häufig auch kurz als Intune Admin Center bezeichnet. Hier dreht sich alles um die Verwaltung von Geräten und Apps. Gerade in Zeiten von mobilem Arbeiten und »Bring Your Own Device« ist es unerlässlich, einen Überblick über alle Geräte zu behalten, die auf Unternehmensdaten zugreifen – und genau das ermöglicht Intune.

Was erwartet die Administratoren im Intune Admin Center?

Im Intune Admin Center (erreichbar über `endpoint.microsoft.com`) können Sie unter anderem Folgendes tun:

- Geräte registrieren: Neue Geräte (seien es Windows-Notebooks, Firmen-Smartphones, private Smartphones mit Zugriff oder Macs) können Sie hier in die Verwaltung aufnehmen. Es gibt Mechanismen für die Auto-Registrierung (zum Beispiel Windows Autopilot für neue Laptops, Apple Business Manager für iPhones), oder die Benutzer melden sich freiwillig an (mit der Company Portal App). Als Ergebnis tauchen die

Geräte dann im Admin Center auf und Sie sehen grundlegende Infos wie Windows-/OS-Version, Gerätestatus, und ob es compliant ist.

- ✔ Gerätekonfiguration: Sie können über Konfigurationsprofile diverse Einstellungen auf den Geräten vornehmen, ohne jedes Gerät anfassen zu müssen. Beispiele: WLAN-Zugangspunkte verteilen, eine bestimmte Browser-Startseite festlegen, BitLocker-Verschlüsselung auf Windows erzwingen, E-Mail-Profile auf Handys einrichten und vieles mehr. Das Prinzip ähnelt den Gruppenrichtlinien in einem klassischen AD, nur eben Cloud-basiert und plattformübergreifend.
- ✔ Richtlinienverwaltung: Hier geht es vor allem um Sicherheits- und Compliance-Richtlinien. Sie definieren, welche Bedingungen ein Gerät erfüllen muss, um compliant zu sein. Zum Beispiel: Gerät muss Passwort/PIN haben, Gerät darf nicht gejailbreakt/gerootet sein, Virenschutz muss aktiv sein, OS-Version nicht älter als zwei Versionen zurück. Intune überprüft die Geräte und markiert sie entsprechend. Nicht konforme Geräte können dann zum Beispiel vom Zugriff auf Firmenressourcen ausgeschlossen werden (Zusammenspiel mit Entra Conditional Access: Nur compliant devices dürfen auf Exchange Online zugreifen – sehr effektive Schutzmaßnahme!).
- ✔ App-Verteilung: Sie können Software bereitstellen, das ist insbesondere für Mobilgeräte sehr nützlich – etwa die firmeneigene App oder Standard-Apps wie Adobe Reader auf allen iPads installieren; Intune steuert den Rollout. Für Windows-PCs lassen sich MSI-Pakete, sogar Win32-Apps verteilen, auch wenn eine komplexere Softwareverteilung manchmal spezialisierte Tools erfordert. Im KMU-Umfeld deckt Intune aber meist das Nötige ab (Office kommt ja zum Beispiel über Microsoft 365 selbst schon drauf).
- ✔ Überwachung und Berichterstellung: Genau wie die anderen Admin Center bietet Intune umfangreiche Berichte. Sie sehen, wie viele Geräte compliant sind, welche Einstellungen oft fehlschlagen (vielleicht hat ein bestimmtes Handymodell Probleme mit einer Policy), welche Geräte demnächst ein Zertifikat erneuern müssten und so weiter. Außerdem gibt es Logs pro Gerät – wenn ein Benutzer meldet »Mein E-Mail-Postfach geht auf dem Handy nicht mehr«, schauen Sie im Intune nach und sehen vielleicht »Device non-compliant wegen fehlendem PIN > ZUGRIFF GESPERRT«. Bingo, Problem identifiziert!

Warum ist das Intune Admin Center so wichtig?

Früher waren in Firmen alle Rechner brav im Büro und in der Domäne, und die IT konnte via Gruppenrichtlinie alles definieren. Heute arbeiten Leute von überall, mit diversen Geräten. Intune gibt Ihnen diese Kontrolle quasi zurück, auf moderne Art:

- ✔ Sicherheit der Daten: Wenn ein Gerät verloren geht oder gestohlen wird, können Sie als Admin per Intune einen Löschbefehl senden (bei Firmenhandys meist Komplett-Wipe, bei BYOD-Geräten eventuell nur »selective wipe« der Firmendaten). So landen vertrauliche Daten nicht in falschen Händen.
- ✔ Einheitliche Konfiguration: Es macht einen professionellen Eindruck und spart Support-Aufwand, wenn alle Geräte vernünftig eingerichtet sind. Intune hilft,

Konsistenz herzustellen (zum Beispiel sind WiFi und E-Mail auf allen Handys identisch eingerichtet, Drucker auf allen Laptops vorinstalliert, usw.). Benutzer schätzen es, wenn »es einfach funktioniert«, und die Admins schätzen es, wenn nicht jeder wild rumkonfiguriert.

- ✔ Rechts- und Normenkonformität: Für bestimmte Zertifizierungen (ISO 27001 usw.) muss nachgewiesen werden, dass Geräte sicher konfiguriert sind. Intunes Compliance-Berichte sind da Gold wert. Man sieht zum Beispiel, dass 100 Prozent der Geräte verschlüsselt sind und Kennwortschutz aktiv haben. Ohne so ein Tool müsste man jedem PC manuell hinterherlaufen – unmöglich.
- ✔ Effizienz und Skalierbarkeit: Schon ab 50 Geräten wird es unübersichtlich, wer was nutzt. Intune skaliert bis zu zehntausend Geräte, aber auch für kleine Umgebungen mit 30 Smartphones und 20 Laptops nimmt es viel Handarbeit ab. Gerade wenn neue Leute anfangen: Ein vorkonfiguriertes Notebook auspacken, das sich automatisch anmeldet und alle Einstellungen zieht, schont die Nerven der IT und der Anwender.

Tipps zum Intune Admin Center

- ✔ Gruppieren und Zuweisen: Nutzen Sie Gruppen in Azure AD, um Policies gezielt zuzuweisen. Beispielsweise eine Gruppe »Alle Firmen-Handys« (dynamisch: DeviceOS = iOS or Android, Eigentümer = Firmen) und eine »Alle privaten Geräte«. Dann könnten Sie strengere Policies auf Firmenhandys durchsetzen als auf privaten (wo man evtl. Kompromisse eingeht, damit Mitarbeiter ihr privates Phone überhaupt anmelden). Intune lässt diese Differenzierung zu.
- ✔ Berichte regelmäßig prüfen: Schauen Sie mindestens wöchentlich ins Compliance Dashboard. Falls dort Geräte als nicht konform aufgelistet sind, gehen Sie das an. Vielleicht hat jemand die Geräte-PIN deaktiviert – dann erinnern Sie die Person daran, dass das notwendig ist. Im Worst Case blockieren Sie den Zugriff, bis das Problem behoben ist (automatisch möglich). Es ist viel einfacher, Probleme zu adressieren, wenn sie klein sind (ein Gerät mit altem OS) als wenn es aus dem Ruder läuft (20 Prozent aller Geräte haben nie Updates gemacht).
- ✔ Dynamische Gruppen und Filter: Intune hat eine coole Funktion namens Filter – damit können Sie innerhalb von Zuweisungen noch feiner differenzieren. Beispiel: Sie haben eine Policy, die nur auf Windows 11 greifen soll, nicht auf Windows 10. Statt zwei Gruppen zu pflegen, können Sie einen Filter »OSVersion -contains 10« definieren und die Policy ausnehmen. Sowas ist advanced, aber gut zu wissen, falls man es mal braucht.
- ✔ Pilotphasen: Wenn Sie eine neue Policy ausrollen, zum Beispiel »alle mobilen Geräte müssen mindestens Android 12 haben«, testen Sie sie erst mit einer kleinen Gruppe (Pilot). So sehen Sie, ob unvorhergesehene Effekte auftreten (vielleicht haben etliche Mitarbeiter noch Android-11-Geräte, was dann plötzlich alle aussperren würde – unschön!). Nach einem erfolgreichen Pilot können Sie die Policy großflächig aktivieren.
- ✔ Keep it simple: Intune kann sehr viel, aber man muss nicht alles auf einmal nutzen. Fangen Sie mit den Basics an: Geräte onboarden, PIN/Verschlüsselung durchsetzen,

WLAN/Profile verteilen. Später können Sie sich an komplexere Sachen wagen, wie bedingten Zugriff oder App-Schutzrichtlinien für BYOD (MAM ohne Enrollment). Schritt für Schritt – niemand erwartet von einem kleinen Unternehmen, dass es die gleiche ausgefeilte Policy-Landschaft hat wie ein Konzern. Aber die wichtigsten Schutzmaßnahmen sollten Sie aktivieren, und die sind zum Glück in Intune relativ einfach umsetzbar.

Durch Intune wird die Verwaltung Ihrer Hardware und mobilen Endgeräte deutlich einfacher und sicherer. In späteren Kapiteln werden wir einige typische Intune-Szenarien durchspielen – von der Registrierung eines neuen Laptops bis zum sicheren Zugriff auf Unternehmensdaten von einem privaten Smartphone aus. So können Sie das hier Gelernte praktisch untermauern. Bis dahin haben Sie nun aber schon einen guten Überblick über die Möglichkeiten des Endpoint Manager Admin Centers.

Power Platform Admin Center

Die POWER PLATFORM (bestehend aus Power Apps, Power Automate, Power BI, Power Virtual Agents und mittlerweile auch Power Pages) bietet Mitarbeitern die Möglichkeit, eigene Lösungen und Automatisierungen zu bauen – oft auch »Citizen Development« genannt. Damit diese Kreativität in geordneten Bahnen verläuft, gibt es das Power Platform Admin Center. Hier behalten Sie als Admin den Überblick über die Power-Platform-Umgebungen, Anwendungen und Flüsse in Ihrem Unternehmen und sorgen für Sicherheit und Ordnung.

Wichtig zu wissen: Für Power BI gibt es ein eigenes Admin-Portal (dazu gleich im nächsten Abschnitt mehr). Das Power Platform Admin Center konzentriert sich auf Power Apps, Automate, Virtual Agents und die Umgebungseinstellungen dafür.

Funktionen des Power Platform Admin Centers

Was können Sie in diesem Admin Center alles machen? Hier eine Auflistung der Hauptaufgaben:

- ✔ Umgebungen verwalten: Die Power Platform arbeitet mit dem Konzept von Umgebungen. Sie können sich eine Umgebung als Container für Datenverbindungen, Apps und Flows vorstellen, oft separiert nach Abteilungen oder Entwicklungsstadien (Dev/Test/Prod). Im Admin Center erstellen Sie neue Umgebungen (zum Beispiel eine Testumgebung für die Entwicklungsabteilung), löschen sie wieder, oder konfigurieren sie. Konfiguration umfasst zum Beispiel, ob eine Umgebung eine Datenbank (Dataverse) hat, wer die Umgebungsadmins sind und welche Benutzer Zugriff haben.
- ✔ Berechtigungen und Rollen: Sie verwalten, welche Personen als Mitglieder oder Maker in welchen Umgebungen aktiv sein dürfen. Vielleicht erlauben Sie nur bestimmten Leuten, in der Produktionsumgebung Apps zu bauen oder anzupassen, während in einer Spielwiese jeder herumprobieren darf. Es gibt vordefinierte Rollen (Umgebungsadministrator, -Maker) und Sie können auch Azure-AD-Gruppen für ein leichteres Handling nutzen.

- ✔ DLP-Richtlinien (Data Loss Prevention für Power Platform): Ein sehr wichtiger Punkt. Mit DLP-Policies legen Sie fest, welche Datenquellen in den Apps und Flows miteinander kombiniert werden dürfen. Beispiel: Sie möchten nicht, dass jemand einen Flow baut, der Daten aus Ihrer Firmendatenbank nimmt und direkt in Twitter postet. Also definieren Sie eine Policy: Geschäftliche Datenquellen (zum Beispiel SharePoint, SQL, Salesforce) dürfen nicht mit sozialen Netzwerken (Twitter, Facebook, etc.) in einem Flow vermischt werden. Im Admin Center können Sie Connectors als geschäftlich, öffentlich oder gesperrt klassifizieren, und was nicht zusammenpassen darf, wird dann technisch blockiert. Diese DLP-Policies sind essenziell, um unbewusste Datenlecks zu verhindern, während Sie Citizen Developer frei werkeln lassen.

- ✔ Monitor und Analysen: Sie erhalten Einblick darin, wie die Power Platform genutzt wird. Zum Beispiel: Wie viele Flows laufen pro Tag? Gibt es Fehlerhäufungen? Wie viele Apps existieren in jeder Umgebung? Sie können Berichte ziehen, wer die Top-App-Builder sind (ggf. um diese Leute zu einem Center of Excellence einzuladen) oder welche Apps gar nicht mehr genutzt werden (Kandidaten zum Aufräumen). Das Admin Center stellt dafür einige Dashboards bereit und die Möglichkeit, Daten als CSV zu exportieren.

- ✔ Kapazitätsverwaltung: Falls Ihr Unternehmen Dataverse verwendet (die Datenbank hinter vielen Power-Apps/-Flows), haben Sie ein gewisses Speicherkontingent, das auf die Umgebungen verteilt wird. Im Admin Center sehen Sie den Verbrauch (Speicherplatz für Dataverse, Dateispeicher, Log-Speicher) und können Alarme setzen, wenn der Platz in einer Umgebung knapp wird. Sie können Kapazität von einer Umgebung einer anderen zuweisen, sofern verfügbar. Für kleine Umgebungen oft nicht kritisch, aber wenn viel mit Dataverse gearbeitet wird, muss man im Auge behalten, dass ausreichend Kapazität da ist, sonst schlagen irgendwann Datenbankvorgänge fehl.

- ✔ Fehlerbehebung: Als Admin werden Sie vielleicht zu Rate gezogen, wenn ein Flow ständig fehlschlägt oder eine App klemmt. Im Admin Center können Sie in gewissem Umfang Diagnosen einsehen: Für Flows gibt es Run-Historien, die auch Maker selbst sehen können, aber als Admin können Sie notfalls einen Flow auch abschalten, wenn er zum Beispiel eine Endlosschleife produziert und Spam verschickt. Bei Apps können Sie Versionen sehen und wiederherstellen, falls eine neue Version Probleme macht. Sie können einem Benutzer auch Apps vom Admin Center aus wegnehmen (Besitz übernehmen), falls jemand das Unternehmen verlässt und seine App sonst verwaist.

Warum ist das Power Platform Admin Center wichtig?

Wenn Sie Power Apps und Flows in Ihrer Organisation erlauben (wovon ich ausgehe, es ist ja Teil von Microsoft 365), brauchen Sie Governance – sonst besteht die Gefahr, dass Chaos entsteht:

- ✔ Sicherheit: Die DLP-Policies, die Sie setzen, schützen Unternehmensdaten. Ohne diese könnte ein begeisterter Mitarbeiter, der ein Problem löst, unabsichtlich Firmendaten nach außen leaken, nur weil er alle Tools verbinden kann. Das Admin Center ist Ihre Leitplanke, die solchen Wildwuchs begrenzt.

- Betreuung im Alltagsbetrieb: Wenn mal eine wichtige selbstgebaute Anwendung ausfällt (und glauben Sie mir, in vielen Firmen werden mit Power Apps inzwischen kritische Prozesse umgesetzt), müssen Sie als IT helfen können. Das Admin Center gibt Ihnen die nötige Kontrolle, zum Beispiel um Berechtigungen zu ändern, Apps zu exportieren/importieren (für Backup oder Migration), oder Limits hochzusetzen. Ohne das Admin Center sind Sie blind gegenüber dem, was da gebaut wird.

- Übersicht: Gerade in einem KMU könnte es sein, dass anfangs nur ein paar Apps entstehen – alles easy. Aber die Anzahl kann schnell wachsen, wenn Citizen Development populär wird. Plötzlich gibt es 50 Apps und 200 Flows. Das Admin Center ist quasi Ihr Register dieser Lösungen. Sie können regelmäßig schauen: Welche Apps lohnen sich, offiziell supportet zu werden? Wo entstehen vielleicht drei Apps für das gleiche Problem (dann lieber zusammenführen)? Also auch ein Steuerungsinstrument, nicht nur technisch, sondern auch strategisch in der IT.

Erste Schritte im Power Platform Admin Center – wichtige Überlegungen

- Umgebungsstrategie: Überlegen Sie früh, wie Sie Umgebungen einsetzen. Ein typischer Ansatz: Eine Standardumgebung (die Microsoft ohnehin anlegt), in der alle mal basteln, aber keine sensiblen Datenverbindungen nutzen dürfen. Dann eine Produktionsumgebung für »richtige« Apps, mit strengeren DLP-Regeln, in der nur bestimmte Leute deployen dürfen. Falls Ihr Unternehmen Entwickler hat, eventuell noch separate Dev-/Testumgebungen. Für KMU zwei Umgebungen oft aus, aber denken Sie drüber nach. Struktur hilft, später nicht alles migrieren zu müssen.

- DLP-Policy setzen, sofort! Schon bevor der erste Mitarbeiter einen Flow baut, definieren Sie zumindest eine grobe DLP-Richtlinie. In vielen Tenants gibt es bereits hilfreiche Templates, wie »Standard-DLP: Alle Microsoft-internen zu geschäftlich, alle Social Media zu öffentlich, keine Mischung erlaubt«. Aktivieren Sie dies, damit von Tag 1 an klar ist: Unsere Unternehmensdaten bleiben in vertrauenswürdigen Diensten. Das kann man später immer noch feinjustieren, aber ohne DLP können noch nicht freigegebene Lösungen, welche nicht den Richtlinien der Organisation entsprechen, für alle Mitarbeitenden der Organisation freigegeben werden.

- Monitoring etablieren: Setzen Sie sich einen Reminder, vielleicht einmal im Monat ins Admin Center zu gehen und die Analytics-Sektion durchzuschauen. Wie viele neue Apps? Wer neu ist aufgetaucht als fleißiger Bastler? Gibt es ungewöhnlich viele Flow-Fehler? Solche Proaktivität fängt Probleme ab, bevor jemand genervt zur IT kommt, weil irgendetwas nicht klappt.

- Kommunikation mit Maker-Community: Wenn Ihr Unternehmen Citizen Developers hervorbringt, gehen Sie mit ihnen in den Austausch. Das Admin Center zeigt, wer Apps erstellt hat. Man könnte zum Beispiel alle paar Monate alle App-Owner zu einem kurzen Treffen einladen (CoE – Center of Excellence), um Erfahrungen zu teilen und Standards abzusprechen. Das ist zwar kein reines Admin-Center-Thema, aber wird durch die Erkenntnisse aus diesem initiiert.

- ✔ Notfallplan: Überlegen Sie, was passiert, wenn ein Power-Platform-Entwickler die Firma verlässt. Haben Sie Zugriff auf die erstellten Artefakte? (Tipp: Richten Sie Service Accounts oder zumindest mehrere Owner für kritische Apps/Flows ein). Das Admin Center ermöglicht es zwar, Besitz zu übernehmen, aber das muss man wissen und zeitnah tun. Ein kleiner Prozess wie »Exit-Checklist: Power Platform Assets auf neue Owner übertragen« kann aus dem Admin Center heraus generiert werden.

Tipps für das Power Platform Admin Center

- ✔ Automatisierung: Passend zum Thema könnten Sie auch hier Automationen anwenden. Microsoft bietet ein Center of Excellence (CoE) Starter Kit – eine Sammlung von Power-BI-Dashboards, Flows und Apps, die Ihnen über die Admin-APIs Reports liefern und sogar Governance-Workflows anstoßen können. Wenn zum Beispiel ein Mitarbeiter mehr als fünf Power Apps mit denselben Anforderungen gebaut hat, kann eine Mail direkt an den Administrator gesendet werden, dass hier etwas doppelt erstellt wird und eine Schulung notwendig sein könnte. Das CoE-Kit ist etwas aufwändiger zu installieren, aber sehr lohnend, wenn Power Platform viel genutzt wird.
- ✔ Regelmäßige Überprüfung: Dieser Punkt kommt Ihnen wahrscheinlich bekannt vor – er zieht sich durch alle Admin Center. Bleiben Sie im Loop, schauen Sie regelmäßig rein und passen Sie Policies an. In der Power Platform kann sich viel ändern – neue Connectors kommen (die evtl. standardmäßig erstmal geblockt gehören, bis Sie sie geprüft haben). Halten Sie daher Ausschau nach neuen Features in den Release Notes, damit Sie nicht überrascht werden.
- ✔ Schulungen und Ressourcen: Empowern Sie Ihre ambitionierten User mit Wissen. Je mehr die Maker über Governance wissen, desto eher vermeiden sie es, unnötig gegen Wände (Policies) zu laufen. Teilen Sie zum Beispiel die Info, welche Connectors erlaubt sind und welche gesperrt – dann kommt niemand auf die Idee, der Finance-API-Connector sei kaputt, obwohl er einfach nur durch DLP blockiert ist. Microsoft Learn hat übrigens auch Kurse für Power-Platform-Admins – falls Sie tiefer einsteigen wollen (zum Beispiel in ALM = Application Lifecycle Management mit Power Platform; sehr spannend wenn das Unternehmen größer wird).

Jetzt sind Sie gut aufgestellt, um die Verwaltung der Power Platform in Ihrem Unternehmen zu übernehmen. In einem späteren Kapitel werden wir noch ein Beispiel betrachten, wie eine kleine Abteilung mit Power Apps einen Prozess digitalisiert und wie Sie sie als Admin vom ersten Entwurf bis zum produktiven Einsatz unterstützen können. So sehen Sie praxisnah, wie die im Admin Center getroffenen Einstellungen wirken und zum Erfolg beitragen.

Power-BI-Admin-Portal (Microsoft Fabric)

Power BI ist Microsofts Business-Intelligence-Plattform – zuständig für Dashboards, Berichte und Datenvisualisierung. Während Power BI technisch Teil der Power Platform ist, hat es ein eigenes Admin-Portal und ist seit 2023 in Microsoft Fabric integriert (einer umfassenden Data-Analytics-Plattform). Für Sie als Administrator bedeutet das: Sie müssen ein Auge darauf haben, wie Daten in Power BI verwendet werden, wer darauf zugreift und dass alles performant sowie sicher abläuft.

Funktionen des Power-BI-Admin-Portal

Das Power-BI-Admin-Portal (zugänglich über die Power-BI-Weboberfläche, Voraussetzung: Sie haben die Rolle »Power-BI-Administrator« oder sind Global Admin) bietet verschiedene Einstellungsbereiche:

- ✔ Mandanteneinstellungen: Hier legen Sie global fest, was in Power BI erlaubt oder eingeschränkt ist. Einige Beispiele: Dürfen Benutzer Inhalte mit externen Personen teilen? Ist die Export-Funktion von Daten aus Berichten zulässig (und für wen)? Dürfen Nutzer eigene Datenflows erstellen? Diese Einstellungen ermöglichen es, ein Gleichgewicht zwischen Self-Service (die Nutzer können viel selbst tun) und Governance (kritische Aktionen sind eingeschränkt) herzustellen. Für KMU lässt man oft relativ viel offen, aber man könnte zum Beispiel externe Freigaben unterbinden, wenn man Daten nur intern halten will.
- ✔ Kapazitäten und Premium-Einstellungen: Falls Ihr Unternehmen Power BI Premium einsetzt (eine dedizierte Kapazität für bessere Leistung, größere Datenmengen, oder neuerdings Microsoft Fabric Capacities), verwalten Sie hier diese Kapazitäten. Sie weisen Arbeitsbereiche einer Premium-Kapazität zu, verwalten die Auslastung (Monitoring der CPU-Nutzung) und können Einstellungen wie Autoscaling vornehmen. Für kleine Unternehmen ohne Premium klappt alles im Shared Capacity automatisch – dann ist dieser Bereich weniger wichtig.
- ✔ Arbeitsbereiche verwalten: Power BI hat das Konzept der Arbeitsbereiche (Workspaces), in denen Berichte, Datasets, Dashboards gruppiert sind – meistens pro Team oder Projekt. Als Admin sehen Sie alle Arbeitsbereiche, auch die, zu denen Sie nicht explizit eingeladen wurden. Sie können bei Bedarf übernehmen (falls zum Beispiel ein Admin einen Benutzer zum Workspace-Admin machen muss, der ursprünglich keiner war) oder Workspaces löschen. Besonders alte, »verwaiste« Workspaces lassen sich so aufräumen.
- ✔ Benutzer und Berechtigungen: Zwar werden Benutzer vorrangig im Microsoft 365 Admin Center verwaltet, aber im Power-BI-Admin-Portal können Sie zum Beispiel Power-BI-Pro-Lizenzen zuweisen (was aber auch im M365 Admin geht) und die Rollen im Admin-Portal managen. Es gibt eine spezielle Rolle »Power-BI-Administrator«, die Sie Personen geben können, die sich ums BI kümmern sollen, ohne sie gleich zum globalen Admin zu machen.
- ✔ Überwachung und Audit: Genau wie in anderen Bereichen können Sie auch hier Audit-Logs einsehen. Wichtig sind auch der Nutzungsmetriken-Report oder die Integration mit den Office 365 Usage Analytics – hier bekommen Sie Einblicke, wie viele Berichte im Umlauf sind, wie viele Nutzer aktiv sind etc. Darüber hinaus gibt es im Portal einen Punkt »Premium Überwachung« für die Kapazität und die Integration mit Azure Log Analytics, falls man detaillierte Metriken sammeln will.
- ✔ Sicherheit und Compliance: Einige spezifische Einstellungen, zum Beispiel MDM-Schlüsselrotation (Mobile Device Management Keys, falls Geräte durch Intune geschützt Berichte anzeigen, eher selten Thema), oder entdecken von sensiblen Infos in Power BI (die Sensitivity Labels aus Purview können auch auf BI-Artikeln sitzen). Als Admin schaut man, dass Power BI den gleichen Compliance-Standards folgt wie der Rest – meist über solche globalen Funktionen, die hier ein-/auszuschalten sind.

Warum ist das Power-BI-Admin-Portal wichtig?

In vielen Unternehmen werden über Power BI wichtige Entscheidungen vorbereitet – schließlich basieren Berichte und Dashboards auf zentralen Geschäftsdaten. Daher muss die Power-BI-Umgebung verlässlich und sicher sein.

- ✔ Daten-Governance: Sie wollen kontrollieren, woher die Daten kommen und wohin sie gehen. Beispielsweise sollte nicht jeder Nutzer beliebige Datenquellen anbinden können, insbesondere keine unsicheren. Und wenn Berichte sensitive Daten zeigen, müssen Freigaben klar geregelt sein. Im Admin-Portal können Sie etwa Datenherkunftsregeln definieren oder die Verwendung bestimmter Features wie »PBI Publish to Web« (das veröffentlicht Berichte im Internet!) unterbinden.
- ✔ Performance und Kapazität: Nichts ist schlimmer, als wenn das Management-Dashboard am Monatsende nicht lädt, weil die Kapazität überlastet ist. Das Admin-Portal (bzw. dessen Capacity Management) lässt Sie Engpässe erkennen. Premium-Kunden können zum Beispiel sehen, wenn eine Auslastung dauernd bei 100 Prozent liegt, und dann entsprechend mehr Kapazität kaufen oder Berichte optimieren.
- ✔ Sicherheit der Daten: Ähnlich wie bei anderen Tools muss auch hier sichergestellt sein, dass zum Beispiel beim Ausscheiden eines Mitarbeiters dessen Zugriffe entzogen werden. Wenn ein Nutzer aus Entra ID gelöscht wird, verliert er zwar seinen Zugriff, aber die Daten, die er hochgeladen hat (Datasets, Berichte), bleiben. Als Admin muss man diese Artefakte eventuell transferieren. Und generell sollte man wissen, welche Daten in Power BI liegen – es könnten zum Beispiel personenbezogene Daten in einem Dataset sein, die einem Löschbegehren unterliegen. Dann muss man sie aus Power BI ebenfalls entfernen (Stichwort Lineage und Impact-Analyse, die Power BI teilweise bietet, um zu sehen, wo Daten genutzt werden).
- ✔ Self-Service-BI vs. Kontrollierte BI: Power BI ermöglicht Self-Service, aber es muss im Rahmen bleiben. Das Admin-Portal ist Ihr Regelwerk. Sie definieren, was Nutzer auf eigene Faust tun dürfen und was nicht. So bleibt die BI-Landschaft wartbar. Sie wollen schließlich nicht, dass fünf Leute den gleichen Sales-Bericht erstellen, jeder mit leicht anderen Zahlen, und dann Verwirrung stiften. Besser: Einen offizielles Dataset veröffentlichen, auf dem Nutzer aufbauen können. Solche Governance-Konzepte können Sie mit Einstellungen untermauern (zum Beispiel zertifizierte Datensätze kenntlich machen, was im Portal administriert wird).

Was erwartet die Administratoren im Power BI Admin Center?

- ✔ Übersichtliches Dashboard: Direkt nach dem Öffnen sehen Sie eine Übersicht diverser Einstellungen und den Tenant-Status. Es gibt keine separate »Startseite«, aber man hat links das Menü mit Kategorien: Mandanteneinstellungen, Nutzungsmetriken, Premium-Einstellungen etc.
- ✔ Automatisierung und Regeln: Sie können bestimmte Dinge automatisiert prüfen lassen. Mit Deployment Pipelines (eine Premium-Funktion) kann man zum Beispiel den Weg Dev -> Test -> Prod für BI-Inhalte managen. Als Admin richten Sie die Pipeline

ein und definieren die Regeln. Das Admin-Portal bietet aber keine »Knopfdruck«-Automatisierungen an; hier müssen Sie eher mit Tools wie PowerShell oder dem Admin-REST-API arbeiten, wenn Sie Massenoperationen machen wollen (zum Beispiel alle Arbeitsbereiche abfragen und auswerten – dafür stellt Microsoft Cmdlets bereit).

- ✔ Protokollierung und Überwachung: Erwähnenswert ist auch, dass es einen Aktivitätsprotokoll-Download im Admin-Portal gibt, der einen .csv aller Aktivitäten liefert, ähnlich dem Audit Log, aber speziell für PBI. Das nutzen Admins, um zum Beispiel zu sehen, wer diesen Bericht zuletzt angesehen oder wann Benutzer X das Dashboard geändert hat. Auch in Forensik-Fällen kann es nützlich sein.

Tipps für das Power BI Admin Center

- ✔ Rollenbasierte Zugriffe gezielt setzen: Nicht jeder Global Admin ist auch BI-Experte. Es kann sinnvoll sein, einem BI-Verantwortlichen (vielleicht einem Data-Analyst-Teamleiter) die Power-BI-Admin-Rolle zu geben, damit er im Admin-Portal Dinge einstellen kann, ohne weitere Admin-Rechte zu haben. So delegieren Sie Verantwortung an die Person, die am meisten davon versteht.

- ✔ Exporte und Freigaben im Blick: Standardmäßig können Nutzer Berichte und Dashborad-Daten nach PDF oder Excel exportieren. Überlegen Sie, ob das in Ordnung ist oder zu datenschutzrechtlichen Lücken führt (zum Beispiel könnte jemand einen Bericht mit Personaldaten exportieren und verschicken). Sie könnten diese Exporte global abschalten – aber dann schreien die Nutzer auf, weil sie es lieben, mal schnell was in Excel rauszuziehen. Hier hilft es, Kompromisse zu finden (vielleicht nur bestimmte Gruppen dürfen exportieren). Hauptsache, Sie wissen, was möglich ist und entscheiden bewusst.

- ✔ Regelmäßige Überprüfung der Arbeitsbereiche: Gerade, wenn Leute selbst Arbeitsbereiche erstellen dürfen (was per Default so ist für BI-Pro-Nutzer), kann es unübersichtlich werden. Als Admin könnten Sie sich beispielsweise einmal im Quartal alle Workspaces auflisten, und nachverfolgen: Gibt es welche ohne Nutzer (Besitzer hat Firma verlassen)? Gibt es sehr viele kleine Workspaces, die man konsolidieren könnte? Die gezielte Ansprache der Ersteller hilft; man kann zum Beispiel vorschlagen, Projekte XY und YZ in einen gemeinsamen Bereich zusammenzuführen.

- ✔ Datenquellen und Gateways: Im Admin-Portal verwalten Sie auch On-Premises Data Gateways, wenn Ihr Unternehmen lokale Datenbanken an Power BI anbindet. Stellen Sie sicher, dass die Gateways immer up-to-date und redundant aufgesetzt sind, damit Berichte reibungslos aktualisiert werden. Nichts ärgert Reportnutzer mehr als ein veralteter Bericht, weil der Refresh nicht ging. Als Admin sollten Sie Gateways im Auge haben: Wer installiert neue, sind die Verbindungen sauber, und so weiter.

- ✔ Nutzung der Automatisierung: Wenn Ihr Unternehmen Power BI sehr stark nutzt, lohnt es sich, Skripte zu entwickeln (mit PowerShell oder dem Power-BI-REST -API), um Admin-Aufgaben zu erleichtern. Beispiel: Ein Skript, das alle Owner von allen Datasets ausliest und prüft, ob die Owner noch im Unternehmen sind – so kann man

Geister-Datasets identifizieren. Oder ein Skript, das wöchentlich die Top 10 der meistgenutzten Dashboards an die BI-Leitung mailt, um Erfolge zu feiern oder Trainingsbedarf zu erkennen (wenn ein wichtiges Dashboard kaum genutzt wird).

- ✔ Aktive Überwachung der Nutzung: Die Power BI Usage Metrics (oder das Office 365 BI Content Pack) geben Einblicke in die Adoption. Fördern Sie positive Nutzung (zum Beispiel »Dashboard des Monats« ausloben) und erkennen Sie Bottlenecks (vielleicht melden viele Nutzer, dass ein Bericht unverständlich ist – dann war die Self-Service-Idee nett, aber man muss schulen). Das Admin-Portal liefert dafür die Datenpunkte, aber die Interpretation und Maßnahmen liegen bei Ihnen als verantwortlichem Admin, in Zusammenarbeit mit dem BI-Team.

Das Power BI Admin Center mag weniger technisch komplex erscheinen als zum Beispiel das Security oder Compliance Center, aber es spielt eine ebenso wichtige Rolle. Es gewährleistet, dass die datengetriebene Entscheidungsfindung in Ihrem Unternehmen auf einer stabilen und kontrollierten Basis erfolgt. In einem späteren Abschnitt widmen wir uns noch Best Practices der Einführung einer Self-Service-BI-Plattform, in dem die hier beschriebenen Einstellungen praktisch zur Geltung kommen.

Wer suchet, der findet – die Administration rund um die Suche

Um als Administrator im Bereich der SUCHE UND INTELLIGENCE von Microsoft 365 erfolgreich zu sein, ist es wichtig, einen fundierten ersten Einblick in die verfügbaren Funktionen und Konfigurationsmöglichkeiten zu bekommen. Diese Einführung soll Ihnen als Einstieg dienen und die wesentlichen Aspekte des Themas beleuchten.

Was ist das Admin Center und wozu dient es?

Das Admin Center von Microsoft 365 ist die zentrale Verwaltungsplattform, über die Administratoren verschiedene Einstellungen und Funktionen ihrer Microsoft-365-Umgebung steuern können. Es bietet eine benutzerfreundliche Oberfläche, die es Ihnen ermöglicht, wesentliche Konfigurationen ohne tiefgehende technische Kenntnisse vorzunehmen.

Welche Themen und Funktionen kann ich konfigurieren?

Als Administrator haben Sie Zugriff auf eine Vielzahl von Einstellungen und Funktionen, die die Effizienz und Sicherheit Ihrer Datenverwaltung erheblich verbessern können. Zu den wichtigsten Themen gehören:

- ✔ Suchfunktionen: Konfigurieren Sie die Suchergebnisse Ihrer Organisation, um relevantere Informationen schneller zugänglich zu machen. Dazu gehört die Anpassung der Suchergebnisseiten und -filter, um den spezifischen Bedürfnissen Ihrer Benutzer gerecht zu werden.
- ✔ Datenklassifizierung: Setzen Sie intelligente Klassifizierungsfunktionen ein, um sensible Daten zu identifizieren und zu schützen. Datenklassifizierung erleichtert es Ihnen, Richtlinien für den Datenschutz und die Datensicherheit umzusetzen.

- Intelligente Einblicke: Nutzen Sie die integrierten Analyse- und Berichtsfunktionen, um wertvolle Einblicke in die Nutzung und den Zugriff auf Ihre Daten zu erhalten. Diese Einblicke helfen Ihnen, die Nutzungsmuster besser zu verstehen und gegebenenfalls Optimierungen vorzunehmen.
- Compliance Management: Stellen Sie sicher, dass alle gesetzlichen und unternehmensinternen Vorschriften eingehalten werden. Dies umfasst die Verwaltung von Aufbewahrungsrichtlinien und das Erstellen von Auditberichten.

Wie fange ich an?

Als erstes sollten Sie sich mit der Oberfläche des Admin Centers vertraut machen. Durchstöbern Sie die verschiedenen Menüs und Untermenüs, um ein Gefühl für die Struktur und die verfügbaren Optionen zu bekommen. Nutzen Sie die integrierten Hilfestellungen und Tutorials, die Microsoft anbietet, um sich weiter einzuarbeiten.

Spannende Insights und Hinweise

Um das Beste aus dem Microsoft 365 Admin Center herauszuholen, hier einige wertvolle Tipps:

- Nutzen Sie rollenbasierte Zugriffskontrollen: Verwenden Sie rollenbasierte Zugriffskontrollen, um sicherzustellen, dass Benutzer nur auf die Daten zugreifen können, die sie tatsächlich benötigen. Dies erhöht die Sicherheit und reduziert das Risiko von Datenlecks.
- Überprüfen Sie regelmäßig die Datenquellen: Überprüfen Sie regelmäßig die Verbindungen zu Ihren Datenquellen. Unregelmäßigkeiten oder Probleme können frühzeitig erkannt und behoben werden, bevor sie größere Auswirkungen haben.
- Nutzen Sie die Automatisierungsfunktionen: Nutzen Sie die Automatisierungsfunktionen des Admin Centers, um Routineaufgaben effizienter zu gestalten. Dies kann Ihnen wertvolle Zeit sparen und die Konsistenz Ihrer Datenverwaltung verbessern.
- Überwachen Sie aktiv die Nutzung: Überwachen Sie aktiv die Nutzung Ihrer Microsoft-365-Ressourcen. So können Sie Engpässe oder ineffiziente Nutzungsmuster erkennen und entsprechend darauf reagieren.

Teil II
Die Benutzerverwaltung – ein zentrales Thema innerhalb von Microsoft 365

IN DIESEM TEIL …

- Was sind Identitäten und warum sprechen wir in Microsoft 365 häufig von Hybriden-Identitäten?
- Wie gelange ich in die Benutzerverwaltung Entra ID?
- Welche Benutzer und Gruppenarten gibt es und was ist der wesentliche Unterschied?
- Was sind Gastbenutzer und worauf müssen Sie achten?
- Welche wesentlichen Sicherheitsfunktionen sind in der Benutzerverwaltung wichtig?

IN DIESEM KAPITEL

Einblick in die unterschiedlichen Synchronisierungsmodelle

Herausforderungen und Lösungen in der Synchronisierung

Bereitstellung von Identitäten

Kapitel 7
Verwalten von Hybrid-Identitäten

Willkommen im zweiten Teil des Buches »Microsoft 365 für Administratoren«. Hier dreht sich alles um den Benutzer – denn ohne Benutzer funktioniert keine Anwendung. Die Benutzerverwaltung ist eine wesentliche Komponente für die Identifizierung des Menschen vor dem Bildschirm. In diesem Teil des Buches erhalten Sie einen umfassenden Überblick über die verschiedenen Aspekte der Benutzerverwaltung und die Bedeutung einer einheitlichen Benutzeridentität. Keine Sorge, ich vermeide Fachchinesisch und halte es locker und humorvoll.

Ein zentrales Anliegen der Benutzerverwaltung ist es, eine Brücke zwischen der Technik und den Personen zu schlagen, die sie nutzen. Es geht nicht nur darum, Benutzerkonten zu erstellen und zu verwalten, sondern auch um die Sicherheit und Zugänglichkeit für jede Interaktion in Ihrer Microsoft-365-Umgebung. Stellen Sie sich vor, die Benutzerverwaltung ist wie das Herz Ihrer IT-Landschaft – ohne sie würde nichts reibungslos funktionieren.

Doch moderne Unternehmen stehen vor der Herausforderung, dass Benutzer nicht nur innerhalb von Bürogebäuden agieren. Sie sind mobil, sie greifen aus der Cloud zu und manchmal sogar von ihrem Lieblingscafé aus. Genau hier kommen hybride Identitäten ins Spiel.

In diesem Kapitel »Verwaltung von hybriden Identitäten« erwartet Sie eine spannende Reise durch die Welt der Identitätslösungen, die sowohl lokale als auch cloud-basierte Anwendungen umfassen. Sie werden entdecken, wie hybride Identitäten (der Begriff wird nachfolgend noch erläutert) eine Brücke zwischen den Anforderungen moderner Unternehmen und den technischen Herausforderungen der Verwaltung schlagen. Freuen Sie sich auf praxisnahe Einblicke, die Ihnen zeigen, wie Sie die Identitäten Ihrer Benutzer effizient organisieren und absichern können, damit der Zugriff auf Ressourcen reibungslos funktioniert – sei es aus dem Büro, der Cloud oder dem Lieblingscafé heraus.

Das Kapitel beginnt mit einer Einführung in die Grundprinzipien hybrider Identitäten: Was sind sie genau, und warum sind sie für die heutige IT-Landschaft unverzichtbar? Anschließend erfahren Sie, welche Szenarien sich besonders gut für hybride Identitäten eignen und welche technologischen Bausteine von Microsoft – wie Entra Connect – dabei eine zentrale Rolle spielen.

Darüber hinaus beleuchtet das Kapitel die Herausforderungen der Synchronisierung und Bereitstellung von Benutzerkonten. Sie lernen, welche Schritte notwendig sind, um Identitätsinformationen zwischen lokalen und Cloud-Systemen aktuell zu halten und wie Sie neue Benutzer nahtlos in Ihre Systeme integrieren können. Gleichzeitig wird gezeigt, wie die Lizenzanforderungen und die Vorteile der Identitätslösungen von Microsoft Ihre Arbeitsabläufe vereinfachen und die Sicherheit erhöhen.

Das Herzstück des Kapitels bildet eine strukturierte Anleitung, die Ihnen einen klaren roten Faden bietet: Von der Definition und Bereitstellung hybrider Identitäten bis hin zur praktischen Umsetzung und Optimierung Ihrer Prozesse. Sie werden mit einem umfassenden Verständnis abschließen, wie hybride Identitäten Ihre IT-Landschaft stärken und Ihnen helfen, den Anforderungen des digitalen Zeitalters gerecht zu werden.

Jede Microsoft-365-Umgebung verfügt im Hintergrund über eine eigenständige Benutzerverwaltung – das sogenannte Microsoft Entra ID, früher bekannt als Azure Active Directory. Microsoft Entra ID ist die Grundlage für alle Microsoft-365-Dienste, und für jeden Menschen, der in Ihrem Unternehmen zukünftig damit arbeiten soll, müssen Sie dort ein Konto – einen sogenannten Benutzer – anlegen und lizenzieren. Aber keine Sorge, Sie müssen nicht alles doppelt machen! Typischerweise besitzen Sie in der Regel schon eine lokale Benutzerverwaltung. Denn das lokale Active Directory ist – wie in Microsoft 365 – notwendig für den Zugang zu den Anwendungen, die Sie gegebenenfalls derzeit noch lokal, in einem Rechenzentrum oder im Serverraum (im Unternehmen) betreiben. Jetzt stellt sich die Frage: Wie integrieren Sie diese beiden Verzeichnisse ohne zusätzlichen Verwaltungsaufwand, und ohne dass Ihre Benutzer Schwierigkeiten beim Anmelden haben?

Benutzerverwaltung, das klingt erstmal sperrig, oder? Es ist weniger kompliziert, als es klingt. Stellen Sie sich die Benutzerverwaltung wie eine gut organisierte Gästeliste für eine exklusive Party vor – nur, dass es hier nicht um Cocktails und Musik geht, sondern um Zugriffe und Berechtigungen in Ihrer IT-Landschaft.

Die Benutzerverwaltung sorgt dafür, dass jeder genau dort Zugriff hat, wo er ihn braucht – und nur dort. Sie erstellt und verwaltet Benutzerkonten, passt Berechtigungen an und sorgt dafür, dass alle sicher, aber ohne Hindernisse, arbeiten können. Gleichzeitig schützt sie Ihr digitales »Haus« vor unerwünschten Gästen, indem sie sicherstellt, dass nur die eingeladenen Personen hereinkommen – also jene mit der richtigen »digitalen Eintrittskarte«.

Und der Mehrwert? Sie sparen Zeit, Nerven und erhöhen die Sicherheit. Kein ständiges Nachfragen nach Passwörtern, keine unberechtigten Zugriffe – und alles läuft wie geschmiert, egal ob im Büro oder im Homeoffice. Benutzerverwaltung ist also der unsichtbare Held Ihrer IT, der dafür sorgt, dass alles rund läuft, während Sie sich auf die wichtigen Dinge konzentrieren können.

Sie kennen das: Alles in einem Unternehmen muss miteinander reden – die Daten, die Programme und sogar die Computer. Bei einer *lokalen Serverarchitektur* läuft diese Kommunikation über physische Server, die im Unternehmen selbst stehen, vielleicht in einem klimatisierten Serverraum oder gar einem Keller voller blinkender Geräte.

Lokale Server sind wie die Gastgeber dieser Party: Sie verwalten, speichern und teilen Daten und Programme, die direkt im Netzwerk Ihres Unternehmens genutzt werden. Der Vorteil? Die Daten bleiben »inhouse«, also geschützt innerhalb Ihrer eigenen vier Wände. Das bedeutet: schnellere Zugriffe, volle Kontrolle und keine Abhängigkeit von einer Cloud oder anderen externen Diensten.

Und der Mehrwert? Sie profitieren von Flexibilität und Kontrolle. Sie wissen genau, wo Ihre Daten liegen und können bei Bedarf mal eben »an die Tür klopfen«, sprich: physisch darauf zugreifen. Gerade bei sensiblen Informationen oder Anwendungen, die nicht für die Cloud geeignet sind, ist diese Architektur Gold wert. Und seien wir ehrlich – wer mag nicht das Gefühl, die Zügel selbst in der Hand zu haben?

Hier kommt Microsoft Entra Connect ins Spiel. Diese clevere Softwarekomponente wird auf einem lokalen Server installiert und synchronisiert regelmäßig Benutzerkonten, Gruppen und Kontakte zwischen Ihrem lokalen Active Directory und Microsoft Entra ID. Dadurch entfällt für Sie als Administrator der doppelte Pflegeaufwand, zum Beispiel beim Anlegen von Benutzerkonten für neue Mitarbeiter. Praktisch, oder?

Bevor wir uns jedoch mit Microsoft Entra Connect und der damit verbundenen Hybridstellung befassen, schauen wir gemeinsam auf das Themengebiet der Identitäten. Denn es gibt verschiedene Identitäten.

Unterschiedliche Identitäten

Unterschiedliche Identitäten – was meine ich damit? Stellen Sie sich vor, jede Identität in Ihrer IT-Landschaft ist wie eine persönliche Eintrittskarte zu einem exklusiven Club, aber mit unterschiedlichen VIP-Zugängen. In der Microsoft-Welt gibt es verschiedene Identitätsarten, und jede hat ihre eigene Rolle und Funktion. Lassen Sie uns dieses Dickicht ein wenig entwirren.

Beginnen wir mit der lokalen Active-Directory-Identität (AD). Diese Art von Identität ist der Oldtimer unter den digitalen Pässen – bewährt, zuverlässig und für viele Unternehmen immer noch die Basis. Eine lokale AD-Identität wird in einem Netzwerk genutzt, das vollständig in Ihrem Unternehmen verbleibt. Sie kennen das: Alles ist »inhouse«, und Ihre Daten bleiben sicher unter Ihrem Dach. Mit dieser Identität können Benutzer auf lokale Ressourcen wie Dateien, Drucker oder spezielle Anwendungen zugreifen. Klingt simpel? Ist es auch, solange alles lokal bleibt.

Jetzt kommt Microsoft Entra ID ins Spiel, der digitale Pass für die Cloud-Welt. Sie fragen sich vielleicht, was daran so besonders ist? Ganz einfach: Eine Entra ID ist Ihre Eintrittskarte zu den Microsoft-365-Diensten sowie zu anderen Cloud-Anwendungen. Und hier wird es spannend: Mit einer Entra ID können Sie von überall aus auf Ihre Daten zugreifen; ob im Büro, im Homeoffice oder am Strand – solange es WLAN gibt. Aber das ist noch nicht alles. Microsoft bietet verschiedene Pläne an, wie zum Beispiel Small Business Standard oder Small Business Premium. Diese Lizenzen beinhalten unterschiedliche Funktionen, die Unternehmen mehr Flexibilität und Sicherheit bieten. Sie sehen: Eine Entra ID ist mehr als nur ein Benutzer und ein Passwort. Sie ist Ihr Schlüssel zu einer umfassenden Cloud-Welt.

Und die Lizenzfrage? Erinnern Sie sich noch an das Kapitel »Lizenztypen«? Microsoft bietet verschiedene Optionen, wie Small Business Standard oder Small Business Premium.

Aber hier ist der Knackpunkt: Für kleine und mittelständische Unternehmen stellt sich oft die Frage, welche Lizenzierung die richtige ist. Während die Small-Business-Standard-Lizenz grundlegende Entra-ID-Funktionen bietet, legt die Small-Business-Premium-Lizenz noch eine Schippe drauf – etwa mit erweiterten Sicherheitsfunktionen und besseren Verwaltungswerkzeugen. Wenn Ihr Unternehmen wächst oder spezifische Anforderungen hat, lohnt es sich, darüber nachzudenken.

Entra-ID-Lizenzstufen – das klingt nach Bürokratendeutsch, oder? Stellen Sie sie sich am besten wie Konzertkarten vor: Mit dem Basis-Ticket (Free) kommen Sie aufs Festivalgelände und können einiges erleben, aber bestimmte VIP-Bereiche (etwa exklusive Sicherheitsfeatures) bleiben Ihnen verwehrt. Das Premium-P1-Ticket öffnet Ihnen diese VIP-Bereiche – Sie bekommen Zugang zu weiteren Sicherheits- und Verwaltungsfunktionen. Und das Premium-P2-Ticket? Das ist der Backstage-Pass mit All-Access: Sie erhalten noch exklusivere Features, zum Beispiel eine automatische Risikoüberwachung der Anmeldungen und eine Verwaltung privilegierter Konten. Für kleine Unternehmen reicht meist das Basis- oder P1-Ticket aus; P2 ist eher etwas für große Konzerne mit Spezialanforderungen.

Microsoft Entra ID wird in verschiedenen Ausbaustufen und Lizenztypen angeboten. In jeder Microsoft-365-Lizenzvariante ist mindestens die Free-Edition enthalten. Für die meisten Funktionen, die wir in diesem Kapitel besprechen, reicht die Free-Edition aus. Aber keine Sorge, ich weise Sie auf die Ausnahmen hin, bei denen Sie eine Premium-Lizenz benötigen. Besonders im Sicherheitsbereich sind oft Lizenzen vom Typ Azure Active Directory Premium Plan 1 oder Plan 2 erforderlich. Diese sind in bestimmten Lizenzpaketen enthalten, können aber auch einzeln erworben werden.

Entra-ID-Lizenztyp	Enthalten in den Small-Business-Paketen
Entra ID Free	Microsoft 365 Business Basic, Microsoft 365 Business Standard, Microsoft 365 Business Premium
Entra ID Plan 1	Microsoft 365 Business Premium
Entra ID Plan 2	in keinem Small-Business-Paket enthalten

Tabelle 7.1: Entra-ID-Lizenzierung im Small-Business-Bereich

Weitere Informationen finden Sie auf folgender Seite von Microsoft: `https://learn.microsoft.com/de-de/entra/fundamentals/licensing`.

Ihre Aufgabe als IT-affine Person? Halten Sie die Identitäten einfach und sicher. Achten Sie darauf, dass Ihre Benutzer die richtigen »Pässe« für ihre täglichen Aufgaben haben. Denn eine gut durchdachte Identitätsverwaltung ist der Schlüssel zu einer reibungslosen IT-Landschaft – lokal und in der Cloud.

Nun fragen Sie sich sicher, wie das Ganze in einer Hybridstellung zusammenpasst. Eine Hybridstellung kombiniert lokale AD-Identitäten mit der Microsoft Entra ID. Stellen Sie sich das vor wie ein Brückenbauprojekt: Benutzer können sowohl auf lokale Ressourcen als auch auf Cloud-Dienste zugreifen, ohne ständig ihre »Pässe« zu wechseln. Hier kommt Microsoft Entra Connect ins Spiel, das praktische Synchronisationstool. Dadurch können Sie Ihre Benutzerkonten in beiden Welten aktuell und konsistent halten. Das bedeutet weniger Verwaltungsaufwand und mehr Effizienz.

Viele IT-Administratoren in Unternehmen sind der Ansicht, dass Microsoft Entra ID für die Benutzerverwaltung innerhalb von Microsoft 365 zuständig ist und von dort aus gesteuert wird. Tatsächlich liegt die eigentliche Benutzerverwaltung innerhalb von Microsoft Azure, da Microsoft 365 als »Software as a Service«-Anwendung grundsätzlich auf Microsoft Azure ausgeführt wird. Aus diesem Grund ist bei jedem Microsoft-365-Mandanten im Hintergrund auch eine Microsoft-Azure-Umgebung vorhanden.

Unterschiedliche Synchronisierungs-Szenarien – aber welches passt zu meinen Unternehmen?

Nachdem wir uns mit dem Begriff der Identitäten befasst haben, stellt sich nun die Frage: Wie synchronisieren wir lokale Identitäten mit Entra ID? Die Kombination von lokalem Active Directory (AD) und Microsoft Entra ID ermöglicht es Unternehmen, lokale und Cloud-Ressourcen effizient zu nutzen. Es ist nicht sinnvoll, unterschiedliche Identitäten für lokale Anwendungen und Cloud-Dienste wie Microsoft 365 zu verwenden – ähnlich wie man zu Hause für Eingangstür und Garagentür den gleichen Schlüssel nutzt.

Die Synchronisation von lokalen Identitäten mit Entra ID bietet eine einfache Möglichkeit, all Ihre Ressourcen sicher zu verwalten, egal ob sie sich in Ihrem Büro oder in der Cloud befinden. Sie brauchen keine mehrfachen Zugangsdaten mehr; ein einziges Login reicht aus, um sowohl auf Ihre lokalen als auch auf Ihre Cloud-Dienste zuzugreifen. Dies spart Zeit und minimiert das Risiko von Sicherheitsproblemen.

Durch die Verwendung der gleichen Identität für alles wird der Arbeitsablauf harmonisiert und vereinfacht – was insbesondere für kleinere und mittelständische Unternehmen von Vorteil ist. Die Einrichtung ist unkompliziert, für jeden IT-affinen Menschen leicht verständlich, und die Vorteile sind im täglichen Betrieb sofort spürbar.

Die Synchronisierungsmodelle

Bei der Synchronisierung von Identitäten stehen Ihnen verschiedene Modelle zur Auswahl, die jeweils auf unterschiedliche Unternehmensanforderungen zugeschnitten sind. Im Folgenden erhalten Sie einen Überblick über die gängigen Synchronisierungsansätze und erfahren, welches Modell für Ihr Unternehmen am besten geeignet ist.

Synchronisierung mit Microsoft Entra Connect

In der Praxis gibt es verschiedene Möglichkeiten, lokale Identitäten mit der Cloud zu synchronisieren. Jede Methode bringt eigene Vorzüge und Besonderheiten mit, die sich je nach Unternehmensgröße und IT-Struktur unterschiedlich auswirken. Im Folgenden werfen wir einen Blick auf die beiden wichtigsten Synchronisierungsarten mit Microsoft Entra Connect.

Vorbereitungen für die Synchronisierung mittels Entra Connect

Bevor Sie mit der Synchronisierung beginnen, sollten Sie einige grundlegende Vorbereitungen treffen:

1. **Systemanforderungen prüfen**: Stellen Sie sicher, dass Ihre Server die Systemanforderungen für Entra Connect erfüllen. Dazu gehören unterstützte Betriebssysteme, erforderlicher Speicherplatz und Netzwerkverbindungen. Diese Anforderungen sind entscheidend, um eine reibungslose Installation und Funktionalität zu gewährleisten. Die notwendigen Anforderungen finden Sie in folgendem Artikel: `https://learn.microsoft.com/de-de/entra/identity/hybrid/connect/how-to-connect-install-prerequisites`

2. **Active Directory vorbereiten:** Überprüfen Sie die Konsistenz und Integrität Ihrer AD-Daten. Bereinigen Sie veraltete oder doppelte Einträge und stellen Sie sicher, dass alle Benutzerkonten korrekt konfiguriert sind. Eine saubere und gut strukturierte AD-Datenbank ist die Grundlage für eine erfolgreiche Synchronisierung. Wie beim Hausbau ist das Fundament elementar; ist es nicht gut aufbereitet und geplant, wird das Haus wie ein Kartenhaus zusammenfallen.

3. **Entra-ID-Abonnement:** Bedenken Sie, dass Sie lokale Identitäten mit der Cloud synchronisieren möchten. Aus diesem Grund ist es elementar, dass Sie ein gültiges Entra-ID-Abonnement haben. Synchronisierungen finden immer zwischen zwei Dingen statt. Ohne ein entsprechendes Abonnement können Sie die Vorteile der Entra-ID nicht vollständig ausschöpfen.

Die Einrichtung von Entra Connect ist unkompliziert und kann in wenigen Schritten durchgeführt werden. Allerdings ist es wichtig zu wissen, dass es mittlerweile zwei verschiedene Synchronisierungen mittels Entra Connect gibt:

- ✔ Cloudsynchronisierung
- ✔ Connect Synchronisierung

Was genau ist der Unterschied zwischen den beiden Synchronisierungsverfahren mittels Entra Connect?

Cloudsynchronisierung – Die »Fernsteuerung«

Die Cloudsynchronisierung ist wie ein kleines Helferlein, das Ihre Daten in die Cloud bringt, ohne dass Sie ständig selbst eingreifen müssen. Stellen Sie sich vor, Sie hätten einen automatischen Türöffner für Ihr Unternehmen – er arbeitet verlässlich im Hintergrund, und Sie können sich entspannt zurücklehnen. Wie funktioniert das? Ein sogenannter Agent wird auf einem lokalen Server installiert und verbindet Ihr lokales Active Directory regelmäßig mit der Microsoft Entra ID in der Cloud. Dieser Agent übermittelt automatisch die wichtigsten Benutzerdaten an die Cloud. Das Großartige daran ist der geringe Pflegeaufwand: Gerade für kleinere Unternehmen ist diese »Fernbedienung« der Identitätssynchronisierung eine einfache und praktische Option, die ohne viel Administrationsaufwand auskommt.

Allerdings geben Sie mit der Cloudsynchronisierung auch etwas Flexibilität auf. Ein Benutzerkonto im lokalen Active Directory hat normalerweise viele verschiedene Eigenschaften und Detailfelder – etwa Abteilungszugehörigkeiten, Titel oder andere Attribute. Die Microsoft Entra ID in der Cloud kennt davon nicht alle. Wenn Sie sich dafür entscheiden, die Identitäten per Cloudsynchronisierung in die Cloud zu bringen, bleiben einige dieser lokalen Informationen auf der Strecke, weil sie in der Cloud keine Entsprechung haben und von den Anwendungen nicht genutzt werden. Ihre Identität in der Cloud wird wichtiger als die lokale: Alle relevanten Informationen, die für die tägliche Arbeit nötig sind, sollten in der Cloud vorhanden sein. Dafür ersparen Sie sich aber auch doppelte Arbeit – der Agent hält die grundlegenden Daten Ihrer Benutzer (Name, Passwort, Gruppen etc.) in beiden Welten automatisch auf dem aktuellen Stand.

Inzwischen hat Microsoft die Cloudsynchronisierung weiter verbessert. So kann der Cloud-Sync-Agent heute sogar Kennwortänderungen zurück in Ihr lokales Active Directory schreiben, wenn Sie beispielsweise die Self-Service-Kennwortzurücksetzung (SSPR) in der Cloud nutzen. Auch ein nahtloses Single Sign-On lässt sich mittlerweile mit der Cloudsynchronisierung einrichten, sodass Benutzer im Firmennetzwerk sich nicht jedes Mal neu anmelden müssen. Früher waren solche Funktionen der umfangreicheren Entra-ID-Connect-Synchronisierung vorbehalten – nun stehen sie auch der schlankeren Cloud-Variante zur Verfügung. Das eröffnet Ihnen mehr Möglichkeiten, ohne die Einfachheit der Cloudsynchronisierung aufgeben zu müssen.

Kurz gesagt ist die Cloudsynchronisierung eine schlanke, automatisierte Lösung: Sie erspart Ihnen manuellen Aufwand beim Abgleichen von Konten, läuft zuverlässig im Hintergrund und ist in wenigen Schritten eingerichtet. Bedenken Sie nur, dass spezielle oder sehr umfangreiche Attribute Ihres lokalen Verzeichnisses nicht mit übertragen werden – die Cloud begnügt sich mit dem Wesentlichen, damit alles Wichtige reibungslos funktioniert.

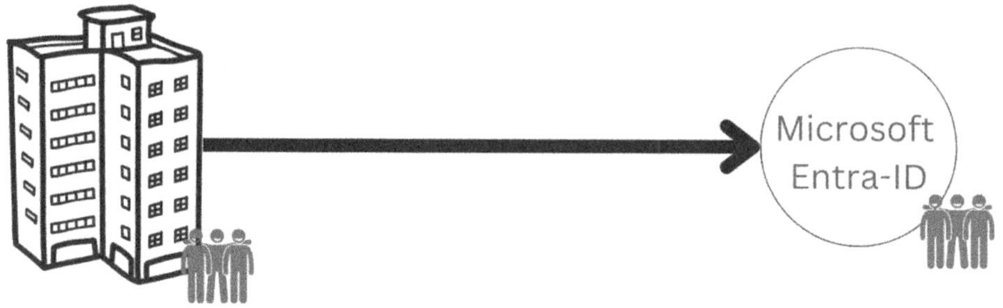

Abbildung 7.1: Architecture-Cloudsynchronisierung

Wie funktioniert das?

Die Cloudsynchronisierung nimmt Ihre Daten aus Ihrem Active Directory – das ist Ihr digitales Adressbuch für alle Mitarbeiter und deren Zugänge – und synchronisiert sie automatisch mit Ihrer Entra ID in der Cloud. Das Großartige daran ist, dass sie weniger Pflege braucht und auch für kleinere Unternehmen eine einfache Option darstellt. Die Synchronisierung der Benutzerkonten wird dabei über einen Microsoft Onlineservice abgewickelt. Damit der Onlineservice den lokal liegenden Active Directory erkennt muss sogenannter Agent lokal bereitgestellt werden. Der Agent dient dabei als Brücke.

Verwechseln Sie nicht einen Agenten mit einem durch Künstliche Intelligenz generierten Agenten. Es hat nichts mit KI zu tun, sondern ist nur die Schnittstelle zwischen beiden Welten.

Ein Benutzer in einem lokalen Active Directory hat normalerweise viele verschiedene Eigenschaften und Merkmale. Früher haben Unternehmen diese genutzt, um zum Beispiel die Struktur der Firma oder die Erfahrung der Mitarbeiter darzustellen. Der Entra-ID-Benutzer hat weniger dieser Merkmale. Wenn Sie sich dafür entscheiden, die Daten in die Cloud zu verschieben, werden die lokalen Merkmale nicht mehr verwendet, weil sie nicht mit den Cloud-Merkmalen verbunden sind und von Anwendungen nicht erkannt werden. Ihre Identität in der Cloud wird dann wichtiger.

Herausforderungen

Die Herausforderungen sind offensichtlich: Durch die Cloud-Synchronisierung geben Sie einige Flexibilitäten eines lokalen Active Directory auf. Zudem können einige bestehende Merkmale und Eigenschaften nicht mit denen der Cloud synchronisiert werden.

Das *Mapping* von Eigenschaften bedeutet im Grunde, eine Art Zuordnung zwischen zwei verschiedenen Systemen herzustellen, wenn die Bezeichnungen oder Strukturen der Daten nicht exakt übereinstimmen. Stellen Sie sich vor, Sie haben zwei Listen: Eine Liste nennt eine Eigenschaft »Name« und die andere

»Vorname«. Damit beide Systeme miteinander arbeiten können, erstellen Sie eine Zuordnungstabelle, die sagt: »Name« in System A entspricht »Vorname« in System B. So sorgt das Mapping dafür, dass die Daten korrekt interpretiert und synchronisiert werden können, selbst wenn sie ursprünglich unterschiedlich benannt oder strukturiert sind.

Connect-Synchronisierung – Die »Alleskönnerin«

Die Connect-Synchronisierung ist ein wenig anspruchsvoller, aber auch unglaublich vielseitig. Sie ist wie ein Schweizer Taschenmesser: Sie können mehr damit machen, wie zum Beispiel eine Mischform der Attributsynchronisierung – aber es erfordert ein bisschen Übung, bis Sie sich mit allen Werkzeugen vertraut gemacht haben.

Wie funktioniert das?

Die Connect-Synchronisierung, auch Verbindungssynchronisierung genannt, bietet Ihnen die Möglichkeit, Ihre Daten entweder komplett in der Cloud zu speichern oder eine Mischform zu wählen, bei der einige Daten lokal bleiben und andere synchronisiert werden. Das bedeutet, Sie haben mehr Kontrolle und können genau festlegen, welche Daten wohin gehen und wo sie liegen sollen. Allergings benötigen Sie für die Installation der Verbindung die Anwendung Entra Connect Agent. Den aktuellen Entra Connect Agent erhalten Sie im Menüpunkt Microsoft Entra Connect innerhalb des Abschnittes Hybridverwaltung im Microsoft Entra Admin Center. `https://entra.microsoft.com/#view/Microsoft_AAD_Connect_Provisioning/AADConnectMenuBlade/~/GetStarted/ProvisioningGetStartedSelectedTabId/Manage`

Die Anwendung Entra Connect Agent muss auf einem eigenständigen Server innerhalb Ihres Netzwerkes installiert und konfiguriert werden. Wichtig, solange Sie eine hybride Identitätsverwaltung haben, muss der Server inklusive Anwendung stetigen Updates und Prüfungen unterzogen werden.

Ein *Serversystem* ist, einfach gesagt, ein Computer, der direkt bei Ihnen vor Ort, also in Ihrem Büro oder Rechenzentrum, betrieben wird. Es dient dazu, Daten und Anwendungen innerhalb Ihrer Organisation zu verwalten und zu speichern. Im Gegensatz zu Cloud-Lösungen, die extern über das Internet erreichbar sind, bleibt die Kontrolle über ein lokales Serversystem komplett bei Ihnen. Es erlaubt Ihnen, unabhängig von externen Netzwerken und Diensten auf Ihre Daten zuzugreifen und diese sicher zu verwalten.

Herausforderungen

Die größte Herausforderung liegt daran, sich für die geeignete Mischsynchronisierung zu entscheiden und dabei die richtige Methode der Synchronisierung zu wählen. Die Methoden können Sie dem Abschnitt »Methoden der Synchronisierung mittels Entra Connect« entnehmen.

Schritt-für-Schritt-Anleitung zur Installation

1. **Vorbereitung: Was brauchen Sie?**

   Bevor Sie starten, sollten Sie sicherstellen, dass folgende Dinge bereitstehen:

   - Ein eigenständiger Server, der Teil Ihres Netzwerkes ist.
   - Die Anwendung Entra Connect Agent, die Sie unter Microsoft Entra Connect im Abschnitt Hybridverwaltung im Microsoft Entra Admin Center herunterladen können. `https://entra.microsoft.com/#view/Microsoft_AAD_Connect_Provisioning/AADConnectMenuBlade/~/GetStarted/ProvisioningGetStartedSelectedTabId/Manage`
   - Administratorrechte für den Server, um die Installation durchzuführen.

Machen Sie sich keine Sorgen, wenn Ihnen der Begriff »Server« fremd ist – denken Sie einfach an einen Computer, der in Ihrem Büro steht und für die Verwaltung und Speicherung Ihrer Daten zuständig ist.

2. **Installation des Entra Connect Agent**

   Jetzt geht's ans Eingemachte!

   Folgen Sie diesen einfachen Schritten:

   - Gehen Sie zu Microsoft Entra Connect im Admin Center und laden Sie den Entra Connect Agent herunter.
   - Speichern Sie die Datei auf Ihrem Server.
   - Für Cloudsynchronisierung: Doppelklicken Sie auf die heruntergeladene Datei des Cloud Sync Agent. Die Installation erfordert nur wenige Klicks. Im Prinzip richten Sie damit einen lokalen Agenten ein, der sich nachher eigenständig mit der Entra ID verbindet.
   - Für Connect-Synchronisierung: Starten Sie das Entra-ID-Connect-Setup per Doppelklick. Dieses installiert die umfangreichere Synchronisierungsanwendung auf Ihrem Server.

Der im Portal prominent angebotene »Entra Connect Agent« bezieht sich auf die Cloudsynchronisierung. Wenn Sie die vollständige Entra-ID-Connect-Variante nutzen möchten, müssen Sie explizit das Entra ID Connect Tool installieren. (Nicht wundern: In der Portaloberfläche versteckt es sich hinter ähnlichen Begriffen.)

   Die folgenden Schritte unterscheiden sich je nach gewählter Variante ein wenig:

   - Bei der Cloudsynchronisierung: Nach der Installation gibt es keinen ausführlichen lokalen Einrichtungsassistenten. Der lokale Agent meldet sich beim Entra-ID-Dienst und Sie erledigen die Konfiguration komfortabel im Entra Admin Center im Browser.

- Bei der Connect-Synchronisierung: Im Anschluss an die Installation öffnet sich ein Konfigurationsassistent auf dem Server. In diesem Assistenten stellen Sie alles Nötige ein – von der Verbindung zu Ihrem lokalen AD über die Auswahl der zu synchronisierenden OUs/Objekte bis zur Entscheidung, wie Benutzer sich authentifizieren sollen (Kennwort-Hash, Pass-Through oder ADFS-Verbund – mehr dazu später im Abschnitt »Auswahl der passenden Authentifizierungsmethode«).

3. **Einrichten der Verbindungssynchronisation**

   Je nachdem, welchen Weg Sie gewählt haben, läuft die Erstkonfiguration jetzt unterschiedlich ab:

   - Cloudsynchronisierung einrichten: Wechseln Sie zurück ins Entra Admin Center. Dort richten Sie im Bereich CLOUD SYNC einen neuen Synchronisierungsauftrag ein. Sie werden beispielsweise gefragt, welche AD-Domäne Sie anbinden wollen und können festlegen, ob alle Benutzer oder nur bestimmte Gruppen/OUs synchronisiert werden. Da der Agent bereits auf dem Server läuft und mit Entra ID verbunden ist, brauchen Sie hier nur noch die Regeln definieren. Microsoft bietet Vorlagen für Standardfälle, sodass Sie meist zügig durchkommen.
   - Connect-Synchronisierung einrichten: Falls der Einrichtungsassistent nicht bereits automatisch gestartet ist, öffnen Sie Entra ID Connect manuell (unter Programme zu finden). Schritt für Schritt werden Sie nun durch die Konfiguration geführt. Zuerst verbinden Sie das Tool mit Ihrer Entra ID (Microsoft 365 Tenant) – hierzu benötigen Sie ein Global-Admin-Konto Ihres Tenants. Dann stellen Sie die Verbindung zu Ihrem lokalen AD her – geben Sie die Domäne an und einen ausreichenden Berechtigungsnachweis (meist ein Domänenadmin). Anschließend wählen Sie aus, welche OUs oder Objekttypen synchronisiert werden sollen (Standard: alle Benutzer, Gruppen, Kontakte). Schließlich kommt ein wichtiger Punkt: die Authentifizierungs-Methode. Entra ID Connect bietet hier an, entweder Kennwort-Hash-Synchronisierung (empfohlener Standard), Pass-Through-Authentifizierung oder Federation mit ADFS zu konfigurieren. Keine Sorge, falls Ihnen diese Begriffe jetzt Spanisch vorkommen – im nächsten Abschnitt erkläre ich die Unterschiede ausführlich. Für die Einrichtung wählen Sie einfach die bevorzugte Option aus. In kleinen Umgebungen ist Kennwort-Hash-Sync ein guter Start, da er am wenigsten Infrastruktur erfordert.

   Haben Sie alle Eingaben im Assistenten getätigt, führt Entra ID Connect einen ersten Synchronisierungslauf aus. Im Portal beziehungsweise im Synchronisierungs-Manager können Sie mitverfolgen, wie Benutzer und gegebenenfalls Gruppen »in die Cloud wandern«.

4. **Regelmäßige Updates und Prüfungen**

   Wichtig: Ihr Server und die Entra-Connect-Agent-Anwendung müssen regelmäßig aktualisiert werden, um optimal zu funktionieren und sicher zu bleiben. Planen Sie daher regelmäßige Updates ein und prüfen Sie, ob alles reibungslos läuft.

5. Testen Sie Ihre Einrichtung

Bevor Sie alles nutzen, testen Sie die Synchronisation:

- Synchronisieren Sie zunächst eine kleine Menge an Daten, um sicherzustellen, dass alles funktioniert.
- Überprüfen Sie, ob die Daten korrekt in der Cloud oder lokal gespeichert sind – je nach Ihrer Konfiguration.

Wenn alles klappt, haben Sie es geschafft!

Herzlichen Glückwunsch! Sie haben die Einrichtung der Entra Connect mit Connect-Synchronisierung gemeistert. Jetzt können Sie Ihre Daten so verwalten, wie es am besten zu Ihnen und Ihrer Organisation passt. Und wenn Sie mal Hilfe brauchen, wissen Sie ja, wo Sie fündig werden!

Welche Synchronisierung ist die richtige für Sie?

Das kommt darauf an, wie viel Kontrolle Sie wollen und wie technisch versiert Sie sind. Hier sind ein paar Gedanken, die Ihnen helfen können:

- ✔ Fragen Sie sich: Möchten Sie einfach eine »einmal einstellen und funktionieren lassen«-Lösung? Dann ist die Cloudsynchronisierung ideal.
- ✔ Bevorzugen Sie volle Kontrolle und Flexibilität? Dann ist die Connect-Synchronisierung genau das Richtige für Sie.

In den meisten Fällen entscheiden sich Unternehmen für die Connect-Synchronisierung, da die Kontrolle ein wichtiger Aspekt ist. Arbeiten Sie jedoch in einem Unternehmen, welches strategisch auf längere Sicht alles in die Cloud legen möchte, dann sollten Sie sich direkt beim Start für die Cloudsynchronisierung entscheiden. Denn so legen Sie direkt in der Benutzerverwaltung den Grundstein für alles andere.

Was könnten Sie sich noch fragen?

- ✔ Wie sicher ist das Ganze?

  Beide Methoden haben Sicherheitsmechanismen, aber es ist immer eine gute Idee, sich über die Datenschutzrichtlinien und Sicherheitsfeatures Ihrer Cloudlösung zu informieren.

- ✔ Kann ich später wechseln?

  Ja, Sie können von einer Methode zur anderen wechseln, wenn sich Ihre Anforderungen ändern. Es kann jedoch mit ein wenig Aufwand verbunden sein.

- ✔ Brauche ich wirklich eine Synchronisierung?

  Wenn Sie Daten zwischen Ihrem lokalen System und der Cloud verwalten möchten, ist eine Synchronisierung fast unverzichtbar. Sie macht den Austausch einfach und effizient.

Wichtige Aspekte für Administratoren

In der IT-Infrastruktur gilt eine Grundegel, die Sie auch bei der Einrichtung von Entra Connect verinnerlichen sollten. Wenn ein neues System oder eine neue Anwendung integriert wird, bedeutet das grundsätzlich:

- ✔ Regelmäßige Überwachung: Überwachen Sie regelmäßig den Synchronisierungsstatus und beheben Sie eventuelle Fehler. Entra Connect bietet ein Dashboard, das Ihnen einen Überblick über den Synchronisierungsstatus gibt. Eine kontinuierliche Überwachung hilft, Probleme frühzeitig zu erkennen und zu beheben.
- ✔ Sicherheitsrichtlinien: Implementieren Sie Sicherheitsrichtlinien, um den Zugriff auf Entra ID und die synchronisierten Daten zu schützen. Dazu gehören Multi-Faktor-Authentifizierung (MFA) und die regelmäßige Überprüfung von Berechtigungen. Sicherheitsrichtlinien sind entscheidend, um unbefugten Zugriff zu verhindern und die Integrität Ihrer Daten zu gewährleisten.
- ✔ Updates und Wartung: Halten Sie Entra Connect und Ihren AD-Server auf dem neuesten Stand, indem Sie regelmäßig Updates und Patches installieren. Dies stellt sicher, dass Sie von den neuesten Sicherheits- und Funktionsverbesserungen profitieren.

Auswirkungen auf den Datenschutz

Die Synchronisierung von AD-Daten mit Entra ID hat auch Auswirkungen auf den Datenschutz und erfordert eine sorgfältige Datenschutzfolgeabschätzung (DSFA), welche Sie im Unternehmen mit Ihrem Datenschutzbeauftragten besprechen sollten. Generell gilt: Für jede Cloud-Anwendung ist eine Risikobewertung innerhalb eines Unternehmens notwendig. Darüber hinaus kann die Risikobewertung Ihnen bei der Entscheidungsfindung der für Ihr Unternehmen optimalen Synchronisierungsvariante helfen.

- ✔ Datenübertragung: Bei der Synchronisierung werden personenbezogene Daten (zum Beispiel Benutzernamen, E-Mail-Adressen) in die Cloud übertragen. Stellen Sie sicher, dass die Datenübertragung verschlüsselt erfolgt und die Daten in der Cloud sicher gespeichert werden. Verschlüsselung ist ein wesentlicher Bestandteil des Datenschutzes und schützt Ihre Daten vor unbefugtem Zugriff.
- ✔ Datenschutzrichtlinien: Überprüfen Sie Ihre Datenschutzrichtlinien und stellen Sie sicher, dass sie den gesetzlichen Anforderungen entsprechen. Informieren Sie, wenn notwendig, Ihre Mitarbeiter über die Verarbeitung ihrer Unternehmensdaten. Transparenz und Einwilligung sind zentrale Elemente des Datenschutzes.
- ✔ Risikobewertung: Führen Sie eine Risikobewertung durch, um potenzielle Datenschutzrisiken zu identifizieren und geeignete Maßnahmen zu ergreifen. Dokumentieren Sie die Ergebnisse der DSFA und die getroffenen Maßnahmen. Eine gründliche Risikobewertung hilft, Schwachstellen zu identifizieren und zu beheben.
- ✔ Synchronisierung: Sie stellt sicher, dass lokale Identitätsinformationen mit der Cloud übereinstimmen. Das bedeutet, dass Benutzerdaten, Gruppen und Berechtigungen auf beiden Plattformen identisch sind. Es mindert das Risiko einer doppelten Verwaltung von Identitäten und erhöht somit den Schutz Ihrer Daten.

Auswahl der passenden Authentifizierungsmethode

Die Auswahl der richtigen Authentifizierungsmethode für die Synchronisierung von lokalen AD- Identitäten mit Entra ID ist ein entscheidender Schritt für Unternehmen, die sowohl lokale als auch Cloud-Ressourcen nutzen möchten. In diesem Abschnitt werde ich die verschiedenen Authentifizierungsmethoden erläutern, die mit Entra ID Connect verwendet werden können, und Ihnen helfen, die beste Option für Ihre Organisation zu wählen.

Es gibt drei Hauptmethoden zur Authentifizierung von Benutzern, die mit Entra ID Connect synchronisiert werden:

- ✔ Password Hash Synchronization (PHS),
- ✔ Pass-Through Authentication (PTA) und
- ✔ Federation mit Active Directory Federation Services (ADFS).

Jede Methode hat ihre Vor- und Nachteile und ist für unterschiedliche Szenarien geeignet.

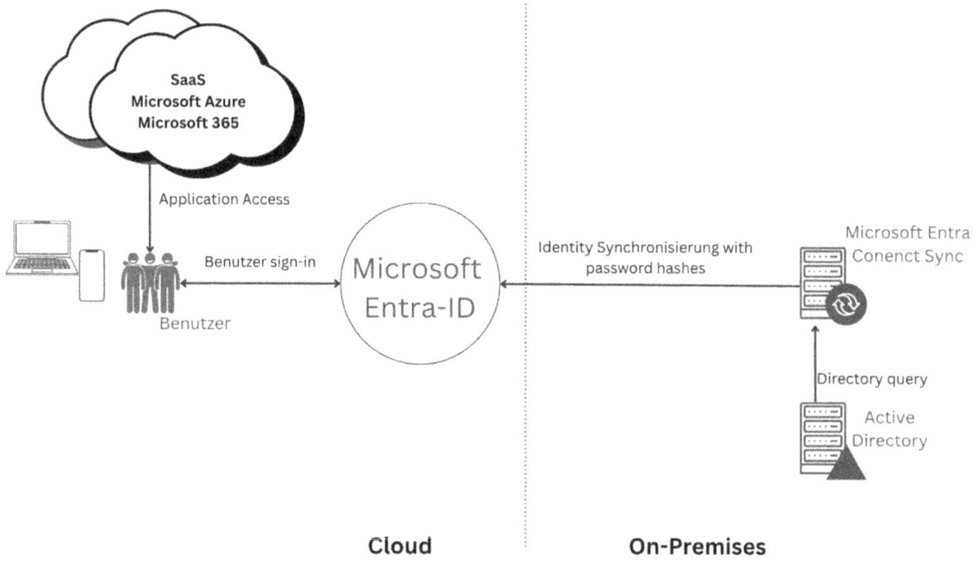

Abbildung 7.2: Password Hash Synchronization (PHS)

Bei der Password Hash Synchronization werden die Passwort-Hashes der Benutzerkonten vom lokalen AD in die Entra ID synchronisiert. Diese Methode ist einfach zu implementieren und bietet eine hohe Verfügbarkeit, da keine Abhängigkeit vom lokalen AD besteht. PHS ist ideal für Unternehmen, die eine kostengünstige und unkomplizierte Lösung suchen. Ein potenzieller Nachteil ist die Speicherung von Passwort-Hashes in der Cloud, was für einige Unternehmen ein Sicherheitsrisiko darstellen kann.

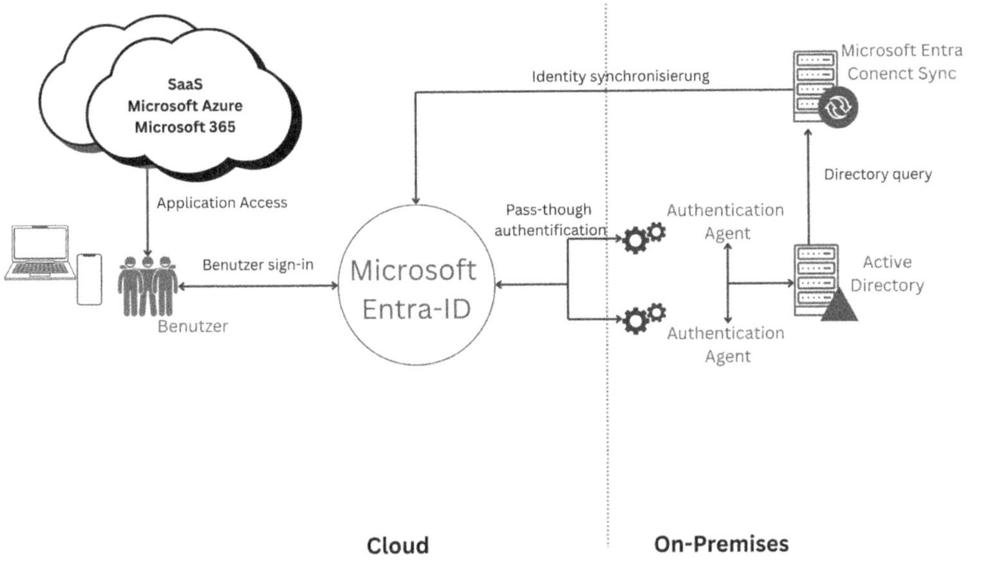

Abbildung 7.3: Pass-Through Authentification (PTA)

Pass-Through Authentication ermöglicht es Benutzern, sich mit ihren lokalen AD-Anmeldeinformationen bei Entra ID anzumelden, ohne dass die Passwörter oder Passwort-Hashes in die Cloud synchronisiert werden. Die Anmeldeinformationen werden direkt an das lokale AD weitergeleitet. Diese Methode ist geeignet für Unternehmen, die ihre Passwörter nicht in der Cloud speichern möchten, aber dennoch eine nahtlose Benutzererfahrung bieten wollen. Ein Nachteil von PTA ist die Abhängigkeit von der Verfügbarkeit des lokalen AD.

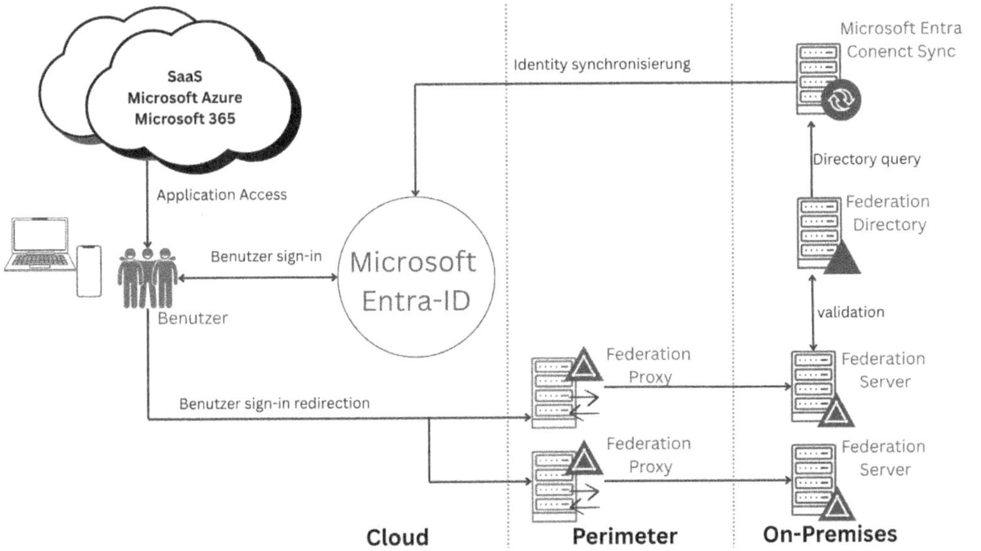

Abbildung 7.4: Federation mit Active Directory Federation Services (ADFS)

Active Directory Federation Services, kurz ADFS genannt, ermöglicht die Authentifizierung von Benutzern durch das lokale AD, ohne dass Passwörter oder Hashes in die Cloud synchronisiert werden. Diese Methode bietet erweiterte Sicherheitsfunktionen und unterstützt Multi-Faktor-Authentifizierung (MFA). ADFS ist ideal für Unternehmen mit komplexen Authentifizierungsanforderungen und hohen Sicherheitsanforderungen. Die Implementierung und Wartung von ADFS ist jedoch komplex und kostspielig.

Die Wahl der richtigen Authentifizierungsmethode hängt von den spezifischen Anforderungen und Gegebenheiten Ihres Unternehmens ab. Hier sind einige Faktoren, die Sie berücksichtigen sollten:

- ✔ Sicherheitsanforderungen: Wenn die Sicherheit Ihrer Passwörter oberste Priorität hat und Sie diese nicht in der Cloud speichern möchten, sind PTA oder ADFS die besseren Optionen.
- ✔ Verfügbarkeit und Zuverlässigkeit: PHS bietet eine hohe Verfügbarkeit, da keine Abhängigkeit vom lokalen AD besteht. Wenn die Verfügbarkeit Ihrer Authentifizierungsdienste entscheidend ist, könnte PHS die richtige Wahl sein.
- ✔ Komplexität und Kosten: PHS und PTA sind einfacher zu implementieren und zu verwalten als ADFS. Wenn Sie eine kostengünstige und unkomplizierte Lösung suchen, sind diese Methoden vorzuziehen.
- ✔ Erweiterte Sicherheitsfunktionen: Wenn Sie erweiterte Sicherheitsfunktionen wie MFA benötigen, ist ADFS die beste Wahl.

Identitätsverbund

Beim Thema Identitätsverbund dreht sich alles um die smarte und sichere Anmeldung Ihrer Mitarbeiter bei Microsoft 365. Statt komplizierter Umwege oder mehrfacher Passworteingaben sorgt diese Methode dafür, dass der Zugang schnell, bequem und vor allem datenschutzfreundlich klappt. Lassen Sie uns gemeinsam einen Blick hinter die Kulissen dieses digitalen Türstehers werfen.

Was ist eigentlich ein Identitätsverbund?

Stellen Sie sich vor, Sie möchten sich bei Microsoft 365 anmelden – und statt sich jedes Mal neu auszuweisen, sagt die Cloud einfach: »Ach, Sie kenne ich doch schon! Willkommen zurück.« Klingt bequem? Ist es auch. Und genau hier kommt der sogenannte Identitätsverbund ins Spiel.

Beim Identitätsverbund – oder auf Englisch *»Federation«* – geht es darum, dass Ihre Benutzer sich nicht direkt bei Microsoft 365 authentifizieren, sondern über Ihre eigene, lokale Infrastruktur. Das bedeutet: Die Cloud fragt bei Ihrem lokalen Active Directory nach, ob die Person wirklich die ist, für die sie sich ausgibt. Und erst wenn das bestätigt ist, wird der Zugang gewährt.

Das Ganze funktioniert wie ein digitaler Türsteher mit Headset: Die Cloud ruft beim lokalen Active Directory an und fragt: »Darf die Person rein?« – und das Active Directory antwortet: »Ja, ist in Ordnung; ich kenn die.«

Der Clou daran? Die Passwörter Ihrer Benutzer bleiben in Ihrem Unternehmen. Sie werden nicht in die Cloud übertragen oder dort gespeichert. Das sorgt für ein gutes Gefühl bei vielen Unternehmen – besonders dann, wenn Datenschutz und Kontrolle großgeschrieben werden.

Wie funktioniert das technisch? Die Architektur des Identitätsverbunds

Jetzt, wo Sie wissen, was ein Identitätsverbund ist, fragen Sie sich vielleicht: »Und wie läuft das Ganze im Hintergrund eigentlich ab?« Keine Sorge – wir steigen jetzt nicht in ein IT-Studium ein. Stattdessen schauen wir uns das Ganze mit einem praktischen Blick an. Versprochen. Stellen Sie sich vor, Microsoft 365 ist ein schickes Hochhaus mit Sicherheitsdienst am Eingang. Jedes Mal, wenn jemand rein will, fragt der Sicherheitsdienst: »Wer sind Sie, und dürfen Sie hier überhaupt rein?« Bei einem Identitätsverbund sagt Microsoft 365 dann aber nicht selbst »Ja« oder »Nein«, sondern ruft bei Ihrem Unternehmen an – genauer gesagt bei Ihrem lokalen Active Directory – und fragt dort nach. Die Antwort kommt dann zurück: »Ja, das ist Frau Müller aus dem Vertrieb, die darf rein.« Und zack – die Tür geht auf.

Technisch gesehen läuft das Ganze über einen sogenannten ADFS-Server (Active Directory Federation Services). Dieser Server ist der »Sprecher« Ihres Unternehmens, wenn es um Authentifizierungsfragen geht. Microsoft Entra ID (also die Cloud-Seite) vertraut diesem Sprecher und akzeptiert dessen Aussagen – solange alles korrekt eingerichtet ist.

Der Ablauf in Kurzform:

1. Benutzer meldet sich bei Microsoft 365 an.
2. Microsoft 365 erkennt: »Ah, das ist ein Benutzer mit Identitätsverbund.«
3. Der Benutzer wird automatisch an den ADFS-Server Ihres Unternehmens weitergeleitet.
4. Dort gibt er seine Zugangsdaten ein – oder ist sogar schon angemeldet (Stichwort Single Sign-On).
5. Der ADFS-Server bestätigt die Identität und gibt ein sogenanntes »Token« zurück.
6. Microsoft 365 akzeptiert das Token – und der Benutzer ist drin.

Das klingt jetzt vielleicht nach viel Hin und Her, aber das Ganze passiert in Sekundenbruchteilen. Für den Benutzer fühlt es sich an wie ein ganz normaler Login – nur eben mit dem Vorteil, dass die Zugangsdaten nie das eigene Unternehmen verlassen.

Warum sollte ich mir das antun? Die Vorteile des Identitätsverbunds

Jetzt mal ehrlich: Warum sollte man sich die Mühe machen, einen Identitätsverbund einzurichten? Noch ein Server, noch ein Zertifikat, noch ein bisschen mehr Komplexität – klingt erstmal nicht nach einem entspannten Feierabend. Aber: Es gibt gute Gründe, warum sich der Aufwand lohnen kann. Und zwar nicht nur für Großkonzerne mit eigener IT-Abteilung im 10. Stock, sondern auch für kleine und mittelständische Unternehmen.

Kontrolle bleibt im Haus

Der größte Vorteil: Sie behalten die Kontrolle über die Anmeldungsdaten Ihrer Benutzer. Die Passwörter bleiben in Ihrem Unternehmen, und die Authentifizierung läuft über Ihre eigene Infrastruktur. Das bedeutet: Sie können Ihre bestehenden Sicherheitsrichtlinien weiterverwenden – Passwortlänge, Ablaufzeiten, Sperrmechanismen – alles bleibt, wie Sie es bereits kennen.

Einheitliches Login-Erlebnis

Dank Single Sign-On (SSO) müssen sich Ihre Benutzer nach der ersten Anmeldung nicht ständig erneut ausweisen. Bei einem Identitätsverbund mit ADFS bedeutet das konkret: Wer sich morgens im Firmennetzwerk am Computer anmeldet, hat damit automatisch auch Zugang zu Microsoft 365 – ohne ein weiteres Passwort eingeben zu müssen. Die Cloud erkennt: »Ah, Sie kenne ich schon!«, und gewährt den Zugriff. Dieses einheitliche Login-Erlebnis spart Zeit und Nerven und reduziert nebenbei die Support-Tickets, weil das ständige Anmelden entfällt.

Ein solch nahtloses Anmeldeerlebnis lässt sich mittlerweile auch ohne ADFS erreichen. Auch wenn Sie Passwort-Hash-Synchronisierung oder Pass-Through-Authentifizierung mit Microsoft Entra ID verwenden, können Sie ein »nahtloses Single Sign-On« einrichten. In diesem Fall erkennt Microsoft 365 ebenfalls, dass Sie bereits im Firmennetzwerk angemeldet sind, und erspart Ihnen die erneute Eingabe der Kennwortdaten. Mit anderen Worten: Ob mit oder ohne ADFS – Ihre Benutzer können in den Genuss kommen, sich nur einmal anmelden zu müssen, um dann alle berechtigten Dienste zu nutzen.

Bestehende Systeme integrieren

Sie haben noch ein Intranet, eine Zeiterfassung oder eine Anwendung, die nur intern läuft und noch nicht in der Cloud ist? Kein Problem. Mit einem Identitätsverbund können Sie diese Systeme weiterhin mit dem alten Login nutzen – und gleichzeitig die Cloud-Dienste von Microsoft 365 einbinden. Ein Login für alles – das ist nicht nur praktisch, sondern auch sicherer.

Datenschutzfreundlich

Gerade in Deutschland ist das Thema Datenschutz kein Nebenschauplatz. Mit einem Identitätsverbund bleiben die sensiblen Authentifizierungsdaten in Ihrem Unternehmen. Das kann bei Gesprächen mit dem Betriebsrat oder dem Datenschutzbeauftragten ein echter Pluspunkt sein.

Wo hakt's? Herausforderungen und Stolperfallen

So charmant der Identitätsverbund auch klingt – ganz ohne Tücken kommt er nicht daher. Es ist ein bisschen wie bei einem schicken Oldtimer: Sie haben Stil, Kontrolle und jede Menge Charakter – aber eben auch ein paar Eigenheiten, die man kennen sollte, bevor man sich ans Steuer setzt.

Abhängigkeit von der lokalen Infrastruktur

Der größte Haken zuerst: Fällt Ihre lokale Infrastruktur aus, ist auch der Zugang zur Cloud blockiert. Denn wenn der ADFS-Server nicht erreichbar ist – sei es durch einen Stromausfall, ein Netzwerkproblem oder ein Update, das »nur fünf Minuten« dauern sollte – dann können sich Ihre Benutzer nicht mehr bei Microsoft 365 anmelden. Die Cloud wartet dann vergeblich auf das »Okay« aus dem Keller.

Komplexität bei Einrichtung und Wartung

Ein Identitätsverbund ist kein »Klick und fertig«-Projekt. Sie brauchen

- ✔ einen oder mehrere ADFS-Server,
- ✔ einen sogenannten Web Application Proxy (WAP), damit die Cloud überhaupt mit Ihrem ADFS sprechen kann,
- ✔ gültige Zertifikate (die regelmäßig erneuert werden müssen)
- ✔ und jemanden, der das Ganze versteht und betreut.

Kurz gesagt: Sie brauchen Know-how – oder jemanden, der es hat.

Zertifikate – die stillen Spielverderber

Ein Klassiker unter den Stolperfallen: abgelaufene Zertifikate. Wenn das SSL-Zertifikat Ihres ADFS-Servers abläuft, ist Schluss mit lustig – und mit Login. Die Cloud sagt dann: »Sorry, diesem Server vertraue ich nicht mehr.« Und Ihre Benutzer? Die stehen vor verschlossenen Türen. Deshalb: Erinnerungen setzen, Kalender pflegen, und am besten gleich ein Monitoring einrichten.

Fehlersuche kann knifflig sein

Wenn etwas nicht funktioniert, ist die Fehlersuche beim Identitätsverbund oft wie Detektivarbeit. War es der ADFS? Der Proxy? Das Zertifikat? Oder doch ein DNS-Problem? Ohne die richtigen Tools und ein bisschen Erfahrung kann das schnell zur Geduldsprobe werden.

Wann lohnt sich der Aufwand? Einsatzszenarien für den Identitätsverbund

Ob sich der Aufwand für einen ADFS-basierten Identitätsverbund lohnt, hängt stark von Ihren Rahmenbedingungen ab. In bestimmten Szenarien kann er genau das Richtige sein:

- ✔ Sie haben bereits ADFS im Einsatz: Wenn Ihr Unternehmen schon einen ADFS-Server für andere Anwendungen betreibt, ist der Schritt zu einem Identitätsverbund mit Microsoft 365 nicht mehr weit. Warum das Rad neu erfinden, wenn es schon rund läuft? In diesem Fall integrieren Sie Microsoft 365 einfach in Ihre vorhandene Anmeldelandschaft und nutzen die bestehende Infrastruktur weiter.
- ✔ Hohe Sicherheitsanforderungen: Ihr Unternehmen arbeitet mit besonders sensiblen Daten, oder strikte Compliance-Vorgaben machen Sie nervös beim Gedanken an die Cloud? Mit einem Identitätsverbund bleiben die Anmeldeinformationen komplett in Ihrem Unternehmen. Sie können Ihre etablierten Sicherheitsrichtlinien für Passwörter, Sperrungen und Anmeldezeiten unverändert weiterverwenden – alles bleibt so, wie Sie es lokal gewohnt sind. Gerade wenn Datenschutz und vollständige Kontrolle über Credentials oberste Priorität haben, verschafft der Identitätsverbund ein gutes Gefühl.
- ✔ Bestehende lokale Systeme integrieren: Viele Unternehmen haben lokale Anwendungen, die (noch) nicht in die Cloud migriert wurden – sei es das klassische Intranet, eine Zeiterfassung oder ein individuelles Fachverfahren. Mit einem ADFS-Identitätsverbund können Ihre Benutzer dieselben Login-Daten für alle Systeme nutzen. Einmal angemeldet, geht es sowohl ins lokale Intranet als auch in die Cloud-Dienste, ohne dass verschiedene Konten jongliert werden müssen. So bleiben Ihre bestehenden Systeme nahtlos integriert, während Sie Schritt für Schritt mehr Cloud-Services einführen.
- ✔ Gemeinsam genutzte Arbeitsplätze: In Umgebungen wie Callcentern, Werkstätten oder Kliniken nutzen oft mehrere Personen denselben PC. Ein zentral gesteuerter Anmeldeprozess über ADFS hilft hier, den Überblick zu behalten, wer gerade angemeldet ist, und erhöht die Sicherheit. Ihre Mitarbeiter melden sich mit ihrem eigenen Firmenkonto am Gerät an und erhalten ohne zusätzliche Passwortabfrage Zugriff auf die berechtigten Cloud-Dienste – die Windows-Anmeldung reicht aus. Das macht die Nutzung gemeinsamer Rechner komfortabler und sicherer zugleich.
- ✔ Schrittweise Cloud-Migration: Ein Identitätsverbund ist auch eine gute Übergangslösung, wenn Sie nicht alles auf einmal umstellen möchten. Sie können Ihre lokale Infrastruktur und Ihre bestehenden Anmeldeprozesse weiter nutzen und parallel erste Schritte in Richtung Cloud gehen – ohne gleich alles über Bord zu werfen. Ihre Benutzer merken kaum einen Unterschied, denn die Anmeldung funktioniert wie gewohnt. Im Hintergrund können Sie in Ruhe planen, welche Dienste wann in die Cloud verlagert werden, während die Anmeldeerfahrung einheitlich bleibt.

Diese Szenarien zeigen: Ein Identitätsverbund bringt vor allem dann Vorteile, wenn lokale Gegebenheiten oder besondere Anforderungen ihn notwendig machen. Haben Sie jedoch keinen dieser speziellen Fälle, lohnt sich der beträchtliche Aufwand einer ADFS-Lösung in der heutigen Zeit meist nicht. Die modernen cloud-basierten Anmeldemethoden – also die Synchronisierung Ihrer Benutzerkonten mit Microsoft Entra ID und die Authentifizierung direkt über die Cloud, kombiniert mit Sicherheitsfeatures wie Multi-Faktor-Authentifizierung und bedingtem Zugriff – erfüllen die allermeisten Anforderungen ebenso gut. Dabei sind sie wesentlich einfacher einzurichten und zu betreiben. Mit anderen Worten: Setzen Sie ADFS nur dort ein, wo Sie wirklich nicht darauf verzichten können. In allen anderen Fällen sind Sie mit den integrierten Möglichkeiten der Microsoft Entra ID besser bedient und sparen sich eine Menge Komplexität und potenziellen Wartungsaufwand.

Aus der Praxis: Tipps, die Ihnen keiner sagt – aber jeder kennen sollte

Ein Identitätsverbund ist wie ein gutes Schweizer Taschenmesser: vielseitig, zuverlässig – aber nur dann wirklich hilfreich, wenn man weiß, wie man es richtig benutzt. Hier ein paar Tipps und Erfahrungswerte, die Ihnen den Alltag erleichtern können.

Denken Sie an die Zertifikate – immer!

Zertifikate sind wie der TÜV für Ihren ADFS-Server: Wenn sie ablaufen, geht nichts mehr. Und das passiert gerne mal am Freitagabend, kurz vor Feierabend. Planen Sie also rechtzeitig Erinnerungen ein – am besten gleich doppelt: im Kalender und im Monitoring-Tool.

Redundanz ist kein Luxus, sondern Pflicht

Ein einzelner ADFS-Server ist wie ein Türsteher ohne Vertretung – fällt er aus, steht alles still. Setzen Sie auf Hochverfügbarkeit: mindestens zwei ADFS-Server und zwei Web Application Proxies. So bleiben Ihre Anwendungen auch bei Wartung oder Ausfall erreichbar.

Monitoring spart Nerven

Nutzen Sie Tools wie Entra Connect Health oder ein zentrales Monitoring-System, um den Zustand Ihrer ADFS-Umgebung im Blick zu behalten. So erkennen Sie Probleme, bevor Ihre Benutzer sie merken – und nicht erst, wenn das Support-Telefon heißläuft.

Testen Sie regelmäßig

Auch wenn alles läuft: Führen Sie regelmäßig Testanmeldungen durch – idealerweise automatisiert. So stellen Sie sicher, dass Ihre Authentifizierungskette funktioniert und keine bösen Überraschungen lauern.

Dokumentation hilft – vor allem Ihnen selbst

Notieren Sie sich, wie Ihre ADFS-Umgebung aufgebaut ist, wo die Zertifikate liegen, welche DNS-Einträge gesetzt wurden und wie die Authentifizierungsflüsse aussehen. Das hilft nicht nur bei der Fehlersuche, sondern auch, wenn Sie mal Urlaub machen. (Ja, auch Admins dürfen das!)

Hybrid-Identität – das Beste aus zwei Welten?

Stellen Sie sich vor, Sie stehen mit einem Bein im Büro und mit dem anderen in der Cloud. Klingt unbequem? Ist es aber nicht – zumindest nicht, wenn man es richtig macht. Genau darum geht es bei der sogenannten Hybrid-Identität: Sie verbindet das Beste aus der lokalen IT-Welt mit den Vorteilen der Cloud – und das, ohne dass Ihre Benutzer ständig zwischen zwei Welten hin- und herspringen müssen. Eine Hybrid-Identität bedeutet, dass Ihre Benutzerkonten sowohl im lokalen Active Directory als auch in der Microsoft Entra ID existieren – und zwar synchronisiert. Das heißt: Ein Benutzerkonto wird einmal angelegt, und schon kann es sowohl auf lokale Ressourcen (wie Dateifreigaben oder Drucker) als auch auf Cloud-Dienste (wie Outlook, Teams oder SharePoint Online) zugreifen. Und das mit nur einem Login.

Das Ganze funktioniert wie ein digitaler Reisepass mit doppelter Staatsbürgerschaft: Ihre Identität ist sowohl in der lokalen Welt als auch in der Cloud gültig – und Sie entscheiden, wo sie sich gerade aufhält.

Wie funktioniert das Ganze? – Die Architektur der Hybrid-Identität

Stellen Sie sich vor, Ihre IT-Infrastruktur ist wie ein gut eingespieltes Orchester. Auf der einen Seite haben Sie die klassischen Instrumente – das lokale Active Directory, das seit Jahren zuverlässig seine Töne spielt. Auf der anderen Seite steht die moderne Cloud mit Microsoft Entra ID – frisch, flexibel und bereit für neue Melodien. Die Hybrid-Identität ist der Dirigent, der beide Welten harmonisch zusammenführt.

Die Idee dahinter

Bei einer Hybrid-Identität existieren Ihre Benutzerkonten sowohl lokal als auch in der Cloud – und zwar synchronisiert. Das bedeutet: Wenn Sie lokal ein neues Benutzerkonto anlegen oder ein Passwort ändern, wird diese Änderung automatisch in die Cloud übernommen. Und umgekehrt? Nein – die Cloud ändert nichts an Ihrem lokalen AD. Die Richtung ist klar: vom Lokalen zur Cloud.

Die Hauptakteure

Damit das Ganze funktioniert, braucht es ein paar zentrale Komponenten:

- ✔ Microsoft Entra Connect: Das Synchronisationswerkzeug, das Ihre lokalen Identitäten mit der Cloud verbindet. Es ist sozusagen der Übersetzer zwischen beiden Welten.
- ✔ Active Directory (AD): Ihre lokale Benutzerverwaltung – der Ort, an dem Ihre Identitäten ursprünglich angelegt sind.
- ✔ Microsoft Entra ID: Die Cloud-Plattform, auf der Ihre Benutzer auf Dienste wie Teams, Outlook oder SharePoint zugreifen.

Der Ablauf – einfach erklärt:

1. Benutzer wird im lokalen AD angelegt – zum Beispiel Max Mustermann, frisch eingestellt im Vertrieb.

2. Entra Connect synchronisiert das Konto automatisch mit der Cloud.

3. Max meldet sich an seinem Rechner an – wie gewohnt.

4. Wenn Max jetzt Teams oder Outlook Online öffnet, erkennt Microsoft 365: »Ah, den kenne ich!« – und lässt ihn rein.

5. Je nach Authentifizierungsmethode (PHS, PTA oder ADFS) wird die Anmeldung lokal oder über die Cloud bestätigt.

Das Ergebnis? *Ein Benutzerkonto, ein Passwort, ein Login-Erlebnis* – egal ob im Büro, im Homeoffice oder unterwegs.

Warum Hybrid? Die Vorteile der Hybrid-Identität

Sie fragen sich vielleicht: »Warum sollte ich mir die Mühe machen, zwei Welten zu verbinden? Kann ich nicht einfach alles in die Cloud schieben oder alles lokal lassen?« Klar, das geht – aber die Hybrid-Identität ist wie ein guter Brunch: Sie vereint das Beste aus zwei Welten.

✔ **Flexibilität für jede Situation**

Mit einer Hybrid-Identität können Ihre Benutzer sowohl auf lokale Ressourcen als auch auf Cloud-Dienste zugreifen – und das mit nur einem Login. Egal ob Dateiablage im Büro oder Teams-Meeting im Homeoffice: Die Identität funktioniert überall gleich. Das ist besonders praktisch, wenn Ihr Unternehmen noch nicht komplett in der Cloud angekommen ist – oder gar nicht komplett dort hin will.

✔ **Sicherheit und Kontrolle**

Die Authentifizierung kann – je nach gewählter Methode – weiterhin über Ihre lokale Infrastruktur laufen. Das bedeutet: Sie behalten die Kontrolle über Passwortrichtlinien, Anmeldezeiten und Sicherheitsvorgaben. Gleichzeitig profitieren Sie von den Sicherheitsfeatures der Cloud, wie zum bedingter Zugriff oder MFA.

✔ **Weniger Verwaltungsaufwand**

Ein Benutzerkonto, das in beiden Welten funktioniert? Klingt nach weniger Arbeit – und ist es auch. Dank Entra Connect müssen Sie Benutzerkonten nicht doppelt pflegen. Änderungen im lokalen AD werden automatisch in die Cloud übernommen. Das spart Zeit, reduziert Fehler und macht das Leben leichter – auch für jemanden, der das Ganze »nur nebenbei« betreut.

- ✔ **Sanfter Weg in die Cloud**

  Die Hybrid-Identität ist kein Alles-oder-nichts-Modell. Sie erlaubt es Ihnen, Schritt für Schritt in die Cloud zu migrieren – ohne Ihre bestehende Infrastruktur sofort über Bord zu werfen. Das ist besonders für kleine und mittelständische Unternehmen ideal, die nicht alles auf einmal umstellen können oder wollen.

Wo es haken kann – Herausforderungen der Hybrid-Identität

So charmant die Hybrid-Identität auch klingt – sie ist kein Selbstläufer. Wie bei einem guten Werkzeugkasten gilt: Man muss wissen, wie man sie richtig einsetzt. Sonst wird aus dem praktischen Alleskönner schnell ein Sammelsurium aus halbfertigen Lösungen.

- ✔ **Zwei Systeme, doppelte Verantwortung**

  Auch wenn die Benutzerkonten synchronisiert werden – die Verwaltung bleibt zweigeteilt. Änderungen wie Passwortrichtlinien, Gruppenmitgliedschaften oder Berechtigungen müssen im lokalen AD gepflegt werden. Die Cloud übernimmt nichts automatisch – sie wartet brav auf Anweisungen. Das bedeutet: Wer hybrid arbeitet, muss auch hybrid denken.

- ✔ **Synchronisationsprobleme**

  Microsoft Entra Connect ist ein zuverlässiger Helfer – solange alles glatt läuft. Aber wehe, es gibt ein Problem bei der Synchronisierung: Dann kann es passieren, dass Benutzerkonten nicht korrekt in der Cloud ankommen oder Änderungen nicht übernommen werden. Ein falsches Attribut, ein fehlendes Häkchen – und schon geht die Fehlersuche los.

- ✔ **Abhängigkeit von Entra Connect**

  Ohne Entra Connect läuft nichts. Fällt der Server aus, gibt es keine Synchronisierung mehr. Das ist nicht sofort dramatisch – aber auf Dauer kann es zu Inkonsistenzen führen. Deshalb: Regelmäßige Wartung, Monitorings und Backups sind Pflicht.

- ✔ **Komplexität bei der Fehlersuche**

  Wenn etwas nicht funktioniert, ist die Ursache nicht immer sofort klar. Liegt es am lokalen AD? An Entra Connect? An der Cloud? Oder am Benutzer, der sein Passwort vergessen hat? Die Fehlersuche kann zur Detektivarbeit werden – besonders, wenn man das Ganze nur »nebenbei« betreut.

- ✔ **Datenschutz und Compliance**

  Sobald personenbezogene Daten in die Cloud wandern, müssen Datenschutzrichtlinien beachtet werden. Das bedeutet: Abstimmung mit dem Datenschutzbeauftragten, gegebenenfalls eine Datenschutzfolgeabschätzung (DSFA) und eine klare Dokumentation, was wohin synchronisiert wird.

Und jetzt? – Praxistipps und Entscheidungshilfen

Sie haben jetzt einiges über Hybrid-Identitäten gelesen – und vielleicht schwirrt Ihnen ein bisschen der Kopf. Keine Sorge, das ist völlig normal. Die gute Nachricht: Sie müssen nicht alles auf einmal umsetzen. Wichtig ist, dass Sie wissen, was möglich ist – und wie Sie Schritt für Schritt vorgehen können.

Fragen, die Sie sich stellen sollten:

- ✔ Nutzen wir noch lokale Ressourcen? Wenn ja, ist eine Hybrid-Identität oft die beste Lösung.
- ✔ Wie viel Kontrolle brauchen wir über die Authentifizierung? Wenn Sie Passwortrichtlinien, Anmeldezeiten oder Sicherheitsvorgaben selbst bestimmen wollen, ist Hybrid ein guter Weg.
- ✔ Wie viel IT-Know-how steht zur Verfügung? Hybrid-Identitäten sind kein Hexenwerk – aber ein bisschen technisches Verständnis (oder ein guter Partner) ist hilfreich.
- ✔ Wollen wir langfristig in die Cloud? Dann kann eine Hybrid-Identität ein sanfter Einstieg sein – ohne gleich alles umzukrempeln.

- ✔ Fangen Sie klein an. Testen Sie die Hybrid-Identität mit einer kleinen Benutzergruppe, bevor Sie alle migrieren.
- ✔ Dokumentieren Sie Ihre Umgebung. Wer was wo eingerichtet hat, ist Gold wert – besonders nach einem Urlaub oder bei Personalwechsel.
- ✔ Nutzen Sie die Microsoft-Dokumentation. Klingt langweilig, ist aber oft hilfreich – vor allem bei Fehlermeldungen.
- ✔ Sprechen Sie mit dem Datenschutzbeauftragten. Besser vorher als hinterher. Vertrauen ist gut, Dokumentation ist besser.

Die Hybrid-Identität ist kein Kompromiss – sie ist eine strategische Brücke zwischen der vertrauten lokalen Welt und den Möglichkeiten der Cloud. Sie gibt Ihnen die Flexibilität, die Sie brauchen, und die Kontrolle, die Sie wollen. Und das Beste: Sie müssen kein Vollzeit-Admin sein, um sie zu verstehen und umzusetzen.

Cloud-only-Identität – einfach, schlank, komplett in der Cloud

Stellen Sie sich vor, Sie starten heute ein Unternehmen – ganz ohne Serverraum, ohne blinkende Kästen im Keller und ohne das gute alte Active Directory. Alles, was Sie brauchen, läuft in der Cloud. Klingt modern? Ist es auch. Und genau hier kommt die Cloud-only-Identität ins Spiel. Bei dieser Identitätsform gibt es kein lokales Active Directory mehr. Ihre Benutzerkonten existieren ausschließlich in der Microsoft Entra ID – also in der Cloud. Das bedeutet: Keine Synchronisierung, keine lokale Authentifizierung, kein zusätzlicher Verwaltungsaufwand. Alles, was Sie brauchen, ist ein Internetanschluss – und schon geht es los.

Die Cloud-only-Identität ist damit der direkte Weg in die Microsoft-365-Welt – ohne Umwege, ohne Brücken, ohne doppelten Boden. Sie ist besonders interessant für Unternehmen, die entweder ganz neu starten oder sich bewusst von ihrer lokalen Infrastruktur verabschieden wollen. Und das Beste: Sie müssen kein IT-Profi sein, um sie zu verstehen oder zu verwalten.

Wie funktioniert das?

Ganz einfach: Bei einer Cloud-only-Identität wird das Benutzerkonto direkt in Microsoft Entra ID erstellt – also in der Cloud. Es gibt kein lokales Active Directory, keine Synchronisierung, keine doppelte Verwaltung. Die Cloud ist der alleinige Dreh- und Angelpunkt Ihrer Identitätsverwaltung.

Der Ablauf – Schritt für Schritt:

1. **Benutzer anlegen**

   Sie erstellen das Benutzerkonto direkt im Microsoft 365 Admin Center oder über das Microsoft Entra Admin Center. Alternativ können Sie auch automatisiert über ein HR-System oder per CSV-Import arbeiten – ganz wie es zu Ihrem Unternehmen passt.

2. **Lizenz zuweisen**

   Damit der Benutzer auch etwas mit seinem Konto anfangen kann, weisen Sie ihm eine passende Lizenz zu – zum Beispiel. Microsoft 365 Business Standard oder Premium. Ohne Lizenz bleibt das Konto wie ein Auto ohne Schlüssel: hübsch, aber nicht fahrbereit.

3. **Zugriff gewähren**

   Sobald das Konto aktiv ist, kann sich der Benutzer anmelden –überall, wo es Internet gibt. Ob im Büro, im Homeoffice oder im Lieblingscafé: Die Cloud ist immer erreichbar.

4. **Sicherheit einrichten**

   Jetzt kommt der Feinschliff: Aktivieren Sie Multi-Faktor Authentifizierung (MFA), richten Sie Kennwortrichtlinien ein und nutzen Sie Conditional Access, um den Zugriff auf Ihre Daten abzusichern.

5. **Verwaltung und Pflege**

   Benutzerkonten können jederzeit angepasst, deaktiviert oder gelöscht werden – alles zentral über das Microsoft Entra Admin Center. Und das Beste: Sie brauchen dafür keinen Server, kein VPN und keine komplizierten Tools.

Warum Cloud-only? Die Vorteile auf einen Blick

Die Cloud-only-Identität ist wie ein moderner City-Flitzer: wendig, wartungsarm und perfekt für den Alltag. Sie brauchen keinen Keller voller Server, keine komplizierte Synchronisierung und keine nächtlichen Update-Marathons. Stattdessen bekommen Sie eine schlanke, effiziente Lösung, die einfach funktioniert – und das von überall.

✔ **Kein Server, kein Stress**

Sie brauchen keine lokale Infrastruktur mehr. Kein Server, der gewartet werden muss. Keine Zertifikate, die ablaufen. Keine Updates, die nachts um drei installiert werden müssen. Einfach nur Cloud. Und das bedeutet: weniger Aufwand, weniger Kosten, weniger Sorgen.

✔ **Schnell und flexibel**

Neue Benutzer sind in wenigen Minuten angelegt und einsatzbereit – egal ob im Büro, im Homeoffice oder auf der Sonnenliege. Die Cloud-only-Identität ist ideal für Unternehmen, die schnell wachsen, remote arbeiten oder einfach keine Lust auf Serverpflege haben.

✔ **Sicherheit inklusive**

Microsoft Entra ID bringt viele Sicherheitsfunktionen direkt mit – von MFA über Conditional Access bis hin zu Self-Service Password Reset. Und das Beste: Viele dieser Funktionen sind schon in den Standardlizenzen enthalten. Sie müssen sie nur aktivieren – und schon ist Ihre Umgebung deutlich besser abgesichert.

✔ **Weniger Komplexität**

Keine Synchronisierung, keine doppelte Benutzerpflege, keine Abhängigkeit von lokalen Systemen. Alles wird zentral in der Cloud verwaltet – übersichtlich, nachvollziehbar und ohne technische Klimmzüge. Das ist besonders hilfreich, wenn Sie das Thema IT »nebenbei« betreuen.

Wo es haken kann – Herausforderungen der Cloud-only-Identität

So schlank und elegant die Cloud-only-Identität auch ist – ganz ohne Tücken kommt sie nicht daher. Wie bei einem schicken E-Bike: Sie brauchen keinen Führerschein, aber ein bisschen Fahrgefühl schadet nicht.

✔ **Keine Verbindung zu lokalen Ressourcen**

Der größte Stolperstein: Lokale Ressourcen wie Dateiserver, Drucker oder Intranet-Anwendungen sind für die Cloud-only-Identität unsichtbar. Wenn Sie noch solche Systeme im Einsatz haben, wird's schwierig. Die Benutzerkonten in der Cloud können sich dort nicht anmelden – denn sie existieren nur in der Cloud.

Lösungsmöglichkeiten? Klar, es gibt Workarounds – etwa über Entra ID Join, VPN oder hybride Szenarien. Aber dann sind wir schon wieder nicht mehr »Cloud-only«, sondern eher »Cloud mit Anbau«.

✔ **Umdenken bei der Verwaltung**

Wer aus der klassischen AD-Welt kommt, muss sich umstellen. Gruppenrichtlinien? Gibt es so nicht mehr. Stattdessen arbeiten Sie mit Cloud-basierten Richtlinien, Rollenmodellen und Zugriffsregeln. Das ist nicht schlechter – nur anders. Und es braucht ein bisschen Einarbeitung.

✔ **Sicherheit ist kein Selbstläufer**

Auch wenn Microsoft viele Sicherheitsfunktionen mitliefert: Sie müssen sie aktivieren und konfigurieren. MFA, Conditional Access, Passwortregeln – all das will eingerichtet werden. Wer das vergisst, hat zwar eine moderne Identität, aber ein offenes Scheunentor.

✔ **Benutzerverwaltung will geplant sein**

Ohne lokale IT-Strukturen ist es umso wichtiger, dass Sie klare Prozesse haben: Wer legt Benutzer an? Wer löscht sie? Wie läuft das Onboarding? Ohne Plan wird es schnell chaotisch – und das merkt man spätestens, wenn der erste Kollege keinen Zugriff auf Teams hat, weil sein Konto noch auf »Entwurf« steht.

Und jetzt? Fazit und Praxistipps zur Cloud-only-Identität

Sie haben jetzt gesehen, was eine Cloud-only-Identität ist, wie sie funktioniert, wo ihre Stärken liegen – und wo man besser zweimal hinschaut. Bleibt die Frage: Passt das zu Ihrem Unternehmen?

Fragen, die Sie sich stellen sollten:

✔ Nutzen wir noch lokale Ressourcen? Wenn ja, könnte Cloud-only zu kurz greifen.

✔ Wollen wir langfristig alles in die Cloud verlagern? Dann ist Cloud-only ein idealer Startpunkt.

✔ Wie viel IT-Know-how haben wir im Haus? Weniger Technik = weniger Aufwand = Cloud-only könnte passen.

✔ Wie wichtig ist uns Flexibilität? Cloud-only ist mobil, skalierbar und schnell – perfekt für moderne Arbeitsmodelle.

✔ Starten Sie mit einem klaren Plan. Wer darf Benutzer anlegen? Wie läuft das Onboarding? Wer kümmert sich um Lizenzen?

✔ Nutzen Sie Gruppen und Rollen. Damit behalten Sie den Überblick, wer worauf Zugriff hat – und können Berechtigungen zentral steuern.

- ✔ Sichern Sie Ihre Umgebung ab. MFA sollte Pflicht sein, ebenso wie regelmäßige Überprüfungen der Zugriffsrechte.
- ✔ Dokumentieren Sie Ihre Prozesse. Wer was wann gemacht hat, ist auch hier Gold wert – besonders bei Supportfällen oder Audits.

Die Cloud-only-Identität ist die schlankste und modernste Form der Identitätsverwaltung in Microsoft 365. Sie ist ideal für Unternehmen, die komplett auf die Cloud setzen – ohne Ballast aus der Vergangenheit. Kein Server, keine Synchronisierung, keine Komplexität. Einfach Benutzer anlegen, Lizenz zuweisen, loslegen.

Natürlich ist sie nicht für jedes Unternehmen geeignet – aber wenn Sie keine lokale Infrastruktur mehr brauchen, ist Cloud-only eine elegante Lösung. Und das Beste: Sie müssen kein Vollzeit-Admin sein, um sie zu verstehen und zu nutzen.

Bereitstellung – wie Identitäten in Bewegung kommen

Stellen Sie sich vor, Sie eröffnen ein neues Büro. Neue Mitarbeiter kommen an, und bevor sie überhaupt ihren ersten Kaffee trinken können, brauchen sie: einen Arbeitsplatz, einen Laptop, Zugang zu E-Mails, Teams, SharePoint – und natürlich ein Benutzerkonto. Genau hier kommt die Bereitstellung ins Spiel.

In der Welt von Microsoft Entra ID bedeutet Bereitstellung, dass Benutzerkonten, Gruppen und Zugriffsrechte automatisch erstellt, gepflegt und bei Bedarf auch wieder entfernt werden. Und zwar nicht manuell per Klick und Copy-Paste, sondern automatisiert, regelbasiert und nachvollziehbar.

Bereitstellung ist also der clevere Assistent im Hintergrund, der dafür sorgt, dass Ihre Benutzer zur richtigen Zeit am richtigen Ort mit den richtigen Rechten arbeiten können – ohne dass Sie sich jeden Tag aufs Neue darum kümmern müssen.

Was hat das mit Identitäten zu tun?

Ganz einfach: Eine Identität ist nur dann wirklich nützlich, wenn sie zur richtigen Zeit am richtigen Ort verfügbar ist. Und genau das leistet die Bereitstellung. Sie verbindet Ihre Identitätsquelle – zum Beispiel ein HR-System oder ein lokales Active Directory – mit der Cloud-Welt von Microsoft 365.

Dabei geht es nicht nur um das Anlegen von Benutzerkonten, sondern auch um

- ✔ das automatische Zuweisen von Lizenzen,
- ✔ das Einfügen in Gruppen,

- ✔ das Bereitstellen von Apps,
- ✔ und das Entfernen von Zugängen, wenn jemand das Unternehmen verlässt.

Kurz gesagt: Bereitstellung ist das Rückgrat einer modernen, sicheren und effizienten Identitätsverwaltung.

Personalbasierte Bereitstellung – wenn das HR-System den Takt vorgibt

Ein neuer Mitarbeiter ist eingestellt, der Vertrag ist unterschrieben – und noch bevor der erste Arbeitstag beginnt, ist bereits alles vorbereitet: Benutzerkonto, E-Mail-Adresse, Teams-Zugang, SharePoint-Freigaben. Klingt nach Zauberei? Ist aber einfach nur gute Vorbereitung – mit der personalbasierten Bereitstellung.

In diesem Szenario übernimmt das HR-System die Regie. Sobald dort ein neuer Mitarbeiter erfasst wird – mit Name, Abteilung, Rolle und Eintrittsdatum – startet im Hintergrund ein automatisierter Prozess. Microsoft Entra ID greift sich die Informationen, erstellt das Benutzerkonto, weist die passende Lizenz zu, fügt die Person den richtigen Gruppen hinzu – und fertig ist der digitale Arbeitsplatz.

Das Ganze funktioniert wie ein gut eingespieltes Orchester: Das HR-System gibt den Takt vor, und Entra ID sorgt dafür, dass alle Instrumente zur richtigen Zeit einsetzen. Kein manuelles Anlegen, kein Copy-Paste, kein »Oh, das Konto fehlt noch« am ersten Arbeitstag.

Ihre Vorteile

- ✔ Automatisierung spart Zeit und reduziert Fehlerquellen.
- ✔ Konsistenz sorgt dafür, dass alle Mitarbeiter die richtigen Zugänge erhalten.
- ✔ Sicherheit durch automatisches Entfernen von Zugängen bei Austritt.
- ✔ Skalierbarkeit – egal ob 3 oder 300 neue Mitarbeiter.

Und technisch?

Microsoft Entra ID nutzt sogenannte Bereitstellungs-Konnektoren, die mit HR-Systemen wie Workday, SAP SuccessFactors oder andere HR-Systeme kommunizieren. Diese holen sich regelmäßig die aktuellen Personaldaten und gleichen sie mit der Cloud ab. Neue Person? Konto wird erstellt. Abteilungswechsel? Gruppenmitgliedschaften werden angepasst. Austritt? Zugänge werden entzogen.

Das Beste: Sie können Regeln definieren, die genau festlegen, was wann passieren soll. Zum Beispiel: »Alle neuen Mitarbeiter im Vertrieb erhalten automatisch Zugriff auf das CRM-System und werden der Gruppe ›Sales Europe‹ hinzugefügt.«

Herausforderungen – wo es in der Praxis haken kann

So elegant die personalisierte Bereitstellung auch klingt – ganz ohne Stolpersteine kommt auch sie nicht daher. Wie bei einem gut geplanten Umzug: Der Plan steht, die Kisten sind gepackt, aber irgendwie fehlt dann doch der WLAN-Router. Hier sind die häufigsten Herausforderungen, die Ihnen begegnen können.

Datenqualität im HR-System

Die Bereitstellung ist nur so gut wie die Daten, die sie erhält. Wenn im HR-System Tippfehler, veraltete Abteilungsnamen oder fehlende Eintrittsdaten stehen, kann das zu fehlerhaften Konten oder falschen Gruppenzuweisungen führen. Ein Benutzerkonto mit dem Namen »Müller, Maxx« ist zwar einzigartig – aber nicht unbedingt gewollt.

Führen Sie regelmäßige Datenprüfungen durch und definieren Sie klare Standards für die Dateneingabe im HR-System.

Fehlende oder unklare Rollenmodelle

Wer bekommt welche Anwendungen? Welche Gruppen sind für welche Abteilungen zuständig? Ohne ein sauberes Rollen- und Berechtigungskonzept wird die Automatisierung schnell zur Chaosmaschine. Dann landet der neue Azubi plötzlich in der Geschäftsführungs-Gruppe – und das will wirklich niemand.

Erarbeiten Sie gemeinsam mit HR und den Fachabteilungen ein klares Rollenmodell – am besten, bevor Sie mit der Automatisierung starten.

Technische Schnittstellenprobleme

Nicht jedes HR-System spricht fließend »Cloud«. Die Einrichtung der Schnittstelle zwischen HR-System und Entra ID kann je nach Systemlandschaft knifflig sein – besonders wenn lokale Systeme, Middleware oder individuelle Anpassungen im Spiel sind.

Prüfen Sie vorab, ob Ihr HR-System von Microsoft offiziell unterstützt wird – und ob ein passender Bereitstellungs-Konnektor verfügbar ist.

Fehlende Rückmeldemechanismen

Was passiert, wenn etwas schiefläuft? Wird ein Konto nicht erstellt oder eine Lizenz nicht zugewiesen, braucht es ein Monitoring oder zumindest eine Benachrichtigung. Sonst merken Sie das Problem erst, wenn der neue Kollege am ersten Tag vor einem leeren Bildschirm sitzt.

Aktivieren Sie Protokollierung und Benachrichtigungen – und testen Sie sie regelmäßig mit Testkonten.

Rechte und Verantwortlichkeiten

Wer darf was? Wer ist verantwortlich, wenn ein Konto zu früh oder zu spät bereitgestellt wird? Ohne klare Zuständigkeiten kann es schnell zu Missverständnissen kommen – besonders wenn HR, IT und Fachabteilungen gemeinsam am Prozess beteiligt sind.

Legen Sie Verantwortlichkeiten schriftlich fest – und sorgen Sie für regelmäßige Abstimmungen zwischen den Beteiligten.

Anwendungsbereitstellung – wer darf was, wann und wo?

Nicht jeder Mitarbeiter braucht Zugriff auf jede Anwendung. Die Buchhaltung braucht kein Entwicklerportal, und das Marketing-Team muss nicht unbedingt in die Finanzsoftware. Genau hier kommt die Anwendungsbereitstellung ins Spiel – oder besser gesagt: Die Kunst, Zugriffe gezielt und automatisiert zu steuern.

Mit Microsoft Entra ID können Sie Anwendungen nicht nur zentral verwalten, sondern auch gezielt bereitstellen – je nach Rolle, Abteilung oder Standort. Das bedeutet: Ihre Benutzer sehen nur das, was sie wirklich brauchen – und das auch nur dann, wenn sie es brauchen.

Was wird eigentlich bereitgestellt?

- ✔ **Cloud-Anwendungen** wie Salesforce, Dropbox, ServiceNow oder SAP.
- ✔ **Microsoft-365-Dienste** wie Teams, SharePoint oder Exchange.
- ✔ **Eigene Unternehmensanwendungen**, die Sie selbst entwickelt oder gehostet haben.

Und das Beste: Die Bereitstellung kann automatisch erfolgen – basierend auf Gruppenmitgliedschaften, Rollen oder Attributen wie »Abteilung = Vertrieb«.

BEISPIEL

Ein neuer Kollege startet im Vertrieb. Sobald sein Benutzerkonto erstellt ist, wird er automatisch der Gruppe »Sales Europe« zugewiesen. Diese Gruppe hat Zugriff auf das CRM-System, erhält eine Lizenz für Dynamics 365 und sieht im App-Portal nur die Anwendungen, die für den Vertrieb relevant sind. Kein manuelles Klicken, kein »Zugriff verweigert«, kein Chaos.

Herausforderungen – wenn die App nicht da ist, wo sie sein soll

Auch bei der Anwendungsbereitstellung gibt es ein paar typische Stolperfallen.

✔ **Unklare Gruppenstruktur**

Wenn Gruppen nicht sauber gepflegt sind oder wild durcheinander verwendet werden (»Marketing-alt«, »Marketing-neu«, »Marketing-2022«), wird die automatische Bereitstellung schnell zur Lotterie.

Halten Sie Ihre Gruppenstruktur schlank, sprechend und aktuell. Weniger ist oft mehr.

✔ **Fehlende App-Registrierung**

Bevor eine Anwendung bereitgestellt werden kann, muss sie in Entra ID registriert sein. Klingt logisch – wird aber gerne vergessen. Dann wundert man sich, warum die App nicht auftaucht.

Tipp: Prüfen Sie regelmäßig, ob alle relevanten Anwendungen korrekt registriert und konfiguriert sind.

✔ **Lizenzabhängigkeiten**

Manche Anwendungen setzen bestimmte Lizenzen voraus. Wenn diese nicht automatisch mit zugewiesen werden, bleibt der Zugriff verwehrt – obwohl die App eigentlich bereitgestellt wurde.

Tipp: Verknüpfen Sie Lizenzzuweisungen mit Gruppenmitgliedschaften, um solche Lücken zu vermeiden.

✔ **Schatten-IT**

Wenn Benutzer sich selbst irgendwo registrieren (z. B. bei einem Cloud-Dienst), ohne dass die IT davon weiß, entsteht ein Sicherheitsrisiko – und die zentrale Bereitstellung wird umgangen.

Tipp: Nutzen Sie Entra ID, um Single Sign-On (SSO) zu erzwingen und nicht genehmigte Apps zu blockieren.

Funktionsweise der Bereitstellung – wer zieht im Hintergrund die Fäden?

Die Bereitstellung von Identitäten und Anwendungen wirkt auf den ersten Blick wie Zauberei: Ein neuer Mitarbeiter wird im HR-System angelegt – und zack, schon ist alles da. Aber wie funktioniert das eigentlich? Wer sorgt dafür, dass die richtigen Daten zur richtigen Zeit am richtigen Ort landen?

Die Antwort: Microsoft Entra ID Provisioning Services – unterstützt durch sogenannte Bereitstellungs-Konnektoren und eine clevere Regel-Engine.

Die Hauptdarsteller im Hintergrund

- Quellsystem: Das ist meist ein HR-System (z. B. Workday, SAP SuccessFactors) oder ein lokales Active Directory. Hier entstehen die Identitäten.
- Microsoft Entra Provisioning Service: Der Dirigent im Hintergrund. Er sorgt dafür, dass die Daten aus dem Quellsystem korrekt verarbeitet und an die Zielsysteme weitergegeben werden.
- Zielsysteme: Das können Microsoft-365-Dienste, SaaS-Anwendungen oder auch benutzerdefinierte Apps sein.

Der Ablauf – einfach erklärt

1. **Import**: Der Provisioning Service holt sich regelmäßig die aktuellen Daten aus dem Quellsystem.
2. **Abgleich**: Es wird geprüft, ob es neue Benutzer gibt, ob sich etwas geändert hat oder ob jemand entfernt werden muss.
3. **Regelprüfung**: Anhand definierter Regeln wird entschieden, was mit den Daten passieren soll (z. B. »Wenn Abteilung = Marketing, dann Gruppe = M365-Marketing«).
4. **Export**: Die Daten werden an das Zielsystem übergeben – Benutzerkonten werden erstellt, aktualisiert oder deaktiviert.

Das Ganze passiert regelmäßig – je nach Konfiguration alle 40 Minuten oder einmal täglich. Und das Beste: Sie können jederzeit nachvollziehen, was passiert ist. Microsoft Entra ID bietet ein übersichtliches Protokoll mit Erfolgen, Fehlern und Warnungen.

Herausforderungen – wenn der Automatismus ins Stolpern gerät

Auch hier gilt: Automatisierung ist nur so gut wie die Konfiguration. Und manchmal sind es Kleinigkeiten, die große Wirkung haben.

- **Fehlende oder fehlerhafte Attribute**

  Wenn im Quellsystem wichtige Informationen fehlen (z. B. Abteilung, Rolle oder Eintrittsdatum), kann die Bereitstellung ins Leere laufen – oder schlimmer: falsche Konten erzeugen.

Definieren Sie Pflichtfelder im Quellsystem und prüfen Sie regelmäßig die Datenqualität.

- **Komplexe Regelwerke**

  Je mehr Regeln Sie definieren, desto schwieriger wird es, den Überblick zu behalten. Und wenn sich Regeln gegenseitig widersprechen, wird es richtig spannend – für die Fehlersuche.

Halten Sie Ihre Regeln so einfach und nachvollziehbar wie möglich. Dokumentation hilft!

- **Fehlende Rückmeldung bei Fehlern**

  Wenn ein Fehler auftritt, aber niemand davon erfährt, bleibt das Problem oft unbemerkt – bis sich der erste Benutzer beschwert.

Aktivieren Sie Benachrichtigungen und prüfen Sie regelmäßig die Bereitstellungsprotokolle.

- **Unklare Zuständigkeiten**

  Wer ist verantwortlich, wenn etwas nicht funktioniert? HR? IT? Der Cloud-Admin? Ohne klare Rollenverteilung wird die Fehlerbehebung schnell zur Ping-Pong-Partie.

Legen Sie Zuständigkeiten fest – am besten schriftlich und mit Eskalationswegen.

Bereitstellung im Überblick – drei Wege, ein Ziel

Ob personalisiert, anwendungsbezogen oder regelgesteuert – die Bereitstellung in Microsoft Entra ID ist der Schlüssel zu einer modernen, sicheren und effizienten IT-Umgebung. Doch welche Methode passt zu welchem Unternehmen? Und worauf sollte man achten?

Hier noch einmal die drei Szenarien im Schnelldurchlauf:

Szenarien	Beschreibung	Ideal für
Personalbasierte Bereitstellung	Automatisierte Erstellung von Benutzerkonten und Zuweisung von Rechten basierend auf HR-Daten.	Unternehmen mit strukturiertem HR-System und klaren Rollenmodellen.
Anwendungsbereitstellung	Steuerung des Zugriffs auf Anwendungen über Gruppen, Rollen oder Attribute.	Unternehmen mit vielen Cloud-Apps oder sensiblen Anwendungen.
Regelbasierte Bereitstellung (Funktionsweise)	Automatisierte Prozesse im Hintergrund, die Identitäten und Zugriffe synchronisieren und pflegen.	Unternehmen mit hohem Automatisierungsgrad oder komplexen Anforderungen.

Tabelle 7.2: Bereitstellungszenarien im Überblick

Entscheidungshilfe – was passt zu Ihrem Unternehmen?

Die Auswahl der geeigneten Bereitstellungsmethode für Benutzerkonten und Zugriffsrechte ist ein entscheidender Faktor für die Effizienz und Sicherheit in Unternehmen. Je nach Unternehmensgröße, vorhandenen Systemen und individuellen Anforderungen bieten sich unterschiedliche Ansätze an. Im Folgenden finden Sie eine Übersicht über typische Bereitstellungsszenarien sowie eine Entscheidungshilfe, die Sie bei der Auswahl der passenden Lösung für Ihr Unternehmen unterstützt.

Unternehmensmerkmal	Empfehlung
Kleines Unternehmen ohne IT-Abteilung	Start mit einfacher Anwendungsbereitstellung über Gruppen.
Mittelständisches Unternehmen mit HR-System	Personalbasierte Bereitstellung für saubere Prozesse beim Onboarding.
Wachsendes Unternehmen mit vielen Rollen und Abteilungen	Kombination aus personalisierter und anwendungsbezogener Bereitstellung.
Starke Sicherheitsanforderungen (z. B. Datenschutz, ISO-Zertifizierung)	Regelbasierte Bereitstellung mit klaren Audit-Logs und automatisierten Prozessen.
Cloud-first-Strategie	Vollautomatisierte Bereitstellung mit Entra Provisioning Services und App-Zuweisung über Gruppen.
Lokale Infrastruktur noch im Einsatz (Hybridmodell)	Kombination mit Entra Connect und gezielter App-Bereitstellung für Cloud-Dienste.
Hohe Fluktuation oder viele temporäre Mitarbeiter	Automatisierte Bereitstellung mit klaren Offboarding-Regeln.

Tabelle 7.3: Entscheidungshilfe - welches Bereitstellungsszenario passt zu meinem Unternehmen?

IN DIESEM KAPITEL

Die Entra ID-Verwaltung

Benutzerkonten erstellen

FAQ zum Thema Benutzerkonto

Kapitel 8
Die Benutzerverwaltung in Entra ID

Benutzerverwaltung klingt erstmal nach IT-Abteilung, Serverraum und Passwortlisten auf Papier. Aber keine Sorge: In diesem Kapitel geht es nicht um Technik um der Technik Willen – sondern darum, wie Sie als IT-affine Person in Ihrem Arbeitsalltag mit Microsoft 365 souverän, sicher und effizient arbeiten können. Ganz gleich, ob Sie im Vertrieb, Einkauf oder Projektmanagement unterwegs sind.

Sie erfahren, wie Benutzerkonten in Microsoft Entra ID erstellt, verwaltet und mit den richtigen Rechten ausgestattet werden – und zwar auf drei Wegen: manuell, per Dateiimport oder vollautomatisch. Ich zeige Ihnen, wie Sie Lizenzen clever zuweisen, Rollen sinnvoll vergeben und mit PowerShell kleine Wunder vollbringen – ganz ohne Informatikstudium.

Außerdem werfen wir einen Blick auf Self-Service-Funktionen, mit denen Sie sich selbst helfen können (und der IT ein bisschen Arbeit abnehmen), und erklären, wie Sie mit Protokollen und Berichten den Überblick behalten – auch wenn mal etwas schiefläuft.

Das Kapitel richtet sich an Menschen, die verstehen wollen, wie die digitale Identität in Microsoft 365 funktioniert – und wie man sie im Griff behält. Mit vielen Tipps aus der Praxis, verständlich erklärt und mit einem Augenzwinkern geschrieben.

Was ist Entra ID – und warum sollte Sie das interessieren?

Microsoft Entra ID ist das digitale Drehkreuz Ihrer Microsoft-365-Welt. Früher unter dem Namen Azure Active Directory bekannt, regelt es heute, wer worauf zugreifen darf – vom Outlook-Postfach bis zur Teams-Besprechung. Sobald Sie mit Microsoft 365 zu tun haben, kommen Sie an Entra ID nicht mehr vorbei. Es ist wie der Motor eines Autos.

Warum der neue Name?

Microsoft hat Azure Active Directory in Entra ID umbenannt, um das Thema Identität und Zugriff unter einer neuen Dachmarke zu bündeln. Klingt nach Marketing? Vielleicht. Aber dahinter steckt ein klarer Plan: Entra ID soll nicht nur für Admins verständlich sein, sondern auch für Mensch, die täglich mit Microsoft 365 arbeiten, aber keine Lust auf Fachchinesisch haben.

> Als IT-Berater hatte ich oft Schwierigkeiten, zu erkennen, welches Active Directory Kunden meinten, da der lokal installierte und der Azure Active Directory identische Namen hatten. Insbesondere bei Kundengesprächen, in denen der Begriff »Azure« selten erwähnt wurde, führte dies häufig zu Missverständnissen und Verwirrungen. Dies erschwerte nicht nur die Kommunikation, sondern auch die effektive Problemlösung und Beratung. Daher begrüße ich die neuen Namen, die sowohl Endanwendern als auch Administratoren Klarheit verschaffen.

Die Einführung eindeutiger Bezeichnungen ermöglicht es, sofort zu erkennen, ob sich das Gespräch auf das lokale Active Directory oder auf das Azure Active Directory bezieht. Diese Neuerung verbessert die Effizienz und Präzision im Arbeitsalltag erheblich. Zudem hilft sie dabei, Fehler zu vermeiden, die durch missverständliche Kommunikation entstehen können. In meiner bisherigen Erfahrung stieß ich oft auf Herausforderungen, wenn es darum ging, schnelle und präzise Lösungen zu liefern, insbesondere in komplexen IT-Umgebungen, in denen beide Verzeichnisse gleichzeitig genutzt wurden. Mit den neuen Namen können solche Situationen gezielt vermieden werden, was den gesamten Prozess der IT-Beratung deutlich vereinfacht und optimiert.

Was macht Entra ID konkret?

Kurz gesagt: Es verwaltet Ihre digitale Identität. Was eine Identität ist, wissen Sie bereits aus dem Kapitel »Hybride Identität«. Ihr Benutzerkonto, Ihre Berechtigungen, Ihre Lizenz – all das läuft über Entra ID. Es sorgt dafür, dass Sie sich anmelden können, Zugriff auf Ihre Anwendungen haben und dabei sicher unterwegs sind. Und das Beste: Viele Dinge laufen im Hintergrund, ohne dass Sie es merken. Aber wenn Sie wissen, wie es funktioniert, können Sie im Alltag schneller reagieren, gezielter nachfragen – oder sogar selbst aktiv werden.

Ein typischer Fall

Eine neue Kollegin kommt ins Team. Früher hätte man der IT eine Liste geschickt: Benutzerkonto anlegen, Lizenz zuweisen, Zugriff auf Teams und SharePoint einrichten. Heute geht vieles davon automatisiert – oder kann von berechtigten Personen direkt erledigt werden. Wer weiß, wie Entra ID funktioniert, spart sich Rückfragen und Wartezeiten.

Benutzerkonten erstellen – aber bitte mit System

Ein Benutzerkonto ist der Schlüssel zur Microsoft-365-Welt. Ohne es geht nichts – kein Outlook, kein Teams, kein SharePoint. Aber wie kommt man eigentlich zu so einem Konto? Und noch wichtiger: Wie sorgt man dafür, dass es richtig angelegt ist, damit später keine bösen Überraschungen auftauchen?

Drei Wege führen zum Ziel

Je nach Unternehmensgröße, technischer Ausstattung und persönlicher Vorliebe gibt es drei gängige Methoden, um Benutzerkonten in Microsoft Entra ID zu erstellen (siehe Tabelle 8.1):

Methode	Für wen geeignet?	Vorteile	Herausforderungen
Manuell über das Admin Center	Kleine Teams, Einzelkonten	Schnell, direkt, ohne Vorkenntnisse	Fehleranfällig, nicht skalierbar
Import per CSV-Datei	Mehrere Benutzer gleichzeitig	Spart Zeit, reduziert Tippfehler	Formatierung muss exakt stimmen
Automatisiert über ein HR-System oder Provisioning	Mittelgroße bis große Unternehmen	Vollautomatisch, konsistent, skalierbar	Technische Einrichtung notwendig

Tabelle 8.1: Drei Wege, um Benutzerkonten zu erstellen

Bevor wir uns die einzelnen Wege im Detail anschauen, ein kurzer Hinweis: Es gibt kein »richtig« oder »falsch«. Wichtig ist, dass die Methode zu Ihrem Unternehmen passt – und dass Sie wissen, worauf es bei der jeweiligen Variante ankommt.

Benutzer manuell im Admin Center erstellen – der direkte Draht zur Cloud

Die manuelle Erstellung von Benutzerkonten ist der einfachste und direkteste Weg, um neue Kollegen in Microsoft 365 arbeitsfähig zu machen. Sie benötigen dafür keine Skripte, keine Schnittstellen und keine Spezialkenntnisse – nur einen Admin-Zugang und ein paar Minuten Zeit.

Beachten Sie an dieser Stelle den wichtigen Hinweis aus Kapitel 7: Je nach gewählter Synchronisierungsvariante für Identitäten sollte kein Konto manuell in Entra ID angelegt werden. Diese Entscheidung stellt sicher, dass die Synchronisationsprozesse reibungslos und konsistent ablaufen.

Diese Methode eignet sich besonders gut für kleinere Unternehmen oder Teams, in denen nur gelegentlich neue Benutzer hinzukommen. Auch für temporäre Konten – etwa für Praktikanten, externe Dienstleister oder Projektmitglieder – ist dieser Weg ideal.

Schritt-für-Schritt-Anleitung

1. **Anmeldung im Admin Center**

   Öffnen Sie `https://admin.microsoft.com` und melden Sie sich mit einem Konto an, das über administrative Rechte verfügt – zum Beispiel als Benutzeradministrator oder Globaler Administrator.

2. **Navigation zu den aktiven Benutzern**

   Im linken Menü klicken Sie auf BENUTZER > AKTIVE BENUTZER. Dort finden Sie eine Übersicht aller bestehenden Konten. Oben rechts klicken Sie auf BENUTZER HINZUFÜGEN.

3. **Eingabe der Benutzerdaten**

   Jetzt öffnet sich ein Assistent, der Sie durch die Erstellung führt. Hier geben Sie die wichtigsten Informationen ein:

   - Vor- und Nachname: wird in Outlook, Teams und Co. angezeigt.
   - Benutzername: Das ist die E-Mail-Adresse (z. B. `vorname.nachname@firma.de`).
   - Domäne: Falls Sie mehrere Domänen verwenden (z. B. `firma.de` und `projektname.de`), wählen Sie hier die passende aus.
   - Standort: Wichtig für die Lizenzvergabe – zum Beispiel Deutschland, Österreich, Schweiz.

4. **Kennwortoptionen festlegen**

   Sie können ein AUTOMATISCH GENERIERTES KENNWORT verwenden oder selbst eines vergeben. Standardmäßig wird das Konto so eingerichtet, dass der Benutzer das Kennwort beim ersten Login ändern muss – eine gute Sicherheitsmaßnahme.

5. **Lizenz zuweisen**

   Jetzt kommt ein entscheidender Punkt: Ohne Lizenz kann das Konto zwar existieren, aber nicht viel tun. Wählen Sie die passende LIZENZ aus (z. B. Microsoft 365 Business Standard). Achten Sie darauf, dass noch genügend Lizenzen verfügbar sind – sonst erhalten Sie eine Fehlermeldung.

6. **Rollen und Berechtigungen vergeben (optional)**

   Falls der Benutzer administrative Aufgaben übernehmen soll, können Sie ihm hier eine ROLLE ZUWEISEN – zum Beispiel Kennwortadministrator oder Benutzeradministrator. Für normale Benutzer lassen Sie diesen Schritt einfach aus.

7. **Fertigstellen und Zugangsdaten speichern**

   Nach dem SPEICHERN erhalten Sie eine Zusammenfassung mit den Zugangsdaten. Diese können Sie direkt per E-Mail versenden oder als PDF speichern – ideal für das Onboarding.

Vorteile dieser Methode

- ✔ Einfach und intuitiv: Der Assistent führt Sie Schritt für Schritt durch den Prozess.
- ✔ Sofort einsatzbereit: Das Konto ist nach wenigen Minuten aktiv.
- ✔ Keine technischen Hürden: Ideal für kleinere Unternehmen oder Teams ohne eigene IT-Abteilung.

Herausforderungen und Stolperfallen

- ✔ Fehleranfällig bei vielen Konten: Wenn Sie mehrere Benutzer gleichzeitig anlegen müssen, wird es schnell unübersichtlich. Tippfehler schleichen sich ein, Lizenzen werden vergessen – und der Support freut sich über neue Tickets.
- ✔ Keine Automatisierung: Jeder Benutzer muss einzeln angelegt werden. Das kostet Zeit und Nerven.
- ✔ Lizenzvergabe wird oft übersehen: Ohne Lizenz kann sich der Benutzer zwar anmelden, aber keine Anwendungen nutzen. Das führt regelmäßig zu Verwirrung (»Ich sehe kein Outlook!«).

Praxistipps

- ✔ Vorlage nutzen: Erstellen Sie sich eine kleine Checkliste oder Excel-Vorlage mit den wichtigsten Feldern (Name, Benutzername, Lizenztyp, Rolle). Das spart Zeit und reduziert Fehler.
- ✔ Zugangsdaten sicher übermitteln: Nutzen Sie sichere Kanäle, um das Erstkennwort zu übergeben – zum Beispiel persönlich oder über ein verschlüsseltes Dokument.
- ✔ Onboarding-Prozess definieren: Legen Sie fest, wer im Unternehmen für das Anlegen von Konten zuständig ist – und wie die Übergabe an neue Mitarbeiter abläuft.

Benutzerimport per CSV-Datei – wenn's mal ein paar mehr sein dürfen

Es gibt Tage, da reicht es nicht, ein oder zwei Benutzerkonten anzulegen. Vielleicht startet ein ganzes Vertriebsteam neu, vielleicht wurden mehrere neue Mitarbeiter eingestellt, oder Sie möchten für ein Projektteam gleich zehn Konten auf einmal vorbereiten. In solchen Fällen ist die manuelle Methode schnell überfordert – und genau hier kommt der CSV-Import ins Spiel.

Mit dieser Methode können Sie mehrere Benutzerkonten gleichzeitig anlegen, indem Sie eine einfache Tabelle – genauer gesagt: eine CSV-Datei – vorbereiten und hochladen. Klingt technisch? Ist es gar nicht. Wenn Sie schon einmal eine Excel-Tabelle ausgefüllt haben, sind Sie bestens vorbereitet.

Eine CSV-Datei ist ein Datenformat, das für den einfachen Austausch und die Speicherung tabellarischer Informationen genutzt wird. CSV steht für »Comma Separated Values«, was bedeutet, dass die einzelnen Datenfelder durch ein Trennzeichen – typischerweise ein Komma oder Semikolon – voneinander getrennt werden. Dieses Format ist besonders praktisch, da es von zahlreichen Programmen wie Excel, Google Sheets oder Datenbanken problemlos gelesen und verarbeitet werden kann. Jede Zeile in der Datei stellt dabei einen Datensatz dar, und die Spalten enthalten die spezifischen Werte dieses Datensatzes. Obwohl das Format simpel erscheint, ermöglicht es eine effektive Verwaltung großer Datenmengen und ist daher im Arbeitsalltag weit verbreitet.

Schritt-für-Schritt-Anleitung

So funktioniert der Benutzerimport:

1. **Vorlage herunterladen – und bitte nicht improvisieren**

   Im Microsoft 365 Admin Center finden Sie unter BENUTZER > AKTIVE BENUTZER die Option BENUTZER MIT EINER CSV-DATEI HINZUFÜGEN. Dort gibt es auch eine Beispielvorlage – und die sollten Sie unbedingt verwenden. Warum? Weil die Spaltenüberschriften exakt stimmen müssen. Ein kleiner Schreibfehler wie »First Name« statt »Vorname« – und schon wird die Datei abgelehnt.

2. **Benutzerliste vorbereiten – mit Liebe zum Detail**

   In der Vorlage tragen Sie die Daten Ihrer neuen Benutzer ein. Pflichtfelder sind:

   - Vorname
   - Nachname
   - Benutzername (also die E-Mail-Adresse, z. B. `max.mueller@firma.de`)

   Optional – aber sehr empfehlenswert – sind:

   - Anzeigename (z. B. »Max Müller«)
   - Abteilung (hilft später bei der Gruppenzuweisung)
   - Standort (wichtig für Lizenzregeln)
   - Telefonnummer (für MFA oder Support)

Tipp aus der Praxis: Wenn Sie die Daten aus einem HR-System oder einer Excel-Liste übernehmen, prüfen Sie sie vorher sorgfältig. Ein falsch geschriebener Benutzername oder ein fehlender Standort kann später zu Problemen führen – und zu Rückfragen, die niemand braucht.

3. **Datei speichern – aber richtig**

   Speichern Sie die Datei im CSV-Format. In Excel geht das über DATEI > SPEICHERN UNTER und dann CSV (TRENNZEICHEN-GETRENNT). Achten Sie darauf, dass keine zusätzlichen Formatierungen, Leerzeilen oder Sonderzeichen enthalten sind. Und bitte: keine Excel-Formeln – die versteht das Entra ID Admin Center nicht.

4. **Datei hochladen – und kurz durchatmen**

   Zurück im Admin Center laden Sie die Datei hoch. Der Assistent prüft die Datei auf Fehler und zeigt Ihnen eine Vorschau. Wenn alles passt, klicken Sie auf BENUTZER HINZUFÜGEN – und schon werden die Konten erstellt.

5. **Lizenzen zuweisen – nicht vergessen!**

   Sie können direkt im Anschluss LIZENZEN ZUWEISEN – entweder allen Benutzern dieselbe oder individuell. Wenn Sie das überspringen, denken Sie daran, es später nachzuholen. Denn ohne Lizenz bleibt das Konto wie ein Auto ohne Schlüssel: hübsch, aber unbrauchbar.

Warum diese Methode Gold wert ist

Der CSV-Import ist ein echter Zeitsparer. Statt zehnmal durch denselben Assistenten zu klicken, erledigen Sie alles in einem Rutsch. Das spart nicht nur Zeit, sondern reduziert auch die Fehlerquote – vorausgesetzt, die Datei ist sauber vorbereitet.

Besonders praktisch ist diese Methode, wenn Sie regelmäßig größere Gruppen anlegen müssen – etwa bei Neueinstellungen, Schulungen oder Projektstarts. Auch für IT-affine Menschen, die keine PowerShell nutzen möchten, ist der CSV-Import eine elegante Lösung.

Wo es haken kann – und wie Sie es vermeiden

Natürlich hat auch diese Methode ihre Tücken. Die häufigsten Stolperfallen sind:

- ✔ Formatierungsfehler: Eine falsche Spaltenüberschrift, ein fehlendes Komma oder ein Sonderzeichen – und der Import schlägt fehl. Deshalb: Vorlage verwenden, Datei testen, und im Zweifel lieber einmal mehr prüfen.
- ✔ Unvollständige Daten: Wenn wichtige Felder fehlen (z. B. Benutzername oder Standort), kann das Konto zwar erstellt werden – aber es fehlen später wichtige Funktionen.
- ✔ Lizenzvergabe vergessen: Ein Klassiker. Die Konten sind da, aber niemand kann sich anmelden. Deshalb: Lizenzvergabe direkt nach dem Import erledigen oder automatisieren.

Tipps aus dem Alltag

- ✔ Testlauf mit wenigen Konten: Bevor Sie 50 Benutzer importieren, testen Sie den Prozess mit zwei bis drei Konten. So erkennen Sie Formatierungsfehler frühzeitig – und vermeiden peinliche Überraschungen.

- Versionskontrolle: Speichern Sie Ihre CSV-Dateien mit Datum und Zweck (z. B. »Benutzerimport_Vertriebsteam_Mai2025.csv«). Das hilft bei der Nachverfolgung – und bei Rückfragen.
- Zusammenarbeit mit HR: Wenn Sie regelmäßig Listen aus der Personalabteilung erhalten, stimmen Sie sich über das Format ab. Einheitliche Vorlagen sparen Zeit und vermeiden Missverständnisse.

Automatisierte Benutzerbereitstellung – wenn es wie von selbst laufen soll

In einer idealen Welt passiert Folgendes: Eine neue Kollegin wird im HR-System erfasst – und ohne dass jemand in der IT einen Finger rührt, wird automatisch ein Benutzerkonto in Microsoft Entra ID erstellt, die passende Lizenz zugewiesen, die Kollegin den richtigen Gruppen hinzugefügt und mit den nötigen Anwendungen ausgestattet. Klingt nach Magie? Ist aber Realität – mit einer automatisierten Bereitstellung.

Diese Methode ist besonders dann sinnvoll, wenn Sie

- regelmäßig neue Mitarbeiter onboarden,
- viele temporäre Konten verwalten müssen
- oder einfach sicherstellen wollen, dass alle Benutzer konsistent und regelkonform angelegt werden.

Die automatisierte Bereitstellung basiert auf dem Prinzip: »Einmal richtig konfigurieren – und dann läuft es.« Dabei wird ein sogenannter Bereitstellungs-Konnektor zwischen Ihrem HR-System (z. B. SAP SuccessFactors, Workday oder einen anderen) und Microsoft Entra ID eingerichtet. Dieser Konnektor gleicht regelmäßig die Daten ab und sorgt dafür, dass neue Benutzer automatisch angelegt, bestehende aktualisiert und ausgeschiedene Mitarbeiter deaktiviert oder gelöscht werden.

Das Ganze funktioniert regelbasiert. Sie definieren einmal, was passieren soll – zum Beispiel:

- Alle neuen Mitarbeitenden in der Abteilung »Vertrieb« erhalten automatisch eine Microsoft-365-Business-Standard-Lizenz.
- Personen mit der Rolle »Teamleitung« werden der Gruppe »Führungskräfte« hinzugefügt.
- Wenn das Austrittsdatum erreicht ist, wird das Konto deaktiviert und die Lizenz entzogen.

Schritt-für-Schritt-Anleitung

Der Weg zur Automatisierung besteht aus folgenden Schritten:

1. **Auswahl des Quellsystems**

   Zuerst wird festgelegt, woher die Daten kommen. In der Regel ist das ein HR-System, das bereits alle relevanten Informationen enthält: Name, Abteilung, Rolle, Eintrittsdatum, Standort und so weiter.

2. **Einrichtung des Konnektors**

   Microsoft Entra ID bietet eine Vielzahl von vordefinierten Konnektoren für gängige HR-Systeme. Diese werden im Entra Admin Center eingerichtet und mit dem Quellsystem verbunden. Dabei wird festgelegt, welche Felder synchronisiert werden sollen – zum Beispiel Vorname, Nachname, Benutzername, Abteilung, Rolle.

3. **Definition der Regeln**

   Legen Sie fest, was mit den Daten passieren soll, etwa:

   - Wann ein Konto erstellt wird.
   - Welche Lizenz zugewiesen wird.
   - Welche Gruppenmitgliedschaften automatisch erfolgen.
   - Wann ein Konto deaktiviert oder gelöscht wird.

4. **Testphase und Monitoring**

   Bevor Sie live gehen, sollten Sie die Regeln mit Testdaten prüfen. Microsoft Entra ID bietet ein übersichtliches Protokoll, in dem Sie sehen, was wann passiert ist – inklusive Erfolgen, Warnungen und Fehlern.

5. **Go-Live und laufender Betrieb**

   Nach einem erfolgreichen Testlauf wird der Prozess aktiviert. Ab jetzt läuft alles automatisch – und Sie können sich auf wichtigere Dinge konzentrieren.

Vorteile und Herausforderungen

Die Einführung automatisierter Prozesse in Microsoft Entra ID bringt zahlreiche Vorteile mit sich, die den Arbeitsalltag spürbar erleichtern. Dank klar definierter Abläufe werden Fehlerquellen minimiert und wiederkehrende Aufgaben zuverlässig im Hintergrund erledigt.

- ✔ Zeitersparnis: Kein manuelles Anlegen mehr – alles läuft automatisch.
- ✔ Konsistenz: Alle Benutzerkonten folgen denselben Regeln – keine Ausreißer, keine Sonderwege.
- ✔ Sicherheit: Zugänge werden automatisch entzogen, wenn jemand das Unternehmen verlässt.
- ✔ Skalierbarkeit: Egal ob zehn oder 1 000 neue Mitarbeiter – der Aufwand bleibt gleich.
- ✔ Transparenz: Alle Aktionen werden protokolliert – ideal für Audits und Nachvollziehbarkeit.

Natürlich ist auch diese Methode kein Selbstläufer. Die häufigsten Stolpersteine liegen in den Bereichen Datenqualität und technische Einrichtung:

- ✔ Datenqualität im HR-System: Wenn dort Tippfehler, veraltete Rollen oder fehlende Felder auftauchen, übernimmt der Konnektor diese Fehler gnadenlos. Deshalb: Datenqualität ist das A und O.
- ✔ Komplexe Regelwerke: Je mehr Ausnahmen und Sonderfälle Sie definieren, desto schwieriger wird die Pflege. Halten Sie die Regeln so einfach und nachvollziehbar wie möglich.
- ✔ Technische Einrichtung: Die Einrichtung des Konnektors erfordert technisches Know-how – oder einen Partner, der Sie unterstützt.
- ✔ Verantwortlichkeiten klären: Wer ist zuständig, wenn etwas nicht funktioniert? Klare Zuständigkeiten helfen, Chaos zu vermeiden.

Tipps aus der Praxis

- ✔ Starten Sie klein: Beginnen Sie mit einer Abteilung oder einem Standort – und erweitern Sie den Prozess schrittweise.
- ✔ Dokumentieren Sie Ihre Regeln: Wer was wann bekommt, sollte nachvollziehbar sein – für Sie selbst und für alle Beteiligten.
- ✔ Regelmäßige Überprüfung: Auch automatisierte Prozesse brauchen Pflege. Prüfen Sie regelmäßig, ob die Regeln noch passen – und ob alle Konten korrekt angelegt wurden.
- ✔ Kommunikation mit HR: Eine enge Zusammenarbeit mit der Personalabteilung ist entscheidend. Nur wenn dort sauber gearbeitet wird, funktioniert die Automatisierung reibungslos.

Rollen und Berechtigungen – wer darf was?

Ein Benutzerkonto ist wie ein Schlüssel – aber ohne Schloss bringt er wenig. Erst durch die richtige Rolle und die passenden Berechtigungen wird aus einem Konto ein Werkzeug, mit dem man produktiv arbeiten kann. Und genau darum geht es in diesem Abschnitt: Wer darf was – und warum?

Was sind Rollen überhaupt?

In Microsoft Entra ID (und damit auch in Microsoft 365) gibt es sogenannte Rollen, die festlegen, welche administrativen Aufgaben ein Benutzer ausführen darf. Diese Rollen sind nicht zu verwechseln mit den Berechtigungen auf Dateien oder Ordnern – das kommt später. Hier geht es um die Verwaltungsebene: Wer darf Benutzer anlegen? Wer darf Lizenzen vergeben? Wer darf Gruppen verwalten?

Microsoft stellt dafür eine ganze Reihe vordefinierter Rollen bereit – von »Globaler Administrator« bis »Kennwortadministrator«. Jede Rolle hat genau definierte Rechte – und das ist auch gut so. Denn je weniger Menschen weitreichende Rechte haben, desto sicherer ist Ihre Umgebung.

Die wichtigsten Rollen im Überblick finden Sie in Tabelle 8.2.

Rolle	Was darf man damit?	Für wen geeignet?
Globaler Administrator	Alles – wirklich alles.	Nur für sehr wenige, z. B. IT-Leitung
Benutzeradministrator	Benutzer anlegen, bearbeiten, löschen	IT-Support, Helpdesk
Kennwortadministrator	Passwörter zurücksetzen	HR, IT-Support, Helpdesk
Lizenzadministrator	Lizenzen zuweisen und entfernen	IT, Lizenzmanagement
Gruppenadministrator	Gruppen erstellen und verwalten	Teamleitungen, Projektverantwortliche

Tabelle 8.2: Wichtigste Administrationsrollen

Weniger ist mehr. Vergeben Sie nur die Rechte, die wirklich gebraucht werden – und dokumentieren Sie, wer welche Rolle hat.

Warum das auch für Nicht-Admins wichtig ist

Vielleicht denken Sie jetzt: »Ich bin doch gar kein Admin – warum sollte mich das interessieren?« Ganz einfach: Weil Sie vielleicht irgendwann gefragt werden, ob Sie jemanden in Ihr Team aufnehmen können. Oder weil Sie selbst Zugriff auf eine bestimmte Anwendung brauchen – und wissen möchten, wer das freischalten kann.

Wenn Sie verstehen, wie Rollen funktionieren, können Sie gezielter kommunizieren, schneller handeln – und vermeiden unnötige Arbeitsschritte innerhalb Ihrer Tätigkeiten als IT-Administrator.

Rollen sind nicht gleich Berechtigungen

Ein häufiger Irrtum: Rollen regeln nicht den Zugriff auf Inhalte wie Dateien, Ordner oder SharePoint-Seiten. Dafür gibt es Berechtigungen – und die werden meist über Gruppen oder direkt in den Anwendungen vergeben. Rollen hingegen betreffen die Verwaltungsebene – also das, was man im Admin Center tun darf.

BEISPIEL

- ✔ Sie sind Mitglied der Gruppe »Marketing« > Sie dürfen auf den SharePoint-Bereich »Marketing« zugreifen.
- ✔ Sie haben die Rolle »Benutzeradministrator« > Sie dürfen neue Benutzerkonten anlegen.

Zwei völlig unterschiedliche Dinge – aber beide wichtig.

Typische Stolperfallen

Wie überall gibt es auch hier ein paar Fallstricke, die Sie unbedingt beachten sollten.

- ✔ Zu viele Köche: Wenn zu viele Personen globale Administratorrechte haben, wird es schnell unübersichtlich – und riskant.
- ✔ Unklare Zuständigkeiten: Wer darf was? Wer ist wofür verantwortlich? Ohne klare Regeln wird es chaotisch.
- ✔ Keine Dokumentation: Wer welche Rolle hat, sollte dokumentiert sein – am besten zentral und regelmäßig überprüft.

Tipps aus der Praxis

- ✔ Rollen regelmäßig prüfen: Mindestens einmal im Quartal sollten Sie durchgehen, wer welche Rolle hat – und ob das noch sinnvoll ist.
- ✔ Rollen mit Gruppen kombinieren: Rollen lassen sich auch über Gruppen zuweisen – das erleichtert die Verwaltung.
- ✔ Rollenvergabe dokumentieren: Ein einfaches Excel-Sheet oder eine Liste im Intranet reichen oft schon aus – Hauptsache, es gibt Transparenz.

PowerShell – muss ich das wirklich können?

Wenn Sie den Begriff »PowerShell« hören, denken Sie vielleicht an kryptische schwarze Fenster mit blinkendem Cursor, an Entwickler mit Kapuzenpullis oder an Dinge, die man besser nicht anfasst. Aber keine Sorge: PowerShell ist kein Hexenwerk – und Sie müssen auch kein Programmierer sein, um davon zu profitieren.

PowerShell ist im Grunde ein Werkzeugkasten für die Kommandozeile. Es erlaubt Ihnen, Aufgaben in Microsoft 365 (und damit auch in Entra ID) schneller, effizienter und automatisiert zu erledigen. Und das Beste: Viele Aufgaben, die im Admin Center Klick-für-Klick erledigt werden müssen, lassen sich mit PowerShell in wenigen Zeilen erledigen – oder sogar komplett automatisieren.

Warum überhaupt PowerShell?

Stellen Sie sich vor, Sie müssten 20 neue Benutzer anlegen, ihnen Lizenzen zuweisen und sie in bestimmte Gruppen einfügen. Im Admin Center bedeutet das: 20-mal klicken, tippen, prüfen. Mit PowerShell? Ein Skript – und fertig.

Oder Sie möchten regelmäßig prüfen, welche Benutzer keine Lizenz mehr haben. Im Admin Center müssten Sie sich durch Listen klicken. Mit PowerShell? Ein Befehl – und Sie haben die Übersicht.

Kurz gesagt: PowerShell spart Zeit, reduziert Fehler und gibt Ihnen mehr Kontrolle – besonders bei wiederkehrenden Aufgaben.

Erste Schritte – ganz ohne Angst

Um PowerShell für Microsoft 365 zu nutzen, brauchen Sie:

- Windows PowerShell oder Windows Terminal – beides ist auf den meisten Windows-Rechnern bereits installiert.
- Das Microsoft Graph PowerShell SDK – das ist die moderne Schnittstelle zu Microsoft 365. Sie installieren es mit folgendem Befehl:

  ```
  Install-Module Microsoft.Graph -Scope CurrentUser
  ```

- Eine Anmeldung mit Ihrem Microsoft-365-Konto – das geht mit:

  ```
  Connect-MgGraph
  ```

Danach können Sie loslegen.

BEISPIEL

Hier ein paar typische Aufgaben, die Sie mit PowerShell erledigen können – ganz ohne Programmierkenntnisse:

- Einen neuen Benutzer anlegen:

  ```
  New-MgUser -DisplayName »Max Mustermann« -UserPrincipalName
  "max.mustermann@firma.de" -UsageLocation "DE" -AccountEnabled
  $true -MailNickname »Max.Mustermann« -PasswordProfile @
  { ForceChangePasswordNextSignIn = $true; Password =
  "EinSicheresPasswort123!"}
  ```

- Eine Lizenz zuweisen:

  ```
  Set-MgUserLicense -UserId »max.mustermann@firma.de« -AddLicenses
  @{SkuId=»lizenz-id«} -RemoveLicenses @()
  ```

Den Lizenznamen oder die SkuId können Sie vorher mit einem Befehl abrufen.

- Alle Benutzer ohne Lizenz anzeigen:

  ```
  Get-MgUser -All | Where-Object { $_.AssignedLicenses.Count -eq 0 }
  ```

Was Sie beachten sollten

PowerShell ist mächtig – ein falscher Befehl kann schwere Konsequenzen haben. Testen Sie Skripte daher zuerst in Ruhe, bevor Sie sie in der Produktionsumgebung einsetzen. Nicht alles klappt auf Anhieb, manche Befehle erfordern etwas Einarbeitung – aber es lohnt sich.

Legen Sie beim Anlegen neuer Benutzer per PowerShell immer einen Standort (UsageLocation) fest, damit die anschließende Lizenzvergabe problemlos funktioniert. Dokumentieren Sie außerdem Ihre Skripte, sodass jederzeit klar ist, was genau getan wird.

Tipps aus der Praxis:

- ✔ Starten Sie mit kleinen Aufgaben – zum Beispiel Benutzer auflisten oder Lizenzen prüfen.
- ✔ Nutzen Sie Vorlagen – viele Skripte gibt es bereits online, zum Beispiel auf `learn.microsoft.com` oder in der Microsoft Tech Community.
- ✔ Speichern Sie Ihre Lieblingsbefehle in einer kleinen PowerShell-Bibliothek oder einem OneNote. Das spart Zeit und Nerven.
- ✔ Nutzen Sie PowerShell für wiederkehrende Aufgaben – zum Beispiel monatliche Lizenzberichte, Benutzerprüfungen oder Gruppenpflege.

Self-Service – was Sie selbst tun können (und sollten)

Der Klassiker: Montagmorgen, der erste Kaffee ist noch nicht ganz durchgelaufen – und das Passwort ist weg. Früher bedeutete das: Anruf bei der IT, Ticket erstellen, warten. Heute? Heute geht vieles einfacher; vorausgesetzt, Ihr Unternehmen hat die Self-Service-Kennwortrücksetzung (SSPR) aktiviert und Sie haben sich dafür registriert. Ist SSPR für Ihr Konto eingerichtet, können Sie Ihr Kennwort über die Microsoft-365-Anmeldeseite selbst zurücksetzen. (Falls Sie unsicher sind, ob diese Funktion bei Ihnen verfügbar ist, fragen Sie am besten bei Ihrer IT-Abteilung nach.)

Passwort vergessen? Kein Problem!

Wenn die Funktion Self-Service Password Reset (SSPR) aktiviert ist, können Sie Ihr Passwort über die Anmeldeseite von Microsoft 365 zurücksetzen. Voraussetzung: Sie haben vorher eine alternative E-Mail-Adresse oder Telefonnummer hinterlegt – also bitte nicht erst dann einrichten, wenn es zu spät ist.

So funktioniert der Passwort-Reset:

1. Gehen Sie auf `https://passwordreset.microsoftonline.com`.
2. Geben Sie Ihre geschäftliche E-Mail-Adresse ein.
3. Wählen Sie eine der hinterlegten Verifizierungsmethoden (bspw. SMS oder E-Mail).
4. Legen Sie ein neues Passwort fest – fertig.

Tipp: Nutzen Sie diese Möglichkeiten, sobald sie angeboten werden. Hinterlegen Sie gleich bei der ersten Anmeldung Ihre Kontaktmethoden für SSPR und MFA. So sparen Sie im Ernstfall Zeit und Nerven – und entlasten nebenbei die IT.

Profilinformationen selbst pflegen

Ihr Name hat sich geändert? Sie sind in eine neue Abteilung gewechselt? Oder möchten Ihre Telefonnummer aktualisieren? Viele dieser Informationen können Sie direkt im Microsoft-365-Profil anpassen – ohne Umweg über die IT.

So pflegen Sie Ihre Profilinformationen:

1. Melden Sie sich unter `https://myaccount.microsoft.com` an.
2. Klicken Sie auf Ihre INFORMATIONEN oder PROFIL
3. Bearbeiten Sie die Felder, die freigegeben sind (z. B. Telefonnummer, Sprache, Standort)

Wichtig zu wissen: Nicht alle Felder sind immer editierbar – manche Informationen (z. B. Abteilung oder Vorgesetzte) werden zentral verwaltet und können nur von der IT oder über ein HR-System geändert werden.

Gruppenmitgliedschaften einsehen

Sie möchten wissen, in welchen Teams, Gruppen oder Verteilerlisten Sie Mitglied sind? Auch das geht ganz einfach – und hilft Ihnen zu verstehen, warum Sie bestimmte E-Mails erhalten oder auf bestimmte Inhalte Zugriff haben.

So können Sie Ihre Gruppenmitgliedschaften einsehen:

1. Öffnen Sie `https://myaccount.microsoft.com`.
2. Wählen Sie ORGANISATION oder GRUPPEN.
3. Dort sehen Sie alle Gruppen, in denen Sie Mitglied sind – inklusive Beschreibung und gegebenenfalls Besitzer.

Wenn Sie Zugriff auf eine bestimmte Ressource benötigen, prüfen Sie zuerst, ob es dafür eine Gruppe gibt – und wer diese verwaltet. Oft reicht eine kurze Nachricht an den Gruppenbesitzer, statt ein Ticket bei der IT zu eröffnen.

Warum Self-Service so wichtig ist

Self-Service-Funktionen sind mehr als nur ein nettes Extra. Sie sind ein wichtiger Baustein für eine moderne, effiziente und benutzerfreundliche IT-Landschaft. Sie entlasten die IT, beschleunigen Prozesse – und geben Ihnen als Benutzer mehr Kontrolle über Ihre digitale Identität.

Tipps aus der Praxis

✔ Nutzen Sie die Möglichkeiten: Viele Funktionen sind bereits aktiviert – Sie müssen sie nur kennen.

- ✔ Hinterlegen Sie alternative Kontaktmethoden: Für Passwort-Reset, MFA und Co. – am besten gleich beim ersten Login.
- ✔ Fragen Sie nach: Wenn etwas nicht funktioniert, lohnt sich oft ein Blick ins eigene Profil, bevor man die IT kontaktiert.
- ✔ Bleiben Sie neugierig: Microsoft entwickelt die Self-Service-Funktionen ständig weiter – ein gelegentlicher Blick ins Admin- oder Benutzerportal kann sich lohnen.

Audit und Nachvollziehbarkeit – wer hat was gemacht?

In der analogen Welt sieht man, wer den Schlüssel zum Aktenschrank hat oder wer gerade im Besprechungsraum sitzt. In der digitalen Welt ist das nicht ganz so offensichtlich. Deshalb braucht es Mechanismen, um nachvollziehen zu können, was in Ihrer Microsoft-365-Umgebung passiert – und durch wen.

Microsoft Entra ID bietet dafür eine ganze Reihe von Protokollen, Berichten und Dashboards, mit denen Sie Aktivitäten rund um Benutzerkonten, Anmeldungen, Rollenänderungen und Lizenzvergaben überwachen können. Und das Beste: Viele dieser Funktionen sind auch für Nicht-Admins zugänglich – oder zumindest verständlich.

Warum ist das wichtig und welche Protokolle gibt es?

Die Protokollierung in Microsoft-365-Umgebungen sorgt für Transparenz und Sicherheit im digitalen Arbeitsalltag. Mit den verschiedenen Protokollen behalten Sie jederzeit den Überblick über wichtige Aktivitäten und können sowohl Sicherheitsaspekte als auch Compliance-Anforderungen zuverlässig erfüllen.

- ✔ **Sicherheit:** Wenn ein Konto plötzlich aus einem anderen Land auf Dienste zugreift, ist es gut zu wissen, ob das gewollt war – oder ein Sicherheitsvorfall.
- ✔ **Compliance:** In vielen Branchen ist es Pflicht, nachvollziehen zu können, wer Zugriff auf welche Daten hatte – und wann.
- ✔ **Support:** Wenn jemand sagt »Ich konnte mich gestern nicht anmelden«, hilft ein Blick ins Protokoll oft mehr als zehn Rückfragen.
- ✔ **Verantwortung:** Wer eine Lizenz zuweist, eine Gruppe erstellt oder ein Konto löscht, sollte das auch dokumentieren können – nicht zur Kontrolle, sondern zur Klarheit.

Microsoft unterscheidet grob zwischen zwei Arten von Protokollen – Anmeldeprotokollen und Auditprotokollen.

ANMELDEPROTOKOLLE zeigen, wann sich ein Benutzer angemeldet hat – und von wo. Sie enthalten Informationen wie:

- ✔ Zeitpunkt der Anmeldung
- ✔ IP-Adresse und Standort
- ✔ Gerätetyp und Betriebssystem
- ✔ Erfolg oder Fehler der Anmeldung

BEISPIEL

Sie sehen, dass sich ein Benutzerkonto nachts um 3 Uhr aus einem anderen Land angemeldet hat – obwohl der Kollege eigentlich im Urlaub ist. Das kann ein Hinweis auf einen kompromittierten Account sein.

AUDITPROTOKOLLE zeigen, was in der Umgebung verändert wurde, etwa:

- ✔ Wer hat ein neues Benutzerkonto erstellt?
- ✔ Wer hat eine Lizenz entfernt?
- ✔ Wer hat eine Rolle zugewiesen?
- ✔ Wer hat eine Gruppe gelöscht?

BEISPIEL

Ein Benutzer meldet, dass er plötzlich keinen Zugriff mehr auf Teams hat. Im Auditprotokoll sehen Sie, dass seine Lizenz gestern entfernt wurde – und von wem.

Beide Protokolltypen finden Sie im Microsoft Entra Admin Center:

- ✔ IDENTITÄT>ÜBERWACHUNG|ANMELDEPROTOKOLLE
- ✔ IDENTITÄT>ÜBERWACHUNG|AUDITPROTOKOLLE

Dort können Sie nach Benutzer, Zeitraum, Aktion oder Ergebnis filtern und sich die Ergebnisse direkt anzeigen oder exportieren lassen.

Für einfache Auswertungen reicht das Portal völlig aus. Für komplexere Analysen können Sie die Daten auch in Excel exportieren oder mit Power BI visualisieren.

Was Sie beachten sollten

Nicht alles wird ewig gespeichert. Je nach Lizenz werden Anmelde- und Auditprotokolle nur für eine begrenzte Zeit aufbewahrt – ohne Premium-Lizenz etwa sieben Tage und mit einer Entra-ID-Premium-Lizenz ungefähr 30 Tage. Möchten Sie länger zurückblicken, müssen Sie Protokolle extern archivieren (zum Beispiel in einem zentralen Log-System wie Azure Monitor oder einem SIEM). Bestimmte Sicherheitslogs – etwa riskante Anmeldeversuche mit einer Premium-P2-Lizenz – bleiben bis zu 90 Tage erhalten, doch für die üblichen Aktivitäten gilt die Grenze von 30 Tagen im Standard.

Nicht jeder darf alles sehen. Der Zugriff auf diese Protokolle ist rollenbasiert geregelt. Wenn Sie bestimmte Informationen nicht einsehen können, wenden Sie sich an Ihre IT-Abteilung oder den Sicherheitsbeauftragten.

Protokolle sind keine Live-Überwachung. Es kann ein paar Minuten dauern, bis eine Aktion in den Protokollen erscheint. Für Echtzeit-Überwachung kommen andere Werkzeuge zum Einsatz (zum Beispiel Microsoft Sentinel).

Tipps aus der Praxis

- ✔ Regelmäßig reinschauen: Auch wenn alles läuft – ein wöchentlicher kurzer Blick in die Protokolle kann helfen, Unregelmäßigkeiten frühzeitig zu erkennen.
- ✔ Protokolle als Lernquelle nutzen: Wenn etwas schiefläuft, ist das Protokoll oft der beste Lehrer. Sie sehen genau, was passiert ist – und können daraus lernen.
- ✔ Protokolle exportieren und archivieren: Wenn Sie bestimmte Aktionen dokumentieren müssen (z. B. für Audits), exportieren Sie die relevanten Einträge und speichern Sie sie sicher ab.
- ✔ Mit der IT zusammenarbeiten: Wenn Sie regelmäßig auf Protokolle zugreifen müssen, lohnt sich ein kurzer Draht zur IT – vielleicht gibt es sogar ein Dashboard, das Ihnen die wichtigsten Infos automatisch anzeigt.

Best Practices für kleine und mittlere Unternehmen

Microsoft Entra ID ist ein mächtiges Werkzeug – aber wie bei jedem Werkzeug kommt es darauf an, wie man es einsetzt. In diesem Abschnitt geht es nicht um technische Details, sondern um pragmatische Empfehlungen: Was funktioniert im Alltag? Was ist sinnvoll? Und worauf sollten Sie achten, wenn Sie keine eigene IT-Abteilung im Keller sitzen haben?

Weniger ist mehr – Rollen und Rechte mit Augenmaß vergeben

Nicht alle müssen alles dürfen. Gerade in kleineren Unternehmen ist die Versuchung groß, einfach allen Mitarbeitern Admin-Rechte zu geben, »weil's schneller geht«. Das rächt sich spätestens dann, wenn versehentlich ein Konto gelöscht oder eine Lizenz entzogen wird.

Beachten Sie daher unbedingt Folgendes:

- ✔ Vergeben Sie nur die Rollen, die wirklich gebraucht werden.
- ✔ Dokumentieren Sie, wer welche Rolle hat – und warum.
- ✔ Prüfen Sie regelmäßig, ob die Rollen noch aktuell sind.

Für viele Aufgaben reicht die Rolle »Benutzeradministrator« völlig aus. Den »Globalen Administrator« sollten insgesamt nur ein bis zwei besonders vertrauenswürdige Personen im Unternehmen besitzen – idealerweise eine hauptverantwortliche Person und eine Stellvertretung. So behalten Sie die Kontrolle und minimieren das Risiko durch zu viele Berechtigungen.

Gruppen clever nutzen – für Struktur und Automatisierung

Gruppen sind das Rückgrat einer gut organisierten Benutzerverwaltung. Sie helfen nicht nur bei der Lizenzvergabe, sondern auch beim Zugriff auf Anwendungen, SharePoint-Seiten oder Teams-Kanäle.

Beachten Sie daher unbedingt Folgendes:

- ✔ Erstellen Sie Gruppen nach Abteilungen, Standorten oder Rollen (etwa Vertrieb Deutschland, Marketing Europa, Projektleitung).
- ✔ Verknüpfen Sie Gruppen mit Lizenzen und Anwendungen, damit Änderungen zentral gesteuert werden können.
- ✔ Nutzen Sie möglichst dynamische Gruppen (etwa mit einer Regel »Alle Benutzer, deren Abteilung = Vertrieb« für die automatische Befüllung der Vertriebsgruppe).
- ✔ Bedenken Sie jedoch, dass dynamische Gruppen nur mit einer entsprechenden Entra-ID-Premium-Lizenz verfügbar sind und in kleineren Umgebungen gegebenenfalls nicht zur Verfügung stehen.

Halten Sie Ihre Gruppenstruktur schlank und sprechend. Gruppen wie »Marketing-alt«, »Marketing-neu« und »Marketing-2022« führen nur zu Verwirrung.

Onboarding und Offboarding klar regeln

Der erste Arbeitstag ist stressig genug – da sollte zumindest das Benutzerkonto funktionieren. Und wenn jemand das Unternehmen verlässt, sollte der Zugriff auf Daten und Anwendungen zuverlässig entzogen werden.

Beachten Sie daher unbedingt Folgendes:

- ✔ Definieren Sie einen klaren Prozess für das Anlegen und Entfernen von Konten.
- ✔ Arbeiten Sie eng mit HR zusammen. Idealerweise gibt es eine Übergabeliste oder ein automatisiertes System.
- ✔ Nutzen Sie Vorlagen oder Skripte für wiederkehrende Aufgaben.

Legen Sie neue Konten ein paar Tage vor dem Startdatum an – und deaktivieren Sie sie bei Austritt nicht erst »irgendwann«, sondern nach einem festen Zeitplan.

Dokumentation – ja, wirklich!

Auch wenn es lästig klingt: Eine einfache Dokumentation spart im Ernstfall viel Zeit. Wer hat welche Rolle? Welche Gruppen gibt es? Welche Lizenzen sind aktiv? All das sollte irgendwo festgehalten sein – sei es in OneNote, Excel oder in einem internen Wiki.

Empfehlung:

- ✔ Halten Sie fest, wer was darf – und warum.
- ✔ Dokumentieren Sie Änderungen an Rollen, Gruppen oder Lizenzen.
- ✔ Führen Sie eine Übersicht über alle Benutzerkonten – idealerweise mit Eintritts- und Austrittsdatum.

Die Dokumentation muss nicht perfekt sein – aber sie sollte existieren. Schon ein einfacher Überblick hilft enorm, wenn mal etwas schiefläuft.

Sicherheit nicht vergessen – MFA, Passwortregeln und Co.

Auch kleine Unternehmen sind Ziel von Cyberangriffen – oft sogar bevorzugt, weil sie als »leichte Beute« gelten. Deshalb sollten grundlegende Sicherheitsmaßnahmen von Anfang an aktiv sein.

Empfehlung:

- ✔ Aktivieren Sie Multi-Faktor-Authentifizierung (MFA) für alle Benutzer.
- ✔ Nutzen Sie Self-Service Password Reset (SSPR) – das entlastet die IT und erhöht die Sicherheit.
- ✔ Setzen Sie sinnvolle Passwortregeln – aber übertreiben Sie es nicht (z. B. keine erzwungene Änderung alle 30 Tage).

Sicherheit beginnt bei der Identität. Wenn Sie hier sauber arbeiten, ist der Rest deutlich einfacher abzusichern.

Regelmäßige Überprüfung – nicht nur bei Problemen

Eine Benutzerverwaltung kann man nicht einmal einrichten und dann getrost vergessen. Rollen ändern sich, Mitarbeiter kommen und gehen, Anforderungen wachsen. Deshalb lohnt sich ein regelmäßiger Blick auf die Struktur.

Überprüfen Sie daher alle drei bis sechs Monate unbedingt Folgendes:

- ✔ Welche Konten sind aktiv?
- ✔ Wer hat welche Rolle?

- ✔ Welche Gruppen gibt es
- ✔ Gibt es veraltete Konten, Gruppen und Rollen, die gelöscht werden können?

Machen Sie daraus eine kleine Routine, etwa zu jedem Quartalsende. Das dauert keine Stunde, spart aber langfristig viel Aufwand.

FAQ – Fragen, die sich (fast) jeder stellt

Was passiert, wenn ich ein Benutzerkonto lösche?

Wenn Sie ein Benutzerkonto löschen, wird es nicht sofort permanent entfernt. Microsoft Entra ID verschiebt das Konto zunächst in einen virtuellen Papierkorb – offiziell Soft Delete genannt – und dort bleibt es 30 Tage lang bestehen. In dieser Zeit können Sie das Konto mit wenigen Klicks wiederherstellen. Dabei werden alle früheren Gruppenmitgliedschaften automatisch erneut zugewiesen. Auch die zuvor vergebenen Lizenzen werden reaktiviert, sofern diese in Ihrem Lizenzkontingent noch verfügbar sind.

Nach Ablauf der 30 Tage wird das Konto endgültig gelöscht. Dann ist wirklich Schluss – alle zugehörigen Daten (zum Beispiel OneDrive-Dateien oder Postfachinhalte) werden entfernt, es sei denn, Sie haben vorher eine Übergabe oder Archivierung veranlasst.

Kann ich versehentlich zu viel freigeben?

Ja! Und das passiert öfter, als man denkt. Besonders bei der manuellen Lizenzvergabe oder beim Hinzufügen zu Gruppen kann es passieren, dass ein Benutzer plötzlich Zugriff auf mehr bekommt, als eigentlich vorgesehen war.

BEISPIEL

Sie fügen jemanden zur Gruppe »Projektleitung« hinzu, ohne zu wissen, dass diese Gruppe auch Zugriff auf vertrauliche Finanzdaten hat. Deshalb: Gruppenstruktur regelmäßig prüfen, Rollen klar definieren – und im Zweifel lieber einmal mehr nachfragen.

Wie erkenne ich, ob ein Konto noch aktiv genutzt wird?

Im Microsoft Entra Admin Center können Sie sehen, wann sich ein Benutzer zuletzt angemeldet hat. Wenn ein Konto über Wochen oder Monate inaktiv ist, kann das ein Hinweis darauf sein, dass es nicht mehr gebraucht wird oder dass jemand das Unternehmen verlassen hat, ohne dass das Konto deaktiviert wurde.

Führen Sie regelmäßig eine kleine »Inventur« durch, vielleicht einmal im Quartal. Dabei prüfen Sie:

- ✔ Welche Konten sind aktiv?
- ✔ Welche wurden seit 30/60/90 Tagen nicht mehr genutzt?
- ✔ Gibt es Konten ohne Lizenz?

Was passiert mit den Daten, wenn jemand das Unternehmen verlässt?

Wenn ein Benutzerkonto deaktiviert oder gelöscht wird, bleiben die Daten (E-Mails, OneDrive-Dateien) zunächst erhalten, je nach Konfiguration für 30 bis 90 Tage. In dieser Zeit können Sie die Daten sichern, übertragen oder archivieren.

Empfehlung: Legen Sie einen klaren Offboarding-Prozess fest, der auch die Datenübernahme regelt. So vermeiden Sie, dass wichtige Informationen verloren gehen – oder dass ehemalige Mitarbeitende noch Zugriff auf sensible Inhalte haben.

Muss ich wirklich PowerShell lernen?

Nein! Aber es kann helfen. Für viele Aufgaben reicht das Admin Center völlig aus. Aber wenn Sie regelmäßig mit mehreren Benutzerkonten arbeiten, wiederkehrende Aufgaben automatisieren möchten oder einfach neugierig sind, lohnt sich ein Blick in die PowerShell-Welt.

Fangen Sie klein an, zum Beispiel mit dem Abrufen von Benutzerlisten oder dem Prüfen von Lizenzzuweisungen. Viele Befehle sind einfacher, als sie aussehen – und es gibt jede Menge Vorlagen und Anleitungen.

Gibt es eine einfache Möglichkeit, alles im Blick zu behalten?

Ja! Und sie heißt: Dokumentation. Ob in OneNote, Excel oder einem internen Wiki: Halten Sie fest, wer welche Rolle hat, welche Gruppen es gibt, wie Lizenzen vergeben werden und wie der Onboarding-Prozess aussieht. Das hilft nicht nur Ihnen, sondern auch Kollegen, die später übernehmen – oder einfach aus Interesse mal nachfragen.

IN DIESEM KAPITEL

Unterschied zwischen Gruppen und Verteilerlisten

Verwaltung und Erstellung von Gruppen

Zugriffsrechtesteuerung mit Gruppen

Kapitel 9
Einführung in Gruppen und Verteilerlisten

In diesem Kapitel erfahren Sie, wie Gruppen und Verteilerlisten in Microsoft Entra ID funktionieren – und warum sie das organisatorische Rückgrat Ihrer Microsoft-365-Umgebung sind. Sie lernen die Unterschiede zwischen Sicherheitsgruppen, Microsoft-365-Gruppen und klassischen Verteilerlisten kennen und verstehen Sie, wann welcher Typ sinnvoll ist. Außerdem zeige ich Ihnen, wie Gruppen erstellt, verwaltet und automatisiert werden können – ganz ohne IT-Studium. Ob Lizenzvergabe, App-Zugriff oder Zusammenarbeit im Team: Gruppen sind das zentrale Werkzeug, mit dem Sie Zugriffsrechte steuern, Prozesse vereinfachen und Ihre digitale Umgebung übersichtlich halten. Mit praxisnahen Beispielen, Tipps und einem Augenzwinkern zeige ich Ihnen typische Stolpersteine und erkläre, wie Sie Gruppen sinnvoll strukturieren, pflegen und delegieren.

Was sind Gruppen in Entra ID – und warum sind sie so wichtig?

Wenn Sie sich schon einmal gefragt haben, wie Microsoft 365 eigentlich weiß, wer worauf Zugriff hat, dann lautet die Antwort in den meisten Fällen: über Gruppen. Gruppen sind das organisatorische Rückgrat Ihrer digitalen Umgebung. Sie bündeln Benutzer, regeln Zugriffsrechte, verteilen Lizenzen und helfen dabei, Ordnung in das tägliche Miteinander zu bringen – ganz ohne ständiges Nachjustieren durch die IT.

Gruppen sind mehr als nur Verteiler

Viele denken bei Gruppen zuerst an E-Mail-Verteiler – also an eine Adresse, die eine Nachricht an mehrere Empfänger gleichzeitig schickt. Das ist zwar nicht falsch, aber nur ein kleiner Teil der Wahrheit. In Microsoft Entra ID gibt es verschiedene Arten von Gruppen, die weit über das Versenden von E-Mails hinausgehen. Sie können mit Gruppen

- ✔ Zugriffsrechte auf SharePoint, Teams oder OneDrive steuern.
- ✔ Lizenzen automatisch zuweisen.
- ✔ Sicherheitsrichtlinien anwenden.
- ✔ Benutzer in Rollen oder Abteilungen organisieren.
- ✔ Automatisierungen auslösen (z. B. bei Eintritt oder Abteilungswechsel).

Kurz gesagt: Gruppen sind das Werkzeug, mit dem Sie Ordnung schaffen – und behalten.

Warum Sie sich mit Gruppen beschäftigen sollten

Auch wenn Sie kein IT-Administrator sind, lohnt sich ein Blick auf das Thema Gruppen. Denn:

- ✔ Sie können selbst Gruppen besitzen und verwalten – zum Beispiel für Ihr Projektteam oder Ihre Abteilung.
- ✔ Sie können nachvollziehen, warum Sie Zugriff auf bestimmte Inhalte haben – oder eben nicht.
- ✔ Sie können mit Gruppen Ihre tägliche Arbeit strukturieren – zum Beispiel durch gezielte Kommunikation oder gemeinsame Dateiablagen.

Und nicht zuletzt: Wer Gruppen versteht, versteht auch, wie Microsoft 365 im Hintergrund funktioniert. Und das macht vieles einfacher – von der Zusammenarbeit bis zur Fehlersuche.

BEISPIEL

Ein Beispiel aus dem Alltag

Sie arbeiten im Vertrieb und möchten, dass Mitarbeiter des Unternehmens Zugriff auf dieselben Vorlagen, Präsentationen und Kundenlisten haben. Statt jedem einzeln Rechte zu geben, legen Sie eine Gruppe »Vertrieb Deutschland« an. Alle Mitglieder dieser Gruppe erhalten automatisch Zugriff auf den entsprechenden SharePoint-Bereich, werden dem passenden Team in Microsoft Teams hinzugefügt – und bekommen sogar automatisch die richtige Lizenz zugewiesen. Einfach, effizient, nachvollziehbar.

Sicherheitsgruppen, Microsoft-365-Gruppen und Verteilerlisten – was ist was?

Wer sich zum ersten Mal mit Gruppen in Microsoft Entra ID beschäftigt, stolpert schnell über verschiedene Begriffe: Sicherheitsgruppe, Microsoft-365-Gruppe, Verteilerliste. Alle drei klingen ähnlich – und erfüllen doch ganz unterschiedliche Aufgaben.

Daneben existiert auch noch die sogenannte mail-aktivierte Sicherheitsgruppe, also eine Sicherheitsgruppe mit eigener E-Mail-Adresse. Dieser Sonderfall stammt aus der Exchange-Welt und spielt heute eine untergeordnete Rolle, weil Microsoft-365-Gruppen diesen Zweck meist eleganter erfüllen.

Gruppentyp	Symbol	Zweck	Funktion
Sicherheitsgruppe		Zugriffsteuerung	Berechtigungen für Dateien, Apps, Richtlinien
Microsoft-365-Gruppen		Zusammenarbeit im Team	E-Mail, Kalender, SharePoint, Teams, Planner
Verteilerliste		E-Mail-Kommunikation	Nachricht an mehrere Empfänger gleichzeitig

Tabelle 9.1: Vergleich der Gruppentypen

Sicherheitsgruppen – die klassischen Türsteher

Sicherheitsgruppen sind die älteste und schlichteste Form von Gruppen. Sie dienen in erster Linie dazu, Zugriffsrechte zu verwalten – zum Beispiel auf SharePoint-Seiten, Dateien, Anwendungen oder bestimmte Funktionen innerhalb von Microsoft 365.

Typische Einsatzszenarien sind dabei:

- ✔ Zugriff auf einen bestimmten Ordner in SharePoint
- ✔ Berechtigung für eine bestimmte App
- ✔ Steuerung von Richtlinien (z. B., wer MFA nutzen muss)

Wichtig zu wissen: Sicherheitsgruppen haben keine eigene E-Mail-Adresse und sind nicht für die Kommunikation gedacht. Sie sind rein funktional – wie ein Schlüsselbund, der festlegt, wer welche Tür öffnen darf.

Microsoft-365-Gruppen – die Alleskönner

Microsoft-365-Gruppen (früher auch Office-365-Gruppen genannt) sind die moderne, vielseitiger. Sie kombinieren Zugriffssteuerung mit Kommunikation und sind damit ideal für Teams, Projektgruppen oder Abteilungen, die gemeinsam arbeiten. Hinter einer Microsoft-365-Gruppe verstecken sich eine Vielzahl von Funktionen wie

- eine gemeinsame E-Mail-Adresse und Postfach,
- ein gemeinsamer Kalender,
- eine SharePoint-Teamwebsite,
- ein OneNote-Notizbuch,
- ein Planner-Board
- und natürlich: ein Team in Microsoft Teams (wenn gewünscht).

Zu den gängigsten Einsatzzentralen für Microsoft-365-Gruppen zählen:

- Projektteams, die gemeinsam Dateien bearbeiten und kommunizieren.
- Abteilungen mit gemeinsamen Kalendern und Ressourcen.
- Arbeitsgruppen mit regelmäßigem Austausch.

Wenn Sie ein neues Team in Microsoft Teams erstellen, wird im Hintergrund automatisch eine Microsoft-365-Gruppe angelegt – inklusive aller zugehörigen Ressourcen.

Verteilerlisten – der Klassiker für E-Mails

Verteilerlisten (auch Verteilergruppen genannt) sind die einfachste Form der Gruppenkommunikation. Sie haben eine eigene E-Mail-Adresse – und wenn Sie an diese Adresse schreiben, geht die Nachricht an alle Mitglieder der Liste. Verteilerlisten sind nach wie vor ein bewährtes Mittel für die gezielte E-Mail-Kommunikation innerhalb und außerhalb des Unternehmens. Im Folgenden finden Sie typische Einsatzszenarien, in denen Verteilerlisten besonders hilfreich sind:

- Rundmails an alle Mitarbeiter eines Standorts.
- Kommunikation mit externen Partnern über eine zentrale Adresse.
- Benachrichtigungen an bestimmte Rollen (z. B. alle Filialleiter).

Aber Achtung: Verteilerlisten bieten keine zusätzlichen Funktionen wie Kalender, Dateien oder Teams. Sie sind rein für den E-Mail-Versand gedacht – und werden zunehmend von Microsoft-365-Gruppen abgelöst.

Wann nutzen Sie was?

Die folgende Tabelle verschafft Ihnen einen schnellen Überblick darüber, welcher Gruppentyp sich für welchen Zweck am besten eignet. So können Sie je nach Anforderung gezielt entscheiden, ob Sie beispielsweise eine Sicherheitsgruppe, eine Microsoft-365-Gruppe oder eine klassische Verteilerliste nutzen möchten.

Zweck	Gruppentyp
Zugriff auf Dateien, Apps, SharePoint	Sicherheitsgruppe
Zusammenarbeit im Team (inkl. Kalender, Dateien, Teams)	Microsoft-365-Gruppe
E-Mail-Kommunikation an mehrere Personen	Verteilerliste (oder Microsoft-365-Gruppe mit E-Mail-Funktion)

Tabelle 9.2: Wann nutzen Sie was?

Faustregel, um die Unterscheidung besser zu verstehen und eine Vermischung zu verhindern:

- Sicherheitsgruppen = Zugriff
- Microsoft-365-Gruppen = Zusammenarbeit
- Verteilerlisten = Kommunikation

Gruppen erstellen – manuell, automatisch oder dynamisch

Gruppen sind das zentrale Werkzeug, um Benutzerkonten zu organisieren, Zugriffe zu steuern und Zusammenarbeit zu ermöglichen. Aber wie entstehen diese Gruppen eigentlich? Und wie stellen Sie sicher, dass sie nicht nur existieren, sondern auch sinnvoll genutzt werden?

In diesem Abschnitt lernen Sie die drei gängigen Wege kennen, wie Gruppen in Microsoft Entra ID erstellt werden können – vom klassischen Handklick bis zur vollautomatischen, regelbasierten Variante.

Manuelle Erstellung – der einfache Einstieg

Die manuelle Erstellung ist der klassische Weg: Sie öffnen das Microsoft 365 Admin Center oder das Entra Admin Center, klicken sich durch ein Formular, geben Name, Beschreibung und Mitglieder ein – fertig.

Abbildung 9.1: Gruppen erstellen

In diesen Fällen empfiehlt sich die manuelle Erstellung von Gruppen besonders:

- ✔ Für kleine Teams oder kurzfristige Projekte.
- ✔ Wenn Sie nur gelegentlich Gruppen anlegen.
- ✔ Wenn Sie volle Kontrolle über die Mitglieder behalten möchten.

Die wichtigsten Vorteile dieser Methode sind im Folgenden zusammengefasst:

- ✔ schnell und unkompliziert
- ✔ keine technischen Vorkenntnisse nötig
- ✔ ideal für individuelle Gruppen mit klarer Zielsetzung

Manuell erstellte Gruppen müssen auch manuell gepflegt werden. Wenn sich Teamzusammensetzungen ändern, müssen Sie selbst daran denken, Mitglieder zu entfernen oder hinzuzufügen. Und genau hier wird es bei wachsender Nutzerzahl schnell unübersichtlich.

Automatisierte Gruppen – mit festen Regeln arbeiten

Wenn Sie regelmäßig Gruppen mit denselben Kriterien benötigen – zum Beispiel alle Mitarbeiter in der Abteilung Vertrieb oder alle Benutzer mit Standort Berlin – dann lohnt sich der Einsatz von dynamischen Gruppen.

Diese Gruppen basieren auf Regeln, die automatisch prüfen, ob ein Benutzer dazugehört – und ihn dann entsprechend hinzufügen oder entfernen. Die Mitgliedschaft wird also nicht manuell gepflegt, sondern ergibt sich aus den Eigenschaften des Benutzerkontos.

BEISPIEL

Sie definieren eine Regel: Alle Benutzer, bei denen das Feld Abteilung = ›Marketing‹ ist, gehören zur Gruppe »Marketing-Team«. Sobald jemand neu eingestellt wird und im Benutzerprofil Marketing steht, wird er automatisch Mitglied der Gruppe – ganz ohne Ihr Zutun.

Ob sich die Verwendung automatisierter Gruppen für Ihre Organisation lohnt, zeigt ein Blick auf die folgenden Einsatzszenarien:

- ✔ Für größere Organisationen mit klaren Strukturen.
- ✔ Wenn Sie Gruppen für Lizenzvergabe, App-Zugriff oder Richtlinien nutzen.
- ✔ Wenn Sie Fehlerquellen durch manuelle Pflege vermeiden möchten.

Die folgenden Vorteile machen den Einsatz von automatisierten Gruppen besonders attraktiv:

- ✔ immer aktuell – keine veralteten Mitglieder
- ✔ spart Zeit und reduziert Fehler
- ✔ ideal für Lizenzmanagement und Sicherheitsrichtlinien

Bevor Sie mit der Einrichtung dynamischer Gruppen starten, sollten Sie folgende Voraussetzungen beachten: Dynamische Gruppen erfordern in der Regel eine Entra-ID-P1- oder P2-Lizenz. Prüfen Sie also vorher, ob Ihr Unternehmen über die nötige Lizenz verfügt.

Gruppen über CSV oder Skript erstellen – für Serienproduktion

Wenn Sie viele Gruppen auf einmal anlegen müssen – zum Beispiel bei einer Migration oder beim Aufbau einer neuen Struktur – können Sie Gruppen auch per CSV-Datei oder PowerShell-Skript erstellen. Das ist zwar etwas technischer, spart aber enorm viel Zeit.

In diesen Situationen lohnt sich der Einsatz besonders:

- ✔ Bei größeren Rollouts oder Migrationen.
- ✔ Wenn Sie viele Gruppen mit ähnlichem Aufbau benötigen.
- ✔ Wenn Sie Gruppen regelmäßig aus anderen Systemen übernehmen.

Auch wenn Sie nicht selbst skripten möchten – vielleicht gibt es jemanden in der IT, der Ihnen ein passendes Skript bereitstellt. Oder Sie nutzen Vorlagen aus der Microsoft-Dokumentation.

Welche Methode passt zu Ihnen

Um die passende Methode für die Erstellung und Verwaltung Ihrer Gruppen zu finden, bietet die folgende Tabelle einen schnellen Überblick über die jeweiligen Einsatzgebiete, den Aufwand und die Möglichkeiten zur Automatisierung. So können Sie einfach erkennen, welche Variante am besten zu Ihren Anforderungen passt und wie viel Zeit Sie investieren müssen.

Methode	Ideal für	Aufwand	Automatisierung
Manuell	Einzelgruppen, kleine Teams	Gering	Keine
Dynamisch	Abteilungen, Standorte, Rollen	Mittel	Hoch
CSV/Skript	Massenanlage, Migrationen	Höher	Mittel bis hoch

Tabelle 9.3: Welche Anlagemethode für Gruppen ist die sinnvollste?

Verteilerlisten – der Klassiker für E-Mail-Kommunikation

Verteilerlisten sind so etwas wie die Großeltern der modernen Gruppenfunktionen in Microsoft 365. Sie sind altbewährt, zuverlässig – und in vielen Unternehmen noch immer im Einsatz. Ihr Zweck ist einfach: Eine E-Mail an viele Personen gleichzeitig senden, ohne jede Adresse einzeln eintippen zu müssen.

Doch auch wenn sie auf den ersten Blick simpel wirken, lohnt sich ein genauerer Blick: Denn Verteilerlisten haben ihre Stärken – aber auch klare Grenzen.

Was ist eine Verteilerliste?

Eine Verteilerliste (auch Verteilergruppe genannt) ist eine Gruppe von E-Mail-Empfängern, die unter einer gemeinsamen Adresse erreichbar sind. Wenn Sie eine Nachricht an diese Adresse senden, wird sie automatisch an alle Mitglieder der Liste weitergeleitet.

BEISPIEL

Sie schreiben an `marketing@firma.de` – und alle Mitglieder der Marketingabteilung erhalten die Nachricht. Praktisch, oder?

Es gibt es zahlreiche Möglichkeiten, Gruppen effizient zu organisieren und zu kommunizieren. Besonders im beruflichen Alltag stellt sich häufig die Frage: Welche Anlagemethode ist für unsere Zwecke am sinnvollsten? Im Folgenden werfen wir einen genaueren Blick auf die klassischen Verteilerlisten: ihre Vorteile, Einsatzmöglichkeiten und Grenzen – und ordnen sie im Vergleich zu moderneren Lösungen ein.

- ✔ Für reine E-Mail-Kommunikation: Wenn es nur darum geht, Informationen zu verteilen – ohne gemeinsame Dateien, Kalender oder Teams.

- ✔ Für große, stabile Gruppen: Etwa »alle Mitarbeiter in Deutschland« oder »alle Filialleiter«.
- ✔ Für externe Kommunikation: Wenn Sie eine zentrale Adresse für Kunden, Partner oder Bewerber bereitstellen möchten (z. B. `kontakt@firma.de`).

Verteilerlisten sind auf das Versenden von E-Mails beschränkt. Sie bieten keine der folgenden Funktionen:

- ✔ gemeinsamer Kalender
- ✔ gemeinsamer Dateispeicher
- ✔ Integration mit Microsoft Teams
- ✔ Aufgabenverwaltung oder Notizbücher

Außerdem sind sie nicht gruppenfähig im modernen Sinne: Sie lassen sich nicht direkt mit SharePoint, Planner oder anderen Microsoft-365-Diensten verknüpfen.

Microsoft-365-Gruppen als moderne Alternative

Wenn Sie mehr als nur E-Mails brauchen – also zum Beispiel gemeinsam an Dokumenten arbeiten, Termine koordinieren oder in Teams kommunizieren möchten – dann sind Microsoft-365-Gruppen die bessere Wahl.

Vorteile gegenüber Verteilerlisten:

- ✔ integrierte Zusammenarbeit (Dateien, Kalender, Notizen, Teams)
- ✔ bessere Verwaltung über das Admin Center
- ✔ Möglichkeit zur Selbstverwaltung durch Gruppenbesitzer
- ✔ zukunftssicher – Microsoft entwickelt diese Gruppen aktiv weiter

Wenn Sie eine bestehende Verteilerliste modernisieren möchten, können Sie sie unter bestimmten Voraussetzungen in eine Microsoft-365-Gruppe umwandeln. Dazu muss allerdings ein Administrator im Exchange Admin Center eine Upgrade-Anfrage an die Besitzer der Verteilerliste senden. Stimmen die Besitzer zu, wird die Liste innerhalb weniger Minuten in eine Microsoft-365-Gruppe konvertiert – Mitglieder und E-Mail-Adresse bleiben dabei erhalten.

Verteilerlisten sind nicht veraltet – aber sie sind spezialisiert. Für reine E-Mail-Kommunikation sind sie nach wie vor nützlich. Für alles andere – Zusammenarbeit, Dateifreigabe, Projektarbeit – sind Microsoft-365-Gruppen die bessere Wahl.

Gruppen als Werkzeug für Lizenzvergabe und App-Zugriff

Viele denken bei Gruppen zuerst an Kommunikation – etwa über E-Mail oder Teams. Doch Gruppen können noch viel mehr: Sie sind ein zentrales Steuerungsinstrument für Zugriffsrechte, Lizenzvergabe und Anwendungsbereitstellung. Wer Gruppen richtig einsetzt, automatisiert nicht nur Prozesse, sondern sorgt auch für mehr Übersicht und Sicherheit.

Lizenzen über Gruppen zuweisen – so geht's

In Microsoft Entra ID können Sie Lizenzen nicht nur manuell pro Benutzer vergeben, sondern auch automatisch über Gruppen. Das bedeutet: Wenn jemand Mitglied einer bestimmten Gruppe wird, erhält er automatisch die zugewiesene Lizenz – und verliert sie wieder, wenn er die Gruppe verlässt.

BEISPIEL

Alle Mitglieder der Gruppe »Vertrieb Deutschland« erhalten automatisch eine Microsoft-365-Business-Standard-Lizenz. Neue Mitarbeiter im Vertrieb müssen also nur der Gruppe hinzugefügt werden – der Rest passiert automatisch.

Die automatische Lizenzzuweisung über Gruppen bietet zahlreiche Vorteile, die den Arbeitsalltag deutlich erleichtern:

- ✔ keine manuelle Lizenzvergabe mehr
- ✔ weniger Fehler und vergessene Zuweisungen
- ✔ klare, nachvollziehbare Lizenzstruktur

Bevor Sie mit der automatischen Lizenzzuweisung über Gruppen starten können, sollten Sie die folgenden Voraussetzungen beachten. Die Lizenzzuweisung über Gruppen erfordert eine Microsoft-Entra-ID-P1- oder P2-Lizenz. Prüfen Sie also vorher, ob Ihr Unternehmen über die nötige Lizenz verfügt.

Die Einrichtung der automatischen Lizenzzuweisung per Gruppe erfolgt mittlerweile im Microsoft 365 Admin Center (und nicht mehr direkt im Entra Admin Center). Seit Ende 2024 unterstützt das Entra-Portal die Lizenzvergabe an Gruppen in der Benutzeroberfläche nicht mehr – die automatische Verteilung und der Entzug der Lizenzen funktionieren aber weiterhin genau so, wie im Text beschrieben.

Zugriff auf Anwendungen steuern – mit Gruppen als Schaltzentrale

Neben Lizenzen können Gruppen auch genutzt werden, um den Zugriff auf Anwendungen zu steuern – sowohl auf Microsoft-365-Dienste wie SharePoint, Teams oder Planner als auch auf Drittanbieter-Apps, die in Entra ID integriert sind.

BEISPIEL

- Die Gruppe »Projekt X« erhält Zugriff auf ein bestimmtes SharePoint-Teamwebsite, ein Planner-Board und ein gemeinsames OneNote.
- Die Gruppe »HR-Tools« bekommt Zugriff auf eine externe HR-Anwendung, die über Single Sign-On (SSO) angebunden ist.

Die folgenden Punkte zeigen, warum diese Vorgehensweise so effektiv ist:

- Gruppen fungieren als Berechtigungscontainer.
- Viele Anwendungen können Gruppenmitgliedschaften auslesen und darauf basierend Zugriffsrechte vergeben.
- Sie können mit Gruppen gezielt steuern, wer was sehen oder nutzen darf.

Der Einsatz von Gruppen macht die Steuerung von Zugriffsrechten und Lizenzen besonders effizient, da Zugriffe zentral verwaltet und Prozesse deutlich vereinfacht werden. Statt jedem Benutzer einzeln Rechte zu geben, definieren Sie einmal eine Gruppe – und alles Weitere läuft automatisch. Das spart nicht nur Zeit, sondern sorgt auch für Konsistenz: Alle Mitglieder einer Gruppe haben dieselben Rechte, denselben Zugriff, dieselben Tools.

Und wenn jemand das Unternehmen verlässt?

Dann reicht es, die Person aus der Gruppe zu entfernen – und alle zugewiesenen Rechte, Lizenzen und Zugriffe verschwinden automatisch. Einfacher geht es kaum.

Tipps aus der Praxis

- Gruppen nach Funktion, nicht nach Namen: Statt Gruppe »Max Müller« lieber »Vertrieb« Nord oder »Projekt Contoso« – das macht die Struktur verständlicher und wiederverwendbar.
- Verknüpfen Sie Gruppen mit dynamischen Regeln: So werden neue Mitarbeiter automatisch der richtigen Gruppe zugewiesen – zum Beispiel basierend auf Abteilung oder Standort.
- Dokumentieren Sie, welche Gruppe was steuert: Ein kurzer Überblick (z. B. in OneNote oder Excel) hilft, den Überblick zu behalten – besonders bei vielen Gruppen.
- Nutzen Sie Gruppen auch für App-Zugriffe außerhalb von Microsoft 365: Viele SaaS-Anwendungen lassen sich über Entra ID integrieren – und Gruppen helfen, den Zugriff zentral zu steuern.

Gruppenbesitzer und Selbstverwaltung – Verantwortung sinnvoll delegieren

In vielen Unternehmen läuft es so: Ein neuer Kollege soll in eine Gruppe aufgenommen werden, jemand wechselt die Abteilung, ein Projektteam wird aufgelöst – und jedes Mal geht eine Anfrage an die IT. Das kostet Zeit, führt zu Wartezeiten und ist oft gar nicht nötig. Denn Microsoft Entra ID bietet die Möglichkeit, Gruppenbesitzer zu definieren – also Personen, die bestimmte Gruppen selbst verwalten dürfen.

Das ist nicht nur effizienter, sondern auch ein echter Gewinn für die Zusammenarbeit. Denn wer nah am Team ist, weiß meist besser, wer dazugehört – und wer nicht.

Ein *Gruppenbesitzer* ist eine Person (es können auch mehrere sein), die eine bestimmte Gruppe verwalten darf – ohne dafür globale Administratorrechte zu benötigen. Der Gruppenbesitzer kann:

- ✔ Mitglieder hinzufügen oder entfernen.
- ✔ Gruppeninformationen bearbeiten (z. B. Beschreibung, Name).

Bei Microsoft-365-Gruppen: Er kann auch Ressourcen wie Kalender oder Notizbücher verwalten.

Gruppenbesitzer sind keine Superadmins. Sie dürfen nur die Gruppen verwalten, denen sie zugewiesen sind – und auch nur im Rahmen der jeweiligen Gruppentypen.

Schritt-für-Schritt-Anleitung: Gruppenbesitzer in Microsoft 365 festlegen

Mit dieser Anleitung können Sie direkt im Microsoft Entra Admin Center (ehemals Azure Active Directory) einen oder mehrere Gruppenbesitzer hinzufügen. Die einzelnen Schritte sind so beschrieben, dass Sie sie einfach nachklicken können.

1. **Anmeldung im Admin Center**

   Öffnen Sie das Microsoft ENTRA ADMIN CENTER und melden Sie sich mit einem Konto an, das über die erforderlichen Rechte verfügt (zum Beispiel als Benutzeradministrator oder Globaler Administrator).

2. **Navigation zu den Gruppen**

   Klicken Sie im linken Navigationsmenü auf IDENTITÄT und dann auf GRUPPEN. Sie sehen nun eine Liste aller bestehenden Gruppen in Ihrer Organisation.

3. **Auswahl der gewünschten Gruppe**

   Suchen Sie in der Liste die Gruppe, für die Sie einen Besitzer hinzufügen möchten. Klicken Sie auf den GRUPPENNAMEN, um die Detailansicht zu öffnen.

4. **Wechsel zum Reiter Besitzer**

   In der Gruppenübersicht finden Sie oben den Reiter BESITZER. Klicken Sie darauf, um die aktuellen Besitzer der Gruppe anzuzeigen.

5. **Besitzer hinzufügen**

   Klicken Sie auf BESITZER HINZUFÜGEN (meist oben oder rechts im Fenster). Es öffnet sich ein Suchfeld.

   - Geben Sie den Namen der Person ein, die Sie als Besitzer hinzufügen möchten. Sobald der richtige Name erscheint, klicken Sie ihn an und bestätigen Sie die Auswahl.
   - Sie können mehrere Personen auf einmal auswählen, falls gewünscht.

6. **Änderungen speichern**

   Nach Auswahl der gewünschten Personen klicken Sie auf AUSWÄHLEN beziehungsweise HINZUFÜGEN und anschließend auf SPEICHERN (je nach Ansicht).

Die ausgewählten Personen sind nun Gruppenbesitzer und können ab sofort Mitglieder verwalten sowie Gruppeneinstellungen bearbeiten – ganz ohne weitere Freigaben der IT.

Definieren Sie am besten mindestens zwei Besitzer pro Gruppe. So ist immer jemand verfügbar, falls eine Person abwesend ist oder das Unternehmen verlässt.

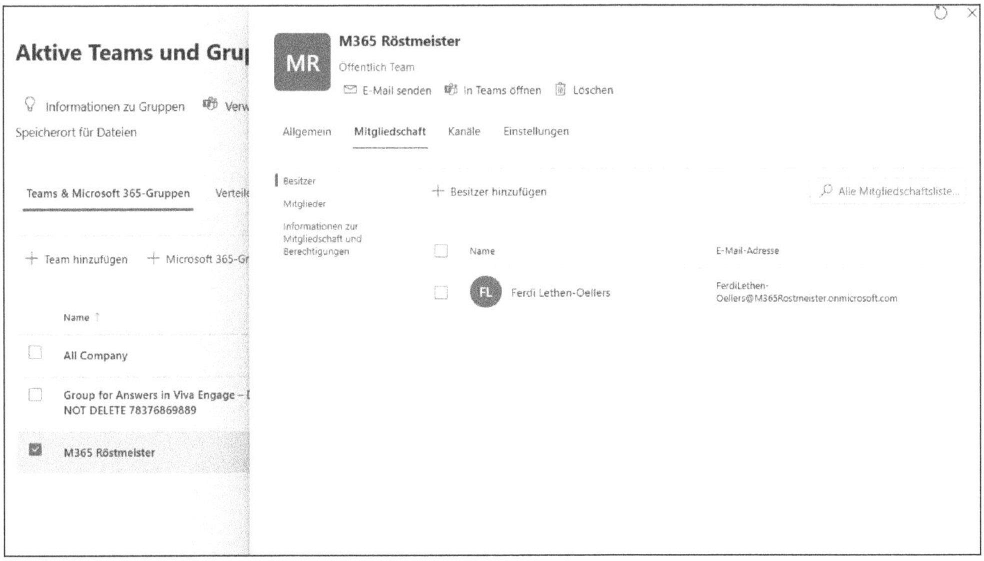

Abbildung 9.2: Gruppenbesitzer hinzufügen

Selbstverwaltung – was Benutzer selbst tun dürfen

Je nach Konfiguration können Benutzer auch selbst Gruppen erstellen oder beitreten – ohne dass die IT eingreifen muss. Das ist besonders praktisch für kurzfristige Projektteams, Arbeitsgruppen oder interne Communitys.

BEISPIEL

Beispiele für Selbstverwaltung:

- ✔ Benutzer können eigene Microsoft 365-Gruppen erstellen.
- ✔ Gruppenbesitzer können Mitglieder selbst verwalten.
- ✔ Benutzer können über ein Portal Gruppen finden und beitreten (wenn freigegeben).

Damit diese Funktionen genutzt werden können, müssen sie zunächst im Microsoft Entra Admin Center aktiviert werden. Es ist wichtig, diese Entscheidungen sorgfältig zu treffen, denn wenn Benutzer zu viele Freiheiten erhalten, kann dies rasch zu einem unübersichtlichen Wildwuchs an Gruppen führen. Daher sollte man genau überlegen, welche Einstellungen sinnvoll sind und worauf man bei der Aktivierung achten muss.

- ✔ Namenskonventionen definieren: Wenn jeder Gruppen nach Lust und Laune benennt, wird es schnell unübersichtlich. Eine einfache Regel wie Abteilung-Projektname hilft enorm.
- ✔ Gruppenrichtlinien nutzen: Microsoft Entra ID bietet die Möglichkeit, Regeln für Gruppenerstellung, -benennung und -verwaltung festzulegen.
- ✔ Regelmäßige Überprüfung: Auch selbstverwaltete Gruppen sollten regelmäßig geprüft werden – ob sie noch aktiv sind, ob die Mitglieder aktuell sind, ob die Besitzer noch im Unternehmen sind und so weiter.

Tipps aus der Praxis:

- ✔ Verantwortung bewusst delegieren: Gruppenbesitzer sollten wissen, was sie dürfen – und was nicht. Eine kurze Einweisung oder ein Leitfaden helfen.
- ✔ Transparenz schaffen: Wer ist Besitzer welcher Gruppe? Wer darf was? Eine einfache Übersicht (z. B. in OneNote oder SharePoint) schafft Klarheit.
- ✔ IT entlasten, ohne Kontrolle zu verlieren: Mit klaren Regeln, Namenskonventionen und regelmäßiger Pflege bleibt die Gruppenlandschaft übersichtlich – auch bei vielen selbstverwalteten Gruppen.

Typische Stolpersteine – und wie Sie sie vermeiden

Sie haben sich durch die Grundlagen der Gruppenarten gearbeitet, wissen jetzt, was Sicherheitsgruppen, Microsoft-365-Gruppen und Verteilerlisten unterscheidet, und haben vielleicht sogar schon die ersten Gruppen im Admin Center angelegt. Und dann? Dann kommt der Alltag – und mit ihm die kleinen und großen Stolpersteine, die einem das Leben als Microsoft-365-Verantwortlicher ganz schön schwer machen können.

In diesem Abschnitt schauen wir uns gemeinsam an, wo es typischerweise hakt, warum das so ist – und wie Sie es besser machen können. Denn eines ist sicher: Wer die Stolpersteine kennt, kann sie auch umgehen.

Gruppenchaos: Wenn aus Struktur Verwirrung wird

Im Alltag von Microsoft 365 entsteht schnell eine Vielzahl an Gruppen, die oft mit ähnlichen Namen versehen werden und deren Zweck im Laufe der Zeit immer schwerer nachvollziehbar ist. Was zunächst als gut gemeinte Struktur angelegt wird, entwickelt sich oftmals zu einer unübersichtlichen Ansammlung an Gruppen. Der Überblick geht verloren und die eigentliche Funktion der einzelnen Gruppen ist nicht mehr klar erkennbar.

Die Ursachen für dieses Gruppenchaos liegen vor allem darin, dass Gruppen ohne großen Aufwand erstellt werden können. Ein paar Klicks im Administrationsbereich genügen und eine neue Gruppe ist angelegt. Da die Erstellung so unkompliziert ist, wird für jede Aufgabe, jede Abteilung und jede neue Idee schnell eine eigene Gruppe angelegt. Doch mit der Zeit stellt sich die Frage, wer für die Pflege und Aktualisierung der Gruppen verantwortlich ist. Oft bleibt ungeklärt, wer nicht mehr benötigte Gruppen löscht und wer sicherstellt, dass nicht mehrere Gruppen für denselben Zweck existieren.

Die Folgen mangelhafter Pflege und fehlender Übersicht sind vielfältig. Es kann passieren, dass Benutzer versehentlich in falschen Gruppen landen und dadurch Zugriff auf Inhalte erhalten, die für sie nicht vorgesehen sind. Ebenso besteht die Gefahr, dass Berechtigungen doppelt vergeben werden oder an der falschen Stelle landen. Mit der wachsenden Zahl von Gruppen geht die Kontrolle zunehmend verloren, was nicht nur die Verwaltung erschwert, sondern auch die Sicherheit im Unternehmen beeinträchtigen kann.

Um diese typischen Stolpersteine im Gruppenmanagement zu vermeiden, ist es entscheidend, frühzeitig klare Strukturen und Verantwortlichkeiten zu schaffen. So können Sie den Herausforderungen endgegenwirken:

- ✔ Eine klare Namenskonvention. Zum Beispiel: Abteilung-Funktion-Jahr > Marketing-ProjektX-2025.
- ✔ Nutzen Sie die Beschreibungsfelder in der Gruppe – sie helfen enorm bei der Einordnung.
- ✔ Führen Sie regelmäßige Gruppen-Reviews durch. Fragen Sie sich: Wird diese Gruppe noch gebraucht? Wenn nein – weg damit.

Tipp aus der Praxis:

Legen Sie eine Excel- oder SharePoint-Liste an, in der alle Gruppen mit Zweck, Besitzer und Erstellungsdatum dokumentiert sind. Das klingt erstmal nach Aufwand – spart aber später viel Zeit und Nerven.

Der falsche Gruppentyp – und plötzlich funktioniert nichts

Ein häufiger Fehler im Gruppenmanagement ist die Wahl des falschen Gruppentyps. Stellen Sie sich vor, Sie möchten eine Gruppe anlegen, um bestimmten Personen Zugriff auf eine SharePoint-Seite zu gewähren, greifen jedoch versehentlich zu einer Verteilerliste. Oder Sie benötigen eine Gruppe für den E-Mail-Versand und erstellen stattdessen eine Sicherheitsgruppe. In solchen Fällen funktioniert meist nichts so, wie es eigentlich geplant war.

Der Grund dafür liegt in den spezifischen Aufgaben und Einsatzzwecken der verschiedenen Gruppentypen innerhalb von Entra ID. Sicherheitsgruppen sind vorrangig dafür vorgesehen, Berechtigungen zu steuern und Zugriffsrechte auf Ressourcen wie Anwendungen oder Dateien zu vergeben. Microsoft-365-Gruppen hingegen wurden für die Zusammenarbeit entwickelt und ermöglichen die Nutzung von Anwendungen wie Teams, Planner oder SharePoint im Teamkontext. Verteilerlisten dienen ausschließlich dem unkomplizierten Versand von E-Mails an mehrere Empfänger.

Wenn der falsche Gruppentyp gewählt wird, sind die Folgen oft direkt spürbar. Die angelegte Gruppe taucht im gewünschten Tool gar nicht erst auf oder steht nicht für die geplanten Aufgaben zur Verfügung. Benutzer erhalten entweder keine E-Mails, obwohl sie Teil einer Gruppe sein sollten, oder sie bekommen keinen Zugriff auf die erforderlichen Inhalte. Häufig wird dann versucht, das Problem zu lösen, indem eine weitere Gruppe erstellt wird, was zu doppelten Gruppen und zusätzlichem Verwaltungsaufwand führt.

Um solche Schwierigkeiten zu vermeiden, lohnt es sich, vor dem Anlegen einer Gruppe genau zu überlegen, welchem Zweck sie dienen soll. Nur so ist sichergestellt, dass die Gruppe auch tatsächlich den gewünschten Nutzen bringt und die Verwaltung effizient bleibt. So können Sie den Herausforderungen endgegenwirken:

- ✔ Machen Sie sich vor dem Erstellen klar: Wofür wird die Gruppe benötigt?
- ✔ Nutzen Sie die Hilfetexte im Admin Center – Microsoft erklärt dort recht gut, was welcher Typ kann.
- ✔ Und wenn Sie unsicher sind: Lieber einmal mehr nachlesen als später alles neu machen.

Dynamische Gruppen – mächtig, aber nicht ohne Tücken

Dynamische Gruppen bieten im Arbeitsalltag einen entscheidenden Vorteil. Die Mitgliedschaft wird nicht mehr manuell gepflegt, sondern automatisch anhand festgelegter Regeln gesteuert.

BEISPIEL

Wird eine Regel erstellt, die alle Beschäftigten einer bestimmten Abteilung erfasst, füllt sich die Gruppe ohne weiteres Zutun. Diese Automatisierung spart Zeit und reduziert den Verwaltungsaufwand deutlich.

Die Vorteile liegen auf der Hand, denn Änderungen in der Organisationsstruktur oder bei den Benutzerinformationen spiegeln sich direkt in der Gruppenzusammensetzung wider, ohne dass ein Administrator eingreifen muss.

Allerdings ist bei der Definition der Regeln Sorgfalt geboten. Werden die Kriterien zu allgemein gefasst, etwa indem alle Mitarbeiter mit dem Standort Deutschland berücksichtigt werden, kann die Gruppe schnell Personen enthalten, für die sie nicht gedacht ist. Das führt dazu, dass Berechtigungen zu weit gefasst werden oder Informationen an einen viel zu großen Empfängerkreis gelangen. Umgekehrt kann eine zu spezifische Regel dazu führen, dass keine oder nur sehr wenige Personen aufgenommen werden. In solchen Fällen bleibt die Gruppe leer und erfüllt ihren Zweck nicht.

Ein weiterer häufiger Fehler entsteht, wenn die zugrunde liegenden Benutzerattribute nicht vollständig oder korrekt gepflegt sind. Die Regeln greifen dann ins Leere, weil die notwendigen Informationen fehlen. Daher ist es wichtig, nicht nur die Regeln sorgfältig zu definieren, sondern auch auf die Qualität der hinterlegten Daten zu achten. Nur so lassen sich das volle Potenzial dynamischer Gruppen in Entra ID ausschöpfen und typische Stolperfallen vermeiden. So können Sie den Herausforderungen endgegenwirken:

- ✔ Testen Sie Ihre Regel mit der Vorschaufunktion im Admin Center.
- ✔ Arbeiten Sie eng mit der Personalabteilung zusammen – denn dort werden oft die Attribute gepflegt.
- ✔ Dokumentieren Sie, welche Regeln Sie wo einsetzen – das hilft bei der Fehlersuche.

Gruppen ohne Besitzer – und niemand fühlt sich zuständig

Eine Gruppe ohne Besitzer lässt sich am besten mit einem Schiff vergleichen, das ohne Kapitän unterwegs ist. In einer solchen Situation fehlt eine klare Zuständigkeit, sodass niemand die Verantwortung für die Gruppe übernimmt. Das bedeutet, dass sich niemand darum kümmert, die Mitgliederliste aktuell zu halten oder neue Kollegen aufzunehmen. Auch das Entfernen ehemaliger Beschäftigter, die das Unternehmen bereits verlassen haben, bleibt aus. Im Laufe der Zeit kann die Gruppe dadurch unkontrolliert wachsen und eine Vielzahl von Personen umfassen, die gar keinen Zugriff mehr benötigen oder nicht mehr zur Zielgruppe gehören. Gleichzeitig laufen neue Teammitglieder Gefahr, keinen Zugang zu wichtigen Ressourcen zu erhalten, da niemand sie in die Gruppe aufnimmt. Schließlich kann es passieren, dass die Gruppe selbst bestehen bleibt, obwohl sie längst nicht mehr gebraucht wird, weil niemand für deren Löschung sorgt. All dies führt zu einem erhöhten Risiko für Datenzugriffe durch Unbefugte und erschwert die Verwaltung der Berechtigungen innerhalb der Organisation. So können Sie den Herausforderungen endgegenwirken:

- ✔ Weisen Sie jeder Gruppe mindestens einen Besitzer zu – besser zwei.
- ✔ Aktivieren Sie die Selbstverwaltung, wenn es passt: So können Mitglieder selbst neue Kollegen hinzufügen.
- ✔ Nutzen Sie Gruppenrichtlinien, um zum Beispiel eine maximale Lebensdauer für Gruppen festzulegen.

Die Funktion zum automatischen Ablaufen von Gruppen (Gruppenlebenszyklus) gibt es nur für Microsoft-365-Gruppen. Sicherheitsgruppen oder Verteilerlisten verfügen nicht über diese automatische Ablaufsteuerung. Außerdem ist für die Nutzung dieser Funktion eine Entra-ID-Premium-Lizenz erforderlich. Es lohnt sich aber, diese Policy zu nutzen, wo verfügbar: So wird nach einem definierten Zeitraum geprüft, ob die entsprechende Microsoft-365-Gruppe noch benötigt wird. Ist dies nicht der Fall und bestätigt kein Besitzer die Verlängerung, wird die Gruppe archiviert beziehungsweise gelöscht.

Berechtigungen durch Gruppenzugehörigkeit – Fluch und Segen

Gruppen bieten eine effektive Möglichkeit, Zugriffsrechte innerhalb eines Unternehmens zu verwalten und den Zugriff auf Ressourcen gezielt zu steuern. Werden jedoch Mitarbeiter versehentlich in einer für sie nicht vorgesehenen Gruppe aufgenommen, entstehen erhebliche Risiken für die Sicherheit und Integrität der Unternehmensdaten. Durch eine falsche Gruppenzuordnung erhalten betroffene Personen mitunter Zugriff auf sensible oder vertrauliche Dokumente, deren Einsichtnahme nicht vorgesehen ist. Darüber hinaus kann ihnen die Teilnahme an Kommunikationskanälen innerhalb von Teams ermöglicht werden, in denen Informationen ausgetauscht werden, die nicht für alle Mitarbeiter bestimmt sind. Ein weiteres Risiko besteht darin, dass durch die Zugehörigkeit zu bestimmten Gruppen Lizenzen für Softwareprodukte oder Dienste zugewiesen werden, die in diesem Fall nicht benötigt werden. Dies führt zu unnötigen Kosten für das Unternehmen und erschwert eine effiziente Lizenzverwaltung. Insgesamt zeigt sich, dass eine fehlerhafte Verwaltung der Gruppenzugehörigkeit nicht nur den Datenschutz und die Informationssicherheit beeinträchtigt, sondern auch finanzielle Auswirkungen haben kann. So können Sie den Herausforderungen endgegenwirken:

- ✔ Arbeiten Sie mit dem Prinzip der minimalen Rechtevergabe: nur so viel wie nötig.
- ✔ Prüfen Sie regelmäßig, wer in welchen Gruppen ist – besonders bei sensiblen Bereichen wie HR oder Finanzen.
- ✔ Nutzen Sie Audit-Logs, um Änderungen nachzuvollziehen.

Auch wenn Gruppen praktisch sind, sie sind kein Freifahrtschein. Jede Gruppenzugehörigkeit sollte bewusst vergeben und regelmäßig überprüft werden.

Best Practices für kleine und mittlere Unternehmen

Wenn Sie in einem kleinen oder mittelständischen Unternehmen (KMU) arbeiten, dann kennen Sie das: Es gibt keine eigene IT-Abteilung mit zehn Admins, sondern vielleicht eine Person – Sie – die das mit Microsoft 365 »nebenbei« macht. Und genau deshalb ist es so wichtig, dass Ihre Gruppenstruktur nicht nur funktioniert, sondern auch einfach zu pflegen ist.

Im nächsten Abschnitt sehen Sie, wie Sie mit überschaubarem Aufwand eine saubere, wartbare und sichere Gruppenstruktur aufbauen – und dabei typische Fehler vermeiden.

Gruppenstruktur planen statt sie wachsen zu lassen

Viele Unternehmen beginnen mit nur wenigen Gruppen und plötzlich wächst die Anzahl rasant an. Es kann passieren, dass sich im Laufe der Zeit 50 oder sogar 150 Gruppen ansammeln und niemand mehr genau weiß, welchen Zweck jede einzelne ursprünglich erfüllte. Dies gleicht einem Garten, der anfangs wohlgeordnet wirkt, aber mit der Zeit völlig überwuchert.

Um diese unübersichtliche Entwicklung zu vermeiden, empfiehlt es sich, bereits vor der Erstellung neuer Gruppen einen klaren Plan aufzustellen. Überlegen Sie sorgfältig, welche Gruppen tatsächlich notwendig sind. Am sinnvollsten ist es, mit den zentralen Gruppen zu starten. Dazu gehören beispielsweise Gruppen für jede Abteilung, für jeden Standort oder für einzelne Projekte. So behalten Sie von Beginn an die Übersicht und stellen sicher, dass jede Gruppe einen konkreten Nutzen hat.

Definieren Sie im Vorfeld, welche Arten von Gruppen für Ihre Organisation relevant sind und zu welchem Zweck sie genutzt werden sollen. Beispielsweise können Sie festlegen, dass Sie Sicherheitsgruppen für die Verwaltung von Zugriffsrechten einsetzen. Für die Zusammenarbeit im Team bieten sich Microsoft-365-Gruppen an. Für die interne Kommunikation, etwa den Versand von E-Mails an mehrere Personen, eignen sich Verteilerlisten.

Ein weiterer wichtiger Schritt ist die Dokumentation der gesamten Gruppenstruktur. Es reicht vollkommen aus, eine einfache Tabelle zu erstellen, beispielsweise in Excel oder SharePoint. In dieser Übersicht halten Sie fest, welche Gruppen es gibt, wofür sie jeweils gedacht sind und wer die verantwortlichen Personen sind. Diese Dokumentation hilft nicht nur dabei, den Überblick zu behalten, sondern erleichtert auch zukünftige Anpassungen und das regelmäßige Überprüfen der Gruppenlandschaft.

Nutzen Sie Farben oder Kategorien, um Gruppen zu kennzeichnen – zum Beispiel blau = Abteilung, grün = Projekt, rot = extern. Das hilft beim Wiedererkennen und Sortieren.

Weniger ist mehr: lieber wenige, gut gepflegte Gruppen

Im Arbeitsalltag ist es oft naheliegend, für jedes neue Thema oder Projekt eine eigene Gruppe anzulegen. Doch je mehr Gruppen in Ihrer Microsoft-365-Umgebung existieren, desto komplexer und zeitaufwändiger gestaltet sich die Verwaltung. Mit einer zu großen Zahl an Gruppen steigt das Risiko, dass Mitarbeiter versehentlich in falschen Gruppen landen oder sogar in mehrere Gruppen mit ähnlichen Aufgabenbereichen eingetragen werden, was zu widersprüchlichen Berechtigungen und einer unübersichtlichen Struktur führen kann.

Um die Pflege Ihrer Gruppenstruktur effizient zu gestalten und Fehlerquellen zu minimieren, empfiehlt es sich, Gruppen möglichst vielseitig und gezielt einzusetzen. Eine Gruppe für den Vertrieb eignet sich beispielsweise sowohl für die interne Kommunikation per E-Mail als auch für den Zugriff auf relevante SharePoint-Bereiche, sofern der passende Gruppentyp gewählt und die Berechtigungen eindeutig festgelegt werden. Durch diese Mehrfachnutzung vermeiden Sie eine unnötige Vermehrung von Gruppen und gewährleisten zugleich eine übersichtliche Struktur.

Ein weiterer wichtiger Aspekt ist die Vermeidung von doppelten Gruppen. Wenn bereits eine gut organisierte Gruppe für den Bereich Marketing existiert, sollte auf die Anlage zusätzlicher Gruppen mit ähnlichem Zweck verzichtet werden. Doppelungen erschweren nicht nur die Zuordnung von Berechtigungen, sondern führen auch dazu, dass Informationen und Zugriffsrechte unklar verteilt werden.

Um dauerhaft eine schlanke und gut gepflegte Gruppenlandschaft zu gewährleisten, empfiehlt es sich, bestehende Gruppen regelmäßig zu überprüfen und solche zu entfernen, die nicht mehr benötigt werden. Ein fester Turnus, zum Beispiel alle sechs Monate, hilft Ihnen dabei, die Übersicht zu behalten und alte Gruppen konsequent zu löschen. So stellen Sie sicher, dass Ihre Gruppenstruktur stets aktuell und funktional bleibt.

Führen Sie eine Gruppeninventur durch. Fragen Sie sich: Wird diese Gruppe noch aktiv genutzt? Wenn nein – archivieren oder löschen.

Gruppen regelmäßig prüfen und aufräumen

Gruppen in Microsoft 365 verändern sich ständig, da sich Mitarbeiter, Projekte und Abteilungen im Unternehmen wandeln. Damit die Gruppenstruktur übersichtlich und sicher bleibt, ist es wichtig, regelmäßig alle Gruppen zu überprüfen. Dazu gehört, die Mitgliederlisten zu kontrollieren und veraltete oder unberechtigte Einträge zu entfernen.

Außerdem sollte geprüft werden, ob der gewählte Gruppentyp noch passend ist oder gegebenenfalls eine Sicherheitsgruppe besser geeignet wäre. Ebenso ist es wesentlich, einen verantwortlichen Gruppenbesitzer zu benennen und dessen Zugehörigkeit zum Unternehmen sicherzustellen.

Durch diese Maßnahmen bleibt die Gruppenlandschaft aktuell, unterstützt die Zusammenarbeit optimal und reduziert Fehler und Sicherheitsrisiken.

Nutzen Sie das Microsoft Entra Admin Center oder PowerShell, um sich Berichte über Gruppen und Mitglieder zu ziehen. So behalten Sie den Überblick – auch bei vielen Gruppen.

Gruppenrichtlinien und Namenskonventionen einführen

Einheitliche Namen helfen nicht nur Ihnen, sondern auch Ihren Kollegen. Wenn jede Gruppe nach dem gleichen Muster benannt ist, erkennt man sofort, wofür sie gedacht ist – und vermeidet Verwechslungen.

BEISPIEL

Beispiel für eine Namenskonvention:

- ✔ Abteilung: GRP-Abteilung-Marketing
- ✔ Projekt: GRP-Projekt-Website2025
- ✔ Standort: GRP-Standort-Berlin

Wie können Sie den Herausforderungen endgegenwirken:

- ✔ Legen Sie ein Namensschema fest – und halten Sie sich daran.
- ✔ Kommunizieren Sie das Schema an alle, die Gruppen erstellen dürfen.
- ✔ Nutzen Sie Gruppenrichtlinien in Entra ID, um zum Beispiel bestimmte Prä- oder Suffixe zu erzwingen.

Wenn Sie Self-Service-Gruppenerstellung erlauben, achten Sie besonders auf Namenskonventionen. Sonst entstehen schnell Gruppen wie »Test123« oder »Neue Gruppe von Peter«.

Gruppenbesitzer benennen – und Verantwortung übertragen

Es ist nicht notwendig, sämtliche Aufgaben rund um die Gruppenverwaltung eigenständig zu übernehmen, da eine effektive Delegation die Arbeitsprozesse deutlich erleichtert. Jede Gruppe sollte bei ihrer Einrichtung von Anfang an mit mindestens einer verantwortlichen Person ausgestattet werden. Der Besitzer übernimmt die Rolle, die Mitgliederstruktur zu pflegen, die Beschreibung der Gruppe aktuell zu halten und regelmäßig zu prüfen, ob die Informationen weiterhin korrekt und relevant sind. Eine klare Kommunikation der Verantwortlichkeiten trägt dazu bei, dass die Besitzer wissen, worauf sie bei der Verwaltung achten müssen. Die Möglichkeit zur Selbstverwaltung sollte genutzt werden, sofern dies für die jeweilige Gruppe und deren Kontext sinnvoll ist. Dadurch wird gewährleistet, dass die Gruppen dynamisch und effizient betreut werden, ohne dass für jede Änderung oder Aktualisierung eine zentrale Anfrage erforderlich ist. Ein strukturierter und transparenter Prozess bei der Zuweisung von Besitzern fördert die Eigenverantwortung und unterstützt die nachhaltige Pflege der Gruppen.

Besitzer können auch per E-Mail erinnert werden, wenn ihre Gruppe bald abläuft – sofern Sie Ablaufregeln definiert haben. Das motiviert zur Pflege.

IN DIESEM KAPITEL

Passwortrichtlinien einrichten und gestalten

Multi-Faktor-Authentifizierung (MFA) einführen

Das Zero-Trust-Prinzip verstehen

Grundlegende Sicherheitsrichtlinien aktivieren

Kapitel 10
Sicherheitsfunktionen und Notwendigkeiten

Wenn Sie in Ihrer Organisation für Microsoft 365 verantwortlich sind, sei es offiziell oder »weil sich sonst niemand damit auskennt«, dann ist dieses Kapitel für Sie gemacht. Es geht um nichts Geringeres als den Schutz der digitalen Identität Ihrer Mitarbeiter. Und damit um die Grundlage für alles, was in Microsoft 365 passiert: E-Mails, Dateien, Teams, SharePoint, Planner – ohne Identität kein Zugriff. Und ohne Schutz? Ein offenes Scheunentor für Angreifer!

In diesem Kapitel erfahren Sie, wie Sie mit den Bordmitteln von Microsoft 365 – konkret mit Microsoft Entra ID – Ihre Benutzerkonten absichern können. Und zwar so, dass es nicht nur sicher, sondern auch praxistauglich ist. Denn was nützt die beste Sicherheitsrichtlinie, wenn sie im Alltag niemand versteht oder akzeptiert?

Identität ist das neue Perimeter

In vielen Unternehmen ist Microsoft 365 längst mehr als nur ein E-Mail-Postfach oder eine Office-Lizenz. Es ist das digitale Herzstück des Arbeitsalltags – und damit auch ein potenzieller Angriffspunkt. Denn wo früher Firewalls und Serverräume die Grenzen der IT-Infrastruktur markierten, ist heute die Identität der Mitarbeiter das neue Einfallstor. Oder eben die erste Verteidigungslinie.

Ein falscher Klick auf einen Phishing-Link, ein zu einfaches Passwort oder ein fehlender zweiter Faktor – und schon steht die Tür offen. Nicht für Mitarbeiter, sondern für Angreifer, die genau wissen, wie sie sich durch schwache Identitäten schleichen können. Die gute Nachricht: Microsoft Entra ID bietet eine ganze Reihe von Werkzeugen, um genau das zu verhindern. Die schlechte: Viele davon sind zwar vorhanden, aber nicht automatisch aktiviert.

Gerade in kleinen und mittelständischen Unternehmen fehlt es oft nicht am Willen, sondern an Zeit, Klarheit und manchmal auch am Mut, sich mit dem Thema Sicherheit auseinanderzusetzen. Denn wer will schon derjenige sein, der die Mitarbeiter alle 30 Tage das Passwort ändern lässt?

Aber: Sicherheit muss nicht unbequem sein. Und sie muss auch nicht teuer oder kompliziert sein. Sie muss nur gut durchdacht und konsequent umgesetzt werden. Genau darum geht es in diesem Kapitel. Es zeigt, wie Sie mit einfachen Mitteln dafür sorgen, dass Ihre Benutzerkonten nicht zum Sicherheitsrisiko werden – sondern zur stabilen Basis für eine moderne, sichere Arbeitsumgebung.

Passwortrichtlinien – Sicherheit ohne Passwortfrust

Passwörter sind wie Zahnbürsten: Man sollte sie regelmäßig wechseln, nicht mit anderen teilen – und bitte nicht »123456« nennen. Trotzdem gehören schwache oder gestohlene Passwörter nach wie vor zu den häufigsten Ursachen für Sicherheitsvorfälle in Unternehmen. Und dass, obwohl Microsoft 365 längst die Werkzeuge mitbringt, um genau das zu verhindern!

Aber Achtung: Eine Passwortrichtlinie, die zu streng ist, führt schnell zu Frust. Und Frust führt zu Zetteln unter der Tastatur – oder schlimmer noch: zu Passwörtern wie »Frühling2024!«. Klingt sicher, ist aber vorhersehbar. Die Kunst liegt also darin, eine Richtlinie zu finden, die sicher ist – aber auch alltagstauglich.

Was macht ein gutes Passwort aus?

Die Wahl eines sicheren Passworts ist ein entscheidender Schritt, um Ihre digitalen Konten wirksam vor unerlaubtem Zugriff zu schützen.

- ✔ lang genug (mindestens zwölf Zeichen),
- ✔ nicht im Wörterbuch zu finden,
- ✔ nicht anderweitig verwendet (auch nicht privat),
- ✔ nicht erratbar (Geburtsdaten, Haustiernamen, Lieblingsfußballverein? Bitte nicht!).

Microsoft empfiehlt mittlerweile, auf regelmäßige Passwortwechsel zu verzichten – sofern zusätzliche Schutzmaßnahmen wie MFA aktiv sind. Denn häufiges Ändern führt oft zu schlechteren Passwörtern, nicht zu besseren. Für kleine und mittelständische Unternehmen empfiehlt es sich, eine ausgewogene Passwortrichtlinie zu implementieren, die sowohl Sicherheit als auch Benutzerfreundlichkeit berücksichtigt und dabei Aspekte wie ausreichende Länge, Komplexität und den Einsatz von Mehr-Faktor-Authentifizierung in den Mittelpunkt stellt.

- ✔ Mindestlänge: zwölf Zeichen
- ✔ Komplexität: Groß-/Kleinschreibung, Zahlen, Sonderzeichen – ja, aber nicht übertreiben
- ✔ Ablauf: kein automatischer Ablauf, wenn MFA aktiv ist
- ✔ Sperrung bei Fehlversuchen: nach zehn Fehlversuchen temporär sperren
- ✔ Verbot kompromittierter Passwörter: Microsoft Entra ID blockiert automatisch häufig verwendete oder geleakte Passwörter. Wenn Sie möchten, können Sie zusätzlich eine eigene Liste unsicherer Begriffe hinterlegen – zum Beispiel den Namen Ihres Unternehmens oder den Lieblingsverein Ihrer IT-Abteilung.

Passwortrichtlinie in Entra ID konfigurieren

Voraussetzung: Sie benötigen mindestens Microsoft Entra ID Plan 1 – dieser ist in Microsoft 365 Business Premium enthalten. Falls Sie Business Standard nutzen, stehen Ihnen einige Sicherheitsfunktionen leider nicht zur Verfügung. Sie möchten eine sichere Passwortrichtlinie für Ihre Organisation einrichten? Folgen Sie einfach dieser Anleitung. Ich nehme Sie an die Hand und zeige Ihnen jeden Schritt direkt im Microsoft Entra Admin Center.

1. Öffnen Sie das Microsoft Entra Admin Center. Gehen Sie als Erstes auf folgende Seite: `https://entra.microsoft.com`. Melden Sie sich mit Ihren Administrator-Zugangsdaten an.
2. Navigieren Sie zu den PASSWORTRICHTLINIEN: Klicken Sie links im Menü auf SCHUTZ, dann auf AUTHENTIFIZIERUNGSMETHODEN und anschließend auf KENNWORTRICHTLINIEN.
3. RICHTLINIE ERSTELLEN oder BEARBEITEN: Nun können Sie entweder eine neue Passwortrichtlinie erstellen oder eine bestehende bearbeiten. Wählen Sie die gewünschte Option aus.
4. Mindestlänge festlegen: Geben Sie als Mindestlänge zwölf Zeichen ein.
5. Komplexitätsanforderungen prüfen: Die Anforderungen bezüglich Groß-/Kleinschreibung, Zahlen und Sonderzeichen sind in Entra ID standardmäßig aktiviert. Sie müssen hier nichts ändern – achten Sie nur darauf, dass diese Einstellungen nicht gelockert werden.
6. PASSWORTABLAUF DEAKTIVIEREN: Wenn Sie MFA (Multi-Faktor-Authentifizierung) nutzen, deaktivieren Sie den automatischen Passwortablauf. So müssen Ihre Nutzer ihr Passwort nicht regelmäßig ändern.

7. Kompromittierte Passwörter blockieren: Aktivieren Sie die Option »Verwendung kompromittierter Passwörter blockieren«, damit häufig genutzte oder geleakte Passwörter automatisch abgelehnt werden.

8. Richtlinie zuweisen: Entscheiden Sie, ob die Richtlinie für bestimmte Gruppen oder alle Benutzer gelten soll. Tipp: Starten Sie am besten mit einer Pilotgruppe, um die Einstellungen zu testen.

9. Speichern und testen: Speichern Sie Ihre Einstellungen. Legen Sie sich ein Testkonto an und prüfen Sie, ob die Richtlinie wie gewünscht funktioniert, bevor Sie sie für alle ausrollen.

Fertig – so einfach führen Sie die neue Passwortrichtlinie Schritt für Schritt ein. Sollte es irgendwo haken, nutzen Sie die Hilfefunktionen im Admin Center. Viel Erfolg!

MFA – mehr Schutz mit einem zweiten Faktor

Ein Passwort allein ist wie ein Türschloss mit nur einem Riegel – besser als nichts, aber für geübte Angreifer kein echtes Hindernis. Genau deshalb gehört die *Multi-Faktor-Authentifizierung (MFA)* heute zu den wichtigsten Sicherheitsmaßnahmen überhaupt. Und ja, sie ist auch für kleine Unternehmen absolut sinnvoll – und in Microsoft 365 sogar kostenlos verfügbar.

Neben dem Passwort braucht es einen zweiten Nachweis, dass jemand wirklich die Person ist, für die sie sich ausgibt. Das kann ein Code auf dem Smartphone sein, ein Anruf, eine Authenticator-App oder ein biometrisches Merkmal. Selbst wenn ein Passwort gestohlen wird – ohne den zweiten Faktor bleibt der Zugang versperrt. Genau diese Methode nennt man *Multi-Faktor-Authentifizierung (MFA)*.

Warum MFA kein » Nice-to-have« mehr ist

Über 99,9 Prozent der kompromittierten Konten in Microsoft 365 hatten keine Multi-Faktor-Authentifizierung aktiviert – das ist fast jedes einzelne. Wenn Sie MFA noch nicht aktiviert haben, ist jetzt ein guter Zeitpunkt.

- ✔ Phishing-Mails werden immer besser – MFA schützt auch dann, wenn jemand versehentlich auf einen Link klickt.
- ✔ Die Einrichtung dauert nur wenige Minuten – der Sicherheitsgewinn ist enorm.

Microsoft hat die Authenticator-App inzwischen mit einer zusätzlichen Sicherheitsfunktion ausgestattet: Bei der Anmeldung müssen Benutzer eine Zahl eingeben, die auf dem Bildschirm angezeigt wird. Das verhindert, dass versehentlich falsche Anfragen bestätigt werden – eine beliebte Masche von Angreifern. Diese Funktion ist inzwischen Standard, Sie müssen nichts weiter tun – außer Ihre Benutzer kurz darauf vorzubereiten.

Methode	Beschreibung
Authenticator-App	Bestätigung per App (z. B. Microsoft Authenticator) – sicher und bequem
SMS	Einmalcode per SMS – einfach, aber weniger sicher
Anruf	Telefonanruf mit Bestätigung – für Nutzer ohne Smartphone
FIDO2-Sicherheitsschlüssel	Hardware-Token – sehr sicher, aber eher für spezielle Szenarien
Biometrie (zum Beispiel Windows Hello)	Gesichtserkennung oder Fingerabdruck – komfortabel, aber geräteabhängig

Tabelle 10.1: Multi-Faktor-Authentifizierungsmethoden innerhalb von Microsoft 365

Für die meisten KMU reicht die Kombination aus Passwort und Authenticator-App völlig aus.

Schritt-für-Schritt: MFA aktivieren in Microsoft 365

Voraussetzung: Sie benötigen keine zusätzliche Lizenz – MFA ist in allen Microsoft-365-Plänen enthalten.

Variante 1: Standard-MFA für alle Benutzer aktivieren

1. Gehen Sie als Erstes auf folgende Seite: `https://entra.microsoft.com`. Melden Sie sich mit Ihren Administrator-Zugangsdaten an.
2. Klicken Sie im linken Menü auf SCHUTZ, danach auf STANDARDRICHTLINIEN und anschließend auf SICHERHEITSSTANDARDS.
3. Aktivieren Sie die Option SICHERHEITSSTANDARDS VERWENDEN, indem Sie den Schieberegler auf EIN stellen.
4. Durch das Aktivieren der Sicherheitsstandards wird die Multi-Faktor-Authentifizierung für alle Benutzer verpflichtend, sobald sie sich anmelden.
5. Beim nächsten Login werden alle Benutzer automatisch zur Einrichtung der MFA aufgefordert. Dabei können sie selbst wählen, ob sie die Authenticator-App, eine SMS oder einen Anruf als zweiten Faktor nutzen möchten.
6. Informieren Sie Ihre Benutzer rechtzeitig über die Umstellung und testen Sie die Anmeldung mit einem Testkonto, um sicherzustellen, dass alles wie gewünscht funktioniert.

Die Aktivierung der Sicherheitsstandards ist eine unkomplizierte Möglichkeit, MFA schnell und für alle im Unternehmen verpflichtend einzuführen. So erhöhen Sie die Sicherheit Ihres Microsoft-365-Mandanten ohne großen Aufwand.

Variante 2: MFA gezielt per bedingtem Zugriff steuern (empfohlen bei Plan 1 und 2)

Diese Variante bietet mehr Flexibilität – zum Beispiel nur MFA bei Zugriff von außerhalb oder für bestimmte Gruppen.

1. Gehen Sie als Erstes auf folgende Seite: `https://entra.microsoft.com`. Melden Sie sich mit Ihren Administrator-Zugangsdaten an.
2. Klicken Sie links im Menü auf SCHUTZ und anschließend auf BEDINGTER ZUGRIFF.
3. Klicken Sie oben auf NEUE RICHTLINIE ERSTELLEN, um eine neue Zugriffsregel anzulegen.
4. Wählen Sie im Abschnitt ZIELGRUPPE entweder ALLE BENUTZER oder NUR BESTIMMTE GRUPPEN aus, für die die Richtlinie gelten soll.
5. Im Bereich BEDINGUNGEN können Sie zum Beispiel ZUGRIFF VON AUßERHALB DES UNTERNEHMENSNETZWERKS auswählen, damit MFA nur außerhalb des Firmennetzwerks
6. Klicken Sie unter ZUGRIFFSSTEUERUNG auf ZUGRIFF GEWÄHREN und aktivieren Sie die Option MFA ERFORDERLICH.
7. Setzen Sie die Richtlinie auf AKTIV, damit sie wirksam wird.
8. Starten Sie mit einer Pilotgruppe und testen Sie die Anmeldung, um Rückfragen und Supportaufwand zu minimieren. Passen Sie die Einstellungen gegebenenfalls nach dem Test an.

Praxistipp

Viele Benutzer sind anfangs skeptisch gegenüber MFA – vor allem, wenn sie es nicht kennen. Nehmen Sie ihnen die Angst, indem Sie:

- ✔ eine kurze Anleitung zur Einrichtung bereitstellen,
- ✔ die Authenticator-App als bevorzugte Methode empfehlen (schnell, sicher, keine SMS-Kosten),
- ✔ und bei Bedarf eine Support-Mailadresse für Rückfragen einrichten.

Zero Trust – Vertrauen ist gut, Kontrolle ist sicherer

In der IT-Sicherheit galt lange das Prinzip: »Einmal drin, immer drin.« Wer sich erfolgreich anmeldet – sei es im Büro oder über VPN – bekommt Zugriff auf alles, was freigegeben ist. Klingt bequem, ist aber gefährlich. Denn sobald ein Angreifer es einmal ins System geschafft hat, kann er sich oft unbemerkt weiterbewegen. Genau hier setzt das Zero-Trust-Prinzip an.

Zero Trust heißt: Vertraue niemandem – weder außerhalb noch innerhalb des Netzwerks – ohne Prüfung. Jeder Zugriff wird hinterfragt. Jeder Benutzer, jedes Gerät, jede App muss sich immer wieder neu ausweisen. Es klingt erstmal streng – ist aber in Microsoft 365 ganz einfach umzusetzen. Die wichtigste Zutat heißt »bedingter Zugriff«. Damit legen Sie fest, wer wann von wo auf was zugreifen darf. Und das Beste: Sie können damit auch Geräte, Standorte und Risikostufen berücksichtigen – ganz ohne Sicherheitszertifikat.

Was bedeutet Zero Trust konkret?

- ✔ Authentifizierung ist nicht genug. Auch nach dem Login wird geprüft, ob der Zugriff wirklich erlaubt ist.
- ✔ Kontext zählt. Gerät, Standort, Uhrzeit, Risikostufe – all das fließt in die Entscheidung ein.
- ✔ Zugriff ist dynamisch. Was heute erlaubt ist, kann morgen blockiert sein – je nach Situation.

Das Ziel: Minimierung von Risiken durch kontinuierliche Überprüfung. Und das Beste: Microsoft Entra ID bringt viele dieser Funktionen bereits mit – unter dem Namen »Bedingter Zugriff«.

Ein Mitarbeiter meldet sich mit seinem Firmenkonto an – aber diesmal nicht aus dem Büro, sondern aus einem Internetcafé in einem anderen Land. Ohne Zero Trust: Zugriff gewährt. Mit Zero Trust: Zugriff blockiert oder nur mit zusätzlicher MFA erlaubt.

Schritt-für-Schritt: Bedingten Zugriff einrichten

Voraussetzung: Entra ID Plan 1 oder höher (enthalten in Microsoft 365 Business Premium).

1. Gehen Sie zunächst auf folgende Seite: `https://entra.microsoft.com`. Melden Sie sich mit Ihren Administrator-Zugangsdaten an.
2. Klicken Sie im linken Menü auf SCHUTZ, dann auf BEDINGTER ZUGRIFF und anschließend oben auf »Neue Richtlinie erstellen«.
3. Geben Sie Ihrer Richtlinie einen aussagekräftigen Namen, zum Beispiel MFA AUßERHALB DES UNTERNEHMENSNETZWERKS.

4. Wählen Sie die Benutzer oder Gruppen aus, für die die Richtlinie gelten soll, zum Beispiel »Alle Benutzer« oder »Nur externe Mitarbeiter«.
5. Standort: Wählen Sie ALLE STANDORTE AUßER VERTRAUENSWÜRDIG aus, damit die Richtlinie außerhalb des Unternehmensnetzwerks greift.
6. Gerätestatus: Legen Sie fest, dass die Richtlinie für NICHT VERWALTETE GERÄTE gilt.
7. Wählen Sie Zugriff gewähren und aktivieren Sie die Option NUR MIT MFA, damit der Zugriff aus unsicheren Umgebungen nur mit Multi-Faktor-Authentifizierung möglich ist.
8. Alternativ können Sie auch ZUGRIFF BLOCKIEREN einstellen, beispielsweise bei besonders hohem Risiko.
9. Weisen Sie die Richtlinie zunächst einer Testgruppe zu, um die Auswirkungen zu prüfen und unerwünschte Sperren zu vermeiden.
10. Aktivieren Sie die Richtlinie schrittweise für weitere Gruppen oder alle Benutzer, sobald die gewünschten Einstellungen funktionieren.

Ein wichtiger Schritt, den viele übersehen: Blockieren Sie veraltete Anmeldeprotokolle. Diese sogenannten »Legacy-Protokolle« wie POP3 oder IMAP unterstützen keine Multi-Faktor-Authentifizierung und sind ein beliebtes Einfallstor für Angreifer. Erstellen Sie eine Richtlinie, die diese Protokolle konsequent blockiert – Ihre Benutzer werden es Ihnen vielleicht nicht danken, aber Ihre Sicherheitslage schon.

Best Practices für kleine Unternehmen

- ✔ Starten Sie klein. Beginnen Sie mit einer Richtlinie für Admin-Konten oder externe Zugriffe.
- ✔ Nutzen Sie vertrauenswürdige Standorte. Definieren Sie zum Beispiel Ihre Büro-IP als »sicher«.
- ✔ Kombinieren Sie mit MFA. »Bedingter Zugriff« entfaltet seine volle Wirkung erst mit MFA.
- ✔ Dokumentieren Sie Ihre Regeln. Wer darf was, wann und von wo – das sollte nachvollziehbar sein.

Grundlegende Sicherheitsrichtlinien für Benutzer – das Sicherheitsnetz für den Alltag

Nicht jede Organisation braucht sofort ein Security Operations Center oder ein eigenes Cyber-Abwehrteam. Aber jede Organisation – wirklich jede – sollte ein paar grundlegende Sicherheitsrichtlinien aktivieren, um die Benutzerkonten in Microsoft 365 zu schützen.

Die gute Nachricht: Viele dieser Maßnahmen sind schnell eingerichtet, kosten nichts extra und machen einen riesigen Unterschied.

Hier geht es nicht um High-End-Security für Großkonzerne, sondern um pragmatische Schutzmaßnahmen, die in kleinen und mittelständischen Unternehmen funktionieren – auch wenn die IT »nebenbei« gemacht wird.

Zu den grundlegenden Maßnahmen, die jedes Unternehmen zum Schutz seiner Microsoft-365-Benutzerkonten umsetzen sollte, zählen unter anderem die folgenden Sicherheitsrichtlinien:

✔ Multi-Faktor-Authentifizierung (MFA)

  Haben wir schon besprochen – aber hier nochmal: Ohne MFA ist jedes Konto ein Risiko. Aktivieren Sie es für alle Benutzer.

✔ Sichere Passwortrichtlinien

  Mindestlänge, Komplexität, keine regelmäßige Änderung (wenn MFA aktiv ist) – das ist der neue Standard.

✔ Verwaltete Geräte bevorzugen

  Zugriff auf sensible Daten sollte möglichst nur von bekannten, verwalteten Geräten erfolgen. Das lässt sich über den bedingten Zugriff steuern.

✔ Zugriffsrechte nach dem Prinzip der minimalen Berechtigung

  Niemand sollte mehr Rechte haben, als für die tägliche Arbeit nötig sind. Das gilt besonders für Admin-Konten.

✔ Trennung von Benutzer- und Administratorkonten

  Admins sollten zwei Konten haben: eins für den Alltag, eins für administrative Aufgaben.

✔ Sperrung inaktiver Konten

  Benutzer, die das Unternehmen verlassen, sollten nicht nur deaktiviert, sondern auch regelmäßig überprüft und gelöscht werden.

✔ Benachrichtigungen bei verdächtigen Anmeldeversuchen aktivieren

  Diese Funktion steht Ihnen nur zur Verfügung, wenn Sie Microsoft Entra ID Plan 2 nutzen. Falls Sie nur Plan 1 haben, können Sie die Anmeldeprotokolle manuell prüfen – oder überlegen, ob sich das Upgrade lohnt.

Seit Kurzem stellt Microsoft auch in der kostenlosen Version von Entra ID eine Übersicht über geleakte Benutzerkennwörter bereit. Sie finden diese unter »Riskodetektionen« im Admin Center. Zwar können Sie damit keine automatisierten Maßnahmen auslösen – aber Sie wissen zumindest, ob jemand mit einem gestohlenen Passwort unterwegs ist.

Schritt-für-Schritt: Sicherheitsrichtlinien mit Microsoft Entra ID umsetzen

Um die Sicherheit Ihrer Unternehmensdaten zu gewährleisten und den Zugriff auf sensible Bereiche wirksam zu steuern, empfiehlt es sich, die Möglichkeiten von Microsoft Entra ID zu nutzen. Die nachfolgende Schritt-für-Schritt-Anleitung zeigt Ihnen, wie Sie mit Entra ID gezielte Sicherheitsrichtlinien für Ihre Organisation implementieren können – vorausgesetzt, Sie verfügen über Entra ID Plan 1 oder höher, der beispielsweise in Microsoft 365 Business Premium enthalten ist.

1. Gehen Sie auf `entra.microsoft.com` und melden Sie sich mit Ihren Administrator-Zugangsdaten an.
2. Klicken Sie im linken Menü auf Schutz und anschließend auf Bedingter Zugriff. Wählen Sie dann »Neue Richtlinie« aus.
3. Wählen Sie aus, ob die Richtlinie für alle Benutzer oder bestimmte Gruppen gelten soll. Für den Anfang empfiehlt sich eine Testgruppe.
4. Unter Bedingungen wählen Sie Gerätestatus« und anschließend nur Hybrid Azure AD-joined oder Compliant aus.
5. Unter Zugriffssteuerung legen Sie fest: Zugriff gewähren – aber nur, wenn die oben definierte Bedingung erfüllt ist.
6. Speichern Sie Ihre Einstellungen und testen Sie die Richtlinie mit einem Testbenutzer, bevor Sie sie für alle ausrollen.
7. Im nächsten Schritt können Sie Benachrichtigungen bei riskanten Anmeldungen aktivieren.
8. Im Admin Center links auf Schutz und dann auf Identitätsrisikopolitiken klicken.
9. Wählen Sie Neue Richtlinie und geben Sie ihr einen aussagekräftigen Namen, zum Beispiel Benachrichtigung bei riskanter Anmeldung.
10. Unter Risikoerkennung« wählen Sie beispielsweise Anmeldung mit hohem Risiko.
11. Legen Sie fest, ob Benutzer benachrichtigt oder der Zugriff blockiert werden soll.
12. Bestimmen Sie, ob die Richtlinie für alle Benutzer oder nur für Admins gelten soll.

13. SPEICHERN Sie die Richtlinie und prüfen Sie die Funktionalität mit einem Testkonto.
14. Im nächsten Schritt werden inaktive Konten regelmäßig überprüft und verwaltet.
15. Klicken Sie im Admin Center auf BENUTZER und dann auf ALLE BENUTZER.
16. Setzen Sie oben einen Filter auf ANMELDUNG IN DEN LETZTEN 30 TAGEN, um inaktive Konten anzuzeigen.
17. Deaktivieren oder löschen Sie Benutzer, die das Unternehmen verlassen haben oder länger nicht aktiv waren.
18. Erstellen Sie eine monatliche Erinnerung in Ihrem Kalender, um diese Überprüfung nicht zu vergessen.

Testen Sie neue Richtlinien immer zuerst mit einer kleinen Pilotgruppe, bevor Sie sie für das gesamte Unternehmen aktivieren. So vermeiden Sie unerwünschte Zugriffsprobleme und stellen einen reibungslosen Ablauf sicher.

Bonus: Admin-Konten besonders schützen

Gerade die Verwaltung und der Schutz von Admin-Konten sind essenziell für die Sicherheit der gesamten IT-Infrastruktur. Da Admins weitreichende Rechte besitzen, sollten deren Zugänge besonders abgesichert werden – beispielsweise durch die verpflichtende Nutzung von Multi-Faktor-Authentifizierung und den Einsatz moderner FIDO-Sicherheitsschlüssel. Mit zusätzlichen Maßnahmen wie bedingtem Zugriff und Privileged Identity Management minimieren Sie Risiken und schützen Ihr Unternehmen zuverlässig vor potenziellen Angriffen und unbefugtem Zugriff. Im Folgenden finden Sie bewährte Strategien und praktische Hinweise, wie Sie Admin-Konten nachhaltig absichern.

- ✔ Aktivieren Sie MFA verpflichtend für alle Admins – ohne Ausnahme.
- ✔ Verwenden Sie bedingten Zugriff, um Admin-Zugriffe nur von bestimmten IP-Adressen oder Geräten zuzulassen.
- ✔ Aktivieren Sie Privileged Identity Management (PIM), wenn verfügbar – damit Admin-Rechte temporär und nur bei Bedarf vergeben werden.

Welche Lizenz brauchen Sie eigentlich?

Microsoft wäre nicht Microsoft, wenn es nicht auch bei Entra ID verschiedene Lizenzstufen gäbe – mit unterschiedlichen Funktionen, Preisen und Namen, die sich alle irgendwie ähnlich anhören. Aber keine Sorge: Sie müssen kein Lizenzexperte sein, um zu verstehen, was Sie für Ihre Sicherheitsmaßnahmen wirklich brauchen.

Die gute Nachricht zuerst: Viele wichtige Sicherheitsfunktionen sind bereits in der kostenlosen Entra-ID-Version enthalten, die mit jeder Microsoft-365-Lizenz mitgeliefert wird. Dazu gehören:

- ✔ Benutzerverwaltung
- ✔ Gruppen und Rollen
- ✔ Basis-MFA (über Sicherheitsstandards)
- ✔ Self-Service Password Reset (SSPR) für Cloud-only-Konten

Aber: Microsoft 365 Business Standard enthält keine Premium-Funktionen für Entra ID. Wenn Sie bedingten Zugriff, passwortlose Anmeldung oder risikobasierte Richtlinien nutzen möchten, benötigen Sie mindestens Business Premium oder ein separates Upgrade auf Entra ID Plan 1 oder 2.

Funktion	Free (inkl. in M365 Basic/Standard)	Plan 1 (inkl. in M365 Business Premium)	Plan 2 (Add-on oder E5)
Benutzer- und Gruppenverwaltung	Ja	Ja	Ja
MFA (Standardrichtlinien)	Ja	Ja	Ja
Bedingter Zugriff	Nein	Ja	Ja
Passwortlose Anmeldung	Nein	Ja	Ja
Risikobasierte Richtlinien (z. B. bei Leaks)	Nein	Nein	Ja
Identity Protection (automatisierte Reaktion)	Nein	Nein	Ja
Hybridbereitstellung (Entra Connect)	Ja	Ja	Ja
Self-Service Password Reset (SSPR)	Ja (Nur Cloud-Konten)	Ja (Auch Hybrid-Konten)	Ja
Gruppenbasierte Lizenzzuweisung	Nein	Ja	Ja

Tabelle 10.2: Lizenzübersicht Security-Funktionen in Entra-ID

Empfehlung für kleine und mittelständische Unternehmen

Wenn Sie Microsoft 365 Business Premium nutzen, haben Sie bereits Entra ID Plan 1 – und damit alles, was Sie für eine solide Sicherheitsbasis brauchen:

- ✔ MFA mit bedingtem Zugriff,
- ✔ passwortlose Anmeldung,

- ✔ gruppenbasierte Lizenzzuweisung,
- ✔ Self-Service Password Reset auch für synchronisierte Konten.

Plan 2 lohnt sich vor allem dann, wenn Sie:

- ✔ viele externe Benutzer verwalten,
- ✔ ein hohes Sicherheitsniveau (z. B. ISO 27001) erfüllen müssen,
- ✔ oder automatisierte Reaktionen auf Anomalien (z. B. Anmeldungen aus Tor-Netzwerken) benötigen.

Wo finden Sie die aktuelle Lizenz?

Vielleicht erinnern Sie sich noch an den Abschnitt »Lizenzarten« ganz zu Beginn des Buchs. Falls nicht, schauen Sie gerne noch einmal nach oder gehen Sie direkt in das Microsoft 365 Admin Center.

1. Rufen Sie folgende Seite auf: `https://admin.microsoft.com`.
2. Melden Sie sich mit Ihren Administrator-Zugangsdaten an.
3. Klicken Sie im linken Menü auf ABRECHNUNG und anschließend auf »Lizenzen«.
4. Im Bereich LIZENZEN sehen Sie nun eine Übersicht aller Microsoft-365-Pläne, die Ihrer Organisation zur Verfügung stehen und bereits aktiviert sind.
5. Sie können auf die einzelnen Lizenztypen klicken, um weitere Informationen zu erhalten, zum Beispiel, wie viele Lizenzen vergeben oder noch verfügbar sind.

IN DIESEM KAPITEL

Was sind Gäste innerhalb von Microsoft 365?

Zugriff strukturieren

Gastzugriff absichern

Kapitel 11
Der Gastbenutzer

Gastbenutzer sind aus modernen Microsoft-365-Umgebungen nicht mehr wegzudenken. Und genau deshalb verdient dieses Thema mehr als nur ein paar Fußnoten.

Dieses Kapitel richtet sich an alle, die in ihrer Organisation Verantwortung für Microsoft 365 übernehmen – sei es offiziell als Administrator oder inoffiziell als jemand, der sich einfach auskennt. Es geht nicht darum, wie Sie in Teams jemanden zu einem Chat einladen. Es geht um die strukturelle, sichere und nachvollziehbare Verwaltung von externen Identitäten in Microsoft Entra ID – also dort, wo die Fäden wirklich zusammenlaufen.

Sie erfahren, was ein Gastbenutzer technisch ist, wie er sich von einem internen Mitglied unterscheidet und warum diese Unterscheidung mehr ist als nur ein Etikett. Sie lernen, wo Gastbenutzer entstehen, wie sie verwaltet werden, welche Rechte sie haben – und welche besser nicht. Sie bekommen einen Überblick über neue Funktionen und Best Practices, die Ihnen helfen, den Überblick zu behalten – auch wenn Ihre Organisation mit Dutzenden oder Hunderten von Gästen arbeitet.

Gäste willkommen – aber bitte mit System

In einer modernen Arbeitswelt, in der Projekte nicht mehr an der Bürotür enden, und Zusammenarbeit längst über Unternehmensgrenzen hinweg stattfindet, ist der Gastbenutzer in Microsoft Entra ID zu einer festen Größe geworden. Ob Agenturen, externe Entwickler, Berater oder Partnerunternehmen – sie alle benötigen Zugriff auf bestimmte Ressourcen, um gemeinsam mit internen Teams produktiv zu arbeiten. Doch genau hier beginnt die Herausforderung: Wie lässt sich dieser Zugriff sicher, nachvollziehbar und effizient gestalten?

Microsoft bietet mit Entra ID (früher Azure Active Directory) eine zentrale Identitäts- und Zugriffsverwaltung, die nicht nur interne Benutzerkonten verwaltet, sondern auch externe Identitäten einbinden kann. Der sogenannte Gastbenutzer ist dabei keine technische Randnotiz, sondern ein bewusst eingeführter Identitätstyp, der es ermöglicht, externe Personen kontrolliert in die eigene Microsoft-365-Umgebung einzuladen – ohne ihnen gleich die Schlüssel zum ganzen Haus zu überreichen.

Dabei geht es nicht nur darum, wie ein Gast eingeladen wird. Viel entscheidender ist die Frage, wie dieser Zugriff verwaltet, überwacht und im besten Fall automatisiert gesteuert werden kann. Denn was auf den ersten Blick wie eine einfache Einladung per Klick aussieht, kann im Hintergrund weitreichende Auswirkungen auf Sicherheit, Datenschutz und Governance haben. Gastfreundschaft ist eine schöne Sache – aber auch sie braucht klare Regeln.

Was ist ein Gastbenutzer in Entra ID?

Ein Gastbenutzer ist mehr als nur ein externer Kontakt, der Zugriff auf eine Datei oder ein Team erhält. In Microsoft Entra ID – der zentralen Identitäts- und Zugriffsverwaltung von Microsoft 365 – handelt es sich dabei um eine eigene Benutzerkategorie mit spezifischen Eigenschaften, Rechten und Verwaltungsmechanismen. Wer sich mit der Administration von Microsoft 365 beschäftigt, sollte diesen Identitätstyp nicht nur kennen, sondern auch verstehen, wie er sich in das größere Bild der Identitäts- und Sicherheitsarchitektur einfügt.

Ein *Gastbenutzer* ist eine externe Identität, die in das eigene Entra-Verzeichnis eingeladen wird, um auf bestimmte Ressourcen zuzugreifen. Technisch gesehen handelt es sich um ein Benutzerobjekt, das mit einer externen E-Mail-Adresse verknüpft ist – in der Regel aus einer anderen Microsoft-365-Umgebung oder einem privaten Microsoft-Konto. Alternativ kann ein Gast auch eingeladen werden, wenn er keine Microsoft-Identität besitzt: In diesem Fall erhält die Person eine Einladung an ihre E-Mail-Adresse und authentifiziert sich über ein Einmalkennwort, das Microsoft per E-Mail zusendet. Die Nutzung von Identitätsanbietern wie Google oder Apple ist nur möglich, wenn die Organisation dies explizit über Entra External ID konfiguriert hat. Standardmäßig erfolgt die Authentifizierung jedoch über Microsoft-Konten oder das Einmalkennwort-Verfahren.

Warum gibt es Gastbenutzer?

Die Einführung von Gastbenutzern war eine direkte Antwort auf die zunehmende Notwendigkeit, organisationsübergreifend zusammenzuarbeiten – ohne dabei die Kontrolle über interne Daten und Prozesse zu verlieren. Früher wurden externe Partner oft über Umwege eingebunden: mit geteilten Passwörtern, temporären Konten oder gar durch das Versenden sensibler Daten per E-Mail. All das war weder sicher noch effizient.

Mit Entra ID lassen sich externe Identitäten nun strukturiert und nachvollziehbar verwalten. Gastbenutzer erhalten nur Zugriff auf die Ressourcen, die sie wirklich benötigen – und das unter klar definierten Bedingungen. Gleichzeitig bleiben sie technisch gesehen außen vor: Sie sind nicht Teil der internen Benutzerstruktur, haben keinen Zugriff auf globale Adresslisten (sofern nicht explizit erlaubt) und können nicht ohne Weiteres administrative Aufgaben übernehmen.

Was unterscheidet einen Gast von einem Mitglied?

Ein häufiger Irrtum besteht darin, dass ein Gastbenutzer einfach ein eingeschränktes Mitglied sei. Tatsächlich gibt es grundlegende Unterschiede:

- ✔ Mitglieder sind Benutzer, die zur eigenen Organisation gehören – mit vollständigem Zugriff auf interne Ressourcen, je nach zugewiesener Rolle.
- ✔ Gäste hingegen sind externe Identitäten, die nur temporär oder projektbezogen eingebunden werden. Sie sehen in der Regel weniger, dürfen weniger – und sollen das auch.

Diese Trennung ist nicht nur organisatorisch sinnvoll, sondern auch sicherheitstechnisch notwendig. Während Mitglieder in der Regel durch interne Prozesse (zum Beispiel HR-Systeme) verwaltet werden, liegt die Verantwortung für Gäste oft bei den Fachabteilungen oder Projektverantwortlichen. Genau deshalb ist es so wichtig, dass Administratoren klare Richtlinien und technische Rahmenbedingungen schaffen, um einen Wildwuchs zu vermeiden.

BEISPIEL

In der Realität sieht das so aus: Eine Kollegin aus dem Marketing möchte mit einer externen Agentur an einer neuen Kampagne arbeiten. Statt Dateien per WeTransfer zu verschicken oder einen Dropbox-Ordner zu teilen, lädt sie die Agenturmitarbeiter als Gäste in ein Microsoft-Team ein. Diese erhalten Zugriff auf genau die Dateien, die sie brauchen – und sonst nichts. Die Authentifizierung erfolgt über deren bestehende Microsoft-Konten oder per Einmalkennwort, und die gesamte Zusammenarbeit bleibt innerhalb der Microsoft-365-Umgebung. Sicher, nachvollziehbar und revisionsfähig.

Doch damit das funktioniert, braucht es mehr als nur einen Einladungslink. Es braucht ein Verständnis dafür, was ein Gastbenutzer ist, wie er sich verhält – und wie man ihn verwaltet. Genau darum geht es in den nächsten Abschnitten.

Wo Gastbenutzer entstehen – und wo sie verwaltet werden

Die Verwaltung von Gastbenutzern in Microsoft Entra ID beginnt nicht erst bei der Rechtevergabe – sie beginnt bereits bei der Frage, wo diese Benutzer überhaupt ins System gelangen. Und genau hier liegt eine der größten Herausforderungen: Gastbenutzer entstehen an vielen verschiedenen Stellen, oft, ohne dass die IT-Abteilung direkt involviert ist. Wer als Administrator den Überblick behalten will, muss verstehen, wie diese Identitäten ins System kommen, welche Mechanismen im Hintergrund greifen und wo die zentrale Steuerung tatsächlich stattfindet.

Die Entstehung: mehr als nur ein Klick auf »Einladen«

Ein Gastbenutzer wird in der Regel durch eine Einladung erzeugt. Diese Einladung kann auf unterschiedliche Weise erfolgen – über das Microsoft Entra Admin Center, über Microsoft Teams, SharePoint, OneDrive oder sogar automatisiert über APIs und Workflows. In allen Fällen wird im Hintergrund ein Benutzerobjekt im Entra-Verzeichnis erstellt. Dieses Objekt ist technisch gesehen ein vollwertiger Benutzer, allerdings mit dem Typ »Gast« und einem eingeschränkten Satz an Standardrechten.

Wichtig: Auch wenn die Einladung über eine Anwendung wie Teams erfolgt, landet der Benutzer immer im zentralen Verzeichnis – also in Entra ID. Dort wird er verwaltet, dort gelten die Richtlinien, und dort greifen auch die Sicherheitsmechanismen. Die Anwendung, über die der Gast eingeladen wurde, ist lediglich das Einfallstor – nicht der Ort der Verwaltung.

Abbildung 11.1: Einladung eines Gastbenutzers in Microsoft Teams

Die Sichtbarkeit: ein Benutzer – viele Orte

Sobald ein Gastbenutzer eingeladen wurde, ist er an mehreren Stellen sichtbar – je nachdem, welche Tools und Portale verwendet werden. Diese Mehrfachsichtbarkeit ist Fluch und Segen zugleich: Einerseits ermöglicht sie eine flexible Zusammenarbeit, andererseits erschwert sie die zentrale Kontrolle.

Microsoft Entra Admin Center

Die Schaltzentrale für alle Identitäten – intern wie extern. Hier sehen Administratoren alle Benutzerobjekte, können Einladungen aussprechen, Benutzerinformationen bearbeiten, Richtlinien anwenden und Rollen zuweisen. Auch die Verwaltung von Ablaufdaten, Zugriffsüberprüfungen und Conditional Access Policies erfolgt hier.

Microsoft 365 Admin Center

Auch hier tauchen Gastbenutzer auf, allerdings mit eingeschränkten Verwaltungsfunktionen. Dieses Portal eignet sich eher für grundlegende Aufgaben wie das Entfernen eines Gasts oder das Zurücksetzen eines Kennworts – sofern es sich um ein lokal verwaltetes Konto handelt.

Teams, SharePoint, OneDrive

In diesen Anwendungen können Gäste direkt eingeladen werden – etwa in ein Team, eine Datei oder eine Website. Die Verwaltung bleibt jedoch begrenzt: Wer eingeladen wurde, ist zwar sichtbar, aber nicht zentral steuerbar. Die eigentliche Kontrolle liegt weiterhin im Entra-Verzeichnis.

PowerShell und Microsoft Graph API

Für fortgeschrittene Szenarien – etwa Massenimporte, automatisierte Prüfungen oder das Reporting – stehen PowerShell-Module und die Microsoft Graph API zur Verfügung. Diese Werkzeuge ermöglichen eine granulare Steuerung, erfordern aber technisches Know-how und ein gutes Verständnis der Entra-Struktur.

Die Herausforderung: Dezentraler Zugang, zentrale Verantwortung

Die größte Herausforderung bei der Verwaltung von Gastbenutzern liegt in der Dezentralität ihrer Entstehung. Während die Verantwortung für Sicherheit, Datenschutz und Compliance meist bei der IT liegt, erfolgt die Einladung oft durch andere – etwa durch Projektleiter, Teamverantwortliche oder sogar durch automatisierte Prozesse. Genau deshalb ist es so wichtig, dass Administratoren wissen, wo überall Gastbenutzer entstehen können – und wie sie diese zentral verwalten.

Standardmäßig dürfen alle Benutzer einer Organisation Gäste einladen – sogar bereits vorhandene Gäste. Ist dies nicht gewollt, muss der Administrator die Rechte explizit einschränken. Über die External Collaboration Settings lässt sich genau steuern, wer Gäste einladen darf (nur Administratoren, Gruppenbesitzer oder alle Benutzer).

In den External Collaboration Settings kann auch festgelegt werden, von welchen externen E-Mail-Domänen Gäste akzeptiert werden. So können Sie beispielsweise persönliche E-Mail-Domänen wie `gmail.com` blockieren oder nur Partner-Domänen zulassen.

Einladen, zuweisen, verwalten – die administrativen Wege

Die Einladung eines Gastbenutzers mag auf den ersten Blick wie ein banaler Vorgang erscheinen: E-Mail-Adresse eingeben, Einladung abschicken, fertig. Doch wer sich mit der Administration von Microsoft Entra ID beschäftigt, weiß: Hinter diesem simplen Ablauf verbirgt sich ein komplexes Zusammenspiel aus Identitätsmanagement, Sicherheitsrichtlinien und Governance-Anforderungen. Denn je nachdem, wie ein Gast eingeladen wird – und von wem –, ergeben sich ganz unterschiedliche Konsequenzen für die Verwaltung, die Sichtbarkeit und die Kontrolle über den Zugriff.

Der manuelle Weg: Einladung über das Entra Admin Center

Die wohl direkteste und kontrollierteste Methode, einen Gastbenutzer einzuladen, führt über das Microsoft Entra Admin Center. Hier haben Administratoren die Möglichkeit, gezielt einzelne externe Benutzer hinzuzufügen. Dabei wird die E-Mail-Adresse des Gasts angegeben, optional ein Anzeigename ergänzt, und auf Wunsch kann auch gleich eine Gruppe oder Rolle zugewiesen werden.

Diese Methode eignet sich besonders dann, wenn der Zugriff auf sensible Ressourcen erfolgt oder wenn die Einladung nicht durch eine Fachabteilung, sondern zentral durch die IT erfolgen soll. Der Vorteil liegt auf der Hand: Die Kontrolle bleibt vollständig in der Hand der Administratoren. Gleichzeitig ist dieser Weg vergleichsweise aufwendig – insbesondere, wenn regelmäßig mehrere Gäste eingeladen werden müssen.

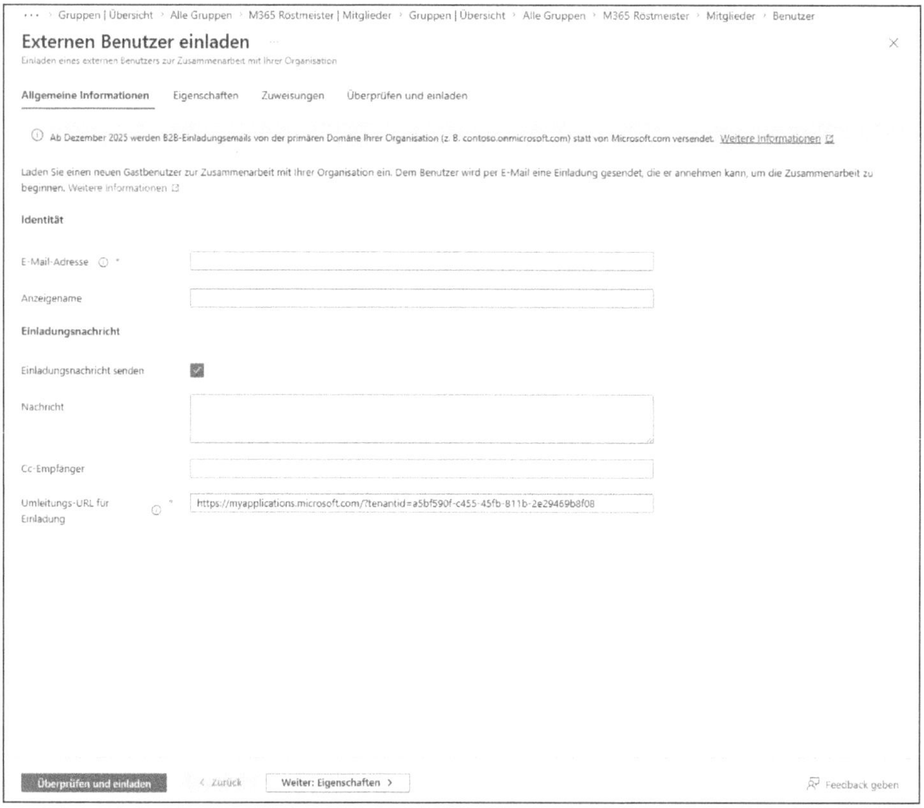

Abbildung 11.2: Manuelle Einladung eines Gastbenutzers im Entra Admin Center

Der delegierte Weg: Einladung über Teams, SharePoint und Co.

In der Praxis erfolgt die Einladung von Gästen jedoch häufig nicht durch die IT, sondern durch Mitarbeiter aus den Fachabteilungen – etwa über Microsoft Teams, SharePoint oder OneDrive. Diese Anwendungen bieten eine integrierte Möglichkeit, externe Personen zu einem Team, einer Datei oder einer Website einzuladen. Im Hintergrund wird dabei automatisch ein Gastobjekt im Entra-Verzeichnis erstellt – ohne dass der Administrator aktiv eingreifen muss.

Diese Methode ist niedrigschwellig und fördert die Zusammenarbeit. Gleichzeitig birgt sie Risiken: Wenn keine klaren Richtlinien definiert sind, wer Gäste einladen darf und unter welchen Bedingungen, kann es schnell zu einem Wildwuchs kommen. Gäste erhalten Zugriff auf Ressourcen, ohne dass die IT davon weiß – und ohne zentrales Monitoring.

Deshalb ist es entscheidend, dass Administratoren über Richtlinien und Einstellungen im Entra Admin Center steuern, ob und wie Benutzer Gäste einladen dürfen. Über die External Collaboration Settings lässt sich beispielsweise festlegen, ob nur Administratoren einladen dürfen, ob auch Gruppenbesitzer dazu berechtigt sind oder ob jeder Benutzer im Tenant Gäste hinzufügen kann.

Der automatisierte Weg: PowerShell, Graph API und Workflows

Für größere Organisationen oder wiederkehrende Szenarien bietet sich die automatisierte Einladung von Gastbenutzern an. Hier kommen PowerShell-Skripte oder die Microsoft Graph API zum Einsatz. Damit lassen sich beispielsweise ganze Listen von externen Partnern einladen, inklusive vordefinierter Gruppen- oder Rollenzuweisungen.

Ein typisches Szenario: Ein Unternehmen arbeitet regelmäßig mit einer Agentur zusammen, deren Mitarbeiter Zugriff auf bestimmte SharePoint-Bibliotheken benötigen. Statt jede Einladung manuell durchzuführen, wird ein automatisierter Workflow eingerichtet, der bei Bedarf neue Gäste einlädt, ihnen die passenden Berechtigungen zuweist und nach Projektende auch wieder entfernt.

Diese Methode erfordert technisches Know-how, bietet aber maximale Effizienz und Kontrolle – insbesondere in Kombination mit Governance-Funktionen wie Ablaufdaten, Zugriffsüberprüfungen und automatisierten Reports.

Für Organisationen, die regelmäßig viele Gäste für definierte Ressourcen benötigen, bietet Microsoft mit Entitlement Management und Access Packages eine komfortable Lösung. Über ein Antrags- und Genehmigungsverfahren können externe Partner Zugriff erhalten, inklusive vordefinierter Ablaufzeiten und automatischer Entfernung. Diese Funktionen sind Teil von Entra ID Governance und erfordern entsprechende Lizenzen.

Die Zuweisung: Gruppen, Rollen und Richtlinien

Unabhängig davon, wie ein Gast eingeladen wurde: Entscheidend ist, was danach passiert. Denn ein Gast ohne Berechtigungen ist wie ein Besucher ohne Schlüssel: Er steht vor der Tür, kommt aber nicht weiter. Deshalb sollten Gäste nach der Einladung immer gezielt Gruppen oder Rollen zugewiesen werden.

In Entra ID lassen sich Gäste beispielsweise Mitgliedern von Microsoft-365-Gruppen, Sicherheitsgruppen oder Verteilerlisten zuordnen. Darüber hinaus können ihnen auch rollenbasierte Zugriffsrechte (Role-Based Access Control, kurz RBAC) zugewiesen werden – etwa als Reader oder Contributor in bestimmten Anwendungen.

Wichtig ist dabei das Prinzip der minimalen Rechtevergabe: Gäste sollten nur Zugriff auf die Ressourcen erhalten, die sie für ihre Arbeit wirklich benötigen – und nicht mehr. Alles andere erhöht das Risiko und erschwert die Kontrolle.

Die Verwaltung: Überblick behalten – auch nach der Einladung

Ein häufiger Fehler in der Praxis besteht darin, dass Gäste zwar eingeladen und zugewiesen werden – aber danach niemand mehr prüft, ob sie noch aktiv sind oder überhaupt noch Zugriff benötigen. Genau hier setzen moderne Verwaltungsfunktionen in Entra ID an.

Über das Entra Admin Center lassen sich Gastbenutzer filtern, sortieren und analysieren. Es ist möglich, Ablaufdaten zu setzen, Zugriffsüberprüfungen zu planen und inaktive Gäste automatisch zu entfernen. Auch die Integration mit Microsoft Entra ID Governance bietet hier wertvolle Funktionen – etwa für regelmäßige Reviews oder automatisierte Offboarding-Prozesse.

Wichtig: Viele dieser Funktionen – insbesondere Access Reviews, Ablaufdaten und Entitlement Management – erfordern eine Entra-ID-Premium-P2-Lizenz oder das Entra-ID-Governance-Add-on. Prüfen Sie daher, welche Lizenz in Ihrer Organisation vorhanden ist, um diese Features nutzen zu können.

Rechte, Rollen und Risiken: Was Gäste dürfen – und was nicht

Die Einladung eines Gastbenutzers ist schnell ausgesprochen – ein Klick, eine E-Mail-Adresse, und schon ist der externe Partner im System. Doch was danach passiert, ist entscheidend. Denn mit dem Erstellen eines Gastkontos ist nicht automatisch klar, was diese Person darf, wie lange sie Zugriff hat und ob sie sich vielleicht mehr ansehen kann, als sie sollte. Genau deshalb ist es für Administratoren essenziell, die Rechte und Rollen von Gastbenutzern in Microsoft Entra ID nicht nur zu kennen, sondern aktiv zu gestalten.

Was ein Gastbenutzer standardmäßig darf – und was nicht

Ein Gastbenutzer ist technisch gesehen ein vollwertiges Benutzerobjekt im Entra-Verzeichnis – allerdings mit dem Typ » Gast«. Das bedeutet: Er besitzt eine eindeutige Objekt-ID, kann Gruppenmitglied sein, auf Ressourcen zugreifen und sich mit seiner eigenen Identität anmelden. Doch im Gegensatz zu einem internen Mitglied gelten für ihn von Haus aus Einschränkungen. Standardmäßig dürfen Gäste

- ✔ nur auf Ressourcen zugreifen, zu denen sie explizit eingeladen oder zugewiesen wurden,
- ✔ keine anderen Benutzer im Verzeichnis durchsuchen,
- ✔ keine Gruppen erstellen oder verwalten,
- ✔ keine Rollen übernehmen, die administrative Rechte beinhalten,
- ✔ keine Inhalte außerhalb ihrer zugewiesenen Gruppen oder Teams sehen.

Diese Einschränkungen sind sinnvoll – sie schützen die Organisation vor ungewollter Transparenz und verhindern, dass Gäste sich frei durch die Umgebung bewegen. Doch diese Schutzmechanismen greifen nur, wenn sie nicht durch zu großzügige Freigaben oder unbedachte Gruppenzuweisungen ausgehebelt werden.

Gruppen und Rollen: die Stellschrauben der Berechtigungen

In Microsoft Entra ID lassen sich Berechtigungen auf zwei zentrale Arten steuern: über Gruppenmitgliedschaften und über rollenbasierte Zugriffskontrolle.

Gruppenmitgliedschaften

Gäste können Mitglied von Microsoft-365-Gruppen, Sicherheitsgruppen oder Verteilerlisten sein. Wird ein Gast beispielsweise einer Microsoft-365-Gruppe hinzugefügt, erhält er automatisch Zugriff auf das zugehörige Team in Microsoft Teams, die SharePoint-Website und das Gruppenpostfach. Diese Gruppenzugehörigkeit ist der Schlüssel zu den meisten Ressourcen – ohne sie bleibt der Gast außen vor.

Doch genau hier liegt auch ein Risiko: Wird ein Gast versehentlich einer Gruppe mit weitreichenden Berechtigungen hinzugefügt – etwa einer Gruppe mit Zugriff auf interne Finanzdaten oder HR-Dokumente – erhält er automatisch Zugriff auf diese Inhalte. Und das oft, ohne dass es jemand merkt.

Rollenbasierte Zugriffskontrolle (RBAC)

Neben Gruppen können auch Rollen vergeben werden – etwa administrative Rollen wie «»Benutzeradministrator«, »Teams-Administrator« oder »SharePoint-Administrator«. Standardmäßig dürfen Gäste keine dieser Rollen übernehmen. Technisch ist es jedoch möglich, ihnen Rollen zuzuweisen – etwa über benutzerdefinierte Rollen oder durch explizite Freigabe.

In der Praxis sollte dies nur in Ausnahmefällen geschehen – etwa, wenn ein externer Dienstleister temporär administrative Aufgaben übernehmen muss. In solchen Fällen ist eine enge Abstimmung mit dem Sicherheits- und Datenschutzteam unerlässlich.

RBAC steht für »Role-Based Access Control« – also rollenbasierte Zugriffskontrolle. Dabei werden Berechtigungen nicht direkt an Benutzer vergeben, sondern über Rollen, die bestimmte Rechte bündeln. Ein Benutzer erhält Zugriff, indem er einer Rolle zugewiesen wird. Dieses Modell ermöglicht eine strukturierte, nachvollziehbare und skalierbare Rechtevergabe – insbesondere in komplexen Umgebungen.

Die Zuweisung von Rollen an Gäste sollte stets dokumentiert und regelmäßig überprüft werden. Auch hier gilt das Prinzip der minimalen Rechtevergabe.

Typische Risiken – und wie man sie vermeidet

Die Arbeit mit Gastbenutzern ist kein Sicherheitsrisiko per se – im Gegenteil: Sie ermöglicht moderne, flexible Zusammenarbeit. Doch wie bei jeder Form von Zugriff gilt auch hier: Nur wer regelmäßig überprüft, behält die Kontrolle. Die häufigsten Risiken im Umgang mit Gastbenutzern lassen sich in vier Kategorien einteilen:

Unkontrollierte Gruppenmitgliedschaften

Gäste werden in Gruppen aufgenommen, die mehr Zugriff gewähren als notwendig. Oft geschieht das aus Bequemlichkeit (»Ich nehme einfach die bestehende Gruppe«) oder Unwissenheit. Die Folge: Gäste sehen Inhalte, die sie nie sehen sollten.

Fehlende Ablaufdaten

Ein Projekt ist abgeschlossen, der Gast ist längst nicht mehr aktiv – doch sein Konto bleibt bestehen. Ohne Ablaufdatum oder regelmäßige Überprüfung bleibt der Zugriff bestehen. Im schlimmsten Fall über Jahre hinweg.

Unklare Verantwortlichkeiten

Niemand weiß mehr, wer den Gast eingeladen hat – oder warum. Die Einladung erfolgte vielleicht durch einen Projektleiter, der das Unternehmen inzwischen verlassen hat. Die Folge: Niemand fühlt sich zuständig, den Zugriff zu beenden.

Fehlende Überprüfungen

Ohne regelmäßige Reviews bleibt der Zugriff bestehen – selbst wenn der Gast längst nicht mehr aktiv ist. Besonders kritisch wird es, wenn Gäste Zugriff auf sensible Daten oder administrative Funktionen haben.

Best Practices für die Rechtevergabe

Um diese Risiken zu minimieren, sollten Administratoren folgende Grundsätze beachten:

- ✔ Prinzip der minimalen Rechtevergabe: Gäste erhalten nur Zugriff auf das, was sie wirklich benötigen – nicht mehr.
- ✔ Verwendung von dedizierten Gastgruppen: Statt Gäste in bestehende interne Gruppen aufzunehmen, sollten eigene Gruppen für externe Partner erstellt werden – mit klar definierten Berechtigungen.
- ✔ Regelmäßige Zugriffsüberprüfungen: Über Entra ID Governance lassen sich Reviews automatisieren – etwa alle 90 Tage. Dabei wird geprüft, ob der Zugriff noch notwendig ist.
- ✔ Ablaufdaten setzen: Für jeden Gast sollte ein Ablaufdatum definiert werden – entweder manuell oder automatisiert über Richtlinien.
- ✔ Verantwortlichkeiten dokumentieren: Wer einen Gast einlädt, ist auch für dessen Verwaltung verantwortlich. Diese Verantwortung sollte klar dokumentiert und nachvollziehbar sein.

Sicherheit und Governance: Gastzugänge im Griff behalten

Die Einladung eines Gastbenutzers ist schnell ausgesprochen – doch die eigentliche Herausforderung beginnt danach. Denn mit jedem externen Zugriff wächst nicht nur die Reichweite der Zusammenarbeit, sondern auch die Angriffsfläche für potenzielle Sicherheitsrisiken.

Microsoft Entra ID bietet dafür eine ganze Reihe von Funktionen, die unter dem Begriff »Governance« zusammengefasst werden – also der strukturierten, nachvollziehbaren und automatisierten Verwaltung von Identitäten und Zugriffsrechten.

Ablaufsteuerung: Gastzugänge mit Verfallsdatum

Ein häufiger Fehler in der Praxis besteht darin, dass Gastkonten dauerhaft bestehen bleiben – selbst wenn das Projekt längst abgeschlossen ist oder der externe Partner das Unternehmen verlassen hat. Ohne ein definiertes Ablaufdatum bleibt der Zugriff bestehen, oft über Monate oder Jahre hinweg. Das ist nicht nur ein Sicherheitsrisiko, sondern auch ein Compliance-Problem – insbesondere in regulierten Branchen.

Microsoft Entra ID bietet die Möglichkeit, Ablaufdaten für Gastbenutzer zu definieren. Diese können manuell gesetzt oder über Richtlinien automatisiert vergeben werden.

BEISPIEL

Alle neuen Gastbenutzer erhalten standardmäßig ein Ablaufdatum von 90 Tagen. Nach Ablauf dieser Frist wird der Zugriff automatisch entzogen – es sei denn, er wird aktiv verlängert.

Zugriffsüberprüfungen: Wer braucht noch was?

Ein weiteres zentrales Element der Governance ist die regelmäßige Überprüfung bestehender Zugriffe. Denn selbst wenn ein Gast aktiv ist, bedeutet das nicht automatisch, dass er noch alle ursprünglich zugewiesenen Berechtigungen benötigt.

Mit Microsoft Entra ID Governance lassen sich sogenannte Access Reviews einrichten – also regelmäßige Überprüfungen, bei denen Gruppenbesitzer oder Verantwortliche bestätigen müssen, ob ein Gast weiterhin Zugriff benötigt. Diese Reviews können automatisiert geplant werden – etwa alle 30, 60 oder 90 Tage – und lassen sich mit Eskalationsmechanismen kombinieren: Wird ein Zugriff nicht bestätigt, wird er automatisch entzogen.

Diese Funktion ist besonders wertvoll in größeren Organisationen, in denen viele Gäste über längere Zeiträume hinweg aktiv sind – und in denen die IT nicht jeden einzelnen Zugriff manuell nachverfolgen kann.

Conditional Access: Zugriff nur unter bestimmten Bedingungen

Ein weiterer Baustein für die sichere Verwaltung von Gastzugängen ist die sogenannte Conditional Access – also der bedingte Zugriff. Damit lassen sich Regeln definieren, unter welchen Bedingungen ein Gast auf bestimmte Ressourcen zugreifen darf. Beispiele:

- ✔ Zugriff nur von bestimmten IP-Adressen oder Ländern
- ✔ Zugriff nur mit Multi-Faktor-Authentifizierung
- ✔ Zugriff nur auf bestimmte Anwendungen oder Dienste

Diese Regeln lassen sich granular definieren und gezielt auf Gastbenutzer anwenden. So kann beispielsweise festgelegt werden, dass externe Partner nur auf SharePoint zugreifen dürfen – nicht aber auf Exchange oder Teams.

Conditional Access ist kein Allheilmittel – aber ein mächtiges Werkzeug, um den Zugriff auf sensible Daten gezielt zu steuern und Risiken zu minimieren.

Sichtbarkeit und Transparenz: Wer sieht was?

Ein oft übersehener Aspekt der Gastverwaltung ist die Sichtbarkeit im Verzeichnis. Standardmäßig sehen Gäste nur sehr eingeschränkt, wer sonst noch im Tenant aktiv ist. Sie können keine vollständige globale Adressliste durchsuchen, keine Benutzerprofile einsehen und keine Gruppen durchsuchen – es sei denn, dies wird explizit erlaubt.

Diese Einschränkungen lassen sich über die External Collaboration Settings im Entra Admin Center steuern. Hier kann beispielsweise festgelegt werden, ob Gäste andere Gäste sehen dürfen, ob sie Gruppen durchsuchen können oder ob sie Zugriff auf bestimmte Verzeichniseigenschaften erhalten.

In der Praxis empfiehlt es sich, diese Sichtbarkeit so restriktiv wie möglich zu halten – insbesondere in sensiblen Umgebungen. Denn je weniger ein Gast sieht, desto geringer ist das Risiko, dass er versehentlich oder absichtlich auf Informationen zugreift, die ihn nichts angehen.

Protokollierung und Nachvollziehbarkeit

Alle Aktivitäten von Gastbenutzern – von der Einladung über den Zugriff bis zur Entfernung – werden in Entra ID protokolliert. Diese Protokolle lassen sich über das Microsoft Entra Admin Center oder über Azure Monitor einsehen und auswerten. Sie sind ein wichtiges Instrument für Audits, Sicherheitsanalysen und Compliance-Berichte.

Besonders hilfreich ist die Möglichkeit, Protokolle mit anderen Systemen zu verknüpfen – etwa mit einem Security Information and Event Management oder einem zentralen Reporting-Tool. So lassen sich verdächtige Aktivitäten frühzeitig erkennen – etwa ungewöhnliche Anmeldezeiten, Zugriffe aus ungewöhnlichen Regionen oder wiederholte Fehlversuche.

Aktuelle Entwicklungen

Microsoft Entra ID ist kein statisches System – es entwickelt sich kontinuierlich weiter. Neue Funktionen, veränderte Sicherheitsanforderungen und ein wachsendes Bewusstsein für Datenschutz und Governance führen dazu, dass auch der Umgang mit Gastbenutzern regelmäßig angepasst werden muss. Wer heute mit Entra ID arbeitet, sollte nicht nur die Grundlagen kennen, sondern auch wissen, welche Neuerungen in den letzten Monaten eingeführt wurden – und welche Diskussionen aktuell geführt werden.

Neue Gastrollen und differenzierte Berechtigungsmodelle

Eine der wichtigsten Neuerungen der letzten Monate betrifft die Einführung differenzierter Gastrollen. Während bisher alle Gastbenutzer technisch gleichbehandelt wurden – mit denselben Einschränkungen und Rechten –, erlaubt Entra ID nun eine feinere Abstufung. Administratoren können gezielt festlegen, welche Art von Gastzugang vergeben wird: von reinem Lesezugriff bis hin zu erweiterten Bearbeitungsrechten innerhalb bestimmter Gruppen oder Anwendungen.

Diese Entwicklung ist besonders relevant für Organisationen, die mit unterschiedlichen externen Partnern arbeiten – etwa mit Agenturen, Beratern oder Dienstleistern. Statt alle Gäste über einen Kamm zu scheren, lassen sich nun abgestufte Zugriffsebenen definieren, die besser zur jeweiligen Rolle passen.

Integration mit Microsoft Entra External ID

Ein weiterer Meilenstein ist die engere Verzahnung von Gastbenutzern mit dem Konzept der External Identities. Microsoft hat mit Entra External ID eine Plattform geschaffen, die es Organisationen ermöglicht, externe Identitäten nicht nur einzuladen, sondern auch zu verwalten, zu authentifizieren und mit eigenen Branding-Elementen zu versehen.

Das bedeutet konkret: Gäste können sich über ein individuell gestaltetes Portal anmelden, das im Look-and-Feel der einladenden Organisation erscheint. Gleichzeitig lassen sich Authentifizierungsmechanismen wie Multi-Faktor-Authentifizierung (MFA), passwortlose Anmeldung oder Social Logins (z. B. Google, Apple) flexibel kombinieren.

Für Administratoren bedeutet das mehr Kontrolle – und für Gäste ein professionelleres, vertrauenswürdigeres Erlebnis.

Diskussionen rund um Datenschutz, Transparenz und Kontrollverlust

Mit der zunehmenden Verbreitung von Gastzugängen wächst auch die Sorge um Datenschutz und Kontrollverlust. In vielen Organisationen wird derzeit diskutiert, wie viel Transparenz Gästen gewährt werden sollte – und wie sichergestellt werden kann, dass sensible Daten nicht versehentlich freigegeben werden.

Ein zentrales Thema ist dabei die Sichtbarkeit im Verzeichnis: Dürfen Gäste andere Gäste sehen? Dürfen sie Gruppen durchsuchen? Und wie lässt sich verhindern, dass interne Informationen über Umwege nach außen gelangen?

Microsoft hat auf diese Diskussionen reagiert und die External Collaboration Settings weiter ausgebaut. Administratoren können nun noch granularer steuern, welche Informationen für Gäste sichtbar sind – und welche nicht. Gleichzeitig wird empfohlen, regelmäßige Audits durchzuführen, um ungewollte Freigaben frühzeitig zu erkennen.

Empfehlungen zur sicheren Gastverwaltung

Basierend auf den aktuellen Entwicklungen und Best Practices empfiehlt Microsoft derzeit folgende Maßnahmen für eine sichere und effiziente Gastverwaltung:

- ✔ Standardmäßige Ablaufdaten für alle Gäste: Jeder Gastzugang sollte ein Verfallsdatum haben – idealerweise nicht länger als 90 Tage.
- ✔ Regelmäßige Access Reviews: Alle 30 bis 90 Tage sollte überprüft werden, ob ein Gast noch Zugriff benötigt – und wenn nicht, sollte der Zugriff automatisch entzogen werden.
- ✔ Eingeschränkte Sichtbarkeit im Verzeichnis: Gäste sollten nur das sehen, was sie wirklich brauchen – keine globalen Adresslisten, keine offenen Gruppen.
- ✔ Verwendung von Conditional Access Policies: Der Zugriff sollte nur unter bestimmten Bedingungen erlaubt sein – zum Beispiel nur mit MFA, von bestimmten Geräten oder aus bestimmten Regionen.

- Dokumentation und Verantwortlichkeit: Wer einen Gast einlädt, ist auch für dessen Verwaltung verantwortlich. Diese Verantwortung sollte klar dokumentiert sein.

Diese Empfehlungen sind nicht nur technischer Natur – sie sind Ausdruck eines Kulturwandels. Gastzugänge sind kein Nebenprodukt mehr, sondern ein integraler Bestandteil moderner Zusammenarbeit. Und wie bei jeder Form der Zusammenarbeit gilt: Nur wer klare Regeln hat, kann sicher und effizient arbeiten.

Best Practices für Admins

Theorie ist gut – Praxis ist besser. Gerade wenn es um die Verwaltung von Gastbenutzern in Microsoft Entra ID geht, zeigt sich schnell: Die besten Richtlinien nützen wenig, wenn sie nicht gelebt werden. Deshalb ist es wichtig, aus der Vielzahl an Funktionen, Einstellungen und Möglichkeiten ein praxistaugliches Set an Maßnahmen zu entwickeln, das sich im Alltag bewährt. Die folgenden Best Practices helfen dabei, Gastzugänge nicht nur sicher, sondern auch effizient zu verwalten – ohne dabei den Überblick zu verlieren.

- **Einladung mit Verantwortung**

  Wer einen Gast einlädt, übernimmt Verantwortung. Das klingt selbstverständlich, wird in der Praxis aber oft übersehen. In vielen Organisationen ist nicht klar geregelt, wer Gäste einladen darf – und wer anschließend für deren Verwaltung zuständig ist. Die Folge: Gäste bleiben im System, obwohl sie längst nicht mehr aktiv sind. Oder sie erhalten Zugriff auf Ressourcen, die sie nie hätten sehen dürfen.

Definieren Sie klare Zuständigkeiten. Wer einen Gast einlädt, ist auch für dessen Pflege verantwortlich – inklusive Ablaufdatum, Gruppenmitgliedschaften und regelmäßiger Überprüfung. Diese Verantwortung sollte dokumentiert und technisch unterstützt werden, etwa durch automatisierte Erinnerungen oder Access Reviews.

- **Gruppen statt Einzelberechtigungen**

  Einzelberechtigungen sind wie lose Zettel auf dem Schreibtisch: schwer zu finden, schwer zu kontrollieren – und schnell vergessen. Wer jedem Gast individuell Zugriff auf einzelne Dateien oder Websites gibt, verliert früher oder später den Überblick.

Arbeiten Sie mit dedizierten Gruppen für externe Benutzer. Legen Sie für jedes Projekt oder jede Partnerorganisation eine eigene Gruppe an, weisen Sie die entsprechenden Ressourcen zu – und fügen Sie Gäste ausschließlich über diese Gruppen hinzu. So behalten Sie die Kontrolle und können Zugriffe bei Bedarf zentral entziehen.

- **Ablaufdaten setzen – und durchsetzen**

  Ein Gastzugang ohne Ablaufdatum ist wie ein Türschlüssel ohne Rückgabefrist. Selbst wenn der Zugriff heute sinnvoll ist – in drei Monaten kann die Situation ganz anders aussehen. Und niemand erinnert sich mehr, warum der Zugriff überhaupt gewährt wurde.

Setzen Sie für alle Gastbenutzer ein Ablaufdatum – entweder manuell oder über Richtlinien. Kombinieren Sie dies mit automatisierten Erinnerungen oder Eskalationen: Läuft das Datum ab, wird der Zugriff entzogen – es sei denn, er wird aktiv verlängert. So bleibt der Zugriff aktuell – und die Sicherheit gewahrt.

✔ **Access Reviews nutzen – regelmäßig und gezielt**

Zugriffsüberprüfungen sind kein bürokratischer Selbstzweck – sie sind ein wirksames Mittel, um veraltete oder unnötige Berechtigungen zu erkennen und zu entfernen. Besonders bei Gästen, die nicht täglich im System aktiv sind, lohnt sich ein regelmäßiger Blick auf die tatsächliche Nutzung.

Planen Sie Access Reviews für alle Gruppen mit externen Mitgliedern – idealerweise alle 90 Tage. Lassen Sie die Gruppenbesitzer bestätigen, ob der Zugriff noch benötigt wird. Wird nicht bestätigt, wird der Zugriff automatisch entzogen. So bleibt das System sauber – ohne zusätzlichen Aufwand für die IT.

✔ **Conditional Access konsequent einsetzen**

Nicht jeder Zugriff ist gleich – und nicht jeder Gast sollte unter denselben Bedingungen arbeiten dürfen. Wer aus einem unsicheren Netzwerk oder mit einem unbekannten Gerät auf sensible Daten zugreift, stellt ein höheres Risiko dar als ein verifizierter Partner mit MFA.

Nutzen Sie Conditional Access, um den Zugriff von Gästen gezielt zu steuern. Beispiele:

- Zugriff nur mit aktivierter Multi-Faktor-Authentifizierung
- Zugriff nur von bestimmten IP-Adressen oder Ländern
- Ausschluss bestimmter Anwendungen für Gäste

Diese Regeln lassen sich flexibel kombinieren – und bieten ein hohes Maß an Sicherheit, ohne die Zusammenarbeit zu behindern.

✔ **Sichtbarkeit einschränken – gezielt und bewusst**

Gäste müssen nicht alles sehen. In vielen Fällen reicht es, wenn sie Zugriff auf ein bestimmtes Team oder eine bestimmte Datei haben – mehr nicht. Doch standardmäßig sehen Gäste oft mehr, als notwendig wäre – etwa andere Gruppen, Benutzer oder Metadaten.

Passen Sie die EXTERNAL COLLABORATION SETTINGS im Entra Admin Center an. Beschränken Sie die Sichtbarkeit auf das Nötigste – und prüfen Sie regelmäßig, ob neue Einstellungen verfügbar sind. Weniger Sichtbarkeit bedeutet weniger Risiko – und mehr Kontrolle.

✔ **Dokumentation und Transparenz**

Was heute klar ist, kann morgen schon vergessen sein. Wer hat wen eingeladen? Warum? Welche Rechte wurden vergeben? Und wann läuft der Zugriff ab? Ohne Dokumentation wird die Verwaltung von Gastzugängen schnell zur Blackbox.

Führen Sie ein zentrales Verzeichnis aller aktiven Gastbenutzer – inklusive Einladungsdatum, Gruppenmitgliedschaften, Ablaufdatum und verantwortlicher Person. Dieses Verzeichnis kann manuell gepflegt oder automatisiert erstellt werden – etwa über PowerShell oder Graph API. Wichtig ist: Es muss aktuell, vollständig und zugänglich sein.

Gastfreundschaft mit Verantwortung

Gastbenutzer in Microsoft Entra ID sind ein zentrales Element moderner Zusammenarbeit. In einer Arbeitswelt, in der Projekte über Unternehmensgrenzen hinweg stattfinden, in der Agenturen, Freelancer und Partnerunternehmen täglich mit internen Teams kooperieren, braucht es eine Lösung, die flexibel ist – aber auch sicher. Genau das bietet Entra ID: eine Plattform, die externe Identitäten nicht nur zulässt, sondern aktiv verwaltet, kontrolliert und absichert.

Doch wie bei jeder Form der Gastfreundschaft gilt auch hier: Ohne Regeln wird es schnell unübersichtlich. Wer einfach nur einlädt, ohne sich Gedanken über Rechte, Rollen und Laufzeiten zu machen, riskiert mehr als nur ein bisschen Chaos. Es geht um Datenschutz, um Compliance – und letztlich um das Vertrauen in die eigene IT-Infrastruktur.

Die gute Nachricht: Mit den richtigen Werkzeugen, klaren Prozessen und einem bewussten Blick auf Governance lässt sich das alles gut in den Griff bekommen. Microsoft stellt mit Entra ID, External ID, Conditional Access und Access Reviews eine ganze Reihe von Funktionen bereit, die genau dafür gemacht sind. Sie helfen dabei, Gastzugänge nicht nur zu ermöglichen, sondern auch zu steuern – automatisiert, nachvollziehbar und sicher.

Für Sie als Administrator – oder als IT-affine Person mit Verantwortung – bedeutet das: Sie müssen nicht alles selbst machen. Aber Sie sollten wissen, wie es funktioniert. Sie sollten wissen, wo Gäste ins System kommen, was sie dürfen, wie lange sie bleiben – und wie Sie sicherstellen, dass niemand länger bleibt als nötig.

Teil III

Konfiguration der Kommunikation und Nachrichten

IN DIESEM TEIL ...

- Wie funktioniert das Exchange Admin Center und wo finden sich die wichtigsten Bereiche?
- Wie werden Postfächer und Gruppen sinnvoll angelegt und im Alltag verwaltet?
- Wie funktioniert der E-Mail-Fluss und wie lässt er sich gezielt steuern?
- Welche Sicherheitsrichtlinien sind im Exchange Admin Center wichtig und welche Stolperfallen gilt es zu vermeiden?

IN DIESEM KAPITEL

Zurechtfinden im Exchange Admin Center

Erlernen der wichtigsten Begriffe und Funktionen

Postfächer und Gruppen sicher anlegen und verwalten

Umsetzung erste Sicherheits- und Kommunikationsrichtlinien

Kapitel 12
Das Exchange Admin Center

Das Exchange Admin Center ist der zentrale Ort für alles, was mit E-Mail-Verwaltung in Microsoft 365 zu tun hat. Hier konfigurieren Sie Postfächer, steuern den E-Mail-Fluss und setzen Sicherheitsrichtlinien um, die Ihre Organisation schützen. Bevor es an die konkrete Verwaltung geht, lohnt sich ein Blick darauf, was Exchange Online eigentlich ist und warum es weit mehr leistet als das Versenden und Empfangen von Nachrichten.

Was ist Exchange Online und warum ist es mehr als »nur E-Mail«?

Wenn Sie an E-Mails denken, haben Sie vermutlich ein Postfach vor Augen, das Nachrichten empfängt, versendet und vielleicht noch ein paar Ordner kennt. Doch Exchange Online ist weit mehr als das. Es ist das Herzstück der Kommunikation in Microsoft 365 – und damit ein zentrales Werkzeug für jedes moderne Unternehmen.

Exchange Online ist der cloud-basierte E-Mail-Dienst von Microsoft und ein fester Bestandteil der Microsoft-365-Lizenz. Er ersetzt den klassischen Exchange-Server, der früher im Keller einer Organisation oder Rechenzentrum stand, durch eine vollständig verwaltete Lösung in der Microsoft-Cloud. Was für Unternehmen bedeutet:

- ✔ keine Serverwartung und
- ✔ keine Updates, welche ein Administrator einspielen muss, sondern Microsoft übernimmt das alles für Sie. Sie kümmern sich nur noch um das, was wirklich zählt- die Benutzer und ihre Postfächer sowie deren Sicherheit und Regeln, nach denen E-Mails fließen.

Exchange Online ist ein cloud-basierter E-Mail-Dienst, der Bestandteil von Microsoft 365 ist. Er bietet Funktionen wie E-Mail-Versand und -Empfang, Kalender, Kontakte, Aufgaben, Verteilergruppen, gemeinsame Postfächer und Sicherheitsfunktionen – alles zentral verwaltet über das Exchange Admin Center.

Was Exchange Online so besonders macht, ist die enge Verzahnung mit anderen Microsoft-365-Diensten. Ein Termin in Outlook? Der wird über Exchange Online gespeichert. Eine Teams-Besprechung? Auch die landet im Exchange-Kalender. Selbst SharePoint nutzt Exchange, um Benachrichtigungen zu versenden. Wenn Sie Microsoft 365 nutzen, nutzen Sie Exchange – ob Sie wollen oder nicht.

Und genau deshalb lohnt es sich, einen genaueren Blick auf dieses System zu werfen. Denn wer Exchange Online versteht, versteht auch, wie Kommunikation, Zusammenarbeit und Sicherheit in Microsoft 365 zusammenspielen.

In einem Projekt mit einem mittelständischen Maschinenbauer übernahm ein Kollege aus dem Vertrieb die Microsoft-365-Administration – »nur übergangsweise«, wie er sagte. Drei Monate später kannte er nicht nur die Unterschiede zwischen Benutzerpostfach und Shared Mailbox, sondern hatte unter anderem Transportregeln für E-Mails eingerichtet, die den E-Mail-Fluss zwischen Vertrieb und Service deutlich verbessert haben. Das Fazit lautete: »Was zunächst nach dem einfachen Einrichten einiger Postfächer aussah, entwickelte sich schnell zur Rolle eines Kommunikationsarchitekten.«

So finden Sie den Einstieg – ganz ohne Umwege

Bevor Sie Postfächer anlegen, Berechtigungen vergeben oder Sicherheitsregeln definieren können, müssen Sie wissen, wo all das überhaupt passiert. Willkommen im Exchange Admin Center – dem zentralen Ort für alles, was mit E-Mail-Verwaltung innerhalb von Microsoft 365 zu tun hat.

Das Exchange Admin Center ist die webbasierte Verwaltungsoberfläche für Exchange Online. Es ist direkt über Ihren Browser erreichbar und benötigt keine zusätzliche Softwareinstallation. Alles, was Sie brauchen, ist ein globales Administratorkonto oder die entsprechende Administratorenrolle »Exchange Admin«.

Sie können eine Rolle direkt über die Rolleneigenschaften einem Benutzer zuweisen. Weitere Informationen finden Sie im Kapitel zur Benutzerverwaltung in Entra ID.

So gelangen Sie ins Exchange Admin Center

1. Öffnen Sie Ihren Browser (z. B. Microsoft Edge, Chrome oder Firefox).
2. Geben Sie in die Adresszeile `https://admin.microsoft.com` ein und drücken Sie die Eingabetaste.

3. Melden Sie sich mit Ihrem Administratorkonto an. Geben Sie dazu Ihre E-Mail-Adresse und Ihr Passwort ein und klicken Sie auf ANMELDEN.
4. Nach dem Login sehen Sie auf der linken Seite das Menü. Klicken Sie hier auf ALLE ADMIN CENTER ANZEIGEN.
5. Es öffnet sich eine Liste mit verschiedenen Admin Centern. Klicken Sie auf EXCHANGE.
6. Das Exchange Admin Center wird nun in einem neuen Tab geöffnet.

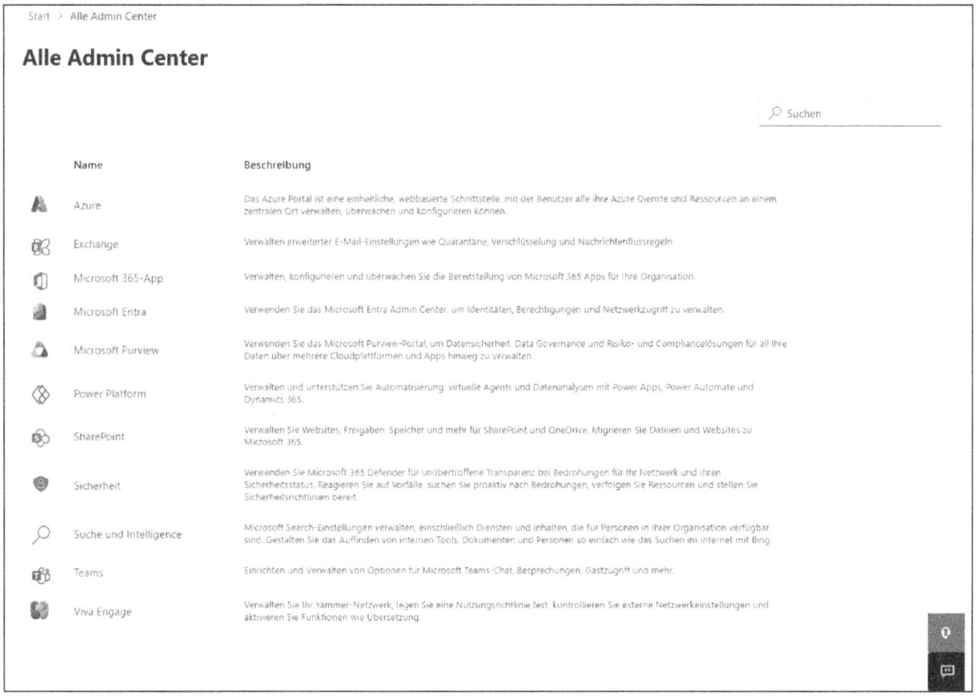

Abbildung 12.1: So gelangen Sie ins Exchange Admin Center

Alternativ können Sie das Exchange Admin Center auch direkt über die URL `https://admin.exchange.microsoft.com` aufrufen. Diese Adresse führt Sie direkt auf das Exchange Admin Center.

Klassisch oder modern? Zwei Versionen, ein Ziel

Vielleicht lesen Sie im Internet oder in Microsoft Dokumentationen noch etwas über das sogenannte »klassische« Exchange Admin Center. Diese frühere Version war lange Zeit verfügbar, wurde jedoch von Microsoft im Jahr 2024 vollständig eingestellt. Heute nutzen Sie ausschließlich das moderne Exchange Admin Center – mit übersichtlicherer Benutzeroberfläche, besserer Performance und erweiterten Funktionen. Wenn Sie also das Exchange Admin Center öffnen, arbeiten Sie immer mit der aktuellen Version.

Sollte es doch anders kommen und Sie landen, obwohl es eigentlich nicht mehr geht, in der klassischen Ansicht, dann befindet sich in der oberen rechten Ecke meist einen Link zurück zur modernen Oberfläche.

Was Sie im Exchange Admin Center erwartet

Direkt nach dem Login sehen Sie die Übersichtsseite des Exchange Admin Centers. Hier erhalten Sie auf einen Blick aktuelle Informationen zur E-Mail-Kommunikation in Ihrer Organisation: etwa Nachrichtenfluss-Statistiken, Warnungen, Richtlinienstatus oder den Zustand Ihrer E-Mail-Domänen. Diese Startseite lässt sich individuell anpassen, damit Sie genau die Informationen im Blick behalten, die für Sie relevant sind.

Neben den Bereichen Empfänger, E-Mail-Fluss, Rollen, Schutz und Berichte finden Sie im linken Navigationsmenü weitere Optionen:

- ✔ Organisation: Hier legen Sie globale Richtlinien für Kalenderfreigaben, akzeptierte Domänen oder die Adressbuchrichtlinien fest.
- ✔ Hybrid: Wenn Sie eine lokale Exchange-Umgebung mit Exchange Online verbinden möchten, konfigurieren Sie dies hier.

Wenn Sie gerade erst starten, dürfen Sie diese Bereiche ruhig ignorieren – aber es lohnt sich, ihren Platz im Menü zu kennen.

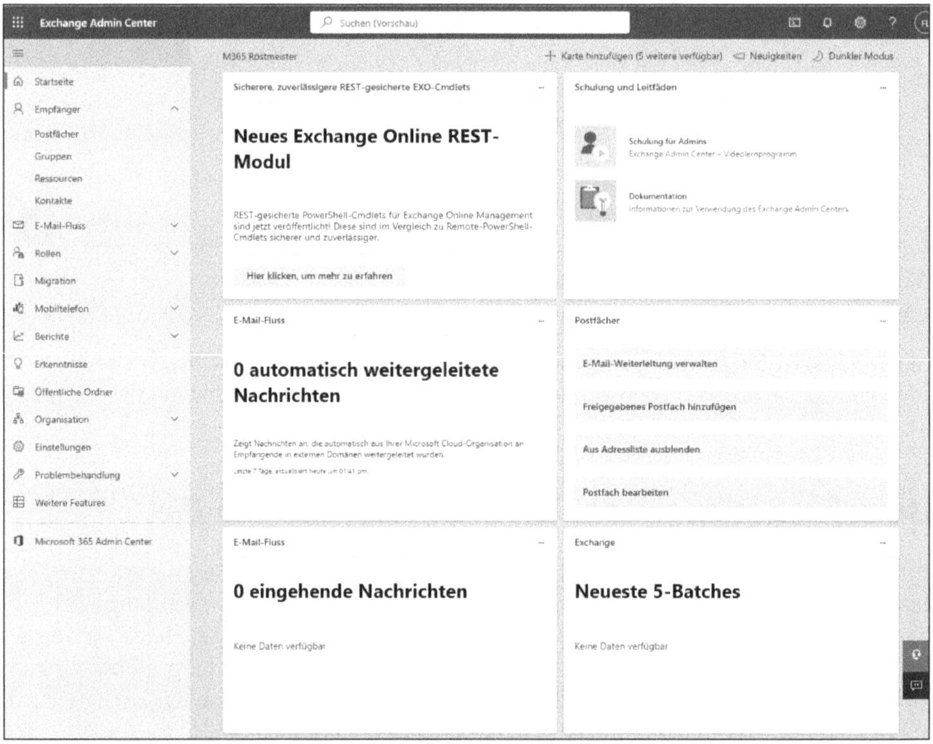

Abbildung 12.2: Übersicht Exchange Online Admin Center

Sie müssen nicht alles auf einmal verstehen. Wichtig ist, dass Sie wissen, wo Sie was finden – und dass Sie sich trauen, Dinge auszuprobieren. Denn das Exchange Online Admin Center ist kein Minenfeld, sondern ein Werkzeugkasten. Und wie bei jedem Werkzeug gilt: Je öfter man es benutzt, desto sicherer wird man im Umgang.

Postfächer anlegen – Schritt für Schritt

Ein Postfach ist das digitale Zuhause eines Benutzers. Hier landen E-Mails, Termine, Kontakte und Aufgaben. In Exchange Online ist jedes Benutzerpostfach direkt mit einem Microsoft-365-Benutzerkonto verknüpft – und damit auch mit einer Lizenz. Ohne Lizenz kein Postfach, so einfach ist das.

Der Weg zum neuen Postfach

Sie benötigen keine speziellen IT-Kenntnisse, um ein Postfach anzulegen. Mit wenigen Klicks im Exchange Admin Center lässt sich dieser Vorgang problemlos durchführen.

1. **Benutzerkonto erstellen (falls noch nicht vorhanden)**

   Bevor Sie ein Postfach anlegen können, brauchen Sie ein Benutzerkonto in Microsoft 365. Sie können dieses im Microsoft 365 Admin Center erstellen (unter BENUTZER > AKTIVE BENUTZER) oder alternativ mithilfe der PowerShell. Im Exchange Admin Center selbst können Sie kein neues Benutzerkonto anlegen. Falls das Konto bereits existiert, können Sie diesen Schritt überspringen.

2. **Lizenz zuweisen**

   Ein Benutzerpostfach benötigt eine Exchange-Online-Lizenz. Diese ist in vielen Microsoft-365-Plänen bereits enthalten (z. B. Business Standard, E3, E5). Ohne Lizenz wird kein Postfach erstellt – auch wenn das Benutzerkonto vorhanden ist.

Wenn Sie ein neues Benutzerkonto anlegen, weisen Sie die Lizenz direkt mit zu. So sparen Sie sich später das Suchen nach dem Fehler, warum das Postfach nicht auftaucht.

3. **Postfach im Exchange Admin Center prüfen**

   Sobald das Benutzerkonto lizenziert ist, erscheint es automatisch im Bereich EMPFÄNGER > POSTFÄCHER im Exchange Admin Center. Dort können Sie das Postfach öffnen, Einstellungen anpassen und Berechtigungen vergeben.

Abbildung 12.3: Anzeige alle Postfächer

Was Sie beim Anlegen im Exchange Admin Center beachten sollten

Ein Postfach ist mehr als nur ein Name und eine E-Mail-Adresse. Hier ein paar Punkte, die Sie im Blick behalten sollten:

- ✔ Namenskonventionen: Einheitliche Namen helfen bei der Suche und Verwaltung. Beispiel: `vorname.nachname@firma.de`
- ✔ Alias-Adressen: Sie können einem Postfach mehrere E-Mail-Adressen zuweisen – praktisch für Namensänderungen bei Hochzeiten oder alternative Schreibweisen.
- ✔ Berechtigungen: Wer darf auf das Postfach zugreifen? Wer darf im Namen des Benutzers senden? Diese Fragen sollten Sie früh klären, um Herausforderungen zu minimieren.

In einem Projekt mit einem kleinen Vertriebsteam wurde jedem Mitarbeiter ein Postfach mit dem Format »`vorname@firma.de`« zugewiesen. Als dann zwei neue Kollegen mit dem gleichen Vornamen starteten, war das Chaos perfekt. Seitdem gilt dort: »vorname.nachname«.

Falls es irgendwann vorkommt, dass ein Name doppelt vergeben wird, zum Beispiel bei Max Mustermann, reicht eine technische Lösung nicht aus. Dann sind kreative Ideen für die E-Mail-Adresse gefragt. Betroffen ist lediglich die E-Mail-Adresse, der vollständige Name bleibt bei der Anzeige, etwa in Outlook, immer eindeutig.

Postfach-Einstellungen im Überblick

Im Admin Center können Sie für die einzelnen Postfächer zahlreiche EINSTELLUNGEN vornehmen. Für den Anfang sollten Sie jedoch den Fokus auf die wesentlichsten Einstellungen legen:

- ✔ Allgemein: Anzeigename, E-Mail-Adressen, Alias
- ✔ Postfachnutzung: Speichergrenzen, Archivierung
- ✔ Postfachberechtigungen: Vollzugriff, Senden als, Senden im Auftrag

Sie müssen nicht alles auf einmal konfigurieren. Allerdings ist es Sinnvoll sich langsam Schritt für Schritt alle Themen anzuschauen.

Abbildung 12.4: Postfacheingenschaften

Exchange Online verzeiht Ihnen Fehler, denn fast alles lässt sich im Nachgang rückgängig machen oder anpassen.

Shared Mailbox – gemeinsam stark

In vielen Unternehmen gibt es E-Mail-Adressen, die nicht einer einzelnen Person gehören, sondern einem Team oder einer Funktion: `info@firma.de`, `support@firma.de` oder `buchhaltung@firma.de`. Genau für solche Fälle sind die sogenannten Shared Mailboxes (freigegebene Postfächer) gedacht.

Eine *Shared Mailbox* ist ein freigegebenes Postfach in Exchange Online, das mehreren Benutzern den Zugriff auf E-Mails und Kalender ermöglicht. Sie benötigt keine eigene Lizenz, solange sich niemand direkt damit anmeldet und das Postfach nicht größer als 50 Gigabyte ist.

Wann ist eine Shared Mailbox sinnvoll?

Stellen Sie sich vor, Ihr Vertriebsteam soll alle Anfragen über `vertrieb@firma.de` erhalten. Wenn jede E-Mail nur an eine Person geht, ist Chaos vorprogrammiert – vor allem, wenn jemand im Urlaub ist. Mit einer Shared Mailbox können alle Teammitglieder die Nachrichten sehen, beantworten und archivieren und das ganz ohne Weiterleitungen oder komplizierte organisatorische Regeln.

In einem Projekt mit einem mittelständischen Kunden wurde für den Kundenservice eine Shared Mailbox eingerichtet. Vorher hatte jeder Mitarbeiter eine eigene Weiterleitung von `support@firma.de`, was dazu führte, dass manche Anfragen doppelt beantwortet wurden, andere gar nicht. Mit der Shared Mailbox war das Thema erledigt: klare Zuständigkeiten, transparente Kommunikation, zufriedene Kunden.

Funktion	Beschreibung	Lizenz erforderlich
Shared Mailbox	Gemeinsames Postfach mit eigenem Kalender und Berechtigungen	Nein (solange keine direkte Anmeldung erfolgt)
Weiterleitung	Leitet E-Mails automatisch an ein anderes Postfach weiter	Nein
Alias-Adresse	Zusätzliche E-Mail-Adresse für ein bestehendes Postfach	Nein

Tabelle 12.1: Unterschiede zwischen Shared Mailbox, Weiterleitung und Alias-Adressen

Ein Alias-Adresse ist keine eigene Mailbox, sondern nur eine zusätzliche Adresse für ein bestehendes Postfach. Eine Weiterleitung sendet E-Mails weiter, speichert sie aber nicht. Eine Shared Mailbox hingegen ist ein vollwertiges Postfach mit eigenem Speicher und Kalender.

So erstellen Sie eine Shared Mailbox

Anders als Benutzerpostfächer können Sie freigegebene Postfächer direkt über das Exchange Admin Center anlegen und verwalten. Die nachfolgende Schritt-für-Schritt-Anleitung hilft Ihnen dabei.

1. Öffnen Sie das Exchange Admin Center in Ihrem Browser. Melden Sie sich mit Ihren Administrator-Zugangsdaten an.
2. Gehen Sie im linken Menü auf EMPFÄNGER und wählen Sie anschließend FREIGEGEBENE POSTFÄCHER aus.
3. Klicken Sie oben auf + POSTFACH HINZUFÜGEN, um ein neues freigegebenes Postfach zu erstellen.
4. Geben Sie einen Namen für das Postfach ein, zum Beispiel »Supportteam«, und tragen Sie die gewünschte E-Mail-Adresse ein, beispielsweise `support@firma.de`.
5. Wählen Sie MITGLIEDER aus und fügen Sie die Personen hinzu, die Zugriff auf das Postfach erhalten sollen. Suchen Sie nach den gewünschten Benutzern und wählen Sie diese aus.
6. SPEICHERN Sie die Einstellungen. Das freigegebene Postfach ist nun angelegt. Die ausgewählten Personen finden das Postfach automatisch in ihrem Outlook – entweder als zusätzliches Postfach oder über die Funktion ÖFFNEN EINES FREIGEGEBENEN POSTFACHS.

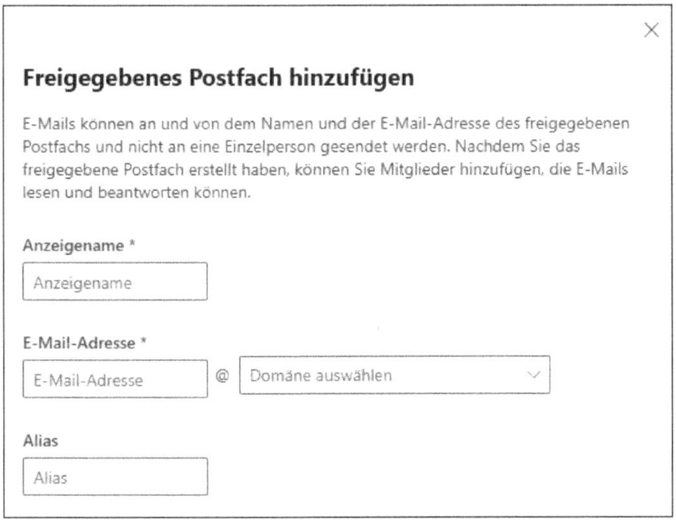

Abbildung 12.5: Einrichtung eines freigegebenen Postfachs

Berechtigungen: Wer darf was?

In Microsoft 365 spielen Berechtigungen an vielen Stellen eine wichtige Rolle, insbesondere im Hinblick auf Datenschutz und Compliance im Unternehmen. Bei freigegebenen Postfächern stehen verschiedene Berechtigungsstufen zur Verfügung, die je nach Bedarf vergeben werden können.

- ✔ Vollzugriff: Der Benutzer kann E-Mails lesen, löschen und verschieben.
- ✔ Senden als: Der Benutzer kann E-Mails senden, als kämen sie direkt vom freigegebenen Postfach.
- ✔ Senden im Auftrag von: Der Benutzer sendet im Namen des Postfachs – sichtbar für den Empfänger.

Wenn Sie möchten, dass Ihre Teammitglieder professionell im Namen des Teams kommunizieren, aktivieren Sie SENDEN ALS. So sieht der Empfänger nur `support@firma.de` – und nicht den Namen des einzelnen Mitarbeiters.

Shared Mailboxes sind ein einfaches, aber mächtiges Werkzeug; besonders für kleine und mittlere Unternehmen. Sie helfen, den Überblick zu behalten, die Zusammenarbeit zu verbessern und professionell aufzutreten ohne zusätzliche Lizenzkosten.

Benutzer und Gruppen in Exchange Online

In Exchange Online dreht sich vieles um Benutzer und Gruppen. Sie sind die Basis für die Verwaltung von E-Mails, Berechtigungen und Zugriffsrechten. Doch wer darf was – und warum ist das nicht nur eine technische, sondern auch eine organisatorische Frage?

Benutzerkonten: die Grundlage jeder Kommunikation

Jedes Benutzerkonto in Microsoft 365 ist mit einem Postfach in Exchange Online verknüpft. Das bedeutet, dass jeder Mitarbeiter, der E-Mails senden und empfangen soll, ein Benutzerkonto benötigt. Diese Konten werden im Microsoft 365 Admin Center erstellt und verwaltet.

Gruppen: mehr als nur eine Verteilerlisten

Gruppen in Exchange Online sind vielseitig einsetzbar. Sie können als Verteilerlisten, Sicherheitsgruppen oder Microsoft-365-Gruppen konfiguriert werden. Jede dieser Gruppenarten hat ihre eigenen Anwendungsfälle und Vorteile.

- ✔ Verteilergruppen: Diese Gruppen dienen dazu, E-Mails an mehrere Empfänger gleichzeitig zu senden. Sie sind ideal für Teams, Abteilungen oder Projektgruppen.

- Sicherheitsgruppen: Diese Gruppen werden verwendet, um Berechtigungen für Ressourcen wie Postfächer, Kalender oder Dateien zu verwalten.
- Microsoft 365-Gruppen: Diese Gruppen bieten eine umfassende Zusammenarbeit, einschließlich eines gemeinsamen Postfachs, Kalenders, OneNote-Notizbuchs und mehr.

Verwenden Sie Microsoft-365-Gruppen für Teams, die intensiv zusammenarbeiten. So haben alle Mitglieder Zugriff auf die gleichen Ressourcen und können effizienter kommunizieren.

Berechtigungen: Wer darf was?

Die Verwaltung von Berechtigungen ist ein zentraler Aspekt in Exchange Online. Sie legen fest, wer auf welche Postfächer zugreifen darf, wer E-Mails im Namen anderer senden kann und wer welche Einstellungen ändern darf.

Postfachberechtigungen

Wie bei den freigegebenen Postfächern haben Sie die Möglichkeit, folgende drei Berechtigungen auf einem Benutzerpostfach zu erteilen:

- Vollzugriff: Der Benutzer kann E-Mails lesen, löschen und verschieben.
- Senden als: Der Benutzer kann E-Mails senden, als kämen sie direkt vom Postfach des anderen Benutzers.
- Senden im Auftrag von: Der Benutzer sendet im Namen des anderen Benutzers – sichtbar für den Empfänger.

Kalenderberechtigungen

Kalender sind ein wichtiger Bestandteil der Zusammenarbeit. Sie können in den Berechtigungen festlegen, wer Ihren Kalender sehen, bearbeiten oder in Ihrem Namen von Termine erstellen darf.

Überprüfen Sie regelmäßig die Berechtigungen für Kalender und Postfächer. So stellen Sie sicher, dass nur die richtigen Personen Zugriff haben.

Dynamische Verteilergruppen

Eine besondere Form der Gruppen sind die dynamischen Verteilergruppen. Diese Gruppen aktualisieren ihre Mitgliedschaft automatisch basierend auf bestimmten Kriterien, wie zum Beispiel Abteilung, Standort oder Position. Das spart Zeit und stellt sicher, dass immer die richtigen Personen in der Gruppe sind.

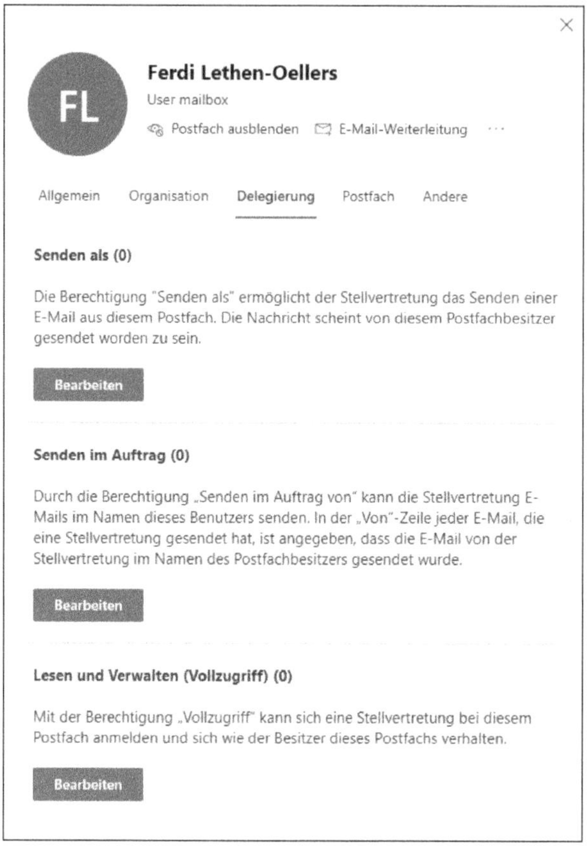

Abbildung 12.6: Benutzerpostfach-Berechtigungen

In einem Projekt mit einem großen internationalen Unternehmen wurden dynamische Verteilergruppen eingerichtet, um sicherzustellen, dass alle Mitarbeiter einer Abteilung automatisch in der richtigen Gruppe sind. Das Ergebnis: weniger manuelle Arbeit und immer aktuelle Verteilerlisten.

Best Practices für Benutzer und Gruppen

Um eine sichere und effiziente Zusammenarbeit in Exchange Online zu gewährleisten, sollten Sie einige grundlegende Empfehlungen rund um die Verwaltung von Benutzern und Gruppen beachten. Im Folgenden finden Sie bewährte Vorgehensweisen, die Ihnen dabei helfen, den Überblick zu behalten und die Administration zu vereinfachen.

- ✔ Dokumentation: Halten Sie fest, wer welche Berechtigungen hat und warum.
- ✔ Regelmäßige Überprüfung: Überprüfen Sie regelmäßig die Mitgliedschaften und Berechtigungen.
- ✔ Namenskonventionen: Verwenden Sie klare und einheitliche Namen für Benutzer und Gruppen.

Benutzer und Gruppen sind das Rückgrat Ihrer Exchange-Online-Umgebung. Mit den richtigen Einstellungen und einer klaren Struktur stellen Sie sicher, dass Ihre Kommunikation reibungslos und sicher abläuft.

Der E-Mail-Fluss – verstehen, was wohin geht

E-Mails sind das Rückgrat der modernen Geschäftskommunikation. Doch was passiert eigentlich, wenn Sie auf SENDEN klicken? Der E-Mail-Fluss in Exchange Online ist ein komplexes Zusammenspiel aus verschiedenen Komponenten, die sicherstellen, dass Ihre Nachrichten zuverlässig zugestellt werden. Lassen Sie uns einen Blick hinter die Kulissen werfen.

Die Reise einer E-Mail

Wenn Sie eine E-Mail senden, durchläuft sie mehrere Stationen, bevor sie beim Empfänger ankommt. Nachfolgende Schritte beschreiben vereinfacht einen typischen Nachrichtenfluss:

1. Die E-Mail wird von Ihrem E-Mail-Client (z. B. Outlook), welcher typischerweise auf dem Endgerät des Benutzers installiert ist, an Exchange Online gesendet.
2. Exchange Online empfängt die Nachricht und leitet sie an den definierten Transportdienst weiter.
3. Der Transportdienst prüft, ob Transportregeln angewendet werden müssen (z. B. Weiterleitungen, Verschlüsselung oder ähnliches).
4. Nach der Regelprüfung wird die Nachricht seitens des Transportdienstes auf Spam und Malware überprüft.
5. Der Transportdienst entscheidet, wohin die Nachricht gesendet werden soll (intern an einen Mitarbeiter der Organisation oder ein externes Postfach).
6. Die Nachricht wird an den Zielserver gesendet und dort im Postfach des Empfängers abgelegt.

Transportregeln: die unsichtbaren Helfer

Transportregeln sind mächtige Werkzeuge, mit denen Sie den E-Mail-Fluss steuern können. Sie können Nachrichten umleiten, kopieren, blockieren oder mit speziellen Hinweisen versehen. Transportregeln werden im Exchange Admin Center unter E-MAIL-FLUSS > REGELN verwaltet.

Abbildung 12.7: Die Transportregeln

Testen Sie neue Transportregeln immer in einer Testumgebung, bevor Sie sie in den sogenannten Echtbetrieb einsetzen. Eine falsch konfigurierte Regel kann den gesamten E-Mail-Verkehr beeinträchtigen und mitunter sogar verhindern. Um Ihnen erste Hilfestellungen zu geben, erhalten Sie von Microsoft Vorlagen für die Erstellung einer Transportregel. Gerade am Anfang ist das sehr hilfreich.

Connectors: die Brückenbauer

Connectors sind Verbindungen zwischen Ihrem Exchange Online und anderen E-Mail-Systemen. Sie werden verwendet, um E-Mails sicher zwischen verschiedenen Systemen zu übertragen, zum Beispiel zwischen Exchange Online und einem lokalen Exchange-Server (Hybridumgebung) oder einem Drittanbieter-Mailserver.

Anti-Spam und Anti-Phishing: Sicherheit an erster Stelle

Exchange Online bietet integrierte Schutzmechanismen gegen Spam und Phishing. Diese Filter überprüfen eingehende und ausgehende Nachrichten auf verdächtige Inhalte und blockieren potenziell gefährliche E-Mails. Im Exchange Admin Center finden Sie diese Sicherheitsfunktionen unter dem Menüpunkt SCHUTZ. Die eigentliche Konfiguration der Spam- und Phishing-Filter erfolgt jedoch im Microsoft-365-Defender-Portal, dem zentralen Sicherheitsportal Ihrer Microsoft-365-Umgebung. Dort können Sie zum Beispiel Spamfilter-Regeln anpassen und den Phishing-Schutz Ihrer Organisation verwalten.

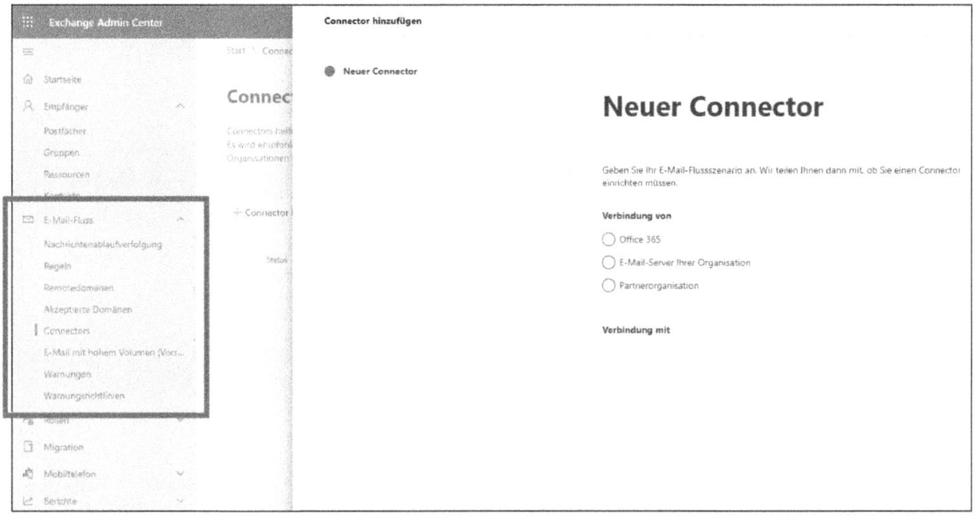

Abbildung 12.8: Mögliche Connectors in den Nachrichtenflusseinstellungen

Eine zu strenge Konfiguration der Spamfilter kann dazu führen, dass legitime E-Mails blockiert werden. Überprüfen Sie regelmäßig die Quarantäneberichte im Microsoft-365-Defender-Portal und passen Sie die Filtereinstellungen bei Bedarf an.

Journaling: alles im Blick behalten

Journaling ist eine Funktion, mit der Sie Kopien aller ein- und ausgehenden E-Mails speichern können. Dies ist besonders in regulierten Branchen wichtig, wo die Nachverfolgbarkeit von E-Mails gesetzlich vorgeschrieben ist. Journaling wird im Exchange Admin Center unter E-Mail-Fluss > Journaling konfiguriert.

Nutzen Sie Journaling, um sicherzustellen, dass Sie im Falle eines Rechtsstreits oder einer Compliance-Prüfung alle relevanten E-Mails nachweisen können.

Der Nachrichtenfluss im Überblick

Im Exchange Admin Center können Sie den Nachrichtenfluss überwachen und analysieren. Unter E-Mail-Fluss > Nachrichtenablaufverfolgung finden Sie Berichte und Protokolle, die Ihnen helfen, Probleme zu identifizieren und zu beheben.

Der E-Mail-Fluss in Exchange Online mag auf den ersten Blick komplexer erscheinen als noch in der Server-Variante, aber mit ein wenig Übung behalten Sie den Überblick. Und wenn doch einmal etwas schiefgeht, wissen Sie jetzt, wo Sie nachsehen und wie Sie reagieren können.

Sicherheit geht vor – Cyber-Security in Exchange Online

Cyber-Bedrohungen sind allgegenwärtig und eine nicht zu unterschätzende Bedrohung. Die Sicherheit Ihrer E-Mail-Umgebung ist von größter Bedeutung. Exchange Online bietet bereits im Standard eine Vielzahl von Sicherheitsfunktionen, die Ihnen helfen, Ihre Daten zu schützen und Angriffe abzuwehren. Lassen Sie uns einen Blick auf die wichtigsten Maßnahmen werfen, die Sie ergreifen können.

Anti-Phishing, DKIM, SPF und DMARC: die erste Verteidigungslinie

Phishing-Angriffe sind eine der häufigsten Bedrohungen für E-Mail-Systeme. Aus diesem Grund bietet Microsoft innerhalb von Exchange Online mehrere Schutzmechanismen, die zur Verhinderung solche Angriffe dienen:

- ✔ **Sender Policy Framework (kurz SPF):** SPF hilft dabei, gefälschte Absenderadressen zu erkennen, indem es überprüft, ob die E-Mail von einem autorisierten Server gesendet wurde. Die Prüfung findet dabei auf dem DNS-Server der Quelle statt und prüft, ob ein gültiger SPF-TXT-Eintrag vorhanden ist.
- ✔ **DomainKeys Identified Mail (DKIM):** DKIM fügt eine digitale Signatur zu ausgehenden E-Mails hinzu, die vom empfangenden Server überprüft werden kann, um die Authentizität der Nachricht zu bestätigen.
- ✔ **Domain-based Message Authentication, Reporting & Conformance (DMARC):** DMARC baut auf SPF und DKIM auf und bietet eine Richtlinie, wie empfangende Server mit Nachrichten umgehen sollen, die diese Prüfungen nicht bestehen.

Aktivieren Sie SPF, DKIM und DMARC für Ihre Domain, um die Wahrscheinlichkeit zu verringern, dass Ihre E-Mails als Spam markiert oder für Phishing-Angriffe missbraucht werden.

Das *Domain Name System* (DNS) ist wie das Telefonbuch des Internets – es übersetzt für uns verständliche Domainnamen (z. B. `www.beispiel.de`) in die dazugehörigen IP-Adressen, die Computer benötigen, um miteinander zu kommunizieren.

Multi-Faktor-Authentifizierung (MFA): mehr Sicherheit für Ihre Konten

Multi-Faktor-Authentifizierung (MFA) ist eine der effektivsten Maßnahmen, um unbefugten Zugriff auf Ihre Konten zu verhindern. Mit MFA müssen Benutzer neben ihrem Passwort einen zweiten Faktor (z. B. einen Code aus einer Authentifizierungs-App oder einen Prüfungscode mittels SMS an die hinterlegte Rufnummer) eingeben, um sich anzumelden.

Eine detaillierte Erklärung zur Funktionsweise der Multi-Faktor-Authentifizierung finden Sie im Kapitel 10 »Sicherheitsfunktionen und Notwendigkeiten« im zweiten Teil des Buches.

Rollenbasierte Zugriffskontrolle (RBAC): Wer darf was?

Im Exchange Admin Center bestimmen Sie über sogenannte Rollen, welche Administratoren welche Aufgaben ausführen dürfen. Das System basiert auf rollenbasierter Zugriffskontrolle (RBAC). Sie können etwa einem Kollegen die Rolle »Exchange-Administrator« zuweisen – damit darf er Postfächer und Transportregeln verwalten, ohne globale Administratorrechte zu besitzen.

Vergeben Sie nur die Berechtigungen, die wirklich notwendig sind. So behalten Sie die Kontrolle und reduzieren Sicherheitsrisiken.

Anti-Spam und Anti-Malware: Schutz vor unerwünschten Nachrichten

Exchange Online verfügt über integrierte Filter, um Spam und Malware zu erkennen und zu blockieren. Diese Filter können Sie im Exchange Admin Center unter SCHUTZ > SPAMFILTER beziehungsweise SCHUTZ > MALWAREFILTER einsehen und konfigurieren (die Verwaltung erfolgt dabei im Microsoft-365-Security-Portal).

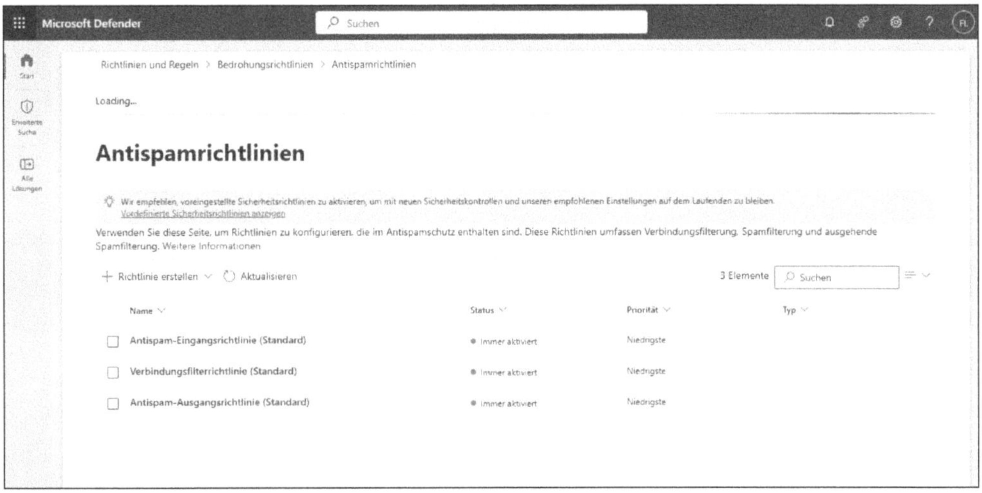

Abbildung 12.9: Ansicht Antispamfilter im Microsoft-365-Security-Portal

Überprüfen Sie regelmäßig die Quarantäneberichte, um sicherzustellen, dass keine legitimen E-Mails fälschlicherweise blockiert werden.

Bedrohungsmanagement: Angriffe erkennen und reagieren

Das Bedrohungsmanagement in Exchange Online hilft Ihnen, verdächtige Aktivitäten zu erkennen und darauf zu reagieren. Sie können Warnungen einrichten, die Sie benachrichtigen, wenn ungewöhnliche Aktivitäten festgestellt werden, und Maßnahmen ergreifen, um potenzielle Bedrohungen zu neutralisieren. Für den Start hat Ihnen Microsoft zwei typische Richtlinien bereits eingerichtet. Überlegen Sie sich dennoch, was für Ihre Organisation darüber hinaus relevant ist.

Zusätzlich zu den von Microsoft bereitgestellten Standardwarnungen sollten Sie insbesondere auf die folgenden drei Richtlinien achten – sie bilden eine solide Grundlage und sind als Einstieg in die Verwaltung eigener Warnungsrichtlinien besonders empfehlenswert.

- Ungewöhnliche Anmeldeversuche: Richten Sie Warnungen ein, die Sie sofort informieren, wenn Anmeldeversuche von ungewöhnlichen Standorten oder zu ungewöhnlichen Zeiten erfolgen. Gerade im Handel und in der Industrie, wo sensible Kundendaten verarbeitet werden, ist eine schnelle Reaktion bei verdächtigen Logins unverzichtbar.
- Massenausgang von E-Mails (potenzieller Phishing-Angriff): Werden in kurzer Zeit viele E-Mails über ein Konto versendet, kann das auf einen kompromittierten Account hindeuten. Lassen Sie sich über solche Ereignisse benachrichtigen, um schnell eingreifen und Schaden abwenden zu können.
- Verdächtige Datei- oder Linkanhänge: Aktivieren Sie Warnungen, wenn E-Mails mit potenziell schädlichen Anhängen oder Links erkannt werden. Gerade in KMU, in denen Mitarbeiter oft mehrere Aufgaben übernehmen, ist eine zusätzliche Schutzschicht gegen Malware und Phishing essenziell.

Best Practices für mehr Sicherheit

Bei meinen Kundenprojekten und Erfahrungen rund um das Thema haben sich folgende Best Practice als sehr nützlich erwiesen:

- Regelmäßige Überprüfung: Überprüfen Sie regelmäßig Ihre Sicherheitsrichtlinien und passen Sie sie bei Bedarf an.
- Schulungen: Sensibilisieren Sie Ihre Benutzer für Sicherheitsrisiken und schulen Sie sie im Umgang mit verdächtigen E-Mails.
- Backups: Stellen Sie sicher, dass regelmäßige Backups Ihrer Daten erstellt werden, um diese im Falle eines Angriffs schnell wiederherstellen zu können.

In einem Projekt mit einem mittelständischen Unternehmen wurde MFA eingeführt, nachdem ein Mitarbeiter auf einen Phishing-Link geklickt hatte. Dank MFA konnte der Angreifer keinen Zugriff auf das Konto erlangen, und der Vorfall blieb ohne größere Folgen.

Sicherheit ist ein fortlaufender Prozess. Mit den richtigen Maßnahmen und einer proaktiven Haltung können Sie Ihre Exchange-Online-Umgebung effektiv schützen und das Risiko von Cyber-Angriffen minimieren.

Exchange Hybrid – zwei Welten, ein Ziel

Exchange Hybrid ist eine Bereitstellungsoption, die es Ihnen ermöglicht, Ihre lokale Exchange-Umgebung mit Exchange Online zu verbinden. Dies bietet Ihnen das Beste aus beiden Welten: die Kontrolle und Anpassungsmöglichkeiten eines lokalen Servers und die Flexibilität und Skalierbarkeit der Cloud.

Was ist Exchange Hybrid?

Eine Hybridbereitstellung verbindet Ihre bisher lokal betriebenen Exchange-Server mit Exchange Online. Dies ermöglicht eine nahtlose Benutzererfahrung, bei der Benutzer sowohl auf lokale als auch auf cloud-basierte Postfächer zugreifen können, als wären sie Teil derselben Organisation. Zu den Vorteilen gehören:

- ✔ Einheitliche globale Adressliste (GAL): Benutzer können alle Kontakte in der Organisation sehen, unabhängig davon, ob sie lokal oder in der Cloud gehostet werden.
- ✔ Kalenderfreigabe und -delegierung: Benutzer können Kalender freigeben und delegieren, unabhängig davon, wo sich ihr Postfach befindet.
- ✔ E-Mail-Routing: Nachrichten können nahtlos zwischen lokalen und cloud-basierten Postfächern gesendet und empfangen werden.

Eine Hybridbereitstellung ist besonders nützlich für Unternehmen, die schrittweise in die Cloud migrieren möchten oder spezielle Compliance-Anforderungen haben, die eine lokale Datenhaltung trotz (teilweise) cloud-basiertem Arbeiten erfordern.

Voraussetzungen für eine Hybridbereitstellung

Bevor Sie eine Hybridbereitstellung einrichten, müssen einige Voraussetzungen erfüllt sein. Nur so ist gewährleistet, dass die geplante Hybridstellung funktioniert und sicher ist.

- ✔ Aktuelle Exchange-Version: Ihre lokale Exchange-Umgebung sollte auf einer unterstützten Version laufen. Ähnlich wie bei SharePoint hat Microsoft nun auch eine spezielle Edition des Exchange-Servers veröffentlicht. Damit wird gewährleistet, dass die Server-Version von Exchange weiterhin für einen längeren Zeitraum verfügbar bleibt.
- ✔ Entra ID Connect: Dieses Tool synchronisiert Ihre lokalen Benutzerkonten mit dem Entra ID aus Microsoft 365.

Die Konfiguration von Azure AD Connect sowie die damit verbundenen Herausforderungen wurden bereits ausführlich im zweiten Teil des Buches im Zusammenhang mit der Benutzerverwaltung behandelt. Eine erneute Einrichtung ist daher nicht erforderlich.

- SSL-Zertifikate: Für die sichere Kommunikation zwischen den Servern benötigen Sie gültige SSL-Zertifikate.

Ein *SSL-Zertifikat* ist ein digitales Zertifikat, das die verschlüsselte und sichere Kommunikation zwischen Servern und Clients ermöglicht. SSL steht für »Secure Sockets Layer« und sorgt dafür, dass vertrauliche Daten nicht von Dritten abgefangen werden können.

- Öffentliche IP-Adressen und DNS-Einträge: Stellen Sie sicher, dass Ihre Exchange-Server über das Internet erreichbar sind. Achten Sie dabei besonders auf das sogenannte Routing innerhalb Ihrer Firewall.

Typische Herausforderungen und Stolperfallen

Eine Hybridbereitstellung kann technisch anspruchsvoll sein und erfordert sorgfältige Planung und Konfiguration. Hier sind einige der häufigsten Herausforderungen:

- Zertifikate: Ungültige oder abgelaufene Zertifikate können die Kommunikation zwischen den Servern unterbrechen.
- Mailrouting: Falsch konfigurierte »Konnektoren« können dazu führen, dass E-Mails nicht zugestellt werden.
- Benutzerverwaltung: Die Synchronisation von Benutzerkonten und Berechtigungen kann komplex sein, insbesondere bei großen Organisationen.

Eine Hybridbereitstellung ist kein Wochenendprojekt. Planen Sie ausreichend Zeit für die Konfiguration und das Testen ein, um Ausfallzeiten und Probleme zu vermeiden. In der Regel schaffen Sie es je nach Größe,15-20 Postfächer an einem Tag zu migrieren.

Wann lohnt sich eine Hybridbereitstellung?

Eine Hybridbereitstellung lohnt sich besonders bei folgenden Szenarien oder Rechtlichen Grundlagen, auf die eine Organisation gebaut ist:

- Schrittweise Migration: Wenn Sie Ihre Postfächer schrittweise in die Cloud migrieren möchten, ohne den Betrieb zu unterbrechen.
- Compliance-Anforderungen: Wenn Sie bestimmte Daten lokal halten müssen, um regulatorische Anforderungen zu erfüllen. Wie zum Beispiel im öffentlichen Sektor.
- Spezielle Anwendungen: Wenn Sie Anwendungen ein Buchhaltungssystem oder eine Personalsoftware haben, die eine lokale Exchange-Umgebung erfordern.

Best Practices für eine erfolgreiche Hybridbereitstellung

Eine Hybridbereitstellung kann komplex sein, bietet aber viele Vorteile. Mit der richtigen Planung und Umsetzung können Sie das Beste aus beiden Welten nutzen und Ihre Exchange-Umgebung zukunftssicher machen.

- ✔ Dokumentation: Halten Sie alle Schritte und Konfigurationen genau fest.
- ✔ Testen: Testen Sie die Hybridbereitstellung gründlich, bevor Sie sie in den Produktivbetrieb überführen.
- ✔ Schulung: Schulen Sie Ihre IT-Mitarbeiter im Umgang mit der Hybridumgebung.

Best Practices

Der Einstieg in Exchange Online kann überwältigend sein, besonders wenn Sie keine klassische IT-Ausbildung haben. Doch keine Sorge – mit ein paar bewährten Praktiken und Tipps können Sie typische Stolperfallen vermeiden und Ihre Arbeit effizienter gestalten.

Dokumentation ist das A und O

Eine gute Dokumentation ist das Rückgrat jeder IT-Administration. Halten Sie fest, welche Einstellungen Sie vorgenommen haben, welche Berechtigungen vergeben wurden und welche Regeln aktiv sind. So behalten Sie den Überblick und können bei Problemen schnell reagieren.

Nutzen Sie ein zentrales Dokumentationssystem, das für alle Administratoren zugänglich ist. So stellen Sie sicher, dass alle auf dem gleichen Stand sind und keine wichtigen Informationen verloren gehen.

Regelmäßige Überprüfung der Berechtigungen

Berechtigungen sollten regelmäßig überprüft und angepasst werden. Stellen Sie sicher, dass nur die Personen Zugriff auf Postfächer und Kalender haben, die diesen auch wirklich benötigen. So minimieren Sie das Risiko von Datenlecks und -missbrauch.

Setzen Sie sich regelmäßige Termine, um die Berechtigungen zu überprüfen – zum Beispiel einmal im Quartal. So bleibt alles aktuell und sicher.

Namenskonventionen einhalten

Einheitliche Namenskonventionen helfen, den Überblick zu behalten und Verwirrung zu vermeiden. Legen Sie fest, wie Benutzerkonten, Gruppen und Postfächer benannt werden sollen, und halten Sie sich konsequent daran.

Ein Beispiel für eine Namenskonvention könnte sein: `vorname.nachname@firma.de` für Benutzerkonten und `abteilung@firma.de` für Gruppenpostfächer.

Testumgebungen nutzen

Bevor Sie Änderungen in der produktiven Umgebung vornehmen, testen Sie diese in einer separaten Testumgebung. So können Sie sicherstellen, dass alles wie gewünscht funktioniert und keine unerwarteten Probleme auftreten.

Richten Sie eine Testumgebung ein, die Ihrer produktiven Umgebung möglichst ähnlich ist. So können Sie Änderungen realistisch testen und mögliche Fehler frühzeitig erkennen. Sparen Sie hier bloß nicht an den Testlizenzkosten, denn ein Ausfall kann durchaus teurer werden.

Kommunikation mit den Nutzern

Eine offene und transparente Kommunikation mit den Nutzern ist entscheidend. Informieren Sie Ihre Kollegen über geplante Änderungen, Wartungsarbeiten und neue Funktionen. So vermeiden Sie Überraschungen und stellen sicher, dass alle auf dem gleichen Stand sind. Denn nach der Umstellung auf Exchange Online müssen sich die Benutzer innerhalb der Outlook-Anwendung einmalig neu anmelden.

Nutzen Sie regelmäßige Newsletter oder interne Kommunikationsplattformen wie Teams oder SharePoint Online als Intranet, um Ihre Kollegen auf dem Laufenden zu halten.

Schulungen und Weiterbildung

Auch wenn Sie kein Vollzeit-Admin sind, lohnt es sich, regelmäßig Schulungen und Weiterbildungen zu besuchen. So bleiben Sie auf dem neuesten Stand und können Ihre Arbeit effizienter und sicherer gestalten. Gerade vor dem Hintergrund, dass es immer mal wieder Neuerungen gibt oder neue Funktionen ist das elementar.

Nutzen Sie die zahlreichen Online-Ressourcen von Microsoft, wie Microsoft Learn oder die Microsoft Tech Community, um sich weiterzubilden und mit anderen Administratoren auszutauschen.

Backup und Wiederherstellung

Stellen Sie sicher, dass regelmäßige Backups Ihrer Daten erstellt werden und dass Sie wissen, wie Sie diese im Notfall wiederherstellen können. Ein gutes Backup-Konzept ist Ihre Versicherung gegen Datenverlust und Systemausfälle.

Überprüfen Sie regelmäßig, ob Ihre Backups tatsächlich erfolgreich wiederhergestellt werden können. Nur so stellen Sie sicher, dass im Ernstfall alles wie geplant funktioniert. Beachten Sie außerdem, dass nicht jeder Backup-Anbieter eine vollständige Sicherung aller Bereiche von Microsoft 365 anbietet. Prüfen Sie daher im Vorfeld genau, ob Ihre gewählte Lösung sämtliche relevanten Microsoft-365-Dienste abdeckt.

Automatisierung nutzen

Nutzen Sie Automatisierungstools wie PowerShell, um wiederkehrende Aufgaben zu automatisieren. So sparen Sie Zeit und reduzieren das Risiko von Fehlern.

Erstellen Sie Skripte für häufige Aufgaben wie das Anlegen von Benutzerkonten oder das Zuweisen von Berechtigungen. So können Sie diese Aufgaben mit wenigen Klicks erledigen.

Unterstützung suchen

Scheuen Sie sich nicht, bei Problemen oder Fragen Unterstützung zu suchen. Nutzen Sie die Support-Angebote von Microsoft oder tauschen Sie sich mit anderen Administratoren in Foren und Communitys aus.

Die Microsoft Tech Community und das Microsoft Support Center sind gute Anlaufstellen für Hilfe und Austausch.

Mit diesen Best Practices sind Sie gut gerüstet, um Ihre Exchange-Online-Umgebung effizient und sicher zu verwalten. Und denken Sie daran: Übung macht den Meister. Je mehr Sie sich mit den Funktionen und Möglichkeiten von Exchange Online vertraut machen, desto sicherer werden Sie im Umgang damit.

Wenn es mal hakt – Tools und Ressourcen

Auch wenn Sie sich gut vorbereitet haben, kann es immer mal wieder zu Problemen oder Fragen kommen. Zum Glück gibt es zahlreiche Tools und Ressourcen, die Ihnen helfen können, wenn Exchange Online nicht so funktioniert, wie es sollte.

Microsoft Learn und Dokumentationen

Microsoft bietet eine umfangreiche Online-Dokumentation und Lernressourcen an, die bei fast allen Fragen weiterhelfen. Auf Microsoft Learn finden Sie interaktive Lernpfade und Module, die speziell für Administratoren entwickelt wurden. Diese Ressourcen sind ideal, um sich schnell in ein neues Thema einzuarbeiten oder bestehendes Wissen zu vertiefen.

Nutzen Sie die Suchfunktion auf Microsoft Learn, um gezielt nach Themen zu suchen, die Sie interessieren. Oft finden Sie dort auch praktische Beispiele und Schritt-für-Schritt-Anleitungen.

Community-Foren und Support

Die Microsoft Tech Community ist ein großartiger Ort, um sich mit anderen Administratoren auszutauschen und Hilfe zu erhalten. Hier können Sie Fragen stellen, Antworten auf häufige Probleme finden und von den Erfahrungen anderer profitieren. Auch die Microsoft-Answers-Foren sind eine gute Anlaufstelle für spezifische Fragen.

PowerShell: das Schweizer Taschenmesser für Admins

PowerShell ist ein mächtiges Werkzeug, das Ihnen hilft, wiederkehrende Aufgaben zu automatisieren und komplexe Konfigurationen vorzunehmen. Auch wenn es anfangs etwas einschüchternd wirken kann, lohnt es sich, die Grundlagen zu lernen. Viele Aufgaben, die im Exchange Admin Center mühsam oder nur einzeln machbar sind, lassen sich mit ein paar Zeilen PowerShell-Code schnell und effizient erledigen.

Beginnen Sie mit einfachen Skripten und erweitern Sie Ihr Wissen Schritt für Schritt. Es gibt zahlreiche Online-Ressourcen und Tutorials, die Ihnen den Einstieg erleichtern.

Microsoft Support

Wenn Sie auf ein Problem stoßen, das Sie nicht selbst lösen können, steht Ihnen der Microsoft Support zur Verfügung. Über das Microsoft 365 Admin Center können Sie Support-Tickets erstellen und den Status Ihrer Anfragen verfolgen. Der Support hilft Ihnen bei technischen Problemen, Lizenzfragen und vielem mehr.

Externe Tools und Add-Ons

Es gibt auch zahlreiche externe Tools und Add-Ons, die Ihnen das Leben als Exchange-Admin erleichtern können. Von Backup-Lösungen über Monitoring-Tools bis hin zu speziellen Sicherheitslösungen – die Auswahl ist groß. Achten Sie darauf, dass die Tools von vertrauenswürdigen Anbietern stammen und mit Ihrer-Exchange Online-Umgebung kompatibel sind.

Lesen Sie Bewertungen und Erfahrungsberichte anderer Nutzer, bevor Sie sich für ein externes Tool entscheiden. So stellen Sie sicher, dass es Ihren Anforderungen entspricht und zuverlässig funktioniert.

IN DIESEM KAPITEL

Eine verständliche Einführung in Postfächer und Gruppentypen

Schritt-für-Schritt-Anleitungen zur Einrichtung und Verwaltung

Best Practices für Struktur, Sicherheit und Zusammenarbeit

Ein optionaler PowerShell-Teil für alle, die mehr wollen

Kapitel 13
Postfächer und Gruppen

Vielleicht denken Sie jetzt »*Postfächer? Gruppen? Klingt erstmal trocken.*« Keine Sorge, dieses Kapitel ist alles andere als das. Denn hinter diesen Begriffen steckt weit mehr als nur E-Mail-Adressen und Verteilerlisten. Es geht um Struktur, Zusammenarbeit, Sicherheit – und darum, wie Sie mit ein paar Klicks (oder Zeilen PowerShell-Code) Ordnung ins digitale Miteinander bringen.

In diesem Kapitel gehen wir gemeinsam auf eine Reise durch die wichtigsten Grundlagen und Feinheiten rund um Exchange Online. Sie lernen, was ein Postfach wirklich ist, welche Typen es gibt, wie man sie sinnvoll einsetzt und warum Gruppen nicht gleich Gruppen sind. Es wird erläutert, wie sich typische Stolperfallen vermeiden lassen, Berechtigungen korrekt gesetzt werden und klare Namenskonventionen für Übersicht sorgen.

Postfächer und Gruppen – mehr als nur E-Mail

Stellen Sie sich vor, Sie arbeiten in einem Team, das täglich mit Kunden kommuniziert, Termine koordiniert und Informationen austauscht. Klar, E-Mails gehören da zum Alltag. Aber was passiert, wenn mehrere Personen dieselbe Adresse nutzen sollen? Oder wenn Sie einen Raum für ein Meeting buchen möchten? Oder wenn Sie sicherstellen wollen, dass neue Kollegen automatisch in die richtigen Verteilerlisten aufgenommen werden?

Genau hier kommen Postfächer und Gruppen in Exchange Online ins Spiel – zwei zentrale Bausteine in der Microsoft-365-Welt, die weit über das klassische E-Mail-Postfach hinausgehen.

Warum dieses Kapitel wichtig ist

In diesem Kapitel geht es nicht nur darum, wie Sie ein Postfach anlegen oder eine Gruppe erstellen. Es geht darum, zu verstehen, was hinter diesen Objekten steckt, wie sie zusammenspielen – und wie Sie sie sinnvoll und sicher einsetzen.

Denn: Wer die Grundlagen kennt, kann typische Fehler vermeiden, die Zusammenarbeit verbessern und die IT-Abteilung entlasten. Und das Beste: Sie brauchen dafür kein Informatikstudium – nur ein bisschen Neugier und dieses Kapitel.

Definition: Was ist ein Postfach?

Ein Postfach in Exchange Online ist mehr als nur eine E-Mail-Adresse. Es ist ein digitales Zuhause für:

- ✔ E-Mails
- ✔ Kalender
- ✔ Kontakte
- ✔ Aufgaben
- ✔ Regeln und Richtlinien

Es ist mit einem Benutzerkonto verknüpft und wird durch eine Lizenz aktiviert. Je nach Typ kann es von einer Person oder einem ganzen Team genutzt werden.

Definition: Was ist eine Gruppe?

Eine Gruppe ist eine Sammlung von Benutzern, die gemeinsam kommunizieren oder auf Ressourcen zugreifen. In Exchange Online gibt es verschiedene Gruppentypen – von einfachen E-Mail-Verteilern bis hin zu voll integrierten Microsoft-365-Gruppen mit Teams, SharePoint und Planner.

Wenn Sie sich fragen, ob Sie ein Postfach oder eine Gruppe brauchen, denken Sie an den Anwendungsfall:

- ✔ Eine zentrale E-Mail-Adresse für den Kundenservice? – Freigegebenes Postfach.
- ✔ Ein Projektteam mit gemeinsamem Kalender und Dateiablage? – Microsoft-365-Gruppe.
- ✔ Eine Liste für den Versand von Newslettern? – Verteilergruppe.

Ein Vertriebsteam hatte jahrelang eine gemeinsame Outlook-Regel, die E-Mails an alle Kollegen weiterleitete. Chaos vorprogrammiert: doppelte Antworten, verpasste Termine, keine Übersicht. Erst mit einem freigegebenen Postfach wurde klar: Weniger ist manchmal mehr – vor allem, wenn alle im selben Posteingang arbeiten.

Wie passt das in die Microsoft-365-Welt? Postfächer und Gruppen sind eng mit anderen Microsoft-365-Diensten verzahnt:

- Entra ID verwaltet die Identitäten.
- Exchange Online stellt die Postfächer bereit.
- Microsoft Teams nutzt Gruppen für die Zusammenarbeit.
- SharePoint hängt an Microsoft-365-Gruppen, zwecksDateiablagen.

Das bedeutet: Eine Entscheidung für einen bestimmten Postfach- oder Gruppentyp wirkt sich auf viele Bereiche aus – von der E-Mail bis zur Teamarbeit.

Vorsicht: Gruppen sind nicht gleich Gruppen

Der Begriff »Gruppe« kann verwirrend sein, denn Ihn gibt es an vielen verschiedenen Stellen innerhalb von Microsoft 365:

- Verteilergruppen
- Microsoft-365-Gruppen
- Sicherheitsgruppen
- Dynamische Gruppen …

Sie sehen ähnlich aus, verhalten sich aber ganz unterschiedlich. In diesem Kapitel lernen Sie, worauf Sie achten müssen – und wie Sie die richtige Wahl treffen.

Postfachtypen im Überblick

Nicht jedes Postfach ist gleich. In Exchange Online gibt es verschiedene Postfachtypen, die für unterschiedliche Szenarien gedacht sind. Wer die Unterschiede kennt, kann gezielt das richtige Werkzeug für die jeweilige Aufgabe einsetzen – und spart sich (und anderen) später viel Ärger.

Benutzerpostfächer

Das Benutzerpostfach ist das, was die meisten unter einem »normalen« E-Mail-Konto verstehen. Es ist an einen einzelnen Benutzer gebunden und enthält:

- ✔ E-Mails
- ✔ Kalender
- ✔ Kontakte
- ✔ Aufgaben
- ✔ Regeln und Richtlinien

Benutzerpostfächer eignen sich besonders für Mitarbeiter, die einen persönlichen Zugang zu Microsoft 365 benötigen. Sie bieten eine individuelle Umgebung, in der jeder Nutzer seine E-Mails, Kalender, Kontakte und Aufgaben verwalten kann.

Für die Nutzung eines Benutzerpostfachs ist eine gültige Exchange-Online- oder Microsoft-365-Lizenz erforderlich. Damit wird sichergestellt, dass jede Person im Unternehmen ihre eigenen Daten sicher und datenschutzkonform bearbeiten kann.

Wichtig zu wissen: Benutzerpostfächer sind zwar der Standard in den meisten Unternehmen, allerdings nicht immer die optimale Lösung für Aufgaben, die im Team erledigt werden. Wenn mehrere Kollegen gemeinsam auf ein Postfach zugreifen sollen – etwa für die Bearbeitung von Anfragen an info@ oder support@ – empfiehlt sich stattdessen der Einsatz von freigegebenen Postfächern. Diese sind speziell für die Zusammenarbeit konzipiert und helfen, Aufgaben effizient im Team zu organisieren.

Freigegebene Postfächer (Shared Mailboxes)

Freigegebene Postfächer sind dafür konzipiert, von mehreren Mitarbeitern gemeinsam genutzt zu werden. Anders als ein persönliches Postfach besitzen sie keinen eigenen Zugang, sondern werden über entsprechende Zugriffsrechte in die individuellen Benutzerpostfächer der Teammitglieder integriert. Typische Anwendungsfälle sind zentrale E-Mail-Adressen wie `info@firma.de`, `support@firma.de` oder `rechnung@firma.de`, über die mehrere Personen im Unternehmen auf eingehende Nachrichten reagieren können. Solange keine direkte Anmeldung am freigegebenen Postfach erfolgt, ist für dessen Nutzung keine zusätzliche Lizenz erforderlich. Diese Lösung eignet sich daher besonders für die effiziente Teamarbeit und die gemeinsame Bearbeitung von Anfragen, ohne dass für jede einzelne Person ein separates Postfach eingerichtet werden muss.

Sobald sich jemand direkt bei einem freigegebenen Postfach anmeldet (z. B. über Outlook Web Access), wird eine Lizenz erforderlich. Das passiert schneller, als man denkt – etwa bei automatisierten Prozessen oder versehentlichen Anmeldungen.

Freigegebene Postfächer haben keinen eigenen Kalenderzugriff über Teams oder Planner. Sie sind rein für E-Mail und Kalender gedacht.

Ressourcenpostfächer (Raum- und Gerätepostfächer)

Ressourcenpostfächer sind speziell für Dinge wie Besprechungsräume, technische Geräte oder Firmenfahrzeuge vorgesehen – also für Ressourcen, die von mehreren Mitarbeitern genutzt werden können, aber keiner einzelnen Person zugeordnet sind.

BEISPIEL

Ein klassisches Beispiel ist die zentrale E-Mail-Adresse `buchung@konferenzraum1.de`, über die beispielsweise ein Konferenzraum reserviert werden kann. Für die Nutzung von Ressourcenpostfächern ist keine eigene Lizenz erforderlich. Ein besonderes Merkmal dieser Postfächer ist die Möglichkeit, Buchungsanfragen automatisch zu verwalten: Je nach hinterlegter Verfügbarkeit und Konfiguration können Reservierungen automatisch bestätigt, abgelehnt oder angepasst werden. So lassen sich Ressourcen effizient und transparent im Unternehmen organisieren, ohne dass manuell eingegriffen werden muss.

Ressourcenpostfächer können mit Regeln versehen werden, zum Beispiel »nur von bestimmten Gruppen buchbar« oder »maximal zwei Stunden pro Tag«.

Archivpostfächer

Ein Archivpostfach stellt einen zusätzlichen Speicherbereich für E-Mails dar, der parallel zum Hauptpostfach geführt wird. In der Praxis wird dieses Archiv häufig automatisch aktiviert, sobald das Hauptpostfach ein bestimmtes Speicherlimit erreicht. Damit eignet sich das Archivpostfach hervorragend für die langfristige Aufbewahrung von E-Mails, ohne dass das Hauptpostfach durch ältere Nachrichten überladen wird. Die Nutzung eines Archivpostfachs ist beispielsweise im Exchange Online Plan 2 bereits enthalten oder kann alternativ als separates AddOn gebucht werden.

Archivpostfächer unterstützen automatische Aufbewahrungsrichtlinien – zum Beispiel »alle E-Mails älter als zwei Jahre ins Archiv verschieben«.

Archivpostfächer sind nicht für die Zusammenarbeit gedacht. Sie sind rein zur Entlastung des Hauptpostfachs da.

Vergleichstabelle

Postfachtyp	Lizenz erforderlich	Für Einzelperson	Für Teams	Kalender	Automatisierung möglich
Benutzerpostfach	Ja	Ja	Nein	Ja	Ja
Freigegebenes Postfach	Nein*	Nein	Ja	Ja	Eingeschränkt
Ressourcenpostfach	Nein	Ja	Ja	Ja	Ja
Archivpostfach	Ja/Add-on	Nein	Nein	Nein	Ja

Tabelle 13.1: Vergleichstabelle Postfächer
*Nur solange keine direkte Anmeldung erfolgt.

Postfächer anlegen, verwalten und löschen

Ein Postfach ist schnell erstellt – aber was passiert dabei eigentlich im Hintergrund? Und warum funktioniert es manchmal nicht auf Anhieb? In diesem Abschnitt schauen wir uns den gesamten Lebenszyklus eines Postfachs an: von der Erstellung über die Verwaltung bis hin zur Löschung.

Schritt-für-Schritt: Postfach anlegen im Exchange Admin Center

Mit dieser detaillierten Anleitung legen Sie ganz einfach ein neues Postfach im Exchange Admin Center (EAC) von Microsoft 365 an. Jeder Schritt ist so beschrieben, dass Sie ihn direkt in Ihrem Browser nachvollziehen und ausführen können.

1. **Öffnen Sie das Exchange Admin Center**

   Starten Sie zunächst das Exchange Admin Center über Ihren Browser. Falls Sie aus dem Microsoft 365 Admin Center heraus arbeiten, finden Sie den Zugang unter ADMIN CENTER«> EXCHANGE. Für die Einrichtung benötigen Sie ein Konto mit administrativen Rechten, wie beispielsweise die Rolle »Benutzeradministrator« oder »Globaler Administrator«.

2. **Navigieren Sie zu EMPFÄNGER > POSTFÄCHER:**

   Sobald Sie sich angemeldet haben, sehen Sie auf der linken Seite das Navigationsmenü. Klicken Sie hier auf »Empfänger« und wählen Sie dann den Menüpunkt »Postfächer«. In der Übersicht erscheinen alle bereits bestehenden Postfächer Ihrer Organisation.

3. **Klicken Sie auf POSTFACH HINZUFÜGEN:**

   Im oberen Bereich der Seite finden Sie die Schaltfläche »Postfach hinzufügen«. Ein Klick darauf öffnet den Einrichtungsassistenten, der Ihnen Schritt für Schritt beim Anlegen des neuen Postfachs hilft.

4. **Wählen Sie den gewünschten Postfachtyp**

   Im nächsten Schritt werden Sie gefragt, welchen Typ von Postfach Sie erstellen möchten. Zur Auswahl stehen:

   - FREIGEGEBENES POSTFACH – ideal für Teams oder Abteilungen, die ein gemeinsames Postfach benötigen.
   - RESSOURCENPOSTFACH – eignet sich für Räume oder Geräte wie Besprechungszimmer, Beamer oder Dienstfahrzeuge.

   Treffen Sie die Auswahl, die am besten zu Ihrem Anwendungsfall passt.

5. **Geben Sie die Benutzerdaten ein**

   Nun tragen Sie die notwendigen Informationen für das neue Postfach ein. Dazu gehören:

   - Anzeigename: Dieser Name wird später in Outlook, Teams und anderen Anwendungen angezeigt.
   - Benutzername (E-Mail-Adresse): Hier definieren Sie die E-Mail-Adresse, etwa im Format `vorname.nachname@firma.de`.
   - Domäne auswählen: Falls Ihr Unternehmen mehrere E-Mail-Domänen verwendet, wählen Sie jetzt die passende Domäne aus der Liste aus.

6. **LIZENZ ZUWEISEN (bei Benutzerpostfächern)**

   Damit das Postfach genutzt werden kann, muss dem Konto eine gültige Microsoft-365-Lizenz zugeordnet werden. Ohne Lizenz steht das Postfach nicht zur Verfügung. Stellen Sie sicher, dass noch ausreichend Lizenzen in Ihrem Bestand vorhanden sind – andernfalls erhalten Sie eine Fehlermeldung und können das Postfach nicht anlegen.

7. **SPEICHERN und die Einrichtung abschließen**

   Nachdem Sie alle Angaben gemacht haben, klicken Sie auf »Speichern«. Der Einrichtungsprozess startet nun automatisch. In der Regel dauert es nur wenige Minuten, bis das neue Postfach vollständig bereitsteht und genutzt werden kann.

8. **Postfach prüfen und verwalten:**

   Nach erfolgreicher Erstellung finden Sie das neue Postfach direkt in der Übersicht unter EMPFÄNGER> POSTFÄCHER. Von hier aus können Sie weitere Einstellungen vornehmen, etwa Berechtigungen vergeben, ein Archiv aktivieren oder das Postfach einem Benutzer oder einer Gruppe zuweisen.

Mit diesen Schritten haben Sie das neue Postfach erfolgreich angelegt und können es direkt im Arbeitsalltag einsetzen. Jeder Schritt ist darauf ausgelegt, dass Sie zügig und ohne Unsicherheiten vorankommen.

Abbildung 13.1: Freigegebenes Postfach anlegen

Was passiert im Hintergrund?

Ein Postfach ist nicht einfach nur ein Ordner – es ist ein komplexes Objekt, das mit mehreren Diensten in Microsoft 365 zusammenspielt:

✔ **Entra ID:**

Das Benutzerkonto wird dort verwaltet. Jede Änderung am Postfach wirkt sich auch auf das Entra-ID-Objekt aus.

✔ **Lizenzierung:**

Die Lizenz aktiviert Exchange Online für das Konto. Ohne Lizenz kein Postfach – oder zumindest kein funktionierendes.

✔ **Mailbox-Provisionierung:**

Exchange erstellt die eigentliche Mailbox-Datenbank, weist Speicherplatz zu und konfiguriert Richtlinien (z. B. Aufbewahrung, Archivierung).

✔ **Replikation:**

Änderungen werden über verschiedene Dienste hinweg synchronisiert – das kann ein paar Minuten dauern.

Ein Postfach in Microsoft 365 stellt weit mehr dar als einen einfachen Speicherort für E-Mails. Es handelt sich um ein komplexes Objekt, das eng mit verschiedenen Diensten innerhalb der Plattform verzahnt ist. Dadurch wird sichergestellt, dass sowohl die Verwaltung als auch die Nutzung nahtlos und effizient erfolgen können.

Die Verwaltung des Benutzerkontos erfolgt zentral über die Entra ID. Hier werden alle relevanten Informationen zum Benutzer gespeichert und gepflegt. Jede Änderung, die am Postfach vorgenommen wird – beispielsweise das Hinzufügen von Berechtigungen oder das Anpassen von Einstellungen –, wirkt sich unmittelbar auch auf das zugehörige Objekt in der Entra ID aus. Diese enge Kopplung gewährleistet, dass die Identitätsverwaltung und der Zugriff auf das Postfach zuverlässig und sicher erfolgen.

Ein weiterer wichtiger Bestandteil ist die Lizenzierung. Nur durch die Zuweisung einer gültigen Microsoft-365-Lizenz wird der Dienst Exchange Online für das jeweilige Konto aktiviert. Die Lizenz ist somit eine grundlegende Voraussetzung, damit das Postfach überhaupt genutzt werden kann. Ohne Lizenz stehen die Funktionen des Postfachs nicht oder nur eingeschränkt zur Verfügung, was den Arbeitsablauf erheblich beeinträchtigen kann.

Die eigentliche Bereitstellung des Postfachs geschieht durch die Mailbox-Provisionierung. In diesem Schritt wird die Mailbox-Datenbank erstellt, Speicherplatz zugewiesen und es werden verschiedene Richtlinien für das Postfach festgelegt. Dazu zählen beispielsweise Vorgaben zur Aufbewahrung von Nachrichten oder zur Archivierung. Durch diese automatisierte Provisionierung wird sichergestellt, dass jedes Postfach optimal konfiguriert ist und den Anforderungen des Unternehmens entspricht.

Abschließend spielt die Replikation eine zentrale Rolle. Alle vorgenommenen Änderungen am Postfach werden über verschiedene Dienste hinweg synchronisiert. Dies betrifft sowohl die Entra-ID als auch Exchange Online und andere angebundene Systeme. Da diese Synchronisation einige Minuten in Anspruch nehmen kann, ist es normal, wenn Änderungen nicht sofort überall sichtbar sind. Die Replikation sorgt dafür, dass die Konsistenz und Verfügbarkeit der Postfachdaten in der gesamten Microsoft-365-Umgebung gewährleistet bleibt.

Typische Fehlerquellen – und wie man sie vermeidet

Problem	Ursache	Lösung
Postfach erscheint nicht	Lizenz fehlt oder Replikation dauert	Lizenz prüfen, 15 Minuten warten
Benutzer kann sich nicht anmelden	Kein Benutzerpostfach, sondern freigegebenes Postfach	Postfachtyp prüfen
E-Mails kommen nicht an	Falsche Adresse oder DNS-Problem	E-Mail-Adresse und MX-Einträge prüfen
Berechtigungen fehlen	Keine Zugriffsrechte vergeben	»Vollzugriff« oder »Senden als« zuweisen

Tabelle 13.2: Typische Fehlerquellen – und wie man sie vermeidet

Erst denken, dann klicken

Bevor Sie ein Postfach anlegen, überlegen Sie:

- ✔ Wer soll es nutzen?
- ✔ Wird es aktiv genutzt oder nur zur Archivierung?
- ✔ Muss es lizenziert werden?
- ✔ Wer braucht Zugriff?

Es ist wie so oft im Leben – ein guter Plan beziehungsweise eine gute Vorbereitung ist das wichtigste überhaupt.

Wenn Sie regelmäßig ähnliche Postfächer anlegen (z. B. für neue Mitarbeiter), lohnt sich der Einsatz von Vorlagen oder PowerShell-Skripten. Damit lassen sich Namenskonventionen, Berechtigungen und Richtlinien standardisieren – und Fehler vermeiden.

Der Klassiker mit dem Lizenz-Haken

Ein Kollege aus dem Einkauf hatte ein neues Postfach für `bestellungen@firma.de` angelegt – aber vergessen, eine Lizenz zuzuweisen. Ergebnis: Das Postfach war da, aber niemand konnte sich anmelden. Erst nach einem Anruf beim Support wurde klar: Ohne Lizenz kein Zugriff. Seitdem steht auf seiner Checkliste: »Lizenz prüfen – immer!«

Gruppen in Exchange Online – Im Detail

Wenn Sie in Microsoft 365 eine »Gruppe« erstellen, öffnet sich eine kleine Welt an Möglichkeiten – oder auch an Verwirrung. Denn: Gruppe ist nicht gleich Gruppe. Es gibt verschiedene Typen, die sich in Funktion, Integration und Zweck deutlich unterscheiden.

Gruppen sind wichtig, denn sie bilden das Rückgrat vieler Funktionen innerhalb von Microsoft 365:

- ✔ Sie steuern, wer E-Mails erhält (Verteilergruppen),
- ✔ wer auf Dateien zugreifen darf (Sicherheitsgruppen),
- ✔ wer automatisch Mitglied in einem Team ist (Microsof-365-Gruppen),
- ✔ und wer automatisch anhand von Regeln zugewiesen wird (dynamische Gruppen).

Wer hier den Überblick behält, kann gezielt steuern, wie Kommunikation und Zusammenarbeit im Unternehmen funktionieren – ohne Chaos im Adressbuch oder doppelte Gruppen.

Eine *Gruppe* ist eine Sammlung von Benutzern, die gemeinsam bestimmten Aufgaben erfüllen oder Zugriff auf Ressourcen benötigen.

In Exchange Online sowie im gesamten Microsoft-365-Umfeld existieren vier grundlegende Arten von Gruppen, die jeweils unterschiedliche Aufgaben und Zwecke erfüllen. Jede dieser Gruppentypen bringt eigene Merkmale mit sich und bestimmt, wie Benutzer zusammenarbeiten, auf Ressourcen zugreifen oder Mitteilungen erhalten können.

Gruppentyp	Zweck	E-Mail-fähig	Zugriff auf Ressourcen	Dynamisch
Verteilergruppe	E-Mail-Verteilung	Ja	Nein	Nein
Microsoft-365-Gruppe	Zusammenarbeit (Teams, SharePoint etc.)	Ja	Ja	Nein
Sicherheitsgruppe	Berechtigungssteuerung	Nein	Ja	Nein
Dynamische Verteilergruppe	Automatische E-Mail-Zuweisung	Ja	Nein	Ja

Tabelle 13.3: In Exchange Online gibt es vier Gruppenarten

Bevor Sie in Exchange Online eine neue Gruppe erstellen, lohnt sich ein genauer Blick auf den eigentlichen Einsatzzweck. Denn die Auswahl des passenden Gruppentyps ist keine Nebensache, sondern entscheidet direkt darüber, wie effektiv die Zusammenarbeit funktioniert und wie klar die Zuständigkeiten bleiben. Stellen Sie sich vor der Erstellung daher diese Fragen:

- ✔ Geht es ausschließlich um das Verteilen von E-Mails? Dann ist die klassische Verteilergruppe die richtige Wahl. Sie ist schnell eingerichtet und sorgt dafür, dass Informationen an eine festgelegte Personengruppe weitergeleitet werden.
- ✔ Sollen Dateien, Kalender und Microsoft Teams gemeinsam genutzt werden? In diesem Fall empfiehlt sich eine Microsoft-365-Gruppe. Sie ermöglicht nicht nur E-Mail-Kommunikation, sondern verknüpft automatisch gemeinsame Ressourcen wie SharePoint-Bibliotheken, Kalender und sogar ein eigenes Team in Microsoft Teams.
- ✔ Geht es primär um die Verwaltung von Berechtigungen in SharePoint oder OneDrive? Dann greifen Sie zur Sicherheitsgruppe. Diese dient vor allem dazu, Zugriffsrechte für Dokumente und Daten zentral zu steuern, ohne zusätzliche Kommunikationsfunktionen.

- ✔ Sollen die Mitglieder automatisch anhand von bestimmten Benutzerattributen (z. B. Abteilung, Standort) zugewiesen werden? Hier kommen dynamische Gruppen ins Spiel. Sie passen sich laufend an und ersparen Ihnen die manuelle Pflege der Mitgliederliste – ideal für wechselnde oder wachsende Teams.

Mit dieser strategischen Vorauswahl verhindern Sie nicht nur unnötigen Aufwand und doppelte Strukturen, sondern sorgen auch für klare Kommunikation und effiziente Zusammenarbeit. Die Wahl der richtigen Gruppe ist also der erste Schritt für ein gut organisiertes Arbeitsumfeld.

Ein häufiger Fehler in der Praxis besteht darin, dass eine Gruppe zuerst als klassische Verteilergruppe angelegt wird. Dies geschieht oft in dem Glauben, die Gruppe sei nur für das Verteilen von E-Mails gedacht. Im Laufe der Zusammenarbeit stellt das Team jedoch fest, dass eigentlich weitere Funktionen wie ein gemeinsamer Kalender, Dateiablagen oder die Verbindung zu Microsoft Teams benötigt werden. Um diesen Bedarf zu decken, wird eine zusätzliche Gruppe erstellt, diesmal als Microsoft-365-Gruppe und mit gleichem oder ähnlichem Namen.

Dieses Vorgehen führt meist zu unerwünschten Ergebnissen. Es entstehen doppelte Strukturen und die Mitglieder sind oft verwirrt. Manche Nachrichten gelangen an beide Gruppen, sodass viele Mitteilungen doppelt bei den Empfängern landen. Zusätzlich ist häufig unklar, welche Gruppe nun als zentrale Anlaufstelle dient. Die Zuständigkeiten verschwimmen und die Teammitglieder wissen nicht, wo sie wichtige Dokumente ablegen sollen.

Solche Überschneidungen verursachen unnötigen Mehraufwand und erhöhen das Risiko, dass Informationen verloren gehen oder missverstanden werden. Die Effizienz der Zusammenarbeit leidet erheblich. Aus diesem Grund ist es ratsam, vor der Erstellung einer Gruppe genau zu planen, welche Funktionen tatsächlich gebraucht werden. Die passende Gruppenart sorgt für Klarheit im Team und unterstützt eine reibungslose Zusammenarbeit.

Microsoft-365-Gruppen sind technisch gesehen auch Sicherheitsgruppen – mit E-Mail-Funktion und Collaboration-Funktionen. Sie sind also eine Art »All-in-One«-Gruppe, aber nicht immer die beste Wahl, wenn es nur um Berechtigungen geht.

Gruppentypen im Detail

Jetzt, wo klar ist, dass »Gruppe« nicht gleich »Gruppe« ist, schauen wir uns die vier wichtigsten Typen im Detail an. Denn je nach Einsatzzweck kann die Wahl der falschen Gruppe zu unnötigem Aufwand, Sicherheitslücken oder schlicht Frust führen.

Verteilergruppen

Verteilergruppen, auch als Distribution Groups bekannt, stellen die einfachste Variante einer Gruppe dar. Ihr Hauptzweck besteht darin, E-Mails gleichzeitig an mehrere Empfänger zu senden. Sie kommen insbesondere dann zum Einsatz, wenn beispielsweise ein Newsletter an alle Mitarbeiter verschickt werden soll oder eine E-Mail an eine bestimmte Abteilung, wie etwa an die Adresse `marketing@firma.de`, verteilt werden muss.

Im Gegensatz zu anderen Gruppentypen bieten Verteilergruppen keine Möglichkeit, Dateien gemeinsam zu speichern, einen Kalender zu nutzen oder eine Integration in Microsoft Teams zu realisieren. Die Pflege der Mitgliederliste erfolgt hierbei ausschließlich manuell, was bedeutet, dass neue Mitglieder händisch hinzugefügt oder entfernt werden müssen.

Die Verwaltung dieser Gruppen findet im Exchange Admin Center statt. Dort navigieren Administratoren zu dem Bereich »Empfänger« und anschließend zu »Gruppen«. Hier kann der Typ »Verteilergruppe« ausgewählt und verwaltet werden.

Verteilergruppen sind nicht für Zusammenarbeit gedacht. Wer hier Teams oder SharePoint erwartet, wird enttäuscht.

Microsoft-365-Gruppen

Microsoft-365-Gruppen nehmen eine zentrale Rolle bei der Zusammenarbeit in modernen Arbeitsumgebungen ein. Sie fungieren als vielseitiges Werkzeug, das verschiedene Funktionen in einer einzigen, integrierten Lösung vereint. Mit einer Microsoft-365-Gruppe steht den Nutzenden eine Kombination aus E-Mail-Kommunikation, gemeinsamem Kalender, Dateiablage, Teamarbeit in Microsoft Teams, Aufgabenmanagement mit Planner sowie weiteren Anwendungen zur Verfügung. Dadurch werden Arbeitsabläufe effizient gestaltet und die Zusammenarbeit innerhalb von Teams oder Abteilungen erheblich erleichtert.

Ein typisches Einsatzgebiet für Microsoft-365-Gruppen ist die Organisation von Projektteams, in denen mehrere Personen gemeinsam an Aufgaben arbeiten und Informationen austauschen. Auch für Abteilungen, die einen gemeinsamen Kalender und eine zentrale Dateiablage benötigen, bietet sich diese Gruppenform an. Darüber hinaus eignen sich Microsoft-365-Gruppen für die Einrichtung von Kanälen in Microsoft Teams, um die Kommunikation innerhalb bestimmter Themen oder Projekte strukturiert zu gestalten.

Besonders hervorzuheben ist, dass bei der Erstellung einer Microsoft-365-Gruppe automatisch mehrere Anwendungen bereitgestellt werden. Dazu zählen ein eigenes Outlook-Postfach für die Kommunikation, eine SharePoint-Teamwebsite für die gemeinsame Ablage und Verwaltung von Dokumenten, ein Planner-Board zur Aufgabenkoordination, ein OneNote-Notizbuch für Notizen und Wissenssammlung sowie bei Bedarf ein Team in Microsoft Teams als zentrale Plattform für den Austausch.

Ein weiteres Merkmal besteht darin, dass Mitglieder – abhängig von den festgelegten Einstellungen – die Möglichkeit haben, einer Gruppe eigenständig beizutreten. Dies fördert die Flexibilität und ermöglicht eine unkomplizierte Zusammenarbeit innerhalb des Unternehmens.

Die Verwaltung von Microsoft-365-Gruppen erfolgt entweder zentral über das Microsoft 365 Admin Center oder direkt in den Anwendungen wie Microsoft Teams oder Outlook.

Administratoren sowie berechtigte Anwender können dort Gruppen erstellen, Mitglieder verwalten und die gewünschten Einstellungen anpassen. Somit bieten Microsoft-365-Gruppen eine umfassende und flexible Lösung für unterschiedlichste Anforderungen in der modernen Zusammenarbeit.

Microsoft-365-Gruppen sind technisch gesehen auch Sicherheitsgruppen – mit E-Mail-Funktion und Collaboration-Funktionen. Sie lassen sich auch für Berechtigungen auf SharePoint verwenden.

Sicherheitsgruppen

Sicherheitsgruppen spielen eine zentrale Rolle bei der Vergabe von Berechtigungen in Unternehmen. Sie werden verwendet, um den Zugriff auf Dateien, eines Intranets auf Basis von SharePoint Online oder verschiedene Anwendungen gezielt zu steuern. Ein typisches Beispiel für den Einsatz von Sicherheitsgruppen ist die Regelung des Zugriffs auf bestimmte Ordner oder Dokumentbibliotheken. So kann festgelegt werden, welche Mitarbeiter auf vertrauliche Informationen zugreifen dürfen und wer von bestimmten Bereichen ausgeschlossen bleibt.

Darüber hinaus ermöglichen Sicherheitsgruppen die Steuerung des Zugriffs auf unterschiedliche Anwendungen innerhalb der Organisation. So lässt sich etwa festlegen, welche Personen bestimmte Apps nutzen können und welche Funktionen ihnen innerhalb dieser Anwendungen zur Verfügung stehen. Ebenso werden Sicherheitsgruppen genutzt, um Rollen in Entra ID zuzuweisen. Auf diese Weise können Verantwortlichkeiten und Zugriffsrechte klar und effizient verteilt werden.

Im Unterschied zu anderen Gruppentypen verfügen Sicherheitsgruppen über keine E-Mail-Funktion. Sie sind nicht für die Kommunikation gedacht und erscheinen nicht in Outlook oder Teams. Ihr einziger Zweck besteht darin, Berechtigungen zu verwalten und im Hintergrund für einen reibungslosen Ablauf der Arbeitsprozesse zu sorgen. Die Verwaltung dieser Gruppen erfolgt entweder zentral im Microsoft 365 Admin Center oder direkt in Entra ID. Dort können Administratoren neue Gruppen anlegen, bestehende Gruppen bearbeiten und die jeweiligen Zugriffsrechte für die Mitglieder festlegen.

Sicherheitsgruppen sind nicht sichtbar in Outlook – und das ist auch gut so. Sie sollen im Hintergrund wirken, nicht kommunizieren.

Dynamische Verteilergruppen

Dynamische Verteilergruppen bieten eine automatisierte Lösung für die Verwaltung von E-Mail-Empfängerlisten in Unternehmen. Die Mitgliedschaft in diesen Gruppen wird nicht von Hand gepflegt, sondern auf Grundlage vordefinierter Attribute wie Abteilung, Standort oder Benutzerrolle kontinuierlich aktualisiert. Das bedeutet, dass beispielsweise alle Beschäftigten aus dem Vertrieb oder einer bestimmten Niederlassung automatisch Teil der passenden Gruppe sind, ohne dass ein manuelles Hinzufügen oder Entfernen erforderlich ist. Im Unternehmensalltag zeigt sich der praktische Nutzen dynamischer Verteilergruppen besonders dann, wenn E-Mails gezielt an bestimmte Personenkreise gesendet werden sollen, etwa an alle Mitarbeiter, die im Vertrieb tätig sind oder an einem bestimmten Standort arbeiten. Neue Mitarbeiter werden automatisch in die relevantesten Gruppen aufgenommen, sobald ihre Attribute korrekt im System erfasst sind. Auf diese Weise erhalten sie wichtige Informationen und Ankündigungen ohne Verzögerung.

Die besondere Stärke dynamischer Verteilergruppen liegt in der automatischen Anpassung der Gruppenmitgliedschaft, basierend auf den im System gepflegten Attributen. Eine manuelle Pflege der Mitgliederliste entfällt vollständig, was den Verwaltungsaufwand erheblich verringert und eine stets aktuelle und zielgerichtete Informationsverteilung ermöglicht. Die technische Verwaltung dieser dynamischen Gruppen ist ausschließlich über die Entra ID, das Exchange Admin Center oder die Nutzung von PowerShell möglich. In diesen Verwaltungsoberflächen lassen sich Kriterien für die automatische Mitgliedschaft festlegen und jederzeit anpassen, sodass die Gruppen immer den aktuellen Anforderungen des Unternehmens entsprechen. So tragen dynamische Verteilergruppen entscheidend zu einer effizienten und passgenauen Kommunikation innerhalb der Organisation bei.

Ideal für große Organisationen mit häufigen Personalwechseln – spart viel Pflegeaufwand.

Dynamische Gruppen basieren auf Entra-ID-Benutzerattributen. Wer hier sauber arbeitet (z. B. mit gepflegten Abteilungsfeldern), kann viel automatisieren.

Berechtigungen und Zugriff

Ein Postfach oder eine Gruppe ist nur so nützlich wie die Menschen, die damit arbeiten können – oder eben nicht. Deshalb ist es wichtig zu verstehen, welche Arten von Berechtigungen es gibt, was sie bedeuten und wie man sie sinnvoll einsetzt.

In Exchange Online gibt es drei zentrale Berechtigungsarten für Postfächer:

Berechtigungstyp	Bedeutung
Vollzugriff	Der Benutzer kann das Postfach vollständig öffnen, lesen, löschen, verwalten.
Senden als	Der Benutzer kann E-Mails senden, die aussehen, als kämen sie vom Postfach selbst.
Senden im Auftrag	Der Benutzer sendet im Namen des Postfachs – sichtbar als »Max Mustermann im Auftrag von `info@firma.de`«.

Tabelle 13.4: Berechtigungsarten für Postfächer

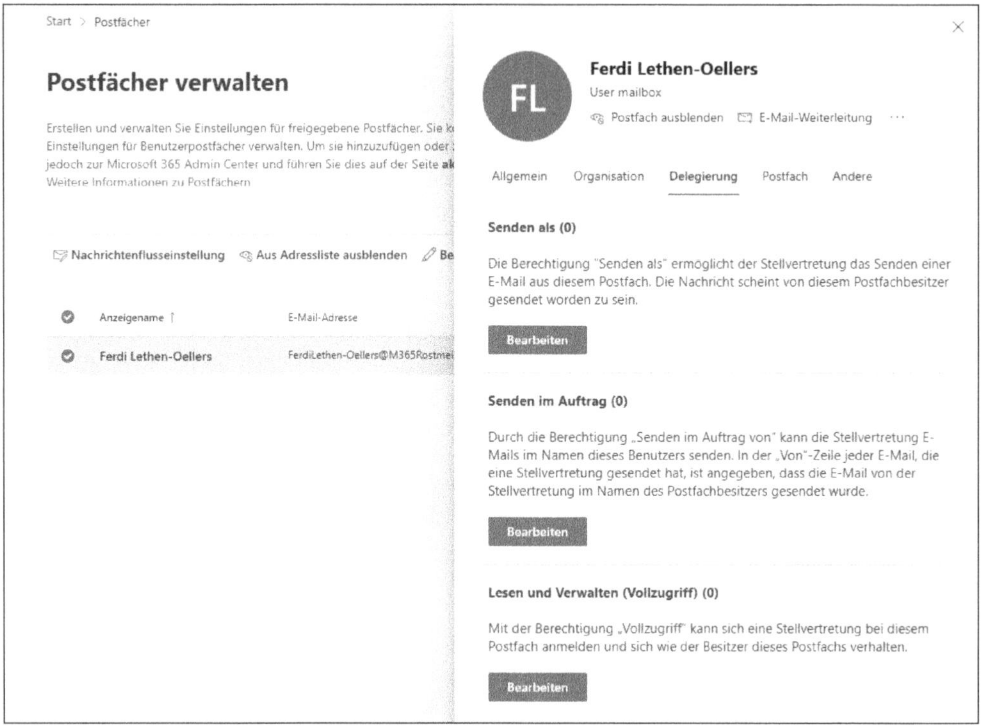

Abbildung 13.2: Postfachberechtigungen

Berechtigungen für freigegebene Postfächer

Damit ein freigegebenes Postfach effizient genutzt werden kann, ist es entscheidend, dass ausschließlich die dafür vorgesehenen Personen Zugriff erhalten und ihnen die passenden Rechte zugewiesen werden. In der Praxis bewährt sich eine klare Rollenverteilung. Die Leitung eines Teams erhält sowohl die Berechtigung, das gesamte Postfach zu öffnen und sämtliche Inhalte zu verwalten, als auch die Möglichkeit, E-Mails direkt im Namen des Postfachs zu versenden. Teammitglieder erhalten umfassenden Zugriff auf das Postfach, sodass sie alle Nachrichten einsehen, bearbeiten und auch löschen können, jedoch nicht im Namen des Postfachs kommunizieren. Personen außerhalb der Organisation oder des Teams erhalten keinen Zugriff, um die Sicherheit und Vertraulichkeit der Informationen zu gewährleisten. Durch diese strukturierte Vergabe von Berechtigungen wird sichergestellt, dass Arbeitsabläufe im Team reibungslos funktionieren und sensible Daten geschützt bleiben.

SENDEN ALS und SENDEN IM AUFTRAG schließen sich nicht gegenseitig aus – aber sie können zu Verwirrung führen, wenn beide vergeben sind. Entscheiden Sie sich bewusst für eine Variante.

Berechtigungen für Kalender

Kalenderfreigaben spielen eine zentrale Rolle bei der Verwaltung von Ressourcenpostfächern, insbesondere wenn es sich um gemeinsam genutzte Besprechungsräume handelt.

Sie ermöglichen eine gezielte Steuerung, wer auf welche Funktionen zugreifen darf. So kann festgelegt werden, welche Personen berechtigt sind, einen Raum für Termine zu reservieren. Ebenso lässt sich regeln, wer überhaupt die bestehenden Reservierungen einsehen kann. Darüber hinaus besteht die Möglichkeit, bestimmten Benutzergruppen das Recht zu erteilen, Buchungen zu verändern oder auch zu löschen, falls es zu Änderungen oder Absagen kommt.

In der Praxis haben sich verschiedene Rollen etabliert, um die Zugriffsrechte klar und effektiv zu verwalten. Standardbenutzer erhalten die Berechtigung, die generelle Verfügbarkeit eines Raumes zu prüfen, jedoch sind sie nicht in der Lage, selbstständig eine Buchung vorzunehmen. Die Rolle des Organisators ist mit erweiterten Rechten ausgestattet. Organisatoren dürfen nicht nur einen Raum reservieren, sondern auch bestehende Buchungen verwalten und bei Bedarf anpassen. Delegierte erhalten die umfassendsten Rechte. Sie sind dazu befähigt, im Namen des Raumes zu agieren und sämtliche Kalenderfunktionen wahrzunehmen. Damit können sie beispielsweise Buchungen erstellen, ändern oder löschen, als würden sie direkt für den Raum handeln.

Durch die gezielte Vergabe dieser unterschiedlichen Rollen wird gewährleistet, dass der Zugriff auf Ressourcen klar geregelt und Missverständnisse im Arbeitsalltag vermieden werden. So bleiben sowohl die Verfügbarkeit als auch die Verwaltung der Besprechungsräume transparent und effizient.

Kalenderberechtigungen lassen sich auch per PowerShell sehr granular steuern – zum Beispiel mit

`Set-MailboxFolderPermission`.

Berechtigungen dokumentieren

Gerade bei freigegebenen Postfächern oder Gruppenpostfächern lohnt es sich, die vergebenen Berechtigungen zu dokumentieren:

- ✔ Name der berechtigten Person
- ✔ Art der Berechtigung
- ✔ Datum der Vergabe
- ✔ Verantwortliche Person

Das hilft bei späteren Änderungen oder Audits – und spart Diskussionen.

Ein Team hatte ein freigegebenes Postfach für den Kundenservice. Alle durften E-Mails lesen und beantworten – aber nur eine Person hatte »Senden als«-Rechte. Ergebnis: Kunden bekamen Antworten von »Max Mustermann im Auftrag von `kundenservice@firma.de`« – was für Verwirrung sorgte. Nach der Umstellung auf »Senden als« war die Kommunikation wieder klar und professionell.

Best Practices für Namenskonventionen und Struktur

Stellen Sie sich vor, Sie suchen ein bestimmtes Gruppenpostfach – und finden fünf mit fast identischem Namen. Oder Sie wollen wissen, wer für `projekt-x@firma.de` verantwortlich ist – aber niemand weiß es. Genau hier helfen klare Namenskonventionen und eine saubere Struktur.

Warum das wichtig ist:

- ✔ Wiedererkennung: Benutzer erkennen sofort, wofür ein Postfach oder eine Gruppe gedacht ist.
- ✔ Verwaltung: Admins finden schneller, was sie suchen – besonders bei Berechtigungen oder Audits.
- ✔ Automatisierung: Skripte und Prozesse funktionieren zuverlässiger, wenn Namen konsistent sind.
- ✔ Vermeidung von Duplikaten: Einheitliche Namen verhindern doppelte Gruppen mit leicht abweichenden Bezeichnungen.

Einheitliche Benennung: so geht's

Ein passender Name für ein Postfach oder eine Gruppe macht den Verwendungszweck und die Zugehörigkeit direkt erkennbar. So wird etwa durch den Zusatz »intern« klar, dass es sich um ein internes Marketingteam handelt und nicht um eine allgemeine Kontaktadresse. Die Namen sollten eindeutig sein und Informationen zu Abteilung, Standort oder Funktion enthalten, damit Verwaltung und Zuordnung möglichst einfach sind und Missverständnisse vermieden werden.

Typ	Beispiel	Bedeutung
Benutzerpostfach	`vorname.nachname@firma.de`	Standard für Einzelpersonen
Freigegebenes Postfach	`team.einkauf@firma.de`	Team-Postfach für Einkauf
Raum-Postfach	`raum.berlin.01@firma.de`	Raum 01 im Standort Berlin
Microsoft-365-Gruppe	`grp.projektx.team@firma.de`	Projektgruppe für Team X

Tabelle 13.5: Beispiele für Namenskonventionen

Dokumentation und Verantwortlichkeiten

Für jede Gruppe oder jedes Postfach empfiehlt es sich, eine nachvollziehbare Dokumentation zu führen. Darin sollte festgehalten werden, welchem Zweck die jeweilige Ressource dient und welche Person oder welches Team für die Verwaltung der Mitglieder sowie der

Berechtigungen zuständig ist. Außerdem ist es wichtig, das genaue Erstellungsdatum zu vermerken und die letzte Veränderung an den Einstellungen oder Berechtigungen zu protokollieren. Diese strukturierte Erfassung erleichtert den Überblick, unterstützt die Nachvollziehbarkeit und sorgt für klare Verantwortlichkeiten im laufenden Betrieb.

Für jede Gruppe oder jedes Postfach sollte dokumentiert sein:

- ✔ Zweck: Wofür wird sie/es verwendet?
- ✔ Verantwortliche Person(en): Wer pflegt Mitglieder und Berechtigungen?
- ✔ Erstellungsdatum: Seit wann existiert sie/es?
- ✔ Letzte Änderung: Wann wurde zuletzt etwas angepasst?

Eine einfache Excel-Tabelle oder ein zentrales Wiki kann hier Wunder wirken – besonders bei vielen Gruppen.

Trennung von produktiven und Testpostfächern

In größeren Organisationen sowie im Rahmen von Pilotprojekten werden häufig Testpostfächer eingerichtet. Diese Postfächer dienen ausschließlich zu Testzwecken und sollten daher stets eindeutig gekennzeichnet sein. Eine klare Benennung, beispielsweise mit test, demo oder sandbox im Namen, erleichtert es allen Beteiligten, Testpostfächer von produktiven Ressourcen zu unterscheiden und minimiert das Risiko einer Verwechslung im Arbeitsalltag. Zudem ist darauf zu achten, dass in Testpostfächern keine produktiven Daten abgelegt werden. Die Verwendung von echten Unternehmensdaten ist zu vermeiden, um Datenschutzprobleme und unbeabsichtigte Auswirkungen auf produktive Prozesse auszuschließen. Ein weiterer wichtiger Aspekt ist die regelmäßige Überprüfung und Bereinigung dieser Postfächer. Es empfiehlt sich, in festgelegten Abständen – etwa alle drei Monate – den Bestand an Testpostfächern zu prüfen und nicht mehr benötigte Postfächer konsequent zu entfernen. Dadurch bleibt die Umgebung übersichtlich und das Risiko eines unbeabsichtigten produktiven Einsatzes von Testpostfächern wird deutlich reduziert.

Wichtig ist:

- ✔ Klare Kennzeichnung (z. B. test, demo oder sandbox im Namen)
- ✔ Keine produktiven Daten verwenden
- ✔ Regelmäßige Bereinigung (z. B. alle drei Monate prüfen)

Testpostfächer, die versehentlich produktiv genutzt werden, können zu Datenverlust oder Datenschutzproblemen führen.

Typische Stolperfallen und wie man sie vermeidet

Auch wenn Exchange Online vieles vereinfacht – es gibt ein paar klassische Fehler, die immer wieder passieren. Die gute Nachricht: Wer sie kennt, kann sie ganz leicht vermeiden.

1. **Shared Mailbox ohne Lizenz – bis sich jemand anmeldet**

   Ein freigegebenes Postfach ist in der Regel lizenzfrei, solange kein direkter Zugriff darauf erfolgt. Die Praxis zeigt jedoch, dass diese Regel nicht immer eindeutig umgesetzt wird. Häufig kommt es vor, dass ein Kollege das Postfach versehentlich direkt im Browser öffnet, etwa über Outlook Web App. Ebenso können automatisierte Prozesse fälschlicherweise für das Postfach eigene Anmeldedaten verwenden. Sobald dies geschieht, wird für das freigegebene Postfach eine Lizenz notwendig. Der Unterschied zwischen dem Zugriff über Berechtigungen auf ein Benutzerpostfach und der direkten Anmeldung ist entscheidend. Ein direkter Zugriff löst sofort die Lizenzpflicht aus, auch wenn das ursprünglich nicht beabsichtigt war. Um dies zu vermeiden, sollte bei der Einrichtung und Nutzung freigegebener Postfächer besonders sorgfältig darauf geachtet werden, dass keine direkten Anmeldedaten vergeben werden und alle Zugriffe ausschließlich über die entsprechenden Berechtigungen erfolgen. Regelmäßige Überprüfungen, beispielsweise durch die Auswertung von Audit-Protokollen, helfen dabei, versehentliche direkte Anmeldungen zu erkennen und frühzeitig zu reagieren. Damit wird sichergestellt, dass die Lizenzregeln eingehalten werden und keine zusätzlichen Kosten oder Compliance-Risiken entstehen.

Lösung:

✔ Keine direkten Anmeldedaten vergeben.

✔ Zugriff nur über Berechtigungen auf Benutzerpostfächer.

✔ Regelmäßig prüfen, ob sich jemand direkt anmeldet (Audit-Logs).

Wenn ein Postfach dauerhaft aktiv genutzt wird (z. B. mit Regeln, Signaturen, Weiterleitungen), überlegen Sie, ob ein Benutzerpostfach mit Lizenz sinnvoller ist.

2. **Gruppen doppelt angelegt – einmal als Verteiler, einmal als M365-Gruppe**

   Ein häufiger Fehler in der Verwaltung von Exchange-Online-Gruppen entsteht, wenn zunächst eine Gruppe als klassische Verteilergruppe eingerichtet wird und später festgestellt wird, dass für die Zusammenarbeit in Teams oder die Nutzung von SharePoint eine Microsoft-365-Gruppe benötigt wird. In solchen Fällen wird oftmals eine weitere Gruppe mit nahezu identischem Namen erstellt. Dies führt dazu, dass die Nutzer nicht mehr eindeutig erkennen können, welche Gruppe für welchen Zweck vorgesehen ist. Die Folge sind Mehrfachsendungen von E-Mails an verschiedene, aber ähnlich benannte Gruppen, was nicht nur die Kommunikation erschwert, sondern auch zu doppelten

Nachrichten im Posteingang führt. Zusätzlich bleibt häufig unklar, wer für welche Gruppe verantwortlich ist und welche Aufgaben mit den einzelnen Gruppen verbunden sind. Diese Unsicherheiten können die Effizienz der Zusammenarbeit beeinträchtigen und führen nicht selten zu weiteren administrativen Aufwänden, etwa bei der Pflege und Konsolidierung von Gruppen.

Lösung:

- ✔ Vorab klären: Wird nur E-Mail benötigt oder auch Zusammenarbeit?
- ✔ Einheitliche Namenskonventionen nutzen.
- ✔ Bestehende Gruppen regelmäßig prüfen und konsolidieren.

Microsoft-365-Gruppen können Verteilergruppen technisch ersetzen – aber nicht umgekehrt.

3. **Berechtigungen vergessen – oder zu großzügig vergeben**

Ein Postfach ist zwar eingerichtet und eine Gruppe wurde erstellt, dennoch können die Mitglieder häufig nicht darauf zugreifen. In manchen Fällen haben hingegen alle Beteiligten umfassenden Zugriff, was ebenfalls problematisch ist. Typische Fehler in diesem Zusammenhang entstehen beispielsweise dadurch, dass die Berechtigung zum Senden als eine andere Person oder Gruppe nicht korrekt vergeben wurde. Dadurch erscheinen E-Mails mit einem unerwarteten oder fehlerhaften Absender, was die Zuordnung und Nachverfolgung erschwert. Ein weiteres häufiges Problem ist, dass der Vollzugriff auf das Postfach nicht für die relevanten Personen eingerichtet wurde. Dies führt dazu, dass das Postfach von den vorgesehenen Personen nicht geöffnet oder genutzt werden kann, was die Arbeitsabläufe erheblich beeinträchtigt. Auf der anderen Seite kann es auch vorkommen, dass zu vielen Personen umfangreiche Berechtigungen erteilt werden. Dies stellt ein erhebliches Risiko für den Datenschutz dar, da sensible Informationen von Personen eingesehen oder bearbeitet werden können, die dafür eigentlich nicht vorgesehen sind. Es ist daher besonders wichtig, beim Einrichten von Postfächern und Gruppen die Zugriffsrechte sorgfältig zu planen und regelmäßig zu überprüfen, um sowohl die Arbeitsfähigkeit als auch die Sicherheit der Daten zu gewährleisten.

Lösung:

- ✔ Berechtigungen bewusst und gezielt vergeben.
- ✔ Dokumentieren, wer was darf.
- ✔ Regelmäßig prüfen und bereinigen.

Nutzen Sie PowerShell, um Berechtigungen regelmäßig auszulesen und zu dokumentieren – zum Beispiel mit Get-MailboxPermission oder Get-RecipientPermission.

4. Gruppen ohne Besitzer

Gerade bei Microsoft-365-Gruppen kommt es häufig vor, dass die Gruppe zunächst korrekt angelegt wird und ein Projektleiter die Verantwortung übernimmt. Im Verlauf des Projekts oder nach dessen Abschluss kann es jedoch passieren, dass der Projektleiter das Unternehmen verlässt oder eine andere Aufgabe übernimmt. In solchen Fällen bleibt oft unklar, wer künftig für die Pflege und Verwaltung der Gruppe zuständig ist. Die Mitgliederliste wird nicht mehr aktualisiert, neue Teammitglieder werden nicht hinzugefügt und ausgeschiedene Personen bleiben weiterhin in der Gruppe. Dadurch kann es passieren, dass niemand mehr die Kontrolle über die Inhalte der Gruppe hat. Wichtige Dokumente, Unterhaltungen oder geteilte Dateien werden nicht mehr überwacht oder gepflegt. Im schlimmsten Fall wird die Gruppe nicht gelöscht, obwohl sie schon lange nicht mehr benötigt wird. Dies führt zu einer Ansammlung veralteter oder unnötiger Gruppen, was die Übersichtlichkeit und die Sicherheit innerhalb der Microsoft-365-Umgebung beeinträchtigen kann.

Lösung:

- ✔ Immer mindestens zwei Besitzer festlegen.
- ✔ Verantwortlichkeiten dokumentieren.
- ✔ Gruppen regelmäßig auf Aktivität prüfen.

Gruppen ohne Besitzer sind ein Sicherheits- und Governance-Risiko – besonders bei sensiblen Inhalten.

Verwaltung mit PowerShell (optional für Fortgeschrittene)

PowerShell ist das Schweizer Taschenmesser für Microsoft-365-Admins – und auch für ambitionierte Nicht-Admins ein echter Geheimtipp. Mit wenigen Befehlen lassen sich Aufgaben automatisieren, die im Admin Center viele Klicks erfordern würden.

Warum ist die PowerShell für einen Admin sinnvoll?

- ✔ Effizienz: mehrere Postfächer oder Gruppen auf einmal verwalten.
- ✔ Transparenz: Berechtigungen und Einstellungen schnell auslesen.
- ✔ Automatisierung: wiederkehrende Aufgaben als Skript speichern.
- ✔ Dokumentation: Ergebnisse exportieren und archivieren.

Voraussetzungen

Bevor Sie mit der Verwaltung über PowerShell beginnen, stellen Sie bitte sicher, dass Sie über einen aktiven Zugang zu Microsoft 365 verfügen. Sie benötigen außerdem ein

Benutzerkonto mit den entsprechenden administrativen Rechten, um Änderungen an Gruppen, Postfächern oder Berechtigungen vornehmen zu können. Es ist wichtig, dass Sie mit der PowerShell-Umgebung vertraut sind und Zugriff auf einen Computer haben, auf dem PowerShell installiert ist. Zusätzlich sollten Sie sicherstellen, dass eine stabile Internetverbindung besteht, da die Verbindung zu Exchange Online darüber erfolgt. Die neuesten Updates für PowerShell sollten installiert sein, um Kompatibilitätsprobleme zu vermeiden und alle aktuellen Funktionen nutzen zu können. Prüfen Sie auch, ob Sie die notwendigen Module wie das Exchange-Online-Management-Modul installieren dürfen, da dies Voraussetzung für die Verbindung zu Exchange Online ist.

Das Exchange-Online-Management-Modul wird in PowerShell mit dem Befehl `Install-Module -Name ExchangeOnlineManagement` installiert.

BEISPIEL

Alle freigegebenen Postfächer mit Berechtigungen auflisten:

```
Get-Mailbox -RecipientTypeDetails SharedMailbox | ForEach-Object {
    $mailbox = $_.PrimarySmtpAddress
    Write-Host "Postfach: $mailbox"
    Get-MailboxPermission -Identity $mailbox | Where-Object {
        $_.User -notlike "NT AUTHORITY\\SELF"
    } | Format-Table User, AccessRights
}
```

Nach der Ausführung dieses PowerShell-Befehls entfaltet sich vor Ihnen eine detaillierte Auflistung aller freigegebenen Postfächer mitsamt den jeweiligen Berechtigungen – transparent gegliedert und es ist auch klar ersichtlich, welche Personen mit welchen Zugriffsrechten ausgestattet sind. So wird auf einen Blick sichtbar, wer innerhalb der Organisation zu welchem Postfach besondere Rechte besitzt.

BEISPIEL

Berechtigungen für Kalender eines Postfachs anzeigen:

```
Get-MailboxFolderPermission -Identity "marketing@firma.de:\Kalender"
```

Mit diesem Befehl lassen sich die Zugriffsberechtigungen auf den Kalender eines bestimmten Postfachs präzise ermitteln. Sie erhalten eine übersichtliche Darstellung aller Personen, die auf den Kalender zugreifen dürfen, und erfahren dabei nicht nur, wer Zugriff hat, sondern auch, in welcher Rolle diese Personen agieren. Es wird beispielsweise deutlich, ob jemand berechtigt ist, Termine im Kalender zu bearbeiten, nur anzusehen oder andere spezielle Aufgaben zu übernehmen. So wird nachvollziehbar, ob etwa Mitarbeiter als Bearbeiter oder lediglich als Betrachter eingetragen sind. Diese Transparenz unterstützt Sie dabei, die Kontrolle über die Kalenderfreigaben in der Organisation zu behalten und gegebenenfalls Anpassungen vorzunehmen.

Sie möchten die Ergebnisse in Excel weiterverarbeiten? Kein Problem:

```
Get-Mailbox -RecipientTypeDetails SharedMailbox | Export-Csv -Path
"C:\Postfaecher.csv" -NoTypeInformation
```

Die Arbeit mit der PowerShell bietet Ihnen eine Vielzahl an Möglichkeiten, Änderungen in Ihrer Exchange-Umgebung schnell und effizient umzusetzen. Gleichzeitig verlangt sie jedoch größte Sorgfalt, da bereits ein kleiner Fehler unerwünschte Konsequenzen nach sich ziehen kann. Die PowerShell verzeiht keine Unachtsamkeiten. Ein nicht korrekt geschriebener oder falsch verstandener Befehl kann dazu führen, dass Berechtigungen versehentlich geändert, Daten ungewollt gelöscht oder Postfächer für Nutzer unzugänglich werden. Um solche Risiken zu minimieren, empfiehlt es sich, bei verfügbaren Befehlen zunächst die Option *WhatIf* zu nutzen. Damit können Sie vorab simulieren, welche Auswirkungen ein Befehl hätte, ohne dass tatsächlich Änderungen vorgenommen werden. Dokumentieren Sie zudem Ihre Skripte sorgfältig, damit Sie und Ihre Kollegen jederzeit nachvollziehen können, welche Anpassungen vorgenommen wurden. Halten Sie sämtliche Änderungen transparent, damit alle Beteiligten stets den Überblick behalten und im Bedarfsfall entsprechende Schritte zurückverfolgen können.

Wenn ein Mitarbeiter das Unternehmen verlässt, ergeben sich daraus mehrere wichtige Fragestellungen, die es strukturiert zu beantworten gilt. Zunächst stellt sich die Frage, was mit dem Postfach geschieht. Es ist zu klären, ob das Postfach weiterhin benötigt wird, zum Beispiel für die Übergabe von Aufgaben oder für die Archivierung wichtiger E-Mails. Ebenso ist es wichtig, zu bestimmen, wer künftig Zugriff auf die bisherigen E-Mails erhält. In vielen Fällen ist es sinnvoll, ausgewählten Personen aus der Organisation zeitweise Zugriff auf das Postfach zu gewähren, um einen reibungslosen Übergang sicherzustellen. Darüber hinaus muss geprüft werden, ob Gruppenmitgliedschaften angepasst werden sollten, damit keine unberechtigten Zugriffe oder Kommunikationsprobleme entstehen. Schließlich ist zu beachten, wie lange die Daten im Postfach aufbewahrt werden. Die Dauer der Datenspeicherung kann je nach organisatorischen und rechtlichen Vorgaben unterschiedlich ausfallen. Im weiteren Verlauf dieses Abschnitts werden die notwendigen Schritte detailliert erläutert, sodass Sie klar nachvollziehen können, wie Sie beim Ausscheiden eines Mitarbeiters vorgehen sollten, um einen sicheren und transparenten Prozess zu gewährleisten.

Postfach deaktivieren oder umwandeln

Wenn ein Benutzerkonto deaktiviert oder gelöscht wird, bleibt das Postfach zunächst bestehen – allerdings ist es nicht mehr aktiv nutzbar. Folgende Optionen bieten sich Ihnen:

- ✔ Postfach in freigegebenes Postfach umwandeln

  Vorteil: Keine Lizenz mehr nötig, allerdings besteht weiterhin die Zugriffsmöglichkeit (z. B. für Übergabe oder Archivierung).

  ```
  Set-Mailbox -Identity "max.mustermann@firma.de" -Type Shared
  ```

- ✔ Postfach deaktivieren (Soft Delete)

  Das Postfach bleibt für 30 Tage erhalten und kann wiederhergestellt werden.

  ```
  Remove-Mailbox -Identity max.mustermann@firma.de
  ```

Wird das Postfach gelöscht, ohne vorher in ein freigegebenes Postfach umgewandelt zu werden, gehen alle Daten verloren – es sei denn, es existiert ein Backup oder Archiv.

E-Mails weiterleiten oder exportieren

Die automatische Weiterleitung an eine Vertretung oder eine Teamadresse sorgt dafür, dass wichtige Nachrichten weiterhin bearbeitet werden. Alternativ kann das gesamte Postfach exportiert werden, falls rechtliche oder dokumentarische Anforderungen dies erfordern. Beide Optionen sollten je nach Bedarf und organisatorischen Vorgaben geprüft und umgesetzt werden.

✔ Automatische Weiterleitung einrichten

zum Beispiel an eine Vertretung oder Teamadresse

```
Set-Mailbox -Identity "max.mustermann@firma.de" -ForwardingSMTPAddress
"vertretung@firma.de"
```

✔ Postfach exportieren (nur mit E5 oder mit Drittanbieter-Tools)

für rechtliche oder dokumentarische Zwecke

Gruppenmitgliedschaften prüfen und bereinigen

Ein ehemaliger Mitarbeiter kann in zahlreichen Gruppen Mitglied sein oder sogar die Rolle des Besitzers innehaben. Es ist wichtig, alle Gruppenmitgliedschaften dieses Kontos sorgfältig zu prüfen und gegebenenfalls anzupassen. Mithilfe eines PowerShell-Befehls lässt sich ermitteln, in welchen Gruppen das betreffende Konto eingetragen ist. Dazu kann folgender Befehl verwendet werden:

```
Get-Recipient -Filter Members eq max.mustermann@firma.de
```

Nach der Ermittlung aller relevanten Gruppen sollten die Mitgliedschaften entfernt werden, damit der ehemalige Mitarbeiter keinen Zugriff mehr auf gemeinsame Ressourcen hat. Ebenso ist zu prüfen, ob das Konto als Besitzer einer Gruppe eingetragen ist. In solchen Fällen sollten die Besitzerrollen auf aktive Teammitglieder übertragen werden, um eine reibungslose Verwaltung sicherzustellen. Falls es Gruppen gibt, die nicht mehr benötigt werden, empfiehlt es sich, diese zu archivieren oder zu löschen. Durch diese Maßnahmen wird gewährleistet, dass die Organisationsstruktur aktuell bleibt und keine unbefugten Zugriffe erfolgen können.

Nutzen Sie Entra ID Access Reviews (ab P2), um Gruppenmitgliedschaften regelmäßig zu prüfen.

Kalender und Stellvertretungen

Falls im Kalender des ausgeschiedenen Mitarbeiters noch Termine vermerkt sind, die für das Team oder bestimmte Kollegen weiterhin relevant sind, sollte der Zugriff auf diesen Kalender geregelt werden. Es empfiehlt sich, ausgewählten Kollegen eine Zugriffsberechtigung zu erteilen, sodass sie die anstehenden Termine einsehen und gegebenenfalls koordinieren können.

Dies ist besonders hilfreich, wenn noch offene Meetings, Projektbesprechungen oder Kundenabsprachen im Kalender hinterlegt sind, die nach dem Ausscheiden des Mitarbeiters nicht verloren gehen dürfen. Darüber hinaus bietet es sich an, eine Stellvertretung festzulegen, die die Kundenkommunikation übernimmt. So bleibt die Erreichbarkeit gewährleistet und wichtige Informationen oder Absprachen werden weiterhin zuverlässig bearbeitet.

Dokumentation und Nachvollziehbarkeit

Im Rahmen des Offboardings ist es unerlässlich, sämtliche durchgeführten Maßnahmen nachvollziehbar zu dokumentieren. Dazu gehört zunächst die Festhaltung des Zeitpunkts, zu dem das Benutzerkonto deaktiviert wurde. Ebenso sind die Personen zu erfassen, die nach dem Ausscheiden des Mitarbeiters Zugriff auf das Postfach erhalten. Es ist festzuhalten, an welche Empfänger die E-Mails des ehemaligen Mitarbeiters weitergeleitet werden. Zudem werden alle Anpassungen an Gruppenmitgliedschaften protokolliert, um die Änderungen an den Zugriffsrechten transparent abzubilden. Durch diese strukturierte Dokumentation bleibt der gesamte Offboarding-Prozess nachvollziehbar und unterstützt die Einhaltung unternehmensinterner Richtlinien.

In größeren Organisationen empfiehlt sich ein standardisierter Offboarding-Prozess – idealerweise automatisiert über Microsoft Entra ID oder Drittanbieter-Tools.

IN DIESEM KAPITEL

Regeln und Richtlinien den Nachrichtenfluss gezielt steuern

Massenkommunikation professionell und regelkonform umsetzen

Warnrichtlinien: Potenzielle Probleme frühzeitig erkennen

Kapitel 14
Der Nachrichtenfluss

E-Mails gehören zum Arbeitsalltag wie der Kaffee am Morgen. Doch was passiert eigentlich im Hintergrund, wenn Sie auf SENDEN klicken? Warum kommen manche Nachrichten nie an, andere doppelt – und wieder andere mit einem kryptischen Fehlercode zurück? Dieses Kapitel nimmt Sie mit auf eine Reise durch den sogenannten Nachrichtenfluss in Exchange Online – das unsichtbare Rückgrat Ihrer E-Mail-Kommunikation.

Sie erfahren, wie Exchange Online E-Mails verarbeitet, prüft, weiterleitet oder auch mal blockiert. Dabei steige ich nicht zu tief in die Technik ein, sondern erkläre praxisnah und verständlich, was Sie wissen müssen, um den Überblick zu behalten – auch ohne klassische Administratorenausbildung.

Was ist der Nachrichtenfluss in Exchange Online – und warum ist er wichtig?

Wenn Sie eine E-Mail versenden, erwarten Sie, dass sie beim Empfänger ankommt, am besten schnell, sicher und zuverlässig. Doch was passiert eigentlich im Hintergrund, wenn Sie auf SENDEN klicken? Genau hier kommt der sogenannte Nachrichtenfluss ins Spiel, das unsichtbare Rückgrat der E-Mail-Kommunikation in Exchange Online.

Was bedeutet »Nachrichtenfluss«?

Der Nachrichtenfluss beschreibt den technischen Weg, den eine E-Mail vom Absender bis zum Empfänger nimmt – inklusive aller Stationen, Prüfungen, Regeln und Filter, die sie dabei durchläuft.

In Exchange Online – dem cloudbasierten E-Mail-Dienst von Microsoft 365 – übernimmt eine Vielzahl von Diensten und Mechanismen die Aufgabe, E-Mails sicher und regelkonform zu transportieren. Dazu gehören zum Beispiel:

- ✔ Transportdienste (Transport Services)
- ✔ Richtlinien und Regeln (Mail Flow Rules)
- ✔ Filtermechanismen (z. B. Anti-Spam, Anti-Malware)
- ✔ Konfigurationen wie akzeptierte Domänen und Remote-Domänen

All diese Komponenten arbeiten im Hintergrund zusammen, um sicherzustellen, dass Ihre Nachricht

- ✔ beim richtigen Empfänger landet,
- ✔ nicht im Spam-Filter hängen bleibt,
- ✔ den Unternehmensrichtlinien entspricht,
- ✔ und nachvollziehbar bleibt – auch im Fehlerfall.

Warum ist der Nachrichtenfluss so wichtig?

In Unternehmensumgebungen, in denen täglich eine Vielzahl von E-Mails zwischen Mitarbeitern und externen Partnern ausgetauscht wird, rückt der transparente und steuerbare Nachrichtenfluss in den Mittelpunkt. Ein effizient gesteuerter E-Mail-Verkehr unterstützt die reibungslose Abwicklung geschäftlicher Prozesse und hilft, Verzögerungen oder den Verlust von wichtigen Nachrichten zu vermeiden. Fallen E-Mails weg oder treffen sie verspätet ein, kann dies Projekte ins Stocken bringen oder wichtige Entscheidungen verzögern.

Zudem stehen Unternehmen vor der Herausforderung, unerwünschte oder potenziell kritische Inhalte zu kontrollieren. Dazu zählen beispielsweise vertrauliche Informationen, die das Unternehmen nicht unbeabsichtigt verlassen dürfen. Es ist notwendig, solche Inhalte automatisch zu erkennen und entsprechend zu blockieren oder umzuleiten, um den Datenschutz zu gewährleisten und interne Vorgaben einzuhalten.

Nicht minder bedeutend ist die Einhaltung gesetzlicher und unternehmensinterner Vorgaben. Die Nachvollziehbarkeit des gesamten E-Mail-Zustellpfads ist essenziell, damit Compliance-Richtlinien eingehalten werden und bei Bedarf eine lückenlose Dokumentation zur Verfügung steht.

Eine *Compliance-Richtlinie* umfasst verbindliche Vorgaben und Regeln, die sicherstellen, dass gesetzliche, regulatorische und unternehmensinterne Anforderungen eingehalten werden. Sie dient dazu, Risiken zu minimieren und die Integrität sowie die Nachvollziehbarkeit von Prozessen und Daten im Unternehmen zu gewährleisten. Verstöße gegen Compliance-Richtlinien können rechtliche und organisatorische Konsequenzen nach sich ziehen.

Ein klar nachvollziehbarer Nachrichtenfluss trägt außerdem dazu bei, Support-Anfragen zielgerichteter zu bearbeiten. Wer den Weg einer E-Mail im System transparent nachvollziehen kann, identifiziert Fehlerquellen schneller und kann Kommunikationsprobleme zeitnah beheben, sodass der Arbeitsalltag möglichst reibungslos bleibt.

Exchange Online protokolliert den Nachrichtenfluss sehr detailliert. Über die Nachrichtenablaufverfolgung (Message Trace) können Sie im Nachhinein genau sehen, wann eine E-Mail wo war – und warum sie gegebenenfalls nicht angekommen ist.

Auch ohne administrative Zugriffsrechte profitieren Anwender erheblich davon, den Nachrichtenfluss in Exchange Online zu verstehen. Wer nachvollziehen kann, welchen Weg eine E-Mail innerhalb des Systems nimmt, erhält Klarheit darüber, wo sich eine Nachricht befindet, wenn diese nicht wie erwartet im Posteingang erscheint. Ebenso lässt sich auf diese Weise erkennen, warum bestimmte E-Mails vom System blockiert oder an andere Empfänger weitergeleitet werden. Dieses Wissen hilft dabei, regelbasierte Funktionen zu nutzen, etwa um automatisch einen rechtlichen Hinweis oder Unternehmensinformationen an ausgehende Nachrichten anzufügen. Darüber hinaus bietet Exchange Online die Möglichkeit, den Versand von Nachrichten an größere Empfängerkreise transparent zu überprüfen. So sehen Sie, ob eine Rundmail tatsächlich an alle vorgesehenen Kontakte zugestellt wurde. Das Verständnis für die Mechanismen des Nachrichtenflusses unterstützt Sie dabei, Kommunikationsprobleme rasch zu identifizieren und zu beheben. Gleichzeitig schaffen Sie damit eine professionelle und verlässliche Basis für die tägliche Zusammenarbeit, ohne über tiefgehende Administratorenkenntnisse verfügen zu müssen.

Kurz gesagt: Sie möchten

- ✔ wissen, wo Ihre E-Mail bleibt, wenn sie mal nicht ankommt.
- ✔ verstehen, warum bestimmte Nachrichten blockiert oder umgeleitet werden.
- ✔ Regeln einrichten, die zum Beispiel automatisch einen Disclaimer an jede ausgehende Mail anhängen.

Wie passt das in die Microsoft-365-Welt?

Exchange Online ist fest in die Infrastruktur von Microsoft 365 eingebunden und arbeitet nahtlos mit anderen Diensten zusammen. Dabei erstreckt sich der Nachrichtenfluss nicht nur auf E-Mails, sondern hat direkten Einfluss auf zahlreiche Anwendungen innerhalb der Plattform. Das Zusammenspiel sorgt dafür, dass Informationen und Benachrichtigungen zuverlässig und transparent verarbeitet werden.

Microsoft Teams profitiert von dieser Integration, indem Benachrichtigungen über neue Nachrichten oder Termine häufig per E-Mail an die Nutzer weitergeleitet werden. So bleibt jede Person stets informiert und kann zeitnah auf relevante Ereignisse reagieren.

Auch SharePoint Online nutzt den Nachrichtenfluss, um automatisierte Freigabeprozesse und systemseitige Hinweise per E-Mail zu versenden. Dies stellt sicher, dass alle Beteiligten jederzeit über wichtige Änderungen und Zugriffe auf Dokumente oder Ordner informiert sind. So behalten sie den Überblick und können die Zusammenarbeit effizient gestalten.

Microsoft Purview übernimmt eine entscheidende Rolle beim Schutz sensibler Daten. Durch die Anwendung von Richtlinien zur Datenklassifizierung werden vertrauliche Informationen beim Versand entsprechend gekennzeichnet und geschützt. Dies erhöht die Sicherheit und unterstützt die Einhaltung interner sowie externer Vorgaben.

Mit Microsoft Defender for Office 365 wird der Nachrichtenfluss zusätzlich überwacht. Bedrohungen, wie Phishing oder Schadsoftware, werden frühzeitig erkannt, analysiert und bei Bedarf blockiert, bevor sie Schaden anrichten können. So bleibt die Kommunikation sicher und Angriffsversuche werden effektiv abgewehrt.

Die folgenden Anwendungen innerhalb der Microsoft-365-Plattform profitieren vom transparenten und gut konfigurierten Nachrichtenfluss:

- ✔ Microsoft Teams
- ✔ SharePoint Online
- ✔ Microsoft Purview
- ✔ Microsoft Defender for Office 365
- ✔ Exchange Online

Ein korrekt eingerichteter Nachrichtenfluss bildet die Grundlage für eine stabile und verlässliche Kommunikation. Er gewährleistet Sicherheit, unterstützt die Einhaltung von Compliance-Vorgaben und sorgt für Transparenz in allen Prozessen der Microsoft-365-Umgebung. Durch diese umfassende Integration wird die Zusammenarbeit im Unternehmen effizienter, nachvollziehbarer und deutlich sicherer gestaltet.

Nachrichtenablaufverfolgung einrichten – der Blick durchs Schlüsselloch

Stellen Sie sich vor, eine Kollegin wartet auf eine wichtige E-Mail – aber sie kommt einfach nicht an. Oder ein Kunde behauptet, Ihre Nachricht sei nie eingetroffen. In solchen Momenten ist es Gold wert, wenn Sie den Weg der E-Mail nachvollziehen können. Genau dafür gibt es die Nachrichtenablaufverfolgung in Exchange Online.

Die *Nachrichtenablaufverfolgung* (englisch: Message Trace) ist ein Tool im Exchange Admin Center, mit dem Sie den Weg einer E-Mail durch die Exchange-Online-Infrastruktur nachvollziehen können – vom Versenden über die Verarbeitung bis zur Zustellung oder Ablehnung.

Sie sehen damit nicht nur, ob eine Nachricht zugestellt wurde, sondern auch wann, wo und wie – inklusive aller Transportregeln, Filter und Server, die beteiligt waren.

Wo finde ich die Nachrichtenablaufverfolgung?

Die Nachrichtenablaufverfolgung ist Teil des Exchange Admin Centers (EAC). Sie erreichen sie über:

1. **Anmeldung im Microsoft 365 Admin Center**

   Öffnen Sie das Microsoft 365 Admin Center und melden Sie sich mit Ihrem Administratorkonto an. Achten Sie darauf, dass Ihr Konto über die erforderlichen Berechtigungen verfügt, beispielsweise als » Exchange-Administrator«.

2. **Wechsel zum Exchange Admin Center**

   Nach erfolgreicher Anmeldung klicken Sie im linken Navigationsbereich auf ADMIN CENTER und wählen dort EXCHANGE aus. Alternativ können Sie auch direkt über die URL `https://admin.exchange.microsoft.com` zum Exchange Admin Center wechseln.

3. **Navigation zur NACHRICHTENABLAUFVERFOLGUNG**

   Im Exchange Admin Center finden Sie im Menü auf der linken Seite den Bereich NACHRICHTENFLUSS. Klicken Sie darauf und wählen im Untermenü NACHRICHTENABLAUFVERFOLGUNG aus. Jetzt befinden Sie sich direkt in der Oberfläche, mit der Sie den Nachrichtenfluss im Detail analysieren können.

4. **Suchparameter festlegen**

   Hier können Sie nun gezielt nach einer bestimmten E-Mail suchen. Geben Sie zum Beispiel den Absender, Empfänger oder ein relevantes Datum an. Sie können den Zeitraum auf bis zu 90 Tage zurück festlegen – für die meisten Analysen reicht ein kürzerer Zeitraum, damit Sie die Ergebnisse direkt als Bericht erhalten.

5. **Nachrichtensuche starten**

   Klicken Sie auf SUCHEN oder BERICHT ANZEIGEN, um die Nachrichtenablaufverfolgung zu starten. Die Ergebnisse werden Ihnen anschließend direkt im Browser angezeigt. Bei längeren Zeiträumen wird ein Bericht im Hintergrund erstellt, den Sie später als CSV-Datei herunterladen können.

6. **Ergebnisse auswerten**

   Sie sehen jetzt, ob Ihre gesuchte Nachricht zugestellt, verzögert oder abgelehnt wurde – inklusive aller relevanten Details zu Transportregeln, Filtern und Servern auf dem Weg durch die Exchange-Infrastruktur. So können Sie nachvollziehen, was mit einer E-Mail passiert ist.

Mit dieser Anleitung können Sie den Nachrichtenablauf in Exchange Online Schritt für Schritt selbst analysieren – klicken Sie sich einfach durch die beschriebenen Menüpunkte und nutzen Sie die Vorteile der Nachrichtenablaufverfolgung für Ihr Unternehmen!

Wenn Sie lieber mit PowerShell arbeiten, können Sie für Auswertungen die Nachrichtenablaufverfolgung auch per Skript nutzen. Microsoft empfiehlt dafür die neuen Cmdlets `Get-MessageTraceV2` und `Get-MessageTraceDetailV2`, da die älteren Varianten künftig abgelöst werden. Damit lassen sich größere Zeiträume und Datenmengen komfortabel auswerten, zum Beispiel für Berichte oder automatisierte Prüfungen.

Um die Nachrichtenablaufverfolgung nutzen zu können, benötigen Sie ein Administratorkonto mit den passenden Exchange-Berechtigungen, zum Beispiel Mitgliedschaft in der Rolle » Exchange-Administrator« oder in einer vergleichbaren Verwaltungsrolle. Das Konto benötigt nicht zwingend ein eigenes Postfach mit Exchange-Online-Lizenz, in vielen Organisationen ist dies aber aus praktischen Gründen dennoch üblich.

Die Nachrichtenablaufverfolgung steht nicht unbegrenzt weit in die Vergangenheit zur Verfügung. Im neuen Exchange Admin Center können Sie zwar Zeiträume von bis zu 90 Tagen abfragen, aber es gilt: Für Zeiträume bis zu zehn Tagen erhalten Sie die Ergebnisse in der Regel sofort als Bericht in der Oberfläche. Wenn Sie einen längeren Zeitraum auswählen, bereitet Exchange Online im Hintergrund einen herunterladbaren Bericht vor, der nach einiger Zeit als CSV-Datei zur Verfügung steht.

Typische Herausforderungen – und wie Sie sie lösen

Bei der Nutzung der Nachrichtenablaufverfolgung in Exchange Online treten immer wieder bestimmte Herausforderungen auf. Eine Nachricht wird zum Beispiel häufig nicht gefunden, wenn der gewählte Suchzeitraum zu kurz ist. In diesem Fall empfiehlt es sich, den Zeitraum auf sieben Tage zu erweitern. Sollte eine E-Mail laut Ablaufverfolgung zugestellt, aber nicht im Posteingang sichtbar sein, können Postfach- oder Clientregeln, wie etwa Outlook-Regeln oder ein voller Junk-Mail-Ordner, die Ursache sein. Durch eine gezielte Überprüfung dieser Einstellungen lassen sich solche Probleme meist schnell beheben.

Herausforderung	Mögliche Ursache	Lösung
Nachricht wird nicht gefunden	Zeitraum zu kurz gewählt	Zeitraum auf sieben Tage erweitern
Nachricht wurde zugestellt, aber nicht angezeigt	Client- oder Postfachregel	Outlook-Regeln oder Junk-Mail-Ordner prüfen
Nachricht wurde abgelehnt	Transportregel oder Anti-Spam-Filter	Details in der Ablaufverfolgung prüfen, ggf. Regel anpassen
Nachricht wurde verzögert	Warteschlange oder externer Server langsam	Zustellstatus prüfen, ggf. Retry abwarten

Tabelle 14.1: Typische Herausforderungen beim Mailversand

Die Ablaufverfolgung zeigt Ihnen auch, ob eine Nachricht weitergeleitet, umgeleitet, verschlüsselt oder blockiert wurde – inklusive Angabe, durch welche Regel oder Richtlinie das passiert ist.

Die Nachrichtenablaufverfolgung in Aktion – Schritt für Schritt

Nachdem die Grundlagen der Nachrichtenablaufverfolgung und ihre Bedeutung erläutert wurden, folgt nun die praktische Anwendung. In diesem Abschnitt wird beschrieben, wie eine Ablaufverfolgung in der Praxis durchgeführt wird, um den Weg einer bestimmten E-Mail nachzuvollziehen.

BEISPIEL

Ein typisches Szenario ist, dass eine E-Mail, die von einem Kollegen an einen externen Geschäftspartner gesendet wurde, diesen scheinbar nicht erreicht hat.

Mithilfe der Nachrichtenablaufverfolgung lässt sich im Detail nachvollziehen, welchen Weg diese E-Mail genommen hat und an welcher Stelle es möglicherweise zu Problemen kam. So erhalten Sie einen genauen Überblick darüber, ob die Nachricht erfolgreich zugestellt, von einem Filter zurückgehalten oder aus einem anderen Grund nicht übermittelt wurde. Die folgenden Schritte zeigen, wie Sie mit der Ablaufverfolgung gezielt nach einer bestimmten E-Mail suchen und die Ergebnisse auswerten können, um die Ursache für die Nichtzustellung zu ermitteln.

1. **Anmeldung im Exchange Admin Center**

   Öffnen Sie das Exchange Admin Center unter `https://admin.exchange.microsoft.com` und melden Sie sich mit einem Konto an, das über die nötigen Berechtigungen verfügt.

2. **Navigieren zu NACHRICHTENFLUSS > NACHRICHTENABLAUFVERFOLGUNG**

   Im linken Menü finden Sie den Bereich NACHRICHTENFLUSS. Klicken Sie dort auf NACHRICHTENABLAUFVERFOLGUNG (Message Trace).

3. **Neue Ablaufverfolgung starten**

   Klicken Sie auf + NEUE ABLAUFVERFOLGUNG oder START A TRACE. Es öffnet sich ein Formular mit mehreren Feldern:

   - Absenderadresse: Optional, aber hilfreich zur Eingrenzung.
   - Empfängeradresse: Ebenfalls optional, aber meist empfehlenswert.
   - Zeitraum: Wählen Sie zum Beispiel GESTERN, LETZTE 48 STUNDEN oder einen BENUTZERDEFINIERTEN ZEITRAUM aus.
   - Nachrichten-ID: Nur erforderlich, wenn Sie gezielt nach einer konkreten Nachrichten-ID suchen (das ist selten nötig).

Je präziser Sie die Suchkriterien angeben, desto schneller und genauer erhalten Sie ein Ergebnis. Wenn Sie zum Beispiel wissen, dass die gesuchte Nachricht gestern zwischen 13:00 und 14:00 Uhr verschickt wurde, geben Sie genau diesen Zeitraum ein.

4. Ergebnisse anzeigen lassen

Nach dem Start der Suche erscheint eine Liste aller Nachrichten, die Ihren Kriterien entsprechen. Für jede Nachricht werden unter anderem angezeigt:

- **Status:** Etwa »zugestellt«, »gefiltert« oder »nicht zugestellt«.
- **Empfangszeit:** Wann die Nachricht von Exchange angenommen wurde.
- **Absender und Empfänger:** Wer die Mail geschickt hat und wer der Empfänger sein sollte.
- **Aktionen:** Welche besonderen Aktionen mit der Nachricht durchgeführt wurden (z. B. Weiterleitung, Ablehnung, Verschlüsselung).

Wenn Sie eine Nachricht in der Ergebnisliste anklicken, erhalten Sie eine detaillierte Ansicht aller Stationen, die diese Nachricht durchlaufen hat – inklusive aller angewendeten Regeln, Filter und Server.

Angenommen, in den Ergebnissen sehen Sie eine E-Mail mit dem Status »gefiltert«. In der Detailansicht dieser Nachricht steht zum Beispiel:

- Aktion: »Spam-Filter angewendet« – es wurde also ein Spamfilter ausgelöst.
- Grund: » Nachricht wurde als potenzieller Spam eingestuft« – die Nachricht sah verdächtig aus.
- Maßnahme: »In Quarantäne verschoben« – Exchange Online hat die Mail sicherheitshalber in die Quarantäne gestellt.

In diesem Fall können Sie Folgendes tun:

- Nachricht freigeben: Die E-Mail aus der Quarantäne entlassen (wenn Sie über die entsprechende Berechtigung verfügen).
- Absender auf die Positivliste setzen: Den Absender zur Liste sicherer Absender hinzufügen, damit zukünftige Mails von dieser Adresse nicht mehr fälschlicherweise gefiltert werden.
- Richtlinien prüfen: Die Anti-Spam-Richtlinie überprüfen und gegebenenfalls anpassen (zum Beispiel die Erkennungsstufe etwas senken oder spezifische Absender ausnehmen).

Nutzen Sie die Exportfunktion, um die Ergebnisse als CSV-Datei zu speichern – ideal für Dokumentation oder Supportanfragen.

Gehen Sie sparsam mit Ausnahmen in Spam- und Transportregeln um. Eine zu großzügige Konfiguration kann die Sicherheit Ihres E-Mail-Systems gefährden. Jede Ausnahme sollte wirklich notwendig und gut begründet sein!

Im Microsoft-365-Defender-Portal steht Ihnen eine erweiterte Ablaufverfolgung zur Verfügung. Diese Lösung bietet Ihnen gegenüber dem Exchange Admin Center zusätzliche Funktionen, die speziell bei komplexen Untersuchungen oder Compliance-Fragen hilfreich sind. Die erweiterten Möglichkeiten unterstützen Sie dabei, Nachrichten-Flüsse noch gezielter nachzuvollziehen und verdächtige Aktivitäten schneller zu erkennen.

- ✔ Sie können Nachrichten bis zu 90 Tage rückwirkend abfragen. So lassen sich auch ältere Vorfälle lückenlos analysieren und dokumentieren.
- ✔ Ihnen stehen erweiterte Filter und Suchkriterien zur Verfügung. Damit grenzen Sie die Ergebnisliste gezielt ein und finden relevante Nachrichten schneller.
- ✔ Die Ergebnisse lassen sich direkt als CSV-Datei exportieren und herunterladen. Dadurch können Sie die Daten für weiterführende Analysen oder Berichte unkompliziert weiterverarbeiten.

Mit diesen Optionen behalten Sie auch bei größeren Datenmengen den Überblick und sichern eine lückenlose Dokumentation Ihrer Maßnahmen. Die erweiterte Ablaufverfolgung im Microsoft-365-Defender-Portal ist somit ein wirkungsvolles Werkzeug, um Transparenz und Kontrolle über alle E-Mail-Vorgänge im Unternehmen zu gewährleisten.

Für forensische Analysen oder Audits ist die erweiterte Ablaufverfolgung oft die bessere Wahl – insbesondere bei komplexen Nachrichtenflüssen oder speziellen Compliance-Fragestellungen.

Akzeptierte Domänen und Remote-Domänen – wer darf rein, wer darf raus?

Wenn Sie Exchange Online nutzen, möchten Sie natürlich, dass E-Mails an Ihre Unternehmensadressen zuverlässig zugestellt werden – und dass der Versand an externe Partner reibungslos funktioniert. Damit das klappt, müssen Sie Exchange mitteilen, für welche Domänen es zuständig ist und wie es mit anderen Domänen kommunizieren soll. Genau hier kommen akzeptierte Domänen und Remote-Domänen ins Spiel.

Akzeptierte Domänen – Ihre digitale Hausnummer

Eine *akzeptierte Domäne* ist eine E-Mail-Domäne, für die Exchange Online E-Mails annimmt und verarbeitet. Dazu gehören zum Beispiel firma.de, vertrieb.firma.de oder firma.eu. Exchange Online muss wissen, welche Domänen zu Ihrem Unternehmen gehören – nur dann kann es E-Mails an diese Adressen zustellen. (Beim Einrichten von Microsoft 365 ist standardmäßig bereits eine Domäne `*.onmicrosoft.com` hinterlegt. Sobald Sie Ihre eigene Domäne – zum Beispiel firma.de – hinzufügen, wird sie ebenfalls als akzeptierte Domäne konfiguriert.)

Beim Hinzufügen einer Domäne können Sie in Exchange Online festlegen, wie diese Domäne behandelt wird:

- Autoritative Domäne: Exchange Online ist vollständig für die Zustellung zuständig. Alle E-Mails an diese Domäne müssen zu einem bekannten Empfänger in Ihrem Mandanten gehören, sonst wird die Nachricht abgewiesen.
- Interne Relaydomäne: Exchange Online nimmt E-Mails für diese Domäne an und kann sie entweder intern zustellen oder an ein anderes System weiterleiten, zum Beispiel an einen lokalen Exchange-Server in einer hybriden Umgebung.

In reinen Cloudumgebungen arbeiten die meisten Organisationen ausschließlich mit autoritativen Domänen. Interne Relaydomänen kommen vor allem bei Migrationen und in Hybrid-Szenarien zum Einsatz.

Wählen Sie »Interne Relaydomäne« nur, wenn Sie genau wissen, was Sie tun – zum Beispiel bei Migrationen oder komplexen Hybrid-Konfigurationen. In rein cloud-basierten Umgebungen ist diese Option in der Regel nicht nötig.

Standardmäßig behandelt Exchange alle externen Domänen gleich. Wenn Sie jedoch für bestimmte Partner oder Kunden besondere Vorgaben haben, können Sie gezielt Remote-Domänen konfigurieren.

Eine *Remote-Domäne* ist eine externe E-Mail-Domäne, für die Sie besondere Einstellungen im Nachrichtenfluss definieren können – zum Beispiel, ob automatische Antworten erlaubt sind oder welches Nachrichtenformat genutzt werden soll.

Für Remote-Domänen stehen Ihnen verschiedene Anpassungsmöglichkeiten zur Verfügung, mit denen Sie den E-Mail-Verkehr gezielt steuern können. So lässt sich unter anderem festlegen, welches Nachrichtenformat beim Versand an die externe Domäne verwendet werden soll. Sie bestimmen, ob E-Mails im HTML-Format, als reiner Text oder im Rich-Text-Format versendet werden.

Auch die Zeichencodierung lässt sich anpassen, sodass beispielsweise UTF-8 oder ein anderes Format verwendet wird, um eine korrekte Darstellung der Inhalte zu gewährleisten. Schließlich haben Sie die Möglichkeit, die Transportverschlüsselung über Transport Layer Security zu konfigurieren und so festzulegen, ob eine Verschlüsselung verpflichtend oder optional ist.

- Wahl des E-Mail-Formats, etwa HTML, Nur-Text oder Rich-Text
- Zulassen oder Unterbinden von automatischen Antworten an externe Empfänger
- Steuerung, ob Abwesenheitsnotizen auch außerhalb der Organisation verschickt werden
- Festlegung der verwendeten Zeichencodierung, beispielsweise UTF-8
- Konfiguration der Verschlüsselung, indem Sie Transport Layer Security als verpflichtend oder optional definieren

Remote-Domänen sind besonders nützlich, wenn Sie mit Partnern zusammenarbeiten, die spezielle Anforderungen an E-Mail-Formate oder Sicherheit haben – zum Beispiel Behörden oder Banken.

So richten Sie akzeptierte und Remote-Domänen ein

Die Einrichtung einer akzeptierten oder Remote-Domäne ist ein wichtiger Schritt, um den sicheren und reibungslosen Austausch von E-Mails in einer Organisation zu gewährleisten. Mit einer passenden Konfiguration lassen sich Kommunikationswege gezielt steuern und individuelle Anforderungen von Partnern oder externen Kontakten berücksichtigen. Eine sorgfältige Auswahl der Einstellungen unterstützt dabei, Datenschutz- und Compliance-Anforderungen zu erfüllen und die Zusammenarbeit effizient zu gestalten.

Akzeptierte Domäne hinzufügen

Folgen Sie dieser ausführlichen Anleitung, um eine neue akzeptierte Domäne in Ihrer Microsoft-365-Umgebung einzurichten. Arbeiten Sie Schritt für Schritt durch – Sie können die Schritte direkt im Admin Center umsetzen.

1. **Anmeldung im Microsoft 365 Admin Center.**

   Öffnen Sie das Microsoft 365 Admin Center in Ihrem Browser. Melden Sie sich mit einem Konto an, das administrative Rechte besitzt – zum Beispiel als »Benutzeradministrator« oder »Globaler Administrator«.

2. **Navigation zu den Domäneneinstellungen.**

   Klicken Sie im linken Menü auf EINSTELLUNGEN und dann auf DOMÄNEN. Hier sehen Sie eine Übersicht aller aktuell eingerichteten Domänen.

3. **Neue Domäne hinzufügen.**

   Oben auf der Seite finden Sie die Option DOMÄNE HINZUFÜGEN. Klicken Sie darauf, um den Einrichtungsassistenten zu starten.

4. **Assistent zur DNS-Verifizierung durchlaufen.**

   Geben Sie die gewünschte Domäne ein (z. B. ihre-firma.de) und folgen Sie den Schritten des Assistenten. Ihnen werden DNS-Einträge angezeigt, die Sie beim Domainanbieter hinterlegen müssen, um zu bestätigen, dass Sie die Domäne besitzen.

5. **Kopieren Sie die angezeigten DNS-Einträge (z. B. TXT- oder MX-Eintrag).**

   Melden Sie sich beim Portal Ihres Domainanbieters an und fügen Sie die Einträge ein.

6. **Kehren Sie zum Admin Center zurück und klicken Sie auf ÜBERPRÜFEN.**

7. **Domänentyp im Exchange Admin Center festlegen.**

   Nachdem die Domäne erfolgreich verifiziert wurde, können Sie im Exchange Admin Center (EAC) bestimmen, wie die Domäne verwendet werden soll.

8. **Gehen Sie im EAC zu Nachrichtenfluss und dann zu Akzeptierte Domänen.**

9. **Wählen Sie die neu hinzugefügte Domäne aus.**

   Bestimmen Sie, ob es sich um eine Autoritative Domäne (E-Mails werden direkt angenommen) oder eine Relaydomäne (E-Mails werden an andere Server weitergeleitet) handeln soll.

10. **Speichern Sie die Einstellungen.**

Nach der Einrichtung dauert es oft einige Minuten, bis alle Änderungen wirksam werden. Prüfen Sie anschließend, ob die Domäne wie gewünscht funktioniert, indem Sie eine Test-E-Mail versenden.

Remote-Domäne konfigurieren

Folgen Sie dieser ausführlichen Anleitung, um eine Remote-Domäne im Exchange Admin Center (EAC) einzurichten. Die Schritte sind so gestaltet, dass Sie direkt »mitklicken« können und nichts vergessen – ideal für die praktische Umsetzung!

1. **Anmeldung im Exchange Admin Center.**

   Öffnen Sie das Exchange Admin Center (EAC) in Ihrem Browser. Melden Sie sich mit einem Konto an, das über die notwendigen administrativen Rechte verfügt.

2. **Navigation zu den Remote-Domänen.**

   Nach dem Login finden Sie links im Menü den Punkt Nachrichtenfluss. Klicken Sie darauf und wählen Sie dann im Untermenü Remote-Domänen aus. Hier sehen Sie alle bereits eingerichteten Remote-Domänen in der Übersicht.

3. **Neue Remote-Domäne hinzufügen.**

   Im oberen Bereich der Seite befindet sich ein Plus-Symbol (+). Klicken Sie darauf, um eine neue Remote-Domäne zu erfassen.

4. **Externe Domäne eintragen.**

   Es öffnet sich ein neues Formular. Tragen Sie im Feld »Domänenname« die gewünschte externe Domäne ein (z. B. partnerfirma.de). Achten Sie auf die korrekte Schreibweise, damit die Kommunikation später reibungslos funktioniert.

5. **Einstellungen für die Remote-Domäne festlegen.**

   Sie können nun spezifische Einstellungen vornehmen, wie zum Beispiel:

   - ✔ Ob automatische Antworten an diese Domäne zugelassen werden sollen.
   - ✔ Ob Abwesenheitsnotizen übermittelt werden dürfen.
   - ✔ Ob RTF-Formatierungen beibehalten oder in HTML/Plain-Text konvertiert werden sollen.
   - ✔ Weitere Optionen zur Nachrichtenverarbeitung.

Passen Sie die Einstellungen nach Ihren Anforderungen an. Für die meisten Partnerdomänen reichen die Standardeinstellungen.

6. **SPEICHERN und Abschluss.**

   Klicken Sie auf SPEICHERN, um die neue Remote-Domäne anzulegen. Die Domäne erscheint nun in der Übersicht und ist sofort einsatzbereit.

7. **Funktion prüfen.**

   Um sicherzustellen, dass alles korrekt funktioniert, können Sie eine Test-E-Mail an die eingerichtete Domäne senden und prüfen, ob die Nachricht zugestellt wird.

Sie können auch bestehende Remote-Domänen bearbeiten, um globale Einstellungen für alle externen Domänen anzupassen.

Fertig! Sie haben erfolgreich eine neue Remote-Domäne im Exchange Admin Center hinzugefügt.

Sie können auch die Standard-Remote-Domäne *»`onmicrosoft.com`« bearbeiten, um globale Einstellungen für alle externen Domänen festzulegen.

Wann ist was sinnvoll?

Je nach Szenario und individuellen Anforderungen empfiehlt es sich, die passende Domänenkonfiguration im Exchange Admin Center zu wählen, um optimale Funktionalität und Sicherheit zu gewährleisten.

Szenario	Empfehlung
Sie nutzen nur Microsoft 365.	Autoritative Domäne ausreichend
Sie betreiben Microsoft 365 Hybrid mit lokalem Exchange.	Interne Relaydomäne für lokale Domänen
Sie arbeiten mit einem Partner mit besonderen Anforderungen.	Remote-Domäne mit individuellen Einstellungen
Sie möchten automatische Antworten an externe Kontakte unterdrücken.	Remote-Domäne mit deaktivierten Auto-Replies

Tabelle 14.2: Welche Domäne ist wann sinnvoll?

Einstellen von Regeln und Richtlinien – der Türsteher im Nachrichtenfluss

Nicht jede E-Mail soll einfach ungefiltert durchrutschen. Vielleicht möchten Sie verhindern, dass vertrauliche Informationen nach außen gelangen. Oder Sie möchten bestimmte Absender blockieren, automatische Weiterleitungen unterbinden oder Ihre Mitarbeiter vor potenziell gefährlichen Anhängen warnen. Genau dafür gibt es in Exchange Online die sogenannten Transportregeln – auch bekannt als Mail Flow Rules.

Transportregeln sind Bedingungen und Aktionen, die auf E-Mails angewendet werden, während sie durch Exchange Online fließen. Sie ermöglichen es Ihnen, den Nachrichtenfluss gezielt zu steuern – zum Beispiel durch Weiterleitungen, Blockierungen, Warnhinweise oder Änderungen am Nachrichteninhalt.

Transportregeln greifen serverseitig, noch bevor die Nachricht im Posteingang des Empfängers landet – unabhängig davon, ob der Empfänger Outlook, OWA oder ein mobiles Gerät nutzt.

Regeln im Nachrichtenfluss sind besonders dann sinnvoll, wenn Sie gezielt auf bestimmte Herausforderungen im Arbeitsalltag reagieren möchten. Es gibt eine Vielzahl von Situationen, in denen die Einrichtung solcher Regeln empfehlenswert ist. Im Folgenden finden Sie einige typische Anwendungsbeispiele, bei denen der Einsatz von Transportregeln in Exchange Online einen deutlichen Mehrwert bietet:

- ✔ Schutz vertraulicher Informationen: Wenn in einer E-Mail sensible Begriffe wie etwa »Vertrag« oder »Kundendaten« auftauchen, kann eine Regel dafür sorgen, dass diese Nachrichten entweder verschlüsselt oder gar nicht erst versendet werden. Auf diese Weise verhindern Sie, dass vertrauliche Inhalte ungewollt nach außen gelangen.
- ✔ Einhaltung von rechtlichen Vorgaben: Es ist möglich, Regeln so zu gestalten, dass E-Mails mit Anhängen, die eine festgelegte Größe überschreiten, nicht an externe Empfänger verschickt werden. Damit stellen Sie sicher, dass gesetzliche oder unternehmensinterne Vorgaben zur Datenübertragung eingehalten werden.
- ✔ Erhöhung der Sicherheit: Um Ihre Mitarbeiter vor potenziell gefährlichen Nachrichten zu schützen, können Sie festlegen, dass bei E-Mails von externen Absendern automatisch ein Warnhinweis im Betreff eingefügt wird. So werden Empfänger frühzeitig auf mögliche Risiken aufmerksam gemacht.
- ✔ Steuerung der geschäftlichen Kommunikation: Sie haben die Möglichkeit, automatische Antworten an bestimmte Domänen zu verhindern. Das ist besonders hilfreich, wenn Sie nicht möchten, dass interne Abwesenheitsnotizen oder ähnliche Informationen an externe Kontakte weitergeleitet werden.

Mit diesen Maßnahmen erhöhen Sie die Kontrolle über den E-Mail-Verkehr und tragen dazu bei, die Sicherheit, Vertraulichkeit und Compliance im Unternehmen nachhaltig zu stärken.

Transportregeln sind mächtig – aber mit großer Macht kommt große Verantwortung. Testen Sie neue Regeln immer gründlich, bevor Sie sie produktiv einsetzen.

Mit dieser Anleitung können Sie im Exchange Admin Center (EAC) direkt eine Transportregel anlegen, um beispielsweise automatische Warnhinweise bei externen E-Mails zu integrieren oder den Versand sensibler Daten zu unterbinden. Folgen Sie einfach den einzelnen Schritten – jeder Klick ist erklärt, sodass Sie sofort starten können!

1. **Anmeldung im Exchange Admin Center.**

   Öffnen Sie das Exchange Admin Center und Melden Sie sich mit einem Konto an, das die Rolle Exchange-Administrator besitzt.

2. **Navigation zum Nachrichtenfluss.**

   Im Menü auf der linken Seite finden Sie den Bereich NACHRICHTENFLUSS. Klicken Sie darauf. Anschließend wählen Sie im Untermenü REGELN aus. Nun sehen Sie eine Übersicht aller bestehenden Regeln.

3. **Neue Regel hinzufügen.**

   Klicken Sie oben auf das Pluszeichen (+) und wählen Sie NEUE REGEL ERSTELLEN aus. Jetzt startet der Assistent, der Sie durch die Erstellung führt.

4. **Regel benennen.**

   Geben Sie der Regel einen eindeutigen und aussagekräftigen Namen (z. B. Externe Absender – Warnhinweis). So behalten Sie später immer den Überblick.

5. **Bedingungen festlegen.**

   Nun bestimmen Sie, wann die Regel greifen soll. Wählen Sie dazu passende Bedingungen aus, zum Beispiel:

   - ✔ Wenn der Absender außerhalb der Organisation ist.
   - ✔ Wenn die Nachricht einen bestimmten Text enthält.
   - ✔ Wenn der Empfänger in einer bestimmten Gruppe ist.

   Setzen Sie die entsprechenden Häkchen oder wählen Sie die Optionen aus der Liste aus. Sie können auch mehrere Bedingungen kombinieren.

6. **AKTIONEN DEFINIEREN.**

   Im nächsten Schritt legen Sie fest, was passieren soll, wenn die Bedingungen erfüllt sind. Typische Aktionen sind:

   - ✔ Betreffzeile ändern (z. B. »[Extern]« voranstellen).
   - ✔ Nachricht ablehnen mit Erklärung (Absender erhält eine Info über die Ablehnung).
   - ✔ Nachricht an Manager weiterleiten.
   - ✔ Warnhinweis in Nachrichtentext einfügen.

   Wählen Sie die gewünschte Aktion aus dem Dropdown-Menü aus.

7. **Ausnahmen festlegen (optional).**

   Falls es bestimmte Personen oder Gruppen gibt, für die die Regel nicht gelten soll, können Sie hier Ausnahmen definieren. Beispiele:

   ✔ Absender ist Mitglied der Gruppe VIP.

   ✔ Empfänger ist ein interner Verteiler.

8. **Regel aktivieren und speichern.**

   Am Ende des Assistenten haben Sie die Wahl, die Regel sofort zu Aktivieren oder sie zunächst im Testmodus (Audit-Modus) laufen zu lassen. Letzteres empfiehlt sich, wenn Sie die Auswirkungen erst beobachten möchten, ohne dass die Regel schon aktiv eingreift.

9. **Setzen Sie den Schalter auf »Aktiv« oder wählen Sie »Testmodus« aus.**

10. **Klicken Sie abschließend auf Speichern.**

    Ihre neue Transportregel ist jetzt angelegt. Sie können sie jederzeit im Bereich Nachrichtenfluss > Regeln bearbeiten, aktivieren, deaktivieren oder löschen.

Dokumentieren Sie jede Regel mit Namen, Zweck und etwaigen Ausnahmen. So behalten Sie auch bei mehreren Regeln immer den Überblick und erleichtern spätere Anpassungen oder Audits.

Mit dieser Schritt-für-Schritt-Anleitung sind Sie bestens gerüstet, um Transportregeln in Exchange Online gezielt und sicher einzusetzen!

Der Audit- beziehungsweise Testmodus ist ideal, um zu beobachten, wie sich eine neue Regel auswirken würde – ohne dass sie tatsächlich in die E-Mail-Verarbeitung eingreift. So können Sie in Ruhe prüfen, ob die Regel wie gewünscht funktioniert, und vermeiden ungewollte Blockierungen im Echtzeitbetrieb.

Um Transparenz und einen reibungslosen Ablauf zu gewährleisten, sollten Regeln und Richtlinien klar benannt, dokumentiert, regelmäßig überprüft und zunächst im Testmodus verwendet werden. Folgende Regeln könnten Ihnen gerade beim Start und auch für die nachfolgende Verwaltung helfen:

Empfehlung	Warum?
Regeln klar benennen	Erleichtert die spätere Verwaltung
Regeln dokumentieren	Für Nachvollziehbarkeit und Audits
Testmodus nutzen	Um unbeabsichtigte Effekte zu vermeiden
Regeln regelmäßig überprüfen	Anforderungen ändern sich
So wenig Regeln wie nötig	Zu viele Regeln verlangsamen den Nachrichtenfluss

Tabelle 14.3: Best Practices für Regeln und Richtlinien

Transportregeln wirken sofort auf alle passenden E-Mails. Eine falsch konfigurierte Bedingung kann dazu führen, dass wichtige E-Mails blockiert oder fehlgeleitet werden. Testen Sie daher jede neue Regel zunächst, am besten mit realistischen Beispielen, bevor Sie sie für alle Benutzer aktivieren.

Die Massenkommunikation richtig einrichten – ohne Spamverdacht

Ob interne Ankündigungen, Newsletter oder wichtige Informationen für externe Partner – manchmal muss eine Nachricht an viele Empfänger gleichzeitig raus. Exchange Online bietet dafür verschiedene Möglichkeiten. Doch Vorsicht: Wer Massenmails falsch aufsetzt, riskiert nicht nur technische Probleme, sondern auch, dass die Nachricht womöglich nie beim Empfänger ankommt.

Massenkommunikation bezeichnet den Versand von E-Mails an eine große Anzahl von Empfängern – entweder innerhalb der Organisation oder nach außen. Dabei geht es natürlich nicht um Spam, sondern um legitime, oft geschäftskritische Kommunikation.

BEISPIEL

Typische Beispiele:

- ✔ Ankündigungen der Geschäftsleitung
- ✔ Einladungen zu Veranstaltungen
- ✔ Sicherheits- oder IT-Wartungshinweise
- ✔ Newsletter an Kunden oder Partner

Bevor Sie eine größere Anzahl an Empfängern per E-Mail erreichen, ist es sinnvoll, sich mit den verschiedenen Versandwegen in Exchange Online vertraut zu machen. Abhängig vom gewünschten Verteilerkreis, der Häufigkeit der Kommunikation und den administrativen Anforderungen gibt es unterschiedliche Methoden, die jeweils ihre eigenen Vorteile und Einsatzgebiete haben. Die folgende Übersicht zeigt die wichtigsten Möglichkeiten, wie Exchange Online den Versand von Massenmails strukturiert unterstützt und welche Eigenschaften die einzelnen Ansätze auszeichnen.

Methode	Beschreibung	Geeignet für
Verteilergruppen	Statische Gruppen mit festen Mitgliedern	Teams, Abteilungen
Dynamische Verteilergruppen	Mitglieder basieren auf Regeln (z. B. Abteilung = »Vertrieb«)	Große Organisationen
Shared Mailbox mit Sendeberechtigung	Gemeinsames Postfach, aus dem mehrere Personen senden können	Newsletter, Info-Adressen
Microsoft 365 Groups	Gruppen mit E-Mail-Funktion und Kollaborationsfunktionen	Projektteams, Communitys
Externe Tools (z. B. Power Automate, Drittanbieter)	Für automatisierte oder personalisierte Massenmails	Marketing, Kampagnen

Tabelle 14.4: Exchange Online – Massenmailversand

Technische Grenzen und Anti-Spam-Regeln

Exchange Online schützt sich und die Organisation vor Missbrauch – auch vor gut gemeinten, aber zu großen Massenmails. Deshalb gelten unter anderem folgende Grenzen:

- ✔ Maximale Anzahl Empfänger pro Nachricht: in der Regel 1 000
- ✔ Nachrichtenrate: maximal 30 Nachrichten pro Minute
- ✔ Maximale Anzahl Empfänger pro 24 Stunden und Postfach: 10 000 insgesamt
- ✔ Maximale Nachrichtengröße: bis zu 150 Megabyte einschließlich Anhängen

Zusätzlich plant Microsoft ein weiteres Limit: Pro Postfach sollen in Zukunft nur noch bis zu 2 000 externe Empfänger innerhalb von 24 Stunden erlaubt sein. Außerdem gibt es ein separates, Tenant-weites Limit für externe Empfänger pro Tag, das von der Anzahl der lizenzierten Postfächer in Ihrem Mandanten abhängt.

Für kleine bis mittlere Verteiler in der internen Kommunikation sind diese Grenzen in der Praxis meist ausreichend. Für große Kampagnen mit vielen externen Empfängern sollten Sie dagegen auf spezialisierte Newsletter- oder Kampagnenlösungen setzen, statt Exchange Online als Massenmailplattform zu verwenden.

Neben den bekannten Benutzergrenzen (z. B. 500 Empfänger pro Nachricht) gibt es seit Mai 2025 auch eine Tenant-weite Begrenzung für externe Empfänger. Dieses sogenannte TERRL (Tenant External Recipient Rate Limit) beschränkt die Anzahl externer Empfänger pro Tag – abhängig von der Anzahl der lizenzierten Postfächer. Für Test-Tenants liegt das Limit bei 5 000 Empfängern pro Tag, bei produktiven Tenants kann es deutlich höher sein.

Wenn Sie diese Grenzen überschreiten, wird die Nachricht nicht zugestellt – oder Ihr Konto wird temporär blockiert. Seit 2025 begrenzt Microsoft außerdem die gesamt erlaubte Zahl externer Empfänger pro Tag in Ihrem Tenant. Dieses sogenannte Tenant External Recipient Rate Limit sorgt dafür, dass auch unternehmensweit kein übermäßiger Massenversand nach außen stattfindet. Wird diese Grenze überschritten, blockiert Exchange Online weitere ausgehende E-Mails an externe Empfänger, bis der 24-Stunden-Zeitraum vorüber ist. Für sehr große Mailkampagnen sollten Sie daher auf spezialisierte Dienste ausweichen. Beachten Sie außerdem: Die 150 MB pro E-Mail sind ein theoretisches Maximum – in den meisten Organisationen ist aus praktischen Gründen ein deutlich kleineres Größenlimit eingestellt (zum Beispiel 25–35 MB), um allzu große E-Mails zu vermeiden.

Best Practices für Massenkommunikation

Für den erfolgreichen Versand von Massenmails gelten einige Best Practices, die technischen Probleme vermeiden und die Kommunikation professionell gestalten. Die wichtigsten Empfehlungen finden Sie in der folgenden Übersicht.

Empfehlung	Warum?
Verwenden Sie Verteilergruppen statt einzelner Adressen	Spart Zeit und reduziert Fehler
Begrenzen Sie die Anzahl der Empfänger	Vermeidet technische Sperren
Verwenden Sie sprechende Absenderadressen	Erhöht Vertrauen beim Empfänger
Fügen Sie eine Abmeldemöglichkeit hinzu (bei externen Mails)	Vermeidet Spam-Verdacht
Testen Sie vor dem Versand an große Gruppen	Verhindert peinliche Fehler

Tabelle 14.5: Best Practices für Massenkommunikation

Verwenden Sie bei Bedarf die Outlook-Funktion NACHRICHT VERZÖGERT SENDEN, um Massenmails zeitlich zu staffeln. So verteilen Sie die Last auf dem E-Mail-System und reduzieren das Risiko, Limits auszureizen.

Warnungen und Warnrichtlinien – wenn Exchange Alarm schlägt

Manchmal reicht es nicht, den Nachrichtenfluss nur zu steuern – manchmal muss Exchange auch aktiv Alarm schlagen. Zum Beispiel, wenn plötzlich ein Benutzer Hunderte E-Mails pro Minute verschickt. Oder wenn eine Nachricht mit einem verdächtigen Anhang an externe Empfänger geht. Genau dafür gibt es Warnrichtlinien.

Warnrichtlinien (englisch: Alert Policies) sind automatisierte Regeln, die bestimmte Aktivitäten im Nachrichtenfluss überwachen und bei Auffälligkeiten eine Benachrichtigung auslösen – zum Beispiel per E-Mail an Administratoren oder Sicherheitsverantwortliche. Diese Warnungen helfen Ihnen, potenzielle Sicherheitsvorfälle, Fehlkonfigurationen oder Missbrauch frühzeitig zu erkennen – bevor größerer Schaden entsteht.

Exchange Online (bzw. Microsoft Defender for Office 365) bietet eine Vielzahl von vordefinierten Warnrichtlinien, wie zum Beispiel die in Tabelle 14.7 gelisteten:

Ereignis	Beschreibung
Ungewöhnlich viele E-Mails gesendet	Ein Benutzer versendet plötzlich sehr viele Nachrichten
E-Mail mit Malware erkannt	Eine Nachricht enthält Schadsoftware
Transportregel wurde geändert	Jemand hat eine Regel angepasst – gewollt oder ungewollt
E-Mail wurde blockiert	Nachricht wurde durch Richtlinie oder Filter gestoppt

Tabelle 14.6: Vordefinierte Warnrichtlinien

Viele dieser Warnungen basieren auf Machine Learning und Verhaltensanalysen – Exchange erkennt also auch, was für diesen Benutzer ungewöhnlich ist; nicht nur, was allgemein als ungewöhnlich gilt.

Schritt für Schritt: Einrichtung Warnrichtlinie

Mit dieser Anleitung können Sie direkt loslegen und Schritt für Schritt eine neue Warnrichtlinie im Microsoft-365-Defender-Portal einrichten. Halten Sie Ihre Zugangsdaten bereit und legen Sie gleich los!

1. **Microsoft-365-Defender-Portal öffnen.**

   Starten Sie Ihren Browser und gehen Sie auf `https://security.microsoft.com`. Melden Sie sich mit einem Konto an, das über die Rolle »Sicherheitsadministrator« oder »Compliance-Administrator« verfügt.

2. **Zu Warnrichtlinien navigieren.**

   Im linken Navigationsmenü klicken Sie auf WARNUNGEN. Anschließend wählen Sie RICHTLINIEN VERWALTEN aus. Sie sehen nun alle bestehenden Warnrichtlinien.

3. **Neue Warnrichtlinie erstellen.**

   Klicken Sie oben auf + RICHTLINIE ERSTELLEN. Im nächsten Schritt wählen Sie einen passenden Vorfalltyp, zum Beispiel UNGEWÖHNLICH VIELE GESENDETE NACHRICHTEN.

4. **Bedingungen für die Warnung festlegen.**

   Legen Sie jetzt fest, wann die Warnung ausgelöst werden soll. Beispiel: Bei mehr als 100 E-Mails in zehn Minuten. Tragen Sie die gewünschten Schwellenwerte in die Felder ein.

5. **Empfänger für die Warnung bestimmen.**

   Wählen Sie aus, wer benachrichtigt werden soll, wenn die Warnung ausgelöst wird. Geben Sie zum Beispiel eine E-Mail-Adresse des IT-Sicherheitsteams oder bestimmter Administratoren ein.

6. **Richtlinie speichern und aktivieren.**

   Klicken Sie auf SPEICHERN oder AKTIVIEREN, um die Richtlinie zu übernehmen. Ab sofort überwacht Microsoft 365 Defender den Nachrichtenfluss automatisch nach Ihren Vorgaben.

7. **Erfolgskontrolle.**

   Ihre neue Warnrichtlinie ist jetzt aktiv! Sie können sie jederzeit unter WARNUNGEN > RICHTLINIEN VERWALTEN einsehen, bearbeiten oder deaktivieren.

Nutzen Sie die vordefinierten Warnrichtlinien als Ausgangspunkt und passen Sie die Schwellenwerte individuell an die Größe und das Risiko-Profil Ihrer Organisation an. So bleiben Sie flexibel und schützen Ihr Unternehmen optimal. Sie können auch benutzerdefinierte Warnrichtlinien erstellen – zum Beispiel für bestimmte Benutzergruppen, Domänen oder Nachrichtentypen.

Warnrichtlinien sind ein zentrales Instrument, um verdächtige Aktivitäten frühzeitig zu erkennen und schnell darauf reagieren zu können. Damit Ihre Organisation optimal geschützt ist, sollten Sie einige grundlegende Empfehlungen beachten.

Empfehlung	Warum?
Beginnen Sie mit den vordefinierten Richtlinien.	Diese decken die häufigsten Risiken ab.
Passen Sie Schwellenwerte an Ihre Organisation an.	Was bei einem kleinen Team »viel« ist, ist bei einem Konzern normal.
Leiten Sie Warnungen an ein zentrales Postfach oder Ticketsystem weiter.	So geht nichts unter.
Kombinieren Sie Warnrichtlinien mit Transportregeln.	Für maximale Kontrolle.
Überprüfen Sie regelmäßig die Wirksamkeit.	Passen Sie Regeln an neue Bedrohungen an.

Tabelle 14.7: Best Practices für Warnrichtlinien

Zu viele Warnmeldungen können zu Alarmmüdigkeit führen – dann werden echte Alarme irgendwann nicht mehr ernst genommen. Setzen Sie Warnrichtlinien also gezielt und bedacht ein, damit wichtige Meldungen die Aufmerksamkeit bekommen, die sie verdienen.

Best Practices für Einsteiger – was sich bewährt hat, was man vermeiden sollte

Der Einstieg in Exchange Online und den Nachrichtenfluss kann anfangs etwas überwältigend wirken – viele Begriffe, viele Einstellungen, viele Möglichkeiten. Aber keine Sorge: Mit ein paar erprobten Grundsätzen und einem klaren Blick auf das Wesentliche gelingt der Start sicher und souverän.

Was sich bewährt hat

Nutzen Sie die Nachrichtenablaufverfolgung regelmäßig

Auch wenn (noch) kein Problem aufgetreten ist – die Nachrichtenablaufverfolgung ist ein hervorragendes Werkzeug, um ein Gefühl für den E-Mail-Verkehr in Ihrer Organisation zu bekommen. Sie lernen dabei, wie Nachrichten fließen, wo sie geprüft werden und wie Exchange reagiert.

Ziehen Sie ruhig ab und zu Stichproben heran – zum Beispiel bei besonders wichtigen E-Mails oder nachdem Sie neue Transportregeln eingeführt haben.

Arbeiten Sie mit klaren, sprechenden Namen

Ob Verteilergruppe, Transportregel oder Remote-Domäne – geben Sie Ihren Objekten Namen, die auch in sechs Monaten noch verständlich sind. »Regel_3« sagt später keinem mehr etwas. »Externe_Mails_mit_Anhang_blockieren« dagegen macht die Funktion sofort klar.

Dokumentieren Sie Ihre Konfiguration

Halten Sie schriftlich (oder in einer Datei) fest, welche Regeln aktiv sind, welche Domänen als akzeptiert gelten und welche Warnrichtlinien eingerichtet wurden. Das hilft Ihnen und auch anderen Kollegen – etwa dem Support-Team oder einer Vertretung im Urlaub – die Einrichtung nachzuvollziehen.

Testen Sie neue Regeln im Audit-Modus

Bevor eine neue Regel wirklich eingreift, lassen Sie sie im Testmodus laufen. So sehen Sie, welche Nachrichten betroffen wären, ohne dass tatsächlich eingegriffen wird.

KISS – Keep it short and simple (zunächst)

Gerade am Anfang gilt: Weniger ist mehr. Konzentrieren Sie sich auf die wichtigsten Regeln und Richtlinien. Komplexität kann später immer noch ergänzt werden – aber zu viele Regeln auf einmal führen schnell zu unerwartetem Verhalten.

Was Sie besser vermeiden sollten

Im folgenden Abschnitt finden Sie bewährte Vorgehensweisen sowie typische Stolperfallen beim Umgang mit Transportregeln, Verteilergruppen und Richtlinien. Die aufgeführten Empfehlungen helfen Ihnen dabei, Ihre E-Mail-Umgebung effizient und sicher zu verwalten und Fehlerquellen frühzeitig zu erkennen.

Zu viele Transportregeln auf einmal

Jede Regel wird bei jeder Nachricht geprüft – ein Übermaß an Regeln kann den Nachrichtenfluss verlangsamen und unerwünschte Wechselwirkungen verursachen. Bauen Sie Ihr Regelwerk lieber Schritt für Schritt auf.

Unklare Zuständigkeiten

Wer darf Regeln ändern? Wer bekommt Warnmeldungen? Wer verwaltet Verteilergruppen? Definieren Sie klare Verantwortlichkeiten, um Chaos zu vermeiden – besonders in größeren Teams.

Fehlende Tests bei Massenmails

Ein falsch gewählter Verteiler, ein vergessener Anhang oder ein Tippfehler im Betreff – bei Massenmails kann ein kleiner Fehler große Wirkung haben. Testen Sie deshalb wichtige Rundmails immer erst mit einer kleinen internen Gruppe, ehe Sie die gesamte Organisation anschreiben.

Ignorieren von Warnmeldungen

Wenn Exchange Alarm schlägt, hat das in der Regel einen Grund. Ignorieren Sie Warnungen nicht – prüfen Sie, ob es sich um einen echten Vorfall handelt oder ob die auslösende Richtlinie gegebenenfalls angepasst werden muss.

»Einmal eingerichtet, nie wieder angefasst«

Der Nachrichtenfluss ist kein statisches System. Anforderungen ändern sich, neue Bedrohungen tauchen auf, Teams wachsen. Überprüfen Sie Ihre Konfiguration regelmäßig und passen Sie sie bei Bedarf an.

IN DIESEM KAPITEL

Wie Sie Quarantäne und Spamfilter richtig deuten

Wie Transportregeln den Mailfluss beeinflussen können

Wie Sie Postfachprobleme eingrenzen – und prüfen, ob Outlook oder Exchange schuld ist

Wie Sie Fehlermeldungen lesen, statt sie wegzuklicken,

Kapitel 15
Fehlerbehebung

Selbst bei der ganzen Digitalisierung innerhalb von Deutschland und der ganzen Welt bleibt die E-Mail bestehen und ein fester Bestandteil im Arbeitsalltag. Doch was tun, wenn plötzlich etwas nicht funktioniert, wenn eine Nachricht einfach nicht ankommt oder mit einer rätselhaften Fehlermeldung zurückprallt? Dann ist eine sachliche und detaillierte Prüfung notwendig. In diesem Kapitel lernen Sie Schritt für Schritt, Probleme im E-Mail-Fluss zu analysieren und zu beheben. Wir knüpfen dabei an die Grundlagen aus dem Kapitel »Was ist der Nachrichtenfluss in Exchange Online – und warum ist er wichtig?« an. Dort haben Sie den Nachrichtenfluss in Exchange Online kennen gelernt; jetzt geht es darum, Störungen in diesem Nachrichtenfluss aufzuspüren und abzustellen.

Eine gute Nachricht gibt es für Sie: Vieles lässt sich mit den bereits eingeführten Werkzeugen und ein paar cleveren Kniffen lösen, auch ohne jahrelange Admin-Erfahrung.

Ruhe bewahren und systematisch vorgehen

Wenn E-Mails verschwinden oder Fehlermeldungen auftauchen, ist das erst einmal ärgerlich. Für viele Nutzer ist es ein Grund zur Verunsicherung – schließlich verlässt man sich darauf, dass E-Mails zuverlässig funktionieren. Bevor Sie jedoch in hektische Betriebsamkeit verfallen, halten Sie kurz inne. Mit einem planvollen Vorgehen finden Sie den Fehler deutlich schneller, als wenn Sie blind herumklicken.

Stellen Sie zunächst ein paar wichtige Fragen:

✔ Betrifft das Problem nur eine einzige Person oder gleich mehrere?

Wenn zum Beispiel mehrere Kollegen gleichzeitig keine E-Mails senden oder empfangen können, liegt die Ursache wahrscheinlich nicht auf deren einzelnen Rechnern, sondern zentral bei Exchange Online. In so einem Fall sollten Sie als erstes prüfen, ob Microsoft eine Störung vermeldet hat.

Tipp: Melden Sie sich im Microsoft 365 Admin Center an und werfen Sie einen Blick auf die Dienstgesundheit. Dort informiert Microsoft über eventuelle Serviceprobleme. Wenn also ein Austauschfehler auf Seiten von Exchange Online bekannt ist, wissen Sie Bescheid – und können sich (statt verzweifelt nach lokalen Fehlern zu suchen) darauf konzentrieren, Ihre Benutzer zu beruhigen und auf Updates zu warten. Es bringt nichts, die eigene Umgebung auf den Kopf zu stellen, wenn der Fehler bei Microsoft liegt.

✔ Tritt das Problem nur auf einem bestimmten Gerät oder in einem bestimmten E-Mail-Programm auf?

BEISPIEL

Die Outlook-App am Laptop gibt Fehlermeldungen aus, aber über Outlook Web (im Browser) kann die gleiche Person ganz normal E-Mails senden. In diesem Fall liegt die Vermutung nahe, dass das Problem am Client (also z. B. an der Outlook-Software oder deren Einstellungen) liegt – und nicht an Exchange Online selbst. Sie könnten dann prüfen, ob Outlook möglicherweise im Offline-Modus arbeitet oder ob ein Plugin stört. Umgekehrt, wenn weder OWA noch Outlook funktionieren, deutet das eher auf ein Serverproblem hin.

OWA steht für »Outlook Web App« und bezeichnet die browserbasierte Oberfläche von Exchange Online, über die Nutzer E-Mails, Kalender und Kontakte direkt im Web verwalten können.

✔ Handelt es sich um ein eingehendes oder ausgehendes Problem?

Bekommt jemand keine E-Mails von außen, oder kommen die eigenen gesendeten Nachrichten nicht beim Empfänger an? Diese Info hilft, zu entscheiden, wo Sie die Fehlersuche ansetzen. Bei eingehenden Mails, die nicht ankommen, schauen Sie zuerst in Spamfilter/Quarantäne und in die Domäneneinstellungen Ihres Systems. Bei ausgehenden Mails, die nicht ankommen, prüfen Sie eher Transportregeln, Adressfehler oder ob der Empfänger-Mailserver vielleicht Ihre Nachricht abweist.

Diese ersten Fragen dienen dazu, das Spielfeld einzukreisen. Mit ihren Antworten bekommen Sie ein Gefühl dafür, ob Sie eher in der eigenen Organisation oder außerhalb suchen müssen und ob das Problem tiefgehend oder eher banal ist. (Manchmal ist es wirklich nur ein Tippfehler in der E-Mail-Adresse!)

Haben Sie diese Basics geklärt, können Sie gezielt die passenden Werkzeuge einsetzen, allen voran die Nachrichtenablaufverfolgung.

Nachrichtenablaufverfolgung einsetzen: Mails im Nebel aufspüren

Sie erinnern sich an den Abschnitt »Wo finde ich die Nachrichtenablaufverfolgung?«. Dort haben wir Schritt für Schritt erklärt, wie Sie im Exchange Admin Center den Weg einer E-Mail mit der Nachrichtenablaufverfolgung nachvollziehen können (dieses Tool wird auch Message Trace genannt). Jetzt, in der Fehlerbehebung, ist diese Funktion Ihr bester Freund. Warum? Weil Sie damit Licht ins Dunkel bringen, wenn eine Mail scheinbar im Nirwana verschwunden ist.

Stellen Sie sich folgendes Szenario vor. Ein Kollege sagt, er habe gestern um 14:00 Uhr eine E-Mail versendet, aber der Empfänger hat sie nie bekommen. Genauso ein Praxisbeispiel hatten wir in dem Abschnitt. Damals sind Sie im Exchange Admin Center auf NACHRICHTENFLUSS > NACHRICHTENABLAUFVERFOLGUNG gegangen, haben Absender, Empfänger und Zeitraum eingegeben und den Suchen-Button gedrückt. Die Ergebnisse zeigten, was mit der Mail passiert ist – zugestellt, gefiltert oder abgelehnt – samt Details. Diese Technik setzen wir jetzt gezielt ein, um aktuelle Probleme zu lösen.

Die Nachrichtenablaufverfolgung verrät Ihnen den Status jeder E-Mail innerhalb Ihrer Exchange Online Umgebung.

- ✔ Wurde sie erfolgreich zugestellt?
- ✔ Wurde sie vom System verzögert oder zurückgehalten?
- ✔ Oder hat Exchange sie komplett abgelehnt?

All das sehen Sie auf einen Blick, inklusive Hinweisen auf das Warum (etwa durch Transportregel X blockiert oder im Spamfilter gelandet). Wie das geht, wissen Sie bereits aus Abschnitt » Typische Herausforderungen – und wie Sie sie lösen«; hier konzentrieren wir uns darauf, die Suchergebnisse richtig zu deuten und die nächsten Schritte daraus abzuleiten.

Ergebnisse der Nachrichtenverfolgung verstehen

Angenommen, Sie haben die Suche ausgeführt, was nun? In der Ergebnisliste der Ablaufverfolgung wird jede gefundene Nachricht mit Status angezeigt. Es gibt viele mögliche Status-Details, aber im Wesentlichen lassen sie sich auf ein paar Fälle herunterbrechen:

- ✔ Zugestellt
- ✔ Gefiltert/Quarantäne

- ✔ Blockiert durch Transportregel
- ✔ Nicht zugestellt (Bounce)

Zugestellt

Exchange Online hat die Nachricht ordnungsgemäß an den Zielserver zugestellt. Das bedeutet, aus Sicht von Exchange ist alles okay. Aber warum behauptet dann jemand, die Mail sei nie angekommen? Mögliche Auflösung: Die Mail steckt beim Empfänger noch in einem Ordner fest. Vielleicht liegt sie im Junk-E-Mail-Ordner (Spam) des Empfängers oder wurde automatisch in einen Unterordner einsortiert. Wenn der Empfänger in Ihrer Organisation ist, fragen Sie ihn, ob er schon in »Junk-E-Mail« oder »Gelöschte Elemente« geschaut hat. Gerade bei automatischen Benachrichtigungen oder Newslettern passiert es oft, dass diese vom E-Mail-System automatisch als »Werbung« markiert und ausgeblendet werden. Ist der Empfänger extern, können Sie lediglich empfehlen, die Spam-Ordner zu prüfen. Im Zweifelsfall hilft nur, den Empfänger direkt zu kontaktieren und auf die versandte Nachricht hinzuweisen.

Gefiltert/Quarantäne

Dieser Status weist darauf hin, dass die Nachricht zwar in Ihrem System angekommen ist, aber von einer Regel oder einem Filter aufgehalten wurde. In vielen Fällen bedeutet das: Spamverdacht. Exchange Online hat die Mail möglicherweise in die Quarantäne verschoben (oder, je nach Richtlinie, auch gelöscht). Was tun Sie jetzt? Schauen Sie in die Quarantäne-Verwaltung (im Microsoft 365 Defender Portal unter BEDROHUNGSVERWALTUNG >ÜBERPRÜFUNG > QUARANTÄNE). Dort können Sie die betreffende Mail suchen. Wenn Sie sie finden und als harmlos einstufen, können Sie sie dem vorgesehenen Empfänger freigeben. Denken Sie auch darüber nach, warum die Nachricht gefiltert wurde. Handelt es sich um einen False Positive (also einen Fehlalarm des Spamfilters)? Dann könnten Sie zum Beispiel den Absender zur Liste sicherer Absender hinzufügen oder die Anti-Spam-Richtlinie anpassen, damit solche Mails künftig durchkommen. Wie bereits in Kapitel 14 beschrieben, sollten Sie dabei aber behutsam vorgehen.

Treffen Sie keine vorschnellen Ausnahmen in den Spamfilter-Einstellungen. Eine allzu großzügige Whitelist kann die Sicherheit Ihres E-Mail-Systems gefährden. Es ist besser, gezielt Absender oder Domänen freizugeben, denen Sie vertrauen, als gleich den ganzen Filter »weit aufzureißen«. In Kapitel 14 gab es hierzu bereits Tipps – behalten Sie diese im Hinterkopf, wenn Sie Quarantänefunde bearbeiten.

Blockiert durch Transportregel

Manchmal verrät die Ablaufverfolgung, dass eine Transportregel eine Nachricht abgefangen hat (Status zeigt etwa »Policy, rule triggered: XYZ«). Das heißt, eine von Ihnen oder Ihrem Vorgänger erstellte Regel greift und verhindert die Zustellung. In Kapitel 14 haben Sie gelernt, wie man solche Regeln und Richtlinien einrichtet; jetzt sehen wir die Kehrseite der Medaille: Eine Regel tut ihren Dienst vielleicht zu gut.

Abbildung 15.1: Anzeige E-Mails in Quarantäne

Es gibt eine Regel »Blockiere alle Anhänge vom Typ .exe«, um Schadsoftware zu vermeiden. Diese Regel könnte aber auch eine harmlose Mail blockieren, in der berechtigterweise eine ausführbare Datei verschickt wurde (etwa ein eigenes kleines Tool eines Entwicklers). Lösung: Überlegen Sie, ob die Regel zu streng ist. Muss wirklich alles geblockt werden, oder reichen Warnhinweise? In unserem Beispiel könnte die Regel geändert werden zu: statt blockieren, erst einmal eine Warnung an den Empfänger anhängen (»Vorsicht, diese Mail enthält eine .exe-Datei«). So käme die Nachricht durch, aber mit erhobenem Zeigefinger.

Wie weiter vorgehen? Prüfen Sie die Einstellungen der betreffenden Transportregel im Exchange Admin Center (NACHRICHTENFLUSS > REGELN). Wie im Abschnitt »Einstellen von Regeln und Richtlinien – der Türsteher im Nachrichtenfluss« erläutert, ist es sinnvoll, Regeln klar zu benennen und mit Notizen zu versehen – dann finden Sie jetzt leichter heraus, was die Regel tun soll und warum sie angeschlagen hat. Gegebenenfalls passen Sie die Regel an: Fügen Sie eine Ausnahme für den konkreten Fall hinzu, entschärfen Sie die Bedingung oder – wenn die Regel nicht mehr zeitgemäß ist – deaktivieren Sie sie testweise. Beachten Sie jedoch immer die möglichen Folgen für die E-Mail-Sicherheit und Compliance.

Nicht zugestellt (Bounce)

Dieser Status bedeutet, dass die Nachricht nie ihr Ziel erreicht hat – Exchange Online musste kapitulieren und hat dem Absender einen Unzustellbarkeitsbericht (NDR, Non-Delivery Report) geschickt. In der Ablaufverfolgung sehen Sie bei solchen Fällen häufig einen Fehlercode (zum Beispiel 550 5.1.1 oder 5.7.1 – dazu später mehr). Jetzt ist detektivisches Gespür gefragt: Warum kam die Mail nicht durch? Die häufigsten Ursachen: ein Tippfehler in der Empfängeradresse, ein volles Postfach beim Empfänger, strenge Sende- oder Empfangsbeschränkungen – oder sogar ein Problem mit der Domänenkonfiguration (dazu gleich mehr unter »Domänen prüfen«).

Ist der Empfänger innerhalb Ihrer Organisation, können Sie relativ schnell nachschauen: Existiert dieses Postfach überhaupt (eventuell wurde es umbenannt oder gelöscht)? Hat das Postfach eine gültige Lizenz und ist nicht gesperrt? Solche Dinge überprüfen Sie im Exchange Admin Center unter EMPFÄNGER > POSTFÄCHER (oder im Microsoft 365 Admin Center unter AKTIVE BENUTZER). Für externe Empfänger bleibt meist nur, den Fehlerbericht genau zu studieren und eventuell den Administrator der Empfängerseite zu kontaktieren.

Schnelle Lösung vs. tiefer schürfen

Nach einer ersten Überprüfung mit der Ablaufverfolgung haben Sie in vielen Fällen bereits eine Vorstellung davon, welche Schritte zur Problemlösung erforderlich sind. Wenn beispielsweise eine Nachricht in der Quarantäne gelandet ist, können Sie diese freigeben und der Kommunikationsfluss ist wiederhergestellt. Sollte hingegen die Empfängeradresse fehlerhaft eingegeben worden sein, besteht die Lösung darin, den Schreibfehler zu korrigieren und die Nachricht erneut zu senden. Diese Vorgehensweise stellt den schnellen und unkomplizierten Weg dar, bei dem das Problem rasch behoben wird und alle Beteiligten zufrieden sind.

Allerdings treten gelegentlich Situationen auf, in denen die Ursachen nicht direkt ersichtlich werden. Die Ablaufverfolgung gibt zwar an, dass ein Fehler vorliegt, doch es bleibt zunächst unklar, was genau schiefgelaufen ist. In solchen Fällen ist eine vertiefte Analyse der Abläufe notwendig. Es empfiehlt sich, im nächsten Schritt typische Problemfelder im Nachrichtenfluss genauer zu betrachten und systematisch zu überprüfen. Dazu zählen insbesondere die Einstellungen der verwendeten Domänen sowie die Begrenzungen der Postfächer. Zusätzlich sollten die bereits erwähnten Fehlermeldungen sorgfältig analysiert werden, da sie häufig wertvolle Hinweise auf die Ursache des Problems liefern. Eine genaue Auswertung dieser Meldungen kann weitere Ansatzpunkte zur Fehlerbehebung offenlegen und somit dazu beitragen, auch komplexere Störungen im E-Mail-Verkehr zu identifizieren und zu beheben.

Akzeptierte und Remote-Domänen prüfen: Ist die Konfiguration richtig?

Manchmal scheint alles zu stimmen – die E-Mail-Adresse des Empfängers ist korrekt, die Anhänge sind klein, es gibt kein offensichtliches Spam-Problem – und trotzdem kommt die Mail nicht an. Ein oft übersehenes Detail sind die Domäneneinstellungen in Exchange Online:

- ✔ Akzeptierte Domänen: Im Abschnitt »Akzeptierte Domänen und Remote-Domänen – wer darf rein, wer darf raus?« haben wir ausführlich erläutert, was akzeptierte Domänen sind. Zur Erinnerung: Alle E-Mail-Domänen, für die Ihre Exchange-Online-Organisation zuständig ist, müssen als akzeptiert konfiguriert sein. Beispielsweise Ihre Firmendomäne »meinefirma.de« – nur wenn Exchange Online diese Domain kennt und annimmt, werden Mails dafür auch zugestellt. Haben Sie kürzlich eine neue Domain hinzugefügt oder geändert? Dann prüfen Sie im Exchange Admin Center unter NACHRICHTENFLUSS« > AKZEPTIERTE DOMÄNEN, ob diese Domain korrekt eingetragen und auf dem richtigen Typ (autoritativ vs. weitergeleitet) eingestellt ist. Wenn hier etwas fehlt oder falsch steht, erklärt das sofort, warum E-Mails an diese Adresse ins Leere laufen. Wie bereits beschrieben, ist das Einrichten einer neuen Domäne zwar kein Hexenwerk, aber essenziell für den Mailfluss. Falls also Mails an @neuefirma.de allesamt bouncen, denken Sie daran: Ist die Domain verifiziert und als akzeptiert eingetragen?

- ✔ Remote-Domänen: Ebenfalls aus dem Abschnitt »Remote-Domänen – Regeln für den E-Mail-Verkehr nach draußen« bekannt sind die sogenannten Remote-Domänen. Diese Einstellungen definieren, wie Ihr System mit externen E-Mail-Domänen umgeht – zum Beispiel, ob automatische Antworten (Abwesenheitsnotizen) nach draußen geschickt werden dürfen, oder ob bestimmte Formate konvertiert werden. In seltenen Fällen kann hier eine falsche Einstellung dazu führen, dass Kommunikation zu einer bestimmten externen Domain hakt. Beispiel: Wenn in den Remote-Domänen die Domain eines Partners so konfiguriert wurde, dass keine automatischen Antworten erlaubt sind, könnte es sein, dass eine bestimmte Rückantwort (z. B. Lesebestätigung) blockiert wird und dadurch der gesamte Nachrichtenaustausch scheitert. Das ist zwar ein exotisches Szenario, aber einen Blick wert, wenn sonst nichts greifbar ist. Generell gilt: Ihre Standard-Remote-Domäne »*« sollte so eingestellt bleiben, wie es die Exchange-Online-Standardeinstellungen vorgeben – es sei denn, Sie haben einen guten Grund zur Änderung.

Stellen Sie sicher, dass alle Domänen sauber konfiguriert sind. Wenn interne Mails betroffen sind, liegt es selten an den Domäneneinstellungen (die greifen vor allem bei externem Mailverkehr). Aber bei externer Kommunikation lohnt es sich, diese Punkte abzuhaken. Ein falsch konfigurierter Domänenname kann dafür sorgen, dass Exchange die Mail ablehnt, bevor sie überhaupt in die Nähe der Spamfilter oder Regeln kommt. Im Fehlerbericht sehen Sie dann zum Beispiel einen Code wie 550 5.4.1 (Domäne unbekannt). Wie solche Codes zu lesen sind, betrachten wir gleich als Nächstes.

Fehlermeldungen richtig deuten: Was der Code Ihnen sagen will

Womöglich haben Sie es schon bemerkt: Fehlermeldungen sind wie Verkehrsschilder: Sie zeigen an, wo es hakt – man muss sie nur lesen können. Gerade bei »nicht zugestellt«-Meldungen liefert Exchange Online meistens eine kombinierte Buchstaben-Zahlen-Kombination, einen sogenannten SMTP-Statuscode, sowie einen kurzen Text. Diese Codes mögen kryptisch wirken, sind aber genormt und verraten den Grund der Ablehnung.

Beispiele gefällig? Wenn Sie als Absender einen unzustellbaren Bericht bekommen, steht dort vielleicht »550 5.1.1 User unknown« – das bedeutet schlicht: Die Empfängeradresse existiert nicht (zumindest kennt der Zielserver sie nicht). Oder »550 5.2.2 Mailbox full« heißt, das Postfach des Empfängers ist voll und kann keine weiteren Nachrichten annehmen.

Abbildung 15.2: Message Trace

Schauen wir uns einige häufige Fehlercodes und ihre Bedeutung an:

Fehlercode	Was bedeutet das?	Was Sie tun können
550 5.1.1	Empfänger unbekannt. Die Adresse existiert nicht (Tippfehler? Empfänger gelöscht?).	Adresse auf Schreibfehler prüfen. Gegebenenfalls anderweitig Kontakt zum Empfänger aufnehmen, um die richtige Adresse zu erhalten.
550 5.2.2	Mailbox voll. Das Postfach des Empfängers hat das Speicherlimit erreicht.	Empfänger informieren, damit er Mails löschen oder archivieren kann. Der Absender kann es später erneut versuchen.
550 5.4.1	Domain nicht gefunden. Der Ziel-Mailserver für die Empfänger-Domain konnte nicht erreicht werden (Domain falsch oder nicht existent).	Domainnamen überprüfen. Wenn es Ihre eigene Domain betrifft: Domänenkonfiguration prüfen.(Bei fremder Domain: eventuell Empfänger anderweitig kontaktieren.)
550 5.7.1	Zugriff verweigert. Die Nachricht wurde durch eine Richtlinie blockiert (häufig Spamfilter, fehlende Authentifizierung oder eine Transportregel).	Absender und Inhalt prüfen. Eventuell im Spamfilter nachsehen (Quarantäne) oder eigene Regeln anpassen. Bei fehlgeschlagener Authentifizierung (SPF/DMARC) muss der Absender ggf. seine Mailserver konfigurieren
451 4.7.0	Zustellung verzögert. Ein temporäres Problem (z. B. Empfängerserver überlastet oder als Spam verdächtig) verhindert die Zustellung im Moment.	Erst einmal abwarten – Exchange unternimmt automatisch weitere Zustellversuche. Bei anhaltendem Problem ggf. den Empfänger-Admin informieren oder den Nachrichtentext leicht ändern (falls Spamfilter).

Tabelle 15.1: Häufige Fehlermeldungen beim E-Mail-Versand und was sie bedeuten

Wie Sie sehen, gibt der erste Teil des Codes (550 bzw. 451 im Beispiel) schon den Hinweis auf permanent (5xx) oder temporär (4xx). Der zweite Teil (nach dem Leerzeichen) ist der eigentlich interessante Fehlergrund. Je besser Sie diese Codes kennen, desto gezielter können Sie reagieren.

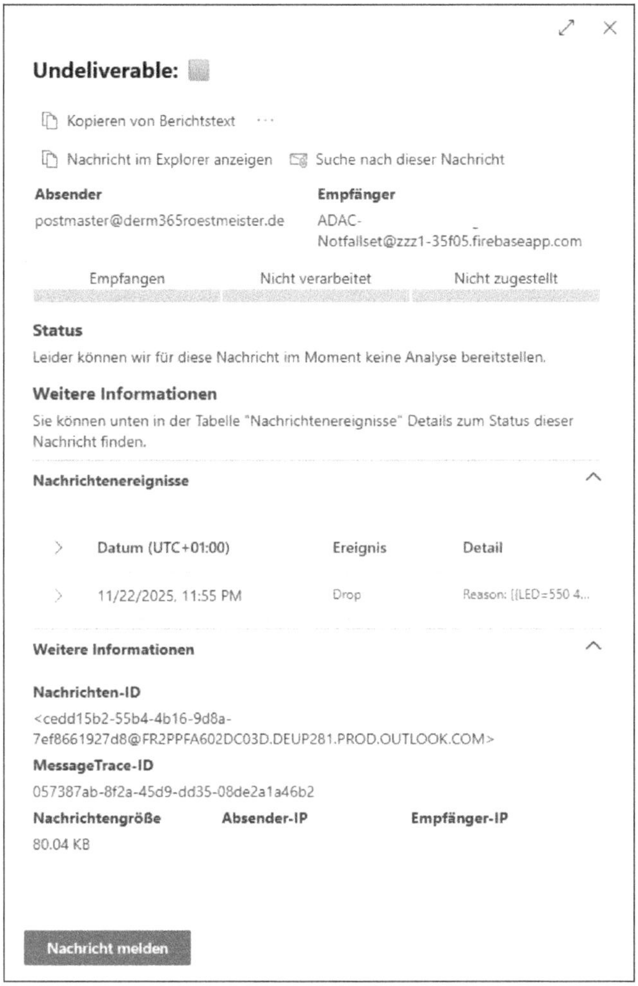

Abbildung 15.3: Fehlermeldungsdetails aus dem Message Trace

Wenn Sie unsicher sind, googeln Sie den Code zusammen mit »Exchange Online« – oft gibt es offizielle Dokumentationen oder Foreneinträge dazu.

Stellen Sie sicher, dass die Informationen aktuell sind (die meisten Codes ändern ihre Bedeutung zwar nicht, aber die Begleittexte können variieren).

Schauen wir zurück zu unserem Ablauf: Sie haben eine Nachricht verfolgt, einen Bounce mit Fehlercode identifiziert und nun verstanden, was der Code bedeutet. Damit wissen Sie auch, was als Nächstes zu tun ist. Ein paar Beispiele aus der Praxis:

- ✔ Fehler 5.1.1 Empfänger unbekannt: Hier können Sie dem Absender direkt sagen, dass die Adresse offenbar falsch ist. Vielleicht hat sich der Kollege vertippt, oder der Ansprechpartner ist nicht mehr im Unternehmen – in jedem Fall muss der Absender eine gültige Adresse herausfinden. Sie selbst können nur begrenzt helfen (es sei denn, es betrifft einen Benutzer in Ihrer Organisation – dann könnten Sie schauen, ob der Benutzer vielleicht eine neue Adresse hat oder umbenannt wurde).

- Fehler 5.7.1 durch Richtlinie blockiert: Jetzt wird es interessant. War es Ihr Spamfilter, der zugeschlagen hat? Dann sehen Sie im Quarantäne-Portal nach und passen gegebenenfalls die Einstellungen an. (Aber denken Sie an die Vorsicht von vorhin – nicht zu großzügig werden.) War es eine Transportregel? Dann ziehen Sie in Erwägung, die Regel anzupassen, falls sie legitime Mails verhindert. War die Mail vom Empfängerserver abgelehnt? Dann steht im Fehlertext oft etwas wie »blocked by administrative policy« – hier können Sie auf Ihrer Seite wenig machen. Es bedeutet meist, dass der Empfänger Ihre Mail nicht akzeptiert (eventuell hält dessen Spamfilter Ihre IP oder Domain für verdächtig). In so einem Fall könnte der Absender die Nachricht anders formulieren oder von einer anderen Adresse senden – aber das ist eher etwas für den Mail-Admin auf Empfängerseite, der eventuell eine Entblockung vornehmen kann.

- Fehler 4.7.0 temporär verzögert: Dieser ist eigentlich kein richtiger Fehler, sondern ein »Noch nicht geschafft, versuchen wir weiter«. Hier sollten Sie tatsächlich erst mal einige Stunden warten. Exchange versucht in immer größer werdenden Abständen, die Mail doch noch durchzubringen (Standard sind bis zu 48 Stunden, bevor endgültig aufgegeben wird). Häufig klärt sich das Problem von allein – zum Beispiel, weil der Empfängerserver wieder online geht oder der Spamverdacht sich abkühlt. Wenn die Mail wirklich dringend ist, könnten Sie alternativ den Inhalt leicht ändern oder einen anderen Kommunikationsweg wählen.

Lassen Sie sich von Codes nicht erschrecken. Lesen Sie sie in Ruhe und nutzen Sie deren Hinweise. Diese Rückmeldungen sind Gold wert bei der Fehlersuche – sie sagen Ihnen viel genauer, wo Sie hingucken sollten, als ein vager Hinweis »die Mail kam nicht an«.

Warnmeldungen einrichten: Exchange meldet sich von selbst

Im Alltag eines IT-Administrators meldet sich der Benutzer oft als erstes beim IT-Support oder Administrator, und erst dann beginnt die Fehlersuche. Wäre es nicht schöner, wenn man schon vorher wüsste, dass da etwas im Argen liegt? Genau hier kommen Warnungen und Benachrichtigungen ins Spiel.

Sie haben im Abschnitt »Warnungen und Warnrichtlinien – wenn Exchange Alarm schlägt« bereits gelernt, wie man Warnrichtlinien (Alert Policies) im Microsoft-365-Defender-Portal erstellt.

Zur Erinnerung: Damit kann Exchange Online automatisch Alarm schlagen, wenn bestimmte Ereignisse eintreten – beispielsweise, wenn ungewöhnlich viele E-Mails in kurzer Zeit versendet werden oder wenn Nachrichten massenhaft geblockt werden.

Diese Mechanismen sind eigentlich dafür gedacht, Sicherheitsvorfälle oder Missbrauch frühzeitig zu erkennen (Stichwort kompromittiertes Konto verschickt Spam). Aber sie sind genauso nützlich, um technische Probleme rasch zu bemerken.

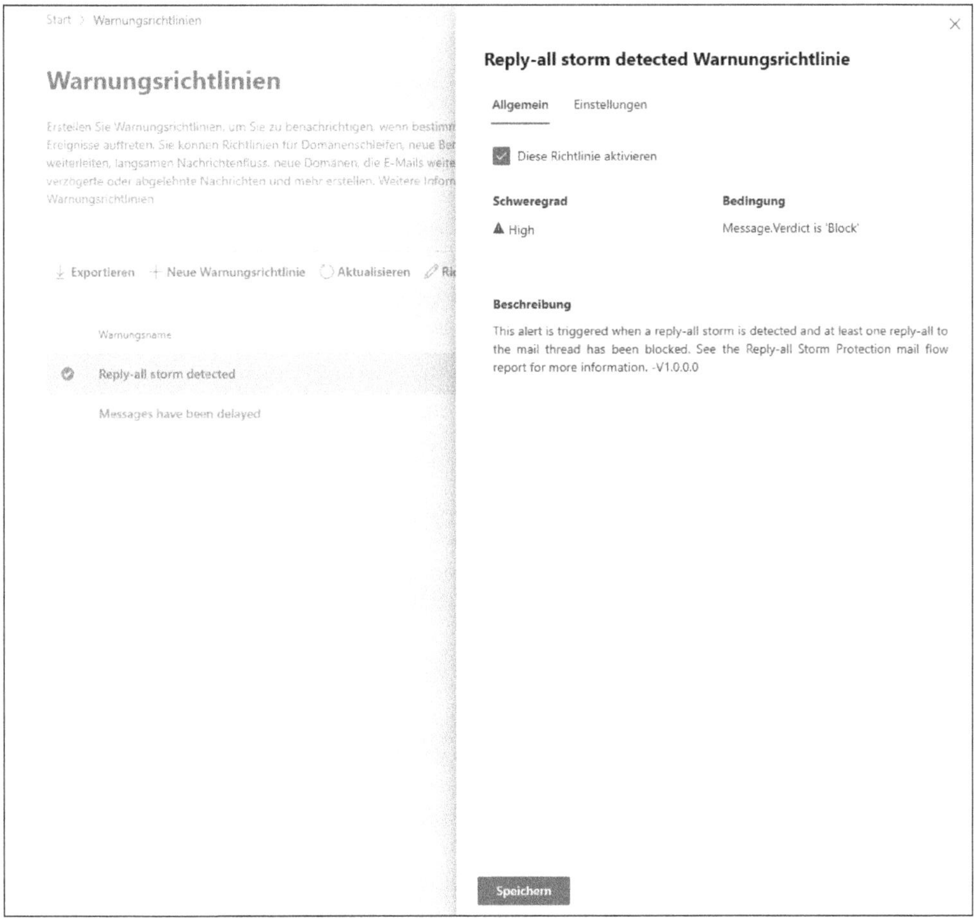

Abbildung 15.4: Warnmeldungen einrichten

Schauen wir uns an, welche Warnungen im Kontext Nachrichtenfluss sinnvoll sein können:

- **Ungewöhnlich viele gesendete Nachrichten** – Diese vordefinierte Warnrichtlinie erkennt, wenn ein Benutzer plötzlich ein sehr hohes Mailaufkommen hat, zum Beispiel hunderte E-Mails in wenigen Minuten. Das kann ein Hinweis darauf sein, dass ein Konto gespamt wurde (gehackt oder missbraucht), aber auch darauf, dass vielleicht ein Mail Loop oder ein anderes technisches Problem vorliegt. Als Admin möchten Sie das sofort wissen, damit Sie einschreiten können (entweder das Konto sichern oder den technischen Fehler abstellen). Im Abschnitt »Warnungen und Warnrichtlinien – wenn Exchange Alarm schlägt« haben wir Schritt für Schritt eine solche Warnrichtlinie erstellt. Falls Sie das noch nicht getan haben, wäre jetzt ein guter Zeitpunkt, es nachzuholen!

- **Viele ausgehende Nachrichten als Spam erkannt** – Diese Warnung informiert Sie, wenn Ihre ausgehenden E-Mails reihenweise als Spam eingestuft werden. Für den Nachrichtenfluss ist das wichtig, weil es bedeuten könnte, dass gültige Mails Ihre Organisation gar nicht verlassen, sondern im Filter hängenbleiben (falls jemand Spam verschickt, blockiert Microsoft das Konto auch temporär). Hier wollen Sie frühzeitig informiert werden, um zum Beispiel mit dem betreffenden Benutzer Kontakt aufzunehmen oder Einstellungen anzupassen.
- **Nachricht konnte nicht zugestellt werden** – In neueren Versionen des Defender-Portals gibt es auch Richtlinien, die auf bestimmte Fehlerhäufungen reagieren. Beispielsweise könnte man sich warnen lassen, wenn innerhalb einer Stunde mehr als X Unzustellbarkeitsberichte generiert wurden. So eine Warnung können Sie selbst erstellen (benutzerdefinierte Warnrichtlinie), wenn Sie merken, dass es zu Ihrem Szenario passt. Sie würde Ihnen helfen, schnell auf einen generellen Ausfall hinzuweisen (z. B. wenn aufgrund einer Domäneneinstellung plötzlich viele Mails nicht rausgehen und alle Absender NDRs erhalten).
- **Postfach erreicht Größenlimit** – Diese Warnung ist eher Exchange-spezifisch (im Exchange Admin Center konfigurierbar): Sie kann Administratoren benachrichtigen, wenn ein Postfach zum Beispiel 90 Prozent seines Speicherkontingents erreicht. Warum gehört das hierher? Weil ein volles Postfach E-Mails abweist. Wenn Sie also vorher wissen, dass Benutzer X kurz vor dem Quota-Limit steht, können Sie denjenigen bitten, aufzuräumen, bevor wichtige Mails ihn nicht erreichen. Natürlich bekommen Benutzer selbst auch Warnungen, wenn ihr Postfach fast voll ist – aber seien wir ehrlich, die werden gern übersehen. Ein Admin-Hinweis kann nicht schaden.

Wie setzt man das um? Im Microsoft-365-Defender-Portal unter WARNUNGEN > RICHTLINIEN verwalten können Sie vorhandene Richtlinien anpassen oder neue erstellen. Abschnitt »Warnungen und Warnrichtlinien – wenn Exchange Alarm schlägt« bietet dazu eine konkrete Anleitung, inklusive Tipps, wie Sie Schwellenwerte setzen (damit Sie nicht bei jeder Kleinigkeit Alarm bekommen). Nutzen Sie ruhig die dort beschriebenen vordefinierten Vorlagen als Ausgangspunkt. Wichtiger als jede einzelne mögliche Warnung abzudecken, ist es, die wirklich relevanten abzudecken, ohne von zu vielen E-Mails überflutet zu werden.

Richten Sie die Benachrichtigungen am besten so ein, dass sie an ein zentrales IT-Postfach oder ein Teamticketsystem gehen, wo nichts untergeht – oder direkt an Sie als verantwortliche Person, wenn das praktikabel ist. So erfahren Sie von Problemen, bevor die Nutzer sich melden, und können oft schon eine Lösung parat haben. (»Ja, wir wissen schon Bescheid und arbeiten dran« – das hören Benutzer gerne.)

Exkurs (optional): PowerShell für die Fehlersuche nutzen

Zum Schluss noch ein kurzer Ausflug für alle, die es etwas technischer mögen oder größere Umgebungen verwalten. Viele Diagnoseaufgaben im Nachrichtenfluss lassen sich auch mit der PowerShell bewältigen. In Kapitel 14 wurde erwähnt, dass Microsoft neue Cmdlets wie `Get-MessageTraceV2` bereitstellt, um Nachrichtenablaufverfolgung per Skript auszuwerten. Wenn Sie also zu den IT-affinen Menschen gehören, die keine Scheu vor der Kommandozeile haben, können Sie damit schneller und über größere Zeiträume suchen als über die Web-Oberfläche.

Vorbereitung: Verbindung zu Exchange Online

Bevor Sie loslegen, stellen Sie sicher, dass die Exchange-Online-PowerShell-Module installiert sind (Exchange-Online-V3-Modul). Wie in Kapitel 14 beschrieben, benötigen Sie in der Regel die Rolle Exchange-Administrator. Die Verbindung stellen Sie mit dem Befehl `Connect-ExchangeOnline` her, gefolgt von Ihrer Admin-Anmeldung. Danach stehen Ihnen diverse Cmdlets zur Verfügung.

BEISPIEL

Alle fehlgeschlagenen E-Mails der letzten 24 Stunden finden.

Stellen wir uns vor, Sie möchten einen täglichen Überblick, ob es in den letzten 24 Stunden irgendwelche Mail-Zustellprobleme gab – ohne im Exchange Admin Center jeden einzelnen Fall anzuklicken. Ein einfaches PowerShell-Kommando kann das leisten.

```
$Gestern = (Get-Date).AddDays(-1)
Get-MessageTrace -StartDate $Gestern -EndDate (Get-Date) -Status Fail
```

Dieser Befehl fragt die Nachrichtenablaufverfolgung programmgesteuert ab. Er sucht vom Zeitpunkt »Gestern« bis jetzt (Get-Date ohne Parameter = jetzt) alle Nachrichten, deren Status »Fail« ist (also »nicht zugestellt«). Die Ausgabe wird Ihnen eine Liste aller betroffenen Mails zeigen – inklusive Absender, Empfänger und Zeit. So erkennen Sie schnell, ob und wo es zuletzt Probleme gab.

Natürlich können Sie die Suche verfeinern. Mit `-Sender` oder `-Recipient` filtern Sie nach bestimmten Adressen, mit `-MessageId` können Sie gezielt eine Nachricht abfragen, und mit `Get-MessageTraceDetail` (bzw. dem neueren Get-MessageTraceDetailV2) bekommen Sie noch detailliertere Infos zu einer bestimmten Nachricht, ähnlich den Detailansichten im Webportal.

BEISPIEL

Beispielsweise liefert Get-MessageTraceDetail zu einer Message ID genau, welche Stationen die Mail durchlaufen hat und an welcher Station was passiert ist (vergleichbar mit den Informationen, die Sie im Exchange-Admin-Center-Ergebnis beim Aufklappen einer Nachricht sehen). Das ist hilfreich, wenn man zum Beispiel programmgesteuert prüfen will, wie viele Mails vom Spamfilter gestoppt wurden oder welche Transportregel zuletzt wie oft gegriffen hat.

Wann ist PowerShell sinnvoll?

Für die gezielte Fehlersuche bei einzelnen Fällen und gelegentlichen Störungen sind Sie mit dem Exchange Admin Center meist bestens bedient. Diese grafische Oberfläche ist benutzerfreundlich gestaltet und steht Ihnen jederzeit zur Verfügung. Sie bietet Ihnen die Möglichkeit, schnell und intuitiv auf die relevanten Informationen zuzugreifen, ohne dass spezielle Vorkenntnisse im Bereich Programmierung erforderlich sind. Gerade bei sporadischen Problemen oder wenn Sie punktuell eine E-Mail-Nachricht nachverfolgen möchten, ist das Exchange Admin Center ein zuverlässiges Werkzeug, das Ihnen rasch weiterhilft.

Sobald Sie jedoch regelmäßig ähnliche Anfragen bearbeiten müssen oder vorhaben, Abläufe zu automatisieren, zeigt die PowerShell ihre Stärken. Sie profitieren insbesondere dann von dieser Lösung, wenn Sie beispielsweise jeden Morgen einen aktuellen Bericht darüber erhalten möchten, welche E-Mails am Vortag nicht zugestellt werden konnten. Mit der PowerShell können Sie hierfür einmal ein passendes Skript erstellen und dieses automatisch ausführen lassen, sodass Sie die gewünschten Informationen ohne zusätzlichen Aufwand erhalten. Ebenso ist die PowerShell nützlich, wenn Sie zeitnah und effizient mehrere Domänen daraufhin überprüfen wollen, ob die Sender-Policy-Framework-Einstellungen überall korrekt konfiguriert sind. Auch solche Prüfungen lassen sich indirekt mit Hilfe der Message-Trace-Ergebnisse durchführen, indem Sie die Ausgaben gezielt nach Fehlern im Zusammenhang mit dem Sender Policy Framework filtern.

Obwohl die PowerShell kein zentraler Bestandteil dieses Buches ist, da sich die hiesigen Inhalte vor allem an Leser richten, die auch ohne Programmierkenntnisse ans Ziel gelangen möchten, stellt der Umgang mit PowerShell in diesem Zusammenhang eine wertvolle Ergänzung dar. Sie können die Beispiele gerne ausprobieren, um ein Gefühl für die Möglichkeiten zu bekommen. Sie werden feststellen, dass die PowerShell die Funktionalität der grafischen Oberfläche hervorragend erweitert und gerade dann hilfreich ist, wenn Sie sich von einem einfachen Problem zu komplexeren Herausforderungen vortasten. Sie müssen dabei keine Bedenken haben, denn die vorgestellten Befehle dienen ausschließlich der Auswertung von Daten und greifen nicht aktiv in die Systemkonfiguration ein. Wenn Sie mehr in das Thema PowerShell oder deren Möglichkeiten im Bereich von Exchange Online eintauchen möchten, dann finden Sie alle notwendigen Informationen auf `https://learn.microsoft.com/de-de/powershell/exchange/exchange-online-powershell-v2?view=exchange-ps`.

Schritt für Schritt zum Erfolg

In diesem Kapitel haben wir den Brückenschlag von Kapitel 14 zur Praxis der Fehlerbehebung gemeistert. Mit dieser Anleitung gehen Sie gezielt und strukturiert vor, wenn E-Mails nicht wie gewohnt zugestellt werden. Sie können die Schritte einfach nacheinander abarbeiten – ganz so, als würden Sie einen interaktiven Assistenten nutzen. Los geht's!

1. Ruhe bewahren und Problem eingrenzen: Wer ist betroffen? Eingehende oder ausgehende Mails? Einzelner Client oder generell? Diese Fragen leiten Sie zur richtigen Baustelle.

2. Nachrichtenablaufverfolgung nutzen: Wie ein Detektiv folgen Sie der Spur der E-Mail. Die Ergebnisse sagen Ihnen, ob die Mail zugestellt, gefiltert oder abgelehnt wurde – und liefern erste Hinweise auf die Ursache.

3. Ergebnisse deuten und Maßnahmen ergreifen: Je nach Status befreien Sie die Mail aus der Quarantäne, passen eine Regel an, korrigieren eine Adresse oder analysieren einen Fehlercode. Hierbei hilft Ihnen Ihr Wissen um Spamfilter, Transportregeln und Co. aus Kapitel 14 – denn Sie wissen, wo Sie hinschauen müssen.

4. Tiefergehende Ursachen prüfen: Wenn es kniffliger wird, nehmen Sie die Domänenkonfiguration unter die Lupe, schauen ins Benutzerpostfach (Quota voll? Lizenz okay?) oder konsultieren Fehlermeldungen und Suchmaschinen. Sie haben gelernt, gängige SMTP-Codes zu entschlüsseln – Sie sind den Fehlern jetzt also einen Schritt voraus.

5. Proaktiv bleiben: Richten Sie sich Warnmeldungen ein, die Ihnen künftige Probleme von selbst melden. So sind Sie schneller als der Fehler und können oftmals schon handeln, bevor das Telefon klingelt.

6. Optional: Automatisieren mit PowerShell: Wir haben gesehen, dass PowerShell sehr hilfreich sein kann, gerade bei wiederkehrenden Analysen oder wenn man mal schnell etwas für mehrere Fälle prüfen will. Kein Muss, aber ein nützliches Werkzeug im Koffer der Fehlerbehebung.

Arbeiten Sie diese Schritte einfach nacheinander ab. Sie müssen nicht alles auswendig können. Das Wichtigste ist, dass Sie wissen, wo Sie hinschauen und welche Werkzeuge Ihnen dabei helfen. Mit jedem gelösten Fall werden Sie sicherer und routinierter!

Mit diesem Rüstzeug sind Sie bestens gewappnet, um den Tücken des Nachrichtenflusses zu begegnen. Fehler beheben ist manchmal wie Detektivarbeit, aber Sie haben nun die Lupe und das Notizbuch an der Hand – sprich: die Tools und das Wissen aus zwei Kapiteln –, um auch knifflige Fälle zu lösen. Und denken Sie daran: Jede gelöste E-Mail-Odyssee macht Sie ein Stückchen erfahrener.

Also haben Sie keine Angst vor dem »Unsichtbaren« im Hintergrund. Der Nachrichtenfluss mag komplex sein, doch mit den richtigen Fragen und Methoden kriegen Sie ihn in den Griff. Und wenn das nächste Mal jemand entnervt fragt »Warum kommt meine Mail nicht an?«, können Sie vermutlich schon schmunzelnd antworten: »Keine Sorge, wir finden das raus – wahrscheinlich ist es nur eine Kleinigkeit!« Viel Erfolg bei der Fehlersuche!

Teil IV

Konfigurationen für die Zusammenarbeit in der Cloud

IN DIESEM TEIL ...

- ✔ Sie erfahren, wie Sie Microsoft Teams gezielt als Plattform für strukturierte Zusammenarbeit konfigurieren.
- ✔ Sie lernen, wie Sie mit Vorlagen, Namenskonventionen und Richtlinien Ordnung schaffen und bewahren.
- ✔ Sie erhalten Anleitungen, um Teams sicher zu betreiben, beispielsweise durch die Einrichtung von Gastzugriffen, Data Loss Prevention (DLP) und Sensitivity Labels.
- ✔ Sie verstehen, wie Sie sowohl die Sicherheit als auch die Übersichtlichkeit Ihrer Teams gewährleisten.
- ✔ Darüber hinaus werden Möglichkeiten aufgezeigt, bei komplexen Fragen Unterstützung zu erhalten.
- ✔ So sind Sie bestens darauf vorbereitet, Microsoft Teams effizient und sicher in Ihrem Arbeitsalltag zu nutzen.

IN DIESEM KAPITEL

Zurechtfinden im Microsoft Teams Admin Center

Microsoft Teams strukturiert aufbauen, verwalten und archivieren

Sinnvoll Apps kontrollieren und integrieren

Richtlinien und Rollen innerhalb von Microsoft Teams

Kapitel 16

Microsoft Teams: Mehr als nur Chat – die digitale Schaltzentrale

Stellen Sie sich Microsoft Teams als Schweizer Taschenmesser der digitalen Zusammenarbeit vor. Es vereint Chat, Meetings, Telefonie, Dateifreigaben und vieles mehr unter einem Dach. Doch Teams kann noch mehr. Es lässt sich zur Kommandozentrale ausbauen, über die Ihre Abteilung oder Ihr Unternehmen praktisch alle täglichen Arbeitsabläufe steuert.

Die Microsoft-Vision dahinter ist, dass Microsoft Teams als Hub für alles gilt, dass alle Fäden dort zusammenlaufen.

BEISPIEL

Sie können direkt im Chat mit Mitarbeitern eine Excel-Datei gemeinsam bearbeiten, in einem Kanal Aufgaben in ein Planner-Board (Microsoft Planner) einfügen oder auf einen Projekt-OneNote zugreifen – ohne die App zu wechseln. Dazu kommen Anrufe, Videokonferenzen, Kalender, Aufgaben und sogar KI-Unterstützung (Stichwort Microsoft 365 Copilot) direkt in Teams.

Das Tolle daran: Alles ist integriert. Ohne zwischen Programmen hin- und herspringen zu müssen, bleibt das Team im sogenannten »Flow« und spart Zeit. Wenn Microsoft Teams richtig konfiguriert ist, wird es zur digitalen Bürozentrale, in der vom Brainstorming bis zum Projekt-Finish alles stattfindet. Für die Konfiguration müssen Sie nicht in die untiefen der Server-Infrastrukturen und Techniken eintauchen, denn Microsoft Teams lässt sich mühelos und bequem per Mausklick im Browser konfigurieren.

Bevor wir in die Details gehen, hier eine kleine Aufwärmübung. Überlegen Sie doch mal, welche drei Dinge in Ihrer Organisation am meisten Zeit fressen (zum Beispiel ständige E-Mail-Flut, endlose Meetings, Suche nach Dateien). Während Sie weiterlesen, werden Sie merken, dass Teams für viele dieser Probleme bereits Lösungen parat hat. Und mit den richtigen Kniffen machen Sie aus Teams eine Schaltzentrale, die diese Probleme klein hält.

Einstieg ins Teams Admin Center: Hier drehen Sie an den richtigen Knöpfen

Um Teams wirklich zur Schaltzentrale zu machen, führt kein Weg am Teams Admin Center vorbei. Im Abschnitt zu den unterschiedlichen Admin Centern habe ich Ihnen bereits einen kurzen von den wesentlichsten Funktionen aus dem Teams Admin Center erzählt, nun schauen wir uns das gemeinsam im Detail an. Wie jedes Admin Center können Sie das Teams Admin Center per Kick im M365 Admin Center aufrufen – oder über die URL `https://admin.teams.microsoft.com/`.

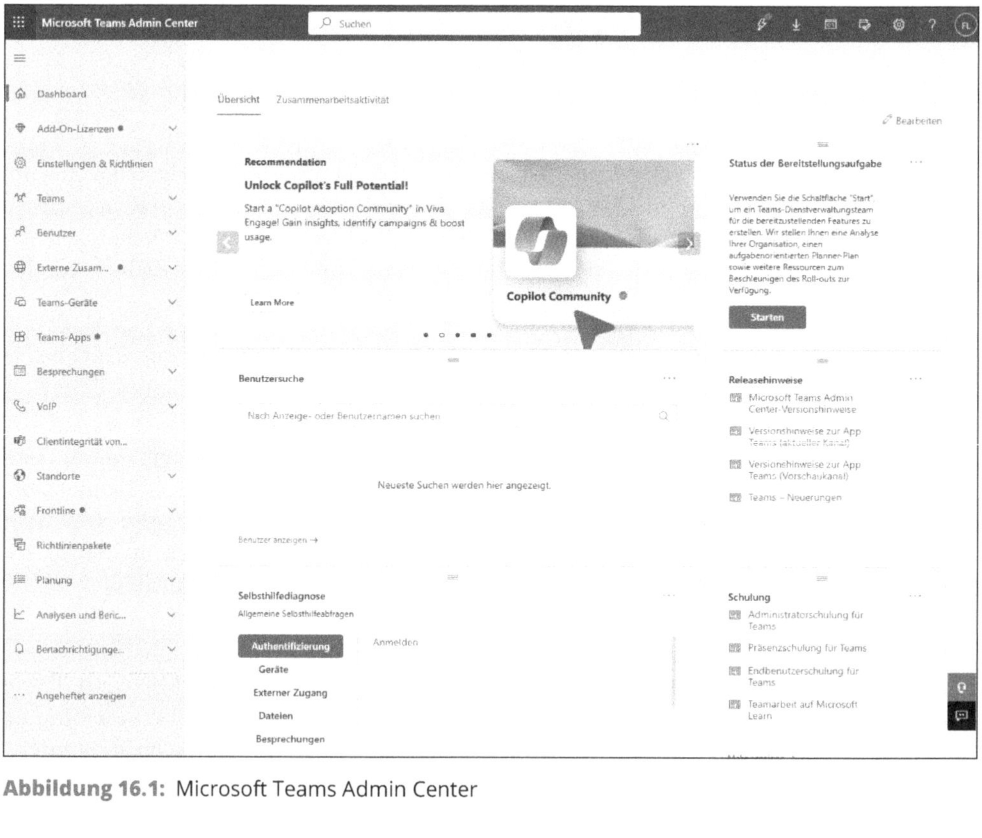

Abbildung 16.1: Microsoft Teams Admin Center

Für die Anmeldung und den Zugriff benötigen Sie ein Benutzerkonto in der Rolle »Global Administrator« oder »Microsoft Teams Administrator«. Ohne die Rolle kann Ihr Benutzer Microsoft Teams vielleicht ausführen, sofern eine Lizenz vorhanden ist, aber nicht administrieren.

Schauen wir uns einmal gemeinsam das Teams Admin Center an. Wie jedes Admin Center ist der Grundaufbau im Admin Center von Teams identisch. Auf der linken Seite sehen Sie als Administrator die einzelnen Rubriken und Themen (Menüpunkte) und im rechten Bereich den eigentlichen Inhalt entsprechend dem angeklickten Menüpunkt; kurz gesagt: gemäß dem ausgewählten Kontext.

Teams Admin Center vs. Microsoft 365 Admin Center

Aus den Kapiteln 3–6 kennen Sie bereits das Microsoft 365 Admin Center – dort verwalten Sie Nutzer, Gruppen, Lizenzen und Dienste auf höherer Ebene. Das Teams Admin Center hingegen ist speziell für Microsoft Teams. Beide Portale sind eng verzahnt. Wenn Sie zum Beispiel im Microsoft 365 Admin Center ein neue Microsoft-365-Gruppe anlegen, können Sie diese später im Teams Admin Center als eigenständiges Team verwenden. Umgekehrt wird jedes Team letztlich als Microsoft-365-Gruppe im Hintergrund geführt.

Schauen wir zu Anfang etwas genauer auf das linke Seitenmenü. Hier befinden sich folgende Rubriken zu den einzelnen Themen.

- ✔ Dashboard
- ✔ Teams Premium
- ✔ Teams
- ✔ Benutzer
- ✔ Teams-Geräte
- ✔ Teams-Apps
- ✔ Besprechungen
- ✔ Nachrichten
- ✔ VoIP
- ✔ Clientintegrität von Teams
- ✔ Standorte
- ✔ Frontline Management
- ✔ Erweiterte Verschlüsselung
- ✔ Richtlinienpakete

- ✔ Planung
- ✔ Analysen und Berichte
- ✔ Benachrichtigungen

Sollten Sie auf Anhieb nicht alle Menüpunkte sehen, so liegt das daran, dass im Standard Menüpunkte ausgeblendet sind. Es liegt daran, dass Sie beim ersten Aufruf nur Ihre angehefteten Menüpunkte sehen und die anderen nicht eingeblendet sind. Über den Punkt »... alle anzeigen« können Sie sich das ganze Menü anzeigen lassen.

Gerade zu Beginn mit Microsoft Teams, aber auch im späteren Verlauf, werden nicht zwangsläufig alle Menüpunkte oder Funktionen benötigt. Zum Beispiel bleibt die Telefonie für viele Organisationen außen vor, weil sie nicht genutzt wird. Im Gegensatz dazu gibt es Bereiche, die für den reibungslosen Betrieb essenziell sind und eine sorgfältige Konfiguration erfordern. Dazu zählen etwa die Konfiguration von Richtlinien und die Bereitstellung von Apps.

In Microsoft Teams sind *Apps* eigenständige Anwendungen oder Erweiterungen, die direkt in die Teams-Oberfläche integriert werden. Sie erweitern die Funktionalität von Teams und ermöglichen es Nutzern, zusätzliche Tools wie Aufgabenlisten, Umfragen oder Drittanbieterdienste nahtlos einzubinden. Dadurch lassen sich Arbeitsabläufe individuell anpassen und verschiedene Arbeitsbereiche effizienter gestalten.

Das Dashboard stellt die zentrale Startseite im Teams Admin Center dar. Hier erhalten Sie einen schnellen und umfassenden Überblick über die aktuelle Nutzung von Microsoft Teams in Ihrer Organisation. Neben wichtigen Kennzahlen wie der Anzahl aktiver Benutzer oder der Häufigkeit gesendeter Nachrichten werden Ihnen auch relevante Systemmeldungen angezeigt, beispielsweise bevorstehende Änderungen durch Microsoft oder Hinweise zu Wartungsarbeiten. Darüber hinaus stehen Ihnen praktische Schnellzugriffe zur Verfügung, mit denen Sie direkt zu häufig genutzten Verwaltungsbereichen gelangen. Das Dashboard eignet sich hervorragend, um sich jeden Morgen einen schnellen Überblick über die aktuelle Lage und die wichtigsten Entwicklungen im Teams-Umfeld zu verschaffen. So behalten Sie stets den Überblick und können auf neue Anforderungen oder Probleme zeitnah reagieren.

Im Bereich Teams finden Sie sämtliche bestehende Teams Ihrer Organisation übersichtlich aufgelistet. Sie haben hier die Möglichkeit, neue Teams zu erstellen, bestehende Teams zu bearbeiten, zu löschen oder auch in den Archivstatus zu versetzen, wenn diese nicht mehr aktiv genutzt werden sollen. Darüber hinaus können Sie Team-Vorlagen einrichten, um die Gründung neuer Teams nach festgelegten Standards zu erleichtern. Zusätzlich besteht die Option, Richtlinien für die Team-Erstellung zu definieren. So steuern Sie, unter welchen Bedingungen neue Teams angelegt werden dürfen und sorgen für eine strukturierte und kontrollierte Umgebung, die den Anforderungen Ihrer Organisation entspricht.

Im Bereich Benutzer erhalten Sie eine vollständige Übersicht aller Benutzerkonten Ihrer Organisation und deren jeweilige Teams-Einstellungen. Sie können für einzelne Nutzer spezifische Einstellungen vornehmen, etwa die Zuweisung einer anderen Messaging-Richtlinie oder die Anpassung individueller Berechtigungen. Ebenso lässt sich nachvollziehen, in welchen Teams ein bestimmter Benutzer Mitglied ist. Dadurch gewährleisten Sie, dass jeder Nutzer über die passenden Funktionen und Berechtigungen verfügt und optimal in die Teamstruktur eingebunden ist.

Das Richtlinienpaket bildet das Kernstück der Governance im Teams Admin Center. Die Richtlinien sind in verschiedene Kategorien unterteilt, darunter Messaging-Richtlinien, Meeting-Richtlinien, Anrufrichtlinien und App-Richtlinien. Sie können sowohl global für die gesamte Organisation als auch individuell pro Nutzer festlegen, welche Funktionen verfügbar sind, und welche Einschränkungen gelten.

Beispielsweise bestimmen Sie, ob Benutzer animierte Bilder in Chats versenden dürfen, wer während Besprechungen präsentieren kann oder welche Apps installiert werden dürfen.

Mit dem gezielten Einsatz von Richtlinienpaketen stellen Sie sicher, dass unterschiedliche Benutzergruppen jeweils die passenden Sicherheitsstufen und Funktionsumfänge erhalten, was zu einer konsistenten und sicheren Arbeitsumgebung beiträgt.

Richtlinien in Microsoft Teams meint das einen konfigurierbaren Satz von Regeln, der bestimmten Benutzern zugewiesen wird. Beispielsweise legt eine Messaging-Richtlinie fest, ob Benutzer Nachrichten bearbeiten oder löschen dürfen. Eine Meeting-Richtlinie bestimmt zum Beispiel, ob Meetings aufgezeichnet werden dürfen. Indem Sie Richtlinien nutzen, können Sie unterschiedliche Sicherheitsstufen oder Funktionsumfänge für verschiedene Benutzergruppen festlegen (zum Beispiel strengere Regeln für externe Mitarbeiter).

Im Bereich Besprechungen verwalten Sie sämtliche Einstellungen rund um Besprechungen, Live-Events und die neuen Teams Townhalls. Hier steuern Sie die Nutzung von Konferenzräumen, auch als Teams Rooms bezeichnet, und legen fest, wie etwa Aufzeichnungen von Besprechungen gehandhabt werden oder wie das Verhalten in der Lobby geregelt ist. Durch die gezielte Konfiguration der Besprechungseinstellungen stellen Sie sicher, dass virtuelle Meetings reibungslos ablaufen und die Anforderungen Ihrer Organisation optimal erfüllt werden.

TownHall-Besprechungen in Microsoft Teams sind groß angelegte, virtuelle Veranstaltungen, die sich besonders für unternehmensweite Ankündigungen, Präsentationen oder Fragerunden eignen. Sie ermöglichen es, eine große Anzahl von mehr als 800 Teilnehmern zu erreichen und bieten spezielle Funktionen wie Moderation, Fragen und Antworten sowie die Steuerung von Rednern. Dadurch unterstützen sie eine professionelle und strukturierte Kommunikation auf Unternehmensebene.

In einer Besprechung bezeichnet die *Lobby* einen virtuellen Wartebereich, in dem Teilnehmer vor Beginn oder Freigabe der Besprechung verweilen. Der Organisator oder berechtigte Personen können steuern, wer direkt teilnehmen darf und wer zunächst in die Lobby geleitet wird, bis die Freigabe erfolgt. Diese Funktion dient dazu, die Teilnahme gezielt zu steuern und unbefugten Zugriff auf vertrauliche Meetings zu verhindern.

Die TEAMS-APPS-Verwaltung ermöglicht Ihnen die Kontrolle über alle in Teams verfügbaren Anwendungen. Sie können App-Berechtigungsrichtlinien festlegen, um zu steuern, welche Apps von Benutzern installiert werden dürfen. Zudem besteht die Möglichkeit, Setup-Richtlinien zu definieren, mit denen Sie festlegen, welche Apps standardmäßig für jeden Benutzer in Teams angezeigt werden. Auf diese Weise behalten Sie die Übersicht über die App-Landschaft in Ihrer Organisation und verhindern, dass unerwünschte Anwendungen oder Tools eingeführt werden.

Der Bereich BERICHTE liefert Ihnen eine Vielzahl von Nutzungsstatistiken zu Microsoft Teams. Sie können beispielsweise nachvollziehen, wie viele Nachrichten innerhalb eines bestimmten Zeitraums versendet wurden, wie viele Benutzer aktiv sind oder welche Endgeräte genutzt werden. Diese Informationen helfen Ihnen, die Akzeptanz von Teams im Unternehmen zu überwachen, Schwachstellen zu erkennen und gezielt Maßnahmen zur Optimierung der Nutzung einzuleiten. Die systematische Analyse der Berichte unterstützt Sie dabei, die Einführung und den Betrieb von Teams langfristig erfolgreich zu gestalten.

Wie Sie sehen, bietet das Teams Admin Center eine Fülle von Optionen. Es ist normal, sich anfangs ein wenig erschlagen zu fühlen.

Unternehmen Sie zu Beginn einen virtuellen Rundgang. Klicken Sie sich einmal durch alle Menüpunkte und lesen Sie die Beschreibungen der Einstellungen. Sie müssen nicht alles sofort verstehen oder ändern – oft reicht es schon, zu wissen, wo etwas eingestellt wird, falls man es später braucht.

Das Teams Admin Center ist mächtig. Änderungen wirken sich oft sofort auf alle Nutzer aus. Testen Sie neue Einstellungen daher möglichst erst mit einem Testbenutzer oder in einem kleineren Pilotteam, bevor Sie sie unternehmensweit ausrollen. Nichts ist peinlicher, als versehentlich allen Benutzern das Chatten zu verbieten, nur weil man eine Richtlinie falsch konfiguriert hat.

Unterschiede je nach Lizenz und Rolle

Microsoft Teams bietet ein differenziertes Rollenkonzept, das die Verwaltung sowohl für kleine als auch für große Organisationen flexibel gestaltet. Im Mittelpunkt steht die Rolle des Administrators für Teams, welche über Entra ID verwaltet und gepflegt wird. Diese Person hat umfassenden Zugriff auf das Teams-Verwaltungszentrum und kann nahezu alle Einstellungen anpassen. Aufgaben wie die Steuerung von Teams, Kanälen, Richtlinien und Benutzerberechtigungen fallen in diesen Verantwortungsbereich. In größeren Unternehmen übernimmt häufig ein spezialisiertes IT-Team diese Rolle, das sich ausschließlich um die Verwaltung und Optimierung von Teams kümmert.

Darüber hinaus gibt es die Rolle des *Serviceadministrators* für Teams. Diese Person verfügt über weitreichende Rechte, ist jedoch bei bestimmten Funktionen eingeschränkt. Insbesondere hat sie keinen Zugriff auf die Verwaltung der Telefonie innerhalb von Teams sowie auf die Konnektoren für externe Dienste. Diese Rolle ist sinnvoll, wenn jemand hauptsächlich für den Betrieb und die Konfiguration von Teams zuständig ist, aber nicht für die Integration von Telefonie oder die Anbindung externer Systeme verantwortlich sein soll.

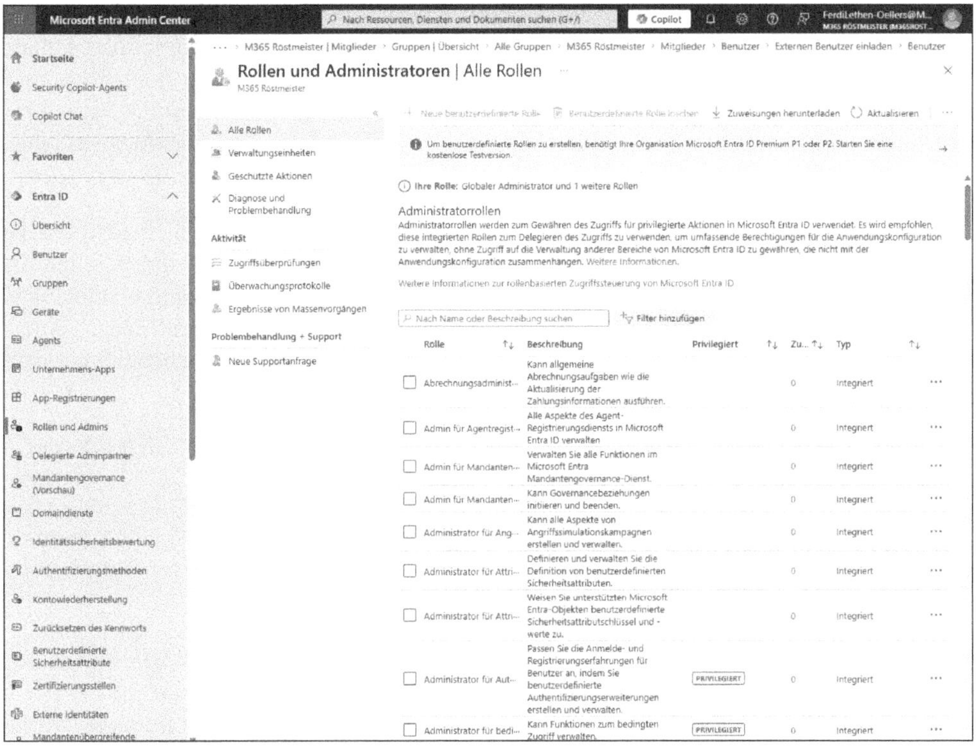

Abbildung 16.2: Administrationsrollen Microsoft Teams

Der *Kommunikationsadministrator* ist auf die Bereiche Besprechungen und Anrufe spezialisiert. Zu den Aufgaben zählen unter anderem die Verwaltung von Besprechungsrichtlinien, die Konfiguration von Konferenzbrücken sowie die Anpassung von Einstellungen für die unternehmensinterne Telefonie. In Unternehmen, in denen die Organisation von Onlinemeetings und die Verwaltung von Sprachdiensten eine zentrale Rolle spielt, empfiehlt es sich, eine oder mehrere Personen gezielt mit diesen Aufgaben zu betrauen.

Ergänzend dazu gibt es die Rollen der *Kommunikationsunterstützung* sowie der des *Supportingenieurs*. Diese Rollen sind für den Support auf der ersten und zweiten Ebene vorgesehen. Sie erlauben einen eingeschränkten Einblick in bestimmte Bereiche, beispielsweise in die Anrufprotokolle einzelner Benutzer. So können technische Probleme analysiert und behoben werden, ohne dass umfassende administrative Rechte erforderlich sind. Diese Rollen sind ideal für Helpdesk-Mitarbeiter, die bei alltäglichen Fragen und Störungen unterstützen, jedoch keine grundlegenden Einstellungen verändern sollen.

Die Rolle des *globalen Administrators* innerhalb von Microsoft 365 umfasst den vollständigen Zugriff auf alle Einstellungen und Funktionen, die auch Microsoft Teams betreffen. Diese Person trägt die Gesamtverantwortung für die Plattform, agiert jedoch in der Regel nicht im operativen Tagesgeschäft. Vielmehr bleibt sie für übergeordnete Steuerungs- und Kontrollaufgaben zuständig und greift nur bei Bedarf ein.

Eine sinnvolle Aufgabenverteilung trägt maßgeblich zur Übersichtlichkeit und Sicherheit der Teams-Administration bei. Überlegen Sie, welche Aufgaben in Ihrem Unternehmen anfallen und welche Personen diese verantwortungsvoll übernehmen können. Es kann beispielsweise sinnvoll sein, einem Mitarbeiter aus der Compliance-Abteilung die Möglichkeit zur Verwaltung von Datenschutz- und Informationsschutzrichtlinien zu übertragen. In der Personalabteilung kann es wiederum erforderlich sein, den Zugriff auf die Verwaltung von Benutzergruppen und Zugängen zu ermöglichen, ohne dass diese Personen tiefgehende technische Einstellungen vornehmen müssen.

Die klare Zuordnung von Verantwortlichkeiten sorgt dafür, dass Aufgaben effizient erledigt werden und administrative Tätigkeiten nicht in einer Person gebündelt werden, wenn dies nicht zwingend notwendig ist. Besonders in kleineren Unternehmen kommt es jedoch häufig vor, dass eine Person mehrere Rollen gleichzeitig ausfüllt und somit verschiedene Aufgabenbereiche abdeckt. Auch in diesem Fall ist es wichtig, den Überblick zu behalten und alle Rechte sorgfältig zu dokumentieren.

Microsoft verfolgt konsequent das Prinzip der minimalen Rechtevergabe, auch bekannt als Least-Privilege-Prinzip.

Dieses Sicherheitskonzept (*Least-Privilege-Prinzip*) besagt, dass jede Person nur die Berechtigungen erhalten sollte, die sie für die Erfüllung ihrer Aufgaben tatsächlich benötigt.

Durch diese gezielte Vergabe von Rechten lassen sich potenzielle Schäden bei Fehlern oder Sicherheitsvorfällen erheblich reduzieren. Gleichzeitig steigt die Sicherheit im Unternehmen, da das Risiko von Fehlkonfigurationen oder unbefugten Zugriffen minimiert wird. Es empfiehlt sich, Rechte regelmäßig zu überprüfen und anzupassen, insbesondere wenn Mitarbeiter das Unternehmen verlassen oder die Abteilung wechseln.

Sollte ein Administrator das Unternehmen verlassen, ist es unbedingt erforderlich, dessen Zugriffsrechte umgehend zu entziehen oder auf einen Nachfolger zu übertragen. So stellen Sie sicher, dass der Zugriff auf sensible Einstellungen und Daten ausschließlich bei autorisierten Personen liegt. Mit einer klaren Dokumentation und einer regelmäßigen Überprüfung der Rechte schaffen Sie die Grundlage für eine sichere und effiziente Verwaltung von Microsoft Teams.

Erstellen Sie für Administratoren immer ein separates Konto und verwenden Sie nicht das vorhandene Benutzerkonto. Erweiterte Rechte auf einem normalen Benutzerkonto können schnell zu Verwirrung oder unangenehmen Datenschutzproblemen führen. Handelt es sich ausschließlich um ein Administrationskonto, benötigen Sie (Stand November 2025) keine M365-Lizenz dafür; dadurch entstehen – abgesehen von der Verwaltung – keine zusätzlichen Kosten.

Verwalten von Microsoft-Teams-Teams

Das Wort »Teams« hat in Unternehmen meist einen »strukturellen« Hintergrund, denn Unternehmen strukturieren sich oft in Bereiche/Abteilungen und die darunterliegenden Teams. Aus diesem Grund ist es wichtig, auch wenn es sich komisch anhört, Microsoft-Teams-Teams in die Kommunikationssprache mit aufzunehmen. Nur so verhindern Sie

Verwirrungen in der Kommunikation. In der Verwaltung von Microsoft-Teams-Teams (Menüpunkt TEAMS) dreht sich alles um den Teams-Raum oder Container innerhalb von Microsoft Teams.

Sehen Sie – und genau das meinte ich mit Verwirrung. Zur Vereinfachung und vor allem zum Verständnis wird im weiteren Verlauf des Buches das eigentliche Microsoft-Teams-Team mit dem Wort Teams-Raum beziffert. Dabei hat dies Nichts mit dem physischen Raum eines Meetings zu tun.

Sie können einerseits alle Teams-Räume inklusiver der Einstellungen und Mitglieder einsehen und andererseits die Standardeinstellungen sowie Richtlinien für den Umgang mit Teams-Räumen definieren.

Abbildung 16.3: Verwaltung von Microsoft-Teams-Teams

Als Administrator ist es unter anderem eine super Übersicht, wenn Sie einmal wissen wollen welche Microsoft-Teams-Teams eine andere Kanalart als den Standardkanal verwenden und darüber hinaus, ob es sich um Private oder öffentliche Teams handelt, sozusagen hilft die Anzeige beim Themengebiet rund um den Datenschutz.

Private Teams sind nur für ausgewählte Mitglieder sichtbar und zugänglich; neue Mitglieder müssen explizit hinzugefügt werden.

Öffentliche Teams können von allen Mitarbeitern im Unternehmen gefunden und selbstständig betreten werden, sofern keine Einschränkungen bestehen.

Unternehmensweite Teams sind speziell für die gesamte Organisation angelegt – jeder Mitarbeiter wird automatisch Mitglied.

Während private Teams für vertrauliche oder projektbezogene Arbeiten genutzt werden, eignen sich öffentliche Teams für offene Kollaboration. Unternehmensweite Teams sind ideal für firmenweite Kommunikation und Ankündigungen, können jedoch zu Verwirrungen führen, wenn Sie bereits ein interne Kommunikationsplattform, auf zum Beispiel Microsoft SharePoint, betreiben.

Teams-Struktur verstehen für einen professionellen Lebenszyklus

Ein Microsoft Team ist kein Selbstzweck – es existiert, um eine Gruppe von Menschen bei einem gemeinsamen Ziel zu unterstützen. Entsprechend hat jedes Team einen Lebenszyklus: Es wird gegründet, aktiv genutzt und irgendwann (im Idealfall) wieder ordentlich abgeschlossen. Als Administrator sollten Sie diesen Lebenszyklus kennen und steuern können. Sonst drohen Wildwuchs (zu viele unkoordiniert erstellte Teams) und Chaos, was am Ende niemandem hilft, weder der IT noch den Benutzern.

Um den Lebenszyklus und die Funktionsweise eines Teams zu erfassen, ist es essenziell, die zugrunde liegende Struktur genau zu verstehen. Im Zentrum steht das Team selbst, welches als organisatorische Einheit häufig einer Abteilung, einem Projekt oder einer spezifischen Arbeitsgemeinschaft entspricht. Jedes Team besteht aus einer definierten Gruppe von Mitgliedern, wobei mindestens eine Person die Rolle des Besitzers innehat, also die Verantwortung für Verwaltung und Steuerung trägt. Zusätzlich besteht die Möglichkeit, externe Gäste einzubinden, um die Zusammenarbeit über die Grenzen der eigenen Organisation hinweg zu ermöglichen. Technisch basiert jedes dieser Teams auf einer Microsoft-365-Gruppe, Sie erinnern sich sicherlich noch an den Abschnitt »Die Einrichtung einer Microsoft-365-Gruppe« aus dem Buch, innerhalb der Microsoft-365-Umgebung, welche durch die Teams-spezifischen Funktionen erweitert wird.

Innerhalb eines Teams gliedern Kanäle die Zusammenarbeit nach thematischen Schwerpunkten oder einzelnen Aufgabenbereichen. Im Regelfall ist zu Beginn ein Kanal für allgemeine Themen vorhanden. Sie können jedoch nach Bedarf weitere Kanäle hinzufügen, die dann für alle Mitglieder des jeweiligen Teams sichtbar und zugänglich sind. Diese Kanäle bilden den zentralen Raum für Unterhaltungen, den Austausch von Dateien sowie für die Koordination der täglichen Zusammenarbeit. Durch diese strukturierte Aufteilung wird eine klare Trennung verschiedener Arbeitsbereiche gewährleistet, was die Übersichtlichkeit und Effizienz im Teamalltag maßgeblich unterstützt.

Für besonders vertrauliche oder sensible Themenbereiche innerhalb eines Teams kommen private Kanäle zum Einsatz. Diese sind ausschließlich für einen ausgewählten Personenkreis innerhalb des Teams sichtbar und zugänglich. Im Hintergrund wird für jeden privaten Kanal eine separate SharePoint-Website erstellt, wodurch die gespeicherten Dateien strikt vom restlichen Team getrennt werden. Private Kanäle bieten die Möglichkeit, abgeschottete Arbeitsbereiche einzurichten, beispielsweise, wenn nur ein Teil der Teammitglieder an Budgetplanungen oder anderen vertraulichen Projekten arbeitet. Es ist zu beachten, dass ausschließlich die Besitzer eines Teams private Kanäle anlegen können und die Anzahl dieser Kanäle pro Team auf 250 Stück begrenzt ist. Ein sorgfältiger und gezielter Einsatz privater Kanäle verhindert eine unnötige Fragmentierung und stellt sicher, dass die Teamstruktur übersichtlich bleibt.

Vermeiden Sie private Kanäle zu Beginn und setzen Sie auf Transparenz im Team. Das reduziert den Verwaltungsaufwand und die Supportrisiken. Fragen Sie immer: »Gibt es wirklich Informationen, die ein Teil des Teams nicht sehen sollte?« Meist reicht das aus, um den Bedarf privater Kanäle zu klären.

Eine weitere Komponente der Teamstruktur sind die freigegebenen Kanäle. Dieses relativ neue Konzept ermöglicht es, die Zusammenarbeit über die Grenzen eines einzelnen Teams hinaus zu erweitern. Mithilfe freigegebener Kanäle können Personen aus anderen Teams oder sogar externe Partner gezielt zu einem bestimmten Themenbereich eingeladen werden, ohne ihnen gleich Zugriff auf das gesamte Team zu gewähren. Die anderen Kanäle sind für alle Nichtmitglieder des jeweiligen Teams nicht sichtbar und bieten somit eine kontrollierte, sichere Möglichkeit zur bereichsübergreifenden Zusammenarbeit. Die Einführung freigegebener Kanäle fördert eine flexible und dennoch strukturierte Kooperation, insbesondere bei Projekten, an denen mehrere Teams oder externe Beteiligte mitwirken.

Technisch betrachtet steht hinter einem freigegebenen Kanal, ähnlich wie bei privaten Kanälen, jeweils eine separate SharePoint-Website, die mit eigenen, spezifischen Berechtigungen versehen wird. So bleiben die dort abgelegten Dateien und Inhalte klar vom übrigen Team abgegrenzt und können gezielt für bereichsübergreifende oder externe Zusammenarbeit freigegeben werden.

Ein tiefgehendes Verständnis der beschriebenen Teamstruktur und des damit verbundenen Lebenszyklus ist für die erfolgreiche Administration und Steuerung von Microsoft Teams in Unternehmen von zentraler Bedeutung. Nur wenn Sie die einzelnen Bausteine und deren Zusammenspiel kennen, können Sie klare Regeln und Prozesse für die Teamverwaltung etablieren und die Nutzung der Plattform optimal an die Anforderungen Ihrer Organisation anpassen. So wird nicht nur die Übersichtlichkeit und Sicherheit gewährleistet, sondern auch die nachhaltige und effiziente Zusammenarbeit gefördert, was letztlich den Erfolg der gesamten Organisation unterstützt.

Wildwuchs vermeiden: Klare Regeln für die Teams-Erstellung und -Benennung

Stellen Sie sicher, dass es in Ihrer Organisation klare Verantwortlichkeiten für die Erstellung von neuen Teams gibt. Zu Beginn passiert es sonst leicht, dass jeder Mitarbeiter für jede kleine Arbeitsgruppe ein neues Team anlegt. Schnell hat man Hunderte von Teams; viele redundant, falsch benannt oder verlassen. Dieses Chaos erschwert es Benutzern, das richtige Team zu finden, und kann auch Compliance-Probleme nach sich ziehen.

Wer darf Teams erstellen? Per Voreinstellung darf jeder Benutzer ein Team erstellen. Das entspricht der Philosophie von Microsoft, nutzergetriebene Zusammenarbeit zu ermöglichen. In größeren Unternehmen ist »freie Team-Gründung für alle« aber selten gewollt. Hier empfiehlt es sich, die Erstellungsberechtigung einzuschränken. Da ein Team immer an eine Microsoft-365-Gruppe gekoppelt ist, wird diese Einstellung in Microsoft Entra ID vorgenommen. Sie können zum Beispiel eine Sicherheitsgruppe anlegen mit dem Namen »Team-Ersteller« und nur deren Mitgliedern das Erstellen von Microsoft-365-Gruppen und somit Microsoft-Räume erlauben. Alle anderen Benutzer müssten dann einen Antrag stellen – etwa per Support-Ticket an den IT-Helpdesk oder ein Forms-Formular, um ein neues Team zu bekommen. Dieser kleine Hürdenmechanismus verhindert spontanen Wildwuchs erheblich.

Microsoft Forms ist ein Bestandteil von Microsoft 365 und ermöglicht es, schnell und einfach Umfragen, Quizze oder Formulare zu erstellen und auszuwerten. Die Integration in M365 erleichtert die Zusammenarbeit und Weiterverarbeitung der Ergebnisse mit anderen Anwendungen und Prozessen.

Zu Beginn empfiehlt es sich, die Berechtigung zur Erstellung von Microsoft Teams auf eine kleine Mitarbeitergruppe zu beschränken. Das hat sich in mehreren Projekten als wirksames Mittel gegen Wildwuchs und erhöhten Verwaltungsaufwand erwiesen.

Legen Sie eine Microsoft-365-Sicherheitsgruppe mit dem Namen »Team-Ersteller« an. Weisen Sie dieser Gruppe die Berechtigungen zu, neue Microsoft-365-Gruppen zu erstellen.

Nachdem die Berechtigungen zur Teams-Erstellung geregelt wurden, ist es ebenso entscheidend, konsistente Namenskonventionen festzulegen, damit neue Teams eindeutig identifizierbar und leicht auffindbar bleiben. Gerade wenn viele Teams entstehen, sind einheitliche Namen Gold wert. Nichts ist irritierender, als drei Teams namens »Marketing« in der Microsoft-365-Umgebung zu haben:

- eins fürs echte Marketing-Team,
- eins für ein Projekt im Marketing und
- eins von einem eifrigen Vertriebler, der das Marketing-Team »zur besseren Zusammenarbeit« dupliziert hat.

Legen Sie also Konventionen fest, zum Beispiel: Abteilungs-Teams beginnen mit dem Abteilungskürzel (MK – Marketing), Projekt-Teams haben ein PRJ im Namen, Teams mit Gästen ein »EXT-« als Präfix, und so weiter. Microsoft 365 bietet hierfür Namensrichtlinien (ebenfalls über Entra ID verwaltbar), mit denen Sie automatisch bestimmten Gruppen Präfixe/Suffixe verpassen oder unerlaubte Wörter sperren können. So ließe sich zum Beispiel verbieten, dass ein Team »CEO« im Namen trägt, damit Späßchen à la »CEO – Kaffeeklatsch« unterbunden werden.

Die Benennungsrichtlinie finden Sie im Entra ID Admin Center unter dem Menüpunkt GRUPPEN und dann auf BENENNUNGSRICHTLINIEN, sie Abbildung 16.4 »Entra-ID-Gruppenbenennungsrichtlinie«. Bezüglich der automatisierten Vergabe von Präfixen in Microsoft-365-Namensrichtlinien gilt tatsächlich: Sie können für Gruppen- und Teamnamen ausschließlich einen Präfixes und einen Suffix definieren, die systemseitig automatisch hinzugefügt werden. Dabei ist es nicht möglich, mehrere verschiedene Präfixe gleichzeitig zu vergeben oder komplexere Namensstrukturen automatisiert umzusetzen.

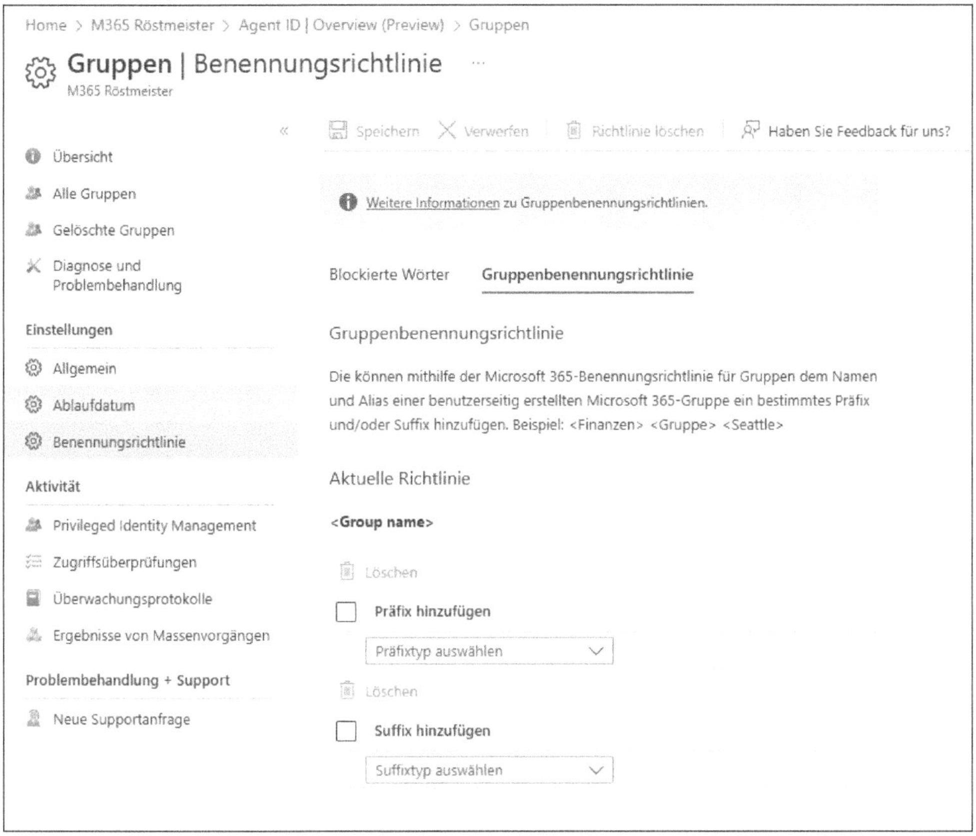

Abbildung 16.4: Entra-ID-Gruppenbenennungsrichtlinie

Dokumentieren Sie diese Spielregeln und kommunizieren Sie sie den Benutzern. Erklären Sie kurz, warum nicht jeder sofort ein Team erstellen sollte und wie der Prozess stattdessen aussieht. Wenn Benutzer Bescheid wissen, stoßen klare Regeln nicht auf Frust, sondern auf Verständnis. Vielleicht richten Sie auch eine interne Website oder ein kurzes Handout mit »Teams-Erstellungs-Guidelines« ein.

Aktive Nutzungsphase: Pflege, während das Team lebt

Die fortlaufende Pflege von Microsoft Teams während der aktiven Nutzungsphase trägt maßgeblich zur Sicherheit und Effizienz einer modernen Arbeitsumgebung bei. Ein zentraler Aspekt ist die Mitgliederverwaltung. Die regelmäßige Überprüfung der Teamzusammensetzung stellt sicher, dass nur aktuell berechtigte Personen Zugriff auf sensible Informationen besitzen. Ehemalige Mitarbeiter oder solche, deren Mitwirkung nicht mehr erforderlich ist, werden entfernt, was potenzielle Risiken durch Datenabflüsse minimiert und die Übersichtlichkeit der Teams erhöht. Gleichzeitig wird der Verantwortungsbereich der Teambesitzer gestärkt, indem sie auf ihre Rolle aufmerksam gemacht werden und aktiv zur Pflege beitragen.

Überprüfen Sie regelmäßig, ob es in Microsoft Teams Gruppen ohne Besitzer gibt. Am besten etablieren Sie direkt die Regel, dass jedes Team stets mindestens zwei Besitzer haben sollte. So stellen Sie sicher, dass bei Ausfall einer Person die Verwaltung des Teams jederzeit gewährleistet bleibt.

Ein weiterer Schwerpunkt liegt auf der Kontrolle und Verwaltung von integrierten Anwendungen wie Bots und oder sogenannten Konnektoren. Im Laufe der Zeit ergänzen Nutzer diverse Registerkarten und Schnittstellen, etwa für Projektmanagement oder Entwicklerplattformen. Die Überwachung dieser Erweiterungen gewährleistet, dass ausschließlich relevante und genutzte Anwendungen im Team verbleiben. Das Entfernen nicht mehr verwendeter Apps optimiert die Benutzeroberfläche und verhindert unnötige Komplexität, wodurch produktives Arbeiten gefördert wird. Was genau die sogenannten Apps in Teams sind und wie Sie diese wiederum einschränken können, erfahren Sie im Abschnitt »App-Berechtigungs- und Setup-Richtlinie«.

Schauen sie kontinuierlich auf die Teamaktivitäten – dabei sollen Sie kein Controlling-Freak werden, sondern lediglich Herausforderungen frühzeitig erkennen. Über die im Administrationszentrum verfügbaren Berichte lässt sich die Nutzung der Teams präzise nachverfolgen. Sinkt die Aktivität über einen längeren Zeitraum, kann geprüft werden, ob das jeweilige Team weiterhin benötigt wird oder die Überführung in die nächste Lebenszyklusphase ansteht.

Teams haben eine eingebaute Lebenszyklusfunktion für Microsoft-365-Gruppen, die oft übersehen wird. Mit einer Ablaufrichtlinie können Sie festlegen, dass zum Beispiel nach 180 Tagen Inaktivität ein Team beziehungsweise dessen Gruppe abläuft. Die Besitzer erhalten dann automatisch eine E-Mail mit der Frage, ob das Team weiterhin benötigt wird. Reagiert niemand, wird die Gruppe (und damit das Team) automatisch gelöscht. So werden Karteileichen elegant vermieden.

Keine Angst: Gelöschte Teams lassen sich innerhalb von 30 Tagen wiederherstellen, falls doch jemand protestiert. Überlegen Sie, ob Sie solche Ablaufmechanismen aktivieren, um dauerhaft Ordnung zu halten.

Damit Ablaufrichtlinien in Teams funktionieren, muss im Hintergrund eine Microsoft-Entra-ID-P1- oder P2-Lizenz im Tenant vorhanden sein – und zwar für alle Mitglieder der betreffenden Gruppen. Es genügt, wenn die Lizenzen im Unternehmen verfügbar sind; sie müssen nicht explizit jedem Nutzer direkt zugewiesen werden. So stellen Sie sicher, dass die Ablaufmechanismen reibungslos greifen und das automatische Aufräumen nicht an fehlenden Lizenzen scheitert.

Für Administratoren ist diese kontinuierliche Pflege unverzichtbar, da sie die Grundlage für eine sichere, transparente und effiziente Zusammenarbeit im Unternehmen bildet. Die aktive Steuerung des Lebenszyklus von Teams verhindert die Entstehung von unübersichtlichen Strukturen und sorgt dafür, dass die Organisation stets den Überblick über ihre digitale Arbeitsumgebung behält.

Archivierung, Löschung und Compliance

Mit einem bewusst gesteuerten Lebenszyklus halten Sie Ihre Teams-Umgebung aufgeräumt und effizient. Die Benutzer wissen, woran sie sind, und finden sich auch nach Jahren noch zurecht, weil altes Gerümpel weg ist. Und Sie selbst behalten den Überblick, anstatt irgendwann vor tausend aktiven Teams zu stehen und nicht zu wissen, was Sache ist.

Im Verlauf eines jeden Projekts kommt unweigerlich der Zeitpunkt, an dem die aktive Zusammenarbeit in einem Team endet und eine strukturierte Nachbereitung notwendig wird. Es empfiehlt sich, die administrativen Möglichkeiten von Microsoft Teams gezielt zu nutzen, um einen geordneten Abschluss zu gewährleisten und die digitale Arbeitsumgebung dauerhaft übersichtlich zu halten.

Eine bewährte Option stellt die Archivierung eines Teams dar. Durch das Archivieren wird das Team in einen schreibgeschützten Zustand versetzt, sodass keine neuen Beiträge oder Änderungen mehr vorgenommen werden können.

Als Administrator ist es oft schwierig, den richtigen Zeitpunkt für die Archivierung eines Microsoft-Teams-Teams zu bestimmen. Aus diesem Grund empfiehlt es sich, die Entscheidung darüber an die jeweiligen Team-Besitzer zu übertragen. Sollte dennoch ein deutlicher Rückgang der Aktivität erkennbar sein, können Sie proaktiv Kontakt mit den Besitzern aufnehmen und im Bedarfsfall die Archivierung über das Teams Admin Center selbst durchführen.

Inzwischen besteht die Möglichkeit, einzelne Kanäle zu archivieren. Wer jedoch annimmt, dass damit sämtliche Inhalte des Kanals automatisch schreibgeschützt sind, wird eines Besseren belehrt: Die im Kanal abgelegten Dokumente befinden sich – sofern es sich nicht um einen freigegebenen oder privaten Kanal handelt – weiterhin in derselben SharePoint-Bibliothek wie alle anderen. Daher kann jeder weiterhin diese Dokumente bearbeiten, da ein Schreibschutz auf Ordnerebene nicht möglich ist.

Alle vorhandenen Inhalte bleiben weiterhin zugänglich und können für Referenzzwecke eingesehen werden. Dies ist insbesondere dann sinnvoll, wenn die im Team gesammelten Informationen auch nach Abschluss des Projekts noch relevant sind. Die Archivierung eignet sich hervorragend, um Projektteams nach Projektende in einen ruhenden Status zu versetzen, ohne den Zugriff auf vergangene Diskussionen, Dokumente und Aufgaben zu verlieren. Für die Nutzer bedeutet dies, dass sie weiterhin lesenden Zugriff auf sämtliche Daten haben. Die Option zur Reaktivierung des Teams bleibt erhalten, falls ein erneuter Zugriff oder eine Weiterführung notwendig wird.

Ist ein Team endgültig nicht mehr erforderlich und stehen dem keine geschäftlichen oder rechtlichen Aufbewahrungspflichten entgegen, kann die Löschung als weiterer Schritt in Betracht gezogen werden. Vor einer Löschung empfiehlt es sich, sorgfältig zu klären, ob enthaltene Daten und Dienste, wie etwa die zugehörige Microsoft-365-Gruppe, die SharePoint-Seite, Planner-Pläne oder die Team-Mailbox, noch benötigt werden. Die Löschung eines Teams führt zur vollständigen Entfernung aller verknüpften Ressourcen. Nach dem Löschvorgang bleibt ein Zeitraum von 30 Tagen, innerhalb dessen eine versehentlich gelöschte

Gruppe samt Team wiederhergestellt werden kann. Dennoch sollte die Löschung stets als letzte Option betrachtet werden. Die Löschung des Microsoft-Teams-Teams kann nur der Administrator über die Zentraladministration von Teams oder der Teambesitzer über die Teams-Client-Anwendung durchführen.

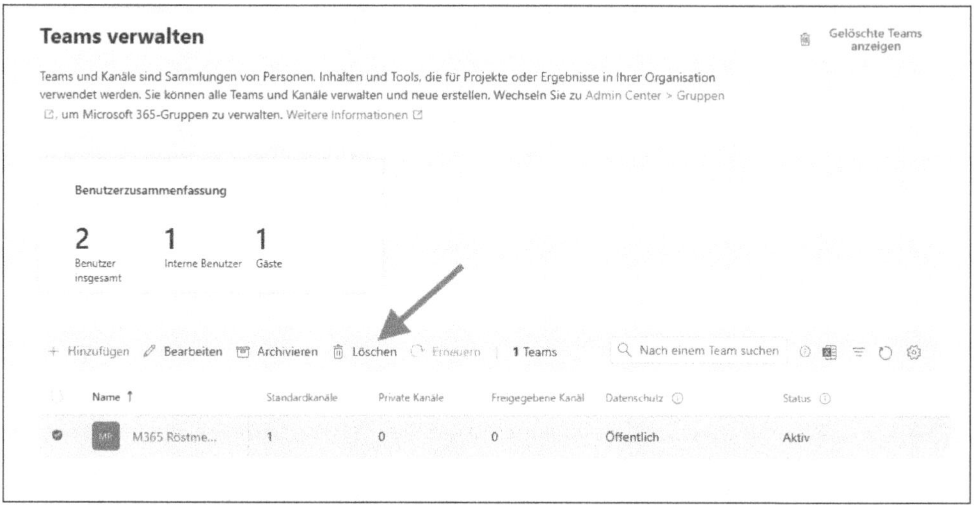

Abbildung 16.5: Microsoft-Teams-Teams löschen

Im Unternehmensumfeld sind häufig besondere Anforderungen an die Aufbewahrung und den Schutz von Daten zu beachten. Insbesondere in regulierten Branchen wie dem Finanzwesen oder bei Projektdokumentationen, die unter die Datenschutz-Grundverordnung fallen, gelten verbindliche Compliance-Vorgaben. Microsoft Purview bietet in diesem Zusammenhang eine umfassende Suite für die Einhaltung von Compliance- und Datenschutzanforderungen innerhalb von Microsoft 365. Mithilfe von Purview lassen sich Aufbewahrungsrichtlinien (englisch »Retention Labels«) definieren, die sicherstellen, dass Dateien und Dokumente in bestimmten Teams über festgelegte Zeiträume nicht gelöscht werden dürfen. Selbst im Fall einer Teamlöschung können so SharePoint-Daten im Compliance-Tresor aufbewahrt werden. Ebenso lassen sich automatisierte Löschrichtlinien konfigurieren, um Daten nach Ablauf vordefinierter Fristen zu entfernen. Es empfiehlt sich, vor dem Löschvorgang stets mit der unternehmenseigenen Compliance-Abteilung abzustimmen, welche spezifischen Richtlinien und Anforderungen zu berücksichtigen sind.

Ein strukturierter Abschlussprozess erhöht die Qualität der Dokumentation und verhindert den Verlust wichtiger Erkenntnisse. Es empfiehlt sich, gemeinsam mit dem Team-Besitzer eine Abschlussprüfung vorzunehmen. Dabei sollte überprüft werden, ob alle relevanten Ergebnisse und Informationen dokumentiert wurden und ob Inhalte existieren, die in ein Nachfolgesystem übertragen werden müssen. Auf diese Weise wird gewährleistet, dass wertvolles Wissen nicht versehentlich mit dem Team entfernt oder unzugänglich gemacht wird.

Vorlagen und Automatisierung: Turbo für konsistente Teams

Jedes neue Team muss nicht bei Null beginnen. Microsoft Teams bietet Teamvorlagen, mit denen Sie eine einheitliche Struktur für neue Teams vorgeben können. So laufen Team-Erstellungen schneller, einheitlicher und fehlerfreier ab – ideal zum Beispiel, wenn häufig ähnliche Projektteams aufgesetzt werden.

Was sind Teams-*Vorlagen*? Stellen Sie sich vor, Sie haben ein perfektes Team namens »Projekt Alpha« mit bestimmten Kanälen, Registerkarten (Planner, OneNote etc.) und vielleicht einer bestimmten Ordnerstruktur in der Dokumentenbibliothek. Diese Struktur würden Sie gerne für jedes neue Projektteam wiederverwenden, anstatt jedes Mal manuell alles neu anzulegen. Genau das leisten Teams-Templates (Vorlagen). Microsoft liefert schon eine Reihe von vorgefertigten Vorlagen mit, für typische Teams wie

- ✔ Event-Management,
- ✔ Onboarding,
- ✔ Krisenreaktion
- ✔ und so weiter, die Sie direkt nutzen oder anpassen können.

Sie können sogar eigene Vorlagen, ganz nach Ihren Anforderungen, erstellen und bereitstellen.

BEISPIEL

Ihre Firma arbeitet viel in Projekten. Sie designen eine Vorlage »Projektteam Standard« mit folgenden Vorgaben:

- ✔ Kanäle: Allgemein (Standard), Planung, Umsetzung, Ergebnisse
- ✔ Registerkarten im Kanal Allgemein: Planner-Board-Aufgaben, OneNote-Projektnotizen
- ✔ Registerkarte im Kanal Ergebnisse: Power-BI-Bericht (Platzhalter, den man dann nur noch mit dem richtigen Bericht verbinden muss)
- ✔ Apps: Vielleicht wird automatisch die App Forms hinzugefügt, weil Sie regelmäßig Umfragen im Projekt machen.

Wenn nun jemand ein Team auf Basis dieser Vorlage erstellt, bekommt er automatisch all diese Kanäle und Tabs vorkonfiguriert.

Um eigene Vorlagen im Microsoft Teams Admin Center zu erstellen, navigieren Sie im Admin Center zu dem Bereich TEAMS und wählen dort den Abschnitt VORLAGEN aus. Hier können Sie entweder eine neue Teamvorlage von Grund auf anlegen oder ein bestehendes Team als Basis für eine Vorlage verwenden. Beim Erstellen einer neuen Vorlage legen Sie die Struktur des zukünftigen Teams fest, indem Sie Kanäle, Registerkarten sowie Apps definieren, die standardmäßig jedem Team hinzugefügt werden, das auf dieser Vorlage basiert. Sie haben die Möglichkeit, die Namen und Beschreibungen der Kanäle vorzugeben und festzulegen, welche Apps oder Tools direkt integriert werden sollen, beispielsweise OneNote, Planner oder eine bestimmte Registerkarte für Projektaufgaben. Dies erleichtert die Standardisierung von Teams, die in Ihrer Organisation regelmäßig für bestimmte Anwendungsfälle benötigt werden, wie etwa Projektteams, Abteilungen oder Arbeitsgruppen.

Wenn Sie ein bestehendes Team als Vorlage verwenden möchten, können Sie dessen Struktur als Ausgangspunkt wählen. Dabei werden die vorhandenen Kanäle, Registerkarten und integrierten Apps in die Vorlage übernommen, jedoch keine konkreten Inhalte wie Dateien, Aufgaben oder Nachrichten. Die Vorlage dient somit als Blaupause für neue Teams, die nach dem gleichen organisatorischen Muster aufgebaut sein sollen. Sie können darüber hinaus vordefinieren, welche Einstellungen für neue Teams gelten sollen, etwa die Sichtbarkeit des Teams innerhalb der Organisation, die Einstellungen für Gastzugriffe oder die Standardberechtigungen für Mitglieder und Besitzer. Es besteht außerdem die Möglichkeit, festzulegen, ob ein Team öffentlich oder privat erstellt werden soll.

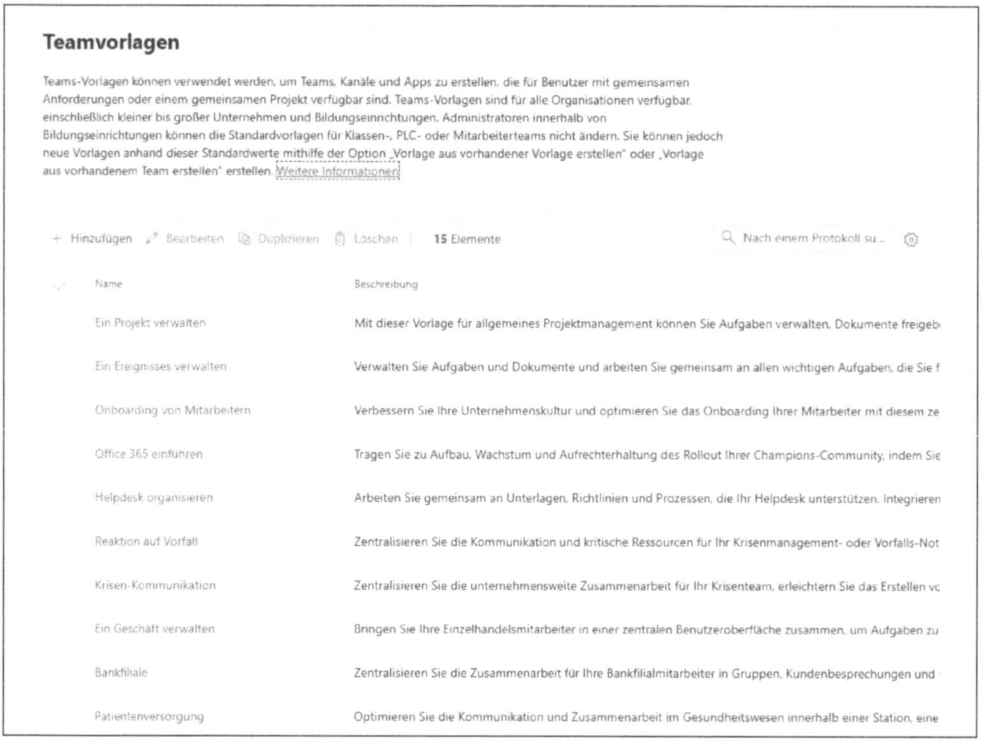

Abbildung 16.6: Microsoft Teams Vorlagen

PowerShell, Graph API und Power Automate: Automatisierung für Fortgeschrittene

Für diejenigen, die technisch etwas tiefer eintauchen möchten, bietet Microsoft Teams auch Automatisierungsmöglichkeiten jenseits der Klick-Oberfläche:

Microsoft stellt ein **PowerShell**-Modul für Teams bereit (Microsoft-Teams-Modul), mit dem nahezu alle Einstellungen und Aktionen auch skriptgesteuert durchgeführt werden können. Beispielsweise können Sie per Skript gleich zehn neue Teams für neue Auszubildende anlegen, anstatt zehnmal durch den GUI-Dialog zu klicken. Oder Sie exportieren eine Liste aller Teams mit bestimmten Eigenschaften. Einfache Beispiele:

Wenn Sie sich für technische Möglichkeiten interessieren und Ihre Arbeit in Microsoft Teams effizienter gestalten möchten, stehen Ihnen verschiedene Werkzeuge zur Verfügung, mit denen Sie Abläufe automatisieren und wiederkehrende Aufgaben vereinfachen können. Sie lernen praxisnahe Wege kennen, um Teams-Verwaltung und Arbeitsprozesse zu modernisieren und so Zeit für wichtigere Aufgaben zu gewinnen.

Ein besonders vielseitiges Werkzeug ist PowerShell, welches Sie schon in Bezug auf die E-Mail-Kommunikation in den Abschnitten rund um Microsoft Exchange kennenlernen durften. Ähnlich ist es auch im Kontext von Microsoft Teams: Hier lassen sich nahezu alle Einstellungen und Aktionen auch ohne grafische Oberfläche steuern und das mit kleinen PowerShell Skripten.

BEISPIEL

Sie können beispielsweise mit wenigen Zeilen Skript mehrere Teams für neue Mitarbeiter erstellen, statt dies einzeln per Hand zu tun. Ebenso besteht die Möglichkeit, eine Übersicht aller vorhandenen Teams zu exportieren, Kanäle hinzuzufügen oder Benutzer und Einstellungen zentral zu verwalten.

Bevor Sie PowerShell nutzen, verbinden Sie sich über die entsprechende Anmeldemethode mit Teams und stellen Sie sicher, dass Ihr Konto die notwendigen Berechtigungen – Globaler Administrator oder Teams-Administrator – besitzt. Auch wenn der Einstieg zunächst komplex erscheinen mag, können bereits einfache Skripte große Wirkung entfalten und Abläufe spürbar beschleunigen.

Für fortgeschrittene Automatisierung empfiehlt sich die Nutzung von Microsoft Graph API.

Die *Microsoft Graph API* ist die Programmierschnittstelle, die Ihnen über PowerShell oder anderer Entwicklungsanwendungen Zugriff auf alle Funktionen von Microsoft 365 bietet. Über die Graph API lassen sich unter anderem Teams, Kanäle und weitere Dienste zentral steuern und in individuelle Anwendungen einbinden.

Es kann vorkommen, dass Microsoft Graph in Ihrem M365-Tenant nicht aktiviert ist, da manche Unternehmen diese Schnittstelle aus Sicherheits- oder Compliance-Gründen blockieren. Sollte dies der Fall sein, so können Sie die Microsoft Graph API im Microsoft 365 Admin Center unter den Einstellungen für Unternehmensanwendungen aktivieren. Dort können die Schnittstelle gezielt freigegeben und die entsprechenden Berechtigungen eingeschränkt werden.

Diese Schnittstelle erlaubt es Entwicklern und technisch versierten Anwendern, direkt auf Funktionen aller Microsoft-365-Dienste zuzugreifen. Insbesondere für Teams stehen umfassende Möglichkeiten bereit, etwa zur automatisierten Erstellung von Teams, zum Hinzufügen von Mitgliedern oder zum Versenden von Nachrichten. Die Graph API lässt sich flexibel in eigene Anwendungen oder Skripte integrieren, beispielsweise mit Programmiersprachen. Sie findet häufig Anwendung in Lösungen, die bei der Einrichtung neuer Mitarbeiter automatisch die passende Arbeitsumgebung schaffen oder bei Projektstart sofort alle nötigen Teams und Kanäle bereitstellen. Damit werden Prozesse standardisiert und der Aufwand für wiederkehrende Aufgaben reduziert.

Hier ein paar Beispiele von PowerShell-Befehlen für die Verwaltung von Microsoft Teams:

- ✔ Ein Team anlegen: New-Team -DisplayName "Testteam" -Visibility Private
- ✔ Einem bestehenden Team einen neuen Kanal hinzufügen: New-TeamChannel -GroupId <Team-ID> -DisplayName "Neuer Kanal"

Unter folgendem Link finden Sie eine detaillierte Beschreibung der PowerShell-Befehle, welche Sie im Kontext von Microsoft Teams verwenden können:

https://learn.microsoft.com/de-de/microsoftteams/teams-powershell-managing-teams

Sollte für Sie das Thema PowerShell eine zu große Hürde sein oder Sie kommen mit den ganzen kleineren Befehlen nicht zurecht, dann gibt es noch eine andere, visuelle Variante: Power Automate.

Power Automate ist ein cloud-basierter Dienst von Microsoft, mit dem Sie Arbeitsabläufe zwischen verschiedenen Anwendungen automatisieren können, ganz ohne Programmierkenntnisse. Er ermöglicht es, wiederkehrende Aufgaben effizienter zu gestalten und Prozesse zu standardisieren. Über vordefinierte Vorlagen oder individuelle Flows lassen sich zahlreiche Geschäftsprozesse einfach digital abbilden.

Dieser Dienst ermöglicht es Ihnen, auch ohne große Programmierkenntnisse Arbeitsabläufe zu definieren, die verschiedene Anwendungen miteinander verknüpfen. Es gibt bereits viele einsatzbereite Vorlagen rund um Microsoft Teams, die Sie direkt nutzen können.

So können Sie zum Beispiel festlegen, dass eine Nachricht in Teams erscheint, sobald eine neue Datei in SharePoint abgelegt wird, oder dass eine Benachrichtigung verschickt wird, wenn ein bestimmtes Ereignis eintritt. Auch die automatisierte Erstellung neuer Teams nach dem Ausfüllen eines Formulars lässt sich abbilden.

Power Automate eignet sich hervorragend, um manuelle Tätigkeiten zu vereinfachen oder ganz zu automatisieren und so die Effizienz im Arbeitsalltag zu steigern. Möchten Sie mehr zu Power Automate und dessen Möglichkeit wissen, können sie über folgende URL `https://make.powerautomate.com/` direkt in die Anwendung eintauchen. Es gibt bereits auf der Startseite einen sehr guten Lernpfad und Hinweise zur Anwendung.

BEISPIEL

Ein besonders nützliches Szenario ist die Automatisierung des gesamten Lebenszyklus von Teams. Angenommen, ein neuer Mitarbeiter füllt ein Formular aus und gibt an, in welchen Abteilungen und Projekten er tätig sein wird. Power Automate übernimmt diese Informationen und erstellt automatisch die passenden Teams oder Kanäle oder fügt die Person den relevanten bestehenden Teams hinzu. Damit wird die Bereitstellung der Arbeitsumgebung zum Selbstläufer. Neue Mitarbeiter erhalten sofort Zugriff auf alle benötigten Ressourcen, ohne dass Sie als Administrator jeden Schritt einzeln ausführen müssen. Solche Lösungen sorgen für eine einheitliche Struktur und entlasten Sie dauerhaft im Tagesgeschäft.

Auch wenn Begriffe wie Graph API oder PowerShell für Sie Neuland sein mögen – keine Angst. Fangen Sie klein an. Ein simples PowerShell-Skript, das alle Teamnamen ausgibt, ist schnell geschrieben und weckt den Appetit auf mehr. Schritt für Schritt können Sie so Ihre Admin-Skills erweitern. Und wer weiß – vielleicht automatisiert bald ein cleveres Skript einen Teil Ihrer Arbeit, so dass Sie mehr Zeit für die wirklich wichtigen Aufgaben haben.

Zusammenarbeit und Apps: Teams als Integrationsplattform

Microsoft Teams hebt sich besonders durch die Fähigkeit hervor, verschiedenste Arbeitswerkzeuge und Anwendungen unter einer zentralen Oberfläche zu bündeln. Warum zig Browser-Tabs und Programme öffnen, wenn man alles in Teams haben kann? Teams wird so zur Integrationsplattform, die nicht nur für direkte Kommunikation, sondern auch für die effiziente Organisation von Arbeitsprozessen einen erheblichen Mehrwert bietet. Für IT-Administratoren und Anwender bedeutet dies eine Vereinfachung des Alltags, da Informationen, Aufgaben und Werkzeuge gebündelt und strukturiert bereitgestellt werden. Jedoch kann genau diese Integration auch zu einer Herausforderung in der Verwaltung und Administration werden.

Bei der Integration von anderen Anwendungen gibt es drei Arten, welche innerhalb von Microsoft Teams definiert wurden:

1. Microsoft-365-Anwendungen
2. Custom Apps (eigene Entwicklungen)
3. Drittanbieteranwendungen

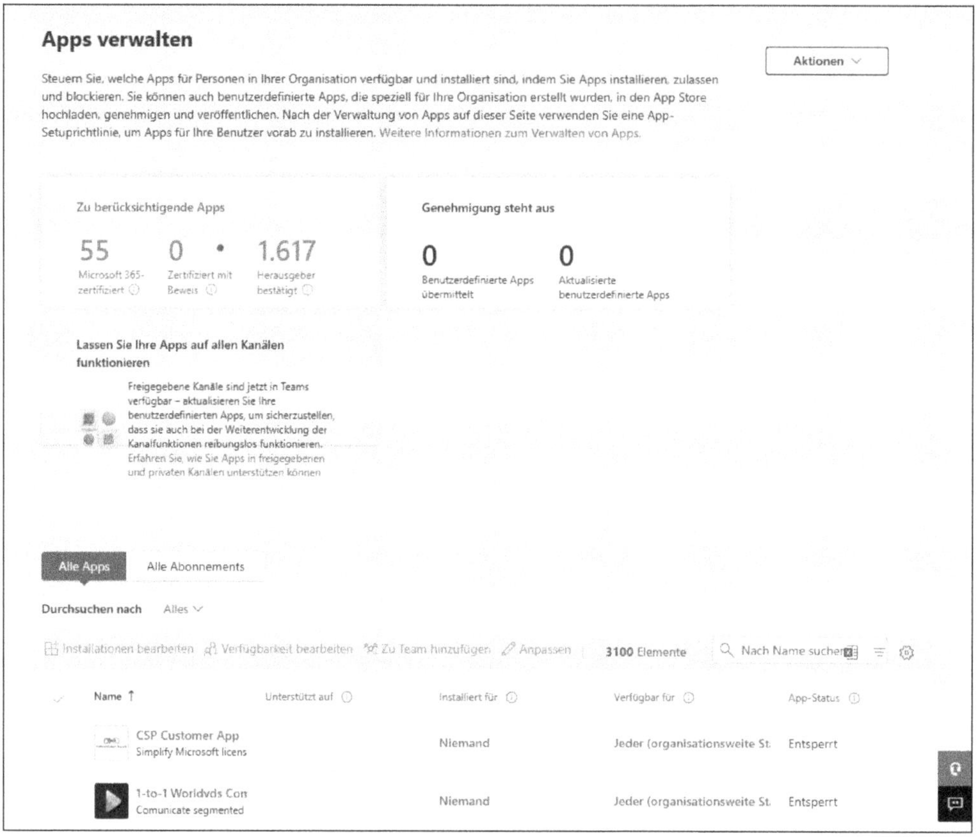

Abbildung 16.7: Übersicht Teams-Apps

Integration von Microsoft-365-Anwendungen

Microsoft Teams ist, wie alle Microsoft-365-Anwendungen, aus dem Hause Microsoft, was ein wesentlicher Vorteil gegenüber Mitbewerbern ist. Da es eine nahtlose Integration zwischen den Anwendungen wie Word, Excel, SharePoint Online und so weiter in Microsoft Teams gibt. Nachfolgend sind ein

- ✔ Jeder Arbeitsbereich in Teams, sei es ein Team oder ein spezifischer Kanal, verfügt über einen eigenen Dateibereich, aktuell unter dem Namen FREIGEGEBEN. Im Hintergrund wird hierfür eine Dokumentbibliothek aus der Anwendung SharePoint Online eingebunden. Wir erinnern uns: SharePoint Online ist eine von mehreren Anwendungen, auf deren Basis die Anwendung Microsoft Teams technisch aufbaut. Die Teammitglieder können so in Echtzeit gemeinsam an Word-, Excel- oder PowerPoint-Dateien arbeiten. Alle Änderungen werden automatisch gespeichert. Die sonst übliche Verteilung von Dateien über E-Mail entfällt, da alle relevanten Dokumente zentral in Teams zugänglich sind.

- ✔ NOTIZBÜCHER sind für die strukturierte Ablage von Besprechungsnotizen, Ideen oder Projektinformationen unverzichtbar. Innerhalb eines Teams wird im Standard ein OneNote-Notizbuch als eigene Registerkarte hinzugefügt.

OneNote ist ein digitales Notizbuch, das die strukturierte Erfassung und Organisation von Informationen ermöglicht. In Teams steht die vollumfängliche Funktionalität von OneNote zur Verfügung.

- ✔ Für die Organisation und Verteilung von Aufgaben bietet Microsoft Teams die direkte Integration des Aufgabenmanagements aus Planner und To Do mit der App PLANNER.

Planner ist ein Werkzeug zur Verwaltung von Teamaufgaben, das die Arbeit in Form von Karten auf einer Tafel visualisiert und Fortschritte nachvollziehbar macht. Aufgaben können erstellt, zugewiesen und deren Status verfolgt werden – alles direkt in den Teams.

Die Aufgaben aus Planner und die persönlichen Aufgaben aus To Do werden in der Teams-App Aufgaben gemeinsam angezeigt. Das erleichtert es, den Überblick über alle anstehenden Arbeiten zu behalten.

- ✔ Teams ermöglicht die Einbindung kompletter SharePoint-Seiten oder Listen als eigene Registerkarten. So kommen Mitarbeiter direkt über Microsoft Teams an wichtige Informationen aus dem Bereich Intranet oder Verwaltung.

Eine *Liste* ist eine tabellarische Darstellung von Informationen, etwa für Aufgaben, Kundenanfragen oder Inventar. Dies ist besonders hilfreich, wenn beispielsweise eine zentrale Liste mit offenen Kundenanfragen existiert, die regelmäßig gepflegt werden muss.

- ✔ Für die Durchführung von Umfragen oder Abstimmungen steht Microsoft Forms zur Verfügung.
- ✔ Datenbasierte Entscheidungsfindung wird durch die Integration von Power BI unterstützt.

Power BI ist eine Plattform zur Analyse und Visualisierung von Geschäftsdaten in interaktiven Berichten. Teams ermöglicht das Einbinden von Power-BI-Berichten als Registerkarte, sodass aktuelle Kennzahlen oder Projektstände für alle Teammitglieder jederzeit verfügbar sind.

- ✔ Die KALENDERFUNKTION in Teams zeigt standardmäßig die persönlichen Termine aus Outlook an. Zusätzlich besitzt jedes Team eine eigene E-Mail-Adresse, durch die Nachrichten direkt im Team-Kanal empfangen werden können, sofern diese Funktion aktiviert ist.
- ✔ In Microsoft Teams erscheinen aktuell häufiger sogenannte LOOP-Komponenten als neue Art von Nachricht, die von mehreren Personen gleichzeitig bearbeitet werden kann. Diese Entwicklung zeigt, dass Microsoft Teams sich immer stärker zu einer Live-Zusammenarbeitsplattform entwickelt, in der die Grenzen zwischen Chat, Dokument und Formular zunehmend verschwimmen. Die Möglichkeiten für flexibles und spontanes Arbeiten im Team werden dadurch weiter ausgebaut.

Loop-Komponenten sind dynamische Module für Echtzeit-Zusammenarbeit, die direkt in Chats oder E-Mails eingebettet werden können. Sie ermöglichen es, Inhalte wie Listen, Aufgaben oder Abstimmungen gemeinsam zu bearbeiten, unabhängig davon, wo sie eingebettet sind. Auch im Hinblick auf Copilot (KI von Microsoft) wird Microsoft Loop eine immer größere und zentralere Anwendung in Microsoft 365.

Bei der Nutzung von Microsoft Loop ist besondere Aufmerksamkeit erforderlich. Nicht etwa, weil die Anwendung fehleranfällig wäre, sondern vielmehr aufgrund der Frage, wo die einzelnen Komponenten gespeichert werden. Loop speichert Inhalte sowohl in OneDrive als auch eingebettet in SharePoint und anderen Anwendungen. Wenn Sie Microsoft Loop einsetzen, sollten Sie sich daher eingehend mit den jeweiligen Speicherorten auseinandersetzen und für geeignete Backup-Lösungen sorgen, um die Datensicherheit zu gewährleisten.

Diese Integrationen tragen maßgeblich dazu bei, dass alle relevanten Informationen an einem Ort gebündelt werden. Die Anwender bleiben in der vertrauten Teams-Umgebung und können dennoch auf die vollständige Funktionalität der Microsoft-365-Anwendungen zugreifen.

Custom-Apps – die eigene Entwicklung

Mit zunehmender Nutzung von Microsoft Teams kann der Moment kommen, an dem die standardmäßig verfügbaren Funktionen nicht mehr ausreichen, um individuelle Anforderungen zu erfüllen. Spätestens wenn Sie Daten aus externen Systemen wie dem Warenwirtschaftssystem oder spezialisierten Fachanwendungen integrieren möchten, sind maßgeschneiderte Lösungen gefragt. Die individuelle Entwicklung innerhalb von Microsoft 365 eröffnet Ihnen vielfältige Möglichkeiten, um spezifische Informationsflüsse und Arbeitsprozesse in Teams zu integrieren und optimal auf Ihre Unternehmensbedürfnisse abzustimmen.

Innerhalb von Microsoft 365 stehen Ihnen unterschiedliche Ansätze für die Entwicklung eigener Anwendungen zur Verfügung.

- ✔ Eine häufig genutzte Option ist die Erstellung einer sogenannten PowerApp ①.

PowerApps sind benutzerdefinierte Anwendungen, die es Ihnen ermöglichen, Daten aus verschiedenen Quellen zu bündeln, Geschäftsprozesse zu automatisieren und in einer benutzerfreundlichen Oberfläche bereitzustellen.

Sie können PowerApps direkt in Teams als Registerkarte einbinden und so die Funktionalität Ihrer Arbeitsumgebung gezielt erweitern.

- ✔ Eine weitere Möglichkeit bietet die Entwicklung eines Agenten.

Ein *Agent* ist eine digitale Anwendung, die auf Künstlicher Intelligenz basiert und häufig als virtueller Assistent eingesetzt wird. Im Kontext von Microsoft 365 können Sie beispielsweise einen Agenten mit Copilot oder Copilot Studio entwickeln, um automatisierte Antworten zu generieren, Aufgaben zu unterstützen oder komplexe Informationsabfragen zu ermöglichen. Diese Agenten lassen sich in Teams integrieren und helfen, die Effizienz der Zusammenarbeit zu steigern.

✔ Darüber hinaus können Sie eine Webanwendung selbst erstellen und konfigurieren.

Webanwendungen sind digitale Programme, die über einen Internetbrowser zugänglich sind und eine Vielzahl von Funktionen bereitstellen.

Sie können diese Anwendungen im Unternehmensstore von Microsoft 365 hochladen und für Ihre Teams bereitstellen. So stellen Sie sicher, dass auch sehr spezifische Anforderungen abgedeckt werden und Ihre Teams stets die passenden Werkzeuge zur Verfügung haben.

Chancen durch Drittanbieteranwendungen

Neben den integrierten Anwendungen von Microsoft bietet Teams eine breite Auswahl an Lösungen von Drittanbietern. Über den Teams-App-Store lassen sich zahlreiche Anwendungen, aktuell mehr als 2 800, für unterschiedliche Einsatzzwecke hinzufügen.

BEISPIEL

Eine App lässt sich problemlos als Erweiterung von Drittanbietern in Jira-Projektmanagement-Plattformen oder das Confluence-Intranet einbinden.

Durch die gezielte Auswahl von Drittanbieteranwendungen können Sie die Funktionalität von Teams erheblich erweitern. Mit der zunehmenden Anzahl an Anwendungen steigen auch die Herausforderungen. Eine zu große Anzahl von installierten Anwendungen kann die Übersichtlichkeit verringern und die Benutzeroberfläche überfrachten.

Es empfiehlt sich daher, eine sorgfältige Auswahl zu treffen und nur die tatsächlich benötigten Werkzeuge bereitzustellen.

Ein besonderes Augenmerk gilt dem Datenschutz und der Sicherheit. Nicht jede Anwendung im App-Store ist gleichermaßen vertrauenswürdig. Prüfen Sie vor der Einführung sorgfältig, welche Berechtigungen eine Anwendung verlangt und wie sie mit Daten umgeht. Für Unternehmen in Europa ist insbesondere die Einhaltung der Datenschutz-Grundverordnung relevant. Binden Sie den Datenschutzbeauftragten frühzeitig in den Auswahlprozess ein, um Risiken zu vermeiden.

Die *Datenschutz-Grundverordnung* ist eine europäische Verordnung, die den Schutz personenbezogener Daten regelt und hohe Anforderungen an die Sicherheit und Transparenz der Datenverarbeitung stellt.

Starten Sie ohne zusätzliche Apps von Drittanbietern, denn die anfängliche Verwaltung von Microsoft 365 ist bereits komplex. Zu Beginn verlangen Mitarbeiter meist keine externen Integrationen. Falls nötig, richten Sie einen klaren Freigabeprozess für Anwendungen Dritter ein, damit Sie einzelne Tools gezielt prüfen und sich nicht mit allen Anwendungen gleichzeitig beschäftigen müssen.

App-Berechtigungs- und Setup-Richtlinien: So behalten Sie die Kontrolle

Zum Glück müssen Sie als Admin nicht tatenlos zusehen, was die Benutzer bezüglich Apps treiben. Zwei wichtige Werkzeuge im Teams Admin Center helfen:

- ✔ App-Berechtigungsrichtlinien: Damit legen Sie fest, welche Apps von Benutzern installiert und verwendet werden dürfen. Sie können zum Beispiel alle Drittanbieter-Apps sperren und eine Whitelist erlaubter Apps definieren. Oder weniger drastisch: bestimmte riskante Apps blockieren. Diese Richtlinien können pro Benutzer oder global gelten. Es empfiehlt sich meist, zunächst restriktiv zu sein (zum Beispiel nur Microsoft-Apps und einige geprüfte Apps erlauben) und bei Bedarf weitere Apps freizugeben.
- ✔ App-Setup-Richtlinien: Hiermit steuern Sie, welche Apps in Teams angeheftet sind beziehungsweise prominent angezeigt werden. Sie kennen vielleicht die Leiste links in Teams (Chat, Teams, Kalender, etc.) – dort können auch weitere Apps platziert werden. Mit der Setup-Richtlinie bestimmen Sie zum Beispiel, dass bei allen Nutzern die Apps Aufgaben und OneNote angepinnt sind. Oder dass eine wichtige eigene Unternehmens-App für alle sofort sichtbar ist. Ebenso können Sie die Standardregisterkarten in neuen Kanälen beeinflussen.

Überfrachten Sie neue Nutzer nicht gleich mit zu vielen Apps. Fangen Sie mit einem Grundset an (die Standard-Teams-Apps plus zwei bis drei nützliche Tools, die in Ihrer Organisation häufig gebraucht werden). Holen Sie regelmäßig Feedback von den Nutzern ein, welche Apps hilfreich sind oder welche fehlen. So entwickeln Sie ein Gefühl dafür, was wirklich Mehrwert bringt. Vielleicht richten Sie sogar einen kleinen App-Beirat ein – bestehend aus Vertretern verschiedener Abteilungen – der gemeinsam entscheidet, welche neuen Apps zugelassen werden sollen.

Sicherheit und Governance: Teams im Griff behalten

Teams macht das Zusammenarbeiten einfach – doch für Administratoren bedeutet das auch, den Überblick über Sicherheit und Richtlinien zu wahren. In diesem Abschnitt geht es um zentrale Governance-Themen: den Umgang mit externen Nutzern, Schutz sensibler Informationen, das Anwenden von Richtlinien für Ordnung und Sicherheit sowie die Überwachung der Einhaltung von Vorgaben (Compliance).

Gastzugriff vs. externer Zugriff: Freunde an Bord holen, aber wie?

Sehr wahrscheinlich möchten Sie in Teams nicht nur mit Kollegen, sondern auch mit externen Partnern oder Kunden zusammenarbeiten. Dafür bietet Teams zwei Hauptmöglichkeiten:

- **Gastzugriff:** Sie laden eine externe Person als Gast in Ihr Team ein. Diese Person wird damit quasi ein Teil Ihres Teams (mit eingeschränkten Rechten). Gastbenutzer benötigen ein Microsoft-Konto (kann auch eine einfache E-Mail sein, die dann zu einem Microsoft-Konto gemacht wird). Sie erscheinen im Team fast wie normale Mitglieder, nur mit dem Zusatz »(Gast)« hinter dem Namen. Gäste können chatten, Dateien anschauen und (wenn erlaubt) auch in Kanälen posten – also recht umfassend mitarbeiten. Technisch wird beim ersten Gast eine entsprechende Gäste-Einrichtung in Ihrer Microsoft Entra ID (Azure AD B2B) vorgenommen, die diesen Benutzer in Ihrem Verzeichnis als Gast anlegt.
- **Externer Zugriff (Federation):** Hiermit sind externe Chat-Verbindungen gemeint. Sie erlauben Benutzern aus bestimmten externen Domains, Sie per Teams zu kontaktieren (und umgekehrt), ohne sie als Gast ins Team einzuladen. Externe (federierte) Benutzer tauchen dann in Ihrem Chat auf, haben aber keinen Zugang zu Ihren Teams oder Dateien. Das eignet sich für eher sporadische Kommunikation, zum Beispiel kurze Abstimmungen mit jemandem aus einer Partnerfirma über Chat oder Anruf. Externer Zugriff muss gezielt konfiguriert werden. (Sie legen im Admin Center fest, welche Domains zugelassen oder blockiert sind.)

Wichtiger Unterschied: Gäste haben Zugriff auf Team-Ressourcen, externe (federierte) Benutzer dagegen nur auf direkte Kommunikation mit Ihren Nutzern (Chat/Anruf). Überlegen Sie also, was im jeweiligen Fall passender ist. Wenn jemand aktiv an einem Projekt mitarbeiten soll: Gastzugriff. Wenn es um gelegentliche Fragen geht: Federation reicht.

Freigegebene Kanäle (Shared Channels) – als dritte Variante können Sie den oben beschriebenen freigegebenen Kanal nutzen. Damit teilen Sie einen Kanal mit externen Personen, ohne sie als klassische Gäste hinzuzufügen. Diese externen Personen sehen dann wirklich nur diesen Kanal in ihrer Teams-Umgebung, sonst nichts.

Der Vorteil: Einfacherer Zugang auf Teile eines Teams, ohne gleich das ganze Team freizugeben.

Der Nachteil: Die Einrichtung ist technisch etwas komplexer (beide Seiten müssen B2B Direct Connect aktiviert haben, etc.), und der externe Benutzer muss trotzdem von seiner Organisation aus Zugriff genehmigt bekommen.

Für punktuelle, tief integrierte Zusammenarbeit mit Partnern kann es aber die beste Lösung sein. Beispiel: Ihre Firma und ein Partnerunternehmen entwickeln gemeinsam ein Produkt – anstatt ein gemeinsames Großteam mit zig Gästen zu basteln, behält jeder sein Team und teilt nur je einen Kanal für die Schnittstellenthemen.

Sicherheit bei externen Zugriffen: Achten Sie in jedem Fall auf die Sicherheit. Aktivieren Sie, wenn möglich, für Gäste die Multi-Faktor-Authentifizierung (also zusätzliche Anmeldebestätigungen per Handy/App), um fremde Zugriffe zu erschweren. Nutzen Sie Sensibilisierungslabels (dazu gleich mehr), um Teams mit sensiblen Inhalten besonders abzusichern – etwa so, dass bestimmte Teams gar keine Gäste enthalten dürfen. Und schulen Sie Ihre Benutzer: Externe sollten immer als solche gekennzeichnet sein; im Eifer des Gefechts vergisst man sonst leicht, dass ein Klaus (Gast) nicht intern ist und schreibt womöglich Interna in den Chat.

Schutz sensibler Informationen: DLP und Vertraulichkeitslabels

Daten sind das Gold des Unternehmens – und manches Goldstück darf auf keinen Fall nach draußen gelangen oder falsch behandelt werden. In Teams gibt es hierfür zwei wichtige Werkzeuge aus der Microsoft-365-Welt:

- ✔ **DLP-Richtlinien (Data Loss Prevention):** Diese verhindern, dass bestimmte sensible Informationen unerlaubt geteilt werden. Sie können zum Beispiel eine DLP-Richtlinie definieren, die erkennt, wenn jemand im Teams-Chat eine Kreditkartennummer oder personengebundene Daten (wie Sozialversicherungsnummern) verschickt, und die Nachricht dann blockieren oder verwarnen. DLP wirkt in Chats und Kanälen von Teams (sowie in anderen 365-Diensten wie Exchange und SharePoint). Für viele Organisationen ist das ein wichtiger Schutzmechanismus gegen versehentliche Datenlecks. Die Einrichtung erfolgt im Microsoft-Purview-Compliance-Portal. Sie müssen dort definieren, welche Arten von Informationen geschützt sind, und was passieren soll, wenn eine entsprechende Nachricht erkannt wird. Aber Vorsicht: Ein zu strenges DLP, das ständig harmlose Nachrichten blockt, nervt die Anwender. Finden Sie eine gute Balance.
- ✔ **Sensitivity Labels (Vertraulichkeitsbezeichnungen):** Mit Sensitivity Labels können Inhalte klassifiziert und mit Sicherheitsmaßnahmen versehen werden. Für Teams besonders interessant: Sie können ganze Teams oder deren zugrunde liegende Gruppen mit solch einem Label versehen. Zum Beispiel erstellen Sie ein Label »vertraulich«, das besagt: Teams mit diesem Label dürfen keine Gäste enthalten, und die Inhalte dürfen nicht extern geteilt werden. Wenn nun ein Benutzer ein Team erstellt und dieses als »vertraulich« markiert, erzwingt Microsoft 365 automatisch diese Einstellungen. Umgekehrt könnten Sie ein Label »öffentlich« haben, das etwa sagt: Dieses Team ist frei betretbar für alle Mitarbeiter. Sensitivity Labels helfen dabei, dass Sicherheitsvorgaben einheitlich umgesetzt werden, ohne dass jeder Benutzer bei jeder Einstellung nachdenken muss. Zusätzlich können Labels Verschlüsselung oder Watermarking auf Dokumente anwenden, aber das führt hier zu weit. Wichtig für uns: Definieren Sie passende Labels für Team-Szenarien (zum Beispiel. intern, vertraulich-intern, externe Zusammenarbeit erlaubt etc.) und machen Sie sie im Tenant verfügbar. So schaffen Sie einen Rahmen, in dem sich die Benutzer bewegen können.

Übrigens: Wussten Sie, dass SharePoint automatisch die Vertraulichkeitsbezeichnung eines Teams erbt? Wenn Sie also ein Team als vertraulich labeln, werden alle Dateien auf der zugehörigen SharePoint-Site mit diesem Label gekennzeichnet. Das erleichtert die Nachverfolgung und Einhaltung von Datenschutzregeln erheblich.

Sicherheit ist immer auch eine Frage der Nutzerfreundlichkeit. Wenn Sie alle Sicherheitshebel gleichzeitig umlegen (DLP, strikte Labels, zig Einschränkungen), kann Teams schnell unbenutzbar erscheinen. Arbeiten Sie risikobasiert: Was ist das größte Risiko, das wahrscheinlichste Problem? Dieses zuerst adressieren. Weniger wichtige Dinge kann man immer noch schärfer stellen, wenn der Grundbetrieb läuft. Und vor jeder Einführung von DLP oder Labels: Kommunikation und Schulung! Nichts sorgt für mehr Akzeptanz als das Verständnis, warum eine bestimmte Regel existiert (»Wir müssen uns an die Finanzregulatorik halten, deshalb dürfen Kontonummern nicht offen geteilt werden.«).

Granulare Steuerung: Richtlinien für Messaging, Meetings und mehr

Wir hatten sie schon im Admin-Center-Überblick erwähnt – hier noch einmal konkreter, was Sie mit Teams-Richtlinien alles anstellen können:

- ✔ MESSAGING-RICHTLINIEN: Kontrollieren die Funktionen in Chats und Kanälen. Beispiele: Dürfen Benutzer Nachrichten bearbeiten oder löschen? Ist das Senden von Sprachnachrichten erlaubt? Dürfen lustige Giphy-Bilder verwendet werden (und wenn ja, in welcher Altersfreigabe)? Können Benutzer Umfragen (Forms) in den Chat einbinden? – Solche Dinge klingen klein, aber sie definieren die Kommunikationskultur in Ihrem Unternehmen. Viele Unternehmen schalten zum Beispiel Giphys ganz ab oder auf moderat, um allzu flapsige GIFs zu verhindern. Oder sie erlauben das Löschen von Nachrichten nicht, damit Konversationen dokumentenecht bleiben.

- ✔ MEETING-RICHTLINIEN: Bestimmen, wie Meetings ablaufen. Wer darf Meetings aufzeichnen? Ist die Lobby (Wartebereich) standardmäßig aktiv? Dürfen externe Teilnehmer den Chat nutzen? Wie ist das mit dem neuen Teams Town Hall (das im Herbst 2023 die klassischen Live Events als Format für große Firmenveranstaltungen abgelöst hat)? – All das können Sie in den Richtlinien vordefinieren. Sie könnten zum Beispiel eine Policy zu Großveranstaltungen mit speziellen Einstellungen haben, die bestimmte Personen nutzen, um Town Halls anzusetzen. Oder Sie reglementieren Screensharing, Whiteboard-Nutzung etc., wenn nötig. Für die meisten Einstellungen gibt es sinnvolle Defaults, aber spezielle Anforderungen (zum Beispiel Schulungs-Meetings vs. Team-Meetings) rechtfertigen unterschiedliche Richtlinien.

- ✔ ANRUFRICHTLINIEN: Falls Sie Teams auch für die Telefonie (Anrufe, Telefonkonferenzen) einsetzen, können Sie hier steuern, wer zum Beispiel Anrufweiterleitungen setzen darf, ob Voicemail aktiviert ist, und so weiter.

- ✔ PRIVATE BESPRECHUNGEN UND BILDSCHIRMFREIGABE: In den Teams-Einstellungen gibt es auch Optionen, um private Besprechungen (also Meetings, die nicht in einem Kanal stattfinden) generell zu erlauben oder zu verbieten, oder um festzulegen, ob Teilnehmer in Besprechungen ihren Bildschirm teilen dürfen. Überlegen Sie, ob Sie Nutzern hier Freiheiten lassen oder alles stark abschotten – ein gesundes Maß an Freiheiten fördert die produktive Nutzung von Teams.

- ✔ GERÄTERICHTLINIEN: Gerade interessant, wenn Sie Teams-Konferenzraumgeräte oder -Telefone verwalten. Hiermit steuern Sie zum Beispiel das Verhalten von Teams-Telefonen, die in Konferenzräumen hängen (Firmware-Updates, zulässige Features etc.).

Das Schöne an all diesen Richtlinien: Sie können sie benutzer- oder gruppenbezogen zuweisen. So könnten Auszubildende andere Chat-Rechte haben als Festangestellte (je nachdem, was Ihre Unternehmensrichtlinie vorsieht), oder die Geschäftsleitung bekommt ein restriktiveres Setup für Meetings, weil dort oft vertrauliche Themen besprochen werden.

BEISPIEL

Schalten Sie am Anfang einige verspielte Features ab – zum Beispiel Giphys oder Memes im Chat – um die Business-Tauglichkeit zu unterstreichen. Wenn die Nutzer mit Teams warm geworden sind, kann man so etwas immer noch auf Wunsch einschalten. Andersherum ist es schwieriger. (»Wir nehmen Euch jetzt die Gifs weg, weil es überhandnimmt« führt eher zu Unmut.)

App-Kontrolle in Microsoft Teams: erweiterter Leitfaden für Administratoren

Als Administrator behalten Sie die Kontrolle darüber, welche Anwendungen in Microsoft Teams genutzt werden. Das Teams Admin Center stellt Ihnen dafür zwei zentrale Steuerungsmechanismen zur Verfügung: die App-Berechtigungsrichtlinien und die App-Setup-Richtlinien. Diese Instrumente ermöglichen es Ihnen, die Nutzung von Apps gezielt zu steuern und die Sicherheit sowie die Übersichtlichkeit Ihrer Teams-Umgebung zu gewährleisten.

App-Verwaltungseinstellungen: Steuerung der App-Nutzung

Mit App-Verwaltungseinstellungen entscheiden Sie, welche Anwendungen von den Benutzern installiert und verwendet werden dürfen. Sie können beispielsweise sämtliche Anwendungen von Drittanbietern sperren und ausschließlich eine festgelegte Liste genehmigter Anwendungen freigeben. Ebenso besteht die Möglichkeit, bestimmte riskante Anwendungen gezielt zu blockieren. Diese Einstellung können für die gesamte Organisation angewendet werden. Es empfiehlt sich, zunächst restriktiv vorzugehen, indem Sie ausschließlich von Ihnen geprüfte Anwendungen und Microsoft-eigene Werkzeuge zulassen.

Bei Bedarf können Sie nach einer sorgfältigen Prüfung weitere Anwendungen freigeben und so flexibel auf die Anforderungen Ihrer Organisation reagieren.

Deaktivieren Sie die Einstellung DRITTANBIETER-APPS über die organisationsweiten Einstellungen in der APP-VERWALTUNG des Teams Admin Centers. Navigieren Sie dazu im Teams Admin Center zur App-Verwaltung und oben rechts über das Zahnrad auf die Verwaltungseinstellungen und wählen Sie die Option, mit der Sie die Installation und Nutzung von Drittanbieter-Apps unterbinden können. Stellen Sie sicher, dass ausschließlich von Ihnen geprüfte und genehmigte Anwendungen sowie Microsoft-eigene Tools für die Nutzer verfügbar sind. So erhöhen Sie die Sicherheit und behalten die Kontrolle über die eingesetzten Anwendungen in Ihrer Organisation.

Auch wenn Sie die Installation und Nutzung von Drittanbieter-Apps grundsätzlich unterbinden, bietet Ihnen das Teams Admin Center die Möglichkeit, bei Bedarf gezielt einzelne Drittanbieter-Apps freizugeben. In den App-Details können Sie pro Anwendung individuell festlegen, ob bestimmte Benutzer oder ganze Gruppen eine Berechtigung erhalten sollen. So behalten Sie die Flexibilität, auf spezielle Anforderungen zu reagieren und gleichzeitig die Kontrolle über die eingesetzten Tools in Ihrer Organisation zu wahren.

Abbildung 16.8: App-Verwaltungseinstellung

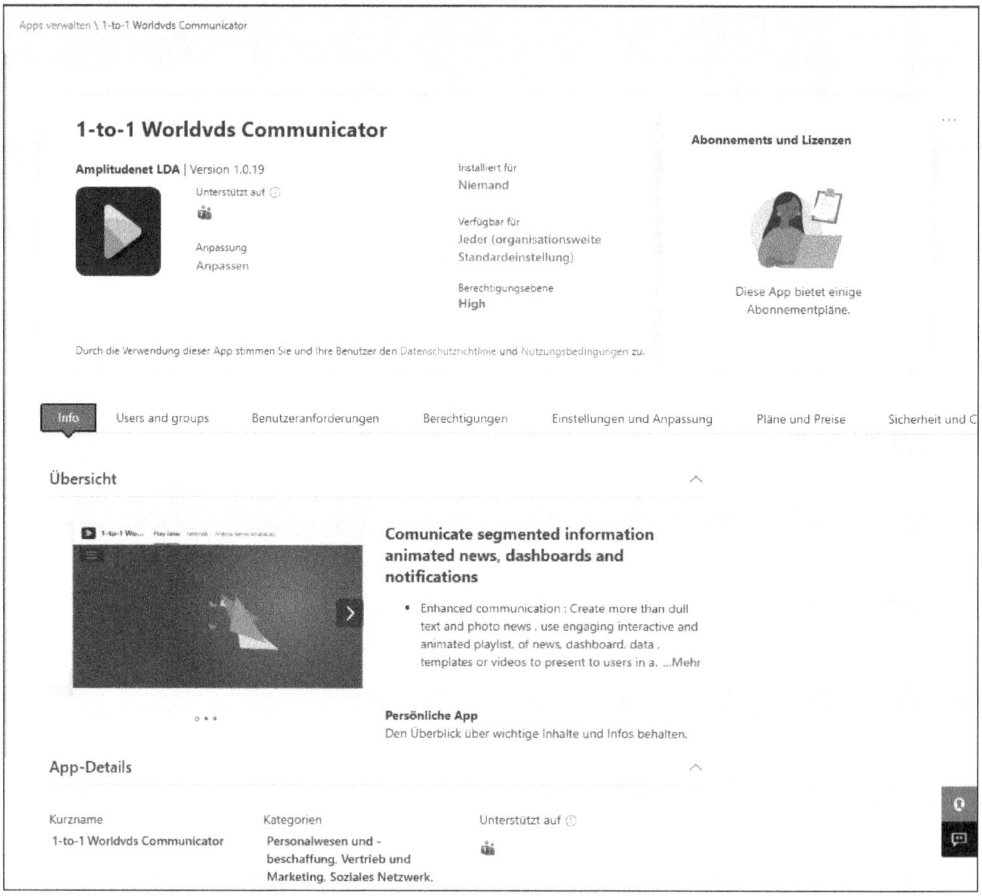

Abbildung 16.9: Detailansicht der Drittanbieteranwendung

App-Einrichtungsrichtlinien: Steuerung der Sichtbarkeit und Positionierung von Apps

App-Setup-Richtlinien bestimmen, welche Anwendungen für die Nutzer sichtbar und direkt zugänglich sind. Sie legen fest, welche Anwendungen in der Navigationsleiste von Teams angeheftet werden, damit sie direkt genutzt werden können. So können Sie beispielsweise die Unternehmensanwendung, Aufgabenverwaltung oder Notizen prominent anzeigen lassen. Über die Setup-Richtlinien steuern Sie auch die Standardregisterkarten in neuen Kanälen, sodass wichtige Werkzeuge von Beginn an einheitlich bereitstehen.

Der globale Standard ist in jeder Microsoft-365-Umgebung voreingestellt und eignet sich besonders gut für den Einstieg. Nur wenn Sie vorhaben, das Intranet auf Basis von SharePoint in Teams zu integrieren, lohnt es sich, eine Anpassung vorzunehmen und die entsprechende App stärker hervorzuheben.

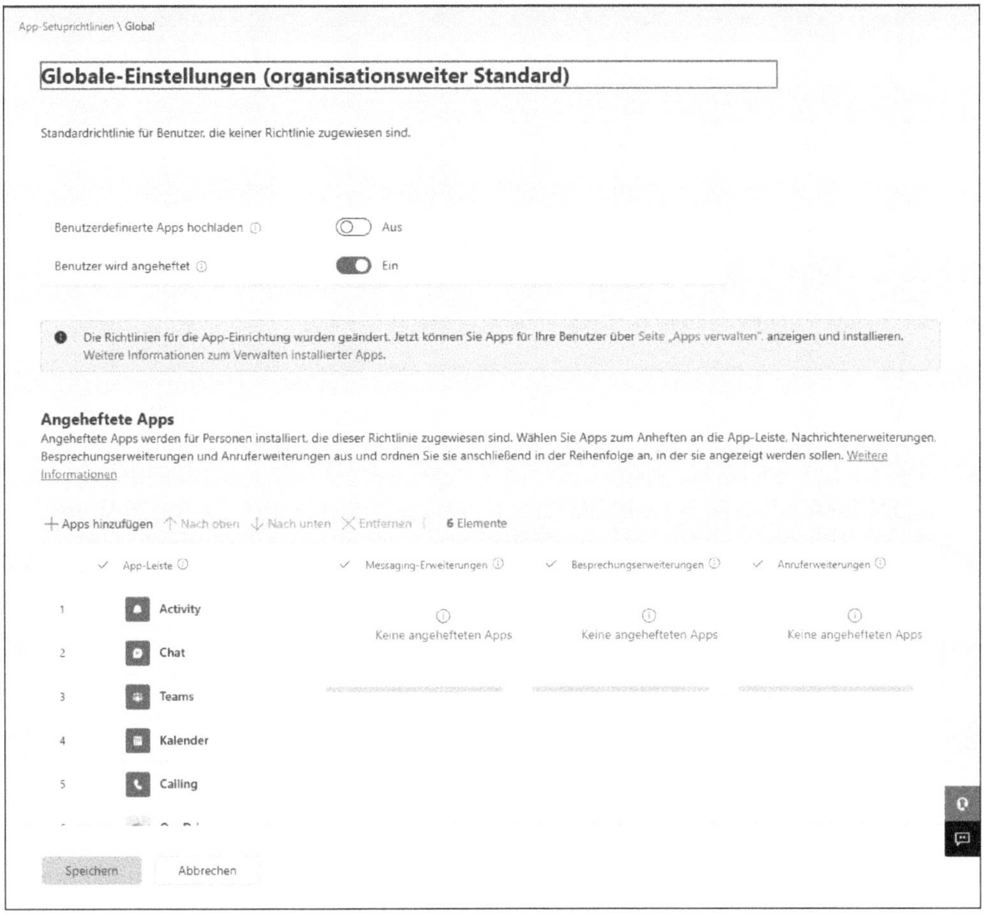

Abbildung 16.10: App-Einrichtungsrichtlinie

Praxisnahe Tipps zur Auswahl und Feedbackkultur

Um die Arbeitsumgebung übersichtlich zu halten, empfiehlt es sich, neue Nutzer zunächst mit einem Grundset an Anwendungen auszustatten. Holen Sie regelmäßig Rückmeldungen von den Nutzern ein, um zu erfahren, welche Anwendungen als hilfreich wahrgenommen werden und welche gegebenenfalls fehlen. Eine bewährte Methode ist die Einrichtung eines App-Beirats, bestehend aus Vertretern verschiedener Abteilungen. Dieser Kreis entscheidet gemeinsam über die Zulassung neuer Anwendungen und sorgt für einen ausgewogenen und bedarfsgerechten Ausbau der Teams-Umgebung.

Governance und Sicherheit: Verantwortung für die Teams-Umgebung

Die konsequente Anwendung von App-Verwaltungseinstellungen/-Berechtigungsrichtlinien und App-Setup-Richtlinien unterstützt Sie dabei, die Governance und Sicherheit in Ihrer Teams-Umgebung zu gewährleisten. Sie behalten den Überblick über die eingesetzten

Anwendungen, minimieren Risiken und schaffen eine transparente sowie effiziente Arbeitsumgebung. Achten Sie darauf, Richtlinien stets an die aktuellen Anforderungen Ihres Unternehmens und die gesetzlichen Vorgaben anzupassen. Kommunizieren Sie Änderungen klar und bieten Sie Schulungen an, damit alle Nutzer die Vorteile einer sicheren und strukturierten Teams-Umgebung nutzen können.

Überwachung und Berichte: Transparenz und Compliance sicherstellen

Vertrauen ist eine wichtige Basis, dennoch ist es für eine verlässliche Systemverwaltung unerlässlich, Kontrollmechanismen zu etablieren. Als Administrator tragen Sie die Verantwortung, jederzeit nachvollziehen zu können, welche Aktivitäten in Microsoft Teams stattfinden, ohne dabei in eine übermäßige Überwachung zu verfallen. Microsoft 365 stellt Ihnen dafür umfassende Prüfprotokolle zur Verfügung. Jede Benutzeraktivität und jede Veränderung innerhalb von Teams und weiterer Microsoft-Dienste werden in diesen Prüfprotokollen festgehalten. Sollte es zu einer Untersuchung kommen, beispielsweise um nachzuvollziehen, wer eine Datei an externe Empfänger weitergegeben hat, können Sie über das Purview Überwachungszentrum auf die entsprechenden Informationen zugreifen. Das ermöglicht es Ihnen, auf relevante Ereignisse fundiert zu reagieren und die Nachvollziehbarkeit sicherzustellen.

Darüber hinaus gibt es im Teams Admin Center die erwähnten NUTZUNGSBERICHTE. Sie zeigen keine Inhalte, aber zum Beispiel die Anzahl der Nachrichten, Meetings, aktiven Benutzer etc. Diese Statistiken helfen Ihnen vor allem dabei, den Mehrwert von Teams zu demonstrieren oder Probleme früh zu erkennen:

- ✔ Wenn Sie sehen, dass in einer Abteilung kaum Teams-Nachrichten ausgetauscht werden, obwohl dort viele Leute einen Account haben, fragen Sie mal nach: Nutzen sie eventuell noch E-Mails für alles? Dann könnten Sie eine kleine Schulung geben, um Teams dort populärer zu machen.
- ✔ Oder umgekehrt: Die Anzahl der erstellten Teams schnellt plötzlich in die Höhe. Das könnte ein Indiz dafür sein, dass Ihre klaren Regeln zur Team-Erstellung umgangen werden, oder dass ein Projekt einen hohen Bedarf hat – in jedem Fall lohnt es sich, hinzuschauen.

Für Organisationen mit strengen regulatorischen Anforderungen stehen im Purview-Überwachungszentrum spezielle Berichte zur Verfügung, beispielsweise zu Vorfällen im Bereich Schutz vor Datenverlust oder zur Einhaltung von Aufbewahrungsfristen. Diese Berichte bieten tiefgehende Einblicke und sind vor allem in größeren Unternehmen mit eigener Compliance-Verantwortung von Bedeutung. Darüber hinaus unterstützt Microsoft Teams die Erfüllung gesetzlicher Pflichten, insbesondere durch Funktionen zur elektronischen Beweissicherung, auch als elektronische Discovery gekennzeichnet. Mit diesen Funktionen können im Bedarfsfall sämtliche Teams-Unterhaltungen zu bestimmten Themen oder Benutzern recherchiert werden.

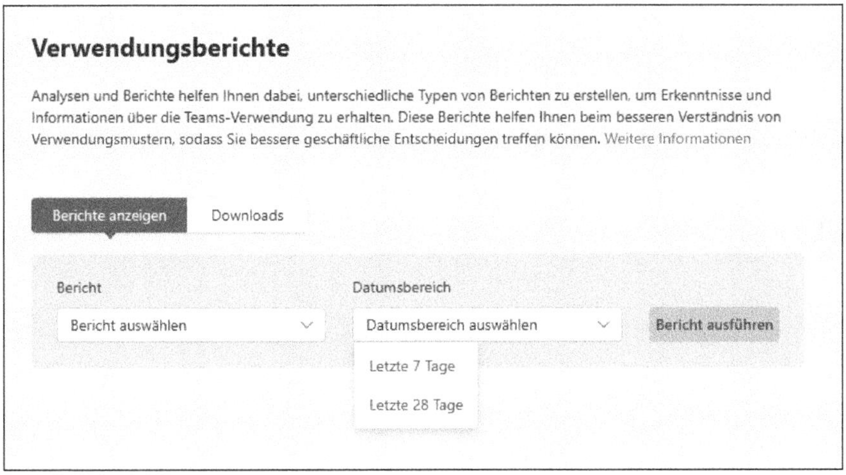

Abbildung 16.11: Reiter »Analyse und Berichte«

IN DIESEM KAPITEL

Default-Einstellungen in Teams setzen und Vorlagen einrichten

Besprechungen auch ohne Adminrechte professionell gestalten und verwalten

Einladungen und klare Richtlinien für effiziente und sichere Zusammenarbeit

Kapitel 17
Die Besprechung

Microsoft Teams ist die zentrale Kollaborationslösung und in vielen Organisationen fest verankert in Bezug auf Remote-Meetings und Telefonate mit externen sowie internen Mitarbeitern. Ob im Vertrieb, in der Buchhaltung oder im Projektmanagement: Teams ist überall dort im Einsatz, wo Menschen zusammenarbeiten. Doch gerade der Bereich BESPRECHUNGEN sorgt bei vielen für Stirnrunzeln. Was auf den ersten Blick nach »einfach mal einen Link verschicken« aussieht, entpuppt sich bei genauerem Hinsehen als ein komplexes Zusammenspiel aus Technik, Benutzerführung, Sicherheit und Kommunikation.

Genau hier setzt dieses Kapitel an. Es zeigt Ihnen, wie Sie Besprechungen in Microsoft Teams nicht nur starten, sondern auch professionell gestalten, verwalten und optimieren – ganz ohne Administratorenrechte. Sie lernen, wie Sie Einladungen im Unternehmensdesign verschicken, Besprechungsvorlagen clever nutzen und mit Richtlinien für Ordnung und Sicherheit sorgen.

Was ist eine Besprechung in Microsoft Teams?

Eine Besprechung in Microsoft Teams ist ein geplanter oder spontaner virtueller Termin, bei dem sich zwei oder mehr Personen über Audio, Video, Bildschirmfreigabe und Chat austauschen, in Echtzeit und unabhängig vom Standort.

Teams-Besprechungen sind das digitale Pendant zum klassischen Konferenzraum – nur flexibler, ortsunabhängig und mit einer Vielzahl technischer Möglichkeiten.

Besprechungen in Microsoft Teams ermöglichen es, Entscheidungen schneller zu treffen, Informationen effizient zu teilen und gemeinsam an Dokumenten zu arbeiten – alles in einem integrierten Umfeld. Besonders sinnvoll sind sie, wenn:

- ✔ mehrere Personen gleichzeitig kommunizieren müssen,
- ✔ visuelle Inhalte wie Präsentationen gezeigt werden sollen,
- ✔ Entscheidungen dokumentiert oder Aufgaben verteilt werden,
- ✔ externe Partner eingebunden werden.

Innerhalb von Microsoft Teams ist Besprechung nicht gleich Besprechung. Microsoft Teams kennt verschiedene Arten von Besprechungen – je nach Anlass, Teilnehmerkreis und gewünschtem Ablauf. Im Folgenden werden Ihnen die drei wichtigsten Varianten vorgestellt.

1. Spontane Besprechung (JETZT BESPRECHEN)

Diese Form der Besprechung in Microsoft Teams ermöglicht eine besonders schnelle und unkomplizierte Kommunikation im Arbeitsalltag. Sie ist vergleichbar mit einem kurzen Gespräch auf dem Flur, bei dem spontan und ohne große Vorbereitung Fragen geklärt oder Absprachen getroffen werden. Sie starten eine solche Besprechung direkt aus einem bestehenden Chat oder einem Kanal. Mit nur einem Klick öffnet sich sofort ein digitaler Meetingraum, in den alle für den Chat oder Kanal berechtigten Personen direkt eintreten können. Dadurch entfällt der sonst übliche organisatorische Aufwand, wie das Anlegen eines Kalendereintrags oder das Erstellen einer detaillierten Agenda. Die Flexibilität dieser spontanen Besprechung macht sie besonders geeignet für Situationen, in denen kurzfristig Entscheidungen getroffen werden müssen oder eine schnelle Abstimmung notwendig ist.

Häufige Einsatzbereiche sind das Klären von Rückfragen, das Durchführen kurzer Abstimmungsgespräche oder das Treffen dringender Entscheidungen. Für diese Anlässe bietet die spontane Besprechung eine direkte und effiziente Lösung, ohne dass zusätzliche Einladungen oder formale Schritte erforderlich sind.

Technischer Hintergrund

Im Hintergrund erstellt Microsoft Teams automatisch einen temporären Link für diese Besprechung, der sofort nach dem Starten des Meetings aktiv ist. Die eingeladenen Teilnehmer werden unmittelbar über den Chat oder den Kanal benachrichtigt, sodass sie dem Meeting ohne Wartebereich beitreten können. Es wird keine Termineinladung versendet und es gibt keine festgelegte Tagesordnung. Dennoch stehen alle wesentlichen Funktionen wie die Freigabe des Bildschirms, die Aufzeichnung der Besprechung oder die Nutzung des Chats uneingeschränkt zur Verfügung. Diese technischen Möglichkeiten sorgen dafür, dass auch spontane Besprechungen effektiv und produktiv gestaltet werden können.

Abbildung 17.1: Microsoft Teams – Jetzt Besprechen

2. Geplante Besprechung

Die geplante Besprechung in Microsoft Teams stellt die digitale Entsprechung zu einem klassischen Konferenzraum mit vorheriger Reservierung dar. Sie wird entweder über den Kalender in Microsoft Teams oder über Outlook eingerichtet. Diese Variante bietet Ihnen zahlreiche Möglichkeiten zur individuellen Anpassung des Meetings. Bei der Erstellung legen Sie das Datum sowie die Uhrzeit fest und können gezielt interne und externe Teilnehmer hinzufügen. Die Teilnehmerverwaltung ermöglicht es Ihnen, neben Kollegen auch Geschäftspartner oder Kunden einzubeziehen, sofern diese über eine entsprechende E-Mail-Adresse verfügen.

Für regelmäßig stattfindende Termine können Sie im Rahmen der Planung ein Wiederholungsmuster auswählen. Hierbei legen Sie fest, ob das Meeting beispielsweise wöchentlich, monatlich oder in einem anderen Rhythmus stattfinden soll. Im Beschreibungstext der Besprechung fügen Sie eine Agenda ein, um die geplanten Themen und den Ablauf für alle Teilnehmer transparent zu machen. Die Agenda dient als strukturierte Übersicht und fördert eine zielgerichtete Besprechung.

Nach Abschluss der Planung wird automatisch ein Link zur Teilnahme an der Besprechung generiert. Dieser Link ist eindeutig und ermöglicht es allen eingeladenen Personen, sich zur festgelegten Zeit mit wenigen Klicks in den digitalen Besprechungsraum einzuwählen. Die Einladung zur Besprechung wird per E-Mail verschickt und enthält einen Anhang im Kalenderdateiformat. Das Kalenderdateiformat ist ein technischer Standard für den Austausch von Termininformationen zwischen verschiedenen Kalenderanwendungen.

Technischer Hintergrund

Im Hintergrund wird die Besprechung als Termin im Exchange-Kalender hinterlegt. Exchange ist eine zentrale Plattform für die Verwaltung von E-Mail, Kalender und Kontakten in Unternehmen, was Sie aus dem Kapitel »Postfächer und Gruppen« schon kennen. Der automatisch generierte Link zur Microsoft-Teams-Besprechung wird in die Einladung integriert, sodass alle eingeladenen Personen direkten Zugriff auf die Teilnahme erhalten. Die Teilnehmer können die Einladung und den Termin problemlos in ihren eigenen Kalender übernehmen und so eine optimale Organisation gewährleisten.

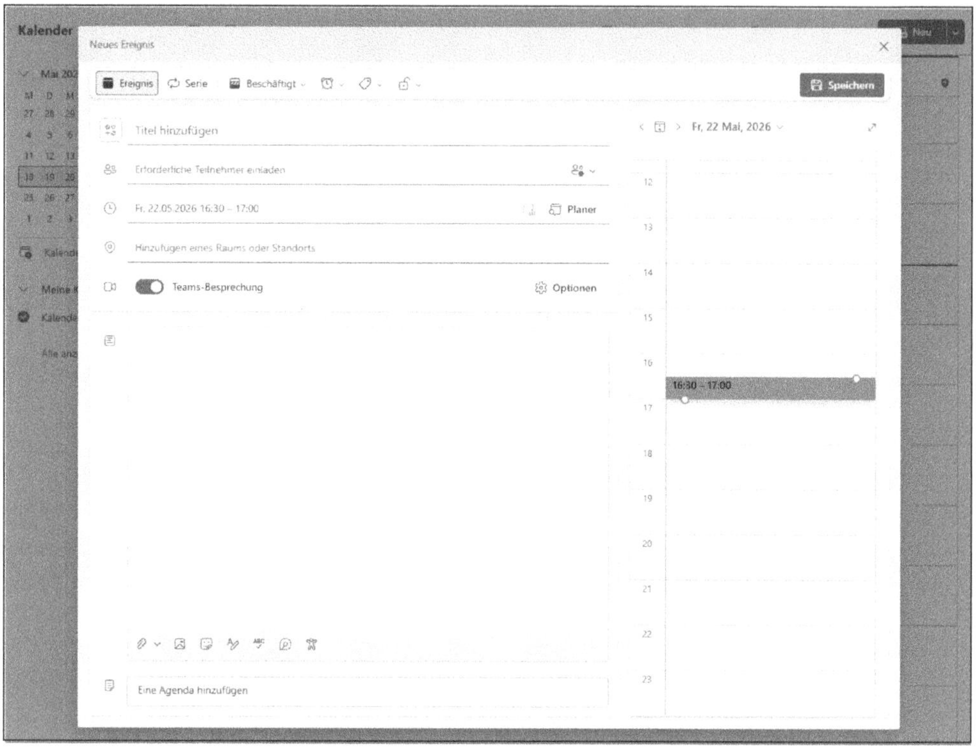

Abbildung 17.2: Microsoft Teams - geplante Besprechung

3. Kanalbesprechung

Kanalbesprechungen in Microsoft Teams eignen sich besonders für die Zusammenarbeit im Team. Sie werden direkt innerhalb eines Teams-Kanals erstellt und sind für sämtliche Mitglieder dieses Kanals sichtbar, auch wenn diese nicht individuell eingeladen wurden. Diese Form der Besprechung fördert eine offene und transparente Kommunikation innerhalb des gesamten Teams und ermöglicht es allen Beteiligten, sich jederzeit über aktuelle oder vergangene Besprechungen zu informieren.

Zu den wesentlichen Vorteilen von Kanalbesprechungen zählt die erhöhte Transparenz. Alle Teammitglieder haben jederzeit Zugriff auf die im Kanal angelegten Besprechungen und können den Verlauf sowie die Ergebnisse nachvollziehen. Dies erleichtert die Abstimmung im Team und stellt sicher, dass keine relevanten Informationen verloren gehen. Ein weiterer Vorteil ist der Kontextbezug. Dateien, Notizen und der Chat zur jeweiligen Besprechung bleiben direkt im Kanal verankert und stehen auch nach Abschluss der Besprechung zur Verfügung. So können Sie jederzeit auf wichtige Dokumente oder Gesprächsverläufe zugreifen, ohne lange suchen zu müssen. Die Nachvollziehbarkeit ist ebenfalls gewährleistet, da sämtliche Inhalte dauerhaft im Kanal gespeichert werden.

Ein *Kanal* in Microsoft Teams ist ein virtueller Raum innerhalb eines Teams, in dem Mitglieder gemeinsam kommunizieren, Dateien austauschen und Besprechungen durchführen können.

Technischer Hintergrund

Der technische Hintergrund dieser Funktion beruht auf der engen Verknüpfung zwischen Besprechung und Kanal. Sobald eine Kanalbesprechung gestartet wird, ist der gesamte Chatverlauf für alle Mitglieder des Kanals sichtbar und bleibt dort dauerhaft gespeichert. Die Teilnahme an einer solchen Besprechung steht allen Teammitgliedern offen, sofern keine spezifischen Einschränkungen in den Einstellungen vorgenommen wurden. Diese Offenheit fördert die aktive Beteiligung und den Wissensaustausch innerhalb des Teams, da sich jedes Mitglied spontan in die Besprechung einschalten kann.

Kanalbesprechungen können an unterschiedlichen Stellen innerhalb von Microsoft Teams initiiert werden. Im Teams-Kanal selbst haben Sie die Möglichkeit, eine Besprechung entweder zu planen oder sofort zu starten. Dies ist besonders praktisch, da alle Teammitglieder die Besprechung im Kanal sehen und sich bei Bedarf dazuschalten können. Die Einladung erfolgt direkt über eine Nachricht im Kanal, sodass keine separate Termineinladung notwendig ist. Neben der Möglichkeit, Besprechungen im Kanal zu starten, können Sie auch über private Chats, den Outlook-Kalender oder gemeinsame Postfächer eine Besprechung einrichten. Jede dieser Startmöglichkeiten hat spezifische Vorteile und eignet sich für unterschiedliche Anwendungsfälle. Während private Chats für Einzelgespräche oder kleine Gruppen sinnvoll sind, bieten Kanalbesprechungen eine transparente Lösung für die gesamte Teamkommunikation.

Nicht jede Besprechung ist für jeden Startpunkt geeignet. Kanalbesprechungen sind besonders dann empfehlenswert, wenn eine offene und transparente Kommunikation innerhalb eines Teams im Vordergrund steht. Für vertrauliche oder private Gespräche bieten sich hingegen private Chats an. Überlegen Sie daher sorgfältig, welcher Besprechungstyp und welcher Startpunkt am besten zu Ihrem Ziel passen.

Wenn Sie regelmäßig mit denselben Personen kommunizieren, empfiehlt sich die Einrichtung eines wiederkehrenden Termins mit einer festen Agenda. Dies erleichtert die Planung, fördert die Verbindlichkeit und unterstützt eine bessere Vorbereitung aller Teilnehmer.

Mail-Einladungen im Corporate Design gestalten

Besprechungen in Microsoft Teams sind schnell erstellt – ein paar Klicks, Teilnehmer einladen, fertig. Doch gerade in der Geschäftskommunikation zählt nicht nur der Inhalt, sondern auch der erste Eindruck. Und der beginnt oft mit der Einladung.

Eine professionell gestaltete E-Mail-Einladung im Corporate Design Ihres Unternehmens vermittelt Seriosität, Wiedererkennung und Vertrauen – besonders bei externen Teilnehmern.

Das *Corporate Design* bezeichnet den visuellen Gestaltungsrahmen, der Teil der Unternehmensidentität ist. Zu den Bestandteilen zählen das Unternehmenslogo, die definierten Farben, die verwendeten Schriftarten sowie die gestalterische Linie, die das Unternehmen nach außen präsentiert.

Microsoft Teams ist in erster Linie ein Werkzeug für Zusammenarbeit – nicht für Design. Die automatisch generierten Einladungen enthalten

- ✔ standardisierte Textbausteine,
- ✔ einen Link zur Teams-Besprechung und
- ✔ gegebenenfalls eine Rufnummer für die telefonische Einwahl – mehr nicht.

Individuelle Anpassungen sind innerhalb von Microsoft-Teams-Teams über die Benutzeroberfläche ist erst einmal nicht vorgesehen. Die Einladungstexte lassen sich nicht vom Mitarbeiter mit einem Unternehmenslogo, spezifischen Farben oder eigenen Formatierungen gestalten. Die Sprache der Einladung orientiert sich ausschließlich an der Spracheinstellung der Person, die die Besprechung erstellt. Eine automatische Anpassung an die Sprache der eingeladenen Teilnehmer ist nicht möglich.

Die Sprache der Einladung bleibt unverändert, unabhängig von den Präferenzen der Empfänger. Für die Zusammenarbeit mit internationalen Teams empfiehlt sich daher die Verwendung eines neutralen oder mehrsprachigen Einladungstextes, um Missverständnisse zu vermeiden und die Verständlichkeit zu gewährleisten.

Für den Bedarf einer professionellen Gestaltung seitens der Mitarbeiter bietet sich die Nutzung von Outlook an. Mit Outlook-Vorlagen lassen sich Einladungen nach den Vorgaben Ihres Corporate Designs vorbereiten. Hier können Logos, Firmenfarben und festgelegte Textbausteine integriert werden, wodurch die Einladung nicht nur funktional, sondern auch visuell ansprechend gestaltet wird. Diese Vorgehensweise empfiehlt sich insbesondere für die regelmäßige Einladung externer Geschäftspartner, da sie die Unternehmensidentität unterstreicht und die Kommunikation auf ein professionelles Niveau hebt.

Wenn Sie regelmäßig externe Teilnehmer einladen, lohnt sich ein Blick auf Outlook-Vorlagen. Damit lassen sich Einladungen im gewünschten Design vorbereiten – inklusive Logo, Farben und Textbausteinen.

Schritt-für-Schritt-Anleitung: Outlook-Vorlage erstellen

Folgen Sie den einzelnen Schritten, um in Outlook eine wiederverwendbare Einladungsvorlage mit Firmenlogo, Signatur und individuellen Textbausteinen zu erstellen. Jeder Schritt ist so aufgebaut, dass Sie ihn direkt klicken und umsetzen können.

1. Starten Sie Microsoft Outlook über Ihren Webbrowser oder die installierte Anwendung.
2. Nach dem Sie Outlook gestartet haben, klicken Sie oben links auf NEUE BESPRECHUNG oder NEUE TEAMS-BESPRECHUNG (je nach installierten Add-ins).
3. Ein neues Fenster für die Besprechungseinladung öffnet sich.
4. Nun können Sie die Besprechung so designen – mit Firmenlogo, Signatur und Textbausteinen– wie Sie möchten.
5. Klicken Sie erneut auf EINFÜGEN und wählen Sie SIGNATUR, um Ihre persönliche oder die Unternehmenssignatur einzufügen.
6. Fügen Sie gewünschte Textbausteine wie zum Beispiel. eine Agenda, Datenschutzinformationen oder Hinweise zur Teilnahme ein. Sie können diese ganz einfach hineinkopieren oder individuell formulieren.
7. Sind alle gewünschten Elemente eingefügt, gehen Sie wie folgt vor, um die Einladung als Vorlage zu speichern:
   - Klicken Sie oben links auf DATEI.
   - Wählen Sie SPEICHERN UNTER.
   - Im Feld »Dateityp« wählen Sie »Outlook-Vorlage (*.oft)« aus.
   - Geben Sie Ihrer Vorlage einen eindeutigen Namen (z. B. »Einladung Geschäftspartner Vorlage«).
   - Nun können Sie Ihre erstellte Vorlage SPEICHERN.

Nun können Sie die Vorlage immer wieder verwenden und anpassen, je nach Bedarf.

Nutzen Sie Outlook-Vorlagen vor allem für wiederkehrende externe Termine oder wenn Sie Wert auf ein einheitliches, professionelles Erscheinungsbild legen. So sparen Sie Zeit und stellen sicher, dass Ihr Unternehmensauftritt in jeder Einladung konsistent ist.

Erweiterte Möglichkeiten im Teams Admin Center

Seit Ende 2024 bietet Microsoft eine Funktion, mit der Administratoren das Layout von Teams-Einladungen zentral im Teams Admin Center anpassen können. Im Teams Admin Center lassen sich folgende Elemente für alle Einladungen definieren:

- ✔ Logo (per URL)
- ✔ Bilder für den Hintergrund
- ✔ Farben

Sie nehmen die Konfiguration der Einladungsoptionen im Teams Admin Center vor, indem Sie im Hauptmenü den Bereich EINSTELLUNGEN UND RICHTLINIEN auswählen und dort zu den Besprechungseinstellungen navigieren. Innerhalb dieses Bereichs finden Sie die Option DESIGN UND ANPASSUNGEN. Hier können Sie Ihr eigenes Design einrichten. Diese Einstellungen wirken sich zentral auf alle von Microsoft Teams generierten Besprechungseinladungen aus. Das Teams Admin Center ist die zentrale Verwaltungsoberfläche für Administratoren, um die Teams-Umgebung organisationsweit zu steuern und zu konfigurieren. Die Anpassungen sind nach dem Speichern für alle zukünftigen Einladungen wirksam.

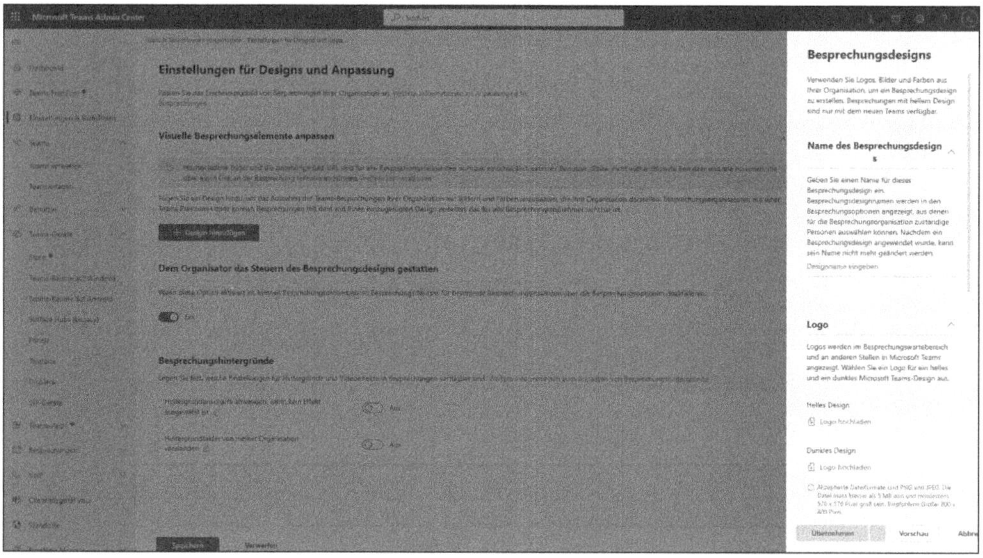

Abbildung 17.3: Zentrales Design für die Besprechungseinladung

Die Links zu Datenschutz- und rechtlichen Hinweisen kommen automatisch mit in die Einladung, diese werden jedoch zentral im Teams Admin Center unter dem Punkt EINSTELLUNGEN UND RICHTLINIEN im Bereich BESPRECHUNG gepflegt.

Transportregeln in Exchange Online

Für noch mehr Automatisierung können Administratoren sogenannte Transportregeln in Exchange Online definieren. Diese Regeln greifen serverseitig und können zum Beispiel automatisch eine Signatur oder ein Logo an jede ausgehende E-Mail anhängen; auch an Besprechungseinladungen.

Auf das Thema Transportregeln sind wir bereits im Kapitel »Nachrichtenfluss« im Detail eingegangen, aus diesem Grund wird in diesem Abschnitt darauf verzichtet.

Arbeiten mit Besprechungsvorlagen

Besprechungen in Microsoft Teams bieten eine beeindruckende Bandbreite an Einsatzmöglichkeiten. Sie reichen von kurzen Abstimmungen bis hin zu umfangreichen Projektpräsentationen, die mehrere Stunden in Anspruch nehmen können. Diese Vielseitigkeit bringt jedoch auch eine gewisse Komplexität mit sich. Wer regelmäßig Besprechungen organisiert, ist häufig mit der wiederkehrenden Aufgabe konfrontiert, jedes Mal die gleichen Einstellungen vorzunehmen, die gleichen Teilnehmer einzuladen und die gleichen Anwendungen zu aktivieren. Dies kostet nicht nur Zeit, sondern erhöht auch das Risiko für Fehler, die sich leicht einschleichen können.

Eine *Besprechungsvorlage* ist ein vordefinierter Satz von Einstellungen, der beim Anlegen einer neuen Besprechung automatisch übernommen wird. Zu diesen Einstellungen zählen zum Beispiel die Zuweisung von Rollen wie Moderator, Referent oder Teilnehmer, die Aktivierung bestimmter Programme, die Festlegung von Sicherheitseinstellungen sowie die Definition von Formatvorgaben für die Besprechung.

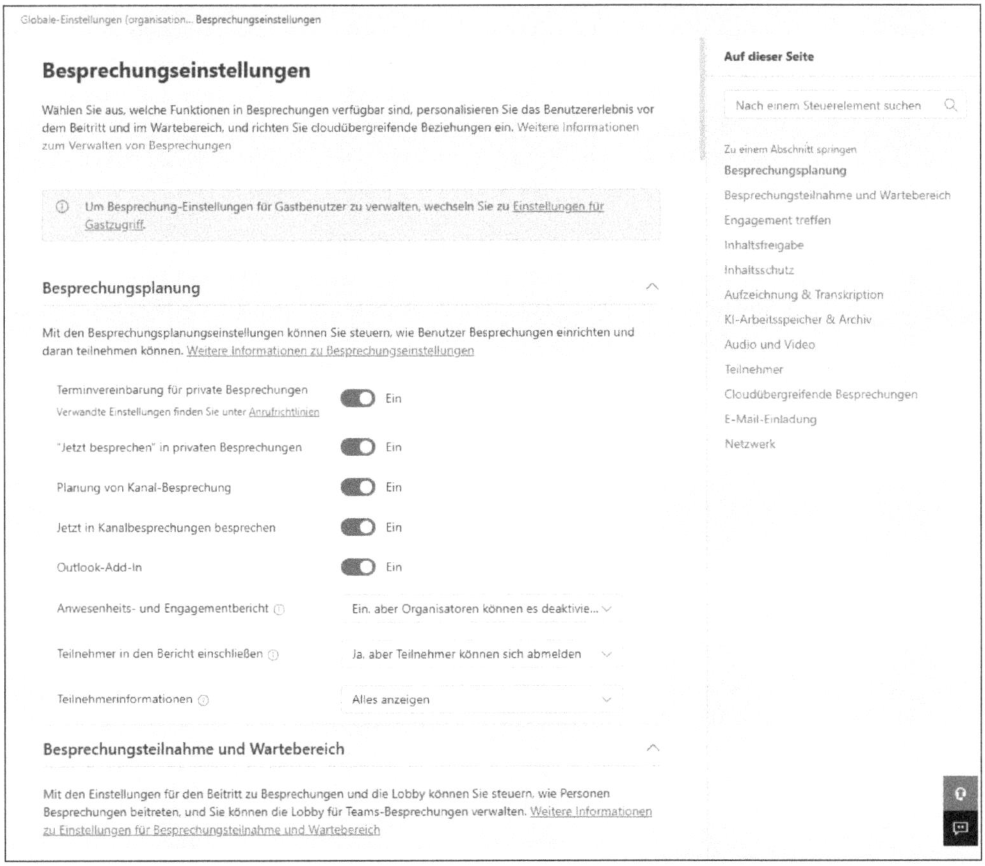

Abbildung 17.4: Besprechungseinstellungen

Die Besprechungsvorlagen sind nach den neusten Lizenzierungen nur noch in Microsoft Teams Premium verfügbar.

Auch ohne die kostenpflichtige Erweiterung Teams Premium stehen Ihnen verschiedene Möglichkeiten zur Verfügung, um den Organisationsaufwand bei wiederkehrenden Besprechungen zu reduzieren. Sie können im Teams Admin Center unter dem Menüpunkt Einstellungen und Richtlinien zentrale Besprechungsrichtlinien festlegen, beispielsweise für

- die Aufzeichnung von Besprechungen,
- Chatfunktionen oder
- das Verhalten beim Betreten der Lobby.

Möchten Sie vollwertige Besprechungsvorlagen, dann benötigen Sie *Teams Premium*. Mit Teams Premium stehen Ihnen erweiterte Funktionen zur Verfügung, die die Arbeit mit Besprechungsvorlagen erheblich vereinfachen und professionalisieren. Sie können Vorlagen anlegen, in denen Rollen wie Moderator, Referent oder Teilnehmer bereits zugewiesen sind. Es ist möglich, bestimmte Anwendungen, wie das Whiteboard oder Forms, automatisch zu aktivieren. Sie können zentrale Sicherheitseinstellungen wie Wasserzeichen oder individuelle Vorgaben für das Lobby-Verhalten festlegen. Auch das unternehmensspezifische Branding, etwa durch die Integration eines Firmenlogos im Wartebereich, ist problemlos realisierbar. Diese Vorlagen lassen sich zentral verwalten und gezielt bestimmten Benutzergruppen zuweisen, sodass ein einheitlicher Standard für verschiedene Meetingtypen geschaffen werden kann.

Teams Premium ist eine erweiterte Lizenz für Microsoft Teams, die zusätzliche Funktionen für professionelle und sichere Online-Meetings bietet. Während die Besprechungsvorlagen bereits eine strukturierte Vorbereitung und Durchführung von Meetings ermöglichen, geht Teams Premium weit darüber hinaus.

Mit Teams Premium stehen Ihnen unter anderem folgende Funktionen zur Verfügung:

- Erweiterte Sicherheitsfeatures wie Wasserzeichen in Meetings und Ende-zu-Ende-Verschlüsselung für vertrauliche Besprechungen.
- Intelligente Zusammenfassungen und automatisierte Protokolle, die mithilfe von KI wichtige Meetinginhalte aufbereiten.
- Personalisierte Branding-Möglichkeiten, zum Beispiel das Firmenlogo im Wartebereich oder individuelle Hintergrundbilder.
- Erweiterte Analysen und Berichte zur Nutzung und Qualität von Meetings.
- Premium-Sitzungsarten wie Webinare mit Registrierung, Wartelisten und benutzerdefinierten Teilnehmerrollen.

- ✔ Automatisierte Übersetzungen und Echtzeit-Untertitel für internationale Zusammenarbeit.
- ✔ Zusätzliche Steuerungsmöglichkeiten für die Meetingverwaltung, wie die gezielte Freigabe von Anwendungen oder die Einrichtung von Sensitivitätslabels.

Teams Premium richtet sich vor allem an Unternehmen, die höchsten Wert auf Sicherheit, Professionalität und Effizienz legen und ihre Meetings individuell gestalten möchten.

Besprechungsrichtlinien im Teams Admin Center

In diesem Abschnitt schauen wir uns die vorher kurz angesprochenen Besprechungsrichtlinien im Detail an, denn Besprechungsrichtlinien sorgen unter anderem für Sicherheit und wirken dem Besprechungswildwuchs entgegen.

Eine Besprechungsrichtlinie ist eine Sammlung von Einstellungen, die das Verhalten von Microsoft-Teams-Besprechungen steuert – zum Beispiel, wer den Bildschirm freigeben darf, ob Aufzeichnungen erlaubt sind oder wie der Zugang zur Lobby geregelt ist.

Um Besprechungsrichtlinien in Microsoft Teams zu finden und zu verwalten, öffnen Sie zunächst das Teams Admin Center über die zentrale Verwaltungsoberfläche für Administratoren. Navigieren Sie im Menü auf der linken Seite zum Bereich EINSTELLUNGEN UND RICHTLINIEN und wählen Sie anschließend im Abschnitt BESPRECHUNGEN UND EREIGNISSE die Besprechung aus, siehe Abbildung 17.4 »Besprechungseinstellungen«. In der daraufhin angezeigten Übersicht erhalten Sie eine vollständige Liste sämtlicher vorhandener Richtlinien. Hierzu zählt auch die globale Standardrichtlinie, die standardmäßig für alle Benutzer gilt, sofern keine individuelle Richtlinie zugewiesen wurde. Die Oberfläche bietet eine klare Struktur, welche die Verwaltung und Anpassung der Richtlinien erleichtert.

Zu den wichtigsten Einstellungsmöglichkeiten innerhalb der Besprechungsrichtlinien zählen die Optionen zur Steuerung des Zugangs zu Besprechungen. Mithilfe der Lobby-Einstellungen (Abschnitt Besprechungsteilnahme und Wartebereich) bestimmen Sie, welche Personen direkt an einer Besprechung teilnehmen können.

BEISPIEL

Beispielsweise kann festgelegt werden, dass ausschließlich explizit eingeladene Personen ohne Wartezeit beitreten dürfen. Das bedeutet, dass Sie nicht im Wartebereich landen, sondern diesen überspringen.

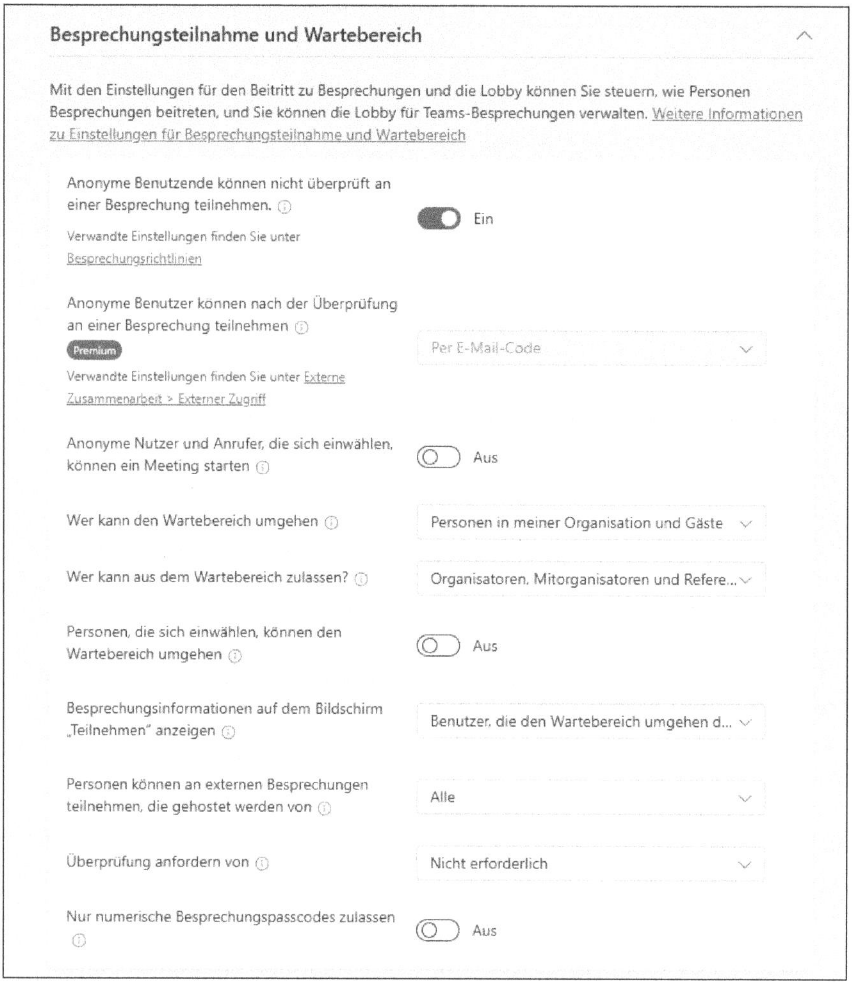

Abbildung 17.5: Besprechungseinstellung – der Wartebereich

Das Umgehen des Wartebereiches sollten Sie, gerade zu Beginn, nur »Personen Ihrer Organisation« erlauben. Nur so erhalten die Mitarbeiter der Organisation die Möglichkeit, einen Moment zu warten, um gegebenenfalls auf noch nicht eingetroffene Teilnehmer der Organisation zu warten, bevor die externen Personen die Besprechung betreten.

Mitarbeiter können die Standardeinstellung für jede Besprechung einzeln über die Besprechungsoptionen in Outlook ändern. Aber dann ist es eine bewusste Entscheidung des Organisators des betreffenden Termins.

Im Abschnitt »Inhaltsfreigabe« definieren Sie die Kollaboration innerhalb der Besprechung.

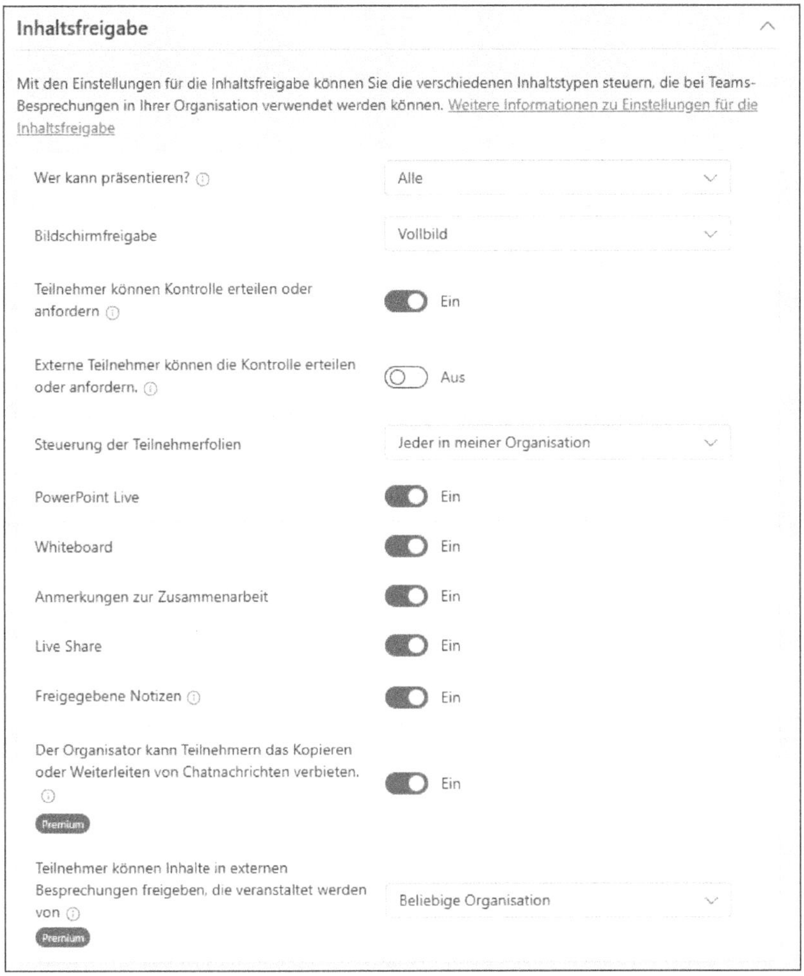

Abbildung 17.6: Besprechungseinstellung – Inhaltsfreigabe

Durch die Einstellungen zur Bildschirmfreigabe legen Sie fest, wer während einer Besprechung Inhalte präsentieren darf. Ebenso können Sie bestimmen, ob Meetings aufgezeichnet werden dürfen und welche Teilnehmer dazu berechtigt sind. Darüber hinaus lässt sich steuern, ob der Chat während oder nach der Besprechung genutzt werden kann. Zu den weiteren Optionen zählen die Aktivierung von Transkriptionen, die Verwendung von Reaktionen sowie die Entscheidung, ob anonyme Teilnehmer zugelassen werden. Diese vielseitigen Einstellungsmöglichkeiten bieten Ihnen einen effektiven Rahmen, um Besprechungen sicher und gezielt zu gestalten.

Bitte beachten Sie, dass Änderungen an Besprechungseinstellungen nicht unmittelbar wirksam werden. Es kann bis zu 24 Stunden dauern, bis neue Einstellungen für die betroffenen Benutzer umgesetzt sind. Diese Verzögerung ist systembedingt und sollte bei der Planung administrativer Maßnahmen berücksichtigt werden.

Die Zuweisung von Besprechungsrichtlinien kann gezielt erfolgen. Sie haben die Möglichkeit, individuelle Benutzer, bestimmte Gruppen oder auch gesamte Organisationseinheiten über das Teams Admin Center mit spezifischen Richtlinien auszustatten. So können beispielsweise für die Geschäftsführung andere Regelungen gelten als für das Support-Team. Die Zuweisung von Richtlinien kann in der Richtline selbst oder direkt über den Benutzer getätigt werden, siehe Abbildung 17.7 »Benutzerverwaltung von Richtlinien in Microsoft Teams«.

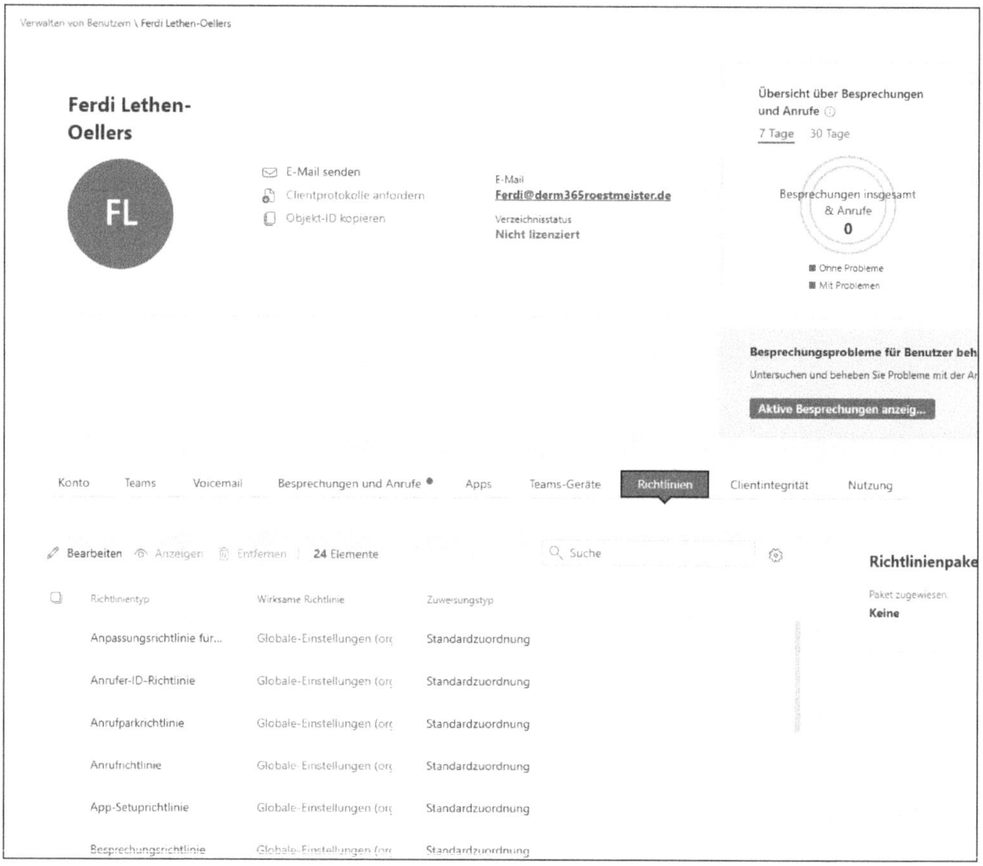

Abbildung 17.7: Benutzerverwaltung von Richtlinien in Microsoft Teams

Passen Sie die Richtlinie zu Beginn an, um die grundlegende Konfiguration sicherzustellen.

- ✔ Richten Sie den Wartebereich so ein, dass nur Organisatoren und Mitorganisatoren Teilnehmer zulassen können.
- ✔ Aktivieren Sie die Aufzeichnung von Meetings; dies ermöglicht das Mitschneiden, ist aber nicht automatisch.
- ✔ Lassen Sie keine anonymen Benutzer ohne Prüfung zu oder deaktivieren Sie diese Option ganz.

Sicherheit und Datenschutz in Teams-Besprechungen

Wenn Sie ein Meeting in Microsoft Teams organisieren, stehen Sie vor der Aufgabe, den Schutz personenbezogener Informationen wie Namen, E-Mail-Adressen, Aufzeichnungen oder Transkripte zu gewährleisten.

In diesem Zusammenhang spricht man vom *Datenschutz*, also dem Schutz aller personenbezogenen Daten vor dem Zugriff durch Unbefugte im Sinne der geltenden Datenschutzgesetze, besonders der Datenschutz-Grundverordnung.

Beim Umgang mit Gästen in Microsoft Teams ist besondere Sorgfalt geboten. Die Plattform ermöglicht die Einbindung externer Teilnehmer und fördert damit die Zusammenarbeit – birgt jedoch auch potenzielle Risiken. Deshalb empfiehlt es sich, den Gastzugriff auf das tatsächlich Notwendige zu begrenzen. Sie haben die Möglichkeit, externe Teilnehmer ganz auszuschließen oder deren Rechte gezielt einzuschränken, etwa indem Sie die Freigabe von Kamera oder Bildschirm unterbinden. Mithilfe des Wartebereichs (Lobby) behalten Sie stets die Kontrolle darüber, wer Zugang zum Meeting erhält.

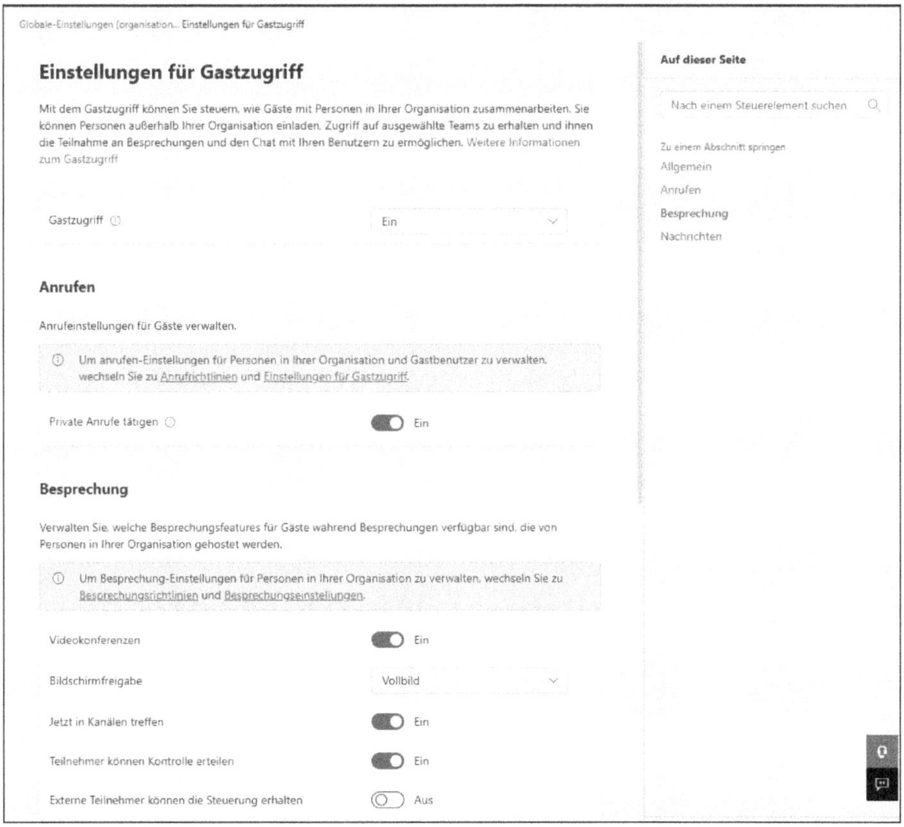

Abbildung 17.8: Konfiguration des Gastzugriffs

Gerade bei der Aufzeichnung von Besprechungen ist ein umsichtiges Vorgehen unerlässlich. Zwar erleichtert diese Funktion die Dokumentation und Weitergabe von Informationen, doch enthalten Aufzeichnungen häufig sensible Inhalte. In Microsoft Teams werden solche Dateien standardmäßig in OneDrive oder SharePoint gespeichert und sind zunächst nur für die Organisartoren und Teilnehmer verfügbar. Über spezielle Richtlinien in Microsoft Purview lässt sich steuern, wie lange die Aufnahmen aufbewahrt werden – so können Sie etwa festlegen, wann diese automatisch gelöscht werden, und erfüllen die Vorgaben zur Datenminimierung. Im Standard bleibt die Aufnahme für 90 Tage gespeichert und wird dann automatisch von Microsoft gelöscht, allerdings erhält der Organisator der Besprechung vorab eine Mail. In Deutschland ist für die Aufzeichnung die Zustimmung aller Teilnehmer erforderlich. Seit 2025 sorgt Microsoft für Sie dafür, da bei einer Aufzeichnung jeder Teilnehmer der Aufzeichnung mittels Pop-Up zustimmen muss. Ohne Zustimmung bleiben die Kamera und das Mikrophon aus. Womit der Teilnehmer nur noch stiller Zuhörer ist. Die Einwilligung wird wiederum in der Besprechung dokumentiert.

Ein Pop-Up bezeichnet im digitalen Kontext ein kleines Fenster, das sich automatisch über dem aktuellen Bildschirm öffnet, um wichtige Informationen anzuzeigen oder eine Aktion einzufordern, wie zum Beispiel eine Bestätigung. In Microsoft Teams erscheint beispielsweise bei der Aufzeichnung einer Besprechung ein solches Pop-Up, in dem die Teilnehmenden aktiv ihre Einwilligung geben müssen.

Die Aufzeichnung des Meetings wird im OneDrive des Mitarbeiters gespeichert, der die Aufzeichnung gestartet hat; tritt dieser aus dem Unternehmen aus, ist eine zusätzliche Prüfung der Datei erforderlich, weshalb ein klarer Prozess für den Umgang mit solchen Aufzeichnungen definiert werden muss.

Weitere Funktionen wie die automatische Transkription, Live-Untertitel oder die Teilnehmerliste bieten zusätzlichen Komfort, sind aber ebenfalls aus datenschutzrechtlicher Sicht relevant. Die Transkription wandelt das gesprochene Wort automatisch in Text um und muss bewusst aktiviert werden. Live-Untertitel werden lediglich angezeigt, jedoch nicht gespeichert. Die Teilnehmerliste, die auch Informationen zu Ein- und Austrittszeiten enthält, kann nach dem Meeting exportiert werden. Achten Sie darauf, dass Sie für die Verarbeitung dieser Daten berechtigt sind. Sollten Sie im Unternehmen einen Betriebsrat besitzen, so müssen Sie ihn genau über diese Themen informieren. In der Regel wird aus diesem Grunde das Transkribieren in Unternehmen oft deaktiviert.

Monitoring und Support: Wenn Meetings nicht rund laufen

Selbst bei einer grundsätzlich stabilen Plattform wie Microsoft Teams kommt es immer wieder vor, dass Meetings nicht reibungslos verlaufen. Manchmal bleibt das Mikrofon stumm, eine geplante Aufzeichnung taucht nicht auf oder die Verbindung wird unerwartet unterbrochen. Solche Schwierigkeiten sind nicht nur ärgerlich, sie können auch wertvolle Arbeitszeit kosten und das Vertrauen der Teilnehmer beeinträchtigen. In diesen Momenten ist es hilfreich, sich mit den Auswertungs- und Supportmöglichkeiten vertraut zu machen, die Microsoft 365 bietet.

Das Teams Admin Center ist ein zentraler Anlaufpunkt, um die Nutzung von Teams und die Aktivität in Meetings besser zu verstehen. Über den Bereich ANALYSEN UND BERICHTE können Sie detaillierte Verwendungsberichte abrufen.

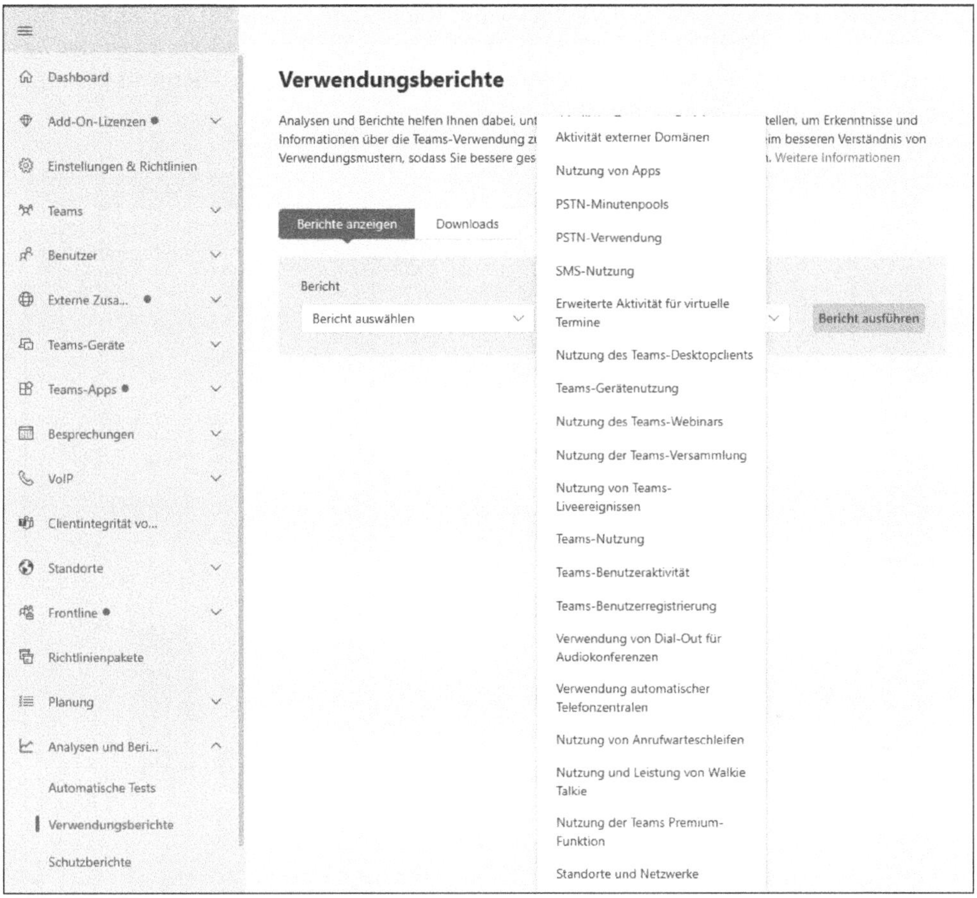

Abbildung 17.9: Analyse und Verwendungsberichte

Dort stehen verschiedene Vorlagen und Zeiträume zur Auswahl, zum Beispiel die vergangenen sieben oder 28 Tage. Die Auswertungen lassen sich nach Benutzer, verwendetem Gerät oder auch nach der Art des Meetings filtern. So erkennen Sie schnell, ob bestimmte Geräte immer wieder Anlass zu Problemen geben oder ob die Nutzung von Teams in bestimmten Bereichen stagniert. Ein anschaulicher Screenshot des Nutzungsberichts, in dem zentrale Kennzahlen wie die Anzahl der abgehaltenen Besprechungen, die durchschnittliche Dauer der Meetings oder die eingesetzten Gerätetypen markiert sind, unterstützt die Auswertung besonders gut.

Für Administratoren, die noch tiefer in die technische Analyse einsteigen möchten, bietet Microsoft das sogenannte Anrufsqualitäts-Dashboard an. Dieses Dashboard liefert umfassende Einblicke in die Qualität von Besprechungen und hilft, technische Herausforderungen frühzeitig zu erkennen. Es ermöglicht die Auswertung von Paketverlusten, also dem Verlust einzelner Datenpakete während der Übertragung, sowie von Latenzzeiten, die die Verzögerung zwischen Senden und Empfangen eines Signals beschreiben. Auch Informationen zu den verwendeten Netzwerkpfaden, etwa ob die Verbindung per WLAN oder per Kabel erfolgte, sowie zu genutzten Geräten und Standorten stehen zur Verfügung. Das Anrufsqualitäts-Dashboard ist ein leistungsstarkes Werkzeug, das gerade zu Beginn etwas Einarbeitung erfordert. Für den Einstieg empfiehlt es sich, auf die von Microsoft bereitgestellten vordefinierten Power-BI-Berichte zurückzugreifen.

Abbildung 17.10: Anrufqualitäts-Dashboard

Ein praktischer Tipp zum Abschluss: Die Erstellung einer eigenen Checkliste für die häufigsten Probleme spart nicht nur Zeit; sie bietet Kollegen auch eine wertvolle Orientierungshilfe. Ergänzen Sie diese am besten mit passenden Screenshots und direkten Verweisen auf die relevanten Einstellungen innerhalb von Teams. So lassen sich viele Herausforderungen im Teamwork mit Microsoft Teams schnell und souverän meistern.

IN DIESEM KAPITEL

Erläuterung der Telefonie in Microsoft Teams

Erkennen der Unterschiede zwischen VOIP und PSTN

Einrichtung und Funktionen der Telefonie in Microsoft Teams

Kapitel 18
Die Teams-Telefonie

In diesem Kapitel wird veranschaulicht, wie Microsoft Teams zur kompletten Telefonanlage für Ihr Unternehmen werden kann. Microsoft Teams kann nämlich weit mehr als nur Chats und Videokonferenzen bereitstellen. Sie erfahren, was hinter der Teams-Telefonie steckt, wie Sie sie einrichten und worauf Sie achten müssen, damit alles reibungslos funktioniert.

Warum das Ganze? Stellen Sie sich vor, alle Anrufe, ob intern, extern, mit Festnetz oder mobil, laufen über eine Plattform. Keine Telefonapparate mehr auf dem Schreibtisch, keine verlegten Zettel mit Rückrufnotizen und keine getrennten Mailboxen für Handy und Festnetz. Stattdessen benutzen Sie Microsoft Teams für alles: vom kurzen Kollegenanruf bis zum Kundentelefonat quer über den Globus. Das spart Kosten, ist flexibel und erleichtert den Arbeitsalltag.

Was ist Microsoft-Teams-Telefonie?

Microsoft-Teams-Telefonie meint die Fähigkeit von Teams, klassische Telefongespräche zu ermöglichen. Damit können Sie Festnetz- und Mobilnummern anrufen und selbst angerufen werden – alles übers Internet, direkt in Teams. Technisch gesehen verwandelt sich Teams in eine Cloud-Telefonanlage (eine Telefonanlage, die nicht mehr physisch im Büro steht, sondern als Dienst über das Internet bereitgestellt wird).

Früher brauchte man für geschäftliche Telefonie eine Telefonanlage im Keller und Tischapparate für jeden Mitarbeiter. Heute übernimmt Microsoft Teams diese Rolle, und die Mitarbeiter telefonieren mit dem PC, Laptop oder Smartphone (häufig per Headset). Teams wird dadurch zur Zentrale für alle Kommunikationswege: Chat, Video und klassisches Telefonieren.

Microsoft-Teams-Telefonie ist eine Funktion, die es ermöglicht, Telefonanrufe direkt über die Microsoft-Teams-Plattform zu tätigen und zu empfangen, wodurch eine nahtlose Kommunikation gewährleistet wird.

Anekdote: Stellen Sie sich vor, Sie arbeiten in einem Vertriebsteam und müssen regelmäßig Kundenanrufe tätigen. Mit Microsoft-Teams-Telefonie können Sie diese Anrufe direkt aus der Teams-Oberfläche heraus durchführen, ohne zwischen verschiedenen Anwendungen wechseln zu müssen. Dies spart nicht nur Zeit, sondern reduziert auch die Komplexität im Arbeitsalltag.

Warum sollten Sie Ihre Telefonie in Teams integrieren? Hier die größten Pluspunkte:

- ✔ Alles an einem Ort: Sie nutzen eine einheitliche Oberfläche für Anrufe, Besprechungen, Voicemail und Chat. Das Hin- und Herwechseln zwischen Telefon, E-Mail und Chat-Programm entfällt. Das spart Zeit und Nerven – und reduziert die Anzahl der Geräte auf Ihrem Schreibtisch (Auf Wiedersehen, Telefonapparat!).
- ✔ Produktiveres Arbeiten: Eingehende Anrufe können Sie direkt in Teams entgegennehmen und mit einem Klick jemanden aus dem Team dazuholen – oder das Gespräch zum Videoanruf hochstufen. Kundenhotline anrufen und gleichzeitig im Chat den Kollegen um Infos bitten? In Teams kein Problem. Die Integration steigert die Zusammenarbeit in Echtzeit.
- ✔ Kosteneffizienz: Unternehmen können oft ihre alte Telefonanlage abbauen und die separaten Telefonanschlüsse kündigen. Telefonieren über das Internet spart vor allem bei internationalen Gesprächen Geld. Außerdem fallen weniger Wartungskosten an – Microsoft kümmert sich schließlich um den Betrieb der Telefonie-Plattform.
- ✔ Flexibilität und Mobilität: Teams-Telefonie funktioniert überall, wo Sie Internet haben. Ob im Büro, im Home-Office oder im Café: Sie sind unter derselben Nummer erreichbar. Das Arbeitsmobiltelefon wird in vielen Fällen überflüssig, denn Ihr Team kann Sie auch so jederzeit erreichen (ob das immer gut ist, sei dahingestellt – zum Glück kennt Teams auch den »Nicht stören«-Knopf).
- ✔ Erweiterte Funktionen: Sie erhalten Voicemail (einen persönlichen Anrufbeantworter in der Cloud) und Features wie Anrufweiterleitung oder Gruppenanrufe out of the box. Selbst komplexere Dinge wie Anrufwarteschleifen (für Hotlines) oder automatische Telefonzentralen (eine Ansage à la »Drücken Sie 1 für Verkauf …«) stehen zur Verfügung. Diese Funktionen waren früher teuren Profi-Telefonanlagen vorbehalten, jetzt sind sie in Teams integrierbar.

Wenn Sie bisher schon Microsoft 365 nutzen, dann ist Teams-Telefonie der nächste logische Schritt. Sie sparen sich damit separate Telefonsysteme. Viele IT-Administratoren freuen sich, endlich weniger Geräte und Schnittstellen betreuen zu müssen – Ihr Netzwerk dankt es Ihnen mit weniger Kabelsalat.

Technische Grundlagen: Internettelefonie vs. Festnetz

Das Zauberwort hinter Teams-Telefonie heißt Internettelefonie. Man spricht auch von Voice over IP (VoIP) – also dem Übertragen von Telefonaten über das Internet Protocol. Das klingt kompliziert, bedeutet aber einfach, dass Ihr Gespräch in digitale Datenpakete verpackt über die Internetleitung geschickt wird, statt über klassische Telefonkabel.

VoIP-Anrufe *(Voice over IP)* werden über das Internet getätigt. Dies bedeutet, dass Sie eine stabile Internetverbindung benötigen, um Anrufe zu tätigen und zu empfangen. VoIP-Anrufe sind in der Regel kostengünstiger, insbesondere bei internationalen Anrufen, und bieten eine höhere Flexibilität.

Auf der anderen Seite steht das klassische Telefonnetz (im Fachjargon Public Switched Telephone Network, PSTN). Das PSTN ist das weltweite Festnetz, das über Kupferleitungen, Vermittlungsstellen und Mobilfunknetze funktioniert. Wenn Sie jemanden auf einer normalen Telefonnummer anrufen, landen Sie im PSTN.

PSTN-Anrufe (*Public Switched Telephone Network)* werden über das traditionelle Telefonnetz getätigt. Dies ist die klassische Methode des Telefonierens und bietet eine hohe Zuverlässigkeit und Sprachqualität. PSTN-Anrufe sind jedoch in der Regel teurer, insbesondere bei internationalen Anrufen.

Microsoft Teams selbst läuft über das Internet. Interne Anrufe zwischen Teams-Benutzern (zum Beispiel Kollege A ruft Kollegin B über Teams an) nutzen rein VoIP – diese Gespräche bleiben vollständig in der Online-Welt und gehen nicht ins klassische Telefonnetz.

Sobald Sie aber eine externe Telefonnummer anrufen (zum Beispiel die Nummer eines Kundenbüros oder eines Handys), muss Teams eine Brücke zum Telefonnetz schlagen. Genau diese Brücke macht die Teams-Telefonie möglich: Microsoft oder ein Telefonanbieter sorgt dafür, dass Ihr Internet-Telefonat ins Festnetz »hinausgewählt« wird. Und umgekehrt kommen Anrufe aus dem Festnetz über diese Brücke bei Ihnen in Teams an.

Man kann sich das so vorstellen: Teams schickt Ihr Gespräch in die Cloud zu Microsoft, dort angekommen wird es – wenn nötig – ins normale Telefonnetz weitergeleitet. Diese Schnittstelle wird oft SIP-Trunk oder Gateway genannt, ist aber letztlich nichts, womit Sie direkt zu tun haben. Wichtig zu wissen ist nur, dass Teams sowohl mit dem Internet als auch mit dem Telefonnetz sprechen kann. Dafür brauchen Sie die richtige Einrichtung, doch dazu gleich mehr im Abschnitt Einrichtung und Konfiguration.

VoIP-Anrufe nutzen das Internetprotokoll, um Sprachdaten in kleinen Paketen zu übertragen. Diese Pakete werden über das Internet gesendet und am Zielort wieder zusammengesetzt. PSTN-Anrufe hingegen nutzen dedizierte Leitungen, um eine direkte Verbindung zwischen den Anrufern herzustellen.

VoIP und PSTN – Vor- und Nachteile

Ein kurzer Vergleich, damit Sie die Begriffe einordnen können:

Internettelefonie (VoIP)

- ✔ Vorteile: Flexibel und ortsunabhängig, oft günstiger (insbesondere bei langen Distanzen), ermöglicht moderne Features (Video, Screen-Sharing gleichzeitig, Präsenzinfo wer verfügbar ist).
- ✔ Nachteile: Braucht stabile Internetverbindung und Strom. Fällt das Internet aus oder der Strom, ist auch das Telefon tot. Zudem hängt die Sprachqualität von der Netzwerkqualität ab.

Klassisches Telefonnetz (PSTN)

- ✔ Vorteile: Sehr robust und fast überall verfügbar. Ein einfaches Telefon kann auch bei Stromausfall (über das Telefonkabel) funktionieren. Sprachqualität ist konstant, solange das Netz okay ist.
- ✔ Nachteile: Weniger flexibel (an festen Ort/Telefon gebunden), oft teurer bei Fernverbindungen, begrenzte Zusatzfunktionen (kein Video, schwierigere Integration in Software).

Microsoft-Teams-Telefonie nutzt beide Welten: Innerhalb Ihrer Organisation telefonieren Sie bequem per VoIP. Wenn Verbindungen ins PSTN nötig sind, übernimmt Teams das Routing dorthin. Für Sie als Anwender fühlt es sich so an, als hätten alle – ob im Büro nebenan oder im externen Unternehmen – ein Teams-Konto. Sie wählen einfach die Nummer, den Rest übernimmt die Technik im Hintergrund.

Achten Sie darauf, dass Ihre Internetverbindung zuverlässig und ausreichend dimensioniert ist. VoIP erfordert circa 100kbps pro Gesprächsteilnehmer in guter Qualität – das ist nicht viel, aber wenn im Büro viele Menschen gleichzeitig telefonieren und daneben vielleicht Videos laufen, sollten Sie genügend Bandbreite haben. Prüfen Sie auch, ob Ihre Firmen-Firewall die nötigen Verbindungen für Teams zulässt. Microsoft veröffentlicht dazu Richtlinien, welche Ports geöffnet sein müssen. Wenn hier etwas blockiert ist, klingt Ihr Gesprächspartner schnell wie ein Roboter – oder Sie hören gar nichts mehr.

Einrichtung und Konfiguration

Wie wird aus Ihrem Teams nun eine Telefonanlage? Die Einrichtung der Telefonie in Teams erfordert ein paar vorbereitende Schritte. Bevor Sie mit der Einrichtung beginnen, müssen einige Voraussetzungen erfüllt sein. Dazu gehören sowohl technische als auch lizenzrechtliche Anforderungen. Stellen Sie sicher, dass Ihre Netzwerkumgebung für VoIP-Anrufe optimiert ist und dass Sie über die notwendigen Microsoft-365-Lizenzen verfügen.

- ✔ **Netzwerk-Qualität:** Wie schon erwähnt, ist eine stabile Internetverbindung essenziell. Testen Sie die Anrufqualität am besten innerhalb von Teams, bevor Sie die externe Telefonie freischalten. Microsoft Teams hat dafür einen Testanruf (in Teams unter GERÄTE > TESTANRUF DURCHFÜHREN zu finden). Wenn hier schon Aussetzer auftreten, sollten Sie erst Ihr Netzwerk optimieren (Stichwort QoS – Quality of Service, eine Technologie zur priorisierten Übertragung von Sprachdaten im Netzwerk, falls verfügbar).
- ✔ **Lizenz mit Telefoniefunktion:** Microsoft 365 bietet die Telefonie nicht in jedem Tarif automatisch an. Enterprise-Pläne vom Typ E5 haben die Telefonie-Komponente (Microsoft nennt sie Teams Phone) bereits inkludiert. In anderen Plänen – zum Beispiel E3, E1 oder Microsoft 365 Business Standard/Premium für kleine Unternehmen – müssen Sie ein Telefonie-AddOn dazu buchen. Dieses AddOn heißt Microsoft Teams Phone Standard (früher nannte es sich Phone System). Ohne diesen Baustein kann ein Benutzer in Teams keine eigene Telefonnummer bekommen und keine Festnetzgespräche führen.

Ob Ihre Benutzer bereits lizenziert sind, sehen Sie im Microsoft 365 Admin Center unter BENUTZER > AKTIVE BENUTZER. Wenn Sie dort einen Nutzer auswählen und unter Lizenzen und Apps sehen, dass »Teams Phone Standard« oder »Telefoniesystem« (so hieß es mal auf Deutsch) aktiviert ist, dann hat der Benutzer Telefonie-Rechte. Falls nicht, können Sie dort eine entsprechende Lizenz zuweisen – natürlich erst, nachdem Sie genug Lizenzen gekauft haben. Im Abschnitt ABRECHNUNG > LIZENZEN können Sie zusätzliche Teams Phone-Lizenzen erwerben, falls nötig.

Sollten Sie Ihr Unternehmen eines Tages auf einen höheren Plan (zum Beispiel von E3 plus Phone-AddOn auf E5) umstellen, gehen Sie vorsichtig vor. Entfernt man nämlich eine Telefonie-Lizenz vom Benutzer, bevor die neue Lizenz greift, können dessen Telefonnummer und Anruf-Einstellungen in Teams verloren gehen. Die Konsequenz sind

- ✔ Nummer weg,
- ✔ Einstellungen weg
- ✔ und viel manuelle Nacharbeit.

Daher immer zuerst die neue Lizenz zuweisen, prüfen ob alles da ist, dann die alte Lizenz entfernen.

Sicherlich erinnern Sie sich noch an Abschnitt »Einrichten der Lizenzen und Abrechnung«, in dem Ihnen erläutert wurde, wie neue Lizenzen und AddOn-Lizenzen in Ihren Tenant gelangen. Diese Information müssen Sie kombinieren mit dem Zuweisen der Lizenz aus Abschnitt »Lizenzen zuweisen« aus Kapitel acht. Dort erhalten Sie das Wissen, wie Sie die Teams-Phone-Lizenzen erwerben und an die Benutzer verteilen können.

PSTN-Anbindung: Wie kommt Teams ins Telefonnetz?

Lizenz hin oder her – zum Telefonieren ins öffentliche Netz brauchen Sie noch eine Telefonanbieter-Anbindung. Hier gibt es mehrere Optionen, je nach Größe und Bedarf Ihres Unternehmens. Sie müssen sich im Prinzip entscheiden, wer für Sie die Verbindung zum Telefonnetz bereitstellt und die Rufnummern verwaltet. Die gängigsten Optionen sind:

Option	Telefonnetz-Anbindung durch	Geeignet für
Microsoft Anrufplan	Microsoft selbst (Sie kaufen Minuten/SIM-Leitungen von MS)	Einfacher Start, kleinere Unternehmen, in Ländern mit unterstützten Microsoft-Tarifen
Direct Routing	Ihre eigene Telefonanlage bzw. ein eigener Session Border Controller (SBC), verbunden mit einem Telefonanbieter Ihrer Wahl	Große oder mehrfach verteilte Unternehmen mit vorhandenen Telefonanschlüssen oder speziellen Anforderungen
Operator Connect	Einen externen Telefonanbieter, der direkt in Teams integriert wird (aus einer von Microsoft zertifizierten Liste auswählbar)	Unternehmen, die keinen eigenen SBC betreiben wollen, aber einen lokalen Telefonanbieter nutzen möchten
Operator Connect Mobile	Einen Mobilfunkanbieter, der Mobilfunknummern mit Teams verknüpft (auch Teams Phone Mobile genannt)	Nutzer, die eine einzige Nummer auf Deskphone, Teams und Handy gleichzeitig verwenden möchten – ideal für sehr mobile Belegschaften

Tabelle 18.1: Telefonanbieteranbidungen

Ein Session Border Controller (SBC) ist ein spezielles Gerät oder eine Software, die als Vermittler zwischen dem internen Firmennetzwerk und externen Telefonnetzwerken agiert. Der SBC sorgt für die sichere und zuverlässige Übertragung von Telefoniedaten, regelt den Datenverkehr und schützt vor unerwünschten Zugriffen oder Störungen. Er ist insbesondere wichtig, wenn verschiedene Telefonanbieter oder komplexe Systemlandschaften miteinander verbunden werden sollen.

Schauen wir uns diese Varianten etwas genauer an:

- **Microsoft Anrufplan:** Hier beziehen Sie Rufnummern und Telefonminuten direkt von Microsoft. Teams fungiert sowohl als Telefonanlage als auch als Telefonanbieter. Sie kaufen zum Beispiel einen Nationwide Calling Plan (nationaler Anrufplan) mit einer Flatrate für Festnetz/Mobil im eigenen Land oder ein Kontingent an Minuten für internationale Anrufe. Microsoft weist Ihnen Rufnummern aus Ihrem Land zu, die Sie dann Ihren Benutzern geben können. Der Vorteil dabei ist, dass alles in einer Hand liegt – und es ist im Teams Admin Center einfach zu konfigurieren. Die Nachteile sind jedoch, dass Microsoft die Anrufpläne nicht in allen Ländern anbietet und die Tarife teurer sein könnten als bei lokalen Anbietern – besonders bei hohem Gesprächsvolumen. Für einen unkomplizierten Start in unterstützten Regionen ist es jedoch oft die beste Wahl.

- **Direct Routing:** Diese Option erlaubt es, einen bestehenden Telefonanschluss mit Teams zu koppeln. Vielleicht haben Sie schon einen SIP-Trunk von der Telekom oder einem anderen Anbieter – den können Sie über einen Session Border Controller (SBC) mit der Microsoft-Cloud verbinden. Der SBC ist, vereinfacht gesagt, ein intelligenter Vermittler, oft eine dedizierte Hard- oder Software, die Ihr Firmennetz mit dem Telefonnetz verbindet. Mit Direct Routing behalten Sie die volle Kontrolle. Sie können fast jeden Telefonanbieter weltweit nutzen, Ihre bisherigen Telefonnummern mitnehmen und sogar komplexe Telefonielogik (Callcenter-Systeme, Analoge Faxgeräte via Adapter etc.) weiter betreiben, indem Sie ealles ans SBC anschließen. Diese Flexibilität bringt natürlich etwas mehr Aufwand mit sich: Sie brauchen einen Partner, der den SBC einrichtet, oder entsprechende Expertise im Haus. Für kleinere Firmen ist dieser Weg oft überdimensioniert, aber größere Unternehmen oder solche mit verteilten Standorten und eigenen Telefonverträgen schwören auf Direct Routing.
- **Operator Connect:** Stellen Sie sich diese Option als Mischung aus den ersten beiden vor. Beim Operator-Connect-Programm arbeiten Microsoft und Telekommunikationsanbieter eng zusammen. Sie wählen im Teams Admin Center einen verfügbaren Telefonie-Provider aus (zum Beispiel Deutsche Telekom, BT, Orange – je nachdem wer in Ihrem Land teilnimmt) und buchen über diese Plattform Rufnummern und Telefoniepläne bei diesem Anbieter. Die technische Verbindung zu Teams übernehmen der Anbieter und Microsoft gemeinsam – für Sie ist es nahezu Plug-and-Play. Der Vorteil dabei liegt auf der Hand: Weniger eigener Aufwand als bei Direct Routing, aber Sie können einen favorisierten lokalen Anbieter nutzen, der vielleicht günstigere Tarife oder einen besseren Support für Ihre Region bietet als Microsoft. Das Ganze ist recht neu, deshalb ist die Auswahl an Operator-Connect-Partnern noch begrenzt in Deutschland, aber die Anzahl wächst ständig.
- **Operator Connect Mobile:** Dies ist eine Erweiterung von Operator Connect, präsentiert 2022/2023, die es in einigen Ländern bereits gibt. Hier arbeitet ein Mobilfunkanbieter mit Microsoft zusammen, sodass Ihre SIM-Karte in einen Teamplayer verwandelt wird. Konkret heißt das: Ihre Mitarbeiter bekommen statt einer normalen Firmen-Handynummer eine Nummer, die gleichzeitig in Teams registriert ist. Ein Anruf auf diese Nummer klingelt also sowohl in Teams als auch auf dem Mobiltelefon. Man kann unterwegs mit dem Handy einen Anruf annehmen und später im Bürogespräch am Teams-Client nahtlos weitermachen – derselbe Anruf, dieselbe Nummer. Für die IT vereinfacht es die Verwaltung von Mobilfunk und Festnetz. Allerdings ist Operator Connect Mobile (auch Teams Phone Mobile genannt) noch nicht überall verfügbar und erfordert spezielle Verträge mit den unterstützenden Mobilfunkanbietern. Für sehr mobile Teams kann dies aber die Zukunft sein, da die Trennung zwischen Handy und Festnetznummer damit verschwindet.

Welche Option passt zu Ihnen? Für den Einstieg und Test eignet sich ein Microsoft-Anrufplan am besten, sofern verfügbar. Sie können damit schnell zum Laufen kommen und Erfahrungen sammeln. Wenn Microsoft keine lokalen Nummern in Ihrem Land anbietet oder Sie bereits Verträge mit einem Telefonanbieter haben, ist Operator Connect oft der nächstbeste Weg – einfacher als Direct Routing, aber dennoch mit Ihrem Anbieter. Direct Routing lohnt sich vor allem bei komplexen Setups oder besonderen Anforderungen (Sie möchten zum

Beispiel alte Telefonanlagen weiter nutzen oder haben spezielle Regulierungsvorgaben). Nichts hindert Sie übrigens daran, eine Mischung zu nutzen – etwa Hauptstandort via Operator Connect, Auslandsstandorte via Direct Routing. Teams ist hier flexibel.

Stellen Sie sicher, dass Sie die rechtlichen Anforderungen und Vorschriften für Notrufe in Ihrem Land kennen und erfüllen.

Telefonnummern einrichten und zuweisen

Je nach gewählter PSTN-Anbindungsoption unterscheidet sich der Weg, wie Sie an Telefonnummern kommen.

Bei Microsoft-Anrufplänen oder Operator Connect stellt Ihnen der Anbieter (Microsoft oder der Partner) Rufnummern zur Verfügung. Im Teams Admin Center gibt es im Bereich »VoIP« den Menüpunkt »Telefonnummern«. Dort sehen Sie alle Nummern, die Ihrem Unternehmen zugeteilt wurden. Neue Nummern können Sie dort ebenfalls anfordern, dafür müssen Sie lediglich +HINZUFÜGEN klicken und schon kommen Sie in den Wizard, um Rufnummern anzufordern.

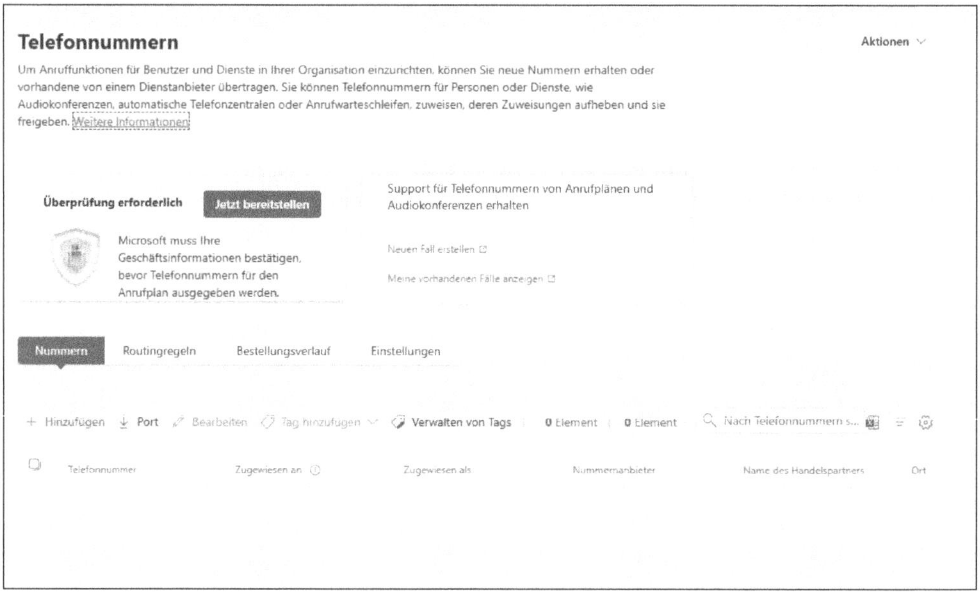

Abbildung 18.1: Teams Admin Center – Telefonnummern einrichten

Sie sollten sich vorab Gedanken zur Bereitstellung der Telefonnummern gemacht haben, wie im vorherigen Abschnitt beschrieben. Denn die Definition müssen Sie im Wizard angeben.

Bei Direct Routing nutzen Sie normalerweise Ihre existierenden Telefonnummern vom Telefonanbieter. Diese sind dem SBC zugeordnet. Im Teams Admin Center legen Sie Benutzer an und weisen ihnen per PowerShell oder Admin Center eine sogenannte Line URI zu; das ist im Prinzip die Telefonnummer im E.164-Format (internationale Schreibweise mit +49… für Deutschland). Dies erfordert ein wenig technische Konfiguration, meist hilft hier ein IT-Dienstleister, der den SBC betreut, bei der initialen Einrichtung. Im Admin Center erscheinen diese Nummern dann ebenfalls unter dem Menüpunkt Telefonnummern mit dem Vermerk »direkt weitergeleitet« oder »Direct Routing«.

Line URI bezeichnet die eindeutige Zuordnung einer Rufnummer zu einem Benutzer im Microsoft-Teams-Umfeld. Sie wird im internationalen E.164-Format (zum Beispiel +49123…) angegeben und dient dazu, Anrufe korrekt einem bestimmten Nutzer zuzuweisen. Die Line URI ist somit die technische Repräsentation der Telefonnummer, die einem Benutzer über PowerShell oder das Admin Center in Teams zugewiesen wird.

Bei Operator Connect Mobile erhalten Sie von Ihrem Mobilfunkanbieter SIM-Karten mit einer Nummer, die gleichzeitig im Teams Admin Center sichtbar ist. Die Zuweisung erfolgt ähnlich wie bei normalen Operator-Connect-Nummern. Sie ordnen die Nummer einem Benutzer in Teams zu, sodass Microsoft Teams die Information hat »Ah, Benutzer X hat die Nummer +49171…«. Fortan klingelt es beim Anruf dieser Nummer sowohl in Teams bei Benutzer X als auch auf dessen Mobiltelefon.

Ist die Nummer erstmal im System, müssen Sie diese einem Benutzer zuweisen. Das geschieht im Teams Admin Center unter dem Menüpunkt Benutzer > Verwalten von Benutzern > gewünschten Benutzer auswählen > Reiter Voice (Telefonie) > Telefonnummer zuweisen. Hier tragen Sie die Nummer ein (oder wählen eine verfügbare aus). Speichern – fertig. Ab jetzt hat dieser Benutzer eine Festnetznummer in Teams. Das heißt, wenn jemand diese Nummer anruft, poppt in Teams bei dem Benutzer ein Anruf an, und wenn der Benutzer in Teams jemanden anruft, wird dem Gegenüber diese Nummer angezeigt.

Wenn der Reiter fehlt, ist entweder keine Lizenz vergeben oder es wurden noch keine Telefonnummern in Teams hinterlegt. In diesem Fall wird der Reiter ausgeblendet. In der Benutzerübersicht können Sie direkt sehen, ob eine Telefonnummer vorhanden ist.

Bei der Zuweisung werden Sie auch nach einer Notruf-Adresse gefragt (Standort des Benutzers, zum Beispiel die Firmenadresse). Diese Information ist wichtig, damit bei einem Notruf (110, 112 in Deutschland; 911 in USA, und so weiter.) die Rettungsleitstelle weiß, wo Sie sich befinden. Meist können Administratoren Standorte vordefinieren (zum Beispiel »Hauptbüro München, Marsstr. 12«) und dann beim Benutzer auswählen. Ohne korrekt hinterlegte Adresse kann es Probleme bei Notrufen geben, also nehmen Sie das nicht auf die leichte Schulter.

Denken Sie daran, Rufnummern sauber zu dokumentieren. Nichts ist verwirrender als nach einem halben Jahr nicht mehr zu wissen, welche Nummer noch frei ist oder welcher Service welche Nummer nutzt. Besonders wenn Sie Callcenter-Nummern, Fax-Weiterleitungen oder Ähnliches einrichten, sollten Sie den Überblick behalten (am besten in einer Tabelle notieren). Im Teams Admin Center sehen Sie zwar die Zuweisungen, aber auch interne Verknüpfungen (automatische Telefonzentrale ruft Warteschlange an und so weiter) sollten Sie beschreiben. Es erspart viel Rätselraten bei Erweiterungen oder der Fehlersuche.

Notrufe und Standortinformationen einrichten

Das Thema Notruf (Emergency Calling) haben wir kurz angeschnitten, hier nun etwas ausführlicher, da es überlebenswichtig sein kann. In traditionellen Telefonanlagen ist klar: Wenn jemand den Notruf wählt, geht der Anruf mit der Standortkennung des Festnetzanschlusses an die örtlich zuständige Notrufzentrale. Bei einer Cloud-Telefonie-Lösung wie Teams ist die Sache komplizierter, weil der Benutzer theoretisch überall sein könnte.

In vielen Ländern (einschließlich Deutschland, EU und USA) ist vorgeschrieben, dass jede Telefonielösung Notrufe mit lokationsgenauer Information unterstützen muss. Sprich, wenn Ihr Mitarbeiter in München aus Teams die 112 wählt, darf der Notruf nicht irgendwo ins Leere gehen und sollte idealerweise bei der Leitstelle in München mit der richtigen Adresse ankommen.

Microsoft Teams bietet dafür Funktionen, aber nur wenn Sie sie konfigurieren:

- ✔ Sie können im Teams Admin Center unter NOTRUFSTANDORTE Adressen Ihres Unternehmens anlegen (zum Beispiel jede Niederlassung, jedes Büro). Jeder dieser Standorte bekommt eine eindeutige Bezeichnung.
- ✔ Benutzern und vor allem auch Räumen oder Telefonen (falls Sie zum Beispiel Teams-Telefone in Konferenzräumen haben) weisen Sie einen solchen Standort zu. So weiß Microsoft Teams, dass Benutzer Herr Müller den Standort »Berlin Büro, Hauptstr. 5« hat.
- ✔ Im Notruf-Fall leitet Microsoft Teams den Anruf an die Notrufnummer des jeweiligen Landes weiter und gibt die Adresse mit. Bei Anrufplänen oder Operator Connect sorgt Microsoft/der Anbieter dafür, dass diese Meldung zur richtigen Notruf-Abfrageleitstelle kommt. Bei Direct Routing müssen Sie mit Ihrem Telefonanbieter oder SBC-Administrator klären, wie Notrufe dort gehandhabt werden (oft schickt man alle Notrufe zum lokal zuständigen Amt, basierend auf der Absenderrufnummer, oder man nutzt spezielle Routen).

In den USA und einigen anderen Ländern unterstützt Teams sogar dynamische Notfalladressen. Das bedeutet, der Teams-Client erkennt anhand des Netzwerkes, ob der Benutzer gerade an einem bekannten Standort ist, und passt die Adresse automatisch an. Beispiel: Sie haben in Teams hinterlegt, dass das WLAN Firma-Guest am Standort Hamburg ist und Firma-Guest-MUC in München. Meldet sich der Benutzer im Münchner WLAN an, aktualisiert Teams die Standortinfo auf München. In Deutschland ist diese automatische Funktion (noch) nicht so verbreitet oder rechtlich klar, daher verlässt man sich auf die manuelle Zuweisung.

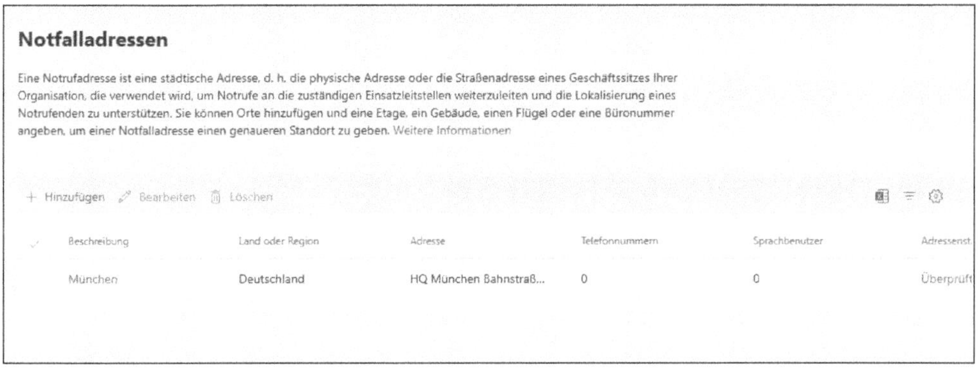

Abbildung 18.2: Notfallstandorte eingeben

Schritt-für-Schritt: Notrufkonfiguration

1. **Adresse anlegen:** Gehen Sie im Teams Admin Center zu STANDORTE > NOTRUFADRESSE hinzufügen. Tragen Sie die exakte Adresse ein (Straße, Stadt, Postleitzahl, Land). Speichern Sie diese Adresse unter einem leicht erkennbaren Namen, zum Beispiel HQ Berlin, 3. Stock.

2. **Zuweisen:** Weisen Sie jedem Benutzer und jedem Gerät (Telefone in Besprechungsräumen haben sogenannte Resource Accounts) die passende Adresse zu. Für Benutzer finden Sie dies unter BENUTZER > (PERSON AUSWÄHLEN) > STANDORT/ADRESSE, für Geräte ähnlich unter TEAMS-GERÄTE.

3. **Notruf-Routing prüfen:** Standardmäßig leitet Teams die Anrufe an die allgemeinen Notrufnummern (112 in EU, 911 in USA). In manchen Ländern oder bei speziellen Anforderungen können Sie Notrufrichtlinien festlegen, zum Beispiel, dass zusätzlich ein interner Sicherheitsdienst benachrichtigt wird, wenn jemand einen Notruf absetzt. Wenn relevant, richten Sie das unter NOTFALLRICHTLINIEN ein (zum Beispiel E-Mail an Empfang oder Pop-up für Sicherheitsbeauftragten bei Notruf).

4. **Testen:** Wichtig: Führen Sie Testanrufe durch! In den USA gibt es spezielle Test-Notrufnummern, in Deutschland leider nicht flächendeckend. Hier könnte man zum Beispiel bei der lokalen Leitstelle nachfragen, ob ein kurzer Test möglich ist (oft ungern gesehen, also vorsichtig sein). Alternativ zumindest intern simulieren und prüfen, ob die Standortinfo im Teams-Log richtig erscheint.

Vorsicht: Halten Sie die Notfalladressen stets aktuell. Wenn Ihr Büro umzieht oder neue Standorte hinzukommen, aktualisieren Sie sofort die Einträge. Nichts wäre fataler, als dass ein Mitarbeiter im Notfall den Rettungsdienst an die falsche Adresse schickt, weil im System noch der alte Standort hinterlegt ist. Zudem: Schulen Sie Ihre Mitarbeiter, bei Verwendung von Teams-Telefonie im Notfall möglichst auch ihre Adresse zu nennen, um auf Nummer sicher zu gehen. Das sollte zwar automatisch klappen – aber sicher ist sicher.

Richten Sie die Notfallstandorte Ihres Unternehmens ein und weisen Sie diese Ihren Mitarbeitern zu. Es ist ein wichtiges Feature und gesetzlich notwendig für die Teams-Telefonie.

Verwaltung von Anrufen

Nun zum Tagesgeschäft der Telefonie. Wie verwalten Sie Anrufe in Teams effektiv? Teams bietet zahlreiche Funktionen, um Anrufe zu steuern, weiterzuleiten, zu gruppieren oder aufzuzeichnen. Hier lernen Sie die wichtigsten kennen – sozusagen das Bedienpult Ihrer neuen Telefonanlage.

Anrufweiterleitung und Anrufgruppen

In einem modernen Telefon darf natürlich die Anrufweiterleitung nicht fehlen. In Teams kann jeder Benutzer selbst einstellen, was mit ankommenden Anrufen passiert. Über die Einstellungen in Teams (unter ANRUFE > ANRUFWEITERLEITUNG) können Sie festlegen, ob Anrufe direkt durchgestellt oder vielleicht an jemand anders weitergeleitet werden sollen.

Sie gehen in Urlaub und möchten, dass Ihr Kollege alle Anrufe übernimmt. Kein Problem. Wählen Sie in Teams »Weiterleiten an:« und geben Sie den Kollegen als Ziel an. Oder Sie aktivieren »Klingeln gleichzeitig bei:« und fügen eine zweite Person hinzu; dann bimmelt es bei beiden, und wer zuerst drangeht, hat den Anruf. Das ist ideal, um im Team erreichbar zu sein, ohne dass jeder permanent wachsam sein muss.

Eine spezielle Form der Weiterleitung in Microsoft Teams sind die Anrufgruppe. Dabei wird ein Anruf an eine vordefinierte Gruppe von Personen signalisiert, wie zum Beispiel den internen IT-Helpdesk oder einen Support für die Kundenbetreuung. In Teams können Benutzer in ihren Einstellungen eine Gruppenanrufklingel einrichten; zum Beispiel können Sie bestimmen, dass eingehende Anrufe gleichzeitig bei Ihnen und Ihren zwei Teamkollegen eingehen. So geht kein Anruf verloren, auch wenn Sie gerade mal nicht am Platz sind. Für Administratoren gibt es auch die Möglichkeit, über PowerShell solche Gruppen zentral einzurichten, aber in der Regel reicht die Selbstbedienung durch die Nutzer.

Nutzen Sie Anrufgruppen, um Vertretungsregeln abzubilden. Im Vertriebsteam kann man zum Beispiel eine Gruppe »Verkaufsteam« anlegen, sodass alle Telefone des Teams klingeln, wenn die Durchwahl der Gruppe angerufen wird. Das geht in Teams ohne zusätzliche Kosten und sehr einfach. Sie brauchen dafür lediglich entweder einen Benutzer einzurichten, dessen Anrufe dann an die Gruppe weitergeleitet werden, oder Sie nutzen gleich eine Warteschlange (dazu später mehr). Viele kleinere Firmen lösen damit schon ihr Sekretariatsproblem: Jeder im Backoffice hört die Gruppe »Zentrale« mitklingeln und so wird jeder Anruf zügig angenommen, auch wenn Frau Meier gerade auf der anderen Leitung spricht.

Mit dieser Anleitung können Sie die Anrufweiterleitung für Benutzer in Microsoft Teams schnell und nachvollziehbar einrichten. Folgen Sie einfach den einzelnen Schritten – Sie können jeden Schritt direkt umsetzen und so die Weiterleitung optimal steuern.

1. Öffnen Sie das Microsoft Teams Admin Center. Melden Sie sich mit einem Konto an, das über die erforderlichen administrativen Rechte verfügt, zum Beispiel als Benutzeradministrator oder Globaler Administrator.
2. Dann klicken Sie im linken Menü auf Benutzer. Es öffnet sich eine Übersicht aller vorhandenen Benutzerkonten in Ihrer Organisation.
3. Suchen Sie den Benutzer, für den Sie die Anrufweiterleitung einrichten möchten. Klicken Sie auf den entsprechenden Namen, um dessen Einstellungen zu öffnen.
4. Wählen Sie im Benutzerprofil den Bereich Anrufeinstellungen aus. Hier finden Sie verschiedene Optionen rund um die Telefonie und Anrufverwaltung.
5. Klicken Sie auf Anrufweiterleitung. Nun können Sie festlegen, was mit eingehenden Anrufen für diesen Benutzer passieren soll.
6. Im Eingabefeld geben Sie entweder die Rufnummer oder den Kontakt (z. B. einen Kollegen oder eine Gruppe) ein, an den die Anrufe weitergeleitet werden sollen. Nach Eingabe bestätigen Sie Ihre Auswahl.
7. Vergessen Sie nicht, Ihre Einstellungen durch einen Klick auf Speichern oder Übernehmen zu sichern. Die Weiterleitung ist nun aktiv.

Anrufgruppen ermöglichen es, dass mehrere Personen gleichzeitig einen eingehenden Anruf erhalten. Dies ist besonders nützlich für Teams, die gemeinsam an Projekten arbeiten oder für Abteilungen, die häufig Anrufe von Kunden erhalten.

Voicemail – die Cloud-Mailbox

Was passiert, wenn doch mal kein Mensch ans Telefon gehen kann? Dann springt in Teams automatisch die Voicemail an. Jeder Benutzer mit Telefonie hat seine eigene Voicemail, also einen persönlichen Anrufbeantworter in der Cloud.

Die Voicemail ist direkt in Teams integriert. Wenn jemand Ihnen auf die Mailbox spricht, erhalten Sie in Teams (unter Anrufe > Voicemail) die Nachricht und können sie anhören. Zusätzlich schickt Teams auf Wunsch eine E-Mail mit dem Audioclip und – für bestimmte Sprachen sogar einer Abschrift des Gesagten.

Die Spracherkennung für Voicemail funktioniert derzeit vor allem für Englisch sehr gut. Deutsche Voicemails werden manchmal ebenfalls transkribiert, allerdings ist diese Funktion stetig im Ausbau und kann je nach Region variieren.

Als Benutzer können Sie Ihre Mailbox auch personalisieren, indem der Mitarbeiter eine freundliche Begrüßung entsprechend der Unternehmensrichtlinie einspricht. Sollte keine personalisierte Ansage vorhanden sein, so nutzt Microsoft die Standardansage. All das finden Sie in der Microsoft-Teams-Anwendung unter EINSTELLUNGEN > ANRUFE > VOICEMAIL KONFIGURIEREN.

Wenn Sie Voicemail-Nachrichten abhören, nutzen Sie die Gelegenheit, mit einem Klick zurückzurufen. In Teams ist die Nummer in der Voicemail-Anzeige aktiv – ein Klick auf das Telefonsymbol neben der Nachricht verbindet Sie direkt mit dem Absender der Nachricht. So ersparen Sie sich das Abtippen der Nummer aus der Ansage.

Einrichtung der Voicemail

1. Melden Sie sich mit einem administrativen Konto im Teams Admin Center an, das über ausreichende Rechte verfügt.
2. Klicken Sie im linken Menü auf BENUTZER und wählen Sie anschließend VERWALTETE BENUTZER oder AKTIVE BENUTZER.
3. Suchen Sie in der Liste den Benutzer, für den Sie die Voicemail einrichten möchten, und klicken Sie auf den Namen, um die Benutzerdetails anzuzeigen.
4. In den Benutzerdetails finden Sie den Bereich VOICEMAIL (ggf. unter dem Reiter TELEFONIE oder ANRUFE).
5. Klicken Sie auf VOICEMAIL KONFIGURIEREN, um die Einstellungen zu öffnen.

   Sie können nun folgende Optionen anpassen:

   1. Begrüßung aufnehmen: Nehmen Sie eine persönliche Begrüßung auf oder laden Sie eine Audiodatei hoch, die Anrufer zu hören bekommen.
   2. Sprachnachrichten aktivieren: Legen Sie fest, ob Sprachnachrichten per E-Mail an den Benutzer gesendet werden sollen – inklusive Audioclip und gegebenenfalls einer Abschrift.
   3. Benachrichtigungsoptionen: Bestimmen Sie, ob der Benutzer eine Benachrichtigung in Teams, per E-Mail oder beides erhalten soll.
   4. Weitere Einstellungen: Definieren Sie zum Beispiel Regeln für Abwesenheitsnotizen oder Weiterleitungen bei Nicht-Erreichbarkeit.
6. Klicken Sie abschließend auf SPEICHERN oder ÜBERNEHMEN, um die Konfiguration zu sichern.
7. Die Voicemail ist nun für den gewählten Benutzer aktiv. Änderungen werden in der Regel sofort übernommen.

Nutzer können in Teams ihre Voicemail später jederzeit selbst weiter anpassen. Die Einstellungen finden sie dazu in der Teams-App unter EINSTELLUNGEN > ANRUFE > VOICEMAIL KONFIGURIEREN.

Anrufaufzeichnung (Call Recording)

Teams erlaubt es Benutzern, Anrufe aufzuzeichnen, allerdings mit einigen Einschränkungen. In einer reinen Telefonkonferenz (Meeting) kennen Sie vielleicht schon die Aufnahmefunktion; diese speichert das Gespräch als Videodatei (inklusive Ton) in OneDrive/SharePoint. Für 1:1-Telefonate gibt es eine ähnliche Möglichkeit: Wenn beide Teilnehmer in Teams sind (VoIP-Gespräch), können Sie über das …-Menü im Anruf die Aufzeichnung starten. Dieser Mitschnitt wird dann in Ihrem OneDrive abgelegt und beide Gesprächsteilnehmer sehen einen Hinweis, dass aufgenommen wird.

Reine PSTN-Anrufe lassen sich über diese Bordmittel nicht aufzeichnen. Der Grund liegt in rechtlichen und technischen Beschränkungen – die Person am anderen Ende hat ja nicht mal ein Teams, das ihr die obligatorische »Dieser Anruf wird aufgezeichnet«-Meldung anzeigen könnte.

Für den Alltagsgebrauch in den meisten Unternehmen gilt »Aufzeichnung nur, wenn wirklich notwendig, und immer mit Wissen aller Beteiligten«. Viele Firmen deaktivieren die Recording-Funktion in 1:1-Calls sogar per Richtlinie, um Missbrauch oder rechtliche Verstöße zu vermeiden.

In Deutschland und vielen anderen Ländern ist das Aufzeichnen von Gesprächen ohne Zustimmung der anderen Person verboten. Stellen Sie also unbedingt sicher, dass alle Beteiligten Bescheid wissen und einverstanden sind, bevor Sie ein Gespräch mitschneiden. Andernfalls machen Sie sich unter Umständen strafbar. Im Unternehmensumfeld sollte es außerdem klare Richtlinien geben, wer wann Gespräche mitschneiden darf. Tipp am Rande: Ein kurzes »Ist es in Ordnung, wenn dieses Gespräch zu Schulungszwecken aufgenommen wird?« am Anfang wirkt Wunder.

Die Sprachaufzeichnung kann für Compliance-Zwecke oder zur Qualitätssicherung verwendet werden. Stellen Sie sicher, dass Sie die rechtlichen Anforderungen für die Aufzeichnung von Anrufen in Ihrem Land kennen und einhalten.

Warteschleifen und automatische Telefonzentralen (grundlegende Nutzung)

Bereits angesprochen, hier aber noch mal im Kontext Anrufverwaltung: Microsoft Teams bietet Anrufwarteschlangen und automatische Telefonzentralen als Funktionen an, die normalerweise im Admin Center eingerichtet werden.

- Automatische Telefonzentrale (Auto Attendant): Das ist das klassische Sprachmenü, das Sie von Hotlines kennen (»Willkommen bei Firma XYZ. Bitte sagen Sie uns, was Sie wünschen oder drücken Sie die 1 für Verkauf, 2 für Support…«). In Teams können Administratoren solche Menüs erstellen, Begrüßungen aufnehmen oder hochladen und Optionen festlegen, wohin der Anruf bei Taste 1, 2 und so weiter geleitet wird. Die Ziele sind meist entweder Warteschleifen oder Benutzer/Gruppen.
- Anrufwarteschleife (Call Queue): Das ist im Prinzip eine Anrufgruppe mit Extra-Features. Anstatt dass sofort jemand angeklingelt wird, kann eine Warteschleife Anrufer erst in der Reihe warten lassen, Musik abspielen und der Reihe nach an die nächste freie Person weitergeben. Sie definieren in einer Warteschleife eine Gruppe von Agenten (das sind die Mitarbeiter, die Anrufe annehmen sollen, zum Beispiel alle im Kundendienst). Kommt ein Anruf rein, klingelt es je nach Einstellung bei allen gleichzeitig oder reihum. Wenn gerade keiner frei ist, hört der Anrufer Geduldsmusik (»Bitte warten, Sie werden verbunden…«). Sobald jemand aus der Gruppe auf »Annehmen« drückt, ist der Anrufer aus der Warteschleife raus.

Diese beiden Funktionen (Telefonzentrale und Warteschlange) greifen nahtlos ineinander.

BEISPIEL

Ihre Firma hat eine zentrale Nummer. Was damit tun? Sie könnten einen Auto Attendant einrichten: »Willkommen… für Vertrieb drücken Sie 1, für Technik 2, für Empfang 0«. Die 1 leitet zur Warteschleife Vertriebsteam, wo alle Vertriebler als Agenten drin sind. Die 2 zur Warteschleife Technikteam. Die 0 leitet direkt an die Assistenz oder an eine Gruppe von Sekretariatspersonal. So haben Sie schon ein nettes kleines Telefonsystem gebaut – und alles mit Bordmitteln von Teams.

Fürs Einrichten dieser Funktionen benötigen Sie Ressourcenkonten in Teams (sozusagen virtuelle Benutzer für die Menü-Ansagen und Warteschleifen) – aber keine Panik, in den letzten Versionen geht das auch halbautomatisch. Microsoft hat für Auto Attendants und Call Queues sogar kostenfreie virtuelle Lizenzen eingeführt, sodass Sie für solche Systemfunktionen keine extra Lizenz, wie etwa Teams Premium, kaufen müssen. Gehen Sie im Teams Admin Center auf VoIP und dort in den Abschnitt AUTOMATISCHE TELEFONZENTRALE oder ANRUFWARTESCHLEIFE. Dort können Sie Telefonzentralen und Warteschleifen hinzufügen. Das System führt Sie durch die nötigen Schritte (inklusive Anlegen eines Ressourcenkontos und Zuweisung einer Nummer).

Nutzen Sie die Warteschlangen-Funktion auch im Kleinen! Selbst wenn Sie nur ein Dreier-Team sind, kann es sich lohnen, statt direkter Anrufgruppe eine Warteschleife zu verwenden. Warum? Sie bekommen Statistiken, wie viele Anrufe reinkamen, wie lange die Wartezeit war und so weiter. Außerdem können Sie nette Wartemusik hinterlegen (vielleicht Ihre Firmenhymne?), was bei Kunden professioneller wirkt als schnödes Tuten. Und wenn mal alle Leitungen brennen, läuft der Anrufer nicht sofort in den Besetzt-Ton.

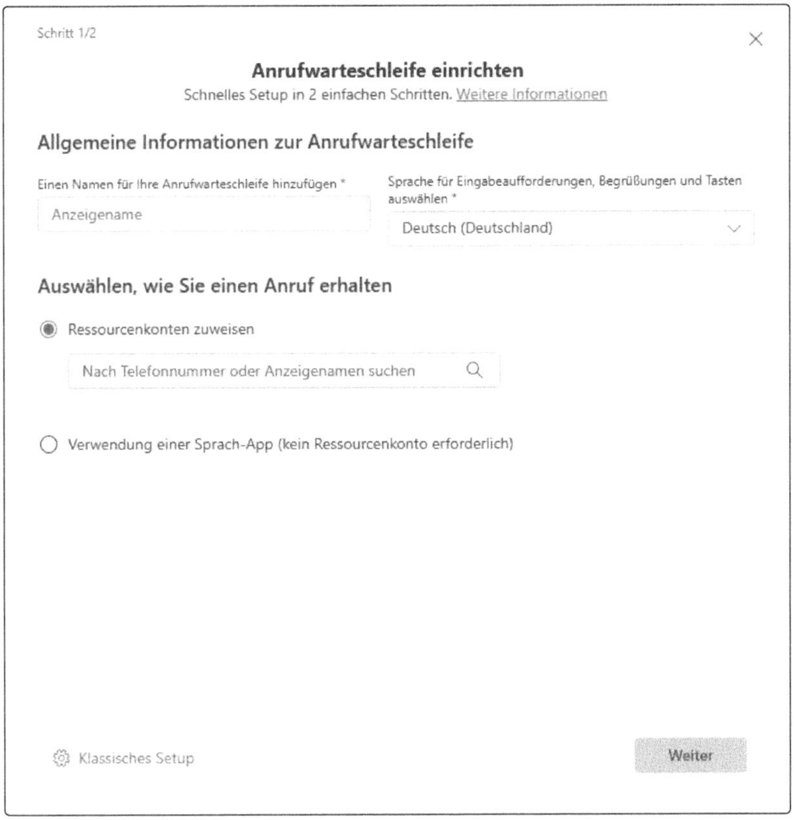

Abbildung 18.3: Anrufwarteschleife anlegen

Schritt-für-Schritt-Anleitung: Anrufwarteschleife in Microsoft Teams einrichten

Folgen Sie dieser detaillierten Anleitung, um Ihre Anrufwarteschleife im Microsoft Teams Admin Center einzurichten – einfach Schritt für Schritt, direkt zum Mitklicken:

1. Öffnen Sie das Microsoft Teams Admin Center in Ihrem Browser und melden Sie sich mit einem Konto an, das über administrative Rechte verfügt.

2. Nach erfolgreicher Anmeldung sehen Sie im linken Menü den Bereich VoIP. Klicken Sie darauf und wählen Sie anschließend ANRUFWARTESCHLEIFEN. Hier erhalten Sie eine Übersicht aller bestehenden Warteschleifen.

3. Oben links befindet sich die Schaltfläche HINZUFÜGEN. Klicken Sie darauf, um den Einrichtungsassistenten zu starten. Sie werden Schritt für Schritt durch die Konfiguration geführt.

4. Geben Sie einen aussagekräftigen Namen für Ihre Warteschleife ein, zum Beispiel SUPPORT-TEAM WARTESCHLEIFE. Wählen Sie die Optionen für maximale Wartezeit und legen Sie fest, welche Musik während der Wartezeit abgespielt wird.

5. Der Assistent hilft Ihnen dabei, ein neues Ressourcenkonto für die Warteschleife anzulegen und eine Telefonnummer zuzuweisen. Folgen Sie den Anweisungen und bestätigen Sie die Eingaben.

6. Fügen Sie die Personen oder Gruppen hinzu, die Anrufe aus der Warteschleife entgegennehmen sollen. Sie können einzelne Teams-Benutzer oder ganze Gruppen auswählen.

7. Überprüfen Sie alle Einstellungen noch einmal – insbesondere Musik, Mitglieder und maximale Wartezeit. Passen Sie bei Bedarf die Optionen an und bestätigen Sie die Einrichtung mit SPEICHERN.

8. Nach erfolgreicher Einrichtung ist Ihre Warteschleife sofort aktiv. Testen Sie die Funktion, indem Sie die zugewiesene Nummer anrufen. Prüfen Sie, ob die Wartemusik abgespielt wird und die Anrufe korrekt an die Mitglieder verteilt werden.

Schritt-für-Schritt-Anleitung: Automatische Telefonzentrale einrichten

Mit dieser Anleitung können Sie Ihre automatische Telefonzentrale im Microsoft Teams Admin Center direkt selbst einrichten. Folgen Sie einfach den einzelnen Schritten und klicken Sie sich bequem durch den Prozess – so gelingt die Konfiguration garantiert!

1. Öffnen Sie das Microsoft Teams Admin Center und melden Sie sich mit Ihrem Administratorkonto an.

2. Klicken Sie im linken Menü auf VoIP und wählen Sie anschließend AUTOMATISCHE TELEFONZENTRALEN. Nun erscheint eine Übersicht aller bereits bestehenden Telefonzentralen.

3. Oben links klicken Sie auf HINZUFÜGEN Es öffnet sich ein Assistent, der Sie durch die Einrichtung führt.

4. Geben Sie einen passenden Namen für Ihre Telefonzentrale ein, zum Beispiel »Zentrale Kundenhotline«. Anschließend können Sie eine individuelle Begrüßungsnachricht aufnehmen oder hochladen, die Anrufer beim Durchstellen hören.

5. Legen Sie nun fest, welche Menüoptionen Anrufern zur Auswahl stehen – etwa »Drücken Sie die 1 für den Vertrieb, die 2 für den Support«. Sie können auch Untermenüs hinzufügen oder Rufweiterleitungen einrichten.

6. Wählen Sie für jede Menü-Option das Ziel aus: Das kann eine Person, eine Gruppe oder eine andere Telefonzentrale sein. So wird sichergestellt, dass jeder Anrufer schnell beim richtigen Ansprechpartner landet.

7. Sie können zusätzliche Optionen konfigurieren – beispielsweise Öffnungszeiten, alternative Begrüßungen außerhalb der Geschäftszeiten oder eine Wartemusik.

8. Überprüfen Sie alle Angaben im letzten Schritt. Wenn alles korrekt ist, klicken Sie auf ERSTELLEN. Ihre automatische Telefonzentrale ist nun aktiv!

9. Testen Sie die Telefonzentrale, indem Sie die zugewiesene Nummer anrufen. Prüfen Sie, ob die Menüführung funktioniert und die Anrufe wie gewünscht weitergeleitet werden.

Stellen Sie sicher, dass die Menüoptionen klar und einfach zu verstehen sind, um den Anrufern eine reibungslose Navigation zu ermöglichen.

Teams als Mini-Callcenter

Die eben beschriebenen Warteschlangen und Telefonzentralen sind nicht nur Spielerei; sie erlauben es, Microsoft Teams als kleines Callcenter-System zu nutzen. Natürlich kommen echte High-End-Callcenter mit Spezialsoftware daher, aber viele Unternehmen (gerade kleinere) können mit den Teams-Bordmitteln bereits ihren Bedarf decken. Schauen wir und an, was in diesem Bereich wichtig ist.

Wenn Sie mehrere Warteschlangen und Telefonmenüs eingerichtet haben, betreiben Sie faktisch ein Callcenter-Light. Hier ein paar Hinweise, um damit effektiv umzugehen:

- ✔ Arbeitszeiten festlegen: In den Auto Attendants können Sie Geschäftszeiten und Feiertage einstellen. Außerhalb der Zeiten kann zum Beispiel direkt eine Voicemail angesagt werden (»Unser Büro ist besetzt von … bis … Uhr, bitte hinterlassen Sie eine Nachricht.«). Richten Sie diese Zeiten unbedingt ein, damit Ihr Telefon nicht rund um die Uhr klingelt – es sei denn, Sie bieten einen 24/7-Service an.
- ✔ Warteschlangen-Optionen: Sie können pro Warteschlange entscheiden, wie mit Anrufen verfahren wird, die zu lange warten. Beispielsweise nach fünf Minuten Warteschleife auf eine Voicemail leiten oder an eine andere Gruppe eskalieren. Überlegen Sie, was sinnvoll ist, damit niemand endlos wartet. Oft hilft es auch, dem Anrufer per Ansage nach einer Minute die Option zu geben, auf den Anrufbeantworter zu sprechen, statt weiter zu warten.
- ✔ Agentenerfahrung: Die Teammitglieder, die in einer Warteschlange Agenten sind, sollten wissen, wie sie sich an- oder abmelden. In Teams sehen sie unter ANRUFE gegebenenfalls einen Bereich WARTESCHLANGEN. Hier können sie für jede Warteschlange toggeln, ob sie gerade Anrufe annehmen möchten. Wenn jemand zum Beispiel Mittagspause macht, sollte er sich aus der Warteschlange abmelden, sonst klingelt es ins Leere beziehungsweise erhöht nur die Wartezeit. Schulen Sie Ihre Leute auf diese Funktion.
- ✔ Anruferinformationen: Teams kann Anrufe in Warteschlangen nicht automatisch mit Kundendaten verknüpfen (sinnvoll könnte dann doch eine CRM-Integration sein, siehe nächster Abschnitt). Aber Agenten sehen zumindest, über welche Warteschlange ein Anruf reinkommt. Das heißt, Frau Schulz im Vertrieb erkennt, ob der Anrufer gerade über die »Support«-Nummer oder »Vertrieb«-Nummer kam und kann sich mit passender Begrüßung melden. Nutzen Sie also sinnvolle Namen für Ihre Warteschlangen.

✔ Neu seit 2025: Microsoft hat eine »Queues«-App in Teams veröffentlicht, die fortgeschrittene Funktionen für Vorgesetzte und Teamleiter bietet. Mit dieser App können berechtigte Personen Live-Anrufe mithören, ihren Mitarbeitern bei Bedarf zuflüstern (der Kunde hört das nicht, der aber Mitarbeiter schon) oder sich ins Gespräch einmischen und es übernehmen. Diese Features nennen sich auf Englisch Monitor, Whisper, Barge, Takeover.

BEISPIEL

Ein neuer Servicemitarbeiter kommt ins Straucheln bei einer kniffligen Kundenfrage – der Supervisor hört im Hintergrund mit und gibt per Flüstern Tipps, ohne dass der Kunde es hört. Im Extremfall kann der Supervisor das Gespräch übernehmen (Takeover), wenn es ganz brenzlig wird.

Diese Funktionen machen Teams wirklich Callcenter-tauglich, da bislang solche Möglichkeiten nur dedizierten Callcenter-Lösungen vorbehalten waren. Achten Sie darauf, dass die entsprechenden Benutzer die Rechte dafür bekommen (im Admin Center unter den Warteschlangen-Einstellungen kann man angeben, wer überwachen darf). Gerade für Schulungszwecke oder für die Qualitätssicherung im Kundenservice sind diese Tools Gold wert.

Der Einsatz von Mithören und Flüstern berührt natürlich wieder Datenschutz und Mitbestimmung. Klären Sie im Unternehmen transparent, wenn Sie solche Überwachungsfunktionen einsetzen. Mitarbeiter sollten wissen, wann jemand reinhören könnte. Und Kunden müssen es nicht erfahren, solange es intern bleibt; doch Missbrauch gilt es zu verhindern. Setzen Sie solche Funktionen mit Bedacht ein.

Integration von Contact-Center-Lösungen

Was, wenn die eingebauten Funktionen nicht reichen? Vielleicht benötigen Sie komplexe IVR-Menüs (Interactive Voice Response mit Spracherkennung: »Bitte sagen Sie kurz, was Sie möchten…«), Skill-Based Routing (Anrufe je nach Anliegen an Spezialisten) oder detaillierte Kundendaten-Popups bei Anruf. Hier kommen Drittanbieter-Contact-Center-Lösungen ins Spiel.

Microsoft Teams lässt sich mit zahlreichen professionellen Callcenter-Systemen koppeln. Viele Anbieter – als Beispiel Genesys, NICE, Five9, Anywhere365 – haben Teams-zertifizierte Lösungen. Technisch läuft das oft über Direct Routing oder die Microsoft-Graph-API, aber die Details können Ihnen egal sein.

Zur Erinnerung: Die Microsoft-Graph-API haben wir bereits in den vorigen Kapiteln mehrfach behandelt. Über diese Schnittstelle können Sie per Programmierung oder PowerShell auf Anwendungsdaten zugreifen oder Konfigurationen vornehmen.

Wenn Ihr Unternehmen ein volles Callcenter benötigt, müssen Sie nicht auf Teams verzichten. Sie können Teams als Benutzer-Interface behalten und trotzdem Funktionen dazuholen. Typischerweise bieten diese Lösungen: Warteschlangen mit ausgefeilten Routing-Regeln, Anbindung an CRM-Systeme (damit beim Klingeln gleich die Kundendaten am Bildschirm erscheinen), umfangreiche Reports mit KPIs (wie viele Anrufe pro Stunde, durchschnittliche Wartezeit, etc.) und mehrstufige IVR.

Für kleinere Unternehmen sind solche Komplettlösungen oft übers Ziel hinaus und sehr teuer; hier reicht meistens der Teams-Standard. Aber es ist gut zu wissen, dass bei Bedarf ein Upgrade-Pfad existiert, ohne die Plattform wechseln zu müssen.

Prüfen Sie pragmatisch, ob Sie ein extra Tool brauchen oder ob Teams genügt. Beispielsweise kann ein mittelgroßes Support-Team auch mit den eingebauten Warteschlangen gut arbeiten, besonders jetzt mit den neuen Monitor-/Whisper-Funktionen. Erst wenn Sie merken, dass Sie an Grenzen stoßen (keine Aufzeichnungsmöglichkeit für Training, zu wenig Auswertungen, bestimmte Automatismen fehlen), sollten Sie Angebote für ein professionelles Contact Center einholen. Oft lässt sich auch mit Power Automate einiges an kleinen Automatismen bauen, bevor man gleich zur großen Keule greift.

Anrufüberwachung und -auswertung

Um die Telefonie im Blick zu behalten, gibt es verschiedene Werkzeuge. Einen Teil haben wir schon erwähnt. In den Teams-Warteschlangen gibt es einfache Live-Statistiken (wie viele warten gerade, wie viele sind aktiv und so weiter). Doch für eine gründliche Qualitätskontrolle und Fehlersuche lohnt sich ein Blick in das Call Quality Dashboard.

Call Quality Dashboard (CQD), auf Deutsch etwa Dashboard für Anrufqualität, ist ein webbasiertes Reporting-Tool von Microsoft, speziell für Teams-Anrufe. Es analysiert sämtliche Anrufe in Ihrem Unternehmen nach technischen Parametern: Paketverlust, Round-Trip-Time – also all die Faktoren, die Sprache gut oder schlecht klingen lassen. Als Administrator können Sie im CQD sehen, ob ein bestimmter Standort immer Probleme macht (vielleicht das WLAN im 4. Stock) oder ob bestimmte Benutzer ständig schlechte Verbindungen haben (eventuell, weil sie nur mit wackligem Mobilfunk arbeiten). Das Dashboard bietet standardisierte Berichte und die Möglichkeit, eigene Abfragen zu erstellen. Es eignet sich hervorragend, um generelle Qualitätsprobleme zu identifizieren und zu beheben.

Für einzelne Problemfälle gibt es daneben die Anrufanalyse direkt im Teams Admin Center. Wenn ein Nutzer sagt »Gestern um 15 Uhr hat mein Gespräch mit Kunde Müller dauernd gestockt«, kann der Admin im Teams Admin Center unter Benutzer > vergangene Anrufe genau diesen Call herauspicken und technische Details einsehen. So kommt man Ursachen wie »Headset war nicht richtig eingesteckt« oder »WLAN war überlastet« auf die Schliche.

Typische Supportfälle: Es lohnt sich, häufig auftretende Telefonie-Probleme zu kennen, um schneller helfen zu können. Hier ein kleiner Überblick über die gängigsten Fälle und Lösungen:

- **»Ich kann keine externen Anrufe tätigen/empfangen.«**

  Mögliche Ursache: Der Benutzer hat keine richtige Lizenz oder keine Nummer zugewiesen. Prüfen Sie im Admin Center, ob die Telefonie-Lizenz aktiv und eine Rufnummer eingetragen ist. Manchmal wurde auch versehentlich eine falsche Richtlinie angewendet, die externe Anrufe verbietet (Stichwort Anrufrichtlinien).

  Lösung: Lizenz/Nummer vergeben, Richtlinie prüfen. Testanruf durchführen. Gegebenenfalls auch schauen, ob die Netzwerkkonfiguration passt.

- **»Die Qualität der Anrufe ist schlecht.«**

  Mögliche Ursache: Netzwerkprobleme (WLAN schwach, Internet ausgelastet) oder ungeeignete Hardware (Laptop-Mikrofon im großen Büro).

  Lösung: Nutzer an LAN-Kabel oder stabiles WLAN bringen, unnötige Downloads beenden. Ein Teams-zertifiziertes Headset nutzen lassen – diese haben Noise-Cancelling-Mikrofone und sind optimiert für Sprache. Prüfen Sie im CQD, ob es generell Probleme gibt. Oft hilft schon der Tipp, das Kundengespräch nicht vom Café mit offenem WLAN aus zu führen.

- **»Mein Telefon klingelt nicht, ich habe Anrufe verpasst.«**

  Mögliche Ursache: Der Benutzer war eventuell auf »Nicht stören« gestellt in Teams oder hat eine Weiterleitung aktiv, die er vergessen hat. Möglich ist auch, dass Berechtigungen falsch gesetzt sind (zum Beispiel bei Delegierungen).

  Lösung: In Teams-Einstellungen des Benutzers nachsehen, ob Anrufe vielleicht auf die Voicemail umgeleitet wurden. »Nicht stören«-Status aufheben. In seltenen Fällen hilft Ab- und Wiederanmelden im Teams-Client, falls Benachrichtigungen hingen.

- **»Wenn ich jemanden anrufe, wird die falsche Nummer angezeigt.«**

  Mögliche Ursache: In Teams kann man pro Benutzer festlegen, welche Telefonnummer als Absender (Caller ID) gesendet wird. Vielleicht hat der Benutzer mehrere Nummern (Direktruf und zentrale Nummer) und es ist die falsche eingestellt. Oder bei Anrufplänen: Nummer noch nicht richtig verknüpft.

  Lösung: Im Admin Center unter VOICE > ANRUFRICHTLINIEN prüfen, ob eine Anrufer-ID-Maskierung aktiv ist. Man kann zum Beispiel festlegen, dass immer die zentrale Nummer angezeigt wird statt der individuellen Durchwahl. Gegebenenfalls Richtlinie anpassen oder klarstellen, dass es so gewollt ist.

- **»Ein bestimmter Anruf kommt nicht durch.«**

  Mögliche Ursache: Vielleicht ist die Nummer falsch blockiert (Teams hat auch eine Funktion zum Blockieren von Anrufen, zum Beispiel von Spam-Nummern). Oder es gibt ein Problem mit dem Telefonanbieter-Routing (zum Beispiel nur eine bestimmte Vorwahl).

Lösung: Testen Sie, ob das Problem nur bei einem Kontakt auftritt. Nummernblockliste in Teams des Benutzers checken (unter EINSTELLUNGEN > DATENSCHUTZ findet man blockierte Nummern). Falls Direct Routing: in SBC-Logs schauen, ob der Anruf ankommt. Im Zweifel den Telefonanbieter kontaktieren.

✔ **»Meine Voicemail funktioniert nicht.«**

Mögliche Ursache: Voicemail ist eigentlich automatisch verfügbar. Wenn sie nicht rangeht, hat der Benutzer eventuell im Teams-Client eingestellt, dass nicht auf Voicemail weitergeleitet wird, oder er hat keine Telefonie-Lizenz (dann hat er auch keine Voicemail).

Lösung: Einstellungen prüfen: In Teams unter ANRUFE > ANRUFBEANTWORTER KONFIGURIEREN schauen, ob Voicemail aktiv ist. Dort kann man auch einstellen, nach wie vielen Sekunden Klingeln die Voicemail drangeht. Standard ist 20 Sekunden. Falls jemand sagt, es ging keiner dran und keine Voicemail: Vielleicht war er schlicht schneller als 20 Sekunden am Telefon – oder der Anrufer hat aufgelegt, ohne eine Nachricht zu hinterlassen.

Wie Sie sehen, ähneln viele Teams-Telefonie-Probleme den klassischen Telefonproblemen; mit ein bisschen Wissen um die Einstellungen lässt sich vieles schnell lösen. Nutzen Sie im Zweifel auch die Microsoft-Dokumentation oder Foren, wenn Sie auf ungewöhnlichere Fehler stoßen.

Halten Sie im IT-Team einen kleinen Leitfaden für Teams-Telefonie bereit, vielleicht im Intranet oder eine IT-Dokumentation. Eine Checkliste »Was tun, wenn…« hilft ungemein, um Ersthelfern (Helpdesk) die Arbeit zu erleichtern. So müssen nicht alle tief in die Materie einsteigen, sondern können bei Standardproblemen nach Schema F vorgehen. Und natürlich: Regelmäßig Updates verfolgen, da Microsoft ständig Optimierungen ausrollt – vielleicht ist Ihr Problem von heute in zwei Monaten schon per Update behoben.

Best Practices für kleine und mittlere Unternehmen

Die Implementierung von Microsoft Teams als Telefonanlage kann je nach Unternehmensgröße unterschiedlich ablaufen. Speziell kleine und mittelständische Unternehmen profitieren von ein paar Best Practices, um schnell zum Erfolg zu kommen.

Schrittweise Einführung

Auch wenn es verlockend ist, sofort alle Telefone durch Teams zu ersetzen; gehen Sie es lieber schrittweise an. Starten Sie mit einem Pilotteam oder einer Abteilung. So sammeln Sie Erfahrungen im Kleinen, ohne dass gleich die gesamte Firma betroffen ist, falls etwas hakt. Die IT kann anhand der Pilotgruppe Prozesse glätten, Schulungsbedarf erkennen und technische Stolpersteine beseitigen. Danach ausrollen auf die nächste Abteilung und so weiter. Die Mitarbeiter werden den sanften Übergang danken.

Mitarbeiter schulen und mitnehmen

Apropos Mitarbeiter: Die tollste Technik nützt wenig, wenn die Kollegen sie nicht annehmen. Schulen Sie Ihre Anwender, am besten praxisnah. Keine trockenen Vorträge über SIP-Trunks, sondern zeigen Sie alltägliche Szenarien.

- ✔ Wie nehme ich einen Anruf an?
- ✔ Wie halte ich ihn und stelle durch?
- ✔ Wo finde ich meine Voicemail?

Solche Sachen. Ermuntern Sie zur Nutzung der neuen Features. Viele wissen gar nicht, dass sie zum Beispiel ein Teammeeting mit einem einfachen Telefonanruf ergänzen können.

Identifizieren Sie »Power-User« oder Champions in Ihrem Unternehmen – technikaffine Mitarbeiter, die Spaß an neuen Tools haben. Binden Sie diese früh ein, sie können später als Vor-Ort-Ansprechpartner ihre Kollegen unterstützen. So entlasten Sie die IT und fördern Akzeptanz unter Gleichgesinnten.

Gutes Equipment bereitstellen

Nichts schreckt Nutzer mehr ab als knarzige Verbindungen oder unkomfortables Handling. Investieren Sie in gescheite Hardware. Ein Teams-zertifiziertes Headset pro Mitarbeiter ist quasi Pflicht. Diese Headsets sind auf Sprachqualität getrimmt und bieten meist auch einen Knopf zum Annehmen/Auflegen. Damit fühlt es sich fast an wie ein klassischer Telefonhörer – nur ohne Hörer. Für Mitarbeiter, die ungern über den PC telefonieren, kann ein physisches Teams-Telefon eine Übergangslösung sein. Prüfen Sie den Bedarf und statten Sie entsprechend aus. Ein ruhiges Gespräch ist oft eher eine Frage von gutem Audio-Zubehör als von Software.

Netzwerkinfrastruktur optimieren

Gerade in kleineren Firmen wird das Thema Netzwerkqualität manchmal vernachlässigt. Aber VoIP stellt Ansprüche. Ruckelndes Internet oder instabiles WLAN machen Telefonieren zur Qual. Daher:

- ✔ Sorgen Sie für genügend Bandbreite auf Ihrer Internetleitung, vor allem wenn parallel Cloud-Dienste, Videos etc. genutzt werden.
- ✔ Priorisieren Sie gegebenenfalls die Sprachdaten. Viele Router haben Einstellungen für »QoS« (Quality of Service), mit denen Sie dem Teams-Datenverkehr Vorrang geben können.
- ✔ Stellen Sie sicher, dass WLAN-Access-Points in Büroräumen ausreichend dimensioniert sind, falls viel über WLAN telefoniert wird. Manchmal hilft es schon, das 5-GHz-Band zu nutzen, weil es stabilere Verbindungen ermöglicht als 2,4 GHz.

Eine kleine Firma mag keine dedizierte Netzwerkabteilung haben, aber vielleicht den externen Dienstleister mal bitten, einen Blick drauf zu werfen. Es lohnt sich: Nichts ist peinlicher, als wenn der Chef beim Kundengespräch dauernd »Können Sie mich hören? Hallo?« rufen muss.

Kosten im Blick behalten

Es klingt paradox, aber auch wenn Teams-Telefonie Kosten spart, sollten Sie die laufenden Telefoniekosten im Blick haben. Gerade bei Microsoft-Anrufplänen können Mehrkosten entstehen, wenn man zum Beispiel viele Auslandsgespräche ohne entsprechendes Abo führt. Nutzen Sie die in Teams verfügbaren Nutzungsberichte, um zu sehen, wer wie viel telefoniert.

Feedback und stetige Verbesserung

Nach Einführung der Teams-Telefonie heißt es dranbleiben. Holen Sie Feedback von den Nutzern ein. Gibt es Dinge, die sie vermissen? Gab es technische Probleme, die noch ungelöst sind? Sammeln Sie diese Rückmeldungen und justieren Sie nach.

Microsoft Teams wird laufend weiterentwickelt. Bleiben Sie auf dem Laufenden, welche neuen Funktionen erscheinen. Abonnieren Sie am besten die Microsoft-365-Änderungsbenachrichtigungen oder lesen Sie monatliche Blog-Updates.

Erweiterte Funktionen und Integrationen

Abschließend noch ein Blick über den Tellerrand. Teams-Telefonie lässt sich erweitern und integrieren – sei es durch zusätzliche Apps, durch Hardware oder durch clevere Kombination mit anderen Diensten.

Integration von Drittanbieter-Apps und -Diensten

Microsoft Teams verfügt über einen App-Store, in dem es etliche Telefonie-bezogene Anwendungen gibt. Beispiele:

- ✔ CRM-Integration: Apps wie Salesforce, Dynamics 365 oder Zoho CRM lassen sich in Microsoft Teams integrieren. Sie ermöglichen es, bei eingehenden Anrufen Kundendaten anzuzeigen oder per Klick aus dem CRM heraus einen Anruf via Teams zu starten. So schlägt die Telefonie Brücken zu Ihren Kundendaten.
- ✔ Helpdesk-Tools: Verknüpfungen zu Ticket-Systemen (wie Zendesk, ServiceNow). Ein eingehender Support-Anruf könnte automatisch ein Ticket erzeugen oder einem bestehenden zugeordnet werden, und der Support-Mitarbeiter sieht gleich die Historie.
- ✔ Contact-Center-Plattformen: Wie im Callcenter-Abschnitt erwähnt, bieten Partner spezielle Anwendungen, die tief in Teams integriert werden. Diese erscheinen meist auch als App oder Bot in Teams und erweitern die Funktionalität, ohne dass der Benutzer eine andere Anwendung öffnen muss.

- ✔ Reporting/Analytics: Es gibt Microsoft Fabric (Power-BI-Vorlagen), die die Daten aus dem Call Quality Dashboard oder den Nutzungsreports grafisch aufbereiten. Wenn Sie selbst kein Reporting bauen wollen, schauen Sie, ob jemand schon ein fertiges Dashboard als App anbietet.
- ✔ Die Integration ist meist unkompliziert: App hinzufügen, eventuell beim Drittanbieter authentifizieren, und los geht's. Achten Sie aber immer auf den Datenschutz: Wenn Sie eine App anschließen, gewährt man ihr für gewöhnlich gewisse Rechte (Zugriff auf Anrufdaten, Benutzerprofile etc.). Prüfen Sie, ob der Anbieter vertrauenswürdig ist und die Daten ordentlich verarbeitet (gerade bei sensiblen Kundendaten in CRMs).

Probieren Sie neue Apps zuerst mit Test-Accounts aus. So sehen Sie, ob sie echten Mehrwert bringen, bevor Sie sie für alle ausrollen. Und holen Sie sich, sofern nötig, das Okay von der IT-Security-Abteilung, gerade bei unbekannten Drittanbietern.

Analoge Geräte und besondere Szenarien

Manche Unternehmen fragen: »Was ist mit unserem Faxgerät? Können wir das noch nutzen?« Überraschung ja, aber mit zusätzlichen Adaptern. Über Direct Routing kann man sogenannte ATA (Analog-Telefone-Adapter) anschließen, die alten analogen Geräte (Fax, Türöffner, Notfalltelefone im Aufzug) ins VoIP bringen. In Teams selbst tauchen die dann wie normale Telefonnummern auf. Das sprengt hier den Rahmen, aber wichtig zu wissen: Sie müssen nicht alle Altlasten sofort wegwerfen; einiges lässt sich integrieren, wenn auch mit Bastelarbeit.

»Wenn Teams die Haupttelefonie ist, was tun bei Internetausfall?« Ein Best Practice ist, für absolute Notfälle ein paar klassische Telefone oder Mobiltelefone in der Hinterhand zu haben. Gerade kleine Firmen sollten überlegen, ob sie einen Prepaid-Handyanschluss bereithalten, falls das Internet mal mehrere Stunden nicht funktioniert. Große Unternehmen lösen das über redundante Internetleitungen.

IN DIESEM KAPITEL

Unterschied zwischen Gästen und externen Benutzern

Die wichtigsten Einstellungen im Admin Center und in Azure AD gezielt anwenden

Risiken erkennen und mit geeigneten Maßnahmen absichern

Kapitel 19
Gäste oder externe Benutzer? So klappt die Zusammenarbeit über Teamgrenzen hinweg

Sobald die Zusammenarbeit über die Grenzen der eigenen Organisation hinausgeht, wird es spannend und manchmal auch ein bisschen unübersichtlich. Wer mit Partnern, Kunden oder Dienstleistern in Microsoft Teams kommuniziert, steht früher oder später vor der Frage:

- ✔ Lade ich diese Person als Gast ein – oder reicht der externe Zugriff?
- ✔ Und was genau ist eigentlich der Unterschied?

Dieses Kapitel bringt Licht ins Dunkel. Es erklärt Ihnen, was sich hinter den Begriffen »Gast« und »externer Benutzer« verbirgt, wie Microsoft diese Rollen technisch unterscheidet und welche Auswirkungen das auf Zugriff, Sichtbarkeit und Rechte hat. Sie lernen, wie Sie den externen Zugriff und den Gastzugang korrekt einrichten, welche Konfigurationsmöglichkeiten es gibt und wie Sie dabei die Kontrolle behalten, ohne die Zusammenarbeit unnötig zu erschweren.

Gäste, Externe und andere Wesen

Wenn Sie mit Microsoft Teams arbeiten, begegnen Ihnen früher oder später zwei Begriffe, die zunächst ähnlich klingen, aber in der Praxis ganz unterschiedliche Auswirkungen haben: Gäste und externe Benutzer. Beide gehören nicht zu Ihrer eigenen Organisation – und doch sind sie nicht gleich. Wer hier den Überblick behält, kann die Zusammenarbeit sicherer, effizienter und zielgerichteter gestalten.

Starten wir mit dem *Gast*. Stellen Sie sich vor, Ihr Microsoft-365-Tenant (also Ihre gesamte Umgebung) ist ein großes Bürogebäude. Ein Gast ist dann jemand, der offiziell an der Rezeption angemeldet wurde, einen Besucherausweis erhält und nun bestimmte Räume betreten darf. Übertragen auf Microsoft Teams heißt das: Ein Gast ist eine Person außerhalb Ihrer Organisation, die Sie ausdrücklich einladen. Diese Person bekommt ein Benutzerkonto in Ihrer Verzeichnisumgebung, genauer gesagt in Ihrer Microsoft Entra ID. Natürlich hat dieses Gastkonto nicht dieselben Rechte wie ein internes Konto, aber der Gast »steht jetzt im Gebäude«. Er kann, je nach Ihrer Konfiguration, an Teams-Besprechungen teilnehmen, in Kanälen mitdiskutieren und Dateien sehen oder sogar bearbeiten.

Dieses Gastkonto verbleibt in Ihrer Umgebung. Der Gast meldet sich mit seiner eigenen E-Mail-Adresse an, aber im Hintergrund existiert er als Benutzerobjekt in Ihrer Microsoft Entra ID. Sie behalten also eine gewisse Kontrolle: Sie könnten das Gastkonto deaktivieren, die Rechte anpassen oder nachvollziehen, welche Aktivitäten der Gast durchführt.

Ein *externer Benutzer* hingegen bleibt buchstäblich vor der Tür. In unserem Bild vom Bürogebäude würde der externe Benutzer keinen Besucherausweis bekommen. Stattdessen sprechen Sie vielleicht durch die Gegensprechanlage mit ihm oder treffen sich im Café gegenüber. Der externe Benutzer bleibt in seiner eigenen Organisation und taucht nicht in Ihrem Entra-ID-Benutzerverzeichnis auf. Microsoft Teams ermöglicht es aber, dass Sie trotzdem über Chats, Anrufe und Meetings miteinander kommunizieren. Man spricht hier von »federated chats« oder von organisationenübergreifenden Chats. Das funktioniert ähnlich wie E-Mail: Ihr Teams kann mit dem Teams des externen Benutzers Nachrichten austauschen, obwohl es zwei getrennte Systeme sind.

Ein externer Benutzer wird also nicht eingeladen und erhält kein Konto bei Ihnen. Sie fügen ihn auch nicht zu einem Team hinzu. Stattdessen starten Sie einfach einen Chat, indem Sie seine E-Mail-Adresse in Teams eingeben, oder laden ihn zu einer Besprechung ein. Der externe Benutzer nimmt dann mit seinem eigenen Teams-Account teil (oder notfalls per Meeting-Link im Browser, ganz ohne Account).

Unter *federated chats* versteht man unternehmensübergreifende Chats in Microsoft Teams, bei denen Nutzer aus unterschiedlichen Organisationen miteinander kommunizieren können, ohne dass ein Gastzugang oder ein Benutzerkonto in der jeweils anderen Umgebung erforderlich ist.

Die Unterscheidung zwischen Gast und externem Benutzer ist nicht nur eine technische Spielerei. Sie hat direkte Auswirkungen auf

- den Datenschutz: Gäste können auf Dateien und Kanäle zugreifen – Externe nicht.
- die Sicherheit: Gäste sind in Ihrem System sichtbar und müssen verwaltet werden.
- die Transparenz: Nur wer den Unterschied kennt, kann nachvollziehen, wer worauf Zugriff hat.

Wenn Sie also mit Partnern, Kunden oder Dienstleistern zusammenarbeiten, sollten Sie sich immer fragen: Braucht diese Person wirklich Zugang zu einem Team – oder reicht ein Chat?

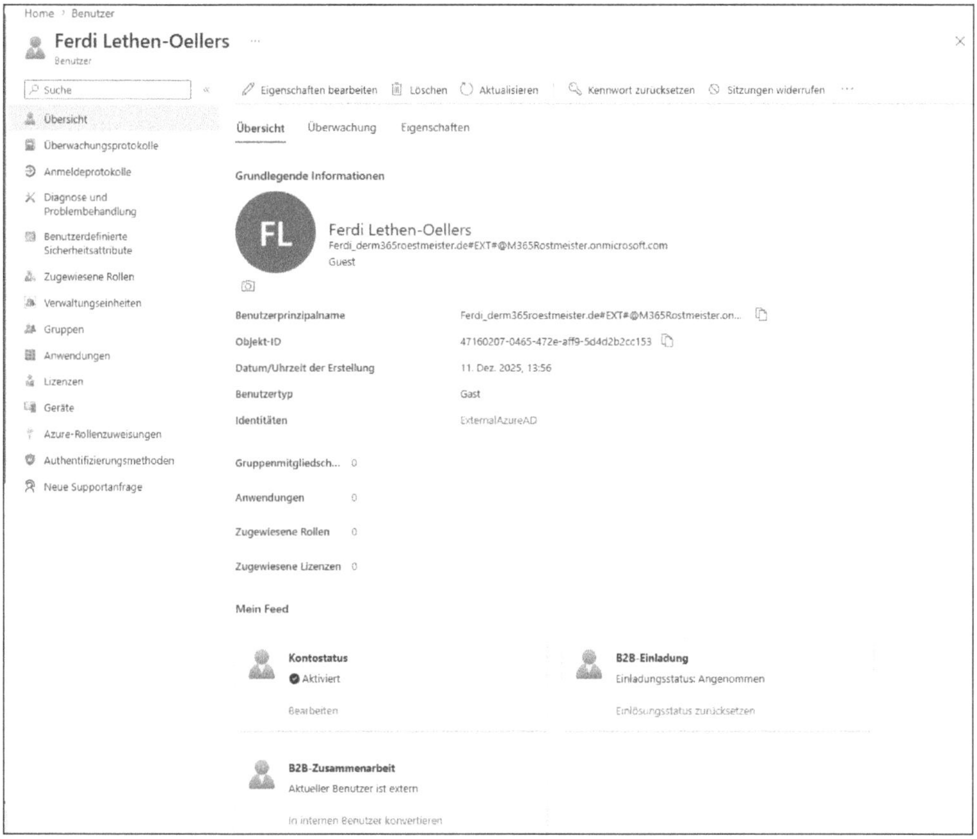

Abbildung 19.1: Aussehen Gastaccount in Entra ID

Wer darf was – und wie viel?

Diese einfache Formel hilft beim ersten Verständnis. Doch natürlich steckt mehr dahinter. Schauen wir uns die Unterschiede im Detail an – vor allem in Hinblick auf Zugriff, Sichtbarkeit und Rechte.

Zugriff

Gäste können, sofern Sie es erlauben, auf Inhalte in Ihrer Organisation zugreifen. Sie können in einem Team mitarbeiten, Dateien in den Dokumentbibliotheken des Teams öffnen oder SharePoint-Seiten sehen. Externe Benutzer hingegen können nur kommunizieren, aber nicht in Ihre Dateien oder Teams reinschauen. Ein externer Benutzer ist auf Chats, Anrufe und Besprechungen beschränkt. Er hat keinen Zugang zu Ihrem SharePoint oder OneDrive und sieht auch keine Team-Kanäle.

Sichtbarkeit

Ein Gast erscheint in Ihrer Umgebung. In Teams wird beim Namen oft ein kleiner Vermerk »Gast« angezeigt. Der Gast kann die Mitgliederliste des Teams sehen (er weiß also, mit wem er zusammen in diesem Team ist), und er sieht auch die Kanalstruktur sowie die Dateinamen in den freigegebenen Bibliotheken. Ein externer Benutzer sieht all das nicht. Er sieht nur das, was Sie ihm direkt mitteilen, zum Beispiel Nachrichten, die Sie ihm schicken, oder Inhalte, die Sie in einer Besprechung präsentieren. Wenn Sie einem externen Benutzer eine Datei schicken möchten, müssten Sie ihm etwa einen Link senden, denn er kann von sich aus nichts in Ihrer Umgebung durchsuchen.

Sichtbarkeit ist nicht gleich Berechtigung. Nur weil ein Gast keine Datei öffnen kann, heißt das nicht, dass er nicht sieht, dass es sie gibt. Die bloße Sichtbarkeit kann in manchen Kontexten bereits ein Risiko darstellen – etwa bei vertraulichen Projektnamen oder Teamstrukturen.

Rechte

Weil Gäste ein Gastkonto in Ihrer Microsoft Entra ID haben, können Sie ihnen gezielt Rechte zuweisen oder entziehen. Sie könnten zum Beispiel einem Gast erlauben, in einem Team neue Kanäle zu erstellen oder Beiträge zu löschen oder genau das verbieten. Alles, was über die Teams- oder SharePoint-Berechtigungen gesteuert werden kann, lässt sich auch für Gäste einstellen. Externe Benutzer haben da einen wesentlich kleineren »Werkzeugkasten«. Sie können chatten, anrufen, an Meetings teilnehmen – Punkt. Sie können keine Team-internen Inhalte ändern, weil sie diese ja gar nicht erst zu sehen bekommen. Selbst Funktionen wie das gemeinsame Bearbeiten von Dateien direkt in Teams sind für Externe nicht verfügbar, da sie nicht auf die Dateien zugreifen können.

Diese Unterschiede wirken sich natürlich darauf aus, wann welche Option sinnvoll ist. Bevor wir darauf eingehen, noch ein kurzer Ausflug in die Einstellungen: Wie schaltet man den Gastzugang oder den externen Zugriff überhaupt ein – oder ab?

Gastzugang und externer Zugriff in den Einstellungen

Microsoft Teams stellt sowohl den Gastzugang als auch den externen Zugriff zur Verfügung, doch die jeweiligen Einstellungsmöglichkeiten finden sich an unterschiedlichen Stellen in der Administrationsoberfläche. Es ist daher wichtig, genau zu wissen, welche Option Sie benötigen und in welchem Bereich Sie die gewünschten Berechtigungen und Zugriffsrechte steuern können, um eine sichere und zielgerichtete Zusammenarbeit mit internen und externen Personen zu gewährleisten.

Gastzugang aktivieren

Im Teams Admin Center gibt es einen Bereich, in dem Sie den Zugriff für Gäste aktivieren oder deaktivieren können. Hierfür gehen Sie ins Teams Admin Center auf die »INSTELLUNGEN & RICHTLINIEN > IN DEN ABSCHNITT > EXTERNE ZUSAMMENARBEIT« und dann auf den Menüpunkt GASTZUGRIFF. Dort können Sie global festlegen, ob Gäste in Teams zugelassen sind oder nicht. In vielen Organisationen ist das standardmäßig eingeschaltet, aber es schadet nicht, das zu überprüfen. Zudem können Sie dort feinjustieren, was Gäste dürfen und was nicht. Sobald Sie den Gastzugriff generell eingestellt haben, erhalten Sie die Möglichkeit, weitere Feinjustierungen als nur die globale Einstellung zu tätigen.

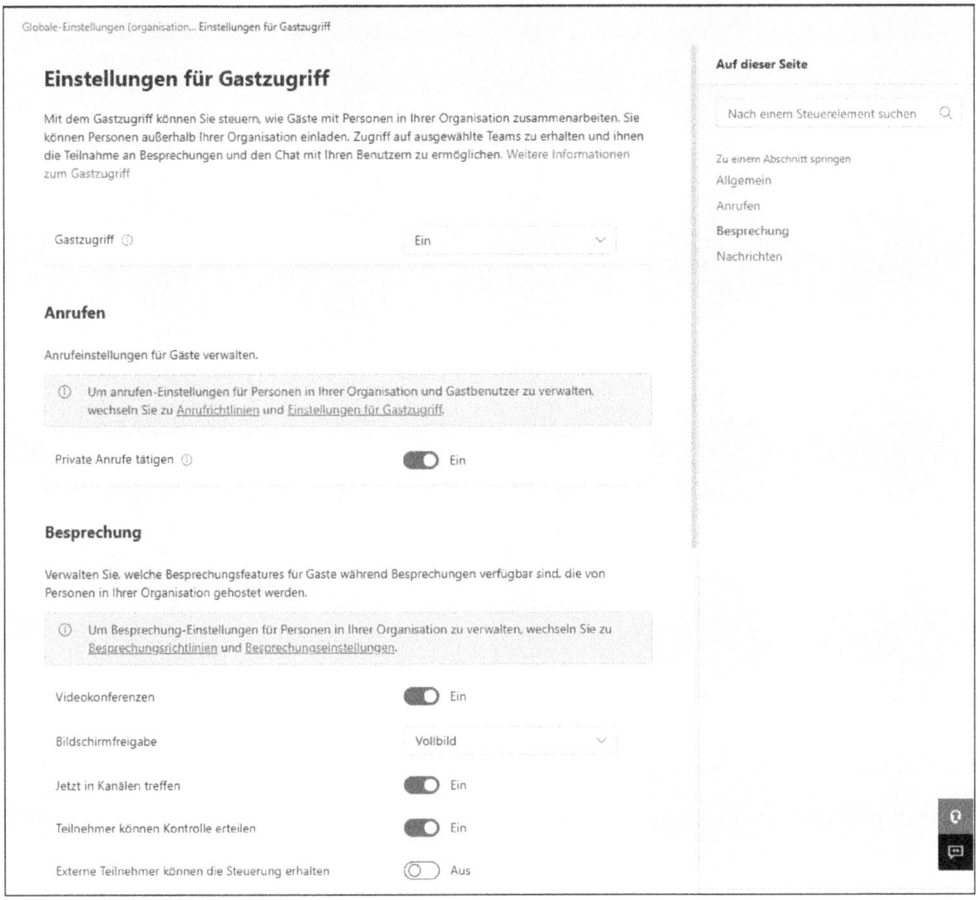

Abbildung 19.2: Aktivierung Gastzugriff im Teams Admin Center

Dabei können Sie einstellen ob,

- Gäste über Ihre M365-Umgebung private Anrufe tätigen dürfen,
- Sie Gästen Besprechungsoptionen, wie zum Beispiel die Bildschirmfreigabe oder Moderatorenfunktionen, erteilen und
- Sie bei Gästen bestimmte Funktionen in den Nachrichten (Chats oder Kanalbeiträge) einschränken, wie zum Beispiel das Löschen eines Chats oder das Bearbeiten von Chatnachrichten.

Überlegen Sie gut, wer in Ihrer Organisation Gäste einladen darf. In der Microsoft Entra ID können Administratoren festlegen, ob alle Benutzer Gäste einladen dürfen oder nur bestimmte Personen (etwa Admins oder Team-Owner). Es kann sinnvoll sein, Einladungen zentral zu steuern, um den Überblick zu behalten.

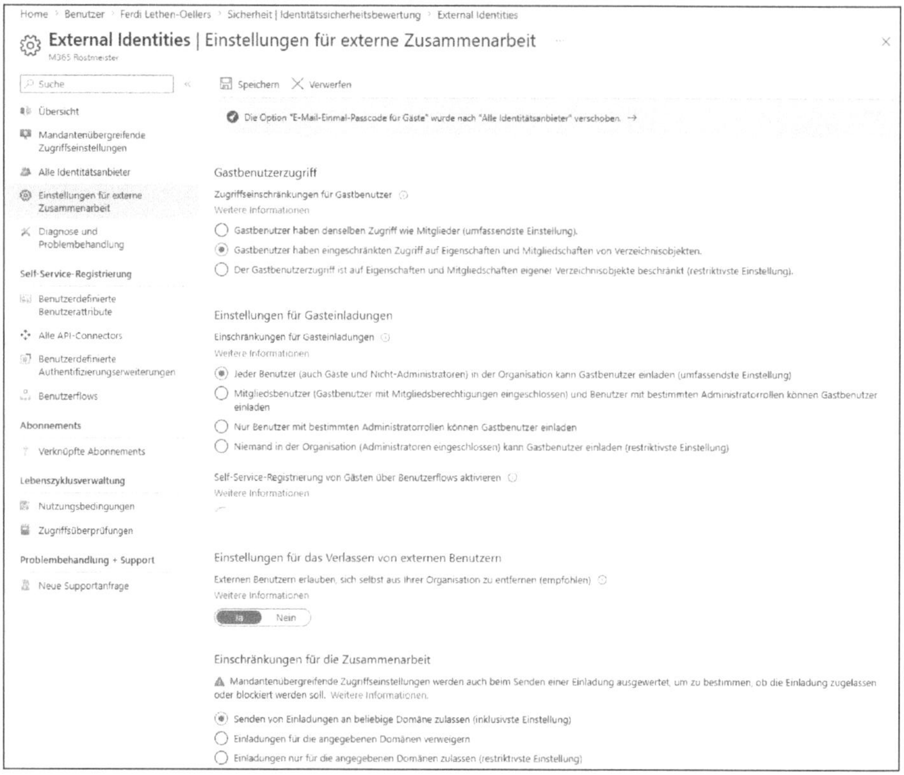

Abbildung 19.3: Entra ID: Einschränken von Gasteinladungen

Externen Zugriff einrichten

Für externe Benutzer finden Sie im Teams Admin Center einen eigene Bereich, jedoch nicht in den Einstellungen, sondern in der Rubrik BENUTZER. Hier erhalten Sie den Menüpunkt für die Option EXTERNER ZUGRIFF, siehe Abbildung 19.4 »Einstellung externer Zugriff«. Dort steuern Sie die organisationsübergreifende Kommunikation. Sie können zunächst festlegen, ob externe Chats und Anrufe überhaupt erlaubt sein sollen. Weiterhin können Sie den Kreis einschränken: Vielleicht soll Ihr Unternehmen nur mit bestimmten Domänen extern chatten dürfen (Whitelist) oder Sie möchten einzelne Domänen ausschließen (Blacklist). Standardmäßig dürfen Teams-Benutzer mit allen externen Teams-Nutzern kommunizieren, solange die andere Seite es nicht explizit blockiert.

Dateifreigabe und Zusammenarbeit:

Eine Sache sollten Sie beachten: Wenn Sie mit externen Benutzern (also per externem Chat) zusammenarbeiten, stoßen Sie schnell an Grenzen, sobald es ums gemeinsame Bearbeiten von Dateien geht. Teilen Sie zum Beispiel in einem Chat eine Datei aus OneDrive, bekommt der Externe einen Link. Dieser Link erfordert in der Regel, dass das Gegenüber sich authentifiziert, entweder über ein Gastkonto oder per Einmalcode ans E-Mail-Postfach. Früher gab es die Möglichkeit, dass Externe per One-Time Passcode (OTP) auf eine geteilte Datei zugreifen können, ohne als Gast angelegt zu sein.

Warum stellt Microsoft die Möglichkeit des One-Time Passcode für Externe Personen ein? Zum einen aus Sicherheitsgründen, zum anderen, um Unternehmen konsequent in Richtung einheitlicher B2B-Zusammenarbeit über Entra ID zu schubsen. Der Nebeneffekt für Sie: Künftige Zusammenarbeit mit externen Personen sollte möglichst immer über Gast-Einladungen stattfinden, damit alles sauber registriert ist und im Audit-Protokoll auftaucht. Die Zeiten der schnell generierten »Teilen-Links für Externe« nähern sich dem Ende.

Wann Gast, wann extern? Typische Szenarien aus der Praxis

Kein Regelwerk ohne Praxis-Check. Werfen wir einen Blick auf ein paar typische Situationen und welche Lösung sich jeweils anbietet:

1. **Langfristiges Projekt mit vollem Zugriff:**

   Sie arbeiten mit einer externen Agentur an einer Marketingkampagne. Es gibt ein Team in Ihrem Microsoft Teams, in dem alle Projektdokumente liegen, Unterhaltungen stattfinden und vielleicht auch Microsoft Planner für Aufgaben genutzt wird. Die Agentur soll auf alles zugreifen können, als wäre sie Teil des Projektteams. In diesem Fall ist der Gastzugang die richtige Wahl. Laden Sie die Agenturmitarbeiter als Gäste in Ihr Team ein. So können diese direkt im Team mitarbeiten: Sie sehen die Beiträge, können selbst Nachrichten posten, Dateien hochladen und gemeinsam bearbeiten. Kurz: Die Agentur-Mitglieder sitzen mit im virtuellen Boot. Natürlich sollten Sie den Zugriff begrenzen, etwa nur auf das eine Projekt-Team – aber innerhalb dieses Rahmens arbeiten Gäste fast so komfortabel wie interne Kollegen.

Wenn Sie Aufgaben mit Planner organisieren, denken Sie daran: Nur Gäste können darauf zugreifen – externe Benutzer bleiben außen vor.

2. **Kurze Rückfrage eines Kunden:**

   Stellen wir uns vor, ein Kunde hat eine Frage zu einem Projektstatus oder braucht eine kleine Information. Dafür ein komplettes Gastkonto einzurichten, wäre mit Kanonen auf Spatzen geschossen. Hier reicht es vollkommen, den externen Chat zu nutzen. Starten Sie in Teams einen Chat mit der E-Mail-Adresse des Kunden (vorausgesetzt, dessen Organisation erlaubt externe Kommunikation). Sie können dann in Echtzeit die Frage klären. Sollte der Kunde eine Datei brauchen, können Sie im Chat eine Datei teilen – denken Sie aber daran, dass der Kunde dafür normalerweise einen Gastzugang benötigt oder einen Code per Mail bekommt. Für eine einzelne Rückfrage ist das in Ordnung. Wenn jedoch aus der »kurzen Rückfrage« irgendwann ein längerer Austausch mit vielen Dateien wird, sollten Sie überlegen, doch einen Gastzugang einzurichten, um die Sache zu vereinfachen.

3. **Externer Dienstleister auf Zeit:**

   Ihre Firma hat einen IT-Dienstleister beauftragt, für zwei Wochen bei einem internen Projekt mitzuhelfen. Die Techniker dieses Dienstleisters brauchen Zugriff auf spezifische Informationen, vielleicht Tickets oder Systemdokumentationen, die Sie in einem Team gesammelt haben. Hier bietet sich ebenfalls ein Gastzugang an, aber mit Bedacht. Da es sich um ein befristetes Engagement handelt, sollten Sie gleich planen, wie und wann der Gastzugang wieder entfernt wird. Optimal ist es, beim Einladen schon klarzumachen, dass dieser Zugang temporär ist.

Gäste sollten nicht auf ewig in Ihrem Verzeichnis bleiben. Legen Sie daher Prozesse fest, um Gastkonten regelmäßig zu überprüfen und bei Bedarf zu entfernen. Microsoft Entra ID bietet dafür automatisierte Workflows.

4. **Strategischer Partner – tiefe Integration, aber getrennte Welten:**

   Ihr Unternehmen arbeitet eng mit einem Partnerunternehmen an einem neuen Produkt zusammen. Beide Seiten haben ihre eigenen Teams-Umgebungen und richten vielleicht sogar jeweils eigene Projekte ein. Personen beider Firmen sollen miteinander reden können und auf bestimmte gemeinsame Ressourcen zugreifen. In so einem komplexen Szenario nutzen Organisationen oft beide Möglichkeiten kombiniert. Beispielsweise laden Sie die Hauptansprechpartner als Gäste in jeweils ein gemeinsames Team ein, damit es einen zentralen Projektraum gibt. Andere Beteiligte, die nur ab und zu Informationen austauschen, bleiben externe Benutzer, die via Chat oder Besprechung hinzugeholt werden, ohne gleich Zugriff auf alles zu bekommen. Diese Hybrid-Lösung erfordert etwas mehr Absprache – zum Beispiel muss klar sein, welche Informationen in welchem Team liegen und wer wo nachschauen muss – kann aber den Kreis der wirklich tief eingebundenen Gäste klein halten, während dennoch alle miteinander reden können.

Oft entwickeln sich Beziehungen auch weiter. Scheuen Sie sich nicht, jemanden zuerst extern anzusprechen und später, wenn mehr Zusammenarbeit nötig wird, als Gast einzuladen (oder umgekehrt, einen Gast wieder zu entfernen, wenn er nicht mehr notwendig ist). Microsoft Teams macht es Ihnen relativ leicht, zwischen diesen Arten zu wechseln, indem Sie zum Beispiel eine externe Unterhaltung fortführen können, nachdem Sie das Gegenüber als Gast hinzugefügt haben.

Nur mit Einladung – oder mit Kontrolle?

Sobald der externe Zugriff aktiviert ist, können Ihre Benutzer mit Personen aus anderen Microsoft-365-Tenants chatten, telefonieren oder Besprechungen planen – vorausgesetzt, die Gegenseite erlaubt dies ebenfalls. Doch nicht jede Organisation möchte mit der ganzen Welt kommunizieren. Deshalb bietet Microsoft die Möglichkeit, den Zugriff auf bestimmte Domains zu beschränken.

Zulässige und blockierte Domains

Sie können gezielt festlegen, mit welchen Domains kommuniziert werden darf (Allowlist) oder welche ausgeschlossen werden sollen (Blocklist). Diese Listen helfen Ihnen, die Kontrolle zu behalten – besonders in regulierten Umgebungen.

Einschränkungen, die sich lohnen

Neben der Domainsteuerung können Sie auch die Funktionen einschränken, die externen Benutzern zur Verfügung stehen. Dazu gehören:

- Dateiübertragungen: Möchten Sie verhindern, dass Dateien über den Chat geteilt werden?
- Bildschirmfreigabe: Soll die Freigabe des Bildschirms auf interne Benutzer beschränkt bleiben?
- Anrufe und VoIP: Dürfen externe Benutzer angerufen werden – oder nur chatten?

Diese Einstellungen finden Sie im Teams Admin Center unter EINSTELLUNGEN UND RICHTLINIEN > EXTERNER ZUGRIFF > GASTZUGRIFF, siehe Abbildung 19.2 »Aktivierung Gastzugriff im Teams Admin Center«

Standard ist nicht gleich sicher

Viele Organisationen verlassen sich auf die Standardeinstellungen und öffnen damit unbeabsichtigt weitreichende Kommunikationswege. Prüfen Sie daher regelmäßig, welche Domains erlaubt sind und welche Funktionen aktiviert sind. Besonders in hybriden Umgebungen oder bei hoher Fluktuation im Unternehmen kann es schnell zu ungewollten Freigaben kommen.

Wenn Sie den Zugriff granular steuern möchten, nutzen Sie *Teams-Richtlinien*. Damit können Sie bestimmten Benutzergruppen unterschiedliche Rechte zuweisen – etwa restriktivere Einstellungen für sensible Abteilungen oder großzügigere Freigaben für das Vertriebsteam.

Transparenz im Gastmanagement von Microsoft 365

Eine klare Übersicht darüber, welche externen Personen Zugang zu Ihrer digitalen Umgebung haben und welche Aktivitäten von diesen durchgeführt werden, ist für die Sicherheit und Steuerung der Unternehmensdaten von zentraler Bedeutung. Transparenz im Umgang mit Gastzugängen ist nicht nur eine Frage der Kontrolle, sondern bildet die Grundlage für Vertrauen und den Schutz sensibler Informationen. Sie als IT-Administrator tragen die Verantwortung, jederzeit den Überblick zu behalten und potenzielle Risiken frühzeitig zu erkennen.

✔ Identifikation von Gästen in Microsoft 365

Um zu ermitteln, welche Personen als Gäste in Ihrer Umgebung aktiv sind, können Sie die Funktionen des Microsoft Entra Admin Centers nutzen. Dort lässt sich eine vollständige Liste aller Benutzer mit dem Status Gast abrufen. Diese Übersicht enthält unter anderem das Datum der Einladung, die Information zur letzten Anmeldung sowie die Zuordnung zu bestimmten Gruppen.

Zusätzlich können Sie nachvollziehen, in welchen Teams einzelne Gäste Mitglied sind. Die Verwaltung erfolgt über das Teams Admin Center. Hierfür sind die passenden administrativen Rechte erforderlich. Ein strukturierter Blick auf die Mitgliederlisten der Teams hilft Ihnen, die organisatorische Verteilung der Gastkonten zu prüfen und potenzielle Überschneidungen oder ungewollte Freigaben frühzeitig zu erkennen.

✔ Nachverfolgung von Gastaktivitäten

Nachdem Sie die Gäste identifiziert haben, steht die Überwachung der Aktivitäten im Mittelpunkt. Microsoft 365 stellt dafür mehrere Werkzeuge zur Verfügung. Protokollierungsfunktionen wie die Audit-Logs erfassen sämtliche relevanten Aktionen, von der Öffnung einer Datei bis zur Änderung von Teamstrukturen. Mit Microsoft Purview können Sie zudem gezielt nach bestimmten Vorgängen suchen, beispielsweise nach dem Zugriff auf vertrauliche Inhalte.

✔ Interpretation von Protokolldaten

Die Auswertung der Protokolldaten erfordert Aufmerksamkeit und Sorgfalt. Wesentliche Merkmale sind die Art der Aktivität, der Name des jeweiligen Benutzers, der Zeitpunkt der Aktion sowie das betroffene Objekt, wie Dateien, Teams oder Kanäle. Insbesondere bei einer Vielzahl von Einträgen empfiehlt sich eine strukturierte Herangehensweise, um auffällige oder sicherheitsrelevante Vorgänge schnell zu identifizieren und angemessen zu reagieren.

✔ Empfehlungen für Übersicht und Kontrolle bei einer hohen Anzahl von Gästen

In größeren Organisationen oder bei projektbezogener Zusammenarbeit steigt die Zahl der Gastkonten häufig rasch an. Um die Übersicht zu wahren, haben sich regelmäßige Prüfberichte bewährt, die monatlich oder quartalsweise erstellt werden sollten. Diese Berichte listen alle aktiven Gäste auf und enthalten Informationen zur letzten Anmeldung. Darüber hinaus empfiehlt sich die Durchführung von Zugriffsüberprüfungen mithilfe von Microsoft Entra ID. Hierbei werden die Teamverantwortlichen periodisch gebeten, die Notwendigkeit einzelner Gastkonten zu bestätigen. Automatisierte Workflows können Sie dabei unterstützen, Ablaufregeln zu definieren, sodass Konten nach längerer Inaktivität automatisch deaktiviert oder entfernt werden.

Praxis-Tipp zur Reduktion von Gastkonten

Es empfiehlt sich, nicht genutzte Gastkonten konsequent zu löschen. Eine geringere Anzahl aktiver Gäste erleichtert Ihnen die Kontrolle und senkt das Risiko, dass sensible Informationen versehentlich an externe Personen gelangen.

Sicherheit und Governance: Worauf Sie achten sollten

Externe Zusammenarbeit bringt naturgemäß Risiken mit sich – zumindest, wenn sie unbedacht umgesetzt wird. Hier sind einige typische Stolpersteine:

- ✔ Datenleck durch zu weitläufige Freigaben: Wenn Gäste zu großzügig eingeladen werden, erhalten Personen von außerhalb Zugriff auf interne Informationen. Man verliert leicht den Überblick, wer eigentlich wo drin ist, wenn jeder beliebig Gäste hinzufügen darf.
- ✔ Schatten-IT durch inoffizielle Einladungen: Vielleicht kennen Mitarbeiter die offizielle Prozedur nicht oder es geht ihnen nicht schnell genug und sie teilen Dokumente mal eben privat via Dropbox oder Mail, anstatt den offiziellen Weg zu nutzen. Das passiert vor allem dann, wenn der offizielle Weg als zu umständlich wahrgenommen wird.
- ✔ Sensible Inhalte in falschen Händen: Ohne klare Regeln könnten vertrauliche Dateien versehentlich an externe Chats geschickt oder in ein Team mit Gästen hochgeladen werden, die das gar nicht sehen dürften.
- ✔ Fehlende Nachvollziehbarkeit: Wenn Externe via Chats Informationen erhalten, gibt es eventuell keine Protokollierung darüber in Ihrem System (etwa wenn Mitarbeiter eigenmächtig handeln). Bei Gästen stellt sich die Frage: Wer hat diesen Zugang eingerichtet? Wann wurde er zuletzt benutzt? Gibt es ein »Leichenräumen« für alte Gäste?

Microsoft 365 liefert eine ganze Reihe von Werkzeugen und Funktionen, um diese Risiken in den Griff zu bekommen. Und mit ein bisschen Organisationskultur schaffen Sie ein sicheres Umfeld. Hier ein paar Empfehlungen aus der Praxis:

1. **Klare Richtlinien und Prozesse**

   Definieren Sie unternehmensweit, wer Gäste einladen darf und wie mit externen Anfragen umgegangen wird. Zum Beispiel könnten Sie festlegen, dass jede Gast-Einladung entweder vom Vorgesetzten genehmigt werden muss oder von der IT-Abteilung geprüft wird. Kommunizieren Sie diese Regeln an alle Mitarbeiter, sodass niemand unwissentlich dagegen verstößt.

2. **Kontrollierte Freigaben**

   Nutzen Sie die Möglichkeiten von Sensitivity Labels (Vertraulichkeitsbezeichnungen) und Data Loss Prevention. Ein Dokument, das als »Intern« markiert ist, könnte beispielsweise vom System blockiert werden, falls jemand versucht, es an einen externen Chat zu senden. Mit solchen Einstellungen stellen Sie sicher, dass selbst wenn mal jemand einen Fehler macht, die Technik als Sicherheitsnetz dient.

Sensitivity Labels (Vertraulichkeitsbezeichnungen) sind Klassifizierungen, mit denen Sie Dokumente, E-Mails oder Teams nach ihrem Schutzbedarf kennzeichnen können. Damit lassen sich Zugriffsrechte, Verschlüsselung oder das Teilen mit Externen automatisch steuern. So können Sie zum Beispiel festlegen, dass bestimmte Inhalte nicht weitergeleitet, gedruckt oder außerhalb des Unternehmens geöffnet werden dürfen. Sensitivity Labels helfen also, sensible Daten gezielt zu schützen und Compliance-Anforderungen einzuhalten.

3. **Überwachung und Audit**

   Die Audit-Logs in Microsoft Purview protokollieren sehr detailliert, was Gäste in Ihrer Umgebung tun und das vom Anmelden bis zum Zugriff auf Dateien. Stellen Sie sicher, dass diese Protokollierung aktiviert ist (Standard in E5-Plänen, optional zu buchbar in kleineren Plänen) und werfen Sie regelmäßig einen Blick darauf oder richten Sie Warnungen ein. So fällt es schnell auf, wenn zum Beispiel ein Gast ungewöhnlich viele Daten herunterlädt. Mehr zu Microsoft Purview und den Audit-Logs können sie folgender Microsoft-Dokumentation entnehmen: `https://learn.microsoft.com/en-us/purview/audit-solutions-overview`

4. **Automatisierung nutzen**

   Microsoft Entra ID bietet Access Reviews und automatisierte Ablaufdaten für Gastkonten. Nutzen Sie diese! Zum Beispiel können Sie einstellen, dass alle Gastkonten alle sechs Monate automatisch zur Überprüfung vorgelegt werden: Verantwortliche müssen dann per Klick bestätigen, dass der Gast noch Zugang braucht oder der Zugang wird entzogen. Ebenso können Sie beim Einladen eines Gastes gleich ein Ablaufdatum setzen (etwa Projektende plus ein Monat Puffer). Solche Mechanismen sorgen dafür, dass Gäste nicht auf ewig in Ihrem Verzeichnis herumgeistern.

5. **Sensibilisierung der Mitarbeiter**

   Letztlich ist Technologie nur die halbe Miete. Jeder in der Organisation sollte das Grundprinzip verstanden haben. Externe Zusammenarbeit ja, aber mit Bedacht. Schulen Sie Ihre Benutzer in einfachen Worten. Was ist ein Gast, was ist ein externer Kontakt, woran erkenne Sie den Unterschied? Welche Daten dürfen Sie mit wem teilen? Lieber einmal mehr nachfragen, ob jemand wirklich eingeladen werden soll, als zu wenig.#

IN DIESEM KAPITEL

SharePoint ist das zentrale Backend

Schutz von wichtigen Inhalten

SharePoint bietet moderne Inhalts- und Kollaborationsfunktionen

Kapitel 20
Microsoft SharePoint als Backend für die Zusammenarbeit

Microsoft SharePoint bildet das technische Fundament für die Zusammenarbeit in Microsoft 365. Viele Dienste, von Teams über OneDrive bis Planner, lagern ihre Inhalte in SharePoint. In diesem Kapitel lernen Sie SharePoint als zentrale Datei- und Inhaltsplattform kennen. Es wird erklärt, warum SharePoint die Basis für andere Tools ist, und wie Sie als Administrator die wichtigsten Konzepte, Funktionen und Best Practices nutzen. Außerdem werfen wir einen Blick auf neue Funktionen (Stand Ende 2025), insbesondere KI-gestützte Helfer, die Ihnen das Leben als Administrator erleichtern.

SharePoint als zentrales Kollaborations-Backend

SharePoint ist das zentrale Kollaborations-Backend von Microsoft 365. Stellen Sie sich SharePoint als einen riesigen, intelligenten Aktenschrank in der Cloud vor. Alle Dateien, die in Teams-Chats geteilt werden, alle in OneDrive gespeicherten Dokumente, Anhänge aus Planner-Aufgaben oder Inhalte aus Loop – all diese Daten landen letztlich in SharePoint. Für die Benutzer geschieht das unbemerkt im Hintergrund. Für Sie als Administrator ist es wichtig zu wissen: SharePoint steckt überall drin.

Was bietet SharePoint im Kern? Vor allem skalierbaren Cloud-Speicher und umfangreiche Inhaltsdienste. Sie können gewaltige Mengen an Daten ablegen, ohne sich um Festplattenplatz kümmern zu müssen. Microsoft erweitert den Speicher bei Bedarf. Gleichzeitig stellt

SharePoint Funktionen bereit, die über ein simples »Dateiablage auf Serverlaufwerk Z:« hinausgehen:

- ✔ Versionierung von Dokumenten,
- ✔ Metadaten zur Beschreibung von Inhalten,
- ✔ eine schnelle Suchfunktion über alle Daten und
- ✔ ein feingranulares Berechtigungsmodell.

All das macht SharePoint zu mehr als nur einem Datengrab – es ist eine richtige Inhaltsplattform, die Ordnung in die Zusammenarbeit bringt.

Ein weiterer Vorteil von SharePoint ist, dass es ein integraler Bestandteil von Microsoft 365 ist. Das bedeutet, es fügt sich nahtlos in die anderen Dienste wie, Microsoft Teams oder die Power-Plattform, ein. Änderungen an einer Datei, die ein Benutzer in OneDrive vornimmt, sind sofort in dem dahinterliegenden SharePoint gespeichert. Eine Teams-Besprechung, in der gemeinsam an einem Word-Dokument gearbeitet wird? Auch dieses Dokument wird live in SharePoint aktualisiert. Dadurch bleiben Informationen stets konsistent und aktuell. Redundanzen werden vermieden; statt zig Dateikopien per E-Mail herumzuschicken, arbeitet jeder über Freigaben in SharePoint am selben Dokument.

Für Sie als Administrator ist SharePoint somit eine Schlüsseldomäne. Verstehen Sie SharePoint, dann verstehen Sie das Herz von Microsoft 365. In den folgenden Abschnitten erfahren Sie, wie SharePoint mit anderen Tools verzahnt ist, wie Sie es verwalten und konfigurieren, und welche neuen Möglichkeiten es gibt, die Ihnen die Administration erleichtern.

Integration mit anderen Microsoft-365-Tools

SharePoint funktioniert als das zentrale Bindeglied zwischen den verschiedenen Anwendungen in Microsoft 365. Die Speicherung und Verwaltung von Dateien aus Microsoft Teams, OneDrive for Business, Planner und Loop erfolgt stets über die SharePoint-Infrastruktur. Diese Integration gewährleistet, dass Inhalte konsistent, sicher und zentral auffindbar bleiben. Die genannten Beispiele zeigen lediglich einen Ausschnitt der Möglichkeiten, die Ihnen als Administrator zur Verfügung stehen. Es gibt zahlreiche weitere Funktionen und Vorteile, von denen Sie profitieren können.

Microsoft Teams

Für jedes Team, das in Microsoft Teams erstellt wird, entsteht im Hintergrund automatisch eine sogenannte SharePoint-Teamwebsite. Diese SharePoint-Teamwebseite enthält die Dokumentbibliothek, in der alle Dateien des Teams liegen. Wenn in einem Teams-Kanal eine Datei hochgeladen oder erstellt wird, wird sie eigentlich in dieser SharePoint-Bibliothek gespeichert. Sogar Chat-Anhänge in Teams (etwa in privaten Chats) wandern in eine persönliche OneDrive des Senders und damit wiederum in SharePoint. Für private Kanäle innerhalb eines Teams wird aus Sicherheitsgründen eine eigene SharePoint-Teamwebsite angelegt, die nur den Mitgliedern dieses privaten Kanals zugänglich ist. Ähnlich funktioniert es bei geteilten Kanälen (Shared Channels); auch diese erhalten eine separate SharePoint-Teamwebsite, die sogar bereichsübergreifend (über Team- oder Organisationsgrenzen hinweg) genutzt werden kann. SharePoint sorgt also dafür, dass jeder Teams-Datei-Tab und jede Kanal-Dateiablage einen sicheren Ort in der Datenstruktur hat.

Als Administrator sollten Sie daher immer daran denken: Änderungen an SharePoint-Einstellungen (z. B. Berechtigungen) können Auswirkungen in Teams haben und umgekehrt.

Eine *SharePoint-Teamwebsite* ist der zentrale, gemeinsam genutzte Arbeitsbereich für ein Team innerhalb von Microsoft 365. Sie enthält die Dokumentbibliothek, in der alle Teamdateien liegen, und bietet Funktionen wie Listen, Kalender und News, die die Zusammenarbeit fördern. Jede Teamwebsite ist direkt mit einer Microsoft-365-Gruppe verknüpft und entsteht automatisch, wenn ein Team in Microsoft Teams erstellt wird.

Neben Teamwebsites gibt es *Kommunikationswebsite* (für die unternehmensweite Informationsverbreitung, z. B. für News oder Richtlinien) und *private Websites* (z. B. für private oder geteilte Kanäle in Teams, die nur bestimmten Nutzergruppen zugänglich sind).

Technisch sind Teamwebsites auf Zusammenarbeit ausgelegt, mit granularer Berechtigungssteuerung für Teams und Gruppen sowie einem E-Mail-Postfach. Kommunikationswebsites hingegen sind meist offener, mit Leserechten für größere Zielgruppen, und fokussieren auf die Darstellung von Inhalten statt auf gemeinsame Dateibearbeitung. Private Websites für Kanäle haben restriktivere Zugriffsrechte und sind oft separat von der Haupt-Teamwebseite, was eine differenzierte Verwaltung notwendig macht.

OneDrive for Business

OneDrive ist technisch gesehen eine persönliche SharePoint-Website für jeden Benutzer. Wenn ein Mitarbeiter sein OneDrive nutzt, verwendet er im Hintergrund die SharePoint-Technologie – nur eben mit sich selbst als alleinigem »Teammitglied«. Das erklärt, warum OneDrive ähnliche Funktionen bietet wie SharePoint-Bibliotheken:

- ✔ Versionierung,
- ✔ Freigaben,
- ✔ Synchronisation zu PC/Mac
- ✔ und so weiter.

Als Admin verwalten Sie OneDrive-Einstellungen daher zentral im SharePoint Admin Center. Es gibt praktisch keine Trennung. OneDrive ist SharePoint, nur mit individuellerem Anstrich. Alle Dateien, die Nutzer in OneDrive speichern, werden in Ihrem SharePoint-Backend abgelegt. Umgekehrt greift OneDrive für Dinge wie Freigabelinks oder den Papierkorb direkt auf SharePoint-Funktionen zurück.

Während Sie als Administrator die SharePoint-Websites und deren Speicherorte im Unternehmen zentral einsehen und verwalten können, ist dies bei den individuellen OneDrive-Speicherorten der Benutzer nicht möglich. Die persönlichen OneDrive-Bereiche sind aus Datenschutzgründen insbesondere im Hinblick auf die DSGVO und den Schutz personenbezogener Daten nicht direkt für Administratoren zugänglich. Diese Trennung stellt sicher, dass private Dateien der Nutzer geschützt bleiben. Im Gegensatz dazu lassen sich die Team- und Kommunikationswebsites, wie im weiteren Verlauf dieses Kapitels beschrieben, zentral verwalten und einsehen.

Die *Datenschutz-Grundverordnung* (kurz DSGVO) ist eine Verordnung der Europäischen Union, die den Schutz personenbezogener Daten regelt. Sie legt fest, wie Unternehmen und Organisationen mit personenbezogenen Daten von EU-Bürgern umgehen dürfen, um deren Privatsphäre zu gewährleisten und den Missbrauch von Daten zu verhindern.

Planner und To Do

Auch diese Dienste nutzen SharePoint, wenn es um Dateien geht. Planner ist ein Aufgabenplanungs-Tool. Hängen die Nutzer Dateien an Aufgaben an, werden diese Anhänge in der verbundenen SharePoint-Teamwebsite gespeichert (Planner gehört zu einer Microsoft-365-Gruppe, und jede Gruppe hat bekanntlich eine SharePoint-Website sowie ein E-Mail-Postfach im Hintergrund). So sind auch Aufgabendateien zentral auffindbar. Microsoft To Do (das persönliche Aufgaben-Tool) speichert Dateianhänge ebenfalls in SharePoint.

Microsoft Loop

Loop-Komponenten sind die Neuerung für dynamische Zusammenarbeit. Wichtig für Sie ist, dass Loop alles in OneDrive oder SharePoint/SharePoint Embedded speichert. Einfache Loop-Komponenten, zum Beispiel eine Checkliste, die jemand in einem Teams-Chat einbettet hat, werden als .loop-Datei im OneDrive des Erstellers hinterlegt. Umfangreichere Loop-Inhalte können in sogenannten Loop-Workspaces organisiert werden. Technisch steckt dahinter wiederum eine SharePoint-Website in SharePoint Embedded, die im Hintergrund für den Loop-Workspace angelegt wird. Das heißt, selbst diese modernen, fluiden Inhalte liegen auf SharePoint. Für Sie als Administrator hat das den Vorteil, dass alle Daten zentral verwaltbar bleiben und beispielsweise Compliance-Richtlinien (wie Sensitivity Labels oder Aufbewahrungsfristen) auch für Loop-Inhalte greifen.

SharePoint Embedded ist eine spezielle, API-basierte Variante von SharePoint, die es Entwicklern und Unternehmen ermöglicht, maßgeschneiderte Anwendungen mit direkter, granularer Steuerung über Speicher, Berechtigungen und Dokumentenmanagement zu bauen. Im Gegensatz zum klassischen

SharePoint Online, bei dem die Benutzeroberfläche, Seiten und typische SharePoint-Funktionen (wie Listen, Bibliotheken, Workflows etc.) im Vordergrund stehen, konzentriert sich SharePoint Embedded auf den reinen, programmierbaren Zugriff auf Speicher- und Sicherheitsfunktionen im Hintergrund. Es wird vor allem eingesetzt, um individuelle Business-Lösungen oder branchenspezifische Anwendungen mit Microsoft 365 Compliance und Governance zu integrieren.

Der wesentliche Unterschied zu SharePoint Online liegt also darin, dass SharePoint Embedded keine Endnutzer-Oberfläche bietet, sondern als flexibles Backend für Dokumentenmanagement und -speicherung dient. Während SharePoint Online für die Zusammenarbeit von Teams, das Teilen von Inhalten und die Nutzung der SharePoint-Websites konzipiert ist, richtet sich SharePoint Embedded gezielt an Entwickler und Softwareanbieter, die SharePoint-Funktionen als Service nutzen möchten, ohne die klassische SharePoint-Oberfläche bereitzustellen.

SharePoint Embedded ist, wie im vorherigen Abschnitt beschrieben, eine innovative und flexible Lösung, die zahlreiche Anwendungsfälle ermöglicht – von maßgeschneiderten Business-Applikationen bis hin zu branchenspezifischen Lösungen. Allerdings muss SharePoint Embedded auch aus Sicht der Datensicherheit kritisch betrachtet werden. Denn bislang ist keine gängige Backup-Software für Microsoft 365 in der Lage, die SharePoint-Embedded-Container zuverlässig zu sichern (Stand November 2025). Das bedeutet, dass wichtige Daten, die in diesen Containern gespeichert werden, noch nicht mit den üblichen Sicherungsmechanismen geschützt werden können. Unternehmen, die auf SharePoint Embedded setzen, sollten sich dieser Einschränkung bewusst sein und alternative Strategien zur Datensicherung und Wiederherstellung prüfen, um möglichen Datenverlusten vorzubeugen.

SharePoint verbindet die Welten. Es ermöglicht, dass jemand in Outlook eine E-Mail mit einem OneDrive-Link verschickt, welche in SharePoint aufgerufen wird, ohne dass der Empfänger die Details der Technik kennen muss. Oder dass in Viva Engage (dem sozialen Netzwerk) geteilte Dateien letztlich in SharePoint landen. Die einheitliche Speicherstruktur und das konsistente Berechtigungsmodell von SharePoint stellen sicher, dass über die verschiedenen Dienste hinweg alles reibungslos zusammenarbeitet. Für Administratoren bedeutet das, dass man an viele Stellschrauben zentral in SharePoint einstellen kann (Freigaberichtlinien, Speicherlimits, Compliance-Optionen) und diese greifen dann automatisch auch in Teams, OneDrive, Planner und Co. – ganz ohne dass man jeden Dienst einzeln konfigurieren müsste.

Das SharePoint Admin Center – Ihr Schaltzentrum

Die Verwaltung von SharePoint (und OneDrive) erfolgt über das SharePoint Admin Center, erreichbar über das Microsoft-365-Admin-Portal. Hier laufen für Administratoren alle Fäden zusammen. Das moderne SharePoint Admin Center präsentiert sich übersichtlich und webbasiert – Sie sehen sofort eine Liste aller SharePoint-Websites in Ihrem Unternehmen, inklusive wichtiger Informationen wie Anzahl der Dateien, Speicherverbrauch, externer Freigabestatus und so weiter. Dieses zentrale Dashboard ist Ihr bester Freund, um den Überblick zu behalten.

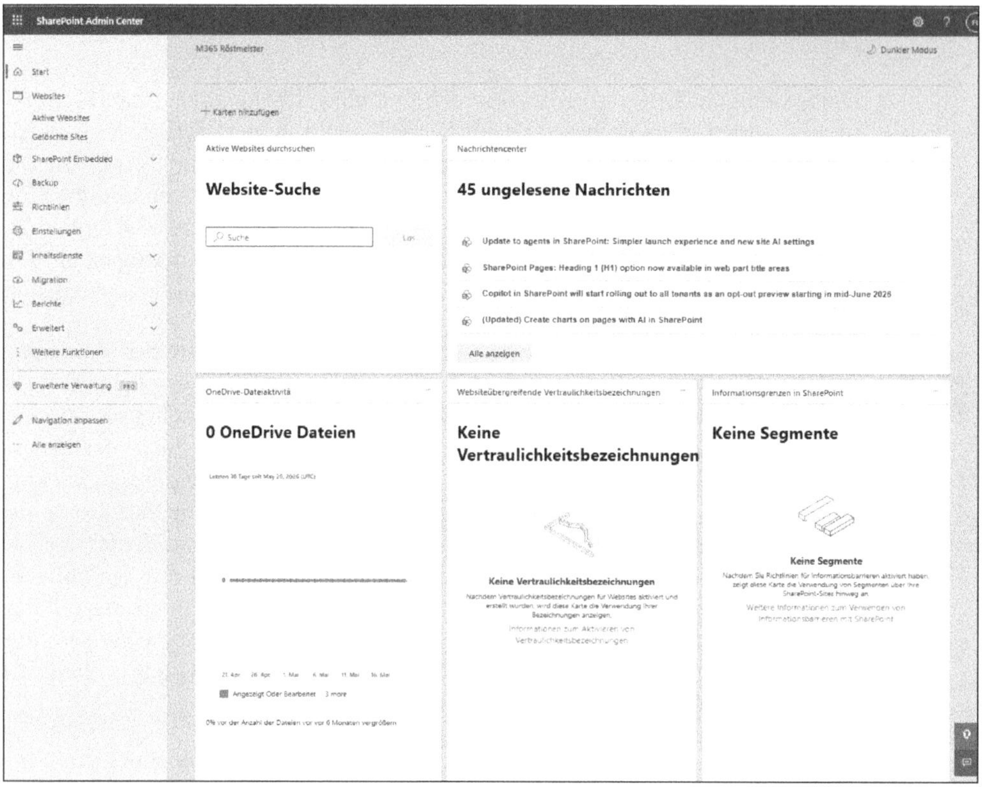

Abbildung 20.1: Übersicht SharePoint Admin Center

Wichtige Funktionen im Admin Center sind unter anderem:

- ✔ Website-Verwaltung: Sie können bestehende SharePoint-Sites durchsuchen, sortieren, filtern, neue Sites erstellen oder löschen.
- ✔ Freigabe-Einstellungen: Über das Admin Center legen Sie globale Richtlinien fest; wer was mit wem teilen darf. Soll externe Freigabe erlaubt sein? Dürfen Dateien »für jeden mit Link« zugänglich gemacht werden, oder nur für bestimmte Personen? Hier stellen Sie es ein und diese Einstellungen wirken sich dann auf alle Sites (und damit auch Teams, OneDrive etc.) aus.
- ✔ Inhaltsdienste: Das Admin Center bietet Zugang zum Term Store (für unternehmensweite Schlagwörter/Taxonomie) und zum Inhaltstypen Gallery (zentral verwaltete Inhaltsarten/Vorlagen). So können Sie beispielsweise einen einheitlichen »Vertrags«-Inhaltstyp mit bestimmten Metadaten definieren und auf verschiedenen Sites nutzen.

Inhaltstypen in SharePoint sind vordefinierte Vorlagen, die festlegen, welche Metadaten, Workflows und Einstellungen für bestimmte Arten von Inhalten (wie Dokumente, Verträge, Listen oder Aufgaben) gelten. Ein Inhaltstyp kann beispielsweise bestimmen, dass zu jedem Vertrag bestimmte Felder wie »Vertragsnummer«, »Ablaufdatum« und » Status« gehören und zusätzlich ein spezifischer Genehmigungs-Workflow aktiviert wird. Dadurch entsteht im gesamten Unternehmen eine einheitliche Struktur für ähnliche Inhalte.

Der Mehrwert von Inhaltstypen liegt in ihrer zentralen Verwaltung und Wiederverwendbarkeit. Administratoren können einen Inhaltstyp einmal definieren und ihn dann auf verschiedenen Sites und Bibliotheken anwenden. So wird die Konsistenz bei der Erfassung und Verarbeitung von Informationen erhöht, Compliance-Anforderungen können leichter erfüllt werden, und die Suche nach bestimmten Inhalten wird effizienter. Zudem lassen sich Änderungen am Inhaltstyp zentral steuern, was den Administrationsaufwand deutlich reduziert.

Ein Unterschied zwischen klassisch und modern: Das Look-and-Feel. Früher war die SharePoint-Adminseite sehr textlastig und verschachtelt. Heute haben Sie eine frische Web-Oberfläche mit interaktiven Listen und Flyout-Menüs. Praktisch: Sie können mehrere Sites markieren und Aktionen in Massen durchführen (z. B. mehrere Websites auf einmal löschen oder die Freigabeeinstellung für den ganzen Schwung ändern). Zudem sind viele Informationen direkt sichtbar, ohne extra Berichte zu ziehen.

KI-Unterstützung im Admin Center: Copilot als Admin-Assistent

Eine absolute Neuheit im Jahr 2025 war die Integration von Microsoft 365 Copilot in das SharePoint Admin Center. Copilot fungiert hier als eine Art intelligenter Admin-Assistent, der in natürlicher Sprache ansprechbar ist. Das heißt, Sie können dem System Fragen stellen oder Anweisungen geben, als würden Sie mit einem Kollegen sprechen – und Copilot liefert Ihnen die passende Antwort oder führt den gewünschten Schritt aus.

Wie sieht das konkret aus? Oben im Admin Center finden Sie jetzt ein Eingabefeld (oder einen Button für Copilot), in das Sie Ihre Frage tippen können.

BEISPIEL

»Welche meiner Sites werden seit über sechs Monaten nicht mehr genutzt?« Copilot analysiert im Hintergrund die Nutzungsdaten und zeigt Ihnen eine Liste inaktiver Websites an. Oder: »Liste alle Websites auf, die für externe Nutzer freigegeben sind« – und schon bekommen Sie einen Report aller Sites, bei denen Gästezugriff aktiviert ist.

Das Beeindruckende: Sie müssen keine komplizierten PowerShell-Befehle mehr recherchieren oder manuell Berichte ziehen. Copilot versteht Ihre Absicht und nutzt die vorhandenen Daten, um Ihnen die Arbeit abzunehmen.

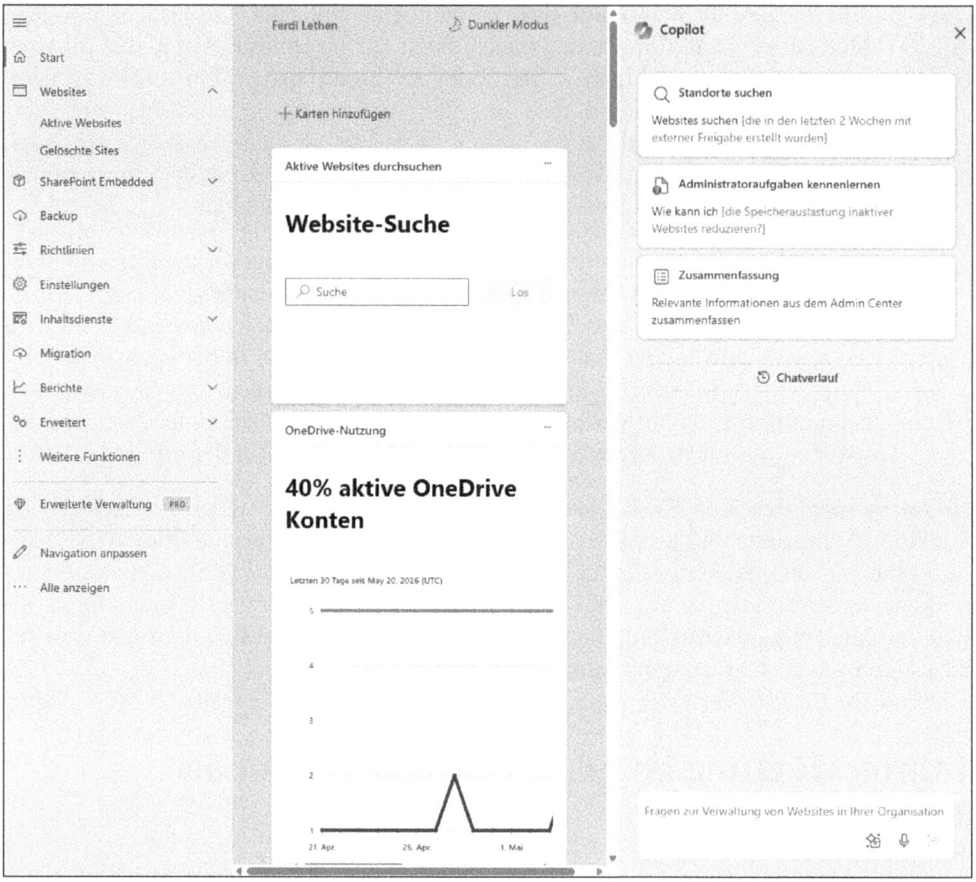

Abbildung 20.2: KI im SharePoint Admin Center

Copilot kann auch Schritt-für-Schritt-Anleitungen geben. Wenn Sie nicht sicher sind, wie man etwa eine neue Inhaltsrichtlinie erstellt, können Sie fragen: »Wie erstelle ich eine Aufbewahrungsrichtlinie für eine Site?« Daraufhin beschreibt Copilot die nötigen Schritte und markiert im Admin Center gegebenenfalls die entsprechenden Menüpunkte. So lernen Sie gleich noch den Weg durch die Menüs. Das ist ideal für Administratoren, die noch nicht so erfahren sind; anstatt lange in der Dokumentation zu blättern, erhalten Sie die Anleitung direkt im passenden Kontext.

Die KI folgt natürlich den Sicherheitsrichtlinien. Das heißt, Copilot zeigt Ihnen keine Inhalte, zu denen Sie als Admin keinen Zugriff haben. Aber da Sie als globaler Administrator ohnehin überall randürfen, ist das in der Praxis selten ein Problem. Zudem protokolliert das System die von Copilot durchgeführten Änderungen wie normale Admin-Aktionen – es gibt also für jede automatische Aktion einen nachvollziehbaren Audit-Log-Eintrag. Sie behalten die Kontrolle.

Diese natürliche Sprachsteuerung im Admin Center steckte Ende 2025 noch recht frisch im System. Microsoft baut sie kontinuierlich aus. Schon jetzt vereinfacht sie komplizierte Governance-Aufgaben enorm. Gerade in Umgebungen mit vielen Websites (etwa wenn

Ihre Firma Hunderte von Projekt-Websites hat) sparen Sie sich Stunden an Klickerei und Skripterei. Statt jede Site einzeln anzusehen, fragen Sie Copilot und handeln gebündelt. Natürlich ersetzt das nicht komplett das Verständnis der Zusammenhänge, aber es ist ein hervorragendes Werkzeug, um schnell Antworten zu erhalten und Routinejobs zu erledigen. Sie werden merken: Administration fühlt sich mitunter an, als würden Sie mit einem (höflichen und allwissenden) Kollegen chatten, der Ihnen Arbeit abnimmt!

Für die Nutzung von Copilot im SharePoint Admin Center ist in der Regel eine entsprechende Microsoft-Copilot-Lizenz erforderlich. Das bedeutet, dass Administratoren, die die KI-gestützten Funktionen direkt im Admin Center verwenden möchten, entweder über eine dedizierte Microsoft-365-Copilot-Lizenz verfügen müssen oder über ein Lizenzpaket, in dem Copilot bereits enthalten ist. Ohne eine gültige Lizenz stehen die erweiterten KI-Funktionen nicht zur Verfügung, und es erscheint lediglich eine Information zum Erwerb der benötigten Lizenz.

Grundlegende Navigation und Aufbau des Admin Centers

Nach dem Aufruf des SharePoint Admin Centers erhalten Sie auf der Startseite eine umfassende Übersicht über zentrale Informationen zur aktuellen Nutzung und zum Zustand Ihrer SharePoint-Umgebung. Diese Seite zeigt Ihnen beispielsweise Berichte über Aktivitäten wie Dateiaktionen und stellt Nutzungsstatistiken bereit, die die Entwicklung der SharePoint-Websites innerhalb der letzten dreißig Tage widerspiegeln. Zusätzlich werden Hinweise zum aktuellen Dienstzustand angezeigt und Mitteilungen aus dem Message Center eingeblendet. Dadurch erhalten Sie als Administrator einen schnellen und transparenten Einblick in das Geschehen und die Stabilität Ihrer SharePoint-Umgebung.

Im linken Bereich des Admin Centers finden Sie die Navigationsleiste, die verschiedene Menüpunkte zu den Verwaltungsfunktionen bereitstellt. Diese Navigation kann von Ihnen individuell angepasst werden, um die für Ihre Aufgaben relevanten Funktionen effizient zugänglich zu machen. Zu den wichtigsten Abschnitten zählen die Verwaltung aktiver Websites, die Übersicht über gelöschte Websites, die Steuerung von Richtlinien für Freigabe und Zugriff, die Inhaltsdienste, die Möglichkeiten zur Migration und der Bereich für weitere Funktionen.

- ✔ Der Bereich für **aktive Websites** präsentiert Ihnen eine vollständige Liste aller SharePoint-Websites innerhalb Ihrer Organisation. In dieser Listenansicht erkennen Sie auf einen Blick den Namen, die Internetadresse, den Speicherverbrauch und die verantwortlichen Administratoren jeder einzelnen Website. Sie haben die Möglichkeit, neue Websites direkt aus dieser Ansicht zu erstellen oder die Liste zu exportieren, beispielsweise zur weiteren Analyse. Über ein integriertes Filter- und Suchfeld können Sie gezielt nach bestimmten Websites suchen. Wenn Sie eine Website in der Liste auswählen, öffnet sich ein Detailbereich, der die allgemeinen Einstellungen, die Aktivitäten, die Berechtigungen und die Richtlinien dieser Website darstellt. Innerhalb dieses Bereichs können Sie unter anderem den Namen und die Internetadresse der Website ändern, die Besitzer verwalten oder die Freigabeeinstellungen für die ausgewählte Website anpassen.

- **Gelöschte Websites** werden in einem gesonderten Bereich aufgeführt. Nach der Löschung bleibt eine Website für einen Zeitraum von 93 Tagen im System erhalten und kann während dieser Zeit von Ihnen entweder wiederhergestellt oder endgültig entfernt werden. Nach Ablauf der Frist erfolgt eine automatische, dauerhafte Löschung, sofern keine Wiederherstellung vorgenommen wurde. Dieses Vorgehen stellt sicher, dass versehentlich gelöschte Websites bei Bedarf problemlos reaktiviert werden können, und gibt Ihnen zusätzliche Kontrolle über die Datenbestände Ihrer Organisation.

- Innerhalb des Bereichs für **Richtlinien zur Freigabe** steuern Sie zentral die Einstellungen für die Freigabe von Inhalten in SharePoint und OneDrive. Diese Einstellungen sind für die Sicherheit der Organisation besonders relevant, da Sie hier festlegen, wie offen oder restriktiv die Freigabe von Daten gehandhabt werden soll. Sie bestimmen beispielsweise, ob externe Freigaben gestattet sind und in welcher Form diese erfolgen dürfen. Die zentrale Steuerung dieser Richtlinien ermöglicht es Ihnen, die Zugriffsmöglichkeiten auf sensible Daten situationsgerecht und unternehmensweit zu regulieren.

- Im Abschnitt für **Richtlinien zur Zugriffssteuerung** konfigurieren Sie die Regeln für den Zugriff auf Inhalte. Dazu gehören unter anderem Vorgaben für Geräte, die nicht innerhalb der Firmendomäne verwaltet werden, die automatische Abmeldung bei Inaktivität sowie die Einschränkung des Zugriffs auf bestimmte Netzwerkadressen. Mit diesen Sicherheitsmaßnahmen stellen Sie sicher, dass beispielsweise vertrauliche Inhalte ausschließlich von firmeneigenen Geräten abgerufen werden können und dass die Zugriffsrechte den Anforderungen Ihres Unternehmens entsprechen.

- Der Bereich der **Inhaltsdienste** umfasst Funktionen wie den Begriffsspeicher und die Inhaltstyp-Galerie. Der Begriffsspeicher ist ein Werkzeug zur unternehmensweiten Definition und Verwaltung von Metadatenbegriffen. Das Symbol Begriffsspeicher kennzeichnet die zentrale Verwaltung von Begriffen zur Taxonomie, also der systematischen Ordnung und Klassifizierung von Informationen. Die Inhaltstyp-Galerie dient der zentralen Anlage und Verwaltung von Inhaltstypen. Ein Inhaltstyp ist ein vordefiniertes Schema für Dokumente oder Listeneinträge, das bestimmte Metadatenfelder und optional Dokumentvorlagen enthält. Diese Funktionen unterstützen Sie dabei, Informationen konsistent zu erfassen und effizient wiederzuverwenden. Beispielsweise kann ein Inhaltstyp »Vertrag« immer dieselben Felder und Vorlagen enthalten, unabhängig davon, in welcher Website er verwendet wird.

- Im Bereich **Migration** stehen Ihnen verschiedene Möglichkeiten zur Verfügung, um Inhalte von lokalen Dateifreigaben oder von einer SharePoint-Umgebung vor Ort in die Cloud zu übertragen. Werkzeuge wie der Migration Manager und das SharePoint Migration Tool ermöglichen es Ihnen, bestehende Datenbestände sicher und strukturiert in Ihre neue SharePoint-Umgebung zu überführen. Diese Funktionen sind besonders bei der Einführung von SharePoint relevant, wenn Sie Daten aus bisherigen Systemen übernehmen möchten.

- Der Abschnitt **Weitere Funktionen** listet klassische Verwaltungsoptionen auf, die derzeit noch nicht vollständig in die moderne Oberfläche integriert wurden. Dazu zählen beispielsweise die Verwaltung von Suchfunktionen, Benutzerprofilen oder die Bearbeitung von Aufzeichnungen. Ein Zugriff auf diese Einstellungen öffnet häufig die vertraute klassische SharePoint Admin Oberfläche. Dieser Bereich dient als

Übergangslösung und als Brücke zur bisherigen Administration, bis sämtliche Funktionen in die moderne Oberfläche übernommen wurden.

SharePoint-Websites erstellen und verwalten

In SharePoint unterscheidet man grob zwischen Teamwebsites und Kommunikationswebsites. Diese unterscheiden sich in Zweck und Aufbau:

1. Teamwebsites sind für die Zusammenarbeit in Gruppen gedacht. Hier arbeiten zum Beispiel Abteilungen oder Projektteams gemeinsam an Dokumenten, Listen, Plänen und so weiter. Teamwebsites sind mit einer Microsoft-365-Gruppe verknüpft, was bedeutet, dass sie auch in anderen Tools (Teams, Planner, Exchange-Gruppe) genutzt werden. Wenn Sie ein Team in Teams erstellen, bekommen Sie genau so eine Seite. Teamwebsites haben typischerweise eine Startseite mit Aktivitätsfeed, eine gemeinsame Dokumentbibliothek und meist eine eher einfache Navigationsstruktur; es geht ja um die gemeinsame Arbeit, nicht um eine schicke Präsentation.

2. Kommunikationswebsites dienen dazu, Informationen breit zu streuen. Sie sind vergleichbar mit Intranet-Seiten oder Microsites für bestimmte Themen. Hier steht weniger die gemeinsame Bearbeitung im Vordergrund, sondern das Bereitstellen von Inhalten für viele Leser. Beispielsweise könnte die Personalabteilung eine Kommunikationssite »HR-News« haben, wo die neuesten Urlaubsregelungen oder Veranstaltungen publiziert werden. Solche Sites kommen oft ohne Microsoft-365-Gruppe aus (sie haben also keine direkte Teams-Verknüpfung) und bieten ansprechende Webparts für News, Events, Bildergalerien etc. Die Navigation ist oft strukturierter, da man ja Inhalte auffindbar machen will.

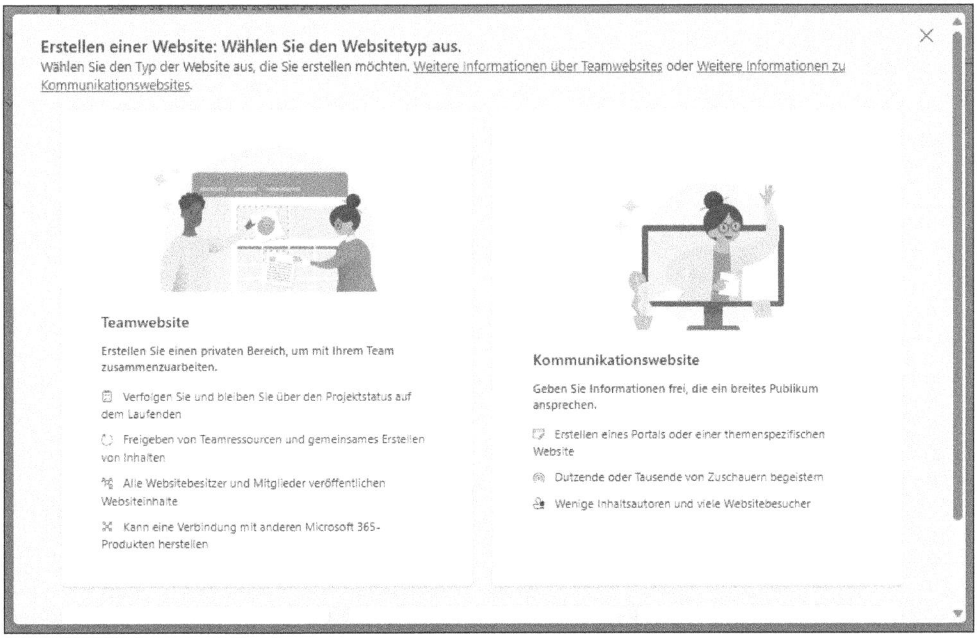

Abbildung 20.3: Website-Arten bei der Anlage

Als Administrator sollten Sie beide Site-Typen kennen und wissen, wann welcher eingesetzt wird. Ein Projektteam mit intensiver Zusammenarbeit? – Eher eine Teamwebsite. Eine Abteilung möchte ein breites Publikum informieren? – Eher eine Kommunikationswebsite.

Möglichkeiten der Site-Erstellung: Früher war die Erstellung neuer SharePoint-Websites rein die Aufgabe von Administratoren. Heute können je nach Einstellung Benutzer auch selbst Sites erstellen (Self-Service). Standardmäßig dürfen Benutzer, die eine Microsoft-365-Gruppe anlegen, auch eine damit verbundene SharePoint-Teamwebsite erstellen. Viele Organisationen erlauben das, um Agilität zu fördern. Teams können sich schnell selbst eine Arbeitsplattform schaffen, ohne erst einen IT-Antrag stellen zu müssen. Als Admin können Sie diese Selbstbedienungs-Erstellung aber begrenzen; sie zum Beispiel nur bestimmten Personen erlauben – oder sie komplett deaktivieren, wenn Sie die absolute Kontrolle behalten wollen.

Egal ob von Ihnen oder einem Benutzer initiiert, bei der Website-Erstellung sollte man Namenskonventionen beachten. Nichts ist schlimmer als ein Wildwuchs an Seiten mit kryptischen oder redundanten Namen (Team 1, Team Neu, Team Neu2 ...). Es lohnt sich, im Vorfeld Regeln aufzustellen, etwa: Abteilungsseiten beginnen immer mit dem Kürzel der Abteilung (IT-Projekte_XYZ), Projektsites tragen das Jahr im Namen und so weiter – was immer für Ihre Organisation sinnvoll ist. Konsistente Namen helfen allen, sich zurechtzufinden, und Ihnen als Admin auch bei der Suche im Admin Center.

Microsoft bietet bei der Erstellung Vorlagen an, sogenannte Templates.

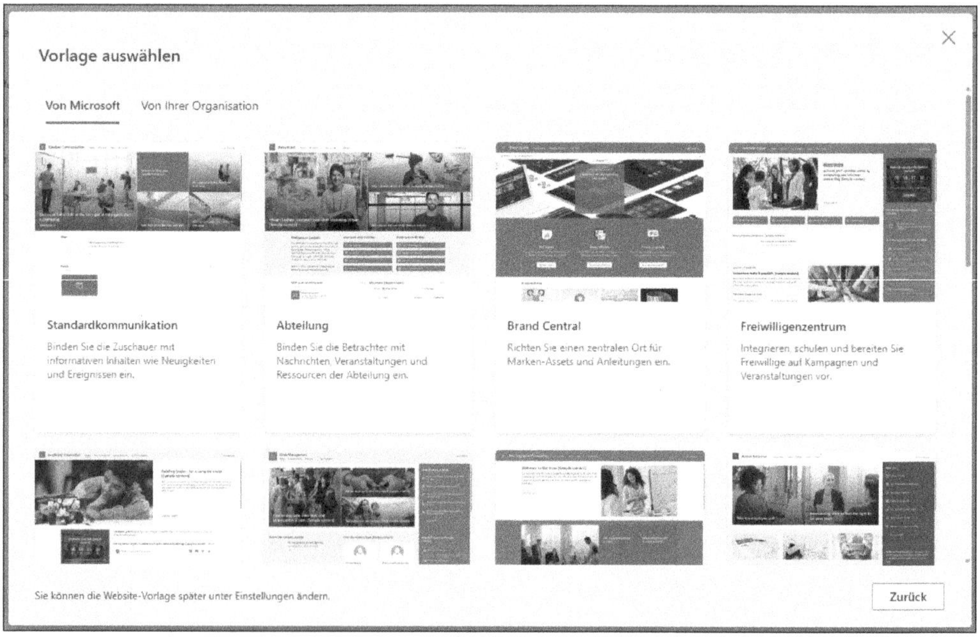

Abbildung 20.4: Seitentemplates bei Kommunikationsseiten

Diese Vorlagen geben der neuen Site gleich eine Grundstruktur und Beispielinhalte. Sie als Admin können zusätzlich eigene Vorlagen beziehungsweise Designs vorbereiten, die die Nutzer dann auswählen können. Damit stellen Sie sicher, dass neue Sites gleich ein einheitliches Aussehen oder bestimmte Webparts enthalten. Wenn Ihr Unternehmen zum Beispiel Wert auf Corporate Design legt, können Sie eigene Site-Designs definieren, die beispielsweise immer das Firmenlogo und die passenden Farben einfügen.

Schritt-für-Schritt-Anleitung: Kommunikationswebsite in SharePoint Online über das Admin Center anlegen

Sie möchten eine neue Kommunikationswebsite in SharePoint Online erstellen? Mit dieser detaillierten Schritt-für-Schritt-Anleitung können Sie direkt loslegen und jeden Schritt in Ihrem Microsoft-365-Umfeld nachvollziehen. Halten Sie Ihre Zugangsdaten bereit und legen Sie los!

1. Melden Sie sich mit Ihren Administrator-Zugangsdaten bei Microsoft 365 an. Navigieren Sie im linken Menü zu »Admin Center« und wählen Sie dort SharePoint aus.

2. Im SharePoint Admin Center klicken Sie im Menü links auf Aktive Sites. Hier sehen Sie alle bestehenden SharePoint-Websites Ihrer Organisation.

3. Oben auf der Seite finden Sie die Schaltfläche Erstellen. Klicken Sie darauf, um den Erstellungsprozess zu starten.

4. Wählen Sie im nächsten Schritt Kommunikationswebsite aus. Bestätigen Sie Ihre Auswahl mit Weiter.

5. Microsoft bietet verschiedene Templates für Kommunikationswebsites an. Wählen Sie ein passendes Template aus oder verwenden Sie ein unternehmensspezifisches Design, falls vorhanden.

6. Geben Sie einen eindeutigen Namen für die Kommunikationswebsite ein, idealerweise nach Ihren Namenskonventionen. Ergänzen Sie eine kurze Beschreibung, die den Zweck der Site erklärt.

7. Die URL der Site wird automatisch generiert. Überprüfen Sie, ob sie den Vorgaben Ihrer Organisation entspricht, und passen Sie sie bei Bedarf an.

Aufgrund der Vielzahl von Webseiten, sei es aus Teams, SharePoint oder Viva Engage, prüft Microsoft bei der Erstellung automatisch, ob die gewünschte Website-URL verfügbar ist. Falls Ihnen die vorgeschlagene Seiten-URL nicht zusagt, können Sie diese ganz einfach individuell anpassen: Klicken Sie dazu auf das Stiftsymbol rechts am Rand und tragen Sie Ihre bevorzugte Adresse ein. So stellen Sie sicher, dass Ihre Kommunikationswebsite die gewünschte, eindeutige URL erhält und den Richtlinien Ihrer Organisation entspricht.

8. Wählen Sie den sogenannten Webseitenbesitzer aus. Es ist die erste Person, welche Vollzugriff auf die Webseite erhält und somit die Gestaltung der Seite ausüben kann.

Versuchen Sie stets, zwei Besitzer für die Website zu benennen. So sind Sie auf der sicheren Seite, falls einer der Besitzer beispielsweise im Lotto gewinnt und das Unternehmen verlässt. Die Betreuung und Verwaltung der Seite bleibt weiterhin gewährleistet.

9. Wählen Sie die STANDARDSPRACHE der Site aus.
10. Überprüfen Sie die Zusammenfassung Ihrer Eingaben und klicken Sie auf FERTIGSTELLEN. Die neue Kommunikationswebsite wird nun erstellt und erscheint in der Übersicht AKTIVE SITES.

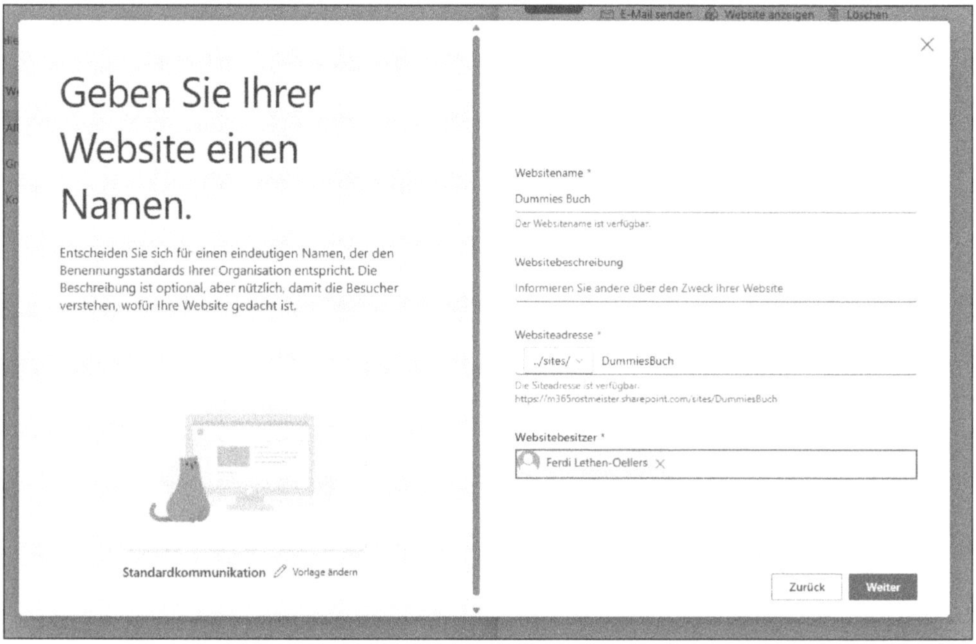

Abbildung 20.5: Formular zur Anlage einer Website

Tipp: Überlegen Sie sich im Vorfeld eine klare Struktur und befolgen Sie die Namensregeln Ihrer Organisation. So behalten Sie und Ihre Nutzer auch bei vielen Sites den Überblick und Sie vermeiden Verwirrung.

Mit dieser Anleitung können Sie sofort loslegen – einfach Schritt für Schritt durchklicken und Ihre neue Kommunikationswebsite ist in wenigen Minuten startklar!

Eigene, unternehmensspezifische Templates können zwar erstellt werden, jedoch hat die Erfahrung gezeigt, dass deren Implementierung oft mehr Herausforderungen als echten Mehrwert bringt. Für den Einstieg sind die vorhandenen Microsoft-Templates meist völlig ausreichend und bieten einen guten Rahmen.

Auch das Lebenszyklusmanagement von Seiten ist ein Thema. Was passiert mit einer Projektwebsite, wenn das Projekt beendet ist? Idealerweise löschen die Besitzer die Site oder archivieren die Inhalte. In der Praxis vergisst man das gerne und so sammeln sich über

Jahre ungenutzte Sites an. SharePoint Online bietet hier Hilfen, denn Sie können Aufbewahrungsrichtlinien setzen oder Auslaufregeln definieren, die Site-Besitzer nach einer gewissen Inaktivität benachrichtigen, ob die Site noch gebraucht wird.

Aufbewahrungsrichtlinien sind – wie Sensitivity Labels – innerhalb von Purview einzurichten. Während sie technisch aus derselben Anwendung bereitgestellt werden, erfüllen sie unterschiedliche Zwecke und werden unabhängig voneinander verwaltet. Aufgrund der umfangreichen technischen Details und des Informationsgehalts werden beide Themen in dieser ersten Auflage nicht im Detail behandelt, sondern in weiterführende Kapitel oder separate Dokumentationen ausgelagert. Der Fokus liegt zunächst auf den grundlegenden Funktionen und der praktischen Anwendung im Alltag.

Oft gekoppelt mit Microsoft-365-Gruppen kann man einstellen, dass zum Beispiel Gruppen automatisch gelöscht werden, wenn sie X Tage/Monate nicht mehr genutzt wurden – natürlich mit Vorwarnung an die Besitzer, damit nichts versehentlich verloren geht. Wie Sie Gruppen mit automatischen Ablaufrichtlinien versehen können, hatten wir bereits im Bereich »Einführung in Gruppen und Verteilerlisten« besprochen.

Als Admin sollten Sie also nicht nur daran denken, wie eine Site entsteht, sondern auch, wann und wie sie irgendwann wieder sauber verschwindet. Ein aufgeräumter Tenant mit aktiven Sites ist viel einfacher zu verwalten als ein Datenfriedhof voller Geistersites.

In SharePoint Online bildet die Struktur der einzelnen Websites die Grundlage für die Organisation von Inhalten und die Verwaltung im Admin Center. Jede Website steht als eigenständige Einheit für ein Team, eine Abteilung oder ein Projekt und verfügt über ein eigenes Berechtigungsmodell sowie über klar zugeordnete Verantwortliche und Mitglieder. Die frühere Trennung zwischen Websitesammlung und Website existiert im Onlinemodell nicht mehr. Die Verwaltung erfolgt direkt auf der Ebene der Website, sodass die bisherigen Hierarchien und Abgrenzungen zwischen Sammlung und Seite entfallen.

Innerhalb einer Website gibt es verschiedene Inhalte, die durch Listen und Bibliotheken strukturiert sind.

Eine Dokumentbibliothek fasst Dateien wie Dokumente, Bilder oder Videos zusammen, während Listen für strukturierte Datensätze mit Spalten und Zeilen dienen.

Die Architektur in SharePoint Online folgt dem Prinzip einer flachen Struktur. Sie legen für jeden Arbeitsbereich, jedes Team oder jedes Projekt eine eigene Website an, anstatt diese technisch zu verschachteln. Die Verknüpfung von Websites erfolgt über Hub-Seiten oder über die Navigation. Eine Website kann zum Hub erklärt werden und andere Websites werden diesem Hub zugeordnet. Die Hub-Seite dient als organisatorische Klammer und sorgt für eine gemeinsame Navigationsleiste, einheitliches Design und die Verteilung zentraler Nachrichten über alle angebundenen Websites. Die Verwaltung eines Hubs ist unkompliziert. Sie benennen eine Website zum Hub und melden die weiteren Websites im Admin Center an.

Neben der Hubsite -Zuordnung gibt es noch die sogenannte Homesite. Die Homesite ist in der Regel als zentrale Einstiegsseite vorgesehen, auf der unternehmensweite Informationen bereitgestellt werden und die als Ausgangspunkt für die Navigation dient.

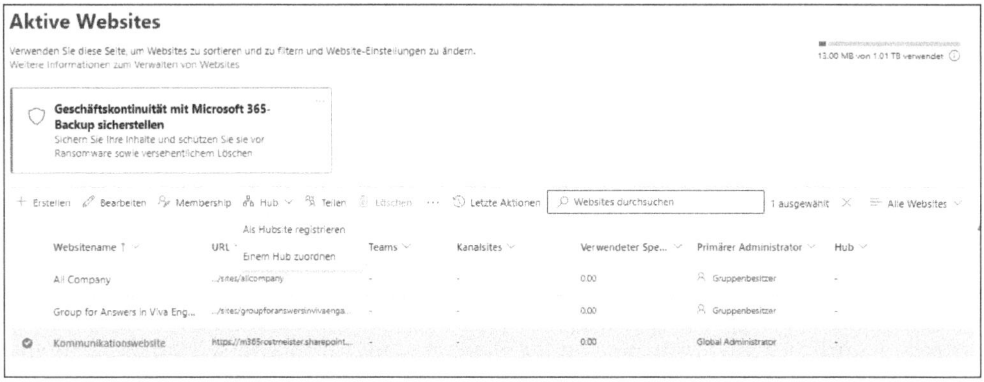

Abbildung 20.6: Einrichtung der Hubsite

Es kann in SharePoint Online nur eine Homesite pro M365-Umgebung deklariert werden. Diese Homesite erhält dabei direkt die eigentliche SharePoint-URL ohne zusätzliches Präfix oder Seitennamen in der Adresse. Sie fungiert somit als zentrale Einstiegsseite und ist quasi der Startpunkt für alle Mitarbeiter in SharePoint Online.

Möchten Sie eine Homesite definieren, dann benötigten Sie die SharePoint Management Shell und folgenden PowerShell-Befehl: `Cmdlet Set-SPOHomeSite`. Geben Sie nach dem Befehl die URL der gewünschten Website an. So können Administratoren die zentrale Einstiegsseite unkompliziert über die Kommandozeile konfigurieren und verwalten.

Durch die klare Ausrichtung auf Einzelseiten, Hubs und Home Seiten entsteht eine flexible und leicht verständliche Struktur, die eine sichere Verwaltung und effiziente Zusammenarbeit ermöglicht. Die Übersicht im Admin Center bleibt auch bei einer steigenden Anzahl von Websites erhalten, da jede Website für sich verwaltet wird und über eigene Einstellungen für Speicher, Sicherungen und Berechtigungen verfügt.

SharePoint-Container

Der Navigationspunkt CONTAINER symbolisiert das Thema SharePoint Embedded. ShaerPoint Embedded ist ein moderner Ansatz, um Dokumentenmanagement direkt in individuelle Unternehmensanwendungen einzubinden, ohne gleich eine klassische SharePoint-Seite aufzusetzen. Im Grunde handelt es sich um einen CONTAINER, der speziell für die Speicherung und Verwaltung von Dateien und Metadaten innerhalb einer App oder eines Business-Prozesses gedacht ist. Die Erstellung solcher Embedded-Container erfolgt meist über die Entwicklungsschnittstellen (APIs) von Microsoft Graph; sprich, die IT oder ein Entwickler richtet den Container ein und verknüpft ihn mit der Anwendung, in der die Dateien landen sollen.

Als Administrator haben Sie bei SharePoint Embedded vor allem die Aufgabe, die grundlegenden Berechtigungen und Sicherheitsrichtlinien zu kontrollieren. Sie dürfen festlegen, welche Nutzer oder Gruppen auf die eingebetteten Container zugreifen können, wie die Daten geschützt werden – und Sie können den Zugriff nach Bedarf wieder entziehen. Das eigentliche Handling, also das Anlegen, Löschen oder Verschieben von Dateien, bleibt meist dem jeweiligen Business-Besitzer oder der angebundenen App überlassen.

Sie sollten als Admin regelmäßig überprüfen, ob die Container noch gebraucht werden und ob die Zugriffsrechte aktuell sind, um Datenleichen und Sicherheitsrisiken zu vermeiden.

Freigabekonfiguration und Berechtigungen

SharePoint glänzt mit einem feingranularen Berechtigungsmodell. Das bedeutet, Sie können sehr genau steuern, wer wo was darf. Allerdings ist dieses Thema auch eine Quelle häufiger Verwirrung, sowohl für Admins als auch für Benutzer. Folgende, wichtige Aspekte sollten Sie wissen:

Auf Website-Ebene gibt es in SharePoint Standardgruppen: Besitzer, Mitglieder und Besucher. Besitzer haben Vollzugriff (Admin der Site), Mitglieder dürfen Inhalte hinzufügen/ändern, Besucher dürfen nur lesen. Wenn Sie eine Teamwebsite mit einer Microsoft-365-Gruppe haben, wird diese Gruppe automatisch den SharePoint-Gruppen zugeordnet: Gruppeneigner werden SharePoint-Besitzer, Gruppenmitglieder werden SharePoint-Mitglieder. Das passiert im Hintergrund, so dass ein Team-Besitzer in Teams gleichzeitig die SharePoint-Seite administriert. Praktisch, oder? – So bleiben Teams und SharePoint synchron.

Zusätzlich können Sie Microsoft-Entra-ID-Gruppen nutzen, um Berechtigungen zu vergeben.

BEISPIEL

Beispielsweise könnten Sie eine Entra-ID-Gruppe »Alle Mitarbeiter Vertrieb« haben und dieser Gruppe auf einer SharePoint-Site Leserechte geben. Dann erhalten automatisch alle aktuellen und zukünftigen Vertriebsmitarbeiter Zugriff, ohne dass man sie einzeln hinzufügen muss.

Das ist ein Segen, um Berechtigungen zentral zu steuern. Man pflegt die Mitglieder einer Entra-ID-Gruppe an einer Stelle (meist macht das die Identity- oder HR-Abteilung), und in SharePoint greifen die Rechte sofort entsprechend.

SharePoint trennt intern zwischen internen Berechtigungen (durch oben genannte Gruppen oder einzelne Benutzer) und Freigaben nach extern. Im SharePoint Admin Center können Sie global festlegen, ob externe Freigaben erlaubt sind. Das betrifft Szenarien, wo ein Benutzer einen Dokumentlink erstellt und an jemanden außerhalb der eigenen Organisation schickt (zum Beispiel an einen Kunden mit Gmail-Adresse). Es gibt mehrere Stufen, welche Sie Abbildung 20.7 entnehmen können.

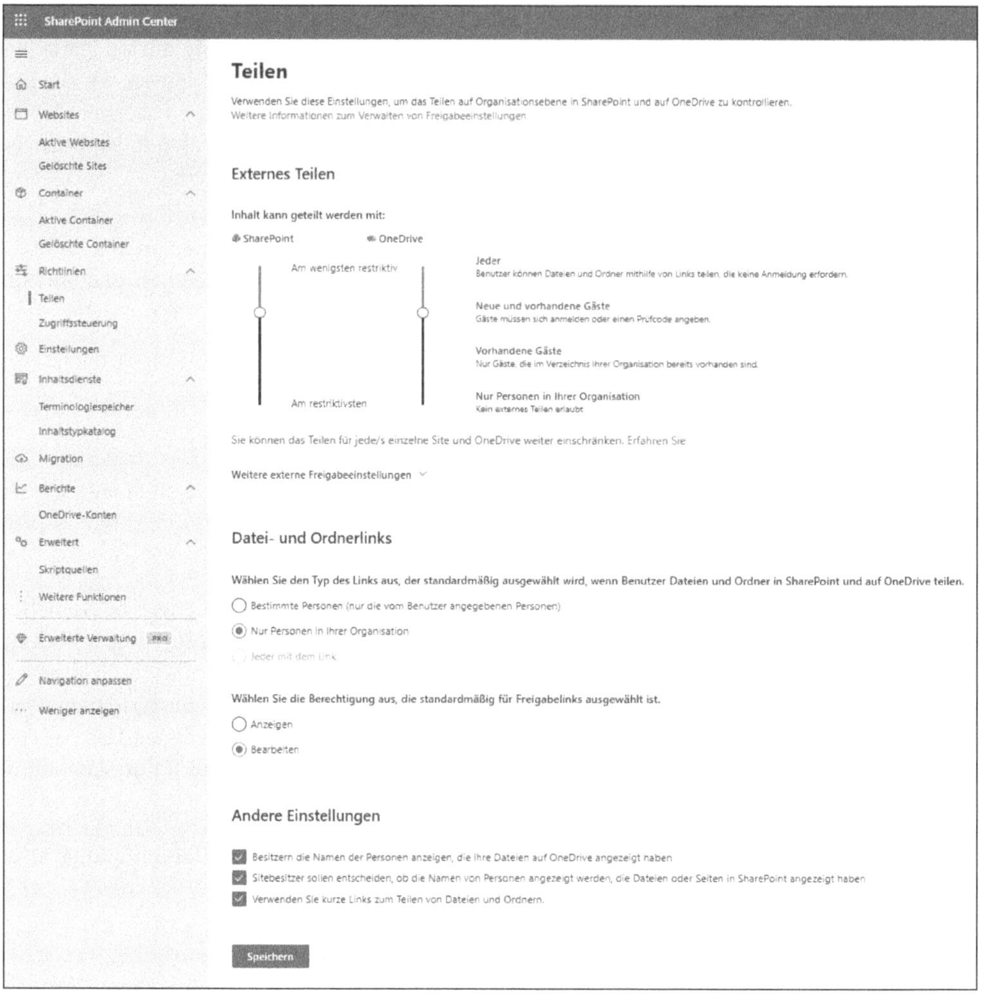

Abbildung 20.7: Teilen-Einstellungen

Sie sollten darauf achten, dass das anonyme Teilen von Dateien in SharePoint grundsätzlich unterbunden ist. »Anonym« bedeutet in diesem Zusammenhang: Jeder, der einen Link erhält, könnte auf Inhalte zugreifen – ganz ohne vorherige Berechtigungsprüfung oder Login. Das ist aus Datenschutz- und Sicherheitsgründen nicht zu empfehlen. Stellen Sie die Freigaberichtlinien deshalb so ein, dass nur authentifizierte Benutzer Zugriff erhalten.

Auf Seiten-Ebene, unter dem Menüpunkt AKTIVE SEITEN, können diese Freigaberichtlinien verfeinert werden.

Zum Beispiel mag man für die Personalabteilungssite externe Freigabe komplett ausschließen, selbst wenn es anderswo erlaubt ist. Oder für eine Projektsite mit Partnern die externe Freigabe gezielt erlauben.

Sie als Administrator haben hier die Aufgabe, die Balance zwischen Sicherheit und Zusammenarbeit zu halten – lieber etwas strenger anfangen und bei Bedarf lockern. Es ist schwieriger, eine einmal zu offene Datenfreigabe nachträglich einzuhegen.

Wenn Ihre Seite nur intern genutzt wird, stellen Sie sie auf NUR FÜR IHRE ORGANISATION FREIGEGEBEN. So vermeiden Sie Fehler beim Teilen von Dokumenten und Inhalten.

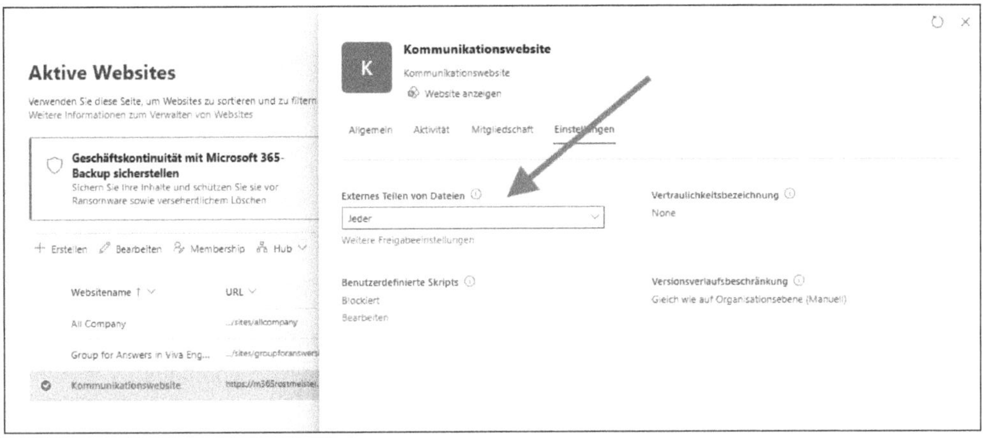

Abbildung 20.8: Freigabeeinstellung auf einer Website

Best Practices für Berechtigungen

Arbeiten Sie, wo möglich, mit Gruppen statt einzelnen Benutzerrechten. Das verhindert, dass man nach Jahren zig individuelle Einträge hat (»Hans darf Ordner A lesen, aber Datei B bearbeiten, während Petra…« – das führt ins Chaos). Besser: Hans und Petra sind in der Gruppe » Projektteam X« und diese Gruppe hat Bearbeitungsrechte auf der Site.

Vermeiden Sie tiefe Berechtigungsvererbung-Brüche. SharePoint erlaubt es ja beispielsweise, einzelnen Ordnern oder Dateien spezielle Berechtigungen zu geben (unabhängig von der übergeordneten Bibliothek). Das sollte aber die Ausnahme bleiben – sonst verliert man völlig den Überblick, wer auf Dokument 123 zugreifen kann.

Überprüfen Sie Freigaben regelmäßig. Insbesondere externe Freigaben sollten von Zeit zu Zeit auditiert werden: Sind die externen Gäste noch aktuell? Muss Partner Y wirklich noch auf Ordner Z zugreifen, oder wurde das Projekt längst abgeschlossen? In Microsoft 365 gibt es dafür das Feature der Access Reviews (Zugriffsüberprüfungen), mit dem man zyklisch Verantwortliche bestätigen lassen kann, dass Berechtigungen noch korrekt sind. Für kleinere Umgebungen tut es aber auch mal eine manuelle Sichtung.

Trotz aller Sorgfalt kann es passieren, dass Berechtigungen aus dem Ruder laufen – man spricht dann gern vom »Permission Sprawl« (Berechtigungswildwuchs) oder Oversharing (zu freizügiges Teilen von Inhalten). Das ist natürlich gefährlich, weil Daten an Personen gelangen könnten, die sie nicht haben sollten. Hier kommt wieder eine neue Entwicklung ins

Spiel: der SharePoint Admin Agent, auf den wir im Governance-Abschnitt eingehen. Dieser digitale Helfer kann solche Situationen automatisch erkennen und melden. Aber verlassen sollten Sie sich nicht nur auf ihn – am Ende ist es besser, von Anfang an überschaubare Berechtigungskonzepte zu haben.

Wichtige Einstellungen und Inhaltsdienste vor der Einführung

Bevor Sie SharePoint groß ausrollen oder viele Anwender darauf lossprinten, sollten einige Grundkonfigurationen getroffen sein. Es ist wie bei einem neuen Bürogebäude: Erst das Fundament und die Räume vorbereiten, dann die Belegschaft reinlassen. Nun stellen Sie sich sicherlich die Frage: Welche Vorsteinstellungen sind sinnvoll und welche nicht? Nachfolgend die wichtigsten Einstellungen für den Start.

Versionierung

Stellen Sie sicher, dass in Ihren wichtigsten Bibliotheken die Dokument-Versionierung aktiviert ist (Standard in SharePoint ist das bereits der Fall, OneDrive ebenfalls). Versionierung bedeutet, SharePoint behält ältere Stände einer Datei. So kann man zum Beispiel zu einer früheren Version zurückkehren, falls nötig. Für die meisten Anwendungsfälle ist die Haupt- und Nebenversion-Option (Major/Minor) ausreichend. Das heißt, es gibt veröffentlichte Versionen (1.0, 2.0, …) und Entwurfszwischenstände (0.1, 0.2, …). Überlegen Sie, ob Sie alle Versionen unbegrenzt aufheben oder aus Speichergründen vielleicht auf beispielsweise die letzten 100 begrenzen. In vielen Umgebungen lässt man einfach alles, denn Speicher ist meist genügend da und der Nutzen von Versionen groß.

Papierkorb-Einstellungen

SharePoint hat ein zweistufiges Papierkorbsystem – erst landen gelöschte Elemente im Papierkorb der Site, dort können Benutzer sie selbst wiederherstellen. Nach 93 Tagen (oder wenn der Benutzer manuell dort löscht) wandern die Items in den zweiten Papierkorb (Site-Collection-Administrator-Papierkorb). Dort bleiben sie für einen weiteren Zeitraum (insgesamt 93 Tage ab ursprünglicher Löschung) und Admins können sie wiederherstellen. Danach ist endgültig Schluss, jedenfalls ohne Backup.

Sie können im Admin Center oder per PowerShell Items aus dem zweiten Papierkorb retten. Diese Fristen sind fix und nicht pro Site einstellbar. Aber Sie sollten Benutzer darüber aufklären, damit niemand denkt, SharePoint sei ein Archiv für die Ewigkeit. Löschen heißt: irgendwann weg. Tipp: Für kritische Daten, die aufbewahrt werden müssen, lieber mit Retention Policies arbeiten, anstatt sich auf den Papierkorb zu verlassen.

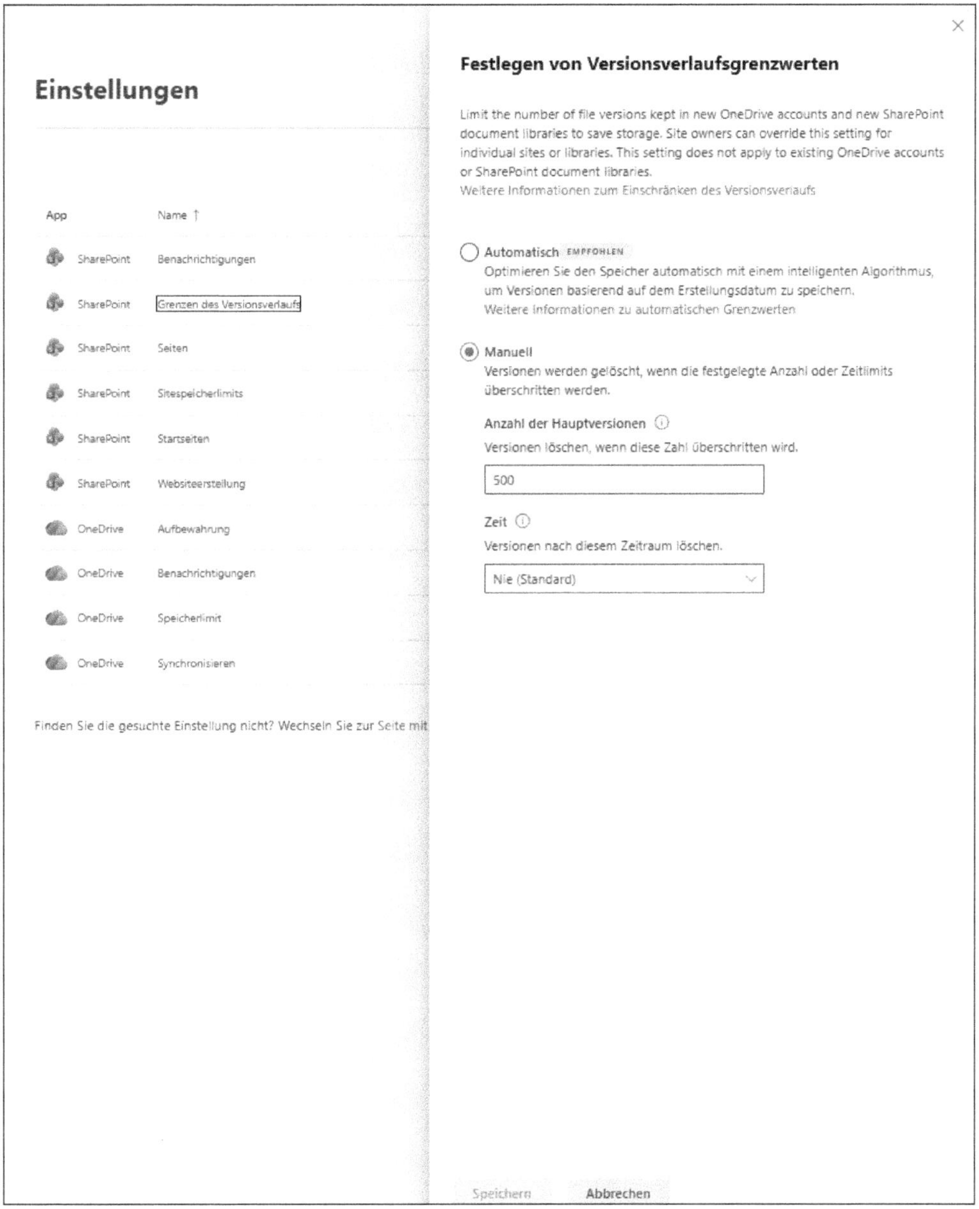

Abbildung 20.9: Einstellung Versionierungsgrenzen

Dokumentvorlagen

SharePoint ermöglicht es, Bibliotheken mit Vorlagendateien auszustatten. Wenn Ihre Firma zum Beispiel immer eine bestimmte Word-Vorlage für Protokolle nutzt, können Sie diese in der Bibliothek hinterlegen. Benutzer klicken dann einfach auf NEUES DOKUMENT und erhalten das vorkonfigurierte Template. Es lohnt sich, im Vorfeld solche Standardvorlagen bereitzustellen – das spart Zeit und sorgt für Vereinheitlichung.

Taxonomie (Term Store)

Ein großer Begriff für etwas sehr Nützliches, das verwaltete Metadatensystem. Im Term Store können Sie Hierarchien von Schlagwörtern zentral pflegen (Termsets). Einheitliche Schreibweise, zentrales Pflegen (wenn Abteilung umbenannt wird, ändern Sie den Begriff einmal zentral und überall ist er aktualisiert). Vor Einführung von SharePoint im großen Stil sollte man sich überlegen, welche Taxonomien sinnvoll sind. Lieber klein anfangen: ein paar wichtige Kategorien definieren (Projekte, Regionen, Dokumententypen, ...), als sich in 1 000 möglichen Tags zu verlieren.

Inhaltstypen

Ähnlich wie Metadaten dienen Inhaltsarten der Vereinheitlichung. Eine Inhaltsart bündelt eine Reihe von Einstellungen für bestimmte Arten von Inhalten. Beispiel: Inhaltsart »Vertrag« mit den Spalten Vertragsnummer, Kunde, Gültigkeitsdatum. Mit solchen Inhaltsarten können Sie sicherstellen, dass überall dieselben Felder für ähnliche Inhalte verwendet werden. Im SharePoint Admin Center gibt es eine zentral verwaltete Inhaltsart-Galerie, wo Sie solche Typen global definieren können. Überlegen Sie also vorab, ob es Dokument- oder Listentypen gibt, die Sie unternehmensweit standardisieren möchten.

Zeitzonen-Einstellungen

Standardmäßig ist in SharePoint die Zeitzone oft auf »(UTC-08:00) Pazifikzeit (USA und Kanada)« eingestellt, also auf eine US-Zeitzone. Das bedeutet, beim Erstellen einer neuen Site oder Bibliothek, werden Uhrzeiten und Datumsangaben zunächst im US-Format angezeigt. Das kann rasch zu Verwirrung führen, wenn Sie etwa Termine oder Fristen eintragen und sich auf ein anderes Zeit- und Datumsformat verlassen.

Um die Zeitzone auf Ihre Region – zum Beispiel »(UTC+01:00) Amsterdam, Berlin, Bern, Rom, Stockholm, Wien« für Deutschland – umzustellen, gehen Sie in die Website-Einstellungen (WEBSITE-EINSTELLUNGEN oder SITE SETTINGS). Dort finden Sie im Bereich WEBSITEVERWALTUNG den Punkt REGIONALE EINSTELLUNGEN oder REGIONALEINSTELLUNGEN. Hier können Sie die Zeitzone, das Datums-, Zeit- und Zahlenformat passend einstellen.

Wählen Sie DEUTSCH (DEUTSCHLAND) als Region, damit die Formate konsistent und für Ihre Nutzer verständlich bleiben.

Diese Einstellung ist nicht nur kosmetisch. Sie legt fest, wie SharePoint Uhrzeiten und Datumsangaben anzeigt und verarbeitet – etwa bei Kalendern, Aufgaben oder Versionierungen von Dokumenten. Stimmen Zeitzone und Region nicht, kann das zu Missverständnissen und Fehlern im Arbeitsalltag führen. Daher lohnt es sich, die regionale Einstellung direkt nach dem Anlegen einer neuen Site oder Bibliothek anzupassen.

All diese Dinge klingen nach viel Vorbereitung; aber keine Sorge, man muss nicht jedes Feature bis ins letzte Detail vorkonfigurieren. Es geht darum, einen Rahmen zu stecken, in dem die Zusammenarbeit stattfindet. Haben Sie die wichtigsten Funktionen aktiviert und Leitplanken gesetzt, kann es losgehen. SharePoint lässt sich ja auch noch während der Nutzung anpassen.

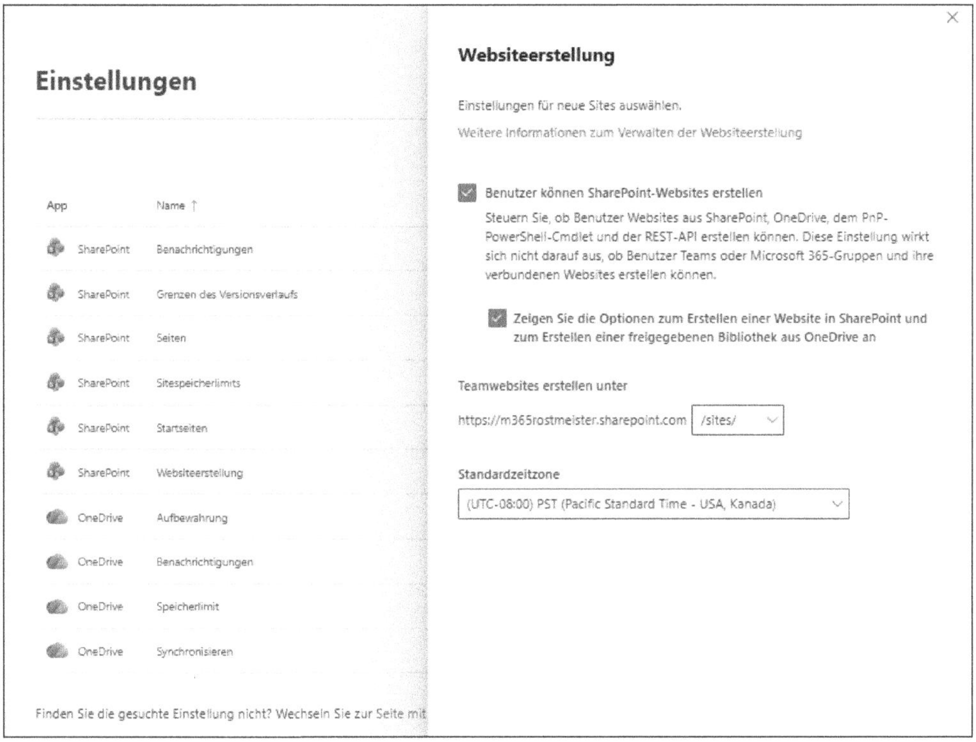

Abbildung 20.10: Website-Einstellungen

Informationsarchitektur und Strukturierung

Eine gute Informationsarchitektur ist das A und O, damit SharePoint wirklich zum Segen wird und nicht zum Fluch. Damit ist gemeint: die Art und Weise, wie Inhalte organisiert, benannt und miteinander verknüpft sind. Denn Technik hin oder her – wenn niemand etwas findet oder keiner durchblickt, nutzt die beste Plattform wenig.

Worauf sollten Sie achten?

- **Flache Strukturen:** Vermeiden Sie tiefe Verschachtelungen. Statt fünf Ebenen von Unterordnern lieber ein durchdachtes Tagging-System mit Metadaten oder ein klarer Ordner auf erster Ebene. Benutzer klicken ungern durch Ordnerlabyrinthe. Lieber einen Filter setzen oder eine Sortierung nach Attributen ermöglichen.
- **Konsistente Benennungen:** Einheitliche Begriffe für ähnliche Dinge. Beispielsweise sollte eine zentrale Dokumentbibliothek überall ähnlich heißen (»Dokumente« und nicht mal »Files«, mal »Docs«). Wenn jeder Bereich eigene Begriffe erfindet, fühlen sich Nutzer wie in verschiedenen Welten, obwohl es alles SharePoint ist.
- **Navigation und Startpunkte:** Legen Sie fest, wo die Benutzer anfangen. Gibt es eine zentrale Intranet-Homepage? Haben Abteilungen Startseiten? Wer interne Suchfunktion nutzt, sollte gegebenenfalls die Priorität wichtiger Seiten kennen. (Man kann

Such- Ergebnisse beeinflussen, aber das führt hier zu weit.) Wichtig: Die Nutzer brauchen Orientierung – die bekommen sie durch gut überlegte Menüstrukturen und vielleicht Portal-Seiten, die auf weitere Sites verlinken.

- **Gezielter Einsatz von Metadaten:** SharePoint erlaubt es, Inhalte nach beliebigen Kriterien zu beschreiben. Nutzen Sie das, wo es Sinn ergibt. Zum Beispiel kann man in einer Wissensdatenbank neben dem Titel und Autor eines Dokuments auch dessen »Themengebiet« als Spalte erfassen. Später können Anwender dann nach Themen filtern. Oder jede Projektsite könnte angeben, ob das Projekt intern oder »mit Kunde« ist – so könnte man bereichsübergreifend schnell alle externen Projekte auflisten. Als Admin können Sie solche Felder zentral definieren und damit übergreifend für Auffindbarkeit und Ordnung sorgen.

Überfordern Sie die Leute nicht mit Pflichtfeldern. Fünf gut gewählte Metadatenfelder sind besser als 20, von denen dann 15 nie sauber gepflegt werden. Lieber Schritt für Schritt erweitern, wenn Sie merken, dass ein weiteres Kriterium wichtig wird.

Compliance, Aufbewahrung und Datenklassifizierung

In vielen Unternehmen spielen Compliance-Vorgaben eine große Rolle:

- ✔ Gesetzliche Anforderungen (zum Beispiel DSGVO),
- ✔ branchenspezifische Regeln (zum Beispiel in der Finanzbranche) oder
- ✔ interne Policies (zum Beispiel »Vertrauliche Daten müssen verschlüsselt gespeichert werden«).

SharePoint als Datenspeicher muss entsprechend konfiguriert sein, damit diese Vorgaben eingehalten werden. Ein zentraler Baustein sind **Sensitivity Labels** (Empfindlichkeitsbezeichnungen). Mit ihnen können Dokumente oder ganze Sites als zum Beispiel »öffentlich«, »intern«, »vertraulich« oder »streng vertraulich« klassifiziert werden. Was bringt das? Je nach Label können Schutzmaßnahmen greifen – etwa Verschlüsselung, Wasserzeichen auf Dokumenten oder Einschränkungen, wer die Inhalte weitergeben darf. Als Admin richten Sie diese Labels im Microsoft Purview Compliance Center ein und können sie dann in SharePoint anbieten. Benutzer können Dokumente entsprechend labeln, oder Sie setzen Vorgaben (zum Beispiel alle Dokumente in bestimmten Libraries erhalten automatisch das Label »intern«). Seit Ende 2025 kann auch Copilot mit diesen Labels umgehen, das heißt, er berücksichtigt die Schutzstufe beim Beantworten von Fragen (er würde z. B. nicht frei aus »streng vertraulichen« Dokumenten zitieren, wenn der Fragende nicht die nötigen Rechte hat).

Sensitivity Labels müssen geplant und durchgesetzt werden. Überlegen Sie, welche Klassifizierungen in Ihrer Organisation Sinn machen und kommunizieren Sie klar, was sie bedeuten.

Mit **Aufbewahrungsrichtlinien** (Retention Policies) legen Sie fest, wie lange Daten aufbewahrt werden (müssen) und was danach passiert.

Beispiel: Gesetzlich müssen bestimmte Finanzdokumente zehn Jahre aufbewahrt werden – dann definieren Sie eine Policy, die löscht solche Dokumente nicht vor dem Ablauf von zehn Jahren. Oder im Gegenteil, Sie wollen, dass Teams-Inhalte automatisch nach fünf Jahren gelöscht werden, um Speicher und Übersicht zu behalten – auch das ließe sich einstellen. Diese Richtlinien werden im Compliance Center zentral definiert und dann auf SharePoint-Sites angewendet.

Im Admin Center sehen Sie, welche Sites welche Richtlinien haben, und sollten mit den Verantwortlichen zusammenarbeiten, um die passenden Policies zu wählen.

Data Loss Prevention (DLP) sind Regeln, die verhindern sollen, dass sensible Informationen das Unternehmen verlassen. Zum Beispiel könnte eine DLP-Regel in SharePoint anspringen, wenn jemand versucht, eine Datei mit vielen Kreditkartennummern öffentlich zu teilen. Dann blockiert SharePoint die Freigabe oder protokolliert einen Vorfall. Diese Feinheiten gehören zwar eher ins Security-Kapitel, aber seien Sie sich bewusst: SharePoint ist kompatibel mit all diesen Mechanismen. Als Admin sollten Sie in Absprache mit dem Sicherheits- und Compliance-Team DLP-Regeln definieren, wenn es relevante Daten gibt (zum Beispiel Personaldaten, Gesundheitsdaten, Finanzdaten). Microsoft 365 bietet viele vordefinierte Muster (für Kreditkarten, IBANs, Sozialversicherungsnummern und so weiter), die Sie nutzen können.

Monitoring und Wartung

Nach all der Einrichtung und Nutzung stellt sich die Frage »Wie halten Sie Ihre SharePoint-Umgebung gesund, performant und regelkonform?« Hier kommen Monitoring, Wartung und Governance ins Spiel – im Grunde laufende Aufgaben eines Administrators, um die Plattform im Griff zu behalten.

Monitoring

Behalten Sie wichtige Kennzahlen und Aktivitäten im Auge. Das SharePoint Admin Center liefert bereits einige Berichte, wie zum Beispiel zur Anzahl aktiver Sites, zur Speichernutzung insgesamt und pro Site, zur Anzahl der aktiven Benutzer, zu Dateien, die synchronisiert werden und so weiter. Zusätzlich gibt es das Microsoft-365-Reports-Dashboard, wo Sie sehen können, wie viele Dateien pro Tag hochgeladen wurden, oder wie viele Leute SharePoint-Seiten besuchen. Nutzen Sie diese Zahlen, um Trends zu erkennen (z. B. kann ein rasanter Speicherzuwachs in kurzer Zeit auf ein Wildwuchs-Problem hindeuten, oder ein starker Rückgang der aktiven Benutzer auf einer Site könnte bedeuten, das Projekt ist vorbei). Gerade Speicher und Aktivität sind zwei Faktoren, die man gut beobachten sollte.

Wartung

Auch wenn SharePoint Online von Microsoft betrieben wird (Updates, Patches, Server – all das erledigt Microsoft), haben Sie dennoch Wartungsaufgaben in der Administration.

Stellen Sie sicher, dass Sie nicht ans *Speicherplatzlimit* kommen. Microsoft 365 Tenants haben ein gewisses SharePoint-Speicherkontingent, basierend auf Lizenzen plus Zukauf. Im

Admin Center sehen Sie die Auslastung. Wenn es eng wird, müssen Sie entweder Speicher nachkaufen oder Platz schaffen (alte Daten löschen/archivieren). Mittlerweile gibt es ein flexibles Pay-as-you-go-Speichermodell. Microsoft erlaubt es demnächst auch, zusätzlichen SharePoint-Speicher nach tatsächlichem Verbrauch abzurechnen, statt ein festes Kontingent zu buchen. Das ist praktisch bei schwankendem Bedarf. Sie zahlen nur, wenn Sie den Platz wirklich nutzen.

Die Pay-as-you-go-Variante kann in der Praxis oft teurer ausfallen als klassische Volumenpreise, insbesondere wenn dauerhaft viel Speicher benötigt wird. Es lohnt sich also, vorab zu kalkulieren, ob das flexible Modell tatsächlich wirtschaftlicher ist oder ob feste Kontingente langfristig günstiger sind.

Außerdem integriert sich dieses Modell mit Archivfunktionen. Verschieben Sie ältere Inhalte ins Archiv, wird teurer Primärspeicher frei und die Archivdaten zählen anders aufs Budget.

Über die Zeit sammeln sich inaktive Sites und Datenleichen. Hier sollten Sie regelmäßig *ausmisten*. Das kann man manuell tun – zum Beispiel alle paar Monate checken, ob es offensichtliche verlassene Projektseiten gibt– oder Nutzer anschreiben, die extrem viel Speicher belegen mit alten Versionen oder Videos, und sie fragen, ob das noch gebraucht wird.

»Backup« klingt erstmal altmodisch in Zeiten von Cloud – schließlich hat man ja Papierkörbe und Versionen. Aber was, wenn mal etwas richtig schiefgeht? Zum Beispiel löscht ein Skript versehentlich hunderte Sites, oder ein Hackerangriff verschlüsselt Massen an Dateien? Dafür hat Microsoft ein eigene Backup-Lösung für Microsoft 365 eingeführt. Diese kann regelmäßig Sicherungen Ihrer SharePoint- und OneDrive-Daten ziehen, die getrennt aufbewahrt werden. Im Notfall können daraus ganze Sites oder Bibliotheken wiederhergestellt werden – unabhängig vom normalen Papierkorb. Das erhöht die Datensicherheit enorm.

Das Microsoft-365-Backup sichert (Stand November 2025) ausschließlich Dateien, jedoch keine Seiteninhalte. Das bedeutet, Ihre Dokumente und Bibliotheken sind geschützt, aber Wiki-Seiten, News und weitere Seiteninhalte werden beispielsweise nicht mitgesichert. Für diese Inhalte besteht also weiterhin ein Risiko, und das sollte bei der Planung Ihrer Datensicherung berücksichtigt werden.

Bislang setzen Unternehmen hierfür oft auf Drittanbieter-Backup-Lösungen; künftig bietet Microsoft das »aus einer Hand«. Prüfen Sie, ob Ihr Plan diese Backup-Funktion beinhaltet und ob sie für Ihre Anforderungen nötig ist. In vielen Fällen mag man ohne auskommen (Microsoft 365 ist sehr ausfallsicher, und viele Daten lassen sich über Versionierung/Papierkorb retten), aber für Business-kritische Inhalte oder strenge Compliance-Umfelder ist es sinnvoll.

IN DIESEM KAPITEL

Was ist Viva Engage und welchen Mehrwert bietet es Unternehmen?

Was sind Administrationsrollen und wozu sind diese da?

Wie sorge ich für Sicherheit in den Communitys?

Kapitel 21

Viva Engage als Social Network der Zusammenarbeit

Viva Engage, vormals unter dem Namen Yammer bekannt, ist das unternehmensweite soziale Netzwerk innerhalb von Microsoft 365, nahtlos integriert in die Teams-App und das Webportal. Es ermöglicht allen Mitarbeitern, sich über Abteilungs- und Hierarchiegrenzen hinweg auszutauschen, Wissen zu teilen und sich zu vernetzen – vom Vorstand bis zum Praktikanten. Anders als klassische Team-Chattools steht hier der offene Dialog im Vordergrund. Diskussionen sind für viele sichtbar, sodass Informationen frei fließen können. Das fördert nicht nur den effizienten Wissensaustausch, sondern stärkt auch das Gefühl der Zugehörigkeit im Unternehmen. Jeder kann sich einbringen, Fragen stellen oder Erfolge teilen, ohne vorher um Erlaubnis zu fragen. Viva Engage fungiert damit ein Stück weit als digitaler Marktplatz der Firma, auf dem Ideen, Feedback und Neuigkeiten zusammenkommen. Aus Unternehmenssicht ist Viva Engage zu einem wichtigen Baustein der sogenannten »Employee Experience« innerhalb von Microsoft 365 geworden.

- ✔ Viva Engage ergänzt als offenes Community-Forum die klassischen, meist projektorientierten Tools wie Teams und SharePoint um einen unternehmensweiten, dialogorientierten Austausch. Für Administratoren bietet Viva Engage klare Vorteile.
- ✔ Es schafft eine zentrale Plattform für bereichsübergreifende Kommunikation und Wissensaustausch, die Transparenz fördert und Silos aufbricht.
- ✔ Communitys ermöglichen effizienten Wissenstransfer und Expertenhilfe, während Funktionen wie Leadership Corner und Storyline-Targeting eine direkte, zielgerichtete Führungskräftekommunikation erlauben.

- KI-gestützte Q&A-Funktionen (»Answers in Viva Engage«) erleichtern das Wissensmanagement, indem sie häufige Fragen automatisch beantworten und relevante Experten vorschlagen.
- Die Integration von Live-Events mit Interaktion, Nachbereitung und dauerhafter Verfügbarkeit fördert nachhaltigen Dialog. Für Admins bietet Viva Engage zentrale Steuerbarkeit, klare Governance-Optionen und eine einfache Einbindung in bestehende M365-Prozesse. Damit wird die interne Kommunikation effizienter, transparenter und messbarer.

Lizenzierung und Rollen

Bei so vielen Funktionen stellt sich die Frage »Was kostet der Spaß eigentlich, und wer darf was?« Die Basisfunktionen von Viva Engage sind in den Small-Business- und Enterprise-Plänen von Microsoft 365 enthalten. Wenn Ihre Organisation also über Microsoft-365-Lizenzen (Business oder Enterprise) verfügt, ist Viva Engage ohne Zusatzkosten nutzbar (Stand November 2025). Mitarbeiter mit einer gültigen M365-Lizenz können sich anmelden, Communitys beitreten, Beiträge verfassen, auf Events reagieren und so weiter – ohne Lizenz-Chaos. Jedoch müssen Sie den Benutzern die Anwendung freigeben. Wie genau sie Anwendungen, sogenannte Apps, freigeben, haben wir bereits im Kapitel »Benutzerverwaltung in Entra ID« besprochen. Zusätzlich zu den Basis-Lizenzen gibt es Funktionserweiterungen in Viva Engage, bei denen eine Viva-Engage-Erweiterungslizenz notwendig ist. Folgende Lizenzerweiterungen für Viva Engage gibt es:

- **Viva Suite:** Das Rundum-sorglos-Paket, in dem alle Viva-Module (Insights, Learning, Engage, Amplify und so weiter) enthalten sind.
- **»Viva Employee Communications and Communities«-Plan:** Ein spezielles Teilpaket, das sich auf Viva Engage (und Viva Amplify) konzentriert. Dieses Add-on ist preisgünstiger als die Viva-Suite-Lizenz (Stand Ende 2025) und schaltet sämtliche Premiumfunktionen von Viva Engage frei, ohne dass man die ganze Viva Suite braucht. Es ist ideal, wenn man vor allem die fortgeschrittenen Community- und Kommunikationsfunktionen nutzen will.

Die Premiumfunktionen in Viva Engage bieten Unternehmen einen erweiterten Funktionsumfang, der weit über die grundlegenden sozialen Netzwerkfunktionen hinausgeht. Diese Zusatzfunktionen sind besonders für Organisationen interessant, die eine gezielte und effektive interne Kommunikation sowie ein strukturiertes Wissensmanagement etablieren möchten. Mit den Premiumfunktionen erhalten Sie Werkzeuge, die insbesondere in komplexen oder größeren Unternehmensstrukturen den Informationsfluss verbessern und die Einbindung der Mitarbeiter fördern. Im Folgenden erhalten Sie eine detaillierte Übersicht der wichtigsten Premiumfunktionen sowie eine Erläuterung der verschiedenen Rollen in Viva Engage.

Leadership Corner

Die Leadership Corner ist ein exklusiver Bereich innerhalb des Netzwerks, in dem Beiträge und Aktivitäten von Führungskräften zentral hervorgehoben werden. Mitarbeiter können gezielt den Mitteilungen und Initiativen der Geschäftsleitung folgen. Im Unterschied zur Basisversion werden in der Leadership Corner die Kommunikationsströme der Führungsebene gebündelt und ansprechend präsentiert. Dies ermöglicht auch spezielle Fragerunden und Veranstaltungen, die ausschließlich für Führungskräfte vorgesehen sind. Sie steigern damit die Sichtbarkeit der Unternehmensleitung und fördern einen direkten Austausch zwischen Management und Belegschaft.

Storyline Announcements mit erweiterter Reichweite

Storylines sind persönliche Kommunikationskanäle, die es jedem Nutzer ermöglichen, eigene Beiträge im Stil eines Blogs zu veröffentlichen. In der Premiumversion können Führungskräfte und berechtigte Personen ihre Storyline-Beiträge als Ankündigungen an das gesamte Unternehmen senden. Dadurch erhalten alle Mitarbeiter eine Benachrichtigung. Zudem erlaubt die Premiumlizenz das sogenannte Cross-Tenant Storyline Targeting, also das Teilen von Beiträgen über verschiedene Organisationseinheiten hinweg. Dies ist besonders hilfreich für konzernübergreifende Kommunikation oder bei Unternehmen mit mehreren Tochtergesellschaften.

Mit Cross-Tenant ist die Kommunikation oder Zusammenarbeit zwischen verschiedenes, voneinander unabhängiges Microsoft-365-Mandanten gemeint. Das bedeutet, dass Beiträge, Nachrichten oder Funktionen nicht nur innerhalb der eigenen Organisation, sondern auch organisationsübergreifend zum Beispiel mit Tochtergesellschaften oder Partnerunternehmen geteilt und genutzt werden können. So werden die Reichweite und der Informationsaustausch über die Grenzen eines einzelnen Mandanten hinaus ermöglicht.

Kampagnen-Funktion

Mit der Kampagnen-Funktion gestalten Sie gezielte interne Kommunikationsinitiativen, die einem bestimmten Ziel oder Thema dienen. Beiträge können einer Kampagne zugeordnet und mit Tags versehen werden. Die Funktion ermöglicht es Ihnen, den Verlauf und Erfolg Ihrer Kampagne zu verfolgen und auszuwerten.

Beispielsweise kann die Personalabteilung eine Informationswoche zu Gesundheitsthemen durchführen und anschließend analysieren, wie viele Mitarbeiter die Beiträge wahrgenommen und aktiv darauf reagiert haben.

Die Kampagnen-Funktion bündelt relevante Inhalte und stellt umfangreiche Auswertungsoptionen zur Verfügung.

Erweiterte Analytics

Analytics bezieht sich auf die systematische Analyse und Auswertung von Nutzungsdaten innerhalb des Netzwerks. Die Premiumlizenz bietet Ihnen deutlich umfassendere Berichte und Auswertungen. Sie können beispielsweise das Engagement pro Beitrag oder Kampagne messen, Aktivitätsverläufe in sogenannten Heatmaps darstellen und demografische Filter anwenden. So erhalten Sie detaillierte Einblicke darüber, welche Abteilungen besonders aktiv sind oder wo Optimierungsbedarf besteht. Diese Informationen sind ein wertvolles Instrument zur Steuerung und Weiterentwicklung Ihrer internen Kommunikation.

Verwaltungs- und Rollenfunktionen

Die Premiumvariante erweitert das Spektrum an administrativen Möglichkeiten. Dazu gehört die Einführung der Rolle »Corporate Communicator«. Diese Rolle ermöglicht es ausgewählten Kommunikationsverantwortlichen, unternehmensweite Mitteilungen zu veröffentlichen und Kampagnen zu verwalten, ohne dass sie über globale Administratorrechte verfügen müssen. Darüber hinaus stehen zusätzliche Moderationswerkzeuge und spezielle Berichte für diese Nutzergruppe bereit. Die Corporate Communicator können gezielt Kommunikationsaufgaben übernehmen und die Qualität der Inhalte sichern. Die Rollen selbst können vom Viva-Engage-Administrator über die Anwendung Viva Engage eingerichtet beziehungsweise definiert werden. Dafür geht der Administrator über das Zahnrad neben dem Benutzerprofil (rechts oben) auf das Admin Center.

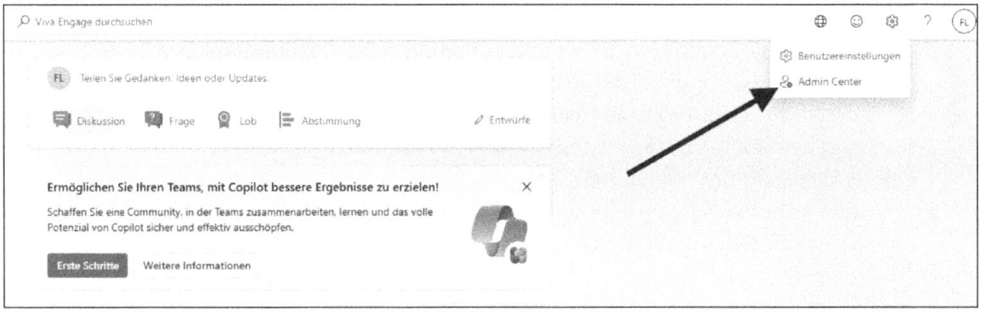

Abbildung 21.1: Aufruf des Admin Centers

Der Menüpunkt des Admin Center in Viva Engage erscheint nur für Mitarbeiter in der Rolle »Viva-Engage-Administrator«.

Eine klare Administrationsrollenverteilung ist essenziell für die effektive Nutzung von Viva Engage. Im Folgenden werden die wichtigsten Rollen beschrieben, deren Aufgaben erläutert und zentrale Begriffe erklärt.

Viva-Engage-Administrator

Die Rolle des Viva-Engage-Administrators umfasst die zentrale Steuerung und Verwaltung des gesamten Netzwerks. Diese Personengruppe hat Zugriff auf alle administrativen Einstellungen, darunter das Branding des Netzwerks, die Definition von Nutzungsrichtlinien und die Verwaltung von Nutzer- und Gruppenzugängen. In der Praxis sind dies häufig die globalen Administratoren von Microsoft 365 oder spezifisch ernannte Personen aus der IT- oder Kommunikationsabteilung. Es empfiehlt sich, mindestens zwei Administratoren zu benennen, um eine kontinuierliche Vertretung zu gewährleisten.

Community-Administrator

Community-Administratoren verantworten die Verwaltung einzelner Communities, also themenspezifischer Gruppen innerhalb von Viva Engage. Sie können Einstellungen der jeweiligen Community anpassen, Mitglieder verwalten und Beiträge moderieren. Diese Rolle ist besonders für die Strukturierung und Pflege von Fachgruppen oder Projektteams von Bedeutung.

Netzwerkadministrator

Netzwerkadministratoren nehmen in Viva Engage eine zentrale Rolle bei der Verwaltung des gesamten Netzwerks ein. Sie sind befugt, grundlegende Einstellungen für das Netzwerk vorzunehmen, wie beispielsweise die Verwaltung von Sicherheitsrichtlinien, die Konfiguration von Datenschutzoptionen sowie die Steuerung der Zugriffsrechte für Nutzer und Communitys. Darüber hinaus können Netzwerkadministratoren Communitystatistiken einsehen und globale Richtlinien für die Nutzung der Plattform festlegen. Sie sorgen somit für einen reibungslosen Betrieb und die Einhaltung der unternehmensweiten Vorgaben innerhalb von Viva Engage.

Moderator und Corporate Communicator

Moderatoren unterstützen die Administratoren bei der Einhaltung von Richtlinien und sorgen für einen respektvollen Austausch. Sie können sowohl auf Community-Ebene als auch netzwerkweit tätig sein. Die Rolle des Corporate Communicator ist ein Premium-Feature und befähigt Kommunikationsverantwortliche, wichtige Inhalte zu veröffentlichen und gezielt zu steuern. Sie markieren beispielsweise offizielle Antworten in Frage- und Antwortbereichen oder heben relevante Beiträge hervor.

Abbildung 21.2: Vergabe von Administrationsrollen

Einrichtung und Konfiguration

Wenn Sie Viva Engage in Ihrem Unternehmensnetzwerk erstmalig nutzen möchten, beginnt der Prozess mit einer grundlegenden Initialisierung. In vielen Microsoft-365-Umgebungen ist Viva Engage bereits im Hintergrund vorbereitet, sodass keine separate Installation notwendig ist. Die eigentliche Aktivierung erfolgt, sobald eine Person mit globalen Administratorrechten die Plattform zum ersten Mal aufruft. Sie melden sich dazu mit Ihrem Firmenkonto auf der bekannten Adresse `https://engage.cloud.microsoft/` an. Beim ersten Zugriff werden Sie gebeten, den Namen Ihres Netzwerks zu bestätigen. In der Regel entspricht dieser dem offiziellen Firmennamen, welchen Sie vorab in der Microsoft-365-Umgebung konfiguriert haben (siehe Kapitel »Struktur und Aufbau von Microsoft 365«). Nach Abschluss dieses Vorgangs ist das Netzwerk offiziell für Ihre Organisation angelegt und zugänglich. Alle Mitarbeiter, die über die entsprechende Lizenz verfügen, können nun darauf zugreifen.

Im Rahmen der ersten Aktivierung wird automatisch eine Community mit dem Namen »All Company« erstellt. In dieser Community erhalten alle Mitarbeiter, die eine Freigabe für die Anwendung besitzen, direkt und ohne weiteren Aufwand Zugriff.

Ohne diese Initialisierung bleibt Viva Engage unsichtbar und für Nutzer nicht verfügbar. Es empfiehlt sich, diesen Schritt möglichst frühzeitig im Rahmen der Gesamteinrichtung von Microsoft 365 durchzuführen. Andernfalls besteht die Gefahr, dass die Plattform trotz vorhandener Möglichkeiten ungenutzt bleibt, weil sie nicht sichtbar ist.

Im Anschluss an die Aktivierung stellt sich die Frage, wie die Verwaltung und Konfiguration erfolgen. Bis vor Kurzem existierten zwei verschiedene Administrationsoberflächen, was zu Verwirrung führen konnte. Einerseits gab es das klassische Verwaltungszentrum, das über die Weboberfläche erreichbar war, andererseits einen Bereich im allgemeinen Verwaltungszentrum von Microsoft 365. Seit Juli 2025 hat Microsoft diese Parallelstruktur aufgelöst beziehungsweise ist noch immer dabei. Sämtliche administrative Aufgaben werden nun zentral im neuen Verwaltungszentrum für Viva Engage bearbeitet. Wie Sie in das Admin Center gelangen, entnehmen Sie der Abbildung 21.1 »Aufruf des Admin Centers«. Die Benutzeroberfläche orientiert sich am modernen Design der anderen Verwaltungsportale im Microsoft-365-Umfeld.

Im Admin Center empfiehlt es sich, zunächst das Erscheinungsbild der Plattform an die Corporate Identity Ihres Unternehmens anzupassen. Sie können beispielsweise das Firmenlogo hinterlegen und eine Akzentfarbe wählen. Die Einstellung finden Sie in der RUBRIK MANDANTENEINSTELLUNGEN im Admin Center von Viva Engage. Dadurch entsteht für die Mitarbeiter ein vertrauter Eindruck und die Plattform wird als Teil des eigenen digitalen Arbeitsplatzes wahrgenommen.

Im nächsten Schritt hinterlegen Sie eine unternehmensweite Nutzungsrichtlinie. Diese Richtlinie wird allen Nutzern beim erstmaligen Zugriff angezeigt und muss bestätigt werden. Typische Inhalte umfassen Hinweise auf einen respektvollen Umgang, das Verbot der Veröffentlichung sensibler oder geschützter Daten sowie die Verpflichtung zur Einhaltung des Verhaltenskodex. Die Verpflichtung zur Zustimmung stellt sicher, dass alle Beteiligten die Regeln kennen und im Bedarfsfall auf deren Einhaltung verwiesen werden kann.

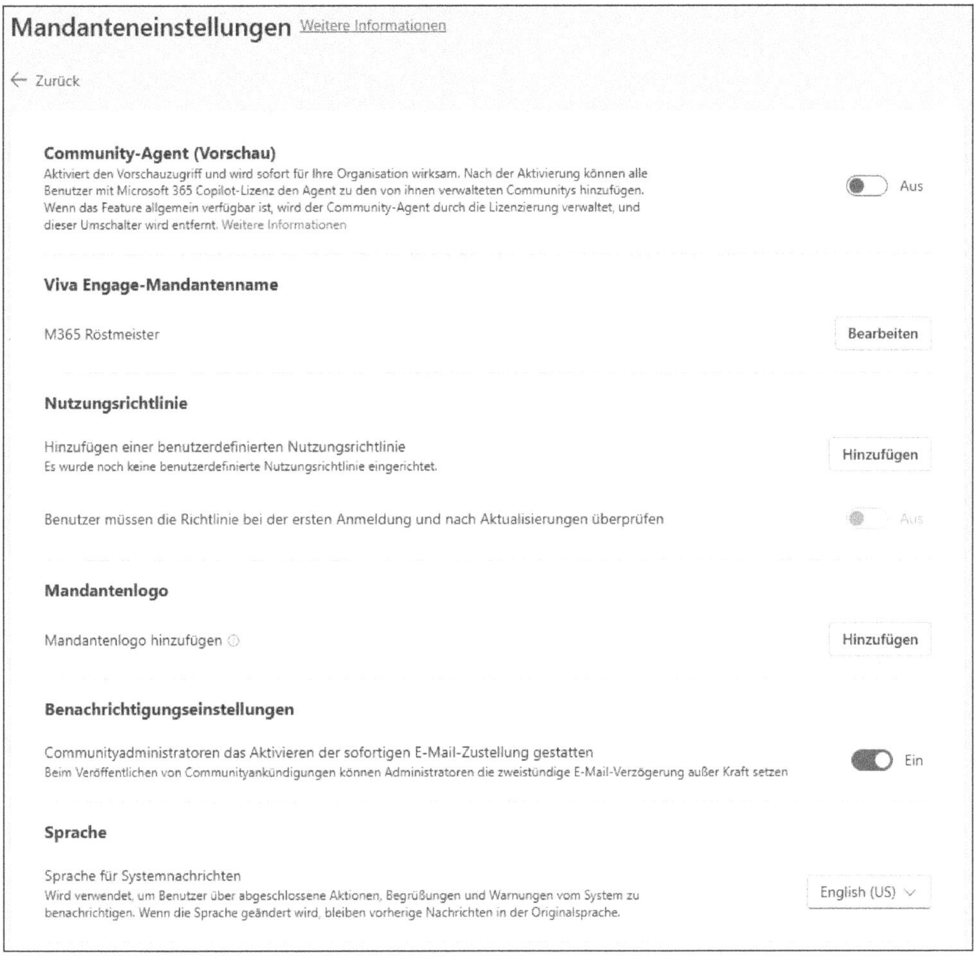

Abbildung 21.3: Admin Center – Mandanteneinstellungen

Denken Sie an die Spracheinstellung, welche Sie im Admin Center von Viva Engage für Benachrichtigungen setzen können. Im Standard ist es in der Regel Englisch.

Eine weitere wichtige Entscheidung betrifft die Vergabe von Berechtigungen zur Erstellung neuer Gruppen innerhalb der Plattform. Standardmäßig steht diese Funktion allen Nutzern offen, was die Beteiligung fördert, aber zu einer unübersichtlichen Vielzahl an Gruppen führen kann. Im Verwaltungszentrum haben Sie die Möglichkeit, diese Berechtigung einzuschränken.

BEISPIEL

Beispielsweise können Sie festlegen, dass ausschließlich Administratoren oder bestimmte Personen neue Gruppen anlegen dürfen.

Viele Unternehmen wählen einen Mittelweg. Offizielle Gruppen für Projekte oder Abteilungen werden von zentralen Stellen erstellt, während thematische oder informelle Gruppen auch von Mitarbeitern eingerichtet werden können.

Im Bereich der UNTERHALTUNGSEINSTELLUNGEN können Sie detaillierte Einstellungen gezielt für die Unterhaltungen innerhalb von Viva Engage vornehmen.

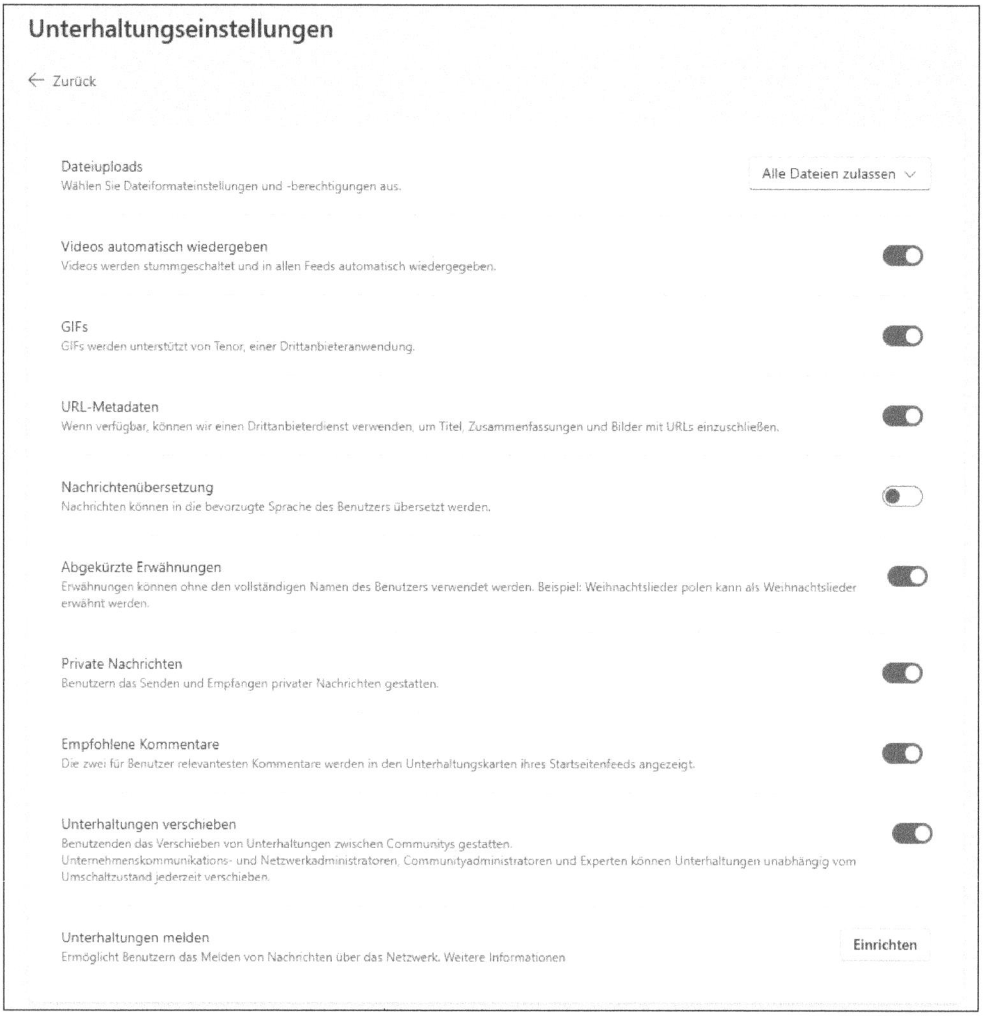

Abbildung 21.4: Unterhaltungseinstellungen

Sie entscheiden beispielsweise, ob bestimmte Kommunikationsformate genutzt werden oder ob der Austausch von Dateien in externen Gruppen erlaubt ist.

Deaktivieren Sie »private Nachrichten«, denn sonst hat der Mitarbeiter eine weitere Stelle, an der er private Nachrichten erhalten kann, was zur Verwirrung und einem großen Wildwuchs führt.

Nach den wichtigen Grundeinstellungen sollten Sie sich im nächsten Schritt um die Administrationsrollen kümmern. Beim Rollenmanagement empfiehlt es sich, neben den Netzwerkadministratoren auch Verantwortliche für die Kommunikation zu benennen.

So kann beispielsweise die interne Kommunikationsabteilung eine Person einsetzen, die Kampagnen steuert und gezielt Inhalte veröffentlicht.

Im Admin Center lassen sich diese Rollen, welche bereits oben beschrieben wurden, gezielt zuweisen, siehe Abbildung 21.2 »Vergabe von Administrationsrollen«, ohne dass die betreffenden Personen umfassende Administratorrechte für das gesamte Microsoft 365 erhalten. Dies ermöglicht eine sinnvolle Arbeitsteilung und sorgt für eine klare Verantwortungsverteilung.

Zusätzlich zu diesen Kernpunkten stehen im Admin Center zahlreiche weitere Einstellungen zur Verfügung, beispielsweise für Benachrichtigungen, Spracheinstellungen oder den Export von Daten. Besonders zu Beginn empfiehlt es sich, die wichtigsten Optionen gezielt durchzugehen und auf die Anforderungen Ihres Unternehmens abzustimmen. Die Voreinstellungen sind meist sinnvoll gewählt, sodass Sie sich zunächst auf die grundlegenden Punkte konzentrieren können.

Sicherheit, Datenschutz und Compliance

Auch wenn Viva Engage bunt und locker daherkommt, gelten hier selbstverständlich alle Regeln der Datensicherheit und Compliance wie im restlichen Microsoft 365. Als Administrator müssen Sie einen Spagat schaffen. Freie Diskussion ermöglichen, ohne dass vertrauliche Informationen nach draußen gelangen oder das interne Klima durch unangemessene Posts vergiftet wird. Glücklicherweise bietet Viva Engage eine Reihe von Funktionen, um dies umzusetzen.

Moderationsfunktion

Die Moderationsfunktionen sind umfassend gestaltet und erlauben es jedem Nutzer, einen Beitrag oder Kommentar zur Überprüfung zu melden, sofern ein Verstoß gegen die festgelegten Richtlinien vorliegt. Typische Beispiele für Verstöße sind beleidigende Sprache, die Veröffentlichung vertraulicher Daten oder das Verbreiten von Spam. Als Administrator haben Sie Zugriff auf diese Meldungen und können sie im entsprechenden Überwachungsbereich einsehen. Seit dem Jahr 2024 ist die technische Anbindung dieser Meldefunktion an die Kommunikationsüberwachung innerhalb von Microsoft Purview gewährleistet. Gemeldete Inhalte aus Viva Engage werden somit direkt dem Compliance-Team zur weiteren Prüfung und gegebenenfalls zur Einleitung von Maßnahmen vorgelegt. Zusätzlich besteht die Möglichkeit, bestimmte Schlüsselbegriffe festzulegen, deren Auftauchen in öffentlichen Beiträgen automatisch eine Warnung auslöst.

Schlüsselbegriff ist ein Wort oder eine Zeichenfolge, die im System hinterlegt wird, um bei deren Auftreten in einer Nachricht oder einem Beitrag automatisch eine Warnung oder Benachrichtigung auszulösen.

Die moderne Moderation geht über die reine Worterkennung hinaus. Mithilfe künstlicher Intelligenz erkennt Viva Engage auch den Kontext von Unterhaltungen, sodass kritische Diskussionen identifiziert werden können, selbst wenn keine expliziten Schlüsselbegriffe verwendet werden. Die KI-basierte Themenmoderation, welche auf Azure AI Content Safety basiert, fungiert als Frühwarnsystem und unterstützt Administratoren dabei, bei Bedarf rechtzeitig einzugreifen. Insbesondere erkennt das System hitzige Debatten oder sensible politische Themen, die nicht mit dem Arbeitskontext vereinbar sind. Beim Einsatz solcher automatisierten Prüfmechanismen ist ein verantwortungsvoller Umgang notwendig. Es ist empfehlenswert, die Community-Richtlinien transparent zu kommunizieren und darauf hinzuweisen, dass die Einhaltung der Vorgaben kontinuierlich überwacht wird.

Die Integration mit Microsoft Purview als Compliance-Suite sorgt dafür, dass alle gängigen Einstellungen zu Sicherheit und Compliance auch in Viva Engage Anwendung finden. Da die Plattform im Native Mode auf Entra ID basiert, greifen sämtliche im Unternehmen definierten Richtlinien. Besonders relevant sind dabei die Funktionen zur Verhinderung von Datenverlust und die Vergabe von Vertraulichkeitsmarkierungen.

Im Viva Engage Admin Center befindet sich, neben den Einstellungen in Purview, Gouvernance- und Compliance-Einstellungen, die Sie als Administrator interessieren könnten.

Abbildung 21.5: Governance und Compliance im Admin Center

Datenverwaltung

In der Datenverwaltung stehen Ihnen zahlreiche Optionen zur Verfügung, mit denen Sie sich schnell einen Überblick über die aktuellen Communitys und laufenden Gespräche verschaffen können.

Sensible Daten dürfen nur von Administratoren bei einem Vorfall eingesehen werden. Bei vorhandenem Betriebsrat ist dieser vorher zu informieren und es muss ein gemeinsames Vorgehen abgestimmt werden. Gehen Sie stets sorgfältig mit Daten und Zugriffen um.

Durch die Aktivierung des privaten Modus erhalten Sie als Administrator Zugang zu privaten Communitys und können deren Diskussionen einsehen, ohne dass die Mitglieder darüber informiert werden. Diese Funktion sollte ausschließlich genutzt werden, wenn Vorfälle wie Mobbing oder Verstöße gegen die Nutzungsbedingungen gemeldet werden und eine entsprechende Analyse erforderlich ist. In allen anderen Fällen ist von der Nutzung abzusehen.

Zudem besteht die Möglichkeit, Mandantendaten zu exportieren. Der Export ermöglicht es Ihnen, je nach Bedarf Konversationen sowie Benutzerlisten zu erfassen und weiterzuverarbeiten.

Die Funktionen erhalten Sie nur in den Administrationsrollen

- ✔ Viva-Engage-Administrator und
- ✔ Netzwerkadministrator.

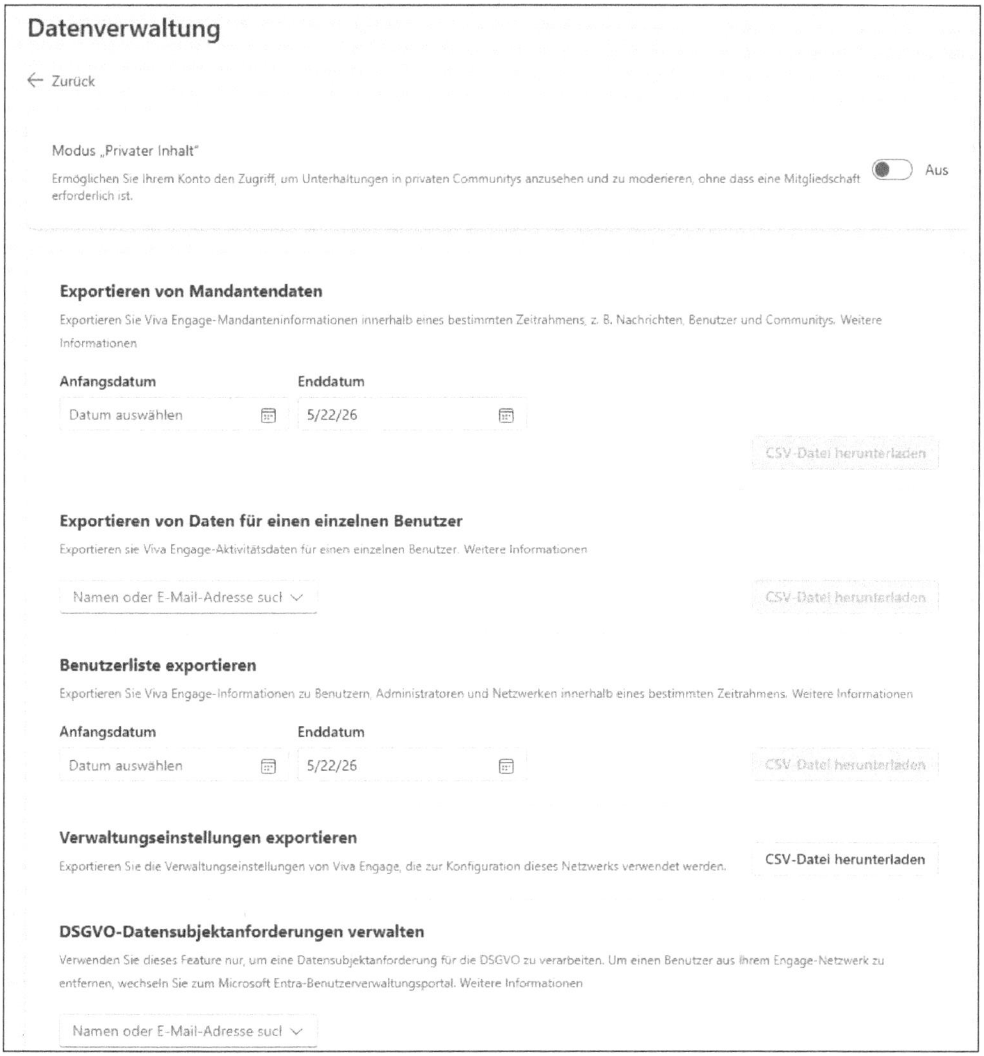

Abbildung 21.6: Datenverwaltung

Benutzerverwaltung

In der Benutzerverwaltung können Sie an dieser Stelle keine Zugriffsberechtigungen für die Nutzung von Viva Engage selbst vergeben; diese werden zentral an anderer Stelle verwaltet. Im aktuellen Menü haben Sie jedoch die Möglichkeit, festzulegen, ob Mitarbeiter beispielsweise folgende Funktionen ausüben dürfen:

- ✔ Hinzufügen von Benutzern zu einer Community
- ✔ Erstellen von Beiträgen in Viva Engage
- ✔ Verfassen von Kommentaren

Falls Sie bestimmten Nutzern eine rein lesende Funktion zuweisen und deren Interaktionsmöglichkeiten einschränken möchten, können Sie dies hier entsprechend konfigurieren. Darüber hinaus besteht die Option, festzulegen, ob die vom jeweiligen Benutzer erstellten Nachrichten in Storylines und Feeds für andere angezeigt oder grundsätzlich stummgeschaltet werden sollen.

All diese Einschränkungen können zu Unmut und Verwirrung führen. Vertrauen Sie den Mitarbeitern und schränken das nur im absoluten Notfall ein.

Externe Netzwerke und Gastzugriff

Eine spannende Frage ist: Wie können Externe (Partner, Kunden, Lieferanten) an Ihrem Viva-Engage-Netzwerk teilnehmen? Schließlich enden Zusammenarbeit und Austausch oft nicht an der eigenen Firmenpforte. Die Plattform bietet hierfür zwei Ansätze – und hier hat sich 2025 einiges geändert.

Klassische externe Netzwerke

Ursprünglich funktionierte Viva Engage (ehemals Yammer) so, dass man separate Netzwerke für Externe erstellt hat. Das heißt, Ihr Hauptnetzwerk war nur für interne Mitarbeiter. Wollten Sie zum Beispiel ein gemeinsames Forum mit einem Partnerunternehmen, haben Sie ein neues »Externes Netzwerk« eröffnet und dort die Partner eingeladen. Quasi ein Parallel-Engage nur für diese Projektgruppe. Dieses Modell hatte den Vorteil der klaren Trennung (Externe sehen nichts vom internen Netzwerk), aber auch Nachteile:

- ✔ Benutzer mussten zwischen Netzwerken umschalten,
- ✔ die Übersicht litt und
- ✔ Admins hatten die doppelte Konfiguration zu betreuen.

Microsoft hat deshalb den Plan gefasst, externe Zusammenarbeit fundamental zu modernisieren.

Moderner Gastzugriff im Hauptnetzwerk

Im Juni 2025 hat Microsoft begonnen, die Integration von Externen in das Haupt-Viva-Engage-Netzwerk auszurollen. Praktisch bedeutet das: Sie können jetzt Gastnutzer über Entra ID direkt in Ihre Viva-Engage-Communitys einladen, ähnlich wie man es von Microsoft Teams kennt. Diese Gäste bekommen einen gewöhnlichen Gastaccount in Ihrer Organisation und können mit der entsprechenden Markierung »extern« in ausgewählten Engage-Communitys mitlesen und schreiben. Ein externer Berater, der an einem Projekt mitarbeitet, kann so in der internen Projekt-Community dabei sein. Sie müssen dafür nicht mehr ein komplett separates Engage-Netzwerk betreiben, sondern binden den Gast einfach in die bestehenden Strukturen ein. Dabei müssen Sie die beiden Microsoft-365-Engage-Umgebungen miteinander verknüpfen. Die Verbindung wird im Admin Center von Viva Engage unter dem Bereich Externes Netzwerk hergestellt. Falls Sie einem anderen Netzwerk beitreten möchten, benötigen Sie dafür den Zugriffscode des gewünschten Partners sowie Ihre Mandanten-ID zur Verknüpfung. Umgekehrt können Sie einen eigenen Zugangscode für Ihr Netzwerk erstellen lassen; sehen Sie dazu Abbildung 21.7.

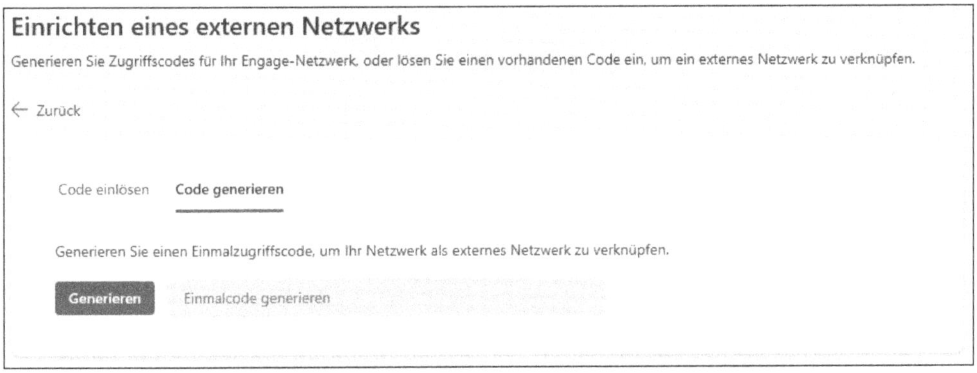

Abbildung 21.7: Externes Netzwerk verknüpfen

Die *Mandanten-ID*, auch Tenant-ID genannt, ist eine eindeutige, automatisch generierte Kennung, die Ihre Organisation innerhalb von Microsoft 365 und Azure eindeutig identifiziert. Sie besteht aus einer Zeichenfolge (GUID), die für jeden Mandanten einzigartig ist und bei der Einrichtung Ihres Microsoft-365-Tenants vergeben wurde. Ein Admin findet die Mandanten-ID im Microsoft 365 Admin Center unter Einstellungen >Organisationsprofil oder im Azure-Portal unter Entra ID > Übersicht. Dort wird die Tenant-ID direkt angezeigt und kann bei Bedarf kopiert werden, beispielsweise für die Verknüpfung externer Netzwerke oder die Einrichtung von Gastzugriffen.

Aus Compliance-Sicht werden externe Gäste klar gekennzeichnet und es gelten strengere Standard-Einstellungen für sie (z.B. sehen sie standardmäßig nur Inhalte der Community, in die sie eingeladen wurden, nicht das ganze Netzwerkverzeichnis). Zudem greifen Ihre Entra-ID-B2B- und Conditional-Access-Richtlinien, um diese Gastzugriffe zu sichern. Der gesamte externe Austausch findet also im Rahmen Ihrer normalen Tenant-Sicherheit statt.

Für die Übergangszeit können aber beide Modelle co-existieren. Sie können noch externe Netzwerke betreiben und parallel bereits Gäste im Hauptnetz haben. Auf Dauer dürfte das alte Modell jedoch entfallen. Wer also noch separate Engage-Netzwerke für Partner nutzt, sollte in den nächsten Monaten planen, wie man alles zusammenführt. Das kann zum Beispiel bedeuten, Inhalte zu migrieren oder archivieren und die externen Nutzer als Gäste ins Hauptnetz zu holen.

Was heißt das konkret für Ihren Viva-Engage-Einsatz? Überlegen Sie sich zuerst, ob Sie überhaupt externe Teilnahme brauchen. Nicht jede Firma will das – manche nutzen Viva Engage streng intern zur freien Aussprache innerhalb der »Familie«. Andere sehen großen Mehrwert darin, zum Beispiel Kunden-Communitys aufzubauen (eine Art VIP-Forum für wichtige Kunden) oder Partnernetzwerke. Wenn das auch auf Sie zutrifft, ist jetzt ein guter Zeitpunkt, die oben beschriebenen neuen Möglichkeiten zu prüfen. Richten Sie im Zweifelsfall eine Pilot-Community ein, laden Sie einen vertrauenswürdigen externen Partner als Gast ein und testen Sie die Abläufe.

IN DIESEM KAPITEL

Verantwortungsvolles Steuern von Microsoft 365 Copilot und Agents

Zentrale Kontrolle der Microsoft KI-Systeme

Effizienter Überblick und Analysen der Nutzung

Kapitel 22
Copilot und Agents Administration

Künstliche Intelligenz ist in der Welt von Microsoft 365 angekommen, und zwar nicht mehr als externe Spielerei, sondern als fest integrierter Bestandteil der internen Prozesse. Moderne KI-Funktionen wie Microsoft 365 Copilot und die sogenannten Copilot-Agents greifen direkt auf die Daten Ihres Unternehmens zu und unterstützen Anwender bei der täglichen Arbeit. Das bedeutet, diese KI-Systeme lernen aus Ihren Dokumenten, E-Mails und anderen Inhalten, um möglichst hilfreiche Ergebnisse zu liefern. Damit geht aber auch eine Verantwortung einher: KI muss gesteuert und verwaltet werden, ähnlich wie Benutzerkonten oder Geräte.

Ein Copilot ist kein anonymer Cloud-Dienst mehr, sondern verhält sich fast wie ein neuer Mitarbeiter (nur dass er digital ist, nicht schläft und unglaublich schnell liest). Umso wichtiger ist es, klare Richtlinien und Kontrollen zu haben, was dieser KI-Assistent darf, auf welche Informationen er zugreift und wie sein Einsatz nachvollziehbar bleibt. Microsoft hat darauf reagiert und eigens dafür zwei zentrale Administrationsbereiche geschaffen, die in diesem Kapitel im Mittelpunkt stehen werden:

- ✔ das Copilot Control Center und
- ✔ das Agent 365 Center.

Das *Copilot Control Center* ist Ihre Kommandozentrale, um Microsoft 365 Copilot in Ihrer Organisation einzurichten und zu bändigen. Hier entscheiden Sie, wer Copilot verwenden darf, was Copilot sehen und tun darf und wie Sie den Einsatz überwachen können. Es ist ein Rahmenwerk aus Steuerungsmöglichkeiten, mit dem Sie Daten sichern, Copilot-Erfahrungen verwalten und die Einführung von KI in Ihrem Unternehmen messen können. Das Control Center sorgt dafür, dass Copilot sich an die Spielregeln Ihres Unternehmens hält – seien es Datenschutz, Compliance oder Nutzungsrichtlinien.

Auf der anderen Seite gibt es die Copilot-Agenten (oder kurz Agents genannt). Während Copilot als allgemeiner KI-Assistent in vielen Anwendungen, wie zum Beispiel Word, Excel, Edge, PowerPoint oder Outlook, hilft, sind Agents spezialisierte KI-Helferlein für bestimmte Aufgaben oder externe Systeme.

Ein Verkaufszahlen-Agent könnte automatisch Umsatzberichte erstellen, oder ein Ticketing-Agent verbindet sich mit Ihrem Helpdesk-System, um Support-Tickets zu beantworten.

Diese Agents erweitern die Fähigkeiten von Copilot enorm, aber sie wollen ebenfalls verwaltet sein. Genau hierfür dient das Agent 365 Center.

Das *Agent 365 Center* kann man sich als Verzeichnis und Steuerpult für alle KI-Agenten in Ihrem Microsoft-365-Mandanten vorstellen. Hier sehen Sie, welche Agents es gibt, wer sie gebaut hat, wer sie nutzt – und Sie behalten die Kontrolle darüber, welcher Agent freigegeben wird oder abgeschaltet werden muss.

In diesem Kapitel erfahren Sie im Detail, wie Sie das Copilot Control Center und das Agent 365 Center nutzen. Dazu zeige ich Ihnen auch jeweils konkrete Anwendungsbeispiele aus der Praxis.

Das Copilot Control Center

Das Copilot Control Center ist gewissermaßen die Hauptschaltstelle, um Microsoft 365 Copilot in Ihrem Unternehmen zu steuern. Microsoft spricht offiziell vom Copilot Control System, bestehend aus drei Säulen:

1. Security und Governance,
2. Management Controls und
3. Measurement und Reporting.

Zur Vereinfachung nutzen wir hier den Begriff Control Center für den administrativen Teil im Microsoft 365 Admin Center, in dem Sie Copilot konfigurieren. Stellen Sie sich das Copilot Control Center als Cockpit vor, von dem aus Sie alle wichtigen Hebel rund um Copilot bedienen können.

Sobald Ihre Organisation mindestens eine Copilot-Lizenz erworben hat, erscheint im Microsoft 365 Admin Center (`https://admin.microsoft.com`) im linken Menü ein Bereich namens COPILOT. In diesem Menü finden Sie die Copilot-Einstellungen, die das Control Center ausmachen. Damit nicht jeder globale Administrator sein muss, um Copilot verwalten zu dürfen, gibt es dafür eine spezielle Administratorrolle, den KI-Administrator (englisch: AI-Administrator). Nutzer mit dieser Rolle können die Copilot-Einstellungen einsehen und ändern, ohne Zugriff auf andere Bereiche zu haben, ganz im Sinne des Prinzips der minimalen Rechtevergabe. So könnten Sie zum Beispiel einem Mitarbeiter aus dem Security-Team die KI-Admin-Rolle geben, damit dieser die Copilot-Richtlinien

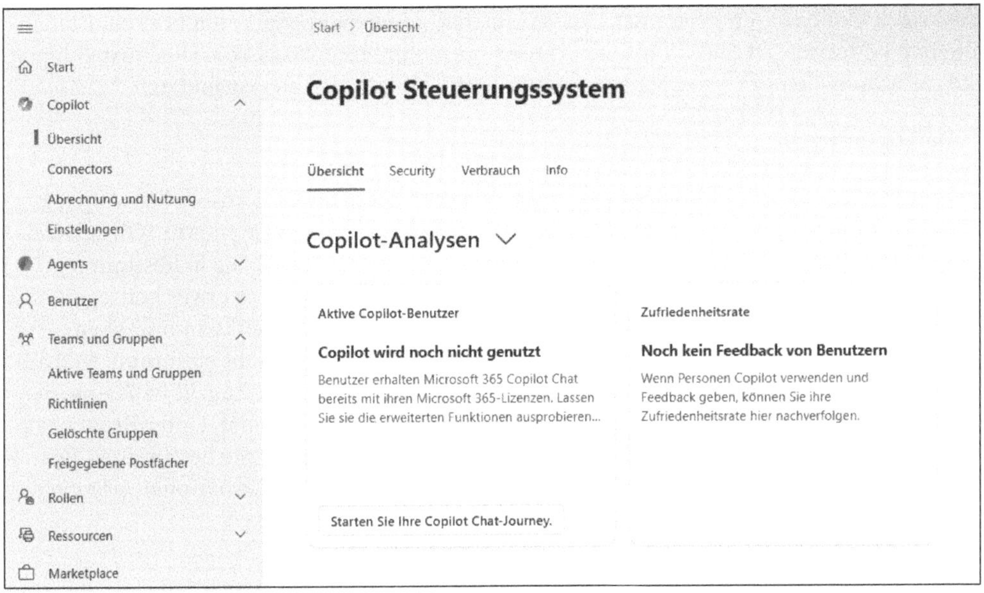

Abbildung 22.1: Copilot Control Center – Übersicht

verwaltet, ohne dass er gleich Global-Admin wird. Natürlich kann auch ein Global-Admin alle Einstellungen vornehmen; die zusätzliche Rolle ist ein Sicherheitsnetz, um Zuständigkeiten feiner zu steuern.

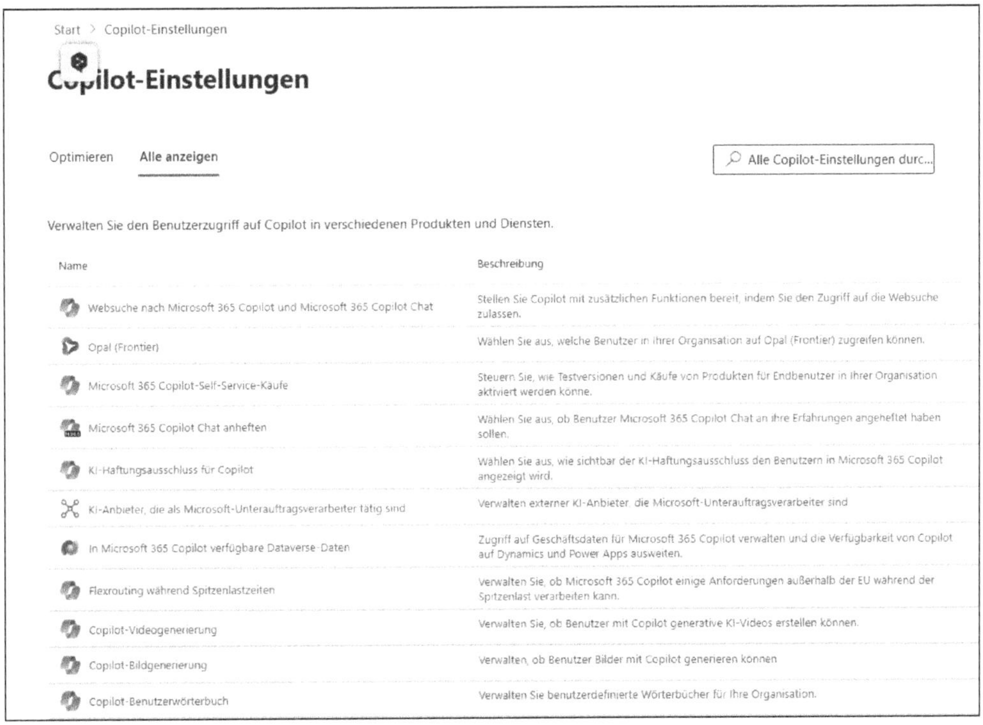

Abbildung 22.2: Copilot Control Center – Einstellungen

Im Copilot Control Center können Sie verschiedene Einstellungen konfigurieren, um Copilot den Bedürfnissen und Richtlinien Ihres Unternehmens anzupassen. Die Einstellungen sind im Admin Center in vier Kategorien unterteilt, die Sie als Tabs vorfinden:

1. **Benutzerzugriff**

   Hier legen Sie fest, wer Copilot benutzen darf und in welches Microsoft-365-Apps er zur Verfügung steht. Beispielsweise können Sie bestimmen, ob Copilot in Word, Excel, PowerPoint für alle lizenzierten Benutzer aktiv ist oder vielleicht nur in bestimmten Anwendungen. Standardmäßig ist Copilot überall dort aktiv, wo er etwas beitragen kann. Sie haben aber die Möglichkeit, gewisse Copilot-Funktionen temporär abzuschalten. Nehmen wir an, Sie möchten Copilot in Teams noch nicht einführen, weil Sie zuerst Schulungsmaterial erstellen wollen, dann könnten Sie den Zugriff in Teams hier deaktivieren, während er in Outlook und Word weiterhin erlaubt ist. Unter BENUTZERZUGRIFF fällt auch das Frontier-Programm; eine Option, mit der Sie bestimmten Benutzern den Zugriff auf experimentelle und kommende Copilot-Funktionen erlauben können.

Das *Frontier-Programm* bei Copilot ist eine spezielle Option, mit der ausgewählten Nutzern der Zugriff auf experimentelle und kommende Copilot-Funktionen ermöglicht werden kann. Diese Nutzer erhalten damit die Möglichkeit, neue Features bereits vor der allgemeinen Veröffentlichung zu testen und Feedback zu geben. Im Gegensatz zum klassischen Preview-Programm, das meist einer breiteren Nutzergruppe Zugriff auf Vorabversionen bietet, ist der Frontier-Zugang gezielt und restriktiv gesteuert.

Standardmäßig hat niemand Frontier-Zugang, was bedeutet, alle Nutzer sehen nur vollständig freigegebene Copilot-Features. Wenn Ihre Organisation jedoch neugierig und risikofreudig ist, könnten Sie zum Beispiel einem Pilotteam Frontier-Features freischalten, damit es neue Copilot-Preview-Funktionen in Word, Outlook und Co. ausprobiert.

Wichtig ist, solche Frühzugänge nur gezielt und mit entsprechender Kommunikation einzusetzen, damit kein Chaos entsteht.

2. **Datenzugriff**

   Diese Kategorie bestimmt, auf welche Datenquellen Copilot zugreifen darf und wie er mit Informationen umgeht. Copilot kann bekanntlich Informationen aus Ihren Microsoft-365-Diensten nutzen; Dokumente, E-Mails, Kalender, Teams-Chats, etc. und, falls erlaubt, auch aus dem Web. Hier können Sie zum Beispiel festlegen, ob Websuche via Bing in Copilot-Antworten zugelassen ist. Ebenso könnten Sie entscheiden, ob Copilot Zugriff auf bestimmte Add-ons oder Connectors hat. Einige Einstellungen in dieser Rubrik verzweigen sich in andere Admin-Portale, weil die Datenquellen dort verwaltet werden. So finden Sie möglicherweise einen Link zum Microsoft 365 Apps Admin Center für Einstellungen zur Websuche oder Anbindung an Drittanbieter-Services.

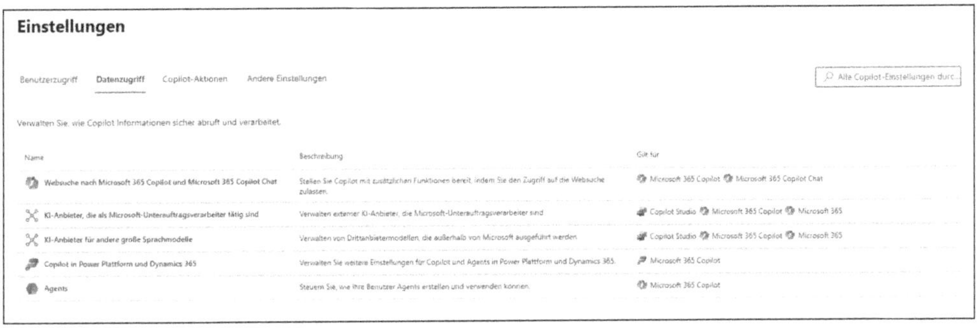

Abbildung 22.3: Copilot Control Center – Datenzugriff

3. Copilot-Aktionen

Copilot kann mehr, als nur Texte zu formulieren. Er kann auch Aktionen ausführen (zum Beispiel einen Kalendereintrag anlegen, einen Teams-Raum erstellen oder ähnliches), je nachdem, welche Skills Microsoft ihm mitgegeben hat. In diesem Einstellungsbereich definieren Sie, was Copilot tun darf und was nicht, insbesondere im Kontext Ihrer Organisationsrichtlinien. Wenn Ihr Unternehmen beispielsweise strenge Regeln hat, wer neue Teams anlegen darf, würden Sie Copilot diese Aktion untersagen, damit er nicht die Policies umgeht. Microsoft sorgt im Hintergrund dafür, dass Copilot sich an Compliance-Vorgaben hält, hier im Control Center haben Sie aber das Feintuning in der Hand. Sie können bestimmte Copilot-Funktionen aktivieren oder abschalten.

BEISPIEL

Es gibt eine Copilot-Funktion, die automatisch Meeting-Zusammenfassungen in Teams erstellt. Sollte Ihre Rechtsabteilung Bedenken haben, dass in solchen Zusammenfassungen Vertrauliches landet, könnten Sie diese Funktion unterbinden.

Generell greifen im Bereich Copilot Ihre bestehenden Sicherheits- und Compliance-Regeln. Copilot wird niemals gegen DLP-Richtlinien verstoßen oder Informationen aus als vertraulich klassifizierten Dokumenten unbedarft verbreiten. Die Einstellungen in den COPILOT-AKTIONEN ermöglichen es Ihnen, die KI proaktiv in die Schranken zu weisen, bevor überhaupt etwas passieren kann.

4. Weitere Einstellungen

Dieser Bereich bündelt sonstige Optionen, die nicht in die obigen Kategorien passen. Microsoft erweitert Copilot stetig, und manche fortgeschrittenen Features oder Integrationen tauchen hier auf. Ein konkretes Feature, das hier gesteuert werden kann, ist zum Beispiel das Anwenderwörterbuch (Custom Dictionary) für Copilot. Darüber können Sie firmenspezifische Begriffe oder Abkürzungen hinterlegen, damit Copilot sie in Besprechungsprotokollen oder Dokumenten korrekt erkennt (etwa Produktkürzel oder interne Projekt-Namen). Solche Einstellungen sind wichtig für die Qualität der Copilot-Antworten, gehen aber über die Standardfunktionen hinaus.

Connectors – Datenquellen gezielt anbinden und kontrollieren

Ein oft übersehener, aber strategisch wichtiger Bereich im Copilot Control Center ist der Menüpunkt CONNECTORS. Hier geht es um die zentrale Frage »Welche externen Datenquellen dürfen Copilot und Agents überhaupt nutzen?« Denn so leistungsfähig KI auch ist, sie ist nur so gut wie die Daten, auf die sie zugreifen kann. Und genau hier kommen zum Beispiel die sogenannten Microsoft Graph Connectors ins Spiel.

Das Themengebiet Microsoft Graph kennen Sie vielleicht noch in Bezug auf die Graph-API aus im Abschnitt » PowerShell, Graph API und Power Automate: Automatisierung für Fortgeschrittene«. Hier geht es jetzt um die Graph-API.

Im Bereich CONNECTORS sehen Sie eine Übersicht aller aktuell verbundenen Datenquellen, die über Graph Connectors in Ihre Microsoft-365-Umgebung eingebunden wurden. Das können beispielsweise sein:

- ✔ Externe Cloud-Dienste wie Google Drive, Salesforce oder ServiceNow
- ✔ On-Premises-Datenquellen wie Dateifreigaben oder SQL-Datenbanken
- ✔ Branchenspezifische Systeme wie Jira, Confluence oder SAP

Diese Connectors ermöglichen es, Inhalte aus diesen Quellen in den Microsoft 365 Graph zu integrieren, also in die zentrale Datenstruktur, auf die Copilot und Agents zugreifen. Damit wird es möglich, dass Copilot beispielsweise auch Inhalte aus einem Google-Drive-Ordner oder einem CRM-System in seine Antworten einbezieht, sofern Sie das explizit erlauben.

Im Connectors-Menü können Sie:

- ✔ Neue Connectors hinzufügen und konfigurieren
- ✔ Bestehende Verbindungen verwalten, zum Beispiel deaktivieren oder aktualisieren
- ✔ Zugriffsrechte definieren, also festlegen, welche Benutzergruppen auf welche externen Datenquellen zugreifen dürfen
- ✔ Sichtbarkeit und Indizierung steuern, um zu verhindern, dass sensible Inhalte versehentlich in Graph aufgenommen werden.

Ein besonders wichtiger Aspekt ist die Governance. Nicht jeder Connector ist für jede Organisation sinnvoll oder sicher. Gerade bei sensiblen Datenquellen, etwa aus dem Personalwesen oder der Finanzbuchhaltung, sollten Sie genau prüfen, ob eine Integration mit Copilot wirklich notwendig ist. In regulierten Branchen kann es sogar erforderlich sein, bestimmte Connectors grundsätzlich zu blockieren oder nur für ausgewählte Benutzergruppen freizugeben.

Aus Erfahrung empfiehlt es sich, sich dem Thema Connectors nicht gleich zu Beginn der Copilot-Einführung zu widmen. Stattdessen ist es sinnvoll, zunächst mit den internen Microsoft-365-Datenquellen zu starten (SharePoint, OneDrive, Outlook, Teams und so weiter) und Copilot dort zu etablieren. Sobald Sie ein Gefühl dafür entwickelt haben, wie Copilot mit internen Daten arbeitet, können Sie gezielt prüfen, welche externen Quellen einen echten Mehrwert bieten und welche Risiken sie mit sich bringen. Erst dann lohnt sich der Blick in den Connectors-Bereich, um die nächsten Schritte zu planen.

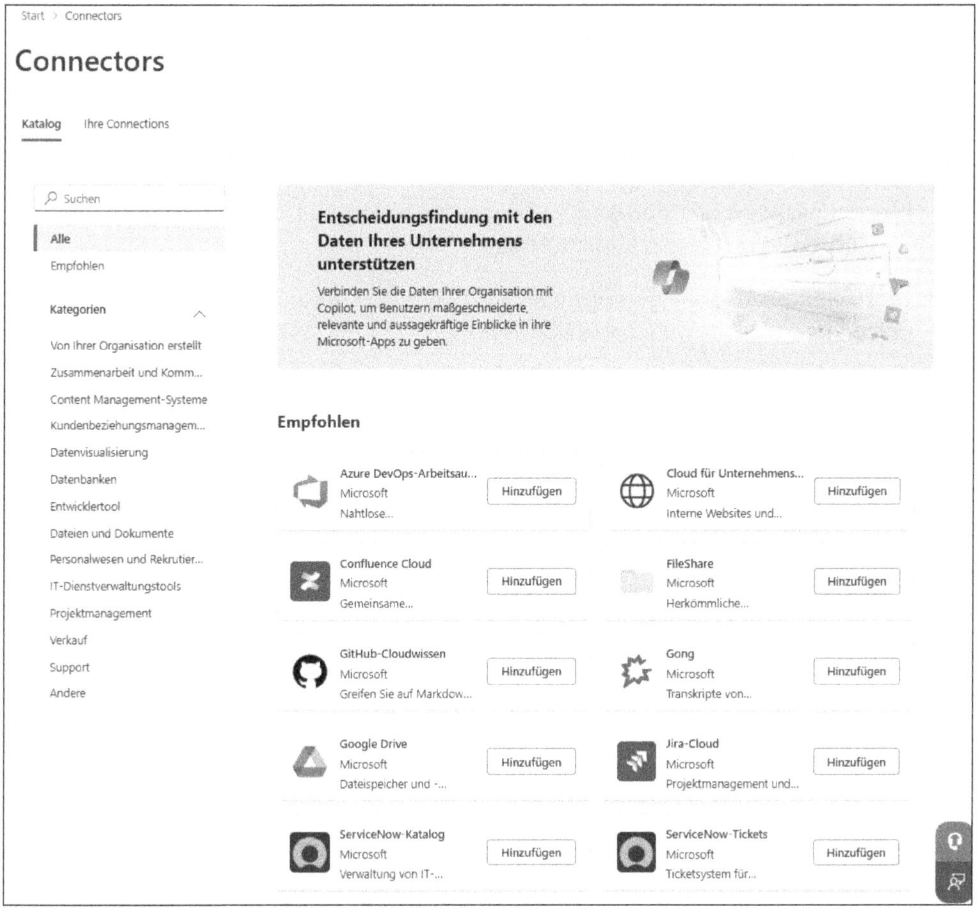

Abbildung 22.4: Copilot Control Center – Connectors

Nutzung und Abrechnung – Transparenz über Verbrauch und Kosten

Der Menüpunkt NUTZUNG UND ABRECHNUNG im Copilot Control Center ist Ihre zentrale Anlaufstelle, wenn es darum geht, den tatsächlichen Einsatz von Copilot und Agents in Ihrer Organisation zu verstehen und die damit verbundenen Kosten im Blick zu behalten.

Gerade in größeren Unternehmen mit vielen lizenzierten Benutzerkonten und einer Vielzahl aktiver Agents ist es entscheidend, den Überblick zu behalten:

- ✔ Wer nutzt Copilot?
- ✔ Welche Funktionen werden besonders häufig verwendet?
- ✔ Welche Agents verursachen welche Kosten? Und wie entwickelt sich der Verbrauch über die Zeit?

Im Bereich NUTZUNG UND ABRECHNUNG finden Sie unter anderem:

- ✔ Eine Aufschlüsselung der Copilot-Nutzung nach Benutzer, Abteilung oder Lizenztyp
- ✔ Informationen zur Nutzung einzelner Agents, inklusive Aufrufhäufigkeit, aktiver Nutzer und gegebenenfalls aufgetretener Fehler
- ✔ Abrechnungsrelevante Metriken, insbesondere bei Agents, die über das »Pay-as-you-go«-Modell (PAYG) abgerechnet werden
- ✔ Exportfunktionen, um Nutzungsdaten als CSV-Datei herunterzuladen und in eigene Controlling- oder BI-Systeme zu überführen

Besonders wichtig ist dieser Bereich für Organisationen, die kostenpflichtige Agents nutzen – etwa von Drittanbietern oder aus dem Microsoft Agent Store. Hier wird häufig nicht pauschal lizenziert, sondern nach tatsächlichem Verbrauch abgerechnet. Das kann beispielsweise bedeuten: Jeder Aufruf eines bestimmten Agents kostet einen kleinen Betrag, der zum Monatsende aufsummiert wird. Ohne Transparenz kann das schnell zu Überraschungen führen – insbesondere, wenn ein Agent plötzlich sehr beliebt wird oder versehentlich in einem automatisierten Prozess »durchdreht«.

Aus Erfahrung empfiehlt es sich, diesen Bereich regelmäßig, etwa monatlich, zu prüfen, insbesondere in den ersten Monaten nach der Einführung von Copilot oder neuen Agents. So erkennen Sie frühzeitig Trends, können auf unerwartete Kostenentwicklungen reagieren und Ihre Lizenzstrategie optimieren. In vielen Unternehmen wird dieser Bereich auch vom Controlling oder Lizenzmanagement genutzt, um Budgets zu planen und die Nutzung mit den tatsächlichen Geschäftszielen abzugleichen.

Überprüfen Sie den Bereich NUTZUNG UND ABRECHNUNG im Copilot Control Center regelmäßig, idealerweise einmal pro Monat – insbesondere während der ersten Monate nach der Einführung von Copilot oder neuer Agents. Achten Sie dabei auf auffällige Nutzungstrends sowie unerwartete Kostenentwicklungen und stimmen Sie die tatsächliche Nutzung mit den geplanten Budgets sowie den Geschäftszielen ab. Protokollieren Sie Ihre Erkenntnisse und leiten Sie gegebenenfalls Optimierungsmaßnahmen für die Lizenzstrategie ein.

Das Agent 365 Center

Nachdem wir uns um den »großen« Microsoft 365 Copilot gekümmert haben, geht es nun um die Verwaltung der sogenannten Copilot Agents.

Was sind *Agents* genau? Vereinfacht gesagt sind es KI-Erweiterungen, die Copilot zusätzliche Fähigkeiten verleihen. Während Microsoft 365 Copilot selbst allgemeine Dinge erledigen kann (Text schreiben, E-Mails zusammenfassen usw.), können Agents sehr spezifisch sein. Manche werden von Microsoft mitgeliefert, etwa ein »Analyst-Agent«, der komplexe Datenanalysen beherrscht, oder ein »Researcher-Agent«, der Informationen aus verschiedenen Quellen zusammenträgt (solche Spezialagenten wurden zunächst im Rahmen des Frontier-Programms getestet).

Andere Agents kommen von Drittanbietern. Man kann sich zum Beispiel einen ServiceNow-Agent vorstellen, der Tickets aus dem ServiceNow-System integrieren kann, oder einen Salesforce-Agent fürs CRM. Zusätzlich können Organisationen eigene Agents entwickeln. Dafür gibt es das Copilot Studio, eine Entwicklungsumgebung, in der mit einfachen Mitteln KI-gestützte Mini-Anwendungen gebaut werden können.

Nun leuchtet es ein, dass man bei so einer Vielfalt den Überblick behalten muss. Genau hier setzt das Agent 365 Center an, welches es seit Dezember 2025 gibt. Microsoft hat im Microsoft 365 Admin Center einen zentralen Hub geschaffen, der all diese Agenten sichtbar und steuerbar macht.

Übersicht und Dashboard

Öffnen Sie im Admin Center den Bereich AGENT, so kommen Sie auf Ihre Übersichtseite. Das sogenannte Dashboard bietet Ihnen eine Übersicht der aktuellen Agenten-Nutzung in Ihrer Organisation. Typischerweise sehen Sie hier Kenndaten wie

- ✔ die Gesamtzahl der Agents in Ihrem Tenant und
- ✔ die Anzahl aktiver Benutzer der Agents (z. B.: Wie viele unterschiedliche Nutzer haben in den letzten 30 Tagen irgendein Agent genutzt?).

Da das Agent 365 Center noch neu ist, können Sie davon ausgehen, dass sich bis zur Buchveröffentlichung noch etwas in den Reports ändern wird.

Auf dem Dashboard erhalten Sie darüber hinaus noch weitere Hinweise wie:

- ✔ Gibt es Agents, die auf Freigabe warten?
- ✔ Gibt es Agents ohne zuständigen Besitzer?
- ✔ Oder Agents, die Fehler verursacht haben?

Solche Punkte werden prominent angezeigt, oft mit direkt anklickbaren Aktionen.

Alle Agenten

Der Menüpunkt AGENT im Agent 365 Center ist die zentrale Anlaufstelle für die Verwaltung einzelner Agenten in Ihrer Microsoft-365-Umgebung. Der Menüpunkt AGENT ist eine fokussierte Ansicht auf die Agenten selbst – unabhängig von ihren Ursprüngen oder Einsatzbereichen.

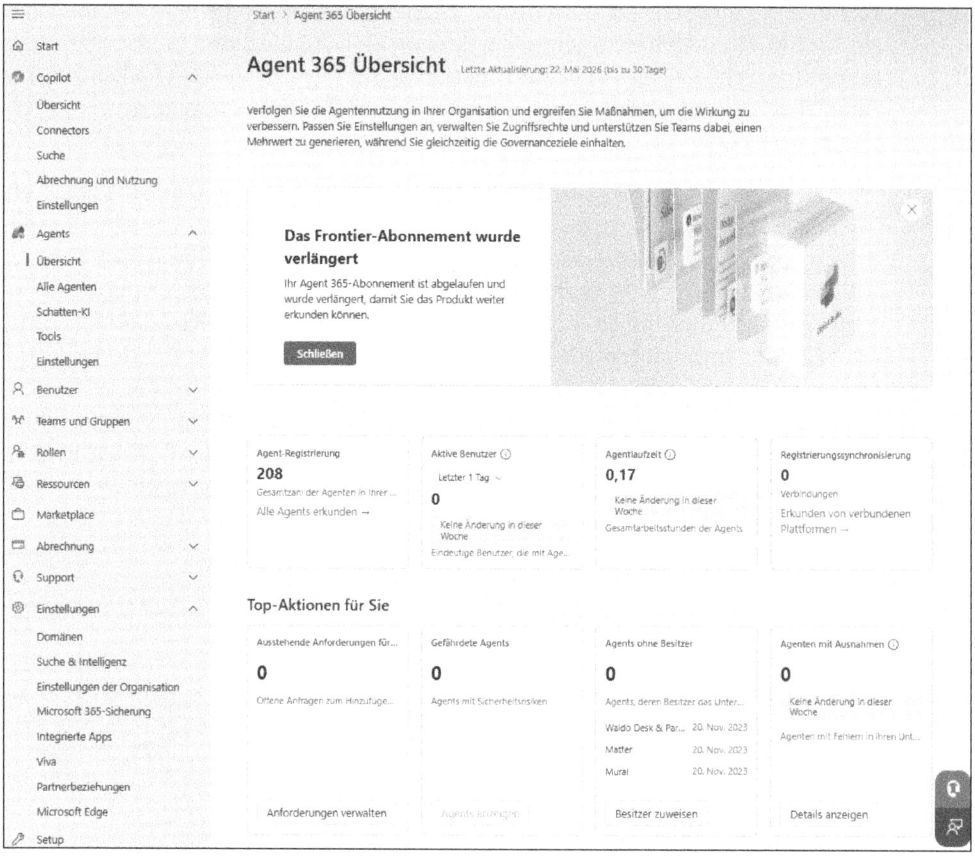

Abbildung 22.5: Agent 365 Center – Das Dashboard

In der Übersicht sehen Sie eine tabellarische Auflistung aller registrierten Agents in Ihrer Umgebung. Diese Liste enthält wichtige Metadaten, wie den Namen des Agents, den Publisher (zum Beispiel Microsoft, Drittanbieter oder intern), den Typ (deklarativ oder benutzerdefiniert), den Veröffentlichungsstatus (aktiv, blockiert, ausstehend) sowie die Zielplattform (zum Beispiel Copilot Chat, Teams, Word). Über Filterfunktionen können Sie die Anzeige nach Publisher, Plattform, Verfügbarkeit oder Status eingrenzen – ein unverzichtbares Werkzeug, wenn Sie mit einer wachsenden Zahl von Agents arbeiten.

Ein *deklarativer Agent* ist ein Agent, dessen Verhalten und Funktionen hauptsächlich durch Konfigurationen und festgelegte Regeln bestimmt werden, anstatt durch individuell programmierte Logik. Das bedeutet, dass seine Aufgaben und Abläufe überwiegend durch Einstellungen beschrieben werden, ohne dass zusätzlicher Code geschrieben werden muss.

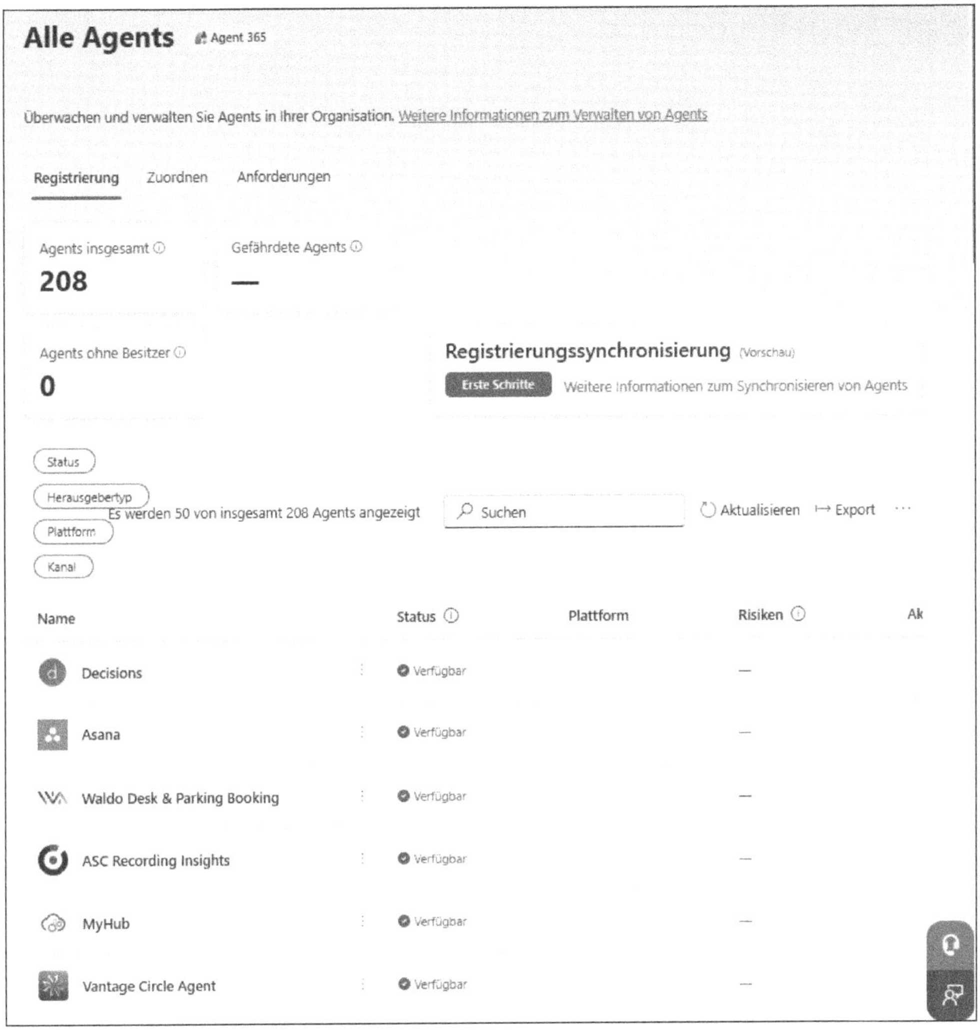

Abbildung 22.6: Agent 365 Center – Ansicht aller Agents

Schon beim ersten Öffnen sehen Sie mehr als 150 Agents in Ihrer Microsoft-365-Umgebung und Sie haben noch keine eigenen erstellt.

Ein Klick auf einen Agenten öffnet die Detailansicht. Die Detailansicht eines Agents im Agent 365 Center bietet IT-Administratoren eine umfassende und strukturierte Übersicht über den entsprechenden Agenten. Ihr Hauptzweck besteht darin, sämtliche relevanten Informationen und Steuerungsmöglichkeiten an einem zentralen Ort zu bündeln. Dadurch wird die Verwaltung von Agenten effizient gestaltet und die Transparenz über deren Einsatz im Unternehmen maßgeblich erhöht.

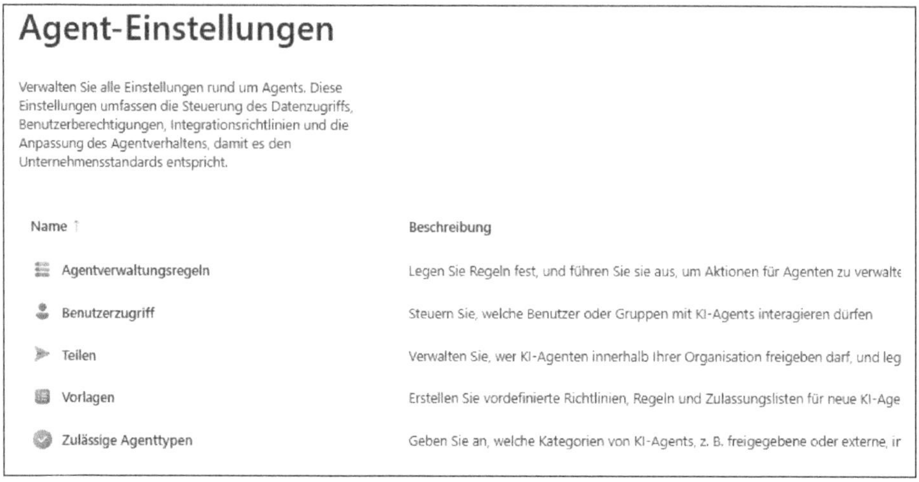

Abbildung 22.7: Agent 365 Center – Agentdetails

Zu den bereitgestellten Informationen zählt eine ausführliche Beschreibung des jeweiligen Agenten, die seinen Aufgabenbereich sowie die zugrundeliegende Funktionalität erläutert. Ebenso wird aufgeführt, welche Datenquellen der Agent nutzt. Hierzu gehören auch eingebundene Graph-Konnectoren. Weiterhin erhalten Sie Einblick in die Plattformen, auf denen der Agent zur Verfügung steht. Dies können beispielsweise Microsoft Teams, Outlook oder eigenständige Chat-Anwendungen sein. Die Detailansicht zeigt zudem die aktuelle Version des Agenten sowie das Datum der letzten Aktualisierung, damit Sie stets über den Entwicklungsstand informiert sind. Der fachliche Besitzer, also die für den Agenten verantwortliche Person oder Abteilung, ist eindeutig ausgewiesen. Zusätzlich lassen sich aktuelle Kennzahlen zur Nutzung und Aktivität des Agenten einsehen, wodurch der tatsächliche Einsatz im Unternehmensalltag transparent nachvollzogen werden kann.

Die Detailansicht erlaubt es Ihnen, vielfältige Konfigurationen direkt vorzunehmen. Sie können den fachlichen Besitzer neu zuweisen oder anpassen, um die Zuständigkeit klar zu regeln. Ebenso besteht die Möglichkeit, die Sichtbarkeit des Agenten zu steuern. Damit entscheiden Sie, ob der Agent unternehmensweit oder nur für bestimmte Benutzergruppen verfügbar ist. Die Freigabe oder Blockierung des Agenten können Sie ebenfalls unmittelbar aus der Detailansicht heraus vornehmen, beispielsweise bei Sicherheitsbedenken oder sobald die Relevanz entfällt. Ein besonderes Augenmerk liegt auf der Verwaltung der Datenzugriffsrechte, insbesondere dann, wenn der Agent auf sensible Inhalte über Graph-Konnectoren zugreift. Die Einsicht in Nutzungsmetriken ermöglicht es Ihnen darüber hinaus, die Akzeptanz und Aktivität des Agenten fortlaufend zu überwachen und gegebenenfalls Maßnahmen zur Optimierung zu ergreifen.

Durch die genannten Funktionen wird der Menüpunkt Agent im Agent 365 Center zu einem operativen Steuerungsinstrument für die Verwaltung von KI-Agenten. Sie erhalten nicht nur ein Verzeichnis, sondern eine aktive Plattform, mit der Sie jeden Agenten individuell administrieren, dessen Nutzung analysieren und bei Bedarf unmittelbar eingreifen können. Dies gewährleistet eine verantwortungsvolle, nachvollziehbare und effektive Governance von KI-Anwendungen im Unternehmen.

Tools

Der Menüpunkt TOOLS im Agent 365 Center bietet Ihnen eine umfassende Übersicht über die sogenannten MCP-Server. Diese Komponenten bilden die technische Basis für die Integration von Copilot Agents in Ihre Microsoft-365-Umgebung. MCP-Server steht für Model Reference Protocol Server und bezeichnet systemnahe Dienste, die für die Verbindung zwischen Microsoft-365-Komponenten und den Copilot-Funktionen verantwortlich sind. Sie übernehmen keine Aufgaben wie klassische Agents, sondern fungieren als technische Vermittler und Schnittstellen.

In Ihrer Übersicht erhalten Sie eine tabellarische Darstellung aller registrierten Tools innerhalb Ihres Tenants. Die aufgelisteten Informationen umfassen den Namen des jeweiligen Tools, beispielsweise Microsoft SharePoint Lists MCP Server oder Microsoft Teams MCP Server. Zusätzlich sehen Sie den aktuellen Status – wie verfügbar oder blockiert – sowie den Typ, der in der Regel als MCP Server ausgewiesen wird. Als Publisher wird üblicherweise Microsoft Corporation angegeben. Die Tools sind im Normalfall vorkonfiguriert und werden systemseitig von Microsoft bereitgestellt, insbesondere im Rahmen des Frontier Programms. Ihr Zweck besteht darin, Dienste wie SharePoint, Outlook oder Teams mit den zugrunde liegenden KI- Modellen zu verbinden. Dadurch wird es beispielsweise möglich, dass ein Agent auf SharePoint-Listen zugreift oder Inhalte aus Outlook analysiert werden.

Die Detailansicht eines Tools liefert Ihnen weiterführende technische Informationen. Dazu zählen Angaben zur verwendeten Version, zur unterstützten Plattform und zur Konnektivität. Eine direkte Konfiguration dieser Tools ist in der Regel nicht vorgesehen, da diese zentral durch Microsoft verwaltet werden. Als IT-Administrator haben Sie jedoch die Möglichkeit, einzelne Tools zu blockieren, wenn deren Einsatz unterbunden werden soll. Dies kann etwa aus Gründen der Sicherheit oder zur Einhaltung von Compliance-Vorgaben erforderlich sein.

Ein *Model Reference Protocol Server* ist ein technischer Dienst, der als Schnittstelle zwischen Microsoft-365-Komponenten und den Copilot Funktionen dient, und die Kommunikation sowie den Datenaustausch ermöglicht.

Einstellungen

Die Einstellungen im Agent 365 Center sind weit mehr als nur eine technische Konfigurationsseite. Sie bilden das strategische Fundament für den sicheren, kontrollierten und

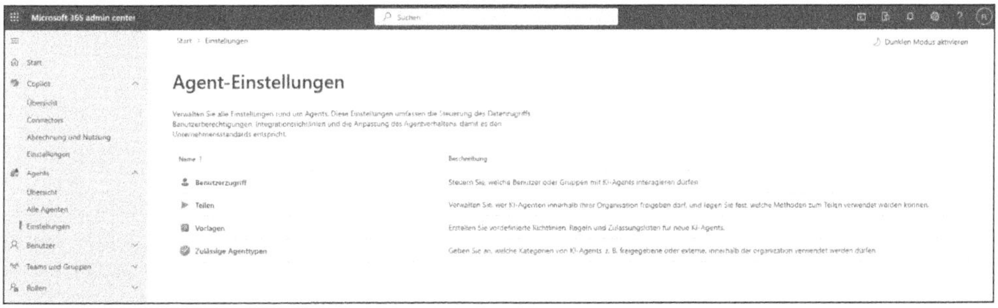

Abbildung 22.8: Agent 365 Center – Einstellungen

skalierbaren Einsatz von Copilot-Agents in Ihrer Organisation. Hier legen Sie fest, unter welchen Bedingungen Agents überhaupt genutzt, geteilt und entwickelt werden dürfen – und schaffen damit die Voraussetzungen für eine verantwortungsvolle KI-Governance.

Die Seite gliedert sich in vier zentrale Steuerungsbereiche:

1. **Benutzerzugriff**

   Hier definieren Sie, welche Benutzer oder Gruppen mit Agents interagieren dürfen. Der Mehrwert liegt darin, dass Sie gezielt Pilotgruppen aufbauen können, etwa ein dediziertes Team aus Power-Usern oder Fachabteilungen, die neue Agents testen, bevor sie unternehmensweit ausgerollt werden. So vermeiden Sie unkontrollierte Nutzung und gewinnen gleichzeitig wertvolles Feedback aus der Praxis.

2. **Teilen**

   In diesem Abschnitt steuern Sie, ob und wie Agents innerhalb der Organisation geteilt werden dürfen. Sie können Schatten-IT vorbeugen, indem Sie das unkontrollierte Teilen von Agents unterbinden oder gezielt auf bestimmte Methoden (zum Beispiel über den Agent Store oder manuelle Freigabe) beschränken.

3. **Vorlagen**

   Dieser Bereich bietet Ihnen die Möglichkeit, vordefinierte Richtlinien und Regeln für neue Agents zu erstellen. Der Mehrwert liegt hier in der Standardisierung: Sie können zum Beispiel festlegen, dass jeder neue Agent einen fachlichen Besitzer haben muss, bestimmte Datenquellen nicht verwenden darf oder nur in bestimmten Plattformen aktiv sein darf. Das spart nicht nur Zeit bei der Prüfung, sondern erhöht auch die Qualität und Sicherheit der Agentenlandschaft.

4. **Zulässige Agententypen**

   Hier legen Sie fest, welche Arten von Agents in Ihrer Organisation erlaubt sind – nur Microsoft-eigene, auch Drittanbieter oder sogar benutzerdefinierte Agents. Sie können dabei den Reifegrad Ihrer Organisation berücksichtigen.

Wenn Sie gerade erst starten, lassen Sie zunächst nur Microsoft-Agents zu. Sobald Sie mehr Erfahrung gesammelt haben, öffnen Sie den Rahmen schrittweise für Partnerlösungen oder eigene Entwicklungen.

Unterschiede und Zusammenspiel von Copilot Control Center und Agent 365 Center

Wir haben nun beide wichtigen Verwaltungsbereiche kennengelernt, das Copilot Control Center und das Agent 365 Center. Zum Abschluss lohnt sich ein kurzer Vergleich, um die Unterschiede klar herauszustellen – und ebenso, um zu verstehen, wie beide Bereiche zusammenhängen. Schließlich sind beide Teile des übergreifenden Copilot Control System und greifen ineinander.

Was man daran sieht, ist: Das Copilot Control Center und Agent 365 Center erfüllen unterschiedliche, aber komplementäre, Aufgaben. In der Praxis greifen die beiden Center noch etwas ineinander.

Aspekt	Copilot Control Center (Steuerung von Microsoft 365 Copilot)	Agent 365 Center (Steuerung der Copilot-Agents)
Zweck	Globale Kontrolle über Microsoft 365 Copilot, also den KI-Assistenten, der in Apps wie Word, Excel, Outlook, Teams etc. integriert ist. Im Control Center stellen Sie sicher, dass Copilot unternehmensweit sicher, compliant und passend konfiguriert läuft.	Zentrale Verwaltung aller Copilot-Agents, also spezialisierter KI-Bots, die Copilot erweitern. Hierüber managen Sie den gesamten Agenten-Fuhrpark Ihres Unternehmens, von Aktivierung über Berechtigungen bis zu Stilllegung.
Inhalt	Die Einstellungen für Copilot finden sich im Admin Center unter COPILOT > EINSTELLUNGEN. Dort stehen vier Tabs zur Verfügung: BENUTZERZUGRIFF, DATENZUGRIFF, COPILOT-AKTIONEN und WEITERE EINSTELLUNGEN, mit denen Copilot entsprechend den Organisationsrichtlinien konfiguriert werden kann. Im Bereich Sicherheit und Compliance gewährleistet Copilot die Einhaltung von Purview-Richtlinien, DLP, Labels und weiteren Kontrollmechanismen. Das Control Center ermöglicht die Überwachung und Konfiguration sicherheitsrelevanter Aspekte, bspw. die Deaktivierung der Websuche oder die Sperrung externer KI-Modelle. Analytics bietet umfassende Auswertungen zur Nutzung von Copilot sowie zur Erfolgsmessung anhand von Kennzahlen wie Adoption, Produktivität und ROI. Der Admin-Copilot ist ebenfalls über das Control Center bzw. Admin Center verfügbar und unterstützt Administrationsaufgaben unter Berücksichtigung der geltenden RBAC-Rechte. Alle Funktionen sind in das Microsoft 365 Admin Center integriert; weitere Einstellungen können über Verknüpfungen zu anderen Portalen, wie bspw. dem Apps Admin Center für die Websuche, vorgenommen werden.	Das Agenten-Inventar bietet eine vollständige Übersicht über alle Agents im Tenant, egal ob von Microsoft, Drittanbietern oder Eigenentwicklungen. Dank Such- und Filterfunktionen wird die Verwaltung erleichtert. Das Lifecycle-Management ermöglicht es, neue Agent-Anfragen anzunehmen, zu prüfen, freizugeben oder zu blockieren. Bei Bedarf lassen sich Agents entfernen oder aktualisieren, außerdem können Sie die Agenten-Liste für die Dokumentation oder Audits exportieren. Für jeden Agenten lässt sich festlegen, wer ihn besitzt. Die Aktivitäten der Agents sind überwachbar und die Berechtigungen können angepasst werden, etwa hinsichtlich der nutzbaren Datenquellen. Unsichere oder nicht compliance-konforme Agents lassen sich gezielt isolieren und bearbeiten. Das Dashboard präsentiert Nutzungsstatistiken und Trends wie die Häufigkeit der Nutzung oder aktive Nutzer. Es gibt Empfehlungen zur Optimierung sowie Warnhinweise wie AGENT OHNE BESITZER, um gezielt eingreifen zu können [m365admin.... sontek.net]. Im Microsoft 365 Admin Center finden Sie diese Funktionen unter COPILOT > AGENTS UND KONNECTOREN. Zuvor waren Agents auch unter Integrierte Apps gelistet, doch seit 2025 existiert dafür eine eigene, zentrale Seite.

Aspekt	Copilot Control Center (Steuerung von Microsoft 365 Copilot)	Agent 365 Center (Steuerung der Copilot-Agents)
Rollen und Rechte	Für das Copilot Control Center ist die Rolle »KI-Administrator« (oder eine höhere Admin-Rolle wie »globaler Admin«) erforderlich. Nur KI-Administratoren dürfen Änderungen vornehmen; globale Leser haben Leserechte. Im Admin-Copilot sieht jeder Administrator nur die für seine Rolle freigegebenen Informationen.	Das Agent 365 Center ist mit den gleichen Administratorrollen zugänglich wie andere Bereiche – normalerweise für KI- oder globale Administratoren. Zusätzlich wird für jeden Agent aus der jeweiligen Fachabteilung ein fachlich verantwortlicher Besitzer bestimmt. Das Berechtigungsmanagement erfolgt ähnlich wie bei Anwendungen: Agents erhalten nur Zugriff auf die Bereiche, für die sie berechtigt sind, häufig basierend auf einem Entra-ID-Registry-App-Eintrag. Als Administrator bestimmen Sie, welche Daten ein Agent sehen darf, indem Sie zum Beispiel nur bestimmte API-Zugriffe erlauben oder den Agenten nur für ausgewählte Benutzergruppen verfügbar machen.

Tabelle 22.1: Gegenüberstellung Copilot Control Center und Agent 365 Center

Im Copilot Control Center könnten Sie eine Richtlinie setzen, dass Copilot generell keine Aktionen ohne Bestätigung ausführen darf. Im Agent Center sehen Sie dann, welche Agents gegebenenfalls Aktionen anbieten und können dort zusätzlich feintunen oder einzelne Agents einschränken, falls nötig. Oder umgekehrt: Sie entdecken im Agent Center einen Agent, der zum Beispiel die Websuche nutzen möchte, haben aber im Control Center die Websuche global ausgeschaltet – dann wissen Sie, dass der Agent in Ihren Settings gar nicht voll funktionsfähig wäre, und können entsprechend handeln (entweder erlauben, oder den Agent darüber informieren).

Microsoft verzahnt diese Ebenen immer mehr, sodass Admins eine einheitliche Kontrolle haben.

Da Copilot und die Agent-Funktionen recht neu sind (die breite Einführung fand 2025 statt), entwickelt Microsoft hier laufend weiter. Sie werden im Admin Center möglicherweise immer wieder neue Optionen oder veränderte Menüs sehen. Das Grundkonzept bleibt jedoch: zentrale Stelle für Copilot, zentrale Stelle für Agents. Halten Sie sich über Neuerungen auf dem Laufenden, etwa über das Microsoft 365 Message Center oder entsprechende Blogs. So stellen Sie sicher, dass Sie alle verfügbaren Stellschrauben kennen.

Sicherheitskonzept im Copilot Control Center

Das Copilot Control Center bildet die zentrale Verwaltungsstelle für alle sicherheitsrelevanten Einstellungen rund um den Einsatz von Künstlicher Intelligenz im Unternehmen.

Hier werden sämtliche Vorgaben zur Zugriffskontrolle, Datenverarbeitung und Systemüberwachung gebündelt. Die Zugriffsrechte werden so konfiguriert, dass ausschließlich autorisierte Personen bestimmte Informationen einsehen und bearbeiten dürfen. Jede Copilot-Interaktion findet innerhalb der bestehenden Cloud-Infrastruktur des Unternehmens statt. Das bedeutet, dass Copilot ausschließlich auf Daten zugreifen kann, für die der jeweilige Benutzer bereits eine Zugriffsberechtigung besitzt. Diese Architektur gewährleistet, dass kein unberechtigter Zugriff auf Unternehmensdaten erfolgt.

Ein wesentliches Element des Sicherheitskonzepts ist die Möglichkeit, über das Control Center granular zu steuern, welche externen Künstlichen Intelligenzen angebunden werden dürfen und wohin Daten weitergegeben werden. So lässt sich sicherstellen, dass sämtliche Unternehmensinformationen innerhalb der von Microsoft bereitgestellten Infrastruktur verbleiben, sofern dies gewünscht ist. Diese zentrale Steuerung wird als ganzheitliche Kontrolle bezeichnet und stellt einen fundamentalen Bestandteil der Sicherheitsarchitektur dar.

Ganzheitliche Kontrolle meint die Fähigkeit, sämtliche Sicherheits- und Datenflüsse zentral an einer Stelle zu steuern und zu überwachen.

Um die Einhaltung gesetzlicher Vorgaben zu gewährleisten, wurden im Copilot Control Center umfassende Compliance-Mechanismen integriert. Alle durch Copilot verarbeiteten Daten unterliegen denselben Richtlinien und Prüfmechanismen wie von Mitarbeitern erstellte Inhalte. Beispielsweise werden Texte, die mit Copilot erstellt werden, ebenso auf Inhaltsklassifizierungen und Sensitivitätskennzeichnungen geprüft wie manuell verfasste Dokumente.

Sensitivitätskennzeichnung – oder auch Sensitivity Lables – ist ein Verfahren, mit dem Dokumente oder E-Mails nach ihrem Schutzbedarf klassifiziert werden.

Zum Schutz der Privatsphäre werden bei der Protokollierung der Copilot-Aktivitäten keine vollständigen Inhalte der Nutzeranfragen gespeichert. Vielmehr werden ausschließlich Metadaten erfasst, aus denen beispielsweise hervorgeht, welcher Benutzer zu welchem Zeitpunkt eine bestimmte Funktion von Copilot genutzt hat. Diese Maßnahmen stellen sicher, dass sensible Informationen nicht unbefugt eingesehen oder weitergegeben werden. Darüber hinaus können Sie im Control Center konfigurieren, ob und in welchem Umfang Drittanbieter-KI-Lösungen angebunden werden dürfen. So wird verhindert, dass Unternehmensdaten versehentlich in externe Systeme gelangen, die nicht den unternehmenseigenen Datenschutzrichtlinien entsprechen.

Die lückenlose Protokollierung sämtlicher Copilot-Aktivitäten ist ein zentrales Element für die Nachvollziehbarkeit und Überprüfbarkeit von Vorgängen im Unternehmen. Im Microsoft-Purview-Compliance-Portal erhalten Administratoren Zugriff auf umfangreiche Audit-Protokolle, die jede Nutzung von Copilot dokumentieren. Diese Protokolle enthalten unter anderem Informationen darüber, welcher Benutzer welche Copilot-Funktion zu welchem Zeitpunkt verwendet hat. Die Privatsphäre der Nutzer wird dabei gewahrt, da keine vollständigen Inhalte der Prompts oder Ergebnisse gespeichert werden.

Praktische Hinweise zur Nutzung des Administrator-Copilot

Microsoft stellt Ihnen zusätzlich einen speziellen Copilot für Administratoren im Admin Center von Microsoft 365 zur Verfügung. Dieser Assistent ist direkt ins Microsoft 365 Admin Center sowie in die Copilot-Chat-Anwendung integriert. Sie können den Administrator-Copilot nutzen, um in natürlicher Sprache Fragen zu administrativen Themen zu stellen und Auswertungen anzufordern. Der Assistent liefert Ihnen relevante Informationen und Übersichtsdaten, ohne dass Sie manuell durch verschiedene Menüs navigieren müssen.

Administrator-Copilot ist ein speziell für IT-Administratoren entwickelter Assistent, der administrative Auskünfte und Empfehlungen bereitstellt.

BEISPIEL

Beispielsweise können Sie sich einen Überblick über aktuelle Anmeldeversuche oder offene Supportanfragen verschaffen.

Der Administrator-Copilot führt keine Änderungen an Systemen durch, sondern unterstützt Sie durch die Bereitstellung von Auskünften und Empfehlungen. Dies ermöglicht es Ihnen, schneller fundierte Entscheidungen zu treffen und Routineaufgaben effizienter zu erledigen. Es empfiehlt sich, diesen Assistenten aktiv in den Arbeitsalltag zu integrieren, um von den Vorteilen einer schnellen und präzisen Informationsbeschaffung zu profitieren. Dennoch sollte der Administrator-Copilot nur als ein ergänzendes Werkzeug betrachtet werden, das eine umfassende manuelle Analyse nicht ersetzen kann.

Teil V
Der Top-Ten-Teil

Besuchen Sie uns auf `www.fuer-dummies.de` oder unseren Social-Media-Kanälen:

Facebook
`www.facebook.com/fuerdummies`

Instagram
`www.instagram.com/furdummies`

YouTube
`www.youtube.com/@dummies-mann`

IN DIESEM TEIL …

- In diesem Top-Ten-Teil werden die zehn wichtigsten Einstellungen und Entscheidungen vorgestellt, die unbedingt bekannt sein und angepasst werden sollten – mit dem Ziel, die Kontrolle zu behalten, Kosten zu sparen sowie die Organisation sicher und effizient zu führen. Die Auswahl basiert auf zahlreichen Erfahrungen und Erkenntnissen aus der Praxis.
- Viele dieser Punkte helfen Einsteigern, typische Stolperfallen zu vermeiden und von Anfang an optimal zu starten.
- Der Mehrwert besteht darin, bewährte Methoden direkt umzusetzen und Fehler, die vielen Administratoren im ersten Jahrzehnt unterlaufen sind, von Anfang an auszuschließen.
- Diese Empfehlungen bieten Inspiration, um das Microsoft-365-Setup zukunftssicher zu gestalten.

IN DIESEM KAPITEL

Was sind Selbstkäufe und wie kann ich diese limitieren?

Welche Strukturentscheidungen sind wichtig?

Wichtige Hinweise zum E-Mail-Setup

Kapitel 23
Die zehn wichtigsten Entscheidungen in der Konfiguration

Selbstbedienungskäufe

Standardmäßig können Mitarbeiter in der Microsoft-365-Umgebung eigenständig zusätzliche Abonnements oder Lizenzen erwerben, zum Beispiel eine »Power BI Pro«-Lizenz oder eine »Microsoft 365 Copilot«-Lizenz, und diese mit ihrer eigenen Zahlungsmethode beispielsweise Kreditkarte bezahlen. Dies nennt man Selbstbedienungskauf, und es kann für die Organisation schnell unübersichtlich werden, wenn jeder einfach Software dazubucht.

Selbstkäufe sind sowohl für vollwertige Lizenzen als auch für Testlizenzen von Anwendungen möglich. Ohne geeignete Kontrollmechanismen kann Ihre Microsoft-365-Umgebung rasch mit einer Vielzahl von Testlizenzen ausgestattet werden. Dies kann dazu führen, dass Anwendungen im System vorhanden sind, die aus Sicherheitsaspekten möglicherweise nicht erwünscht sind. Zudem behält sich Microsoft vor, bei einem vermehrten Auftreten von Testlizenzen die jeweilige Microsoft-365-Umgebung als Testumgebung zu klassifizieren und gegebenenfalls zurückzuziehen (Stand: November 2025).

Das bedeutet: Microsoft möchte verhindern, dass Unternehmen kostenfreie Testlizenzen dauerhaft in produktiven Umgebungen einsetzen. Aus lizenzrechtlicher Sicht ist dies ohnehin nicht gestattet, dennoch haben einige Unternehmen versucht, diese Praxis umzusetzen. Inzwischen begegnet Microsoft diesem Vorgehen, indem Umgebungen abgeschaltet werden, wenn die Anzahl und Aktivität der Testlizenzen die der Produktivlizenzen deutlich übersteigt und ein atypisch hohes Nutzungsniveau im Vergleich zu einer regulären Testumgebung festgestellt wird.

Als Administrator sollten Sie diese Selbstbedienungskäufe ausschalten. Damit stellen Sie sicher, dass alle Lizenzanschaffungen über die zentrale Administration laufen. So behalten Sie den Überblick über die Lizenzen. Außerdem können Sie besser planen, welche Tools wirklich gebraucht und von der Firma genehmigt werden.

Selbstbedienungskauf bedeutet, dass Benutzer selbständig (ohne Admin) im Microsoft Store zusätzliche Lizenzen oder Abonnements für den eigenen Firmen-Tenant erwerben dürfen, dabei muss der Mitarbeiter die Lizenzen über seine eigene Kreditkarte oder eine andere Abrechnungsart bezahlen. Diese Funktion lässt sich in den Einstellungen deaktivieren, damit Einkäufe nur von Administratoren getätigt werden können.

Updatezyklus festlegen

Microsoft 365 wird ständig weiterentwickelt. Neue Funktionen und Änderungen werden regelmäßig an die Nutzer ausgeliefert. Hier sollten Sie eine bewusste Entscheidung treffen, wie schnell Ihre Organisation diese Updates erhält. In den Einstellungen können Sie wählen, ob alle Benutzer automatisch sofort die neuesten Funktionen bekommen (das nennt sich oft »Targeted Release« oder »Public Preview«), oder ob die Änderungen erst ausgerollt werden, wenn sie eine Weile erprobt wurden (standardmäßiger Veröffentlichungskanal). Für eine kleine Firma ist es meist sinnvoll, nicht alle Mitarbeiter sofort auf neue Experimente loszulassen. Stellen Sie den Updatezyklus so ein, dass entweder nur Sie selbst oder ein kleines Pilotteam die Features zuerst bekommt und alle anderen erst später. So können Sie neue Funktionen in Ruhe ausprobieren und eventuelle Probleme erkennen, bevor die gesamte Belegschaft sie zu sehen bekommt. Das verhindert Verwirrung und gewährleistet Stabilität. Natürlich gehen Sie dadurch kein großes Risiko ein. Die verzögerten Updates kommen vielleicht ein paar Wochen später, aber dafür sind sie erfahrungsgemäß ausgereifter.

»Targeted Release« (gezielte Veröffentlichung) bezeichnet den Update-Modus, bei dem ausgewählte Benutzer die neuesten Microsoft-365-Funktionen als Erste erhalten. Im Gegensatz dazu bekommen beim Standard-Release alle Benutzer die Neuerungen erst, wenn diese allgemein freigegeben und erprobt sind. Über ORGANISATIONSEINSTELLUNGEN > VERÖFFENTLICHUNGSEINSTELLUNGEN im Admin Center können Sie steuern, welcher Modus für Ihre Nutzer gilt.

Externe Kalenderfreigabe begrenzen

Outlook-Kalender lassen sich mit wenigen Klicks für andere freigeben, sowohl innerhalb als auch außerhalb Ihrer Organisation. Gerade den externen Kalenderzugriff sollten Sie jedoch bewusst einstellen. Überlegen Sie, wer außerhalb Ihrer Firma welche Kalenderinformationen sehen darf. Standardmäßig können externe Personen oft zumindest sehen, ob jemand frei oder beschäftigt ist (die sogenannte Frei-/Gebucht-Anzeige), manchmal sogar mehr Details, je nach Voreinstellung. In den Exchange-Administrationsoptionen können Sie festlegen, ob externe Partner überhaupt etwas von den Kalendern Ihrer Mitarbeiter sehen dürfen. Empfohlen ist, die Freigabe auf ein Mindestmaß zu begrenzen, etwa dass Externe nur Frei-oder-Belegt-Zeiten ohne Detailinformationen einsehen können. So erhalten Sie die Privatsphäre – ein Kunde muss nicht automatisch alle Betreffzeilen Ihrer internen Termine kennen. Wenn Ihre Firma mit Partnern eng zusammenarbeitet, können Sie gezielt einzelne Kalender mit Details freigeben; aber eben kontrolliert und nicht per Allgemeinfreigabe für jeden. Diese Einstellung hilft, den richtigen Balanceakt zwischen Transparenz und Datenschutz zu finden. Ihre Mitarbeiter können natürlich intern weiterhin gegenseitig in die Kalender schauen, aber nach draußen dringt nur das, was wirklich notwendig ist.

Authentizität ausgehender E-Mails sichern

Nicht nur eingehende Mails sollten sicher sein. Sie wollen auch sicherstellen, dass ausgehende E-Mails Ihrer Domain vertrauenswürdig und echt wirken. Dazu ist es wichtig, sogenannte Authentifizierungsverfahren für E-Mails einzurichten. Dahinter verbergen sich technische Einstellungen (DNS-Einträge) namens SPF und DKIM. Keine Sorge, man muss kein Technikprofi sein. Es geht im Kern darum, festzulegen, welche Mail-Server im Namen Ihrer Domain E-Mails verschicken dürfen und darum, ausgehende Nachrichten digital zu signieren. Ohne diese Vorkehrungen kann es passieren, dass Betrüger E-Mails mit Ihrer Firmenadresse vortäuschen (E-Mail-Spoofing). Auch können legitime Mails von Ihnen bei Empfängern im Spamfilter landen, weil das empfangende System nicht verifizieren kann, dass die Nachricht wirklich von Ihrer Organisation stammt. Indem Sie SPF und DKIM konfigurieren, teilen Sie der Welt mit: »Nur Microsoft-Server (oder von Ihnen autorisierte) dürfen E-Mails @ihrefirma.de versenden und diese Mails tragen eine fälschungssichere Signatur.«

Das Ergebnis: Empfänger können Ihren Nachrichten vertrauen, Spamfilter lassen wichtige Mails eher durch und die Identität Ihrer Firma bleibt geschützt. Dieser Schritt erfordert einmalig etwas Aufwand in den Domäneneinstellungen, zahlt sich aber aus; denn er schiebt gefälschten Absendern einen Riegel vor.

SPF (Sender Policy Framework) ist ein DNS-Eintrag, der definiert, welche Mailserver im Auftrag Ihrer Domain E-Mails senden dürfen. DKIM (DomainKeys Identified Mail) ergänzt dies, indem ausgehende E-Mails mit einer digitalen Signatur versehen werden. Der empfangende Mailserver prüft die Signatur anhand Ihres öffentlichen Schlüssels. Stimmen die Daten, gilt die Mail als echt und unverändert von Ihrer Domain abgesendet. Zusammen helfen SPF und DKIM, dem Missbrauch Ihrer E-Mail-Domain vorzubeugen. Es gibt noch DMARC als dritte Technologie, die auf SPF/DKIM aufbaut und Empfängern Anweisungen gibt, wie mit nicht-authentifizierten Mails umzugehen ist – optional können Sie auch dies einrichten, wenn Sie SPF und DKIM erfolgreich aktiviert haben.

Passwortrücksetzung durch Benutzer erlauben

Jeder Administrator kennt das leidige Thema PASSWORT VERGESSEN und prompt klingelt das Telefon, weil jemand nicht mehr in sein Konto kommt. Zum Glück bietet Microsoft 365 eine Lösung: Benutzer können ihr Kennwort selbst zurücksetzen, wenn Sie diese Funktion einschalten. Stellen Sie also die Self-Service-Kennwortzurücksetzung für Ihre Nutzer bereit. Das bedeutet, ein Benutzer, der sein Passwort vergessen hat, kann über eine abgesicherte Web-Oberfläche selbst ein neues setzen, nachdem er seine Identität bestätigt hat (etwa per Code an die hinterlegte Handynummer). Für Ihr Unternehmen ist das ein Segen und Ihre Kollegen müssen nicht mehr auf die Administratoren warten, wenn sie ihr Kennwort vergeigt haben.

Weisen Sie die Mitarbeiter darauf hin, ihre Sicherheitsinformationen (Telefon, alternative E-Mail) im Profil zu hinterlegen, damit die Reset-Funktion im Ernstfall greift. Die Einrichtung dieser Funktion erfolgt im Entra-ID-Bereich von Microsoft 365 und ist für Cloud-Benutzerkonten in Business-Plänen ohne Aufpreis verfügbar. Ohne diese Einstellung sind Sie gezwungen, bei jedem vergessenen Passwort manuell ein temporäres Kennwort zu setzen, das ist weder zeitgemäß noch notwendig. Mit der Selbstbedienungslösung erhöhen Sie sowohl die Sicherheit (weil niemand mehr generische Standardpasswörter verteilt) als auch den Komfort. Ihre Kollegen können sich schnell selbst helfen, und Sie haben den Kopf frei für wichtigere Aufgaben.

Zusätzlich empfiehlt es sich, die Multi-Faktor-Authentifizierung (MFA) für alle Benutzer zu aktivieren. Damit genügt nicht mehr allein das Passwort, sondern es wird ein zweiter Faktor – zum Beispiel ein Einmalcode per SMS oder Authenticator-App – abgefragt. So wird es für Angreifer deutlich schwieriger, ein Konto zu übernehmen oder das Passwort unbefugt zurückzusetzen. MFA erhöht die Sicherheit spürbar, da selbst bei gestohlenen Zugangsdaten ein Zugriff auf das Konto verhindert werden kann.

Einheitliche E-Mail-Signatur vorgeben

»Viele Grüße, Max Mustermann, Beispiel GmbH« – Jeder schreibt E-Mails etwas anders, aber im Geschäftsalltag sollte eine einheitliche E-Mail-Signatur verwendet werden. Als Administrator können Sie zentral festlegen, dass bei allen ausgehenden E-Mails automatisch ein standardisierter Signaturblock angehängt wird. Darin können zum Beispiel der Firmenname, die Adresse, die Telefonnummer und rechtliche Hinweise (Handelsregisternummer, USt-IdNr. etc.) stehen. Warum ist das wichtig?

- ✔ So wirkt Ihr Unternehmen professioneller, wenn jede E-Mail mit dem gleichen, vollständigen Impressum abschließt – egal ob sie vom Chef oder dem Praktikanten gesendet wurde.
- ✔ Sie ersparen es den Mitarbeitern, selbst in Outlook eine Signatur zu basteln – was oft zu kreativen Ergebnissen oder Vergessen führt.

- ✔ Es gibt in einigen Ländern rechtliche Vorgaben, welche Informationen in Geschäfts-E-Mails stehen müssen. Diese können Sie über eine Disclaimer-Regel zentral einfügen, sodass Sie compliant sind, ohne jedem Einzelnen hinterherzulaufen.

Richten Sie also eine einmalige, konsistente E-Mail-Fußzeile ein. Die Mitarbeiter können natürlich weiterhin persönliche Grüße oder Titel hinzufügen, aber die wichtigen Firmendaten werden immer drangehängt.

E-Mail-Disclaimer/Signatur: In Exchange Online können Administratoren eine Regel einrichten, die automatisch Text am Ende jeder ausgehenden E-Mail hinzufügt. Typischerweise enthält dieser Text Firmenkontaktdaten, rechtliche Hinweise oder Marketing-Slogans. So haben alle Mails eine einheitliche »Visitenkarte«, ohne dass die Benutzer ihre persönlichen Signaturen pflegen müssen.

Erstellung von Teams und Gruppen begrenzen

Stellen Sie sich vor, jeder in Ihrer Firma könnte nach Belieben neue Microsoft-365-Gruppen, Teams oder SharePoint-Websites erstellen. Schon nach kurzer Zeit hätten Sie vermutlich ein Wirrwarr an Gruppen: mehrere Teams zum gleichen Zweck, verwaiste Gruppen mit nur einem Mitglied, oder acht verschiedene Dateispeicherorte für ein einziges Projekt. Um diesem Wildwuchs vorzubeugen, sollten Sie die Erstellung neuer Gruppen auf einen ausgewählten Personenkreis beschränken. Standardmäßig darf nämlich jeder Benutzer zum Beispiel in Microsoft Teams einfach ein neues Team anlegen (und damit entstehen im Hintergrund automatisch eine Gruppe, ein SharePoint und vieles mehr). Als Administrator können Sie festlegen, dass nur bestimmte Rollen oder Personen neue Gruppen erstellen dürfen, zum Beispiel nur Admins oder Manager bestimmter Abteilungen. So behalten Sie die Kontrolle darüber, wann und warum ein neues Team angelegt wird. Das bedeutet nicht, dass Sie die Zusammenarbeit ausbremsen. Die meisten Mitarbeiter werden ohnehin nicht eigenmächtig neue Plattformen starten wollen. Diejenigen, die es aber gern tun (oft gut gemeint, um etwas auszuprobieren), müssen dann erst bei Ihnen oder einem definierten Power-User anklopfen. Dadurch können Sie beraten:

- ✔ Gibt es vielleicht schon ein passendes Team oder eine vorhandene Gruppe für den Zweck?
- ✔ Können wir das neue Projekt in der bestehenden Struktur abbilden?

Das Ziel ist, Dopplungen und Chaos zu vermeiden. Diese Einschränkung zahlt sich langfristig aus: Ihre Microsoft-365-Umgebung bleibt überschaubar. Jede erstellte Gruppe hat einen klaren Zweck, und niemand muss rätseln, welche der zwölf »Marketingteam«-Gruppen jetzt die aktuelle ist. Und keine Sorge: Sollte das Unternehmen wachsen, können Sie die Berechtigungen immer noch erweitern. Für den Anfang ist weniger jedoch mehr. Lieber gesteuert ein paar zentrale Teams aufbauen als Dutzende unkoordinierte Inseln entstehen lassen.

Überwachungsprotokolle aktivieren

Wer hat gestern die Sharing-Einstellungen der Vertriebsdokument-Bibliothek geändert? Wurde ein bestimmter Benutzeraccount möglicherweise kompromittiert? Solche Fragen lassen sich nur beantworten, wenn Protokolle über die Aktivitäten in Ihrer Umgebung vorhanden sind. In Microsoft 365 gibt es das Überwachungsprotokoll (Audit Log), das viele Vorgänge aufzeichnet; von Benutzeranmeldungen über Dateiveränderungen bis hin zum Löschen von Mails. Stellen Sie sicher, dass diese Protokollierung aktiviert ist. Bei neueren Microsoft-Kunden ist sie meist schon standardmäßig eingeschaltet, aber ein prüfender Blick schadet nicht. Ist das Audit Log aktiv, können Sie bei Bedarf genau nachvollziehen, wer wann was getan hat. Das ist im Alltag nützlich (zum Beispiel um herauszufinden, wer ein wichtiges Dokument gelöscht hat und wann), und in Sicherheitsfragen essenziell. Darüber hinaus sollten Sie überlegen, Warnmeldungen für ungewöhnliche Aktivitäten einzurichten. Microsoft 365 bietet in den Compliance- und Sicherheitscentern Möglichkeiten, Alarmierungen zu konfigurieren – etwa wenn sich ein Benutzer von einem ungewohnten Ort aus anmeldet oder in kurzer Zeit sehr viele Dateien herunterlädt. Solche Warnungen können Ihnen einen Vorsprung verschaffen, um mögliche Probleme früh zu erkennen.

BEISPIEL

Sie könnten sofort reagieren, wenn ein Konto plötzlich massenhaft E-Mails an externe Empfänger verschickt (möglicher Hinweis auf Spamversand durch ein gehacktes Konto). Kurzum: Logging und Monitoring einschalten.

Es kostet nichts außer ein paar Klicks, liefert aber im Ernstfall die nötigen Einblicke. Denken Sie daran, regelmäßig einen Blick auf die Protokolle zu werfen oder Berichte (wie den Secure Score) zu nutzen, um Ihre Sicherheitslage im Auge zu behalten. Lieber einmal zu oft geschaut, als im Nachhinein im Dunkeln zu tappen.

Das *Audit Log* ist eine Funktion in Microsoft 365, welche Benutzeraktivitäten und Änderungen systemweit aufzeichnet. Beispiele: An- und Abmeldungen, das Anlegen oder Löschen von Dateien, Änderungen an Einstellungen und Berechtigungen. Als Administrator können Sie diese Protokolle durchsuchen und auswerten, um verdächtige Vorgänge zu untersuchen oder Compliance-Anforderungen zu erfüllen. Aktivieren lässt sich das Audit Log im Security/Compliance Center Ihres Microsoft-365-Admin-Portals.

Datenaufbewahrung planen

Daten sind das Herzblut jeder Organisation, aber man möchte auch nicht alles ewig herumliegen haben. Eine wichtige Entscheidung ist daher: Wie lange sollen E-Mails, Dateien und Benutzerdaten aufbewahrt werden? Hier geht es sowohl um die Sicherung wichtiger Informationen als auch um das Löschen von Überflüssigem. In Microsoft 365 haben Sie verschiedene Möglichkeiten, eine Datenaufbewahrungsstrategie umzusetzen. Für E-Mails können Sie zum Beispiel Archivpostfächer aktivieren. Nach der Aktivierung wandern ältere Mails automatisch in ein Archiv, anstatt das Hauptpostfach zu füllen oder lokal in einer PST-Datei zu verschwinden. Überlegen Sie, ab wann bei Ihnen eine E-Mail als »archivwürdig« gilt, etwa nach ein oder zwei Jahren, und nutzen Sie die Exchange-Einstellungen, um dies umzusetzen. Für SharePoint- und OneDrive-Dateien können Sie auf Aufbewahrungsrichtlinien zurückgreifen (falls verfügbar in Ihrem Plan) oder zumindest Ihre Benutzer anhalten, regelmäßig alte Dateien zu entrümpeln. Ein weiterer Aspekt dabei sind Daten von ausgeschiedenen Mitarbeitern. Legen Sie fest, was mit OneDrive-Dateien und Mailboxen passiert, wenn jemand das Unternehmen verlässt. Eine gängige Praxis ist, das Benutzerkonto zunächst zu deaktivieren statt zu löschen, dann wichtige Daten zu sichern oder zu übertragen (zum Beispiel an den Vorgesetzten), und erst danach endgültig zu entfernen. Standardmäßig bleiben gelöschte OneDrive-Dateien 30 Tage im Papierkorb und gelöschte Benutzer-Postfächer 30 Tage bestehen, aber ohne klares Vorgehen kann man diese Fristen verpassen. Erstellen Sie daher einen Aufbewahrungs- und Löschplan. Dieser sollte regeln, welche Datenkategorien wie lange behalten werden (unter Berücksichtigung etwaiger rechtlicher Vorgaben) und wann bereinigt wird. So vermeiden Sie, dass wichtige Dokumente verloren gehen, und gleichzeitig sparen Sie Speicher und verringern Datenballast. Die Entscheidung über die Aufbewahrung ist zwar nicht so »spannend« wie ein neues Sicherheitsfeature, aber sie bildet die Grundlage dafür, dass Ihre Firma jederzeit auskunftsfähig ist und nicht im eigenen Datendschungel steckenbleibt.

Namenskonventionen und Struktur festlegen

Last but not least: Bringen Sie Ordnung in Ihre Cloud-Umgebung, bevor das Chaos entsteht. Überlegen Sie sich frühzeitig Namenskonventionen und eine logische Struktur für alles, was in Microsoft 365 angelegt wird; von Teams über Gruppen bis zu Dokumentbibliotheken. Warum das Ganze? Nun, ohne Leitplanken neigen Menschen dazu, allem mal schnell irgendeinen Namen zu geben (Projekt neu, Projekt neu 2, Test, Backup alt und so weiter), und diese Inhalte verschwinden dann in der Versenkung oder führen zu Verwirrung. Mit klaren Benennungsregeln stellen Sie sicher, dass man schon am Namen erkennt, worum es geht.

BEISPIEL

Sie könnten festlegen, dass Teams für Projekte immer das Projektkürzel tragen und vielleicht das Jahr (Projekt Alpha 2025), Abteilungsgruppen immer mit dem Abteilungsnamen beginnen (Vertrieb – Allgemein), oder dass interne Dokumente einen bestimmten Tag im Titel haben.

Ebenso wichtig ist eine übersichtliche Ablagestruktur in OneDrive/SharePoint. Schulen Sie Ihre Benutzer, Dokumente nicht wild überall abzulegen, sondern einer gemeinsam definierten Ordnerstruktur zu folgen. Wenn Ihre Firma klein startet, mag das noch kein großes Thema sein, aber denken Sie voraus. Je mehr Daten und Teams hinzukommen, desto mehr zahlt es sich aus, wenn alle nach den gleichen Mustern vorgehen. Sie als Administrator können hier moderierend eingreifen. Geben Sie Vorlagen vor (zum Beispiel vordefinierte Team-Sites mit Ordnerstruktur), nutzen Sie, wo möglich, Einstellungen wie Namensrichtlinien für Gruppen (es gibt die Möglichkeit, gewisse Prä-/Suffixe oder verbotene Wörter festzulegen), und kommunizieren Sie klar und deutlich, wie Dinge benannt werden sollen. Jeder arbeitet lieber in einer aufgeräumten Umgebung. Mit konsistenten Bezeichnungen und Strukturkonzepten sparen alle Beteiligten Zeit, weil sie Informationen schneller finden und verstehen. Außerdem sieht es einfach ordentlich aus – und das ist doch ein schönes Gefühl, oder?

IN DIESEM KAPITEL

Praktische Sicherheitstipps

Einfach umsetzbare Regeln

Mehr Übersicht und Schutz

Kapitel 24
Top zehn Einschränkungen für Microsoft 365

Microsoft 365 kann sich anfühlen wie ein riesiger Werkzeugkoffer. Es gibt für fast jedes Problem das passende Werkzeug, und genau das macht den Alltag leichter. Gleichzeitig entsteht dadurch eine stille Versuchung. Wenn alles möglich ist, wird auch alles ausprobiert. Und wenn alles ausprobiert wird, entsteht irgendwann Chaos, Daten gehen spazieren, oder jemand findet aus Versehen eine Abkürzung, die man lieber nicht entdeckt hätte. Genau hier helfen Einschränkungen. Sie sorgen nicht dafür, dass weniger gearbeitet wird, sondern dafür, dass das Richtige einfacher wird und das Riskante unbequem bleibt.

In kleineren Organisationen kommt noch ein Punkt dazu: Es gibt selten jemanden, der sich jeden Tag nur um Verwaltung und Sicherheit kümmert. Oft macht das jemand nebenbei, manchmal sogar im Wechsel. Umso wichtiger ist eine Grundausstattung an Regeln, die auch dann wirkt, wenn gerade niemand Zeit hat, sich durch jede Warnmeldung zu klicken. Die folgenden zehn Stellschrauben gehören zu dieser Grundausstattung. Sie sind bewusst so gewählt, dass sie mit typischen Lizenzen für kleine Unternehmen sinnvoll sind und dass sie mehr Nutzen bringen als Aufwand verursachen.

Veraltete Anmeldeverfahren abschalten

Viele Anmeldeverfahren, die noch in der Organisation existieren, setzen ausschließlich auf die Kombination aus Benutzername und Kennwort und unterstützen keine modernen Schutzmechanismen wie etwa die Multi-Faktor-Authentifizierung. Diese älteren Verfahren sind besonders anfällig für automatisierte Angriffe, da Angreifer hier systematisch und in großer Zahl Passwörter ausprobieren können. Wer diese veralteten Wege abschaltet, schließt eine wichtige Sicherheitslücke, die oft über Jahre hinweg unbeachtet bleibt und von Angreifern gezielt ausgenutzt wird.

Die Umstellung auf moderne Anmeldeverfahren ist jedoch mit einer gewissen Herausforderung verbunden, denn in vielen Fällen hängen noch ältere Anwendungen, Multifunktionsgeräte oder Scanner an diesen alten Protokollen. Solche Altlasten tauchen häufig erst auf, wenn das veraltete Anmeldeverfahren abgeschaltet wird. Es ist dennoch ratsam, diese Geräte oder Anwendungen zu modernisieren oder zumindest gezielt abzusichern. Ein toleriertes Sicherheitsrisiko sollte nicht einfach weiter bestehen bleiben, nur weil es bequem ist. Die Sicherheit der gesamten Umgebung hängt davon ab, dass auch scheinbar kleine Schwachstellen konsequent beseitigt werden.

Für eine reibungslose Umstellung empfiehlt es sich, die geplanten Änderungen rechtzeitig und klar innerhalb der Organisation zu kommunizieren. So können sich alle Beteiligten darauf einstellen und werden nicht plötzlich von einem fehlenden Zugang überrascht. Eine offene Kommunikation sorgt darüber hinaus für ein erhöhtes Verständnis für die Notwendigkeit dieser Maßnahme.

Veraltete Authentifizierungsprotokolle sind ältere Verfahren zur Anmeldung, die keine erweiterten Sicherheitsfunktionen bieten. Dazu zählen beispielsweise Protokolle wie POP3 oder IMAP, die auf einer einfachen Basisauthentifizierung beruhen und keine Multi-Faktor-Authentifizierung unterstützen. In modernen Umgebungen sollten diese durch aktuelle, sichere Anmeldewege ersetzt werden, um die Angriffsfläche signifikant zu verringern und den Schutz der Organisation zu erhöhen.

Die konsequente Abschaltung solcher veralteter Protokolle lässt sich zum Beispiel durch den gezielten Einsatz von Zugriffssteuerungsregeln in den Systemen oder durch die Aktivierung von Sicherheitsrichtlinien erreichen, die unsichere Verfahren standardmäßig blockieren. So stellen Sie sicher, dass ausschließlich moderne und sichere Methoden genutzt werden, die dem aktuellen Stand der Technik entsprechen und die Risiken eines unbefugten Zugriffs deutlich reduzieren.

Multi-Faktor-Authentifizierung verpflichtend machen

Ein Kennwort ist heute keine stabile Haustür mehr, eher ein Zettel an der Tür, durch den hoffentlich niemand den richtigen Namen errät. Kennwörter werden zu oft wiederverwendet, sie landen in Datenpannen, oder sie werden über gefälschte Anmeldeseiten abgegriffen. Wenn Sie Multi-Faktor-Authentifizierung verpflichtend machen, setzen Sie dem eine zweite Hürde entgegen. Selbst wenn ein Kennwort in falsche Hände gerät, fehlt dann noch die zweite Bestätigung – und genau diese Lücke rettet Ihnen im Ernstfall den Tag.

In der Praxis lohnt es sich, diese Regel sehr konsequent zu behandeln. Wenn einzelne Konten ausgenommen sind, werden es genau diese Konten sein, die später Probleme machen. Besonders wichtig sind Konten mit Administrationsrechten. Dort reicht ein einziger Fehltritt, und aus einem Kontoproblem wird ein Organisationsproblem. Sorgen Sie deshalb dafür, dass gerade diese Konten keine Sonderbehandlung bekommen – außer vielleicht einer besonders strengen.

Vergessen Sie dabei nicht die Gastkonten: Auch für Gäste sollte die Multi-Faktor-Authentifizierung (MFA) verpflichtend sein. Diese Konten haben oft Zugriff auf sensible Informationen und können ein Einfallstor für Angreifer darstellen, wenn sie nicht ausreichend geschützt sind. Stellen Sie daher sicher, dass auch externe Nutzer MFA aktiviert haben, um den gleichen Sicherheitsstandard wie für interne Anwender zu gewährleisten.

Damit die Umstellung nicht zu einem Support-Marathon wird, hilft ein einfacher Ablauf. Stellen Sie zuerst sicher, dass alle Benutzer eine zweite Methode eingerichtet haben und dass es einen Plan für Gerätewechsel gibt. Wer ein neues Mobiltelefon bekommt, soll sich nicht wie ein ausgesperrter Besucher fühlen. Wenn Sie das sauber vorbereiten, wird die Multi-Faktor-Authentifizierung schnell vom Nervfaktor zum Sicherheitsgurt, den man nach zwei Tagen kaum noch bemerkt.

Sichere Kennwortrichtlinien durchsetzen

Ergänzend zur MFA sollten Sie auf starken Kennwörtern bestehen. Legen Sie Regeln fest, die lange, komplexe Kennwörter erfordern und leicht zu erratende Passwörter verbieten. Zum Beispiel sollten Kennwörter eine gewisse Mindestlänge (zwölf Zeichen oder mehr) haben und eine Mischung aus Groß- und Kleinbuchstaben, Zahlen und Sonderzeichen beinhalten. Verhindern Sie die Verwendung von verbreiteten oder bereits kompromittierten Passwörtern – Microsoft 365 bietet hierfür einen integrierten Filter für gesperrte Kennwörter. Überprüfen Sie außerdem, dass keine Standardkennwörter mehr aktiv sind. Eine gute Kennwortrichtlinie reduziert das Risiko eines unbefugten Zugriffs erheblich.

Erwägen Sie, für verwendete Kennwörter ein regelmäßiges Ablaufdatum festzulegen, sodass Mitarbeiter mindestens einmal im Jahr ein neues Kennwort wählen müssen. Dies erhöht die Sicherheit, da kompromittierte Passwörter so nicht über längere Zeiträume genutzt werden können. Kommunizieren Sie diesen Rhythmus klar und erinnern Sie Ihre Mitarbeiter rechtzeitig an die Änderung, um den Schutz ohne unnötigen Aufwand zu gewährleisten.

Administratorrechte konsequent begrenzen

In kleinen Umgebungen passiert es schnell, dass mehrere Personen Administrator werden, weil es gerade praktisch ist. Später erinnert sich niemand mehr daran, warum das damals nötig war, und die Rechte bleiben einfach liegen. Genau das ist der Moment, in dem Sie Ordnung schaffen sollten. Geben Sie Administratorrollen nur an Personen, die diese Aufgaben wirklich übernehmen – und zwar nicht als Auszeichnung, sondern als Werkzeug.

Je weniger Personen umfangreiche Rechte haben, desto kleiner ist die Angriffsfläche. Ein kompromittiertes normales Benutzerkonto ist ärgerlich. Ein kompromittiertes Administratorkonto ist ein ernster Vorfall. Begrenzen Sie daher die Zahl der dieser Konten und nutzen Sie Rollen, die nur das erlauben, was für die jeweilige Aufgabe der Mitarbeiter nötig ist. Wer nur Kennwörter zurücksetzen soll, braucht keine Berechtigung zur Änderung von Sicherheitsregeln.

Planen Sie außerdem einen Rhythmus ein, der realistisch ist. Einmal im Monat oder einmal im Quartal prüfen Sie, wer welche Rolle hat und ob diese Rolle noch gebraucht wird. Das ist eine dieser Tätigkeiten, die selten Spaß machen, aber fast immer belohnt werden, weil man dabei alte Baustellen beheben kann, bevor sie zur echten Panne werden.

Ein separates Administratorkonto verwenden

Wenn Sie mit Ihrem Alltagskonto E-Mails lesen, in Teams chatten, Dateien öffnen und nebenbei auch noch Administration machen, verbinden Sie zwei Welten, die besser getrennt bleiben. Der Alltag ist der Ort, an dem Phishing-Nachrichten, dubiose Anhänge und hektische Klicks passieren. Administration ist der Ort, an dem ein Klick Auswirkungen auf alle Benutzer hat. Ein separates Administratorkonto minimiert dieses Risiko.

Das Prinzip ist einfach: Das normale Konto bleibt für normale Arbeit zuständig. Das Administratorkonto verwenden Sie nur dann, wenn Sie wirklich verwalten. Dadurch reduzieren Sie die Wahrscheinlichkeit, dass ein Alltagsangriff direkt bis in die Verwaltung durchmarschiert. Sie gewinnen außerdem Klarheit. Wenn Sie sich als Administrator anmelden, sind Sie automatisch im Modus »Ich ändere jetzt etwas« – und genau diese bewusste Haltung verhindert viele unglückliche Schnellschüsse.

Ein weiterer Vorteil zeigt sich später bei der Nachvollziehbarkeit. Wenn Änderungen über ein spezielles Konto laufen, lässt sich leichter erkennen, wann verwaltet wurde und warum. Das hilft nicht nur bei der Fehlersuche, sondern gibt Ihnen auch das beruhigende Gefühl, dass nicht jede Alltagssitzung das gesamte System in der Hand hält.

Automatische Weiterleitungen nach außen sperren

Automatische Weiterleitungen wirken harmlos, bis sie es nicht mehr sind. Ein Benutzer richtet schnell eine Regel ein, weil er Mails lieber in einem privaten Postfach lesen will. Oder ein Angreifer richtet eine Weiterleitung ein, weil er still mitlesen möchte, ohne den Benutzer zu stören. In beiden Fällen verlassen Informationen die Organisation, ohne dass jemand das im Alltag merkt. Deshalb gehört eine Sperre für automatische Weiterleitungen nach außen zu den sinnvollsten Einschränkungen überhaupt.

Der Vorteil ist nicht nur Sicherheit, sondern auch Ordnung. Geschäftliche Kommunikation gehört in die Umgebung, in der Sie sie verwalten, sichern und im Zweifel nachvollziehen können. Wenn Nachrichten in private Postfächer weiterlaufen, verlieren Sie diese Kontrolle, und gleichzeitig entstehen Schattenablagen, die niemand im Blick hat. Das rächt sich spätestens dann, wenn jemand eine Information sucht und sie nur noch in irgendeinem privaten Postfach existiert.

Wenn es begründete Ausnahmen geben muss, steuern Sie diese bewusst. Legen Sie fest, wer wem eine Ausnahme genehmigen darf, und dokumentieren Sie sie kurz. Damit bleibt die automatische Weiterleitung eine Einzelfallentscheidung, statt zur stillen Gewohnheit zu werden.

Die Regel können Sie im Nachrichtenfluss des Exchange Admin Centers einrichten und einstellen. Gehen Sie dazu im Exchange Admin Center auf NACHRICHTENFLUSS und wählen Sie REGELN. Dort können Sie eine neue Regel erstellen, die automatische Weiterleitungen nach außen blockiert oder einschränkt. So lässt sich die Umsetzung zentral steuern und bei Bedarf anpassen, ohne dass einzelne Benutzer manuell eingreifen müssen.

Externes Teilen in OneDrive und SharePoint strenger einstellen

OneDrive und SharePoint machen Zusammenarbeit angenehm, weil das Teilen so leicht ist. Genau deshalb müssen die Regeln stimmen. Wenn Sie Freigaben so konfigurieren, dass Links grundsätzlich sehr offen sind, verbreiten sich Inhalte schnell weiter, manchmal auch außerhalb des Kontexts, den Sie beabsichtigt hatten. Besser ist es, Freigaben auf konkrete Personen auszurichten und anonyme Links so weit wie möglich zu vermeiden.

Ein zweiter wichtiger Hebel sind Ablaufzeiten. Ein Link, der für ein Projekt im Sommer nötig war, sollte nicht im Winter noch funktionieren, nur weil niemand daran gedacht die Freigabe auf die Datei zu entziehen. Ablaufzeiten verwandeln Freigaben in etwas Temporäres, so wie es in der Praxis fast immer gemeint ist. Damit verhindern Sie, dass alte Links plötzlich wieder auftauchen und niemand mehr weiß, wer ihn einst verteilt hat.

- ✔ Unterbinden Sie anonyme Freigaben für OneDrive und SharePoint vollständig, damit Inhalte nur mit vorhandenen Gästen sowie mit Mitarbeitern der Organisation geteilt werden können.
- ✔ Stellen Sie den Standardwert für das Teilen auf PERSÖNLICHER ZUGRIFF ein, sodass Inhalte ausschließlich für gezielt ausgewählte Personen freigegeben werden und nicht für alle Mitarbeiter der Organisation.

Gastzugriff in Teams und in Microsoft-365-Gruppen zügeln

Gäste sind in der Zusammenarbeit oft unverzichtbar. Dienstleister, Partner oder Kunden sollen mitarbeiten – und Teams macht das angenehm einfach. Gleichzeitig sind

Gäste externe Personen, und externe Personen brauchen Grenzen, damit Zusammenarbeit nicht zur offenen Baustelle wird. Der wichtigste Schritt ist daher, dass nicht jeder beliebig Gäste einladen darf. Legen Sie fest, wer Gäste einladen kann, und koppeln Sie das an Verantwortlichkeiten.

Ebenso wichtig ist die regelmäßige Aufräumrunde. Ein Gast, der für ein Projekt gebraucht wurde, bleibt sonst oft jahrelang im Verzeichnis, obwohl niemand mehr weiß, wer diese Person ist. Prüfen Sie Gäste daher regelmäßig und entfernen Sie Konten, die nicht mehr gebraucht werden. Das klingt nach Arbeit, ist aber meist schnell erledigt, weil die Zahl der Gäste in kleinen Organisationen überschaubar bleibt.

Achten Sie außerdem darauf, dass Gäste nur dort Zugriff erhalten, wo es wirklich nötig ist. Wenn ein Gast in einem Team ist, sieht er auch die dort geteilten Inhalte. Das ist praktisch, aber es verlangt ein klares Verständnis dafür, welche Inhalte in welchen Teams liegen. Mit einer sauberen Struktur schützen Sie Inhalte, ohne die Zusammenarbeit zu blockieren.

Mit einer entsprechenden Erweiterungslizenz im Bereich Entra ID ist es zudem möglich, automatisiert nach Gästen ohne Aktivität zu suchen. So können inaktive Gastkonten regelmäßig identifiziert und ohne manuellen Aufwand entfernt werden, was die Sicherheit und Übersichtlichkeit zusätzlich erhöht.

Erstellung von Teams und Gruppen einschränkenWenn jeder Mitarbeiter Teams und Gruppen erstellen darf, entstehen schnell sehr viele Dopplungen, Überschneidungen oder Bereiche, die nach zwei Monaten komplett verwaist sind. Das ist nicht nur unübersichtlich, sondern auch riskant. Inhalte landen in einem Team, das niemand mehr betreut, und damit verliert die Organisation Kontrolle, ohne dass es jemand merkt. Beschränken Sie deshalb die Erstellungsbefugnis auf ausgewählte Personen, die eine gewisse Struktur sicherstellen.

Diese Einschränkung bedeutet nicht, dass Sie Innovation abwürgen. Sie schaffen vielmehr einen kurzen Moment der Klärung:

- ✔ Wofür ist das neue Team da,
- ✔ wer ist verantwortlich und
- ✔ wie kann man es so benennen, dass man es später noch wiederfindet?

Diese drei Fragen verhindern, dass Teams zu digitalen Abstellkammern werden. Die Kollegen werden es Ihnen danken, auch wenn sie es vielleicht nie so formulieren.

Wenn Sie das konsequent tun, verbessern Sie nebenbei auch die Suche und die Auffindbarkeit. Wer Informationen schnell findet, teilt weniger doppelt, speichert weniger parallel und hat weniger Gründe, Inhalte irgendwo außerhalb der vorgesehenen Ablagen zu bunkern. Ordnung ist hier also nicht nur eine schöne Idee, sondern ein Produktivitätsfaktor.

Einwilligungen für Anwendungen und Datenzugriffe von Drittanbietern begrenzen

Viele Anwendungen möchten Zugriff auf Microsoft 365, etwa um Kalender zu synchronisieren, Dateien zu öffnen oder E-Mail-Funktionen zu nutzen. Für Benutzer sieht das oft nach einer schnellen Komfortfunktion aus. Technisch bedeutet es jedoch, dass eine Anwendung Rechte erhält, die weit über das hinausgehen können, was man beim schnellen Klick erwartet. Wenn Sie Einwilligungen nicht begrenzen, entsteht mit der Zeit ein Wildwuchs aus miteinander verbundenen Anwendungen, und niemand weiß mehr, welche Anwendung welche Daten lesen oder verändern darf.

Begrenzen Sie daher, wer neue Anwendungen autorisieren darf. In kleinen Organisationen reicht oft ein einfacher Prozess: Eine Person prüft kurz, ob die Anwendung vertrauenswürdig wirkt und ob die angeforderten Rechte zur Aufgabe passen. Danach wird entschieden, ob die Anwendung erlaubt wird oder nicht. Das klingt formell, ist aber meist schneller, als später Datenzugriffe aufzuräumen, die über Jahre gewachsen sind.

Achten Sie bei dieser Stellschraube besonders darauf, dass die Bequemlichkeit nicht gewinnt. Manche Anwendungen fordern sehr viele Rechte, obwohl sie nur eine kleine Funktion erfüllen sollen. Wenn Sie solche Anforderungen kritisch betrachten, schützen Sie nicht nur Daten, sondern auch die Ruhe im System. Es ist deutlich angenehmer, einmal Nein zu sagen, als später erklären zu müssen, warum eine Drittanwendung plötzlich mehr wusste als gedacht.

IN DIESEM KAPITEL

Typische Fehlerquellen im Umgang mit Microsoft 365 erkennen

Praktische Tipps zur strukturierten Nutzung und Fehlervermeidung

Mehrwert: Sicherheit, Effizienz und klare Verantwortlichkeiten

Kapitel 25
Die zehn häufigsten Fehler, die es zu vermeiden gilt

Microsoft 365 ist ein Werkzeugkasten mit sehr vielen Fächern – wie zum Beispiel die Benutzerverwaltung in Entra ID, E-Mail und Kalender in Exchange, Dateien in SharePoint und OneDrive, Zusammenarbeit in Teams und neuerdings Copilot als »digitaler Assistent«. Genau diese Vielfalt macht die Arbeit produktiv und genau hier passieren in der Praxis die meisten Fehler.

Oft wird Microsoft 365 »nebenbei« betreut. Es werden schnell Konten angelegt, Teams erstellt, Dateien freigegeben und Lizenzen verteilt. Häufig ohne gemeinsames Konzept, ohne klare Zuständigkeiten und ohne regelmäßige Überprüfung. Die Folgen sind unsichere Konten, zu hohe Rechte, Chaos bei Dateien, Lizenzkosten und frustrierte Benutzer.

Die gute Nachricht ist: Die meisten Probleme sind typisch und gut zu vermeiden. In diesem Abschnitt sehen Sie zehn häufige Fehler aus der Praxis und lernen, wie Sie es Schritt für Schritt besser machen können. Fehler sind normal. Wichtig ist, dass Sie sie erkennen und daraus lernen.

Kein klares Fundament: Benutzer, Gruppen und Rollen ohne Konzept

Wenn die Grundlagen wackeln, wird alles andere mühsam. In vielen Organisationen werden Benutzer in Entra ID und im Microsoft 365 Admin Center rein nach Bedarf angelegt:

- mal mit Vorname.Nachname,
- mal mit Anfangsbuchstaben,
- mal mit Abteilungszusatz im Namen.

Gruppen entstehen spontan für Projekte, Rechte werden direkt an einzelne Benutzer vergeben und Administratorrollen werden »schnell mal« verteilt.

Bei einer fiktiven Firma »Müller und Co. GmbH« gibt es Benutzer mit ganz unterschiedlichen Namen, Gruppen mit teilweise falschen Mitgliedern und mehrere Personen mit globalen Administratorrechten, weil das damals am einfachsten war. Niemand hat den Überblick, wer eigentlich wofür zuständig ist.

Ein fehlendes Konzept bei der Verwaltung von Benutzern, Gruppen und Administratorrollen kann in Unternehmen zu erheblichen Schwierigkeiten führen. Ohne einheitliche Vorgaben zur Benennung und Strukturierung werden Benutzerkonten und Gruppen oft unübersichtlich angelegt. Dies erschwert nicht nur die Wiederauffindbarkeit von Personen und Arbeitsgruppen, sondern erhöht auch die Fehleranfälligkeit bei der Vergabe von Berechtigungen. Werden Rechte direkt auf einzelne Benutzer vergeben und Gruppen nicht systematisch eingesetzt, ist es kaum möglich, einen klaren Überblick über die Zugriffsberechtigungen zu behalten. In der Folge entstehen Lücken in der Sicherheit, da Administratorrechte bei Personen verbleiben, die diese gar nicht mehr benötigen oder deren Aufgaben sich längst geändert haben. Der Aufwand für ein späteres Aufräumen ist in der Regel deutlich höher als die anfängliche Investition in ein durchdachtes Konzept.

Um diesen Problemen zuverlässig vorzubeugen, empfiehlt es sich, ein einheitliches Schema für Benutzernamen und Anzeigenamen zu definieren und dieses konsequent anzuwenden. Dadurch können Benutzer und Gruppen jederzeit eindeutig identifiziert werden.

Für die Vergabe von Berechtigungen und die Zusammenarbeit sollten vorrangig Gruppen genutzt werden. Gruppen sind logische Sammlungen von Benutzern mit gemeinsamen Aufgaben oder Rechten und ermöglichen eine strukturierte und effiziente Verwaltung der Zugriffsrechte.

Die Zuweisung von Administratorrollen sollte klar geregelt sein. Es ist ratsam, so wenige Personen wie nötig, aber so viele wie erforderlich mit administrativen Rechten auszustatten. Dabei sollte transparent dokumentiert werden, welche Personen welche Rolle im Microsoft 365 Admin Center oder in Entra ID erhalten und für welche Aufgaben sie verantwortlich sind.

Alle Regeln und Abläufe zur Benutzer- und Gruppenverwaltung sowie zur Vergabe von Administratorrollen sollten an einem zentralen und für alle Verantwortlichen leicht zugänglichen Ort dokumentiert werden. Eine verständliche und knappe Dokumentation erleichtert nicht nur die tägliche Arbeit, sondern hilft auch Vertretungen und Nachfolgern, sich schnell in die Strukturen und Prozesse einzufinden.

Ein bewährter Praxistipp ist die Erstellung eines sogenannten Hausregel-Dokuments für Microsoft 365. In diesem Dokument werden das Namensschema für Benutzer und Gruppen, die unterschiedlichen Gruppenarten sowie die Kriterien für die Vergabe von Rollen festgehalten. Das Hausregel-Dokument trägt dazu bei, dass auch bei personellen Wechseln oder in Vertretungsfällen eine einheitliche und nachvollziehbare Verwaltung gewährleistet bleibt.

Ein klares und konsequent angewandtes Fundament bei der Verwaltung von Benutzern, Gruppen und Administratorrollen erleichtert alle weiteren Entscheidungen. Je sauberer die Basis gestaltet ist, desto geringer ist der Aufwand für spätere Änderungen und desto sicherer und effizienter arbeiten Ihre Systeme.

Wildwuchs bei Teams und Gruppen

Die Arbeitsumgebung in Microsoft 365 ist für viele Mitarbeiter unmittelbar mit Teams verbunden. Teams stellt die zentrale Schnittstelle dar, über die Kommunikation, Zusammenarbeit und der Austausch von Dateien stattfinden. Die Möglichkeit, schnell und unkompliziert neue Bereiche für Projekte, Arbeitsgruppen oder Themen einzurichten, führt jedoch häufig dazu, dass sich innerhalb kurzer Zeit eine Vielzahl von Teams und Gruppen bildet.

Im Kontext von Microsoft 365 bezieht sich der Begriff Gruppe auf eine Sammlung von Benutzern, denen gemeinsame Rechte oder Aufgaben zugewiesen werden. Ein Team ist eine spezielle Form einer Gruppe, die Funktionen für die Zusammenarbeit bereitstellt, etwa Chats, Kanäle und das Teilen von Dokumenten. Zusätzlich existieren Verteilergruppen und Sicherheitsgruppen, die für die Organisation von E-Mail-Verteilerlisten und Zugriffsrechten dienen.

BEISPIEL

In der Firma Müller und Co. GmbH existieren mehrere Teams mit ähnlichen Bezeichnungen, wie Vertrieb, Vertrieb Neu, Vertrieb 2023 und Vertrieb Alt. Manche dieser Arbeitsbereiche sind verwaist, weil die dazugehörigen Projekte bereits abgeschlossen wurden. Andere werden für kleinere private Abstimmungen genutzt. Die Folge ist eine undurchsichtige digitale Landschaft, in der niemand genau weiß, welcher Bereich offiziell für welchen Zweck genutzt wird.

Die Folgen einer unklaren Struktur sind erheblich. Wichtige Informationen verteilen sich auf zahlreiche Bereiche und Kanäle. Mitarbeiter stehen vor dem Problem, nicht zu wissen, wo sie relevante Dokumente abspeichern oder nachlesen können. Alte Arbeitsbereiche bleiben bestehen, Zugriffsrechte werden nicht mehr regelmäßig überprüft oder angepasst. Die Suche nach aktuellen Dateien oder wichtigen Informationen kostet Zeit und führt zu Frustration.

Um diesen Wildwuchs zu vermeiden, empfiehlt es sich, auch für die Einrichtung von Arbeitsbereichen klare Regeln zu definieren. Ein eigener Bereich sollte nur dann angelegt werden, wenn ein nachvollziehbarer Bedarf besteht – zum Beispiel für eine Abteilung, eine feste Arbeitsgruppe oder ein größeres Projekt. Für unterschiedliche Themen innerhalb einer Arbeitsgruppe eignen sich separate Kanäle besser als ein neuer Bereich für jedes Anliegen. Die einheitliche und verständliche Benennung, beispielsweise mit einem Präfix wie Abteilung Vertrieb oder Projekt Alpha, erleichtert die Orientierung und Zuordnung.

Es ist sinnvoll, festzulegen, wer die Berechtigung zur Einrichtung neuer Bereiche besitzt. In der Regel genügt es, wenn diese Befugnis auf wenige verantwortliche Personen beschränkt wird. Eine regelmäßige Überprüfung hilft dabei, festzustellen, welche Arbeitsbereiche noch aktiv genutzt werden und welche archiviert oder entfernt werden können.

Zu beachten ist, dass mit jedem neu angelegten Bereich im Hintergrund weitere technische Objekte entstehen. Dazu gehören eine Gruppe innerhalb von Microsoft 365 sowie eine Website in SharePoint. Ein unkontrollierter Anstieg dieser Objekte führt auch zu einem Wildwuchs bei Zugriffsrechten und gespeicherten Daten.

Eine klare und konsequent angewandte Struktur für Namen, Zwecke und Zuständigkeiten schafft Übersicht und ermöglicht eine effiziente Verwaltung. So behalten Sie die Kontrolle über Ihre Arbeitsumgebung und vermeiden eine unübersichtliche Ansammlung von Arbeitsbereichen.

Beschränken Sie die Berechtigung zur Erstellung neuer Microsoft Teams. Die Möglichkeit, neue Teams in Microsoft 365 anzulegen, sollte nicht allen Mitarbeitern offenstehen. Stattdessen ist es ratsam, eine spezielle Gruppe einzurichten, deren Mitglieder über die erforderlichen Berechtigungen verfügen. Dadurch wird sichergestellt, dass neue Arbeitsbereiche nur bei tatsächlichem Bedarf und gemäß nachvollziehbarer Kriterien entstehen. Die verantwortlichen Personen übernehmen sowohl die Einrichtung als auch die regelmäßige Überprüfung bestehender Teams, um die Übersicht und Ordnung in der Arbeitsumgebung zu bewahren. So bleibt die Struktur klar, flexibel und effizient, ohne unnötigen Wildwuchs.

Dateien überall und nirgends: SharePoint und OneDrive ohne Struktur

Dateien stellen die Grundlage für nahezu alle Arbeitsprozesse im Unternehmen dar. Ohne einen geordneten Umgang mit Dokumenten ist effizientes und sicheres Arbeiten kaum möglich. In der Arbeitsumgebung von Microsoft 365 werden Dateien vor allem in SharePoint und OneDrive abgelegt. Allerdings fehlt in vielen Fällen eine klare und einheitliche Regelung, welche Datei an welchem Ort gespeichert werden soll. Mitarbeiter legen Unterlagen manchmal im eigenen OneDrive ab, ein anderes Mal in einem Team oder auf einer weiterhin existierenden sogenanten Fileserver. Diese Unsicherheit führt dazu, dass wichtige Informationen überall verstreut und dadurch schwer auffindbar sind.

Ein *Fileserver* ist ein zentraler Speicherort im Unternehmensnetzwerk, auf dem Dateien und Dokumente abgelegt werden. Mitarbeiter können von ihrem Arbeitsplatz aus auf diesen Server zugreifen, um gemeinsam Unterlagen zu speichern, zu bearbeiten oder zu teilen. Häufig werden Fileserver genutzt, um wichtige Daten zu organisieren und einen Überblick über die abgelegten Dokumente zu behalten.

Im Unternehmen Müller und Co. GmbH zeigt sich dies besonders deutlich. Verträge liegen teilweise im persönlichen OneDrive eines Sachbearbeiters, teilweise im Team für Verträge oder sogar noch auf einem alten Dateiserver. Verlässt nun ein Mitarbeiter das Unternehmen, besteht die Gefahr, dass diese essenziellen Dokumente gemeinsam mit seinem Konto verloren gehen oder aufwendig wieder aufgesucht werden müssen.

Ein solches Vorgehen birgt erhebliche Risiken. Wichtige Dateien sind nicht nur schwer auffindbar, sondern existieren möglicherweise in mehreren Versionen. Dadurch wird die Arbeit erschwert, da nicht immer klar ist, welche Datei die aktuelle und verbindliche ist. Ein weiterer kritischer Punkt ist der drohende Verlust von Daten, wenn Mitarbeiter das Unternehmen verlassen. Ist die Ablage nicht zentral geregelt, kann es passieren, dass relevante Informationen unwiederbringlich verloren sind. Zusätzlich lassen sich Datenschutz und Zugriffsrechte schwer steuern, wenn unklar ist, wo bestimmte Dokumente abgelegt wurden.

Der Begriff Datenschutz bezeichnet den Schutz personenbezogener Daten vor unbefugtem Zugriff und Missbrauch. Zugriffsrechte regeln, wer auf welche Informationen zugreifen darf und sind für eine sichere Verwaltung unerlässlich.

Eine strukturierte Dateiablage ist daher unverzichtbar. Es empfiehlt sich, eine klare Regelung zu treffen, dass persönliche Dateien im eigenen OneDrive und gemeinsam genutzte Dateien grundsätzlich in Teams oder auf SharePoint-Websites gespeichert werden. Für jede Abteilung und jedes Projekt sollten feste Ablageorte definiert und diese eindeutig benannt werden. Eine verständliche Benennung erleichtert allen Mitarbeitern die Orientierung. Ordner sollten nur dort eingesetzt werden, wo sie wirklich zur Übersicht beitragen. Zu tief geschachtelte Ordnerstrukturen erschweren die Navigation und sollten vermieden werden.

Um die Sicherheit wichtiger Informationen zu gewährleisten, ist es sinnvoll, zu vereinbaren, dass bedeutende Dokumente niemals ausschließlich im persönlichen OneDrive gespeichert werden. Sie sollten stets auch an einem gemeinsam zugänglichen Ort abgelegt werden. Dies verhindert den Verlust von Daten, wenn einzelne Konten nicht mehr bestehen.

Ein hilfreicher Tipp besteht darin, gemeinsam mit den jeweiligen Fachbereichen eine einfache Übersicht zu erstellen. Darin wird dokumentiert, wo beispielsweise die Vertriebsabteilung ihre Angebote speichert und wo die Buchhaltung ihre Auswertungen ablegt. Diese Übersicht muss nicht bis ins letzte Detail ausgearbeitet sein, sondern soll für ein gemeinsames Verständnis innerhalb des Unternehmens sorgen.

OneDrive dient als persönlicher Speicher für Mitarbeiter, wobei alle darin abgelegten Dateien an das jeweilige Nutzerkonto gebunden sind. Verlässt ein Mitarbeiter das Unternehmen, wird dessen OneDrive-Konto in der Regel nach einer festgelegten Frist, häufig 30 Tage nach Deaktivierung des Kontos, automatisch gelöscht. Während dieser Zeitspanne ist es für Führungskräfte oder IT-Administratoren möglich, auf die gespeicherten Daten zuzugreifen und die wichtigsten Dateien zu sichern.

Um dies zu gewährleisten, kann im Microsoft 365 Admin Center die sogenannte »OneDrive-Bereitstellungsrichtlinie für ausgeschiedene Mitarbeiter« konfiguriert werden. Hier wird festgelegt, wie lange die Daten nach der Kontodeaktivierung erhalten bleiben und wer Zugriff erhält. Die verantwortliche Person (zum Beispiel ein Manager oder IT-Admin) kann dann das OneDrive des ausgeschiedenen Mitarbeiters öffnen, relevante Dokumente herunterladen und entweder an einen zentralen Speicherort (wie SharePoint oder ein Teamlaufwerk) verschieben oder einem Nachfolger bereitstellen. Sollten Sie einen Betriebsrat besitzen, so ist zwingend abzuklären, inwieweit eine dritte Person auf das persönliche OneDrive zugreifen darf. Eventuell haben Sie hierzu bereits eine Betriebsvereinbarung.

Unkontrollierte Freigaben und Gästezugriffe

Die Möglichkeit, in Microsoft 365 direkt mit externen Partnern zusammenzuarbeiten, bietet Unternehmen große Vorteile. Mit wenigen Klicks können Teams, Dateien und Kalender für Personen außerhalb des eigenen Unternehmens bereitgestellt werden. Diese einfache Handhabung birgt jedoch erhebliche Risiken, wenn Freigaben nicht sorgfältig kontrolliert und dokumentiert werden. Es kommt häufig vor, dass Berechtigungen schnell vergeben werden, aber eine nachträgliche Überprüfung unterbleibt. So verbleiben Gäste oft dauerhaft in Teamstrukturen, obwohl die gemeinsame Projektarbeit längst beendet ist. Dateien werden zudem über Links zugänglich gemacht, die jedem, der sie erhält, den Zugriff ermöglichen.

BEISPIEL

Im Arbeitsalltag zeigt sich dieses Problem beispielhaft bei Unternehmen wie Müller und Co. GmbH. Dort besitzen mehrere externe Agenturen weiterhin Zugriff auf Marketingteams und SharePoint-Bibliotheken, obwohl einige Projekte bereits abgeschlossen sind. Die Gäste bleiben Mitglieder und können weiterhin auf vertrauliche Inhalte zugreifen. Zusätzlich existieren einzelne Dateien, die über sogenannte anonyme Freigabelinks erreichbar sind. Diese Links können beliebig weitergegeben werden, sodass nicht mehr nachvollziehbar ist, wer tatsächlich von außen Zugriff hat. Die Übersicht über bestehende Freigaben geht verloren, und Verantwortliche wissen oft nicht mehr, welche externen Personen oder Organisationen Zugriff auf interne Daten besitzen.

Diese mangelnde Kontrolle führt zu mehreren Problemen. Externe Personen behalten Zugriffsrechte, obwohl eine geschäftliche Zusammenarbeit nicht mehr stattfindet. Anonyme Links können in die Hände Unbefugter gelangen und sensible Informationen offenlegen. Die Nachvollziehbarkeit darüber, welche Daten das Unternehmen verlassen haben, ist stark eingeschränkt. Datenschutzanforderungen können dadurch verletzt werden, was rechtliche und organisatorische Konsequenzen nach sich zieht.

Um den Schutz unternehmensinterner Daten zu gewährleisten, ist eine konsequente Kontrolle und Begrenzung von Gastzugriffen erforderlich. Im Microsoft 365 Admin Center sowie in Entra ID sollten konkrete Regeln festgelegt werden, beispielsweise, dass externe Gäste nur mit Anmeldung zugelassen werden. Für sensible Daten empfiehlt es sich, die Möglichkeit, Dateien über anonyme Links zu teilen, grundsätzlich auszuschließen. Teams und Gruppen sollten gezielt für die Zusammenarbeit mit externen Partnern genutzt werden, anstatt Einzeldateien spontan freizugeben. Die Mitglieder der wichtigsten Teams sind regelmäßig zu überprüfen, und Gäste sollten entfernt werden, sobald die Zusammenarbeit abgeschlossen ist.

Jede externe Person mit Zugriff auf Unternehmensdaten stellt ein potenzielles Risiko dar. Es ist daher entscheidend, dass Zugriffsrechte nicht unbeaufsichtigt bleiben. Freigaben und Gastzugriffe sind Werkzeuge, deren Einsatz klar geregelt und fortlaufend überwacht werden muss. Klare Vorgaben und eine regelmäßige Kontrolle schützen die Daten des Unternehmens und ermöglichen zugleich eine effiziente und sichere Zusammenarbeit mit Partnern außerhalb der eigenen Organisation.

Fehlende Anmeldesicherheit und Basisschutz

Eine sichere Anmeldung stellt das Fundament für den Schutz sämtlicher Unternehmensdaten in Microsoft 365 dar. Unsichere Anmeldepraktiken bergen erhebliche Risiken für Organisationen. Zu den typischen Gefahren zählen die Nutzung gestohlener oder schwacher Kennwörter sowie der Zugriff von nicht vertrauenswürdigen oder veralteten Geräten. Besonders kritisch ist es, wenn sich Mitarbeiter ausschließlich mit einem Kennwort anmelden. Dieses kann durch Phishing-Angriffe oder durch das Ausprobieren gängiger Passwörter leicht kompromittiert werden.

Phishing bezeichnet den Versuch, durch gefälschte Nachrichten oder Webseiten an vertrauliche Daten wie Kennwörter zu gelangen.

Sobald ein Angreifer erfolgreich Zugang zu einem Benutzerkonto erhält, kann er auf E-Mails, Unternehmensdokumente und Kollaborationsplattformen wie Teams zugreifen. Hierdurch besteht die Möglichkeit, im Namen von Mitarbeitern zu kommunizieren, sensible Informationen zu exfiltrieren oder sogar finanzielle Transaktionen zu initiieren. Ein später eingeführter Schutz ist oft mit größerem Aufwand verbunden, da in der Zwischenzeit bereits Daten verloren gegangen sein können.

Eine der wichtigsten Schutzmaßnahmen ist die Einführung der Multi-Faktor-Authentifizierung (MFA). Bei diesem Verfahren wird der Anmeldevorgang durch einen zweiten unabhängigen Faktor abgesichert. Neben dem klassischen Kennwort muss beispielsweise eine App-Bestätigung oder ein Einmalcode auf einem Mobilgerät verwendet werden. Diese zusätzliche Hürde erschwert es Angreifern erheblich, Zugang zu Unternehmensressourcen zu erhalten, selbst wenn das Kennwort bereits bekannt ist. Die konsequente Einführung der Multi-Faktor-Authentifizierung für alle Benutzer ist daher unverzichtbar. Die Implementierung sollte idealerweise mit besonders schutzbedürftigen Konten wie der Geschäftsführung, dem Finanzbereich und den Administratoren beginnen. Nach und nach sollten alle weiteren Konten in den Schutz einbezogen werden. Eine klare Kommunikation und verständliche Anleitungen unterstützen die Akzeptanz bei den Mitarbeitern.

Zur weiteren Absicherung empfiehlt es sich, Funktionen wie den bedingten Zugriff zu nutzen. Damit können Anmeldungen aus geografisch ungewöhnlichen Regionen oder von nicht verwalteten Geräten gezielt eingeschränkt werden.

Bedingter Zugriff beschreibt die Möglichkeit, Zugriffsrechte an bestimmte Bedingungen wie Standort oder Gerätestatus zu knüpfen.

Die kontinuierliche Überwachung von Anmeldeberichten im Microsoft 365 Admin Center und in Entra ID ist ein zentraler Bestandteil des Basisschutzes. Ungewöhnliche Aktivitäten, wie beispielsweise mehrfach fehlgeschlagene Anmeldeversuche oder Zugriffe aus ungewohnten Ländern, sollten umgehend überprüft werden.

Ein ebenso wichtiger Bestandteil des Schutzkonzepts ist die Schulung der Nutzer. Die Mitarbeiter sollten befähigt werden, verdächtige Nachrichten, betrügerische Anmeldeaufforderungen und potenzielle Sicherheitsrisiken zu erkennen und zu melden. Nur durch ein Zusammenspiel aus technischer Absicherung und informierter Belegschaft lässt sich der Schutz der Unternehmensdaten nachhaltig gewährleisten. Ohne eine zuverlässige Multi-Faktor-Authentifizierung bleibt jedes Benutzerkonto ein potenzielles Einfallstor für Angreifer. Die Gewährleistung von Anmeldesicherheit ist daher keine optionale Ergänzung, sondern eine grundlegende Pflicht für jedes Unternehmen.

Für besonders sensible Konten, wie Administratoren, empfiehlt es sich, zusätzlich auf Hardware-Token wie FIDO2-Sicherheitsschlüssel (z. B. FidoKey) zu setzen. Diese physischen Sicherheitsschlüssel bieten einen deutlich verbesserten Schutz gegenüber klassischen Authentifizierungsverfahren, da sie nicht durch Phishing oder Schadsoftware kompromittiert werden können. Gerade für Administratorkonten ist der Einsatz solcher Hardware-Token optimal, um unbefugten Zugriff konsequent zu verhindern und höchste Sicherheitsstandards einzuhalten.

Lizenzen und Dienste (auch Copilot) ohne Plan verteilen

Microsoft 365 bietet Unternehmen eine Vielzahl an Lizenzmodellen und Zusatzdiensten, darunter auch den modernen Assistenten Copilot. Häufig erfolgt die Zuteilung von Lizenzen in der betrieblichen Praxis jedoch spontan und ohne übergreifendes Konzept. Mitarbeiter erhalten an einem Tag Zugriff auf Copilot, während am nächsten Tag zusätzliche Lizenzen für Telefonie in Teams gebucht werden. Ein umfassender Überblick über die tatsächlich vergebenen Lizenzen fehlt in vielen Fällen. In der Folge kommt es vor, dass einzelne Personen sehr umfangreiche Lizenzen mit zahlreichen Funktionen besitzen, die im

Arbeitsalltag nicht genutzt werden, während anderen Beschäftigten essenzielle Werkzeuge nicht bereitgestellt werden. Copilot ist zum Beispiel für einige interessierte Mitarbeiter bereits verfügbar, obwohl die zugrunde liegende Datenstruktur und die Berechtigungen noch nicht ausreichend vorbereitet sind.

Diese unstrukturierte Lizenzvergabe birgt mehrere Risiken für Ihr Unternehmen.

- ✔ Zum einen entstehen unnötige Kosten, da Funktionen bezahlt werden, die nicht genutzt werden.
- ✔ Zum anderen führt die ungleiche Verteilung der Möglichkeiten zu Unzufriedenheit innerhalb der Belegschaft.

Besonders problematisch ist der Einsatz von Copilot auf einer nicht organisierten Datengrundlage, da der Dienst unter solchen Bedingungen keine optimalen Ergebnisse liefern kann. Darüber hinaus besteht für die IT-Abteilung die Gefahr, den Überblick über die Lizenzvergabe zu verlieren, was die Verwaltung und Nachverfolgung erschwert.

Um diesen Herausforderungen zu begegnen, empfiehlt sich ein strukturiertes Vorgehen bei der Lizenzvergabe. Legen Sie klar definierte Lizenzpakete fest, etwa ein Basispaket für grundlegende Funktionen, ein Standardpaket für weiterführende Anforderungen und ein erweitertes Paket für spezielle Nutzergruppen.

Jedem Paket ordnen Sie eindeutig festgelegte Dienste zu. Diese Bündelung erleichtert die Verwaltung und verhindert eine unkontrollierte Ausweitung der Lizenzlandschaft. Klären Sie im Vorfeld, welche Rollen in Ihrem Unternehmen tatsächlich von Copilot profitieren und welche Voraussetzungen dafür erfüllt sein müssen. Dazu zählen eine sauber strukturierte Datenablage und klar geregelte Zugriffsrechte.

Ein weiterer zentraler Aspekt ist die regelmäßige Überprüfung und Anpassung der Lizenzzuweisungen im Microsoft-365-Verwaltungsbereich. Passen Sie die Lizenzen an den tatsächlichen Bedarf der jeweiligen Fachbereiche an und entfernen Sie nicht mehr benötigte oder falsch zugewiesene Lizenzen zeitnah. Die lückenlose Dokumentation aller Lizenzvergaben schafft Transparenz und Nachvollziehbarkeit. Halten Sie fest, welche Abteilungen welche Pakete erhalten und benennen Sie Verantwortliche für künftige Änderungen und Anpassungen.

Betrachten Sie Lizenzen nicht als beliebige Zusatzoptionen, sondern als strategische Instrumente zur effizienten und sicheren Nutzung von Microsoft 365 in Ihrem Unternehmen. Eine durchdachte Lizenzplanung spart nicht nur Kosten, sondern stellt auch sicher, dass alle relevanten Dienste sinnvoll und gewinnbringend eingesetzt werden. Gerade beim Einsatz von Microsoft 365 Copilot profitieren Sie von einer klaren Struktur und einer konsequenten Dokumentation.

Exchange nur als »Postfach« sehen

Viele Unternehmen setzen den Exchange-Dienst hauptsächlich zur Verwaltung von E-Mail-Kommunikation und Kalenderterminen ein. Dabei wird häufig übersehen, dass Exchange im Hintergrund eine Vielzahl von Verwaltungsfunktionen bereitstellt, die den Arbeitsalltag erheblich erleichtern und die Zusammenarbeit strukturierter gestalten können. Zu diesen Funktionen zählen die Bereitstellung gemeinsamer Postfächer, die Definition von Verteilergruppen, die Verwaltung von Raum Postfächern sowie die Einrichtung von Aufbewahrungsrichtlinien. Gemeinsame Postfächer ermöglichen es mehreren Mitarbeitern, auf zentrale Adressen zuzugreifen und gemeinsam die Kommunikation zu verwalten. Verteilergruppen dienen dazu, bestimmte Zielgruppen innerhalb des Unternehmens effizient und einheitlich mit relevanten Informationen zu versorgen. Raum- (/Ressourcen-)Postfächer erleichtern die Organisation und Buchung von Besprechungsräumen, da diese direkt über die gewohnten Werkzeuge wie Outlook und Teams verwaltet werden können. Aufbewahrungsrichtlinien stellen sicher, dass geschäftsrelevante E-Mails den gesetzlichen und betrieblichen Anforderungen entsprechend aufbewahrt und nicht versehentlich gelöscht werden.

Werden diese zentralen Funktionen von Exchange nicht aktiv genutzt, entstehen im Unternehmen oft individuelle und voneinander abweichende Lösungen, die die Verwaltung erheblich erschweren.

Ein typisches Beispiel ist die Anlage von separaten Postfächern für Funktionsadressen wie zum Beispiel für allgemeine Anfragen, Bewerbungen oder die Buchhaltung, die jeweils an einzelne Personen gebunden sind. Fällt ein Mitarbeiter aus, etwa durch Krankheit oder Urlaub, kommt die Kommunikation über diese wichtigen Adressen zum Erliegen. Die Vertretungsregelung gestaltet sich dadurch aufwendig und ist fehleranfällig.

Um die Verwaltung von E-Mail-Kommunikation und zugehörigen Prozessen nachhaltig zu optimieren, empfiehlt es sich, die in Exchange integrierten Verwaltungsfunktionen gezielt einzusetzen. Gemeinsam genutzte Postfächer für funktionale Adressen ermöglichen es mehreren Mitarbeitern, die Bearbeitung zentraler Themen zu übernehmen und eine kontinuierliche Kommunikation sicherzustellen. Die Einrichtung von Verteilergruppen erleichtert die Information definierter Empfängerkreise und verhindert, dass Nachrichten aufwendig an zahlreiche Einzeladressen verschickt werden müssen. Raum-Postfächer vereinfachen die Planung und Buchung von Besprechungsräumen und sorgen für Transparenz und Übersichtlichkeit bei der Raumnutzung. Aufbewahrungsrichtlinien sollten so gestaltet und implementiert werden, dass alle geschäftsrelevanten Nachrichten entsprechend den Vorgaben erhalten bleiben. Überlegen Sie bei jeder wichtigen Adresse, ob es sich um eine persönliche Kommunikation oder eine Funktion innerhalb des Unternehmens handelt. Adressen, die einer Funktion zuzuordnen sind, sollten immer als gemeinsames Postfach angelegt werden. So vermeiden Sie, dass wichtige Kommunikationskanäle an einzelne Personen gebunden sind und im Krankheitsfall nicht geprüft werden können.

Exchange ist weit mehr als eine reine Plattform für E-Mails. Durch die sinnvolle Nutzung gemeinsamer Postfächer, Verteilergruppen und Raum-Postfächer schaffen Sie für Ihr Unternehmen eine strukturierte, effiziente und rechtssichere Kommunikations- und Verwaltungsbasis. So wird der Arbeitsalltag für alle Beteiligten deutlich erleichtert und die Zusammenarbeit nachhaltig verbessert.

Copilot starten, bevor Daten und Berechtigungen aufgeräumt sind

Die Einführung von Microsoft 365 Copilot in Unternehmen erscheint auf den ersten Blick als attraktive Möglichkeit, die tägliche Arbeit durch intelligente Unterstützung effizienter zu gestalten. Die Vorstellung, einfach Fragen stellen zu können, unmittelbar präzise Antworten zu erhalten und automatische Zusammenfassungen komplexer Informationslagen zu generieren, weckt hohe Erwartungen. In der Praxis aktivieren zahlreiche Organisationen die Copilot-Funktion zügig für ausgewählte Mitarbeiter. Häufig erfolgt dieser Schritt jedoch, ohne zuvor eine grundlegende Überprüfung und Bereinigung der zugrunde liegenden Daten sowie der bestehenden Zugriffsrechte in Microsoft 365 vorzunehmen. Gerade in den zentralen Diensten wie SharePoint, OneDrive, Teams und Exchange ist eine fehlerfreie und durchdachte Berechtigungsstruktur jedoch essenziell, um Datenschutz und Datensicherheit bei der Verwendung von Copilot zu gewährleisten.

In einem konkreten Anwendungsfall stellt ein Mitarbeiter fest, dass Copilot innerhalb von Teams auf Informationen aus einem früheren Projekt zugreift, obwohl ihm der Zugang zu diesen sensiblen Daten eigentlich bereits entzogen wurde. In einem anderen Fall erscheinen in einer automatisch erstellten Zusammenfassung Dateien, die sich im persönlichen OneDrive-Speicherbereich eines Kollegen befinden. Der Grund hierfür liegt darin, dass der betreffende Ordner versehentlich für einen größeren Personenkreis freigegeben wurde.

Diese Situationen verdeutlichen, wie schnell und ungewollt personenbezogene oder vertrauliche Informationen einem erweiterten Nutzerkreis zugänglich gemacht werden können, wenn die Berechtigungen nicht korrekt gesetzt sind.

Die zentrale Herausforderung besteht darin, dass Copilot sämtliche Datenquellen innerhalb von Microsoft 365 analysiert, auf die ein Benutzer über seine aktuellen Zugriffsrechte verfügen kann.

Ein Zugriffsrecht bezeichnet die Berechtigung, bestimmte Daten einzusehen, zu bearbeiten oder weiterzugeben.

Sobald Berechtigungen nicht richtig konfiguriert wurden, werden diese Schwachstellen durch die Nutzung von Copilot unmittelbar sichtbar und können zu erheblichen Datenschutzproblemen führen. Besonders kritisch ist dabei, dass zuvor unentdeckte Fehler in der Rechtevergabe plötzlich offen zutage treten. Dies kann das Vertrauen der Mitarbeiter in die Zuverlässigkeit und Sicherheit der Copilot-Funktion erheblich beeinträchtigen, insbesondere wenn unerwartet sensible oder nicht mehr aktuelle Informationen angezeigt werden.

Um diesen Risiken gezielt vorzubeugen, empfiehlt es sich ausdrücklich, vor einer flächendeckenden Einführung von Copilot eine umfassende Überprüfung und Ordnung der Daten sowie der Berechtigungen in allen relevanten Anwendungen vorzunehmen.

Hierbei kann Ihnen das neue SharePoint Advance Management in der SharePoint Central Administration helfen.

Für eine kontrollierte Einführung empfiehlt sich das schrittweise Vorgehen in einem ausgewählten Pilotbereich. Wählen Sie hierfür einige gut vorbereitete Teams oder Abteilungen aus, in denen die Datenstruktur und die Rechtevergabe bereits nachweislich geprüft und dokumentiert sind. Sammeln Sie in diesem Rahmen praktische Erfahrungen, um gegebenenfalls weitere Anpassungen vorzunehmen und die Einführung auf breiter Basis vorzubereiten.

Es ist entscheidend, sich bewusst zu machen, dass die Copilot-Funktion keine eigenen Berechtigungen generiert oder verändert. Das System zeigt ausschließlich auf, was im Rahmen der bestehenden Strukturen ohnehin möglich ist. Sollte Copilot unerwartet umfangreiche Informationen oder sensible Inhalte anzeigen, deutet dies klar auf vorherige Versäumnisse bei der Berechtigungsvergabe hin. Ein umfassendes Aufräumen und die Definition einer klaren Datenstruktur mit sauber gesetzten Rechten sind daher unabdingbare Voraussetzungen für einen sicheren und sinnvollen Einsatz von Microsoft 365 Copilot. Erst wenn diese Grundlagen geschaffen wurden, kann die Automatisierung durch Copilot ihr volles Potenzial entfalten und einen echten Mehrwert für das Unternehmen bieten.

Kein sauberer Prozess für Ein- und Austritte

Die Prozesse für den Eintritt und Austritt von Mitarbeitern in Unternehmen werden häufig uneinheitlich und situativ gehandhabt. In der Praxis erfolgt die Information über neue Mitarbeiter oder Austritte unterschiedlich schnell durch die Personalabteilung. Daraus resultiert, dass Benutzerkonten entweder zu früh oder zu spät angelegt werden. Zugriffsrechte werden teilweise nicht vergeben oder bleiben über das notwendige Maß hinaus bestehen. Neue Mitarbeiter sind dadurch gezwungen, auf den Zugriff auf relevante Systeme zu warten, während ehemalige Mitarbeiter häufig noch über einen längeren Zeitraum Zugang zu Unternehmensdaten und -diensten besitzen.

BEISPIEL

In einem Unternehmen erhält eine neue Person den Zugang zu Microsoft 365 erst am zweiten Tag des Arbeitsverhältnisses und ist am ersten Tag mit administrativen Aufgaben beschäftigt, die keine produktive Arbeit ermöglichen. Gleichzeitig bleibt das Konto eines ausgeschiedenen Mitarbeiters weiterhin aktiv. So besteht weiterhin Zugriff auf Speicherbereiche wie OneDrive und auf das E-Mail-Postfach, obwohl diese Zugriffsrechte bereits entzogen sein sollten.

Diese Vorgehensweise bringt verschiedene Risiken und Herausforderungen mit sich. Neue Mitarbeiter erleben den Start als frustrierend, da sie ihre Aufgaben nicht sofort aufnehmen können. Für das Unternehmen entsteht ein erhöhtes Sicherheitsrisiko durch den fortbestehenden Zugriff ehemaliger Mitarbeiter auf sensible Informationen. Zudem werden Lizenzen nicht umgehend entfernt, was zu unnötigen Kosten führt. Sind die genauen Abläufe und notwendigen Schritte für den Eintritt und Austritt sind nicht eindeutig definiert, können diese Fehler vermehrt auftreten.

Um dies zu vermeiden, empfiehlt sich die Einführung strukturierter und klar dokumentierter Abläufe. Erstellen Sie eine übersichtliche Checkliste für den Eintritt von neuen Mitarbeitern. Diese sollte die Erstellung eines Benutzerkontos im Verzeichnisdienst Entra ID, die Vergabe von Lizenzen im Administrationsbereich von Microsoft 365, die Zuordnung zu relevanten Gruppen und Teams sowie gegebenenfalls die Bereitstellung des digitalen Assistenten Copilot umfassen. Für den Austritt sollte eine zweite, ebenso strukturierte Checkliste erstellt werden, die die Sperrung des Benutzerkontos, die Entfernung der Lizenz, die Sicherung wichtiger Daten aus OneDrive und dem Postfach sowie die Anpassung von gemeinsamen Postfächern und Teams enthält.

Es ist entscheidend, festzulegen, wer für die Umsetzung der einzelnen Schritte verantwortlich ist und wie die relevanten Informationen über Eintritte und Austritte zuverlässig an die zuständige Person oder Abteilung weitergeleitet werden. Die erstellten Checklisten sollten an einem zentralen Ort abgelegt werden, der für Vertretungen und Nachfolger unkompliziert auffindbar ist. Eine einfache und klar strukturierte Liste in ausgedruckter Form ist für den Anfang ausreichend. Ein gut organisierter Ablauf für Eintritte und Austritte schützt Unternehmensdaten, vermeidet unnötige Kosten und vermittelt einen professionellen Eindruck gegenüber neuen und ehemaligen Mitarbeitern.

Microsoft 365 als einmaliges Projekt sehen statt als laufenden Prozess

In vielen Unternehmen wird die Einführung von Microsoft 365 als einmaliger Vorgang betrachtet. Es erfolgt eine initiale Implementierung, die Migration der Bestandsdaten in die neue Umgebung sowie die Durchführung von Schulungsmaßnahmen für die Mitarbeiter. Nach Abschluss dieser Schritte wird die Plattform häufig ohne weitere Kontrolle oder Anpassung genutzt. Die bestehenden Strukturen und Teams bleiben unverändert bestehen, die Berechtigungen werden nicht regelmäßig geprüft und neue Funktionen werden nicht systematisch bewertet.

Sie sollten jedoch immer bedenken, dass Microsoft die Plattform kontinuierlich weiterentwickelt und regelmäßig neue Funktionen, Dienste und Sicherheitsoptionen bereitstellt.

BEISPIEL

Ein typisches Beispiel aus der Praxis ist die Müller und Co. GmbH, in der die Einführung von Microsoft 365 bereits vor drei Jahren erfolgte. Seitdem wurden zahlreiche Erweiterungen, wie zusätzliche Funktionen in Teams, erweiterte Sicherheitsoptionen und der digitale Assistent Copilot, integriert. Dennoch arbeitet das Unternehmen weiterhin mit den damals angelegten Strukturen. Diese umfassen veraltete Teams, Gruppen, die nicht mehr genutzt werden, und mehrfach vorhandene Datenbestände.

Ein derart statischer Umgang mit der Microsoft-365-Umgebung birgt verschiedene Risiken. Die vorhandenen Strukturen altern und entsprechen häufig nicht mehr den aktuellen Arbeitsweisen oder organisatorischen Anforderungen. Wichtige Sicherheitsfunktionen, die bereits im Rahmen der erworbenen Lizenz zur Verfügung stehen, bleiben ungenutzt. Neue Dienste, wie der digitale Assistent Copilot, werden ohne Berücksichtigung der bestehenden Gesamtkonzeption spontan eingesetzt, was zu einer fragmentierten und wenig effizienten Nutzung führt. Das Gefühl, dass Microsoft 365 unübersichtlich und schwer zu handhaben ist, verstärkt sich bei den Mitarbeitern und Verantwortlichen.

Um diesen Risiken wirkungsvoll zu begegnen und das volle Potenzial der Plattform auszuschöpfen, empfiehlt sich die Etablierung eines kontinuierlichen Pflegeprozesses. Es ist ratsam, regelmäßige Überprüfungen der Microsoft-365-Umgebung durchzuführen, beispielsweise im Rahmen eines jährlichen »Gesundheitschecks«. Bei dieser Überprüfung sollten zentrale Aspekte betrachtet werden, darunter die Aktivität und Notwendigkeit der bestehenden Teams, die Verwaltung von Gastzugriffen, die Kontrolle und Deaktivierung veralteter Benutzerkonten, die Überprüfung der vergebenen Lizenzen sowie die Integration neuer Sicherheitsfunktionen.

Die Abstimmung mit den einzelnen Fachbereichen ist dabei von großer Bedeutung. Es sollte geklärt werden, welche Teams tatsächlich genutzt werden, welche Strukturen entfernt werden können und welche Funktionen für die jeweiligen Geschäftsprozesse erforderlich sind. Die Ergebnisse dieser Abstimmungen sowie alle vorgenommenen Änderungen und festgelegten Regelungen sollten klar, verständlich und ohne unnötige Komplexität dokumentiert werden. Die Information der Mitarbeiter über relevante Anpassungen trägt zur Transparenz und Akzeptanz bei und fördert eine sichere sowie zukunftsorientierte Nutzung der Plattform. Eine kontinuierliche Wartung und Anpassung der Umgebung schützt die Unternehmensdaten, gewährleistet die Einhaltung von Compliance-Anforderungen und schafft eine übersichtliche sowie leistungsfähige Arbeitsumgebung. Microsoft 365 ist daher als fortlaufender Prozess zu verstehen, der durch regelmäßige und sorgfältige Pflege stabil, sicher und flexibel bleibt.

IN DIESEM KAPITEL

Kurze, praxisnahe Tipps zur Benutzer-, Gruppen- und Lizenzverwaltung in Microsoft 365

Alltagsnahe Beispiele für Ein- und Austritte, externe Gäste und Adminrollen

Kompakte Merksätze und Warnhinweise für mehr Ordnung, Sicherheit und Kostenkontrolle

Kapitel 26
Zehn Tipps für eine gute Benutzerverwaltung

Eine gute Benutzerverwaltung in Microsoft 365 ist wie ein ordentlich geführtes Telefonbuch. Alle stehen drin, jeder Eintrag ist verständlich und veraltete Nummern fliegen raus. Wenn Sie Benutzer, Gruppen und Lizenzen im Griff haben, profitieren Sie gleich mehrfach:

- ✔ weniger Supportanfragen,
- ✔ weniger Sicherheitsrisiken und
- ✔ weniger unnötige Lizenzkosten.

Wenn Sie dagegen »einfach mal« Konten anlegen, Berechtigungen vergeben und sich erst später um Lizenzen kümmern wollen, rächt sich das schnell. Ehemalige Mitarbeiter mit aktivem Konto, willkürliche Freigaben, niemand weiß mehr, wer worauf Zugriff hat – und die Geschäftsführung wundert sich über die Lizenzrechnung.

Die folgenden zehn Tipps helfen Ihnen, Ihre Benutzerverwaltung in Microsoft 365 im Microsoft 365 Admin Center und in Entra ID (dem Identitäts- und Verzeichnisdienst von Microsoft 365, früher Azure AD) strukturiert, sicher und alltagstauglich zu gestalten.

Vergeben Sie klare, einheitliche Benutzernamen

Benutzernamen sind die Basis für alles: Anmeldung bei Microsoft 365, E-Mail-Adresse, Teams, SharePoint, Mobilgeräte. Je klarer und einheitlicher Sie hier sind, desto leichter wird Ihre tägliche Arbeit. In vielen Unternehmen hat sich das Muster `vorname.nachname@firma.de` bewährt. Bei Dopplungen können Sie mit einer Ziffer oder dem zweiten Vornamen arbeiten, etwa `anna.schmidt2@firma.de`.

BEISPIEL

Bei der Mustermann GmbH wurden neue Konten früher „irgendwie passend" benannt: A.Mustermann, alex.m, am-verkauf – je nachdem, wer gerade diese angelegt hat. Spätestens als der zweite Alexander Mustermann in die Firma kam, wurde es unübersichtlich. Nach der Umstellung auf `vorname.nachname@mustermann.de` war klar: Alle Benutzer finden sich schneller, aufgrund der Namensgebung, zurecht, und die IT muss nicht rätseln, welcher »AMustermann« nun welcher ist.

Vermeiden Sie es, Abteilungen oder Rollen in den Benutzernamen einzubauen, zum Beispiel `anna.schmidt.verkauf`. Menschen wechseln Abteilungen, ihren Namen aber nicht – außer vielleicht, wenn sie heiraten.

Dokumentieren Sie Ihre Namenskonvention gern auf einer Seite – und halten Sie sich konsequent daran. So können auch Vertretungen oder Ihr IT-Dienstleister neue Benutzer jederzeit korrekt anlegen.

Planen Sie Ein- und Austritte konsequent

Die meisten Herausforderungen im Umgang mit Microsoft 365 entstehen erfahrungsgemäß nicht bei den laufenden Benutzerkonten, sondern im Rahmen von Eintritten neuer Mitarbeiter, internen Positionswechseln oder Austritten. Der Kontolebenszyklus beschreibt alle Phasen, die ein Benutzerkonto von seiner Erstellung bis zur endgültigen Entfernung durchläuft. Ein strukturierter Kontolebenszyklus sorgt dafür, dass Zugriffsrechte, Daten und Lizenzen jederzeit korrekt vergeben und entzogen werden. Das wirkt sich unmittelbar auf die Sicherheit und die Effizienz Ihrer Arbeitsabläufe aus.

Gerade in kleinen und mittleren Unternehmen wird das Anlegen und Entfernen von Konten häufig spontan erledigt. Ein neuer Mitarbeiter beginnt bereits mit seiner Arbeit, während das Benutzerkonto erst später angelegt wird. Ebenso bleiben Konten nach dem Ausscheiden von Mitarbeitern oft unnötig lange aktiv, was ein Sicherheitsrisiko darstellt. Ein klarer Prozess für das On- und Offboarding hilft, diese Fehler zu vermeiden, und sorgt für eine geregelte Verwaltung.

Das Onboarding bezeichnet die strukturierte Aufnahme neuer Mitarbeiter. Dazu gehört die frühzeitige Information durch die Personalabteilung oder die jeweilige Führungskraft, damit ein Benutzerkonto rechtzeitig im Identitätsdienst Entra ID angelegt werden kann. Nach der Erstellung des Kontos werden die passenden

Microsoft-365-Lizenzen zugewiesen und die neuen Kollegen den entsprechenden Gruppen für Abteilungen, Standorte oder Projekte hinzugefügt. Die Übergabe der Zugangsdaten sowie eine kurze Anleitung erleichtern den Einstieg in die digitale Arbeitsumgebung.

Das Offboarding umfasst alle Maßnahmen, die beim Ausscheiden einer Person aus dem Unternehmen notwendig sind. Hierzu zählen das Deaktivieren oder Blockieren des Benutzerkontos zum Austrittsdatum, das Entfernen aus allen Gruppen und Administratorrollen sowie die Weiterleitung oder Freigabe des Postfachs, beispielsweise als gemeinsames Postfach für die Abteilung. Die verwendete Lizenz kann anschließend einem Nachfolger zugeordnet werden. Dabei ist zu beachten, dass Zugriffe über mobile Endgeräte, private Computer oder zuvor geöffnete Browser-Sitzungen oftmals länger bestehen bleiben als erwartet. Ein vollständiges Entfernen des Zugriffs ist daher besonders wichtig für die Sicherheit Ihrer Firmendaten.

Eine gemeinsam von Personal- und IT-Abteilung erstellte Checkliste sorgt für Klarheit und verhindert Fehler. Mit einer solchen Übersicht behalten Sie den Überblick über alle notwendigen Schritte und stellen sicher, dass keine Zugriffsrechte unnötig erhalten bleiben oder neue Mitarbeiter ohne die erforderlichen Ressourcen starten müssen. Die Zusammenarbeit zwischen den beteiligten Bereichen ist der Schlüssel für eine reibungslose und sichere Benutzerverwaltung in Microsoft 365.

Beim Offboarding empfiehlt es sich, als ersten Schritt das Passwort des Benutzerkontos zu ändern, anstatt das Konto sofort vollständig zu deaktivieren. Oft sind mit dem Entra-ID-Konto noch weitere Anwendungen oder Dienste verknüpft, aus denen unter Umständen wichtige Daten gesichert werden müssen. Durch die sofortige Passwortänderung wird ein unbefugter Zugriff verhindert, während gleichzeitig noch ein kontrollierter Zugriff für die Datensicherung möglich bleibt, bevor das Konto endgültig deaktiviert wird.

Ein strukturierter Kontolebenszyklus ist von zentraler Bedeutung für die Sicherheit, Überschaubarkeit und Effizienz Ihrer Microsoft-365-Umgebung. Er reduziert den Aufwand für nachträgliche Korrekturen und schützt Ihr Unternehmen zuverlässig vor ungewollten Zugriffen.

Nutzen Sie Gruppen- statt Einzelberechtigungen

Im Berechtigungsmanagement von Microsoft 365 empfiehlt es sich, Zugriffsrechte nicht direkt an einzelne Benutzer zu vergeben, sondern konsequent mit Gruppen zu arbeiten. Die individuelle Zuweisung von Berechtigungen sollte nur in Ausnahmefällen erfolgen. Diese Vorgehensweise erhöht die Übersichtlichkeit und vereinfacht die Verwaltung der Zugriffsrechte, insbesondere in wachsenden Organisationen.

Microsoft 365 stellt unterschiedliche Gruppentypen zur Verfügung, die jeweils für verschiedene Einsatzzwecke entwickelt wurden.

- Sicherheitsgruppen sind dazu vorgesehen, Berechtigungen für bestimmte Ressourcen wie beispielsweise SharePoint-Websites oder freigegebene Postfächer zu vergeben.
- Microsoft-365-Gruppen bieten neben der Berechtigungsverwaltung auch gemeinsame Arbeitsbereiche, darunter ein Postfach, einen Kalender, einen Planungsbereich sowie eine SharePoint-Teamwebsite.
- Verteilergruppen dienen der klassischen E-Mail-Verteilung innerhalb eines Unternehmens und sind insbesondere für den Versand von Nachrichten an mehrere Empfänger geeignet.

Das Grundprinzip lautet, dass Berechtigungen immer einer Gruppe zugewiesen werden und die Benutzer diesen Gruppen zugeordnet werden. Anstatt für jede einzelne Person die Zugriffsrechte, beispielsweise auf eine SharePoint-Website, zu definieren, wird die Berechtigung einer entsprechenden Gruppe wie »Vertrieb Innendienst« erteilt. Die betreffenden Mitarbeiter werden anschließend Mitglied dieser Gruppe. Dadurch lassen sich Änderungen oder Anpassungen effizient und nachvollziehbar umsetzen.

Es empfiehlt sich, bei der Einführung von Gruppen zunächst mit den wichtigsten Struktureinheiten zu beginnen. Legen Sie Gruppen für die einzelnen Abteilungen, wie Vertrieb oder Buchhaltung, sowie für Standorte oder Hauptbereiche an. Diese Struktur kann zu einem späteren Zeitpunkt weiter verfeinert werden. Wichtig ist, Einzelberechtigungen ohne strukturelle Planung von Anfang an zu vermeiden, um spätere Unübersichtlichkeiten zu verhindern.

Wenn Zugriffsrechte direkt an einzelne Benutzer vergeben werden, kann der Überblick schnell verloren gehen. Im Falle von Audits oder sicherheitsrelevanten Vorfällen entsteht dadurch ein erheblicher Aufwand, da nachträglich recherchiert werden muss, welche Person auf welche Ressourcen Zugriff hatte.

Gruppen erleichtern Ihnen die Verwaltung, sparen Zeit und sorgen dafür, dass Ihr System auch bei Unternehmenswachstum übersichtlich und sicher bleibt.

Behalten Sie Ihre Lizenzen im Blick

Lizenzen in Microsoft 365 sind ein wichtiger Kostenfaktor. Jede zugewiesene Lizenz bringt monatliche Ausgaben mit sich, daher lohnt sich ein bewusster Umgang. Wenn Konten für ehemalige Mitarbeiter oder Testzwecke weiterhin lizenziert sind, entstehen unnötige Kosten.

Eine regelmäßige Überprüfung der Lizenzverteilung ist ratsam. Sie sollten mindestens einmal im Quartal kontrollieren, welche Personen welche Lizenzen besitzen. Konten ohne aktuelle Anmeldung können geprüft und gegebenenfalls entfernt werden. Sonderlizenzen für spezielle Anwendungen sollten gezielt und sparsam vergeben werden.

Berichte im Microsoft 365 Admin Center helfen Ihnen dabei, die Übersicht zu behalten. Auch ein Export in Excel kann für kleinere Unternehmen ausreichen. Die Menge der Lizenzen sollte immer dem tatsächlichen Bedarf entsprechen. Diese Vorgehensweise spart Kosten und sorgt für eine wirtschaftliche Nutzung Ihrer Microsoft-365-Umgebung.

Trennen Sie normale Benutzer und Administratoren

Gerade in kleineren Unternehmen besteht häufig die Versuchung, mehreren Mitarbeitern umfassende Administratorenrechte zu erteilen. Dies erscheint zunächst komfortabel, birgt jedoch erhebliche Risiken für die Sicherheit Ihrer Microsoft-365-Umgebung. Die Vergabe administrativer Rollen, wie Globaler Administrator, Exchange Administrator oder Teams Administrator, sollte stets sorgfältig und bedarfsgerecht erfolgen. Es empfiehlt sich, für die administrativen Aufgaben separate Konten einzurichten, sodass die tägliche Nutzung von E-Mail, Teams und Office mit einem regulären Benutzerkonto erfolgt. Für Konfigurationsaufgaben im Microsoft 365 Admin Center, in Entra ID oder im Exchange Admin Center kommt ein eigenständiges Administratorkonto zum Einsatz.

BEISPIEL

Im Unternehmen Mustermann und Co. wurde aus Gründen der Bequemlichkeit das Konto des kaufmännischen Leiters mit administrativen Vollrechten ausgestattet. Nachdem dieses Konto durch einen Phishing-Angriff kompromittiert wurde, bestand die Gefahr, dass der Angreifer auf sämtliche Daten und Einstellungen im Unternehmen zugreifen konnte. Erst die Einführung separater Administratorkonten mit strengem Schutz brachte die gewünschte Sicherheit und Entlastung für die Verantwortlichen.

Je umfassender die Rechte eines Kontos sind, desto attraktiver wird es für potenzielle Angreifer. Ein kompromittiertes Konto mit globalen Administrationsrechten kann im schlimmsten Fall sämtliche E-Mails, Dateien und Einstellungen innerhalb des Unternehmens manipulieren. Daher ist es ratsam, ausschließlich vordefinierte Rollen wie Exchange Administrator, Teams Administrator oder Benutzeradministrator zu vergeben und auf eine inflationäre Ausstattung mit globalen Rechten zu verzichten. Arbeiten Sie im Alltag stets mit Ihrem regulären Benutzerkonto und greifen Sie nur für spezifische administrative Tätigkeiten auf Ihr Administratorkonto zurück.

Sie sollten beachten, dass nicht jede Person, die gelegentlich Einstellungen vornimmt, gleich die höchsten Rechte benötigt. Eine gezielte und sparsame Rollenvergabe ist essenziell für die Sicherheit und Stabilität Ihrer Microsoft-365-Umgebung. Die Trennung von Benutzer- und Administratorkonten ist ein wirksames Mittel, um Risiken zu minimieren und die Kontrolle zu behalten.

Gehen Sie sorgfältig mit externen Benutzern um

Die Zusammenarbeit mit externen Partnern, Kunden oder Dienstleistern wird durch Microsoft 365 besonders unkompliziert gestaltet. Sie können diesen Personen gezielten Zugang zu Teams und SharePoint-Bibliotheken ermöglichen und dadurch gemeinsame Projekte effizient umsetzen. Technisch sind die Voraussetzungen dafür ideal, organisatorisch jedoch ist eine sorgfältige Verwaltung dieser Gastbenutzer erforderlich. Andernfalls besteht die Gefahr, dass Sie den Überblick darüber verlieren, wer noch Zugriff auf interne Daten hat.

Externe Benutzer werden in Entra ID als sogenannte Gastbenutzer angelegt. Diese Benutzer können aktiv an Teams-Kanälen mitarbeiten, Dateien auf SharePoint und OneDrive einsehen und bearbeiten sowie an gemeinsamen Besprechungen teilnehmen. Diese Funktionen sind sehr hilfreich, solange Sie bewusst entscheiden, wem Sie den Zugriff gewähren – und diesen nach Projektabschluss auch wieder entziehen.

Im Unternehmensalltag zeigt sich, wie wichtig eine konsequente Kontrolle ist. Wenn nach einem Agenturwechsel weiterhin frühere Partner Zugriff auf aktuelle Unterlagen behalten, entsteht ein unnötiges Sicherheitsrisiko. Erst eine gezielte Überprüfung aller Gastbenutzer bringt Klarheit und ermöglicht es, veraltete Konten zu entfernen.

Sie sollten bei der Vergabe von Zugriffsrechten stets darauf achten, dass Gastzugänge jeweils nur für den tatsächlich benötigten Bereich eingerichtet werden. Empfehlenswert ist es, externe Benutzer in Entra ID eindeutig zu kennzeichnen, beispielsweise durch einen Zusatz im Anzeigenamen. Nach Abschluss eines Projekts oder am Ende eines Vertrags sollten Sie die Gastkonten und alle dazugehörigen Berechtigungen umgehend entfernen.

Als IT-Administrator tragen Sie die Verantwortung für den Zugang zu Unternehmensdaten. Sie sollten Gastzugänge wie Besucherausweise betrachten, die nur so lange gültig sind, wie die Zusammenarbeit tatsächlich dauert. Eine konsequente und transparente Verwaltung der externen Benutzer ist ein wichtiger Beitrag zur Sicherheit Ihrer Microsoft-365-Umgebung.

Um die Sicherheit weiter zu erhöhen, empfiehlt es sich, Gasteinladungen gezielt einzuschränken. Sie können beispielsweise in den Einstellungen von Microsoft 365 festlegen, dass nur externe Benutzer mit bestimmten, zuvor definierten Domänen eingeladen werden dürfen. Auf diese Weise verhindern Sie, dass unbefugte Personen aus nicht vertrauenswürdigen Quellen Zugriff erhalten. Zusätzlich können Sie über Richtlinien auch steuern, auf welchen Ebenen (z. B. bestimmte Teams oder SharePoint-Websites) Gasteinladungen überhaupt möglich sind. Damit behalten Sie die volle Kontrolle über externe Zugänge und minimieren potenzielle Risiken.

Dokumentieren Sie, wer welche Rechte hat

Eine übersichtliche Dokumentation der vergebenen Berechtigungen in Microsoft 365 ist essenziell, um Sicherheit und Transparenz zu gewährleisten – gerade, wenn die Administration neben anderen Aufgaben erfolgt. So verlieren Sie nicht den Überblick über Rollen, Gruppen oder Einzelberechtigungen.

Für die Aufzeichnung reicht ein kompaktes digitales Dokument, etwa in OneNote, Excel oder SharePoint, das regelmäßig gepflegt und zentral abgelegt wird. Wichtig sind dabei folgende Punkte: Wer hat welche administrativen Rollen, welche Gruppen mit speziellen Rechten existieren, und welche Einzelberechtigungen wurden vergeben?

Ein kurzes Änderungsprotokoll, das das Datum, die Maßnahme und die Begründung festhält, sorgt dafür, dass auch nach personellen Wechseln oder längeren Zeiträumen nachvollziehbar bleibt, warum bestimmte Zugriffe vergeben wurden. Dieser minimale Aufwand bei der Dokumentation spart später viel Zeit und hilft, Fehler oder Unsicherheiten zu vermeiden.

Setzen Sie auf starke Anmeldesicherheit (zum Beispiel MFA)

Passwörter allein bieten heute keinen ausreichenden Schutz für Ihre Microsoft-365-Umgebung. Die Bedrohungslage hat sich stark verändert. Angreifer nutzen verschiedene Methoden, um Zugang zu Benutzerkonten zu erhalten. Dazu zählen sogenannte Phishing-Angriffe, bei denen Mitarbeiter dazu gebracht werden, ihre Anmeldedaten auf gefälschten Webseiten einzugeben. Auch die Wiederverwendung von Passwörtern stellt ein erhebliches Risiko dar: denn werden Zugangsdaten bei einem Dienst kompromittiert, können sie oft bei anderen Diensten erneut verwendet werden. Zudem setzen viele Angreifer auf automatisierte Programme, die in kurzer Zeit zahlreiche Passwortkombinationen ausprobieren.

Multi-Faktor-Authentifizierung (MFA) ist eine der wirksamsten Maßnahmen, um diese Angriffsvektoren zu verhindern. Sie ergänzt die klassische Anmeldung mit Benutzername und Kennwort um einen weiteren Schritt. Die Funktionsweise ist einfach: Nach Eingabe von Benutzername und Kennwort wird ein zweiter Faktor abgefragt, den nur die berechtigte Person besitzt oder kontrolliert.

- ✔ Authentifizierungs-App: Eine Anwendung auf Ihrem Mobilgerät sendet eine Benachrichtigung oder generiert einen einmaligen Code, den Sie zur Bestätigung der Anmeldung eingeben.
- ✔ Einmalcode per SMS: Nach der Anmeldung erhalten Sie einen Code per Textnachricht, den Sie zusätzlich eingeben müssen. Definition: Ein Einmalcode ist ein nur einmal gültiger, zeitlich begrenzter Zahlencode.
- ✔ Sicherheitsschlüssel nach FIDO2-Standard: Ein physisches Gerät, wie ein USB-Stick oder ein spezieller Schlüssel, das Sie in den Computer einstecken und damit die

Anmeldung bestätigen. Definition: FIDO2 ist ein internationaler Standard für sichere Authentifizierung ohne Passwort.

Gerade für Konten mit erweiterten Rechten, wie Administratorzugänge und Zugriff auf besonders sensible Daten, ist eine Multi-Faktor-Authentifizierung über FIDO2 fast unverzichtbar. Diese Konten sind bevorzugte Ziele für Angreifer und können im Falle einer Kompromittierung erheblichen Schaden verursachen. Aber auch für alle anderen Benutzerkonten ist eine zusätzliche Schutzschicht dringend zu empfehlen.

Für die Einführung empfiehlt es sich, zuerst alle administrativen und privilegierten Benutzerkonten um eine Multi-Faktor-Authentifizierung zu ergänzen. Anschließend können Sie die Schutzmaßnahme schrittweise für alle anderen Konten aktivieren. Kommunizieren Sie frühzeitig, weshalb die Multi-Faktor-Authentifizierung eingeführt wird, und stellen Sie eine leicht verständliche Anleitung zur Verfügung. Die zusätzliche Bestätigung wird für die meisten Mitarbeiter nach kurzer Zeit zur Routine.

Bitte führen Sie die Multi-Faktor-Authentifizierung nicht ohne vorherige Ankündigung ein. Geben Sie allen Beteiligten die Möglichkeit, Rückfragen zu stellen und sich auf die Umstellung vorzubereiten. So vermeiden Sie, dass Personen versehentlich ausgesperrt werden.

Räumen Sie regelmäßig auf

Selbst in gut gepflegten Microsoft-365-Umgebungen sammeln sich im Laufe der Zeit unnötige Daten und Strukturen an; etwa nicht mehr genutzte Gruppen, veraltete Projektteams, Postfächer ehemaliger Mitarbeiter oder Gastbenutzer, mit denen keine Zusammenarbeit mehr stattfindet. Wird diese »Altlast« nicht regelmäßig überprüft und bereinigt, leidet die Übersichtlichkeit Ihrer Umgebung, was sowohl die Sicherheit als auch die Verwaltung erschwert.

Bei der Mustermann GmbH wuchs die Zahl der Teams und Gruppen nach einigen Jahren stark an. In einem Workshop mit den Abteilungsleitern wurde gemeinsam entschieden, welche Teams und Gruppen noch benötigt werden und welche gelöscht oder archiviert werden können. Das Ergebnis waren eine übersichtlichere Umgebung und zufriedenere Nutzer.

Für eine effektive Datenbereinigung empfiehlt sich, mindestens zweimal jährlich folgende Bereiche zu prüfen: Gibt es Benutzerkonten ohne aktuelle Anmeldung oder mit unnötigen Lizenzen? Welche Teams und Gruppen sind seit Monaten inaktiv? Sind noch Gast- oder Admin-Konten vorhanden, die nicht mehr benötigt werden? So bleibt Ihre Microsoft-365-Umgebung sicher und übersichtlich.

Die Einführung fester Termine für diese Aufräumarbeiten, beispielsweise jeweils im Januar und im Juli, ist ein erster Schritt in die richtige Richtung. Durch einen sogenannten Microsoft-365-Hausputz wird die Datenbereinigung zu einem festen Bestandteil Ihres administrativen Alltags und nicht zu einer einmaligen Großaktion. So stellen Sie sicher, dass Ihre Umgebung stets übersichtlich und sicher bleibt. Regelmäßige Pflege sorgt dafür, dass Ihre Microsoft-365-Umgebung beherrschbar und nutzerfreundlich bleibt, während Vernachlässigung dazu führen kann, dass die Verwaltung mit der Zeit immer schwieriger wird.

Machen Sie Benutzerverwaltung zum festen Prozess

Die Benutzerverwaltung in Microsoft 365 sollte als fortlaufender Prozess betrachtet werden, der sich an die Entwicklungen im Unternehmen anpasst. Klare Zuständigkeiten sind entscheidend: Bestimmen Sie, wer Benutzerkonten erstellt, Administratorrechte vergibt und externe Zugänge verwaltet. Dokumentierte, verständliche Abläufe, etwa für den Ein- und Austritt von Mitarbeitern, sorgen für einen reibungslosen Ablauf und sollten regelmäßig überprüft werden.

Kontrollieren Sie in regelmäßigen Abständen Benutzerkonten, Rollen und Zugriffsrechte, um unbefugten Zugriff zu verhindern. Eine enge Zusammenarbeit zwischen Verwaltung, Personalabteilung und IT-Dienstleistern erleichtert die Umsetzung und sorgt für Transparenz. Halten Sie die Prozesse so einfach, dass sie auch in arbeitsreichen Zeiten verlässlich funktionieren. So bleibt Ihre Benutzerverwaltung übersichtlich, sicher und effizient.

Abbildungsverzeichnis

Stichwortverzeichnis

A

B

W

Z